复旦全球史书系 · 东西之间丛书

董少新 主编

首位华人主教罗文焰研究

[西] 保罗·罗伯特·莫雷诺 /著

(Pablo Robert Moreno)

董少新 /修订

新汉学计划出版项目资助

上海古籍出版社

本书为国家社会科学基金冷门绝学专项复旦大学东亚海域史研究创新团队"16—17世纪西人东来与多语种原始文献视域下东亚海域剧变研究"（项目号：22VJXT006）成果

"复旦全球史书系·东西之间丛书"总序

> 我们需要的不是那种被制造出来的文明的冲突,而是聚
> 精会神于相互交叠的文化间的慢慢合作,这些文化以远为有
> 趣的方式彼此借鉴、共同生存,绝非任何删繁就简的虚假理解
> 方式所能预想。
>
> ——萨义德《东方学》2003 版序言

当前我们的历史研究领域呈现一片繁荣景象,成果发表和出
版量极大,各类学术会议、讲座、论坛极为繁多,期刊、集刊琳琅满
目,在传统媒体和新媒体上各路学者也是你方唱罢我登场。但如
果看其内容和质量,可能就不得不承认,我们仍处在学术研究的
"第三世界"。

本世纪以来,我们的历史学领域鲜有拿得出手的理论创建,比
较多的是对国外学术理论的翻译和介绍,但往往仅限于介绍、模仿
或跟风,甚少建设性对话和发展,偶有针对国外某一学术理论的大
范围批评,也往往超出了纯粹学术回应的范畴。

我们缺少萨义德、彭慕兰那样具有国际影响力的学者,我们的
成果为国际学界引用的次数虽有所增加,但真正有影响的、引起广
泛讨论的成果不多。

我们的历史学科各专业方向的发展极为不平衡,很少有哪个

专业领域是我们开创的。传统的区域、国别史诸领域中,我们居于领先地位的几乎没有,这些领域中的经典著作、权威研究成果很少是用中文撰写的。以东南亚史为例,如果给研究生开一份重要著作的研读书单,其中会有几部是中国学者的成果呢?即使在中国史的领域,年轻的学者和学生是不是更倾向于读《剑桥中国史》《洪业》《叫魂》和李约瑟《中国科学技术史》呢?

造成这一现状的原因很多,也很复杂,这里不做分析,相信业内人士都有各自的看法。如何提升中国的历史学研究水平,起码做到与快速发展的中国经济、综合国力、国际地位相匹配,是所有中国的历史学者共同面对的问题。

兴起于美国的"全球史"在本世纪已成为国际学界的显学。我读本科的时候,同学们大都对学校使用的世界通史教材感到厌倦,但不少同学会自己购买斯塔夫里阿诺斯的《全球通史》研读。从那时起,全球史在中国越来越受到重视,不过这种重视更多地表现为对西方全球史理论的介绍和全球史著作的翻译。二三十年过去了,全球史理论在中国并未得到进一步发展,在欧美乃至日本学界的全球通史著作推陈出新的时候,中国学界几乎没有参与到全球通史的书写中,对美国的全球史理论也缺乏学术批评。

全球史理论并非没有进一步讨论和完善的空间,全球史书写也应该存在更多的可能性。法国历史学家格鲁金斯基就曾评论道:"当今的全球史本质为北美洲版本的全球史,并再次承担起相同的任务,将民族主义和文化中心主义曾经忽视、放弃或拒绝解决的问题历史化。"①从这个角度说,刚刚出版的葛兆光先生主编的《从中国出发的全球史》是一个很好的尝试,②为中国学界的全球

---

① 塞尔日·格鲁金斯基:《殖民记忆:历史的再造与西方化的开端》,焦舒曼译,北京:北京科学技术出版社,2024 年,第 313 页。
② 葛兆光主编:《从中国出发的全球史》,昆明:云南人民出版社,2024 年。

史书写开了个好头。

　　全球史书写肩负着打破西方中心论的使命,起码截至目前已出版的大部分全球通史著作都是这么声称的。但如果全球史仅由西方学者从事研究和书写,会给人一种"好刀削不了自己的把"的感觉。① 只有把全球史变成复数的,真正的全球史才有可能。

　　主要由英、法、德等欧洲国家学者建立起来的欧洲(西方)中心主义,自19世纪以来在全球范围内造成了深远的影响。它不仅合理化了西方殖民主义,而且随着西方殖民运动的强势开展和经济、军事、科技的突飞猛进,被殖民国家和地区的人民也欣然接受了它,希望它能够成为本国、本民族全方位向西方学习以达自强目的的依据。②

　　这种带有极强种族色彩,蔑视非西方民族、文化和历史的理论,至今在曾被西方侵略或殖民的国家中仍有着广泛的影响,甚至被奉为真理。例如,黑格尔(G. W. F. Hegel,1770—1831)发明了"世界精神"这一抽象概念,进而认为中国历史是停滞的、循环的,因而被他排除在世界历史之外,而只有日耳曼民族才有能力做"精神高等原则的负荷者",日耳曼精神就是新世界的精神。这种几近凭空想象的大论断,本应早已被丢进历史的垃圾桶中了,但我们仍有学者试图论证其正确性,更不要说这种论调因黑格尔在哲学上的崇高地位而产生的广泛的、持久的、潜在的影响了。

──────────

　　① 我曾以美国全球通史书写中有关明清史的叙述为例探讨其对中国的呈现,认为其仍留有较重的欧洲中心主义影子,并倡议中国学界应该参与全球通史的书写,为更合理的全球史书写提供中国视角。参见拙文:《美国全球通史书写中的中国——以其中有关明清史的叙述为例》,《首都师范大学学报》2020年第3期,第52—61页。

　　② 格鲁金斯基已关注到这一现象,他写道:"欧式式的历史在世界范围内被广泛认可,其势头非常强劲,以至于不再只为殖民者和统治者所用。中国和日本便是很好的例子。……欧洲式的历史并未跟着闯入者的脚步、伴着炮艇的航迹进入这两个国家,反而是当地的历史学家主动采用了它。"塞尔日·格鲁金斯基:《殖民记忆:历史的再造与西方化的开端》,第13页。

黑格尔之外,持西方中心主义的还有赫尔德(Johann Gottfried Herder,1744—1803)、穆勒(Johann von Müller,1752—1809)、孔德(Auguste Comte,1798—1857)、兰克(Leopold von Ranke,1795—1886)、阿克顿(Lord Acton,1834—1902)等一大批著名哲学家和历史学家,①在他们的推动下,西方中心主义成了世界范围内的主流认知和观念。

20 世纪,尤其是两次世界大战之后,西方学界对这一观念进行了系统的反思和批判,其中就包括后殖民主义理论和全球史理论。萨义德在《东方学》2003 年版序言中写道:"这种将一切本质化的废话的最龌龊之处就在于人类遭受的沉重苦难和痛苦就这样被轻易地消解而烟消云散了。记忆以及与其相关的历史被一笔勾销。"②这话虽然不是专门针对黑格尔的观点讲的,但用于批判黑格尔的历史观也同样是合适的。

萨义德还说:"东方曾经有——现在仍然有——许多不同的文化和民族,他们的生活、历史和习俗比西方任何可说的东西都更为悠久。"③这几乎是重新回到了 18 世纪法国启蒙思想家伏尔泰的观点。④ 萨义德在《东方学》中主要分析了西方对中东地区的描述和话语权,但其结论是可以扩展至整个"东方"的。

遗憾的是,我们的学术界至今缺少对西方的东方话语中的中国部分的系统批判。在我们的海外汉学研究中很少看到对东方学的萨义德式的批判。如果我们能够系统地、深入地清理西方中心

---

① 张广勇:《从文明中心的到全球文明的世界史——〈全球通史〉中译本导言》,见斯塔夫里阿诺斯:《全球通史——1500 年以前的世界》,吴象婴、梁赤民译,上海:上海社会科学院出版社,1988 年。

② 萨义德:《东方学》,北京:生活·读书·新知三联书店,2007 年,第 8 页。

③ 萨义德:《东方学》,第 7 页。

④ 关于中国历史,伏尔泰说:"不容置疑,中华帝国是在 4000 多年前建立的。……如果说有些历史具有确实可靠性,那就是中国人的历史。"伏尔泰:《风俗论》,梁守锵译,北京:商务印书馆,2016 年,第 85 页。

主义观念和西方的东方学，我们或将更容易获得对本民族文化和历史（尤其是近 500 年的历史）的新认识。正如格鲁金斯基所说："世界的开放是同步性的，但是以一种对立的方式展开。要想完全理解，我们需要摒弃既存的国家、殖民和帝国之历史的老旧框架，此乃全球研究方法的一大阻碍。"①是时候打破老旧框架了。

　　一时代有一时代之学术。梳理现代性的由来、分析现代世界形成的原因，无论如何都应该成为学界的主要议题。西方中心主义提供了线性的解释，即认为现代性完全诞生于欧洲，是在古希腊、罗马文明孕育下，在优秀的欧罗巴民族的智慧和努力下自然发展出来的结果，欧洲人有义务将西方文明带到全世界，以解放世界其他落后乃至低等民族于野蛮愚昧之中。

　　全球史提供了新的解释思路。全球史学者承认文明的多样性，并把不同文明、民族、区域、国家间的交流与互动视为人类历史发展的重要动力。这样一来，现代世界便不是从某一个文明、民族或区域发展而来，而是不同文明、民族和区域交流的结果。西方中心主义的坟墓已经挖好了。

　　全球史大大拓展了以往的"文化交流史"的视野。在这一视野中，双边关系史或两种文化互动一类的研究的弊端显露无遗，因为纯粹的双边关系几乎是不存在的。任何双边关系都处于一个复杂的网络之中，尤其是进入全球化时代以后，传统的区域网络变得更为密切也更为复杂，而相聚遥远的两个或多个区域间的频繁交流也成为可能。全球互动共同铸就了一张全球网络，从而形成了"全球体系"。构成网络的每一条线都像血管一样，在近代早期，欧洲人及其宗教、科技和舰船武器，非洲的黄金和奴隶，南美洲的农作

────────

　　①　塞尔日·格鲁金斯基：《鹰与龙：全球化与 16 世纪欧洲在中国和美洲的征服梦》，崔华杰译，北京：中国社会科学出版社，2020 年，第 263 页。

物和白银,旧大陆的传染病,东南亚的香料和粮食,南亚的药材和棉花,中国的丝绸、茶叶、陶瓷和儒家经典,日本的白银、瓷器和漆器,就像血液一样流淌于这个复杂的血管网络之中,全球也因此成为一个有机整体。因此,文化交流史研究需要有区域史和全球史的视野,超越简单的双边关系,关注复杂网络中的交流和互动现象。

如果我们接受全球范围大规模交流是现代性和现代世界形成的重要动力这一观点,那么接下来就需要研究这一复杂交流的过程,以及各区域、民族和国家到底在这一进程中扮演何种角色、发挥什么样的作用。自近代早期欧洲开启全球航行、探险和扩张以后,欧洲人的足迹遍布世界,但这不仅是一个欧洲文化、科技、物质文明和宗教向非欧洲区域传播的过程,更是全球的物质文明、知识和文化传到欧洲的过程。对于欧洲而言,后者要远重要于前者,或者说全球化远重要于西化。非欧洲区域的文化是 1500 年以来欧洲之所以成为欧洲的重要因素,但这也只是全球化中的一部分。

重视包括亚洲在内的非欧洲文化对欧洲的影响,构成了全球史研究的重要内容。美国历史学家拉赫(Donald F. Lach,1917—2000)毕生致力于研究亚洲对欧洲的影响,其皇皇巨著《欧洲形成中的亚洲》(*Asia in the Making of Europe*)系统呈现了近代早期亚欧大陆的大规模交流,其目的是想考察亚洲知识、技术和观念在欧洲近代化过程中产生了什么影响,但遗憾的是影响的部分未能完成。法国历史学家艾田蒲(René E. J. E. Etiemble,1909—2002)、英国政治史家约翰·霍布森(John M. Hobson)等人的研究可被视为拉赫的巨大框架的局部补充,[1]但关于所有非欧洲区

---

① 可参见艾田蒲:《中国之欧洲》(*L'Europe Chinoise*),许钧、钱林森译,桂林:广西师范大学出版社,2008 年;约翰·霍布森:《西方文明的东方起源》(*The Eastern Origins of Western Civilisation*),孙建党译,于向东、王琛校,济南:山东画报出版社,2009 年。

域对欧洲的影响，以及全球化、近代化的过程和本质，仍有很多研究的空间。

年轻一代的中国学者真的应该好好介入这些问题的研究了，因为这是当前这个全球化深入发展同时又不断出现各种问题和挑战的时代的召唤，并且这个时代也为年轻学者提供了空前便利的机会。首先是语言的障碍已不再那么难以克服，不仅学习外语便利很多，而且机器翻译也越来越精确了，掌握或能够阅读多语种文献是该领域年轻一代学者的基本要求。其次是国际交流越来越频繁了，大批的中国学生到国外拿学位或长期访学，也有不少外国留学生来到中国交流学习，外国学者请进来、中国学者走出去已是司空见惯的现象。再次，随着互联网的发展，获取原始史料和二手研究论著的途径既多且快。戒除浮躁、屏蔽干扰、安心读书、深入思考、潜心研究，以及扩大视野、勇于讨论大问题，这些对于年轻学者而言反倒更具挑战性。

本丛书的策划始于 2020 年，初衷就是出版一批东西方交流领域年轻学者的优秀著作。能够使用多语种原始文献，对近代早期以来的跨文化交流和全球化、近代化进程做扎实的研究，并能提出有见地的看法，这是本套丛书的入选标准。我们不敢奢望这套书的出版能在学术界引起重要的反响，但希望能够鼓励年轻学者提升大处着眼、小处着手的能力和戒骄戒躁、潜心学术的定力。

董少新

2024 年 9 月 11 日

序

　　保罗是我带的第一批两位博士研究生之一。他 2013 年 9 月入学，当时我 38 岁，作为博士生的导师还太年轻；他 34 岁，攻读博士学位一定是下了巨大的决心。我不能辜负他的信任，他也得为自己的选择负责。

　　确定博士论文选题并没有遇到太多困难。保罗是西班牙人，对中西关系史有兴趣，通多种欧洲语言和中文，选题自然要结合他的兴趣并发挥他的语言优势。2001—2003 年我在葡萄牙里斯本求学期间，复印了袁若瑟的《罗文炤传》(*El primer obispo chino, Fray Gregorio Lo, o López, OP.*)，不厚的一册，且附录了罗文炤书信 40 余封。我当时就想，作为明清时期唯一一位担任天主教会主教的中国人，中国学界却对其知之甚少，这太不应该。但研究罗文炤是有门槛的，因为有关他的文献大多是以西班牙文、葡萄牙文、拉丁文和法文写成的。在保罗选择博士论文题目期间，我找出《罗文炤传》的复印本交给他，希望他能够把罗文炤研究大幅推进。

　　这个题目需要研读、分析大量的教会档案，而这些档案大部分都是未刊的手稿。我开设了专业葡萄牙语课程以训练学生的手稿识读能力。保罗第一次接触手稿时既感觉很难，也很兴奋。仅用了一个学期，保罗研读 17 世纪葡文、西班牙文手稿的能力已经超越我很多。

　　我手头有葡萄牙里斯本阿儒达图书馆藏《耶稣会士在亚洲》（*Jesuítas na Ásia*）系列档案复制本，但里面只包含一些罗文炤与耶稣会士关系的资料，而罗文炤是方济各会士洗礼的，又加入了多明我会并成为神父，后来巴黎外方传教会会士陆方济（François Pallu）极力推荐他担任主教，并在部分奥斯定会士和耶稣会士的支持下由方济各会士在广州祝圣。为了全面研究罗文炤，保罗在修完博士生所需学分和完成开题报告后，便到西班牙、法国、意大利、梵蒂冈和菲律宾各个重要的馆藏机构调研，收集到了大量的珍贵史料，尤其是不同修会的档案资料，为博士论文研究奠定了坚实的基础。

　　我要求保罗用中文撰写博士论文，这是因为用英文撰写会大大增加我对其指导和论文修订的难度，论文评审专家和答辩委员也将不易寻找；更重要的是，作为在中国攻读文科博士学位的外国留学生，提升中文学术论文写作能力应该是其在华求学的基本目标之一，也是其将来成为真正汉学家的重要条件，还能使其研究成果更直接地嘉惠中国学术界。尽管在读博前保罗已经在中国数年，中文能力相当不错，但是用中文撰写博士论文仍是一项巨大的考验。在章节写作过程中，他会先用西班牙文写，然后翻译成中文，耗费了大量的时间和精力。每完成一章中文稿，保罗便发给我看。我除了从学术角度提出一些修改意见外，更多地是逐字逐句地修订文字和格式。各章节的文稿不知在我们之间往来多少回，全文定稿时师生二人均已疲惫不堪，但保罗的中文写作能力在这一过程中得到了显著提升。此后，用中文写博士论文已成为我带外国博士生的一条"规矩"。

　　在保罗跟随我读书的四年中，另一个困难则是中西文化和思维方式的差异造成的。在讨论博士论文框架、问题意识、史料收集与解读乃至写作节奏和进度的过程中,我和他之间有过一些误会。好在我们的目标始终是一致的,并且为了完成一篇出色的博士论文、为了将更完整的罗文炤形象及其历史意义呈现给学术界,我们都愿意默默地承受与忍耐。后来保罗告诉我,在博士论文写作最困难的时候,曾一度想过放弃。谢天谢地,他和我都坚持到了最后,他不仅顺利地通过了论文答辩,获得了博士学位,而且博士论文被评为优秀。再读这篇博士论文,回想当时的经历,与生活、工作于欧洲传教士之间的罗文炤倒也有几分相似。尽管我们已经处在全球化深度发展的时代,尽管我有数年的西方生活经验,保罗也有多年在华求学和生活的经历,但是文化的隔阂、思维的差异仍然很大。每每想到这里,我们对17世纪罗文炤所遭遇的文化上的困难和心理上的困境便有了更深刻的体会。如何做到文化上的相互理解和包容,以达成不同文化、宗教、民族和国家的"地球村人"和平共处、互利共荣,仍是当下乃至未来很长一段时间人类需要思考的重要问题。

我带学生的一个重要信条是教学相长。以前我主要关注的是来华耶稣会士的史料,对来华方济各会士的史料也略有触及,而保罗在博士论文中还使用了大量的17世纪多明我会、传信部、奥斯定会和巴黎外方传教会的档案史料,这些都大大拓展了我的史料视界。2016年前后,我正被催着要出版一本关于葡萄牙来华耶稣会士何大化的小书,但关于何大化晚年的资料我几乎没有,好在保罗为我提供了一份资料,讲述的是何大化临终前后罗文炤对其的照料。保罗博士论文中涉及更多何大化晚年与多明我会士关系的资料,但当时他正处在撰写博士论文的关键时期,我怕耽误他的写作而没有麻烦他提供。现在这本博士论文终于要出版了,其中涉及何大化的内容,可以作为我那本小书的重要补充。另一个让我印象深刻的是,保罗总能从普通史料或文献的细微处发现问题,并围绕这些问题展开多角度的讨论。这种能力非常难得,对从事历史学研究而言也可谓至关重要。我在反复阅读和修订他的博士论文过程中,在细读、分析史料方面,尤其是在发现问题并从多角度阐释史料方面,也获益匪浅。

保罗若留在中国,应该能够找到一份不错的教职,并继续从事中西文化交流史领域的研究。回西班牙后,保罗在高校和孔子学院做了两年兼职教师,后来成功考上了教师编制,任教于一所中学,工作和生活终于稳定下来。对于这样的结果,我一开始感到有些遗憾,因为我一直希望他能够成为一名出色的汉学家,持续为学术研究和中西交流做更多的贡献。以保罗的学术水准和基础,若有一个较好的平台,这一期望不难实现。去年我去马德里看望他,他夫妇二人带我参观了很多博物馆和王宫,我们也聊了很多。在得知他仍会抽出时间来研读史料、撰写学术论文,也会找机会参加与汉学有关的学术研讨会,我由衷地感到高兴,也更加坚定了帮他出版博士论文的决心。

2022 年 10 月至 2023 年 2 月,我花了四个月的时间对保罗的博士论文做了系统修订,进一步统一格式、梳理语句、删除赘文、订正讹误,也参考了数篇学界新的研究对原稿做了少许补充。保罗又对引文和注释做了仔细的核对和修订。我们之所以不惜耗费大量的时间和精力把这篇博士论文出版成书,一来当然是对保罗的这段特别的读博经历有一个圆满的交代,更重要的是,保罗的这本书是截至目前对中国首位主教罗文炤的最全面、最深入的研究,有着重要的学术价值。我相信,保罗这部著作的出版一定会推动近代早期中西文化交流史、中国天主教史、欧洲殖民扩张史、海外华人史甚至明清时期中外贸易史等学术领域的研究。

保罗的这本著作在结构上并不复杂,绪论之后便以时间为主轴,先后讲述罗文炤从入教、加入多明我会、晋铎、升任主教、祝圣、担任宗座代牧直到去世的奉教一生,又专辟一章探讨罗文炤署名的《论中国祭祖祭孔礼仪》,深入分析罗文炤在礼仪之争中的态度和立场,最后从传教史、教会史、汉学研究和文化交流史等几个方面对全书加以总结,为罗文炤一生的贡献和意义进行评价和定位。

罗文炤是由方济各会士洗礼入教的,但为何成为了多明我会的修士?教会将罗文炤培养成神父是基于何种考虑?巴黎外方传教会为什么要极力推荐罗文炤担任主教?为什么最终罗文炤是由方济各会士伊大任(Bernardino della Chiesa)在广州祝圣的?罗文炤担任南京宗座代牧期间可以按照自己的意志行使权力,还是要受制于他身边的副主教、方济各会士余天民(Francisco Nicolai da Leonessa)?所有这些问题都不简单,因为都牵扯到复杂的权力斗争。可以说罗文炤的教会发展生涯是由各方势力间错综复杂的矛盾和斗争所形塑的。多明我会、方济各会与耶稣会之间存在传教策略和利益方面的矛盾,这一矛盾也是葡萄牙和西班牙海外扩张过程中权利争夺的一部分。为了削弱葡、西两国的保教权,教廷成立了传信部,在海外推行宗座代牧制,于是葡萄牙保教权下的耶稣会士,西班牙保教权下的托钵修会传教士及耶稣会士,都陷入了教廷权力与国王权力之间的张力中,发生在来华各派传教士之间的传教区划分、传教士调度、传教经费、宣誓效忠等问题上的矛盾和冲突,就是这一教权与王权矛盾的体现。法国巴黎外方传教会传教士的东来,进一步激化了这一矛盾,因为他们不仅代表罗马教廷要求在亚洲传教的各修会传教士宣誓服从宗座代牧,而且也为法国海外扩张服务,挑战葡萄牙和西班牙在亚洲的固有地位和利益。路易十四派遣的法国耶稣会士来华后,这一矛盾变得更为复杂。正如保罗在结论部分指出:"当时的教会很难被视为一个超越国家政权的机构。"矛盾各方为了在冲突和斗争中获得有利局面,在不同的境况中或支持罗文炤晋升神父、主教和担任宗座代牧,或极力反对,主要看其担任新角色、拥有相应的权力后是否对己方有利。也就是说,罗文炤的主教任命问题,本质上是政治性的而非宗教性的,罗文炤本人的神学和拉丁文水平不是主要考虑的条件因素。保罗通过大量的原始档案文献,清晰地揭示了罗文炤在教会中的晋升与教会各派权力斗争的关系,而其背后体现的则是西班牙、葡萄牙、法国等欧洲国家争夺各自在亚洲的传教、商贸和殖民利益。

除了欧洲传教士,罗文炤还身处中外教徒、商人和官员的关系网络之中,从而在福建—马尼拉之间的商业往来、官方关系中扮演着重要角色。保罗认为,17世纪在马尼拉、福建、广东甚至暹罗之间,形成了贸易、传教、文化、政治上的密切关系网络,在这个网络中,一批中国教徒发挥着十分重要的中间人作用,而罗文炤是其中的典型代表。从传教角度而言,保罗认为罗文炤并非只发挥辅助作用,而是可以被看作天主教在这个网络中得以传播的核心角色。这些周旋于各类中外人士之间的中国教徒,其身份认同也是一个值得探讨的重要问题。保罗揭示出罗文炤在中国礼仪问题上更倾向于耶稣会士的立场,并深入阐释了罗文炤重修利安当墓的文化内涵,从而让我们看到中国传统文化在罗文炤观念中的位置。从这个角度而言,罗文炤在礼仪之争中所发出的声音,又不完全是其身边传教士的声音,其中也包含他作为中国人维护儒家礼仪的成分。

保罗搜集到罗文炤署名的书信、报告和著作共计140余种,远远超过袁若瑟收集整理的40余种。这些原始文献构成了这部著作的核心史料,保罗对它们做了十分深入、细致的分析。他通过笔迹特征、语言掌握程度、表达的内容和立场等方面,把罗文炤署名的书信分为四种:一是本人构思并亲笔写的;二是别人构思并由他书写的;三是他口授、别人代笔写成的;四是别人替他构思并动笔写的。保罗注意到,"似乎罗文炤在谁身边就会写什么样的报告"。因此在使用这些书信报告资料时,保罗会谨慎地判断书信的内容是罗文焰本人的想法,还是他身边其他人的想法。至于西方传教士的书信报告,保罗也认为它们不能被视为"一系列客观阐述事情的材料",因此"解读这些报告时必须把作者及其意图、收信人的身份、写信的背景等因素考虑进来"。不同修会的传教士都写过评价罗文焰的报告,但这些"报告的目的是为自己的观点和立场辩护,希望自己一方在罗马教廷有所影响"。因此我们不能完全依赖这些报告来认识罗文焰,因为这些报告中的罗文焰形象是传教士根据实际需要而塑造出来的。保罗处理教会材料的这种谨慎态度很值得我们重视和借鉴。

类似的闪光点在该书中有很多,还请读者亲自去发现。同时我们也知道,书中肯定存在不少错漏、不足之处,我作为保罗博士论文的指导老师、本书的修订者,愿意与作者保罗一道接受学界的批评指正。

方济各会士丁若望(Joan Martí Climent)在评价罗文焰的品德时写道:"在天主创造的所有美德中,感激之心是最美的美德之一。"我们在此也想对曾经为此项研究提供过帮助的所有人和机构表达我们发自内心的感激之情。

董少新
2024 年 9 月 2 日
复旦大学光华楼

目　录

3. 中文文献 ······································ 36

第一章 从教徒、修士到神父：罗文炤身份的转变 ··········· 39

  第一节 明末清初的中西相遇：福建与马尼拉 ········· 39

    1. 福安：罗文炤的故乡 ····················· 40

    2. 西班牙在亚洲的扩张：以教会为名 ········· 43

    3. 受其他欧洲国家资助的修会 ··············· 59

  第二节 受洗并协助西班牙托钵修士(1617—1640) ······ 60

    1. 罗文炤的出身与社会背景 ················· 61

    2. 天主教传到福安，罗文炤领洗入教(1627—

      1634) ································ 65

    3. 罗文炤目睹"礼仪之争"的爆发(1635—1637) ····· 71

    4. 福建教案，罗文炤与方济各会士到北京(1637) ····· 73

    5. 福建教案的结束与后果(1637—1640) ········· 79

  第三节 往还于马尼拉与福建之间(1640—1665) ········· 81

    1. 罗文炤成为多明我会士和神父 ············· 82

    2. 罗文炤在福建的传教工作(1647—1664) ········· 111

    3. 小结与评价 ··························· 135

第二章 罗文炤晋升主教及其原因和影响 ··········· 140

  第一节 康熙历狱期间唯一的中国神父(1664—

      1671) ································· 140

    1. 罗文炤前往马尼拉报告，传教士委托罗文炤

      照管中国教徒 ························· 141

    2. 历狱对罗文炤的影响：权辖范围扩大与身份

      转变 ·································· 155

绪 论

　　明末清初中国与欧洲第一次大规模直接接触。自大航海时代起，欧洲国家开始与亚洲国家开展贸易，并在亚洲地区扩张政治势力，天主教的各个修会，包括耶稣会、多明我会、方济各会、奥斯定会以及巴黎外方传教会也开始在东亚传教。福建省出生的罗文炤（1617—1691）接触了来自马尼拉的西班牙传教士后领洗入教。他多次在福建与菲律宾之间往还，带传教士和传教资金到福建，协助他们传教，从而成为西班牙传教士在华传教的关键人物。他不仅接受了天主教信仰，也入了多明我会，去马尼拉学西班牙语和拉丁文，晋升为神父，最后罗马教廷任命他为首位华人主教。

　　罗文炤在17世纪东西交流中起到非常重要的作用。本书将深入研究罗文炤的生平，以更清楚地了解罗文炤生活的时代与东西方文化的相遇。要理解罗文炤在这个时期的重要角色，首先需要了解16—17世纪西班牙、葡萄牙、法国及其带来的天主教在亚洲的传播情况，以及中国对来华传教士和天主教的回应。

　　葡萄牙和西班牙开启了大航海时代，往东航行的葡萄牙与往西航行的西班牙都到达了东亚海域。这两个国家的势力让罗马教廷给予其所谓的保教权（葡语为 Padroado，西语为 Patronato Real），西、葡两国的国王有义务在各自新发现的土地上宣扬天主教义,并提供传教经费和交通等支持,教廷在任命主教或成立新教区时,须经葡、西两国中相应一国的同意。亚洲教会随着两个国家的扩张而发展。1534 年印度果阿成为主教区,1557 年升为大主教区,1576 年澳门成为主教区,1589 年日本成为主教区;在西班牙管辖的地区中,1581 年菲律宾也成为主教区。

参与亚洲传教事业的各修会中,1540 年才成立的耶稣会发展非常迅速,成就最大。1549 年果阿会省成立后,沙勿略(Francisco Javier, 1506—1552)转而前往日本发展。耶稣会巡按使(Visitor)范礼安(Alessandro Valignano, 1539—1606)继承沙勿略的传统,制定适应中国文化的传教策略。在他的策划之下,罗明坚(Michele Ruggieri, 1543—1607)和利玛窦(Matteo Ricci, 1552—1610)学习了中国语言和文化,从澳门进入中国,1583 年顺利在肇庆建立首个住院。耶稣会士从此使天主教在中国扎下根并获得重大发展。

虽然 1585 年耶稣会私下与教宗格里高利十三世(Gregory XIII, 1572—1585 在位)订交,将中、日两国划为其传教专属特区,但是多明我会、方济各会与奥斯定会也开始在东亚建立传教区。1632—1633 年,由西班牙所派遣的多明我会士和方济各会士相继成功地由菲律宾经台湾转往福建传教。教宗保禄五世(Paul V, 1605—1621 在位)和乌尔班八世(Urban VIII, 1623—1644 在位)先后削减耶稣会在远东的特权。为了摆脱保教权的干预,乌尔班八世于 1633 年 2 月 22 日颁布 *Ex debito* 敕书,宣布从此以后各个国家的神职人员不用经过葡萄牙的同意便能去亚洲传教。虽然葡萄牙支持下的耶稣会士一直阻碍其他会士入华,多明我会与方济各会还是进入了中国。1632 年多明我会士高琦(Angel Cochi, 1597—1633)来到福安,1633 年黎玉范(Juan Bautista de Morales, 1597—1664)与利安当(Antonio de Santa María Caballero,

1602—1669)到了福建传教。1634 年罗文炤由方济各会士利安当洗礼后,成为方济各会与多明我会在中国传教的关键人物,等到 1680 年奥斯定会进入中国时,罗文炤也一样帮助了他们的入华传教计划。

　　为了理解罗文炤成为主教以及后来发生的事情,需要解释罗马教廷和法国对保教权制度采取的联合行动。在东南亚和中国教会管理权问题上,教廷于 17 世纪开始从保教权制度转向宗座代牧制度。首先,为求直接掌控全世界的传教工作,罗马教廷于 1622 年成立传信部,负责协调各个地区的传教工作。1651 年 8 月 7 日红衣主教向教宗英诺森十世(Innocent X,1644—1655 在位)提议在东亚和南亚地区建立一个主教牧首,两三个大主教,十二个主教以及几个本地神父。虽然遭到葡萄牙的反对之后,这些计划未得到实施,但是这已表明罗马教廷对改变亚洲教区管理权的意图。1658 年 11 月 9 日在法国巴尼(Bany)红衣主教与阿奎隆(Aguillon)爵士的建议下,教宗亚历山大七世(Alexander VII,1655—1667 在位)又颁布了敕书,把法国巴黎外方传教会的陆方济(François Pallu,1626—1684)、郎神父(Pierre de la Motte-Lambert,1624—1679)和依纳爵·科多朗迪(Ignace Cotolendi,1630—1662)任命为主教,将他们以宗座代牧的身份派到亚洲,并通过 1659 年 9 月 9 日的敕书给他们完全的管理权。葡萄牙与耶稣会士一直想阻止,西班牙也提了很多反对意见,但是从 1669 年起罗马教廷发布了很多法律指令来加强法国主教在亚洲的管理权。这样一来,教廷在亚洲广泛施行了宗座代牧制(Vicar Apostolic),于原澳门主教区内成立了东京(Tonkin;下辖云南、贵州、湖广、四川、广西和老挝等地)和交趾(Cochinchina;下辖浙江、福建、广东、江西和海南等地)两个代牧区。罗马教廷为了进一步加强对刚起步的亚洲教会的掌控,于 1678 年 10 月 10 日颁布 *Cum haec Sancta Sedes* 指令,规定所有在中国、东京、交趾、柬埔寨和暹罗的传教士都必须按照指定的格式宣誓服从宗座代牧。这个新的政策意味着葡、西两国支持下的耶稣会、多明我会、方济各会以及1680年刚进入中国的奥斯定会都必须听从法国宗座代牧的指示。这就威胁到了葡、西两国在政治、贸易、宗教传播等领域的优先地位。罗文炤被任命为主教与宗座代牧之后,在中国教会管理权问题上有了一定的地位。不管是被动还是主动,他参与并影响了中国教会管理权问题,也发挥了很重要的作用。

　　还需要大体讲一下欧洲传教士来华后中国的一些反应。明末清初的政治情况比较动荡,斗争的各方都得考虑应该如何处理这些欧洲来的传教士以及他们传播的天主教。中国皇帝让耶稣会士留在北京,也有官员与文人在各省保护他们;不过他们也遭到了反对,17世纪官府发动了几次反教活动。明清之际的战乱和南明反清的局面也影响到澳门与马尼拉的关系,以及来自两地的欧洲传教士的在华传教工作。传教士传播的天主教对中国社会秩序带来了一定挑战,因为新的信仰、礼仪与教会在当地引起了一些冲突。这些冲突可以被视为本地机构和组织与新来的天主教会权力斗争的表现,也可以被视为两种文化的融合、对立或互相兼容与否的表现。政权对信仰、教会的支持与否是信仰传播中不可忽略的一个因素,中国官方有时阻止天主教的传播,而同时天主教能够继续在华传播也是因为天主教具有强大的教会机构与国家政权的支持。天主教会的管理系统能够在人力、资金、教义等方面持续推进天主教传播。① 当然也不能排除一些学者强调的其他方面,如中国当

---

　　① 罗马帝国立天主教为国教成为天主教在欧洲传播成功的重要原因之一。在欧洲、美洲等地方,天主教均在政府的保护之下,因此欧洲传教士一直希望有一天中国皇帝能够保护天主教。

地人的信仰对天主教的接受程度等因素。① 至于这种不同文化和信仰的相互融合与否,这些学者讨论天主教在中国传播的成败时,会一并讨论耶稣会的适应政策以及天主教的本土化程度,似乎强调利玛窦等耶稣会士对中国文化传统的"宽容"态度是成功的。这种适应政策包括了把先秦典籍中的"天"和"上帝"等同于教中的至尊神"天主(Deus)",亦将祀孔祭祖视为可接受的礼俗。部分耶稣会士与西班牙托钵修士反对利玛窦的看法,以致引起了所谓的礼仪之争,欧洲传教士争论有关中国礼仪的性质,讨论天主教是否可以接受这些说法和礼仪。作为中国人,罗文炤与其他中国教徒也主动或被动地参加了这场欧洲人的争论。所以本书也将分析罗文炤在这场争论中的角色和立场。

　　总之,这几个国家的政权及其所属的机构在中国的相遇,引发了政治、社会、贸易、文化、宗教等方面的交流,而正好在这个具有深远意义的交流中,罗文炤起到了非常重要的作用。首先,罗文炤作为中国教徒,尤其是入了多明我会以及当神父之后,对传教士在中国的传教事业做出了不可忽视的贡献。其次,他作为主教,被动或主动参与了罗马教廷与不同国家支持下的修会之间的中国教会管理权问题。最后,因为被任命为主教后获得了一定的地位与话语权,他在中国礼仪之争中的态度与看法备受关注。

----

① 谢和耐(Jacques Gernet,1921—2018)在其著作《中国与基督教》中认为,中西文化在诸多方面的差异导致了明清天主教的失败,而中国基督徒所接受的天主教不过是儒家与某些基督教观念杂糅的产物。参见[法]谢和耐:《中国和基督教:中国和欧洲文化之比较》(耿昇译,上海:上海古籍出版社,1991),尤其是第 98—99 页。许理和(Erik Zürcher,1928—2008)并不同意谢和耐的"失败论",认为虽然明清天主教持续时间并不长,但传教士的适应策略是成功的。参见杜鼎克(Ad. Dudink)纪念许理和的文章,"In memoriam Erik Zürcher 许理和(1928—2008)",in *Sino-Western Cultural Relations Journal* XXX (2008), pp. 5-6.

第一节　研究对象及研究范围

本书试图在上述历史背景下，对罗文炤进行深入的研究，撰写相对完整的传记，同时也希望能够由此管窥明末清初中西交流的面貌。本书将围绕以下题目展开：一、罗文炤受洗问题（1617—1634）；二、罗文炤的传教事业（1634—1674）；三、罗文炤被任命为主教并最终受祝圣（1674—1685）；四、罗文炤担任南京宗座代牧（1685—1691）；五、罗文炤在礼仪之争中的角色。

1. 罗文炤受洗问题（1617—1634）

我们首先要试图回答的关键问题是，罗文炤是在什么情况下、以什么方式接触了天主教并决定入教的？解决这个问题首先要在前人研究及新资料的基础上尽量查清罗文炤的背景，包括他的出生地点与出生时间、家庭背景与社会阶层、当时的社会氛围与文化培养。罗文炤接触西方人以及入教是他人生中的一大转变，而且当时不只他一个人入教，所以要了解当时福建天主教传教情况以及中国人是怎么看待外来的天主教的，尤其需要了解当时儒家与佛教在福建的情况。我们知道 1638 年福州的佛教徒反对天主教，而为什么像罗文炤这样的人，虽然父母是佛教徒，但还是离开佛教皈依天主教呢？另外，叶向高、李九功、李九标、郭邦雍等福建士人、学者对天主教有什么样的态度和希望？这些文人在福安的影响有多大？罗文炤有没有接触过他们？这些问题都是我们研究罗文炤背景的关注点。我们也需要了解当时天主教在福建的传播是通过什么方式进行的，罗文炤是怎么了解天主教的,以及在领洗前对天主教了解多少,他后来对天主教的了解有没有改变。

关于他的文化水平也存在很多问题。有学者说罗文炤出生在一个贫穷的家庭,主要以放鸭子为生。但是,我们也知道他在一定程度上参与了书籍的编写,也帮传教士处理文案,陪他们去北京,可能还参与撰写了关于礼仪问题的著作。那么,罗文炤的中国文化水平到底如何? 他受到过哪些人、哪些书的影响? 这些也是本章试图回答的问题。

2. 罗文炤从协助传教士到成为中国唯一的本地神父(1634—1674)

罗文炤不仅领洗成为天主教徒,还加入了多明我会并当了神父,最后罗马教廷还把他任命为首位华人主教,其对教会事业的重要性可见一斑。可是,我们对他的宗教生涯还有很多疑问需要解决。

罗文炤入会当神父在那个时期是很特殊的情况,是个例外。为什么他被选择担任这样的角色? 由艾儒略(Giulio Aleni,1582—1649)授洗的天主教徒里有四个进士、一个举人、一个监生、六个庠生、八个贡生。多明我会士身边也有像福安的郭邦雍和缪士珦(Juan Mieu)这样的文人教友。那为什么这样的教徒都没有入修会,没有当神父,而没有这样的地位和文化水准的罗文炤却获得了这个机会? 传教士看重他的原因是什么? 罗文炤最开始主要是陪方济各会士利安当,但是最后入了多明我会。为什么方济各会没给他这个机会而多明我会却给他了? 在马尼拉,早就有传教士开始对中国人进行传教。那么,他们有没有考虑过在马尼拉培养中国人再送到中国做神父? 这个是从传教的角度可以提出的问题。但是，更重要的问题是，罗文炤作为中国人是怎么看待他的身份，他对自己及其他中国人当修士、做神父有什么看法和态度？他对不同修会有没有不同的看法？他当了修士、神父、主教后，在当地社会中的角色发生了怎样的变化？周围的人是否对他有新的看法？

罗文炤曾在马尼拉的多明我会修道院学过西班牙语和拉丁语，也跟西班牙传教士共同生活了很多年。那么，他这两门语言掌握到了什么程度，在什么程度上吸收了外来文化的影响，对自己文化的身份有没有影响与改变？另外，作为神父，更不用说作为主教，掌握拉丁文是个前提，那么他在施行圣礼时会不会使用拉丁文？

当然关于罗文炤的更多问题涉及他在传教中的角色与具体细节，包括带入传教士和传教经费、传信、打官司、书籍编写及出版、购买房子、主持圣礼、驱魔等事。他传教中所涉及的政治、经济、社会、文化等问题也是本章的内容之一。

还有一个值得研究的问题，即他的交游圈。罗文炤在协助传教士的过程中，要跟很多人打交道，做各方的中间人。一方面他作为西方传教士中的中国人是不是表现出了一定的价值，而又得面对一些冲突和挑战？另一个方面，作为中国人中的天主教徒是不是也一样面对一些矛盾？与其他中国教徒有什么共同点和不同之处，跟他们的关系是什么样的？跟福建与江南地区的文人，如严谟、李九功、祝石等，有没有联系？他们是怎么看待罗文炤的？罗文炤又怎么看待他们？我们知道多明我会士万济国（Francisco Varo，1627—1687）用中国书籍来批判中国教徒保持祭祖祭孔的礼仪，而耶稣会士请求一些中国教徒写书来反驳他。那么，罗文炤作为中国多明我会士，在这些冲突中是怎么跟耶稣会士、耶稣会之下的中国教徒以及同会的多明我会士来往的？

3. 从被任命主教到受祝圣（1674—1685）

如果说罗文炤当神父是很特殊的情况，那么被任命为主教就更是如此。他被选中担任主教，这其中存在很多问题。以我们目前的了解，选择一个本地人作主教，这在当时全世界的教会中都属于非常特殊的情况。那么，为什么罗马教廷决定任命他为主教？这个选择来自谁的推荐？推荐人有什么打算和意图？中国教徒、其他修会的传教士、多明我会的总会长、圣玫瑰教省会长以及像闵明我（Domingo Fernández Navarrete，1619—1686）、万济国等重要的多明我会士是怎么看待的？还有最重要的，罗文炤本人是怎么看待的？

康熙历狱期间（1666—1670）罗文炤神父作为唯一一个能在华自由活动、施行圣事的传教士，他的传教范围扩大了，接触了更多的信徒与传教士。1665 年他负责福建泉州的教会，1680 年奉万济国之命到了福建漳州恢复那边的教会。而从这时起我们知道罗文炤开始跟耶稣会士有比较频繁的书信来往。以往学界没太关注他与耶稣会士的关系，而本章将对此予以重点研究。罗文炤与耶稣会士之间的往来，主要是从他被任命为主教时开始，这是非常值得注意的问题。

虽然他 1674 年被任命为主教，但一直到 1685 年才接受祝圣。被任命为主教到接受祝圣的原委也是本章的重要内容。这个问题涉及各个修会与各个国家的利益与冲突，相当复杂，而这个时期又有丰富的书信来往可以呈现当时的局面。

4. 罗文炤担任南京宗座代牧（1685—1691）

一直协助多明我会士传教而又跟耶稣会士有书信来往的罗文

炤,从 1684 年开始也接近了方济各会士。罗文炤由方济各会士伊大任（Bernardino della Chiesa, 1644—1721）祝圣,余天民（Francesco Nicolai da Leonessa, 1656—1737）来做他的顾问与助手。这样罗文炤成为主教之外,也变成了各个修会与中国教徒的焦点。罗文炤跟方济各会士的关系也没有受到以往学界太多的关注,因此也是本书的重要内容。

在这期间罗文炤承担了相当重要的角色。作为南京宗座代牧,他担任了与主教一样的全部职务,也得面对早期中国教会所面临的一切问题。那么,他对建立中国教会以及发展中国本地神父有什么样的想法与态度？他是怎么对待不同国家、不同修会之间的尖锐矛盾的？作为主教有没有表示对天主教本土化与中国礼仪问题的态度？作为中国人承担一个外来教会机构这么高的职位,他本人是怎么看的？这些都是本章需要去解决的复杂问题。

5. 罗文炤在礼仪之争中的角色

如前所述,罗文炤 1680 年代成为了多明我会、耶稣会、方济各会与中国教徒之间错综复杂关系的焦点。他主动或被地动参与了礼仪之争。罗文炤持有什么观点？各个修会的传教士以及中国文人对他有没有影响？有一部关于礼仪问题的著作是罗文炤署名的,即《论中国祭祖祭孔礼仪》。但目前为止我们没找到该书中文本,只有西班牙语和拉丁文译本手稿。那么,这些写本的编写与翻译情况是什么？该书跟其他中国教徒写的书有什么区别？在传教士、中国教徒以及欧洲争论礼仪问题的过程中有没有产生影响？另外,他去世后,为他举行的葬礼,有没有中国礼仪的成分？这些都是本章的重要内容。

第二节　选题意义

从西方天主教传教史的角度来讲，如果想了解 17 世纪天主教在华传播史及中国天主教史，我们必须了解罗文炤这个重要人物。首先他是多明我会在华传教中非常关键的人物。其次，作为首位比较重要的本地神父，康熙历狱期间展现出了他的重要性。最后且最重要的是，他成为了历史上首位华人主教。他为何被任命为宗座代牧和主教，这是一个非常重要的问题。按照教会内部的权力结构，传教士必须听从宗座代牧的指令，所以罗文炤被任命为宗座代牧和主教也会影响到不同修会在中国的传教情况，因为他有权力影响中国教会的发展，也会影响关于中国礼仪问题的最后决定。而同时因为传教士在一定程度上也支持资助他们的国家的政治与经济利益，所以这一任命也会影响到这些国家与中国的关系。

我们还可以超越传统的传教史学来看待罗文炤的重要性。罗文炤做了天主教的传播者，但也是接受天主教的中国人。学术界对天主教传播史的研究远远超过对中国天主教的本土化与接受方面的研究。而值得注意的是，罗文炤是怎么接触天主教、在什么程度以及以什么方式接受的、对他与他的思想产生了什么影响等问题。罗文炤和当时一部分中国人都具有一个共同特征——要融合中国文化（尤其是儒家的礼仪）和外来天主教的教义与教规。在罗文炤身上，跟其他的中国教徒相比较，这个问题表现得更为突出，因为他不仅在西方人身边生活了很多年，还在西属的马尼拉待过几年，学过西班牙语和拉丁文。被黄一农称为"两头蛇"的现象在罗文炤身上也有很明显的体现，而研究他也能让我们更好了解当时面临同样情况的福建教徒，甚至中国教徒的情况。同时，受到天主教的影响后,天主教徒如何理解中国文化也是一个重要议题。

　　除了以上两个方面,我们也可以通过这个重要人物来研究东西文化交流史,因为罗文炤在中西文化交流中占有非常突出的位置,无论是往西方介绍中国,还是向中国介绍西方天主教,他都发挥了重要作用。罗氏跟其他中国天主教徒(包括出名的士大夫)不同,因为被提升到主教这个非常特殊的身份后,他可以向教宗直接表示他对教会、中国礼仪、传教情况的看法与态度。他署名的《论中国祭祖祭孔礼仪》向罗马传信部介绍了中国祭祖祭孔等中国礼仪问题,由此在欧洲进行的有关中国礼仪的争论出现了本土观点。除了该著作外,他还在几个报告中向罗马教廷表达了自己关于中国人与中国教会和传教的看法。作为中国人,他参与了中国与罗马教廷的对话,而且他的看法跟其他中国人的不同,因为他是一位受到过传教士高度评价和推荐、有地位、有身份、有独立品格的中国人。总之,对罗文炤的研究不仅属于天主教传播与中国天主教本土化的范畴,更是中西文化交流的重要组成部分。

　　此外,研究罗文炤也可以帮助我们了解西方海洋帝国在亚洲的政治、经济扩张史,因为他被任命为主教包含了很重要的政治意义。1683 年罗文炤去马尼拉接受祝圣而一直没有成功。当时罗文炤写信给西班牙国王报告他的情况。西属马尼拉政府后来干涉教会,把关在多明我会修道院的罗文炤给带走了。这些事情的经过虽然还没有理清楚,但是足够证明罗文炤当主教的重要性。毕竟,教会上的权势跟西班牙、法国与葡萄牙的政治地位与贸易利益有密切关系。所以,研究罗文炤被任命为主教的意义也是东西方关系史的一个重要问题。

　　我们还想补充一点,就是研究罗文炤对当代社会的启发价值。目前全球化程度已经很高,脚踏多元文化的跨国企业管理层要面对不同价值观与风俗习惯带来的矛盾。他们在商业拓展的过程中会遭遇区域文化对原有企业管理系统所带来的挑战,面临保持原来的系统还是适应环境的抉择。企业也会面临一个选择,即管理层的本地化与否。而这些普遍的情况,在三百多年前就有了。像国际公司的管理层一样,罗文炤在陪伴外国的传教士和协助他们的传教事业的同时,也参与了重要决策,如中国信徒能否保持一些传统的礼仪等问题。同时各个修会的会长与罗马教廷要决定罗文炤在中国教会的角色以及教会本土化的程度。所以,研究罗文炤能给我们提供一个历史案例,让我们重新思考现时的全球化过程。

第三节　学 术 史 回 顾

1. 多明我会视角中的罗文炤

罗文炤是首位加入多明我会的中国人,入会后在福建协助多明我会士传教。如果想了解有关罗文炤在福建传教的情况,当时多明我会传教士写的书信报告可以提供很多信息。17 世纪以来陆续有不少多明我会士利用这些留存下来的原始资料,编辑、撰写了多明我会圣玫瑰省的传教史等著作,其中比较重要的有 17 世纪的 Vincenzo Maria Fontana①、Baltasar de Santa Cruz②、Natal

---

① Vincenzo Maria Fontana, *Monumenta dominicana breuiter in synopsim collecta*, *de fidis obseqviis ab ordine praedicatorvm sancatae Dei Ecclesiae vsque modò praestitis*, Romae: Typis &. sumptibus N. A. Tinassij, 1675.

② Baltasar de Santa Cruz, *Tomo segundo de la historia de la Provincia del Santo Rosario de Filipinas*, *Iapon y China del Sagrado Orden de Predicadores*, Zaragoza: por Pasqual Bueno, 1693. 有关 Baltasar de Santa Cruz(1627—1699),参见 Hilario Ocio and Eladio Neira (eds), *Misioneros dominicos en el Extremo Oriente*: *Vol. 1*, *1587‐1835*, Manila: Life Today Editions, 2000, pp. 197‐198.

Alejandro①，18 世纪的 Jacques Quétif 与 Jacques Echard②、Vicente de Salazar③、André-Marie④ 以及 19 世纪的 Joaquín Fonseca⑤、陈砥砺（Tomasso Maria Gentili）⑥、Hilario Ocio⑦ 等学者。这些 17 至 19 世纪的多明我会学者总结了多明我会士在中国的传教工作，对多明我会士的圣玫瑰教省历史研究做出了重要贡献。其中 Joaquín Fonseca 所著传教史信息量尤为巨大，Hilario Ocio 的书中还记载了该省诸多传教士的传记。这些作品为后人了解包括罗文炤在内的多明我会士在中国的传教活动提供了很多信息和线索。然而这些著作往往带有浓烈的宣教色彩。

---

① Natal Alejandro, *Apologie des Dominicains Missionnaires de la Chine, ou Réponse au Livre du Pere Le Tellier Jesuite, Intitulé, Défense des Nouveaux Chrétiens; et à L'éclaircissement du P. Le Gobien de la même Compagnie, sur les honneurs que les Chinoise rendent à Confucius & aux Morts*, Cologne, 1699.

② Jacques Quétif, Jacques Échard, Remi Coulon, and Antonin Papillon, *Scriptores Ordinis Praedicatorum recensiti notis historicis et criticis illustrati*, Parisiis: A. Picard, 1910.

③ Vicente de Salazar, *Historia de la Provincia de el Santissimo Rosario de Philipinas, China y Tunking, de el Sagrado orden de Predicadores. Tercera parte*, Manila: Universidad de Santo Tomás, 1742.

④ André-Marie [Meynard], *Missions dominicaines dans l'Extrême Orient*, 2 vols, París: Poussielgue, 1865.

⑤ Joaquín Fonseca, *Historia de los PP. Dominicos en las Islas Filipinas y en sus Misiones del Japón, China, Tung-kin y Formosa*, 6 vols, Madrid: Rivadeneyra, 1870 - 1872.

⑥ Tommaso María Gentili, *Memorie di un missionario domenicano nella Cina*, 3 vols, Rome: Tipografia Poliglotta, 1887 - 1888. 关于陈砥砺（Tomas Maria Gentili, 1828—1888），参见 Ocio, *Misioneros dominicos*, p. 74.

⑦ Hilario Ocio y Viana, *Reseña biográfica de los religiosos de la Provincia del Santísimo Rosario de Filipinas: desde su fundación hasta nuestros días. Por un religioso de la misma Provincia*, 2 vols, Manila: Colegio S. Tomás, 1891; Hilario Ocio y Viana, *Compendio de la reseña biográfica de los religiosos de la Provincia del Santísimo Rosario de Filipinas desde su fundación hasta nuestros días: comprende desde 1587 á 1895*, Manila: Establecimiento tipográfico del Real Colegio de Sto. Tomás, 1895. 最近 Eladio Neira 对 Hilario Ocio 的书做了进一步的补充。Hilario Ocio y Viana and Eladio Neira, eds., *Misioneros dominicos en el Extremo Oriente: Vol. 1, 1587 - 1835*, Manila: Life Today Editions, 2000.

　　20 世纪,德国多明我会士 Benno Biermann 在 1927 年出版了《中国多明我会传教区的创始》①,此外还写了以下讨论罗文炤的文章:1938 年的《罗文炤神父:首位中国多明我会士及首位中国主教》②,1950 年的《首位中国主教与神父、多明我会士罗文炤的书信》③以及 1953 年的《多明我会士罗文炤,1666—1668 康熙历狱期间的本地神父》④。Biermann 整理了罗文炤的生平,公布了罗文炤 1683—1684 年间写给西班牙国王的四封信,还专门论述了罗文炤作为本地神父的角色。这一时期还有两位德国学者也在思考中国本地神父的问题。第一位是 Bürkler,他于 1950 年发表了《十七、十八世纪中国神职人员的历史》一文⑤;另一位是 Beckmann,他于 1950年发表了《十七、十八世纪中国神父的拉丁文学习》⑥。这几篇文章不仅显示了那个时代的思考,而且对于后人研究罗文炤作为本地神父与本地主教所接受到的培养及对其学养水平的鉴定有所帮助。

　　在多明我会学术脉络的学者中,多明我会史学家袁若瑟(José

---

　　①　Benno Biermann, *Die Anfänge der neueren Dominikanermission in China*, Münster in Westfalen: Verlag der Aschendorffschen Verlagsbuchhandlung, 1927.

　　②　Benno Biermann, "Fray Gregorio Lopez. Der erste chinesische Dominikaner und erste chinesische Bischof", *Zeitschrift für Missionswissenschaft und Religionswissenschaft* 1 (1938), pp. 105 – 123.

　　③　Benno Biermann, "Briefe des ersten chinesischen Priesters und Bischofs Fray Gregorio López O. P. aus dem Indias Archiv zu Sevilla", in *Der einheimische Klerus in Geschichte und Gegenwart*, Festschrift P. Dr. Laurenz Kilger OSB (Schöneck-Beckenried 1950), pp. 99 – 117.

　　④　Benno Biermann, "Fr. Gregorio Lopez OP als eingeborener Priester in der Verfolgung (1666 – 1668)", *Zeitschrift für Missionswissenschaft und Religionswissenschaft* 37 (1953), pp. 275 – 283.

　　⑤　Xaver Bürkler, "Die Bewährungsgeschichte des chinesischen Klerus im 17. und 18. Jahrhundert", in *Die einheimische Klerus in Geschichte und Gegenwart* (*Festschrift L. Kilger*), Schöneck-Beckenried: NZM, 1950, pp. 119 – 142.

　　⑥　Johannes Beckmann, "Die lateinische Bildung des chinesischen Klerus im 17. und 18. Jahrhundert", in J. Beckmann (ed.), *Der einheimische Klerus in Geschichte und Gegenwart*. Festschrift P. Dr. Laurenz Kilger OSB (Schöneck-Beckenried 1950), pp. 163 – 187.

María González，1895—1970)是位权威的学者。袁氏是西班牙阿斯图里亚斯(Asturias)人,作为一名多明我会士,他曾于 1921 年进入福建传教,后致力于整理本会在华传教历史。20 世纪二三十年代到五六十年代间,他充分利用了多明我会士所存留下来的书信、报告和著作,撰写了一系列有关多明我会在华传教活动的著作。其中,最重要的一部是《多明我会在华传教志》①。该书共五卷,主要反映的是从 1632 年至 1954 年这三百余年间多明我会士在以福安为中心的华南地区的传教活动。虽然袁氏以教中人身份撰写本会传教史,不可避免地带有很深的褒教色彩,但是他在撰写过程中曾大段摘引个人所见的许多珍稀的早期多明我会士书信、报告及著述,因此这五卷著作收录了非常丰富的资料,十分宝贵。我们参考的是其中的第一册和第五册,第一册是 17 世纪多明我会在华传教史,第五册列出并介绍了他所使用的原始资料。

除了《多明我会在华传教志》,袁氏还撰写了一系列专门介绍一些有名的多明我会传教士的作品。其中,山济各(Francisco Fernández de Capillas，1607—1648)②、利胜(Victorio Ricci，1621—1685)③与万济国④的传记可以作为参考。当然,与本研究关系最密切的是袁氏所著的《罗文炤传》。该书有 1946 年与 1966 年两个版本,⑤1946 年

---

① José María González, *Historia de las misiones dominicanas de China*, 5 vols, Madrid: Imprenta Juan Bravo, 1955 - 1967.

② José María González, *Beato Francisco de Capillas. Protomártir de China*, Manila: U. S. T. Press, 1946.

③ José María González, *Un misionero diplomático en China (El padre Victorio Riccio)*, Madrid: Studium, 1955.

④ José María González, "Semblanzas misioneras: P. Francisco Varo, O. P. ", *Missionalia Hispanica* 12 (1955), pp. 145 - 191.

⑤ José María González, *Biografía del primer obispo chino Excmo. Sr. D. Fr. Gregorio Lo o López*, *O. P.*, Manila: U. S. T. Press, 1946; José María González, *El primer obispo chino*, *Fray Gregorio Lo*, *o López*, *OP.*, Villava-Pamplona: OPE, 1966.

的版本主要叙及罗文炤的生平事迹,1966 年的版本附加了罗文炤的书信集,收录了罗文炤 1665—1690 年间所撰写的 47 封书信。作者以罗文炤的宗教历程分章:入教、入会、担任神父(第一章),传教生活(第二章),被任命为主教,遇到的困难与最后在广州受祝圣(分别为第七、八、九章),担任南京宗座代牧的职位(第十章),培养本地神父(第十一章),虔诚地去世(第十二章)。第三至第六章基本上是对当时传教区的总体描绘,未涉及罗文炤。该书洋溢着传教的使命感,作者把罗文炤的宗教成就串联起来,绣成一幅有功有德的人生画卷,将其塑造成中国天主教徒的理想典范。

　　不可否认,袁若瑟的著作对后人继续研究罗文炤具有一些宝贵的价值。首先,他使用了大量的一手与二手文献,并收集录入了 47 封罗文炤的手稿书信。此外,他阐述了罗文炤生平脉络及主要事件,为后续研究提供了线索。与此同时,他的研究也存在几点不足:1. 缺乏对中国的历史与社会背景的介绍。2. 作者作为教内学者及多明我会士,在撰写的过程中偏重与罗文炤的宗教成就相关的内容,但对具体传教中的一些细节,或者不利于多明我会立场的内容则略而不谈。3. 在解读罗文炤的生平与书信时,没有对书信集进行深入整理,忽略了对书信背景的介绍,有一些解释较为片面。4. 作为人物研究,该书的研究范围不够全面。首先,缺乏对罗文炤的人际网络的研究,也没有展开说明西方传教士、中国信徒与罗文炤的来往以及罗氏参与的书籍编撰工作。其次,该研究重点突出了罗文炤作为一位多明我会士所具有的角色,而忽略了罗文炤与耶稣会、方济各会及巴黎外方传教会的关系与来往。再次,该书中并未涉及罗文炤对礼仪问题的态度与他所写的有关礼仪问题的报告,可能是由于作者当时没有看到最近出版的有关礼仪问题的中文文献,所以缺乏相应的比较研究。另外,关于罗文炤受祝圣的问题,该研究未探讨西属马尼拉政府对待罗文炤的态度,也未涉及当时多明我会与西属菲律宾殖民政府的关系,对于法国巴黎外方传教会的策略及其对罗文炤的看法也没有关注。5. 在资料来源方面,存在遗漏、个别出处不准确、个别信息不详细等问题。比较明显的是阿儒达图书馆藏《耶稣会士在亚洲》档案文献以及塞维利亚远东档案馆的文献,大都没有注出,可能是作者从其他书籍转引而来的(如 Benno Biermann 公布的四封信)。

　　除了袁氏所著的这部传记,还有数篇关于罗文炤的文章。较早的有 Arthur Moule 1919 年发表的《罗文炤主教》("Gregorio Lopez,bishop")①以及 Antonio González 1934 年发表的文章②,但后者没有脚注,也比较简略,其内容跟袁氏所著的罗文炤传记极为相似。较为重要的几篇登载于法国遣使会出版的《宁波简讯》(Le Petit Messager de Ning-Po)。该期刊 1911 年创刊于杭州,一直发行到 1941 年。根据方豪的介绍,该期刊 1933 年 1 月及 2 月号的赵保禄主教(Mgr. Paul Reynaud)传第十六章为罗文炤传,1940 年 3 月及 4 月号增补第七十六节亦涉及罗文炤。③ 袁氏所陈述的罗文炤生病、去世等信息也源自该刊 1924 年 4 月号、5 月号等刊号。

　　方豪在《中国天主教史人物传》一书中也有一篇罗文炤传,他所使用的文献包括上面介绍过的《宁波简讯》、多明我会士陈砥砺(Tommasso M. Gentili)写的《中国传教回忆录》(Memorie di un missionario domenicano nella Cina)以及荣振华(Joseph

──────────

　　① Arthur C. Moule, "Gregorio Lopez, bishop", The New China review 1 (1919), pp. 480-487.

　　② Antonio González, "El primer obispo chino Exmo. y Rvdmo. D. Fr. Gregorio López O. P. (1611-1691)", La Ciencia Tomista (Salamanca 1934), pp. 303-325.

　　③ 方豪:《中国天主教史人物传》中册,北京:中华书局,1988 年,第 144 页。

Dehergne)的《明代中国教友集中地考》①。方豪还写道:"有关罗主教之文件,保存于罗马传信部档案室等处的罗文焻文件已由刘顺德神父译为中文发表于《高雄先驱月刊》。"②刘顺德神父大概将袁若瑟在《罗文焻传》中所提及的部分信息与资料进行了收集并翻译成中文。后来该神父的成果被收录进高雄主教郑天祥于1973年所编的《罗文藻史集》③。这本书是为纪念罗文焻受任为主教三百周年而出版的,涵盖了前面所有提到的研究成果。在这之后,1992年台湾出版了有关罗文焻的《罗公文藻晋牧三百周年纪念》④一书,这本书的重要贡献之一是李伯铎把罗文焻的《论中国祭祖祭孔礼仪》的拉丁语抄本翻译成了中文。⑤ 台湾出版的这几本书大体上是在西方学界研究的基础上写的,从内容上看主要是把袁若瑟的贡献以及他所使用的一些西文资料翻译成了中文。这些书都是从多明我会以及罗马教会的角度写的,主要是赞扬和歌颂罗文焻,并没有对罗文焻的祝圣等问题给出一个较为全面的解读。

袁氏写的《罗文焻传》后,西方学界有关罗文焻的研究便很少了,但是本世纪初多明我会士 Miguel Ángel San Román 发表了一篇文章,题为《罗文焻:17世纪中国教会的独特角色》⑥。该文大

---

① Joseph Dehergne, "Les chrétientés de Chine de la période Ming (1581 – 1650)", *Monumenta Serica* 16 (1957), pp. 1 – 136.

② 方豪:《中国天主教史人物传》中册,第151页。

③ 郑天祥编:《罗文藻史集》,高雄:高雄教区主教公署,1973年。

④ 张奉箴:《罗公文藻晋牧三百周年纪念》,台北:闻道出版社,1992年。

⑤ 李伯铎译:《中国首任主教罗文藻论中国祭祖祭孔礼仪》,收录于张奉箴《罗公文藻晋牧三百周年纪念》,第118—140页。虽然该翻译有些可以改善之处,没有注释也未与其他抄本做比较,但这是一个很重要的贡献。本书第五章在此基础上对《论中国祭祖祭孔礼仪》加以分析,并比较不同抄本。

⑥ Miguel Angel San Román, "Luo Wenzao: A Unique Role in the Seventeenth Century Church of China", in Ku Wei-ying (ed.), *Missionary Approaches and Linguistics in Mainland China and Taiwan* (*Leuven Chinese Studies X*) (Leuven 2001), pp. 133 – 152.

致总结了袁氏所写的罗文焰传记,同时提出了作者的个人观点与
待研究的问题。

2. 本土视角下的罗文焰

　　20 世纪学术界开始以中国人的角度研究中国天主教,也因此
在研究的兴趣点与研究方法上发生了一些改变,开始关注中国教
徒受洗入教的情况、中国人的交游圈、中国人所写的有关天主教的
中文文献、中国人在礼仪之争中的参与等问题。在 20 世纪上半
叶,一些中国学者也开始写有关中国天主教的重要书籍。1938 年
徐宗泽的《中国天主教传教史概论》[1]、1940 年王治心的《中国基督
教史纲》[2]、1944 年方豪的《中国天主教史论丛》[3]都是影响比较大
的中国基督宗教传教史著作。这一代学者了解西方传统的中国传
教史与西方语言,又掌握了丰富的中国文献,故奠定了中国学术界
中国天主教研究的基础。他们应用了中国地方志等中文文献,对
中国天主教研究做出了非常大的贡献,尤其是在中国教徒以及天
主教中文文献的研究方面。方豪撰写的《中外文化交通史论丛》
《中西交通史》《中国天主教史人物传》等著作,勾勒出中国天主教
史的轮廓。[4] 徐宗泽所写的《明清间耶稣会士译著提要》[5]也给学
术界打开了天主教中文文献研究的大门。同样,《陈垣史学论著
选》[6]中对吴渔山等中国教徒的研究也已成为从中国本土视角研
究中国天主教的重要典范。

---

① 徐宗泽:《中国天主教传教史概论》,上海:土山湾印书馆,1938 年。
② 王治心:《中国基督教史纲》,上海:上海古籍出版社,2007 年。
③ 方豪:《中国天主教史论丛》,上海:上海印书馆,1947 年。
④ 方豪:《中西交通史》,台北:中华文化出版事业委员会,1954 年。
⑤ 徐宗泽:《明清间耶稣会士译著提要》,上海:中华书局,1949 年。
⑥ 陈垣:《陈垣史学论著选》,上海:上海人民出版社,1981 年。

　　西方学者主要是从罗文焻的多明我会士身份以及主教身份去对他进行研究,忽略了罗文焻的中国身份。笔者认为,研究罗文焻还须要立足于对中国教徒和中文文献的研究,只有这样才可以更好、更全面地理解罗文焻洗礼入教的情况以及其社会背景、人际关系、与其他教徒在对中国礼仪和中国教会的看法上的异同等问题。

　　关于中国教徒的研究,除了方豪的重要著作中有很宝贵的信息之外,最近还有很多学者也对中国教徒以及传教士周围的中国文人做了很详细的研究。有关被喻为明末天主教三大柱石的徐光启、杨廷筠、李之藻以及王徵等著名教徒的研究非常多,其中钟鸣旦①、黄一农②等学者的研究尤具代表性,他们的成果还提供了丰富的前人研究和文献信息。

　　Lewis Rambo 与裴德生(Williard J. Peterson)提出了皈依信仰的理论模式。③ Lewis Rambo 把信仰改变的因素归为五种:感情因素(affective)、智识因素(intellectual)、道德因素(ethical)、宗教因素(religious)和政治社会因素(socio-political)。钟鸣旦把徐光启和李之藻入教归于智识因素,把杨廷筠从佛教改信天主教归于宗教因素,把王徵的皈依归于道德因素。这些教徒改信天主教的故事被记录在柏应理(Philippe Couplet,1622—1693)的《徐光启行略》、曾德昭(Álvaro Semedo,1586—1658)的《中华帝国志》、

---

　　① Nicolas Standaert, *Yang Tingyun*, *Confucian and Christian in Late Ming China: His Life and Thought*, Leiden: E. J. Brill, 1988. 有关中国教徒研究的更多信息,参见 Standaert, *Handbook of Christianity in China*, *volume one: 635 - 1800*, Leiden: Brill, 2001, pp. 391 - 437.

　　② 黄一农:《两头蛇:明末清初的第一代天主教徒》,上海:上海古籍出版社,2006 年。

　　③ Lewis Rambo, *Understanding Religious Conversion*, New Haven/New York: Yale Univ. Press, 1993; Williard J. Peterson, "Why Did They Become Christians? Yang T'ing-yün, Li Chih-tsao, and Xsü Kuang-ch'i", *East Meets West* (1988), pp. 129 - 152.

王徵的《畏天爱人极论》、丁志麟的《杨淇园先生超性事迹》、耶稣会年信以及巴托里（Danielle Bartolli）的《耶稣会史》等书里。

虽然这些优秀的中国教徒跟罗文焜的社会身份不太一样，但是研究罗文焜不能忽略有关他们的著作。参考他们相对比较全面、比较详细的生平以及他们的入教情况与社会背景，有助于我们解读罗文焜入教情况以及他决定投身传教事业的原因、他的交游圈和思想来源等问题。

前面提到的著名中国教徒的信息比较全，但本书较为关注的是一些入教的中等层级文人，因为他们跟罗文焜的关系略近些。他们很多人都没考上进士或举人，或者考上后退职了，但是他们通过参与书籍的编写和出版从而参与了天主教的本土传播。一般西文文献只会写他们的洗名，地方志对他们的描写也比较少，但是因为他们参与出版天主教汉文书籍，包括撰写、参阅、参订、作序等，所以可以在这些文献中找到有关他们的一些信息，甚至可以勉强勾勒出他们的交游圈样貌。他们的交游圈包括教徒和非教徒，其中韩氏、段氏家族与高一志（Alfonso Vagnone，1568—1640）的山西交游圈，以及李氏、张氏家族与艾儒略的福建交游圈最为闻名。因为明末的一些社会问题，这些文人希望通过乡约和善书改变政治社会状况，与徐光启等人注重科学不同，他们更强调道德与伦理。例如，由艾儒略洗礼的李九标写了《枕书》，而他的交游圈当中又有与复社关联的文人。李九功编了《励修一鉴》和《文行粹抄》，撰写《慎思录》（由其子李奕芬出版）。泉州人张赓亦由艾儒略洗礼入教，1629 年致仕后也参与了天主教书籍的编辑和写序工作。张星曜原来是佛教徒，1678 年接受洗礼，1672 年写了《天主教儒教同异考》，后来在杭州又写了《圣教赞铭》。朱宗元帮助建立自己家乡宁波的教会，又写了《答客问》《拯世略说》等书，强调天主教象征对消除恶魔的力量，反对道教和佛教。尚祐卿在济南结识了利安当后,跟这位西班牙传教士编辑《天儒印》,这是一本从天主教角度解读《四书》的书,他还撰写了《补儒文告》。祝石是兰溪一位教理讲解员和医生,给卫匡国(Martino Martini, 1614‐1661)《求友篇》写过序。虽然目前没有一本比较全面介绍这些文人的书,但可以参考黄一农、林金水、李天纲、肖清和、潘凤娟、杜鼎克、钟鸣旦和梅欧金(Eugenio Menegon)等学者的相关研究。① 这些学者已经开始利用中文文献,来阐述中国教徒的更为具体的情况,以及他们在中国天主教传播中的角色、身份等问题。除此之外,这些中国教徒自己写的或与传教士合作而成的中文文献也陆续被整理、影印出版,并受到很大关注。②

　　近些年来,对礼仪之争中的中国声音的研究也是一个热点。在中国礼仪之争全面爆发前的 17 世纪八九十年代,福建有一些中国天主教徒参加了争论,写了有关礼仪问题的书,而罗文炤主动或者被动地也参与了礼仪之争。前人有关礼仪之争的研究成

---

　　① 有关这些教徒的整体研究可以参见林金水:《艾儒略与福建士大夫交游表》,《中外关系史论丛》第 5 辑,北京:书目文献出版社,1996 年,第 182—202 页;肖清和:《"天会"与"吾党":明末清初天主教徒群体研究》,北京:中华书局,2015 年。也有针对某个奉教文人的专题研究,如 Dominic Sachsenmaier, *Die Aufnahme europäischer Inhalte in die chinesische Kultur durch Zhu Zongyuan*（*ca. 1616‐1660*）, Nettetal: Steyler, 2001 (*Monumenta Serica* Monograph Series 47),中译本见［德］多米尼克·萨克森迈尔:《在地之人的全球纠葛:朱宗元及其相互冲突的世界》,张旭鹏译,北京:商务印书馆,2022 年。至于其他的研究在此不作详述,可以参见 Standaert, *Handbook of Christianity in China*, pp. 391‐437,该手册参考文献部分中也列出了学界的相关研究。

　　② 最近几年大量的中文天主教文献陆续出版,可以参见以下著作:吴相湘主编:《天主教东传文献》,台北:台湾学生书局,1965 年;吴相湘主编:《天主教东传文献续编》三册,台北:台湾学生书局,1966 年;吴相湘主编:《天主教东传文献三编》六册,台北:台湾学生书局,1972 年;钟鸣旦、杜鼎克、黄一农、祝平一等编:《徐家汇藏书楼明清天主教文献》,台北:辅仁大学神学院,1996 年;钟鸣旦、杜鼎克编:《耶稣会罗马档案馆明清天主教文献》,台北:利氏学社,2002 年;钟鸣旦、杜鼎克、蒙曦:《法国国家图书馆明清天主教文献》,台北:利氏学社,2009 年;钟鸣旦、杜鼎克、王仁芳编:《徐家汇藏书楼明清天主教文献续编》,台北:利氏学社,2013 年;张西平、任大援、马西尼等主编:《梵蒂冈图书馆藏明清中西文化交流史文献丛刊》(第一辑),郑州:大象出版社,2014 年。

果数量非常庞大,在这里只能稍微提及在该研究领域做过重要
贡献的几位学者,如 George Minamiki①、J. S. Cummins②、孟德
卫(David Mungello)③、陈纶绪(Albert Chan)④、李天纲⑤等。他们
的著作也是本研究的重要研究基础。⑥

　　礼仪之争背景之下,对本研究比较重要的是福建、浙江、江西
一带的与罗文炤有来往的士大夫,以及他们的交游圈和所撰写的
书。李天纲在《中国礼仪之争:历史,文献和意义》里说:"目前为
止所见参与中国礼仪之争汉文献写作的儒家士大夫,主要有严谟
(福建泉州人)、夏大常(江西赣州人)、李九功(福建福清人)、丘晟
(福建将乐人)、张星曜(浙江杭州人)等。"⑦李天纲和其他的学者
还补充了严谟的父亲严赞化,李九功之子李奕芬,丘晟的父亲丘曰
知,江西南丰的刘凝,浙江杭州的洪意纳爵等人。

　　严赞化是福建开教者艾儒略的学生。李九功及其兄李九标也
于 1628 年由艾儒略洗礼入教,他们是叶向高的学生,曾经与严赞
化一起随艾儒略在福建各地游学传教。他们构成一个文人交游
圈,曾共同完成了《口铎日抄》。从这本书卷一的署名看得出他们的
紧密关系。张星曜 1678 年由殷铎泽(Prospero Intorcetta,1625—
1696)授洗,其父是杨廷筠的学生。夏大常是赣州住院聂仲迁

---

　　① George Minamiki, *The Chinese Rites Controversy: From Its Beginning to
Modern Times*, Chicago: Loyola University Press, 1985.

　　② J. S. Cummins, *A Question of Rites: Friar Domingo Navarrete and the
Jesuits in China*, Aldershot: Scolar Press, 1993.

　　③ David Mungello, ed., *The Chinese Rites Controversy: its History and
Meaning*, Nettetal: Steyler Verlag, 1994.

　　④ Albert Chan, "A question of rites", in *Monumenta Serica*. Vol. 44 (1996),
pp. 427 – 438.

　　⑤ 李天纲:《中国礼仪之争:历史,文献和意义》,上海:上海古籍出版社,1998 年。

　　⑥ 其他的相关研究在此不作详述,可以参见 Standaert, *Handbook of
Christianity in China*, pp. 680 – 688.

　　⑦ 李天纲:《中国礼仪之争:历史,文献和意义》,第 221 页。

（Adrien Grelon，1618—1696）的中文助手。丘曰知 1638 年由毕
方济（Francesco Sambiasi，1582—1649）神父授洗。浙江杭州的洪
意纳爵在《祭祀回答》中回答殷铎泽的问题。凡此均可见当时中国
教徒与传教士的关系与重要往来，而罗文焲作为中国神父和主教
不可能缺席这个网络中有关礼仪问题的讨论。

　　李天纲、钟鸣旦、陈纶绪、黄一农等学者均曾相对全面地介绍这
些中国文人所写的文献，而且结合了《福建通志》《陇西县志》等中文
文献来介绍关于文献作者的更为详细的信息。在耶稣会的请求之
下，中国士大夫在这些文献当中解释祭祖祭孔的意义，阐述上帝、天
等概念。有的文人（如严谟）引经据典，开始用考据学研究祭礼，而
有的文人（如夏大常）还是沿用"宋学"论经，使用明代流行的元代陈
皓《礼记集说》作为经典文本基础。本研究要解决几个跟这些文人
以及他们所编的书相关的问题，如：罗文焲是这个交游网络中的一
员吗？他跟他们保持什么样的关系？他署名的《论中国祭祖祭孔礼
仪》是像严谟那样引经据典，还是像夏大常那样沿用"宋学"论经？

　　另外，我们知道李奕芬在《辩祭参评》中记录整理了耶稣会士
李西满（Simāo Rodrigues，1645—1704）的看法。李奕芬后来成为
颜珰（Charles Maigrot，1652—1705）的助手和中文教师。那么，
在李西满与颜珰的不同意见之间，他如何自处？同样，罗文焲多年
协助多明我会士，而又与耶稣会士及其发展的教徒有来往，他又面
临了什么样的境遇？做了怎样的选择？这在他的书信和《论中国
祭祖祭孔礼仪》中有所表现吗？

　　针对这些问题，钟鸣旦的《礼仪之争中的中国声音》[①]值得我

　　[①]　Nicolas Standaert, *Chinese Voices in the Rites Controversy*, *Travelling Books*, *Community Networks*, *Intercultural Arguments*, Roma: Bibliotheca Instituti Historici S. I, 2012. 中译本见［比］钟鸣旦：《礼仪之争中的中国声音》，陈妍蓉译，上海：上海人民出版社，2021 年。

们注意。该书分析了欧洲传教士 17 世纪末至 18 世纪初针对礼仪问题向罗马做的报告。传教士应用了大量的中国经典文句以及中国教徒写的中文证言来支撑他们的观点。钟鸣旦认为这些文献的价值之一是能够显示有关礼仪问题的本土观点。罗文焰有关礼仪问题的文字也同样被介绍到罗马教廷,所以本书也把罗文焰作为一个案例来进一步分析礼仪之争中的中国声音,深入探讨中国教徒在传教士之间的角色与复杂的身份,并尽可能去回答一个问题:他们在中国礼仪之争中写的证言、文本等是否代表了中国人的声音?

　　黄一农也在中国天主教文献研究方面做了很重要的贡献。他在考释严谟的《帝天考》《考疑》《辨祭》等书的过程中,对罗文焰做了一系列的假设,涉及严谟与罗文焰、多明我会士万济国和耶稣会士李西满等人的关系。① 《帝天考》里严谟请求"费大老师"将《帝天考》一书送交"罗、万、南、鲁、毕、聂、李诸位师",请他们审阅并提意见。黄一农认为其中"罗"很可能指罗文焰,而非此前有学者认为的耶稣会士罗儒望(João da Rocha,1565—1623)。② 按照这个假设他还推算《帝天考》的编写时间,并对罗文焰没有被称为"大老师"作解释,觉得他应该还没有接受祝圣。此外,黄一农还考证了这些神父具体是谁以及《帝天考》的写作意图,认为严谟采取了较为中立的态度,希望能影响批判中国礼仪最厉的万济国等人。在《考疑》里严谟还有一句话写道"此书乃呈进于罗、欧老师者,已蒙采取录寄万、夏二老师,谨将原稿呈览,以便采择"。③ 黄一农同样认为此处"罗"指罗文焰,进一步认为因为严谟知道罗文焰态度比较友善中立,才请他把书转送万济国和夏老师。《辨祭》里说"谟则另有《考疑》一册……《考疑》一册之著,盖因万老师摘《礼记》《诗

---

① 黄一农:《两头蛇:明末清初的第一代天主教徒》,第 404—412 页。
② 黄一农:《两头蛇:明末清初的第一代天主教徒》,第 405、409 页。
③ 黄一农:《两头蛇:明末清初的第一代天主教徒》,第 412 页。

经》十数条,以证祭祖有来享、有求福,愚为考辨其原义不干求福之事,非真来格之言。今其原稿散逸,一时无存,不得抄呈。但罗、李、京都处已有,其书倘可采,祈便中寄音往彼处抄之,若得抄到,敢烦为草抄一本寄还,尤感也"。[①] 在这一段,黄一农也把"罗"考为罗文炤。黄一农还对严谟写的《李师条问》《辨祭》《草稿》《辨祭后志》《致穆大老师文两首、跋语一首》《草稿(抄白)》做出了更多的假设。笔者认为黄一农提供的信息非常有价值,不过有一些解释只能作为假设,没有提供足够的证据,对多明我会士的信息来源也没有详细的解释。

方豪也论及罗文炤关于礼仪问题的看法,使用了《宁波简讯》里的证据,以及吴渔山《哭司教罗先生》一诗里的证据。与多明我会士袁若瑟不同,方氏比较清楚地说罗文炤在礼仪问题上与耶稣会士观点相似,还加一句"渔山为罗公设灵堂,供遗像,可知二公均不认此为迷信"。方豪注重研究罗文炤的交游圈,增加了关于罗文炤与吴渔山关系的讨论,跟传统的西方传教学有些不同。在方豪等学者研究的基础上,比较全面研究吴渔山的有章文钦教授《吴渔山及其华化天学》。[②]

另外,有关多明我会在华传教史的研究,厦门大学张先清教授的《官府、宗族与天主教:17—19 世纪福安乡村教会的历史叙事》一书贡献非常大。[③] 该书从社会学的角度分析地方宗族与天主教传播的关系,为本研究提供了有关罗文炤出生地的地理情况、社会规则、宗族关系等方面的丰富信息。此外还有两位西方学者对多明我会福建教徒的研究做出了重要贡献。第一位是与袁氏同会的

---

① 黄一农:《两头蛇:明末清初的第一代天主教徒》,第 413 页。
② 章文钦:《吴渔山及其华化天学》,北京:中华书局,2008 年。
③ 张先清:《官府、宗族与天主教:17—19 世纪福安乡村教会的历史叙事》,北京:中华书局,2009 年。

San Román 神父,他写的博士论文《17 世纪闽东多明我会传教区的中国教友》对本书具有参考价值。他从传教学的角度分析福建多明我会传教区的中国教徒。[1] 第二位是最近深入研究该传教区的波士顿大学梅欧金(Eugenio Menegon)教授,他发表了多篇与多明我会福建传教区有关的论文并出版了专著。[2] 他的研究方法与关注点与袁若瑟有所不同,不仅掌握了袁氏著作中涉及的文献和各个档案馆多明我会相关的资料,而且又用新的研究方法和角度来分析多明我会在福建的传教活动。对该传教区的历史社会背景、传播方式、教徒关系、女教徒的角色等问题都有细致阐述。

总之,虽然学界对很多中国教徒已多有研究,但是针对罗文炤的研究还是不够的。本研究将以新资料和新方法,对以下问题做进一步探讨:罗文炤改信天主教的情况;他的交游圈,包括跟中国教徒与西方传教士的关系;严谟等福建文人对罗文炤的看法;老师、大老师、老爷的称呼是否能代表他们对罗文炤的不同看法;他在中文天主教书籍出版方面的角色;他对礼仪问题的观点以及所受到的影响;他的《论中国祭祖祭孔礼仪》的文句来源,及其与其他传教士和中国教徒的类似作品的关系等。

3. 其他相关研究

虽然传教史的其他著作不会专门论述罗文炤或者多明我会在

---

[1]　Miguel Angel San Román, "Cristianos laicos en la misión dominicana del norte de la pronvincia de Fujian, China, en el siglo XVII", excerpta ex dissertatione ad doctoratum in Facultate Missiologiae Pontificiae Universitatis Gregorianae, Rome: Università Pontificia Gregoriana, 2000.

[2]　Eugenio Menegon, *Ancestors*, *Virgins*, *and Friars*, *Christianity as a Local Religion in Late Imperial China*, Cambridge (Massachusetts) and London: Harvard University Press, 2009.

福建的传教情况,但也会给我们提供一个更宏观的背景,这些前人研究包括但不限于有关中国天主教史的一些比较权威的著作和参考书,如 Robert Streit[①]、荣振华[②]、谢和耐[③]等学者的成果,钟鸣旦所编《中国基督宗教史研究手册》对这些著作有详细的介绍。[④] 下面笔者再来介绍有关其他修会的传教士,尤其是耶稣会士、方济各会士和巴黎外方传教士的一些重要前人研究。这些研究对本书解决罗文焵研究中的个别问题非常重要。

罗文焵由方济各会士利安当洗礼入教,由方济各会士伊大任祝圣成为主教。他在任职宗座代牧及主教后,方济各会士余天民一直做他的副主教、助手与顾问。所以研究罗文焵必须参考有关方济各会在华传教史的研究。《中华方济各会志》(*Sinica Franciscana*)[⑤]中收录了大量的方济各会士所写的书信报告,虽然没有专门讲罗文焵的,但是在几封书信里可以找到关于他的信息,脚注里也提供了很多其他一手和二手文献信息。关于方济各会在华传教史,已有研究不是很多,但是有崔维孝的《明清之际西班牙方济会在华传教研究(1579—1732)》可资参考。[⑥]

虽然罗文焵是多明我会士,但与耶稣会士亦多有往来,尤其是从 1680 年代以后。然而,前人研究中几乎没有关注过罗文焵与耶

---

①　Robert Streit, *Bibliotheca Missionum*, *I - VII*, 5, Münster-Aachen, 1916 - 1931.

②　Joseph Dehergne, *Les chrétientés de Chine de la période Ming* (*1581 -1650*), Monumenta Serica 16 (1957), pp. 1 - 136.

③　Jacques Gernet, *Chine et christianisme. Action et réaction*, Paris: Gallimard, 1982.

④　Nicolas Standaert, *Handbook of Christianity in China*.

⑤　本书用 SF 来简称 *Sinica Franciscana*,例如 SF II 指代《中华方济各会志》第二册,即 Anastasius van den Wyngaert (ed.), *Relationes et Epistolas Fratrum Minorum Saeculi XVI et XVII*, Quaracchi-Firenze, 1933. 至于其他册,见参考文献。

⑥　崔维孝:《明清之际西班牙方济会在华传教研究(1579—1732)》,北京:中华书局,2006 年。

稣会士的关系。而对于耶稣会士在华传教史,国内外的研究却很多。比较值得强调的有 1824 年耶稣会士史式微(Joseph de la Serviere)写的《旧耶稣会在华传教史》①,这本书的插图中有一幅罗文炤画像。后来荣振华对耶稣会资料进行过细致的整理及研究。② 最近的研究中,美国学者柏理安(Liam Matthew Brockey)也比较完整地总结了明清时代耶稣会在中国的情况。③此外,Joseph Sebes 的《17 世纪菲律宾耶稣会士在中国》一文也与本书有一定相关性,因为该文有助于了解从马尼拉来的耶稣会士在中国的情况。④

　　罗文炤是在巴黎外方传教会陆方济的推荐下才受到罗马教廷的关注并且被任命为主教的,罗马传信部与巴黎外方传教会关于罗文炤当主教的商讨过程也是本研究相当重要的一部分。对于罗马教廷在中国的早期计划与教会结构情况,Joseph de Moidrey⑤、Georges Mensaert⑥、Karl Müller、Joseph Metzler⑦ 等学者都做过重要贡献。至于巴黎外方传教会在亚洲的发展情况,可以参考

---

　　① Joseph de la Serviere, *Les anciennes missions de la Compagnie de Jesus en Chine*, Changhai: T'ou-sè-wè, 1923.

　　② 有关耶稣会士的传记等信息,可以参见 Joseph Dehergne, *Répertoire des Jesuites de Chine de 1552 à 1800*, Rome: Institutum Historicum S. I., 1973.

　　③ Liam Matthew Brockey, *Journey to the East: The Jesuit Mission to China*, *1579 - 1724*, Cambridge, MA: The Belknap Press of Harvard University Press, 2008. 中译本见[美]柏理安:《东方之旅:1579—1724 耶稣会传教团在中国》,毛瑞方译,南京:江苏人民出版社,2017 年。

　　④ Joseph Sebes, "Philippine Jesuits in the Middle Kingdom in the 17th Century", *Philippine Studies*, n°. 26 (1978), pp. 192 - 208.

　　⑤ Joseph de Moidrey, *La Hierarchie Catholique en Chine, en Corée et au Japon* (*1307 - 1914*) (Variétés Sinologiques n. 38), Chang-hai, 1914.

　　⑥ Georges Mensaert, "L'établissement de la Hierarchie catholique en Chine de 1684 à 1721", *Archivum Franciscanum Historicum* 46 (1953), pp. 369 - 416.

　　⑦ Karl Müller, "Propaganda-Kongregation und einheimischer Klerus", in Josef Metzler (ed.), *Sacrae Congregationis de Propaganda Fide memoria rerum* I/1 (Freiburg 1971), pp. 538 - 557.

Adrien Launay 的著作,[①]以及 Henri-Alexandre Chappoulie[②]、Alain Forest[③]、Henri Sy[④]、Frédéric Mantienne[⑤]、Gérard Moussay[⑥] 等学者的书,其中尤其重要的是有关陆方济的研究[⑦]以及他的书信集[⑧],揭示了作为宗座代牧的陆方济针对罗文炤的计划。

罗文炤1683年到马尼拉的时候,多明我会与西属马尼拉政府发生了冲突,罗文炤身处多明我会、马尼拉殖民当局和奥斯定会之间。为了弄清楚当时所发生的事情,需要了解马尼拉当时的政治局面,所以本书在前人对菲律宾的一些研究的基础之上(如 *The Philippines Islands* 这套大型资料汇编[⑨]以及 Horacio de la Costa[⑩]、Juan Gil[⑪] 等

[①]　有关巴黎外方传教会的神父传记,可以参见 Adrien Launay, *Mémorial de la Société des missions étrangères*, *Deuxième partie* (*1658 - 1913*), Paris: Séminaire des missions étrangères, 1912. 至于巴黎外方传教会的传教活动与传教史,可以参见 Adrien Launay, *Histoire générale de la Société des Missions-Étrangères*, 3 vol, Paris, 1894.

[②]　Henri-Alexandre Chappoulie, *Aux origines d'une église: Rome et les missions d'Indochine au XVIIe siècle*, Paris: Bloud et Gay, 1948.

[③]　Alain Forest, *Les missionnaires français au Tonkin et au Siam (XVII - XVIII siècles): Analyse comparée d'un relatif succès et d'un échec total*, 3 vol., Paris: L'Harmattan, 1999.

[④]　Henri Sy, *La Société des Missions Étrangères les débuts*, *1653 - 1663*, Paris: Églises d'Asie, 1998; Henri Sy, *La Société des missions étrangères: la fondation du séminaire*, *1663 - 1700*, Paris: Églises d'Asie, 2000.

[⑤]　Frédéric Mantienne, *Les relations politiques et commerciales entre la France et la péninsule Indochinoise*, Tome 1, XVII siècle, Paris: Les Indes savantes, 2002.

[⑥]　Gérard Moussay & Brigitte Appavou, *Répertoire des Membres de la Société des Missions Étrangères*, *1659 - 2004*, Paris: Archives des Missions Étrangéres, 2004.

[⑦]　Louis Baudiment, *François Pallu*, *Principal fondateur de la Société des Missions Étrangères* (*1626 - 1684*), Paris: Gabriel Beauchesne et Fils, 1934. Nouvelle édition, Archives des Missions Étrangères de Paris, 2006.

[⑧]　Adrien Launay et Frédéric Mantienne. *Lettres de Monseigneur Pallu. Écrites de 1654 à 1684*, Paris: Les Indes savantes, 2008.

[⑨]　Emma Blair and Alexander Roberson, *The Philippine Islands*, 53 Vols, Cleveland, 1903 - 1908.

[⑩]　Horacio de la Costa, *The Jesuits in the Philippines*, *1581 - 1768*, Cambridge: Harvard University Press, 1967.

[⑪]　Juan Gil, *Los Chinos en Manila. Siglos XVI y XVII*, Centro Cientifico e Cultural de Macau, 2011.

学者的著作），对菲律宾相关的问题进行了讨论。

　　虽然多明我会学者基本阐述了罗文焌的生平，最近也有学者开始对中国教徒做更详细的研究，但是还需要把罗文焌放在一个更广的框架中来研究，要结合对各个修会和对中国教徒网络的新研究才有可能深化有关罗文焌的研究。

第四节　研究基础与研究条件

　　明末清初的中外文化交流主要是以西方天主教传教士为媒介，但他们在西学东渐、中学西传过程中并不是唯一的桥梁。钟鸣旦教授《基督教在华传播史研究的新趋势》一文指出，在国际学术界，基督教在华传教史研究新近出现了一些趋势，"这个范式变换是从传教学和欧洲中心论的范式转到汉学和中国中心论的范式"。① 浙江大学黄时鉴教授进一步指出，"传教学范式的研究所关注的是传教士们为在中国传播基督教都做了些什么……这种研究大量依据西文资料，当然也利用一些汉文文献，而其主要成果则集中在一些著名传教士的传记上。此后，历史学家开始关注接受方面的问题，转到汉学（以中国为中心或以中国为本体）的范式，研究中国人如何对待传教士，如何对待基督教和西学，中国人与传教士之间的关系，中国思想文化对西方宗教文化的反应。进行这种研究，除了西文资料，自然要更多地注意利用汉文资料"。②

　　本书也综合利用上述理论框架与方法来研究罗文焌。除了借

---

　　①　［比］钟鸣旦：《基督教在华传播史研究的新趋势》，马琳译，《国际汉学》第 4辑，郑州：大象出版社，1999 年，第 477—520 页。

　　②　黄时鉴：《明末清初天主教入华史的研究——范式的转变与汉文文献的利用》，荣新江、李孝聪主编：《中外关系史——新史料与新问题》，北京：科学出版社，2004 年，第 9 页。

助传统的传教学以及西方传教士的西文资料之外,本书还结合中
国人的角度以及他们所编写的文献。除了注重中国天主教的传
播,也不能忽略中国人对中国天主教的接受方面。在这方面,罗文
炤自己写的文献以及当时其他中国教徒写的中文文献是本研究很
重要的基础,它们可以展现罗文炤如何对待天主教、对中国教会的
看法以及对中国礼仪的本土观点等问题。所以本研究的基础是收
藏在欧洲各个档案馆的西文与中文资料,用古文书学(philology)
的方法进行分析和解读,将不同语言的史料进行对照与互证。

1. 罗文炤撰写的文献

　　袁若瑟在《罗文炤传》中收录了罗文炤从 1681—1690 年间写
的 47 封信,[①]它们保存于以下几个欧洲档案馆:罗马传信部档案
馆、罗马卡萨纳特图书馆、多明我会总会档案馆、塞维利亚远东档
案馆、里斯本阿儒达图书馆。实际上,罗文炤写的书信远不止这
些。本书附录二中列出了罗文炤署名的 120 多封信。本书在袁若
瑟的基础上,还新收录了罗文炤在 1680 年代给耶稣会士的书信,
以及他写给奥斯定会、巴黎外方传教会神父的书信。此外,还收录
了罗文炤署名的《论中国祭祖祭孔礼仪》的不同抄本,包括西班牙
文和拉丁文抄本,以及后来出版的且经过删改的文本。

　　罗文炤的书信主要是用西班牙语写的,也有一部分拉丁文书
信以及个别意大利文抄件;除了一封信外都是 1680 年后写的。这
些文献一定程度上反映了罗文炤对中国教会的态度和对中国礼仪
的看法,还有一部分也反映了受祝圣期间所遇到的问题以及宗座
代牧制度所带来的矛盾。当然,也可以从中获得一些该主教区传

---

① 　González, *El primer obispo chino*, pp. 143 - 286.

教士的情况、不同修会之间的关系等信息。

2. 其他西文文献

除了罗文炤本人写的书信之外,本书的文献史料基础还有各个修会及政府官员的原始文献,包括多明我会、耶稣会、方济各会、奥斯定会、巴黎外方传教会的各种书信报告,及罗马教廷、西班牙和葡萄牙官方的书信。

本研究所使用的耶稣会文献主要保存于罗马耶稣会档案馆、里斯本阿儒达图书馆、耶稣会法国省档案馆、西班牙历史档案馆。阿儒达图书馆藏《耶稣会士在亚洲》系列档案文献是耶稣会澳门档案馆文献的18世纪抄本。该馆还保存着大量的传教士书信和报告(与本书主题相关的书信主要集中在49－V－18,49－V－19,49－V－20,49－IV－63, 49－IV－64,49－IV－65等编号中),其中就包括罗文炤与其他传教士的往来书信。以前没有人处理过这些价值非常高的书信,本书对这些书信做了系统整理和介绍。《耶稣会士在亚洲》中还有一部分不同修会传教士之间的往来书信,对理解罗文炤周围传教士所关注的重要问题甚有帮助。例如,耶稣会士李西满、毕嘉(Giandomenico Gabiani, 1623—1694)、南怀仁(Ferdinand Verbiest, 1623—1688)、方济各(Francesco Saverio Filippucci, 1632—1692)、徐日昇(Tomé Pereira, 1645—1708)、柏应理、殷铎泽、聂仲迁、鲁日孟(Juan Irigoyen, 1646—1699)等神父的一些书信显示,当时他们请求中国教徒撰写支持他们观点的有关礼仪问题的书籍,我们可以通过这些书信更清楚地了解耶稣会士在礼仪之争中如何制定策略和计划、如何请求教徒写书、收集研究资料以及把它们带到罗马,更重要的是这些书信有助于我们了解罗文炤在这个过程的几个步骤中起到了什么作用。

不过,如果想了解罗文炤1680年之前的信息,这些书信便有不足,还需要检索其他修会的档案,尤其是多明我会士写的书信报告。这些文献主要收藏在多明我会圣玫瑰省档案馆、罗马卡萨纳特图书馆、多明我会总会档案馆以及罗马传信部档案馆。明清时期在华多明我会传教士给其在马尼拉的会长、罗马的总会长以及罗马传信部写了大量书信和报告,这部分史料以西班牙文为主,也有部分以拉丁文、意大利文书写。与本研究相关的主要是黎玉范、利胜、闵明我、万济国、许斐禄(Felipe Leonardo,1628—1677)等多明我会士的书信、报告和著作,例如意大利多明我会士利胜的《多明我会在中华帝国之业绩》①。利胜曾于 1655—1666 年间在闽南地区传教,与郑成功家族渊源颇深。1666 年返回马尼拉后,利氏奉多明我会圣玫瑰教省的命令,开始整理、编辑本会在华的早期传教历史,于 1667 年撰成了该书稿。全稿共三册,详细叙述了 17 世纪多明我会入华传教的经过,这是目前存留的反映多明我会早期在福安传教情况的最重要史料之一。罗文炤在福安沿海地区的活动,可以在利胜的著作中找到相关的信息。此外,本书还参考了一部分其他多明我会士所写的重要参考文献。这些文献内容十分丰富,对传教区的叙述非常详细,述及天主教徒数量、分布村落、传教士活动、主要教徒的事迹、传教会的经济状况、官府查禁天主教时发布的公告等信息。这些文献提供了有关罗文炤在福建传教等重要信息。

　　由于方济各会一段时间内也曾经在福安进行传教活动,该会传教士利安当等人的一些书信也涉及了明末清初福安天主教的状

---

　　① Victorio Riccio, *Hechos de la Orden de Predicadores en el Imperio de China*,1667. 台湾清华大学历史所李毓中先生已将 APSR 所藏该书手稿转写、整理并校注,不久会出版。本书所引用的利胜的这本著作,就是根据李毓中先生的整理本,引用时注明引文所属的章节。感谢李毓中先生将未刊的整理本赠予我们参考。另外,在引用该书时,部分引文也参考了 González, *Historia de las misiones dominicanas de China* (Vol. 1)以及张先清的《官府、宗族与天主教:17—19 世纪福安乡村教会的历史叙事》,这两本书在解读和翻译利胜著作方面均有参考价值。

况。另外,罗文炤由方济各会士伊大任祝圣,同会的余天民神父做他的副主教,所以罗文炤的传教角色以及他受祝圣的原委在方济各会士的书信和报告也有记录。这些方济各会士的资料多数收录于《中华方济各会志》中,不失为研究早期福安天主教的重要补充资料,也是了解中国教会管理权、礼仪问题的重要文献,其中利安当、利安定(Agustín de San Pascual,1637—1697)、余天民等传教士的书信尤为重要。《中华方济各会志》所收资料之外,本研究还使用了一些伊比利亚和东亚方济各会档案馆等处收藏的方济各会士资料。

另外,法国巴黎外方传教会的神父把罗文炤推荐为主教,所以后来罗文炤与该会的传教士保持了书信往来,而且后来因为祝圣问题涉及了西班牙政府与西班牙传教士的利益,所以有一部分重要的往来书信保存于巴黎外方传教会档案馆、塞维利亚远东档案馆、奥斯定会总会档案馆等。这些书信以前基本未曾被研究过。

本研究所查阅过的档案馆信息以及在书中所使用的简称,见本书参考文献。

3. 中文文献

本研究参考的中文文献主要为明清时期天主教汉籍。[①] 20 世

---

① 陈纶绪编了一部耶稣会罗马档案馆所藏天主教中文文献目录,除了考订文献出处、作者信息、版本源流等外,每份文献都有提要,参见 Albert Chan, *Chinese Books and Documents in the Jesuit Archives in Rome: A Descriptive Catalogue: Japonica Sinica I-IV*, Armonk, N. Y.:M. E. Sharpe, 2002. 还有其他几种有关天主教中文文献的目录,如徐宗泽:《明清间耶稣会士译著提要》;Henri Cordier, *Bibliotheca Sinica: Dictionnaire Bibliographique Des Ouvrages Relatifs a L'Empire Chinois*, Paris:E. Guilmoto, 1966;Paul Pelliot, *Inventaire Sommaire des Manuscrits et Imprimés Chinois de la Bibliothèque Vaticane*, Revised and edited by TAKATA Tokio, Kyoto:Istituto Italiano di Cultura, Scuola di Studi sull'Asia Orientale, 1995;Maurice Courant, *Catalogue des Livres Chinois, Coréens, Japonais, etc.*, Paris, 1902-1912;张西平主编:《欧洲藏汉籍目录丛编》(六册),广州:广东人民出版社,2020 年。

纪以来,藏于中国和欧洲的这些中文文献很多已被影印出版。它们有助于更好地理解中国教徒与传教士构成的交游圈,他们如何具体参与了书籍出版以及书信编写,他们如何用中文来表达对天主教、中国礼仪、中国教会的看法与态度等问题。通过查阅这些文献,至少还可以了解有关罗文焕三个方面的重要信息:第一,他在传教士与中国教徒这两个群体中的角色;第二,他参与书籍出版和书信编写的情况;第三,他的思想跟其他传教士和中国教徒的异同。

　　罗文焕身处多个不同的群体中间,其中包括西方各个修会的传教士和中国教徒。首先,他作为多明我会士,协助该会在华传教,并协助同会传教士出版中文书籍,因此多明我会士所出版的中文书籍是本研究的重要参考。明清时期在福安、浙江传教的施若翰(Juan García de León,1606—1665)、万济国、赖蒙笃(Raimundo del Valle,1613—1683)等多明我会士都撰写了不少中文书籍,如施若翰的《天主圣教入门问答》、赖蒙笃的《形神实义》(1673)、万济国的《圣教明征》(1677)和《辩祭》(1680—1681),这些中文书籍内容主要是解释教义,阐述天主教要理,对我们理解多明我会在明清时期福安的传教内容、书籍出版情况及其参与者等问题很有帮助。

　　其次,罗文焕也参与了耶稣会士和方济各会士的一些书籍编撰,尤其是从1680年代初以后。所以,耶稣会和方济各会在这一时期所编撰、出版的书籍(特别是关于礼仪问题者)也非常重要。例如在耶稣会士方济各(Francesco Saverio Filippucci,1632—1692)安排之下写的《临丧出殡仪式》,记录了耶稣会士与方济各会士之间的争论,罗文焕亦卷入其中。当时有多种书籍记录了耶稣会士和方济各会士、多明我会士的辩论。要理解当时的争论情况,就需要考察和分析这些中文书籍的内容、编写时间、编写参与者等。

　　第三类很重要的中文文献是中国教徒所编写的,罗文炤署名的《论中国祭祖祭孔礼仪》也在其中。我们目前能找到的是该书的拉丁文译本和几个西班牙语抄本,不知中文原本是否仍存在于世。要想理解罗文炤写的书籍、书信,我们也必须参考其周围传教士和中国教徒写的中文文献。本书将在前人研究的基础上,从罗文炤及其所关注的问题的角度,来重新分析中国教徒当时写过的书籍,如严谟的《帝天考》《考疑》《辨祭》,洪意纳爵的《祭祀回答》,以及李奕芬的《辩祭参评》等。

第一章 从教徒、修士到神父：
罗文炤身份的转变

第一节 明末清初的中西相遇：
福建与马尼拉

　　研究罗文炤首先要了解他的成长环境和所处的历史背景，以最大限度摆脱人物传记的片面性和局限性。因此，本章先介绍罗文炤的家乡福安地区，接着概述他所接触到的西班牙修士在亚洲担任的角色以及当时马尼拉的情况，最后简要介绍其他的欧洲政权及其派来的传教士的情况，以及这些修士在罗文炤的人生经历中所处的位置。

　　一个人的一生中，内、外两方面作用力都是不可忽视的主导力量：其一是其生长的环境以及在生活中遇到的人和事，即外力；其二是个人的修养、品行及为人处事的态度和行为，即内力。罗文炤出生在福安的一个普通家庭，结识了来自远方的西班牙修士，生前已经被提拔为南京主教，成为历史上首位华人主教，也因此而在史册中拥有一席之地。本章在前人研究的基础上，将对罗文炤所处的家庭和社会环境、他在一生中遇到的人和事情以及他的个人品德等方面进行详细阐述,综合多方面因素作分析,来最大限度地还原这位取得杰出成就的福建人的一生,以及他个人与他所处的历史环境之间的相互作用。

此外,在罗文炤的时代,天主教国家与教会机构之间存在着很复杂的关系,有时候是并列存在,有时候则是上下从属,还有时候是互相交叉。罗文炤的身份演变恰恰是在这些国家和教会机构的综合作用下逐渐建立和发展起来的,所以上面提到的两方面作用力在很大程度上都需要放在这些复杂关系中进行解读。可以说,要想探究出罗文炤传奇的一生,除了要研究与罗文炤产生直接关联的内外作用力,还必不可少地要展开对与其有着间接关联的环境背景的研究,即当时这几个国家与教会机构在中国这片土地上的相互碰撞。

1. 福安:罗文炤的故乡

关于福安的自然环境、社会背景和历史,张先清《官府、宗族与天主教:17—19 世纪福安乡村教会的历史叙事》一书在充分利用地方文献的基础上,已经做了全面而深入的阐述。本节的叙述主要参考张先清的研究。①

罗文炤出生在福建省福宁州福安县的罗家巷村。福安地处沿海地带,易与福建其他沿海地方以及台湾、马尼拉等地通过船只形成联系。罗家巷地处长溪下游的中心地,长溪上游有福安城,下游有顶头,从白马港经过顶头往北航行可以直接到罗家巷。明清时期传教士就利用当地便利的水路交通网在城乡之间

---

① 参见张先清《官府、宗族与天主教:17—19 世纪福安乡村教会的历史叙事》,尤其是第 24—41、192—195 等页。

往来传教，罗文炤还曾数次乘船从厦门一带直接把传教士带到罗家巷。

　　秦汉以后，特别是唐宋时期，随着中原移民陆续入迁，福安地区真正得到了开发。到宋明之际，福安地方村落之间宗族聚居的现象已经较为普遍。明万历《福安县志》在论及地方风俗时，就明确指出本县民间这种聚居特点："故家巨族，自唐宋以来各矜门户，物业转属，客姓不得杂居其乡。"①罗氏迁居罗家巷约在两宋时期，据《罗氏宗谱》记载，其始迁祖为罗能致，他"由墺里而迁里族"，是罗氏肇基罗家巷之始。到明初粹七公时，"又由里族而分外族"，罗江罗氏由此分为昭、穆两房，分别居住在里外两地，乃里巷罗氏和外巷罗氏之始。②

　　在天主教传入之前，福安地方社会已经形成了一个包含佛、道、民间神灵崇拜在内的庞杂信仰世界。福安一度是闽东佛教最为盛行的地区之一。明末当地大小寺院和庵院就达百余座，唐、宋、元古寺更达 35 处之多。③ 罗文炤的父母就是佛教徒。虽然文献中多次显示出福建地区佛教徒对天主教戒律的反对，但反西教运动中却没有一位是来自福安的佛教代表，这大概与福安没有学识出众的僧侣人士有关，无法站在宗教的高度去与天主教进行对话。与佛教相比，明清之际道教在福安势力要小得多，但民间神灵崇拜兴盛，例如临水夫人、五显大帝、田公元帅等超地域神灵以及

---

　　① 引自张先清：《官府、宗族与天主教：17—19 世纪福安乡村教会的历史叙事》，第 29 页。

　　② 《罗江豫章罗氏宗谱·外巷》，罗彦宾序，乾隆元年（1736）三月，嘉庆八年（1803）重修本；引自张先清：《官府、宗族与天主教：17—19 世纪福安乡村教会的历史叙事》，第 192 页。学界使用《罗氏宗谱》研究福安教会，或以张先清为最早。我们未见到该族谱，本书所引用数条，均转引自张先清的研究成果。

　　③ 参见张先清：《官府、宗族与天主教：17—19 世纪福安乡村教会的历史叙事》，第 36—37 页。

林公大王等地方神灵。①

此外,明清之际的福安儒学界弥漫着一股反佛教氛围。明代中叶以来,当佛教(以及道教和民间宗教)的影响日益波及士绅社会生活各个层面,进而损害到传统儒家礼法时,东南儒学知识界便发起辟佛老、遵古礼、匡世风的运动。福安儒学界也受到了这种潮流的影响,士绅群体中很少有人成为佛门居士,相反本地最具影响力的一批儒学士人因受到天主教传教士的影响而投入到天主教信仰中。②

福安地区宗教信仰的早期发展与当地宗族有着密切的关系,本地寺庙神祇具有明显的家族依附性。宗族内所存在的浓厚宗教信仰习俗,无形中也为明清之际天主教在当地的传播提供了信仰的土壤。③ 17 世纪天主教传教士的到来使福安百姓的宗教信仰分布情况发生了很大变化,例如 1733 年刚抵达福安时的多明我会士 Blas Sierra 记录说,罗家巷外巷的罗氏全部都是天主教徒,而与他同年抵达的同会修士 Joaquín Royo 说,外巷的 40 户人家中 39 户都是天主教徒,里巷的大部分人家也是天主教徒。不难看出,罗家巷外巷的穆房罗氏已成为典型的天主教宗族,罗家巷也自然成为天主教在福安的重要依托点之一。④

明清时期福安的地方权力结构大体由官府与地方士绅两种力量支配。福安有一个规模不小的县邑士绅阶层。明清之际本县的各类科举功名获得者大抵集中在地方上势力较大的数十个宗族中,尤其像上杭陈氏、鹿斗郭氏、穆阳缪氏、苏阳刘氏、秦溪连氏这

---

① 参见张先清:《官府、宗族与天主教:17—19 世纪福安乡村教会的历史叙事》,第 38—39 页。

② 参见张先清:《官府、宗族与天主教:17—19 世纪福安乡村教会的历史叙事》,第 39 页。

③ 参见张先清:《官府、宗族与天主教:17—19 世纪福安乡村教会的历史叙事》,第 39—40 页。

④ 张先清:《官府、宗族与天主教:17—19 世纪福安乡村教会的历史叙事》,第 192 页。

样声名显赫的大型宗族。此外，像顶头黄氏、双峰冯氏、溪田赵氏等中等阶层也因人才辈出而赢得名望。可以说，这些拥有数量众多的士绅精英的宗族分享了地方社会中的权和名。在福安这个县级社会里，士绅势力与宗族、乡里组织盘根错节，并通过各种人际关系编织出令人生畏的政治关系网，由此使得官府在处理地方事务时不得不瞻前顾后。明清之际天主教会正是充分利用了这个地方士绅精英与宗族组织操控的权力网络，依附于宗族间传播，从而获得了必要的发展空间。①

2. 西班牙在亚洲的扩张：以教会为名

2.1　西班牙与中国的早期关系

西班牙在大航海时代跃身成为一个庞大帝国。1492 年哥伦布到达美洲后，西班牙人在美洲的扩张北至新墨西哥，南至阿根廷。1522 年西班牙人 Juan Sebastian Elcano 历史上首次环绕地球，他与麦哲伦于 1519 年从西班牙启航，经过美洲到达了菲律宾，麦哲伦于 1521 年在菲律宾去世，而 Elcano 继续从菲律宾出发并回到西班牙。1571 年，黎牙实比（Miguel López de Legazpi）攻克了吕宋，同年 6 月 3 日建殖民首府于马尼拉，黎牙实比成为第一位菲律宾总督（Gobernador）。

在政治管理方面，西班牙设立的西印度事务委员会（Consejo de Indias）负责统治和管理西印度（美洲与菲律宾）的各个方面，该领土在管理上被划分为两个大总督辖区：一是新西班牙大总督辖

---

① 张先清：《官府、宗族与天主教：17—19 世纪福安乡村教会的历史叙事》，第 31—32 页。

区(Virreinato de Nueva España),大总督(Virrey)驻新墨西哥城;二是秘鲁大总督辖区(Virreinato del Perú),大总督驻利马。菲律宾属新西班牙大总督管辖,当地设菲律宾政府(Audiencia de Manila),以菲律宾总督为首。[1]

黎牙实比本来的想法应该不是留在菲律宾,而是借菲律宾到达中国。在这个过程中他给新西班牙大总督与西班牙国王菲利普二世(Felipe II)写过信,请求下达相关命令。西班牙修会也原本就把中国定为他们的传教目的地。[2]黎牙实比原来在民都洛岛发现菲律宾人奴役了30个中国人后,买下了这些人作奴隶,在了解到他们来自中国后释放了他们,并让他们回中国。西班牙人到达吕宋岛时,发现有40个中国人居住在马尼拉,是从日本过来的,其中有两人是由耶稣会士洗礼的教徒。[3]

西班牙人在抵达菲律宾后曾试图与中国建立直接贸易往来,为此他们同时酝酿着不同的计划,包括派出使节至福建和北京的计划[4]、

---

① 有关西班牙在这个时期的政治、法律结构可见 Miguel Artola, *La monarquía de España*, Madrid: Alianza Editorial, 1999, pp. 485 – 505.

② 1575 年奥斯定会士拉达(Martín de Rada)参加了一个被派到福建的使团。参见 Antonio García-Abásolo, "Los chinos y el modelo colonial español en Filipinas", *Cuadernos de Historia Moderna X*, Madrid: Universidad Complutense de Madrid, 2011, p. 226. Accessed 2012 – 10 – 01 <http://hdl. handle. net/10396/7918>. 多明我会圣玫瑰省的建立就是以中国为主要传教目标的,Antonio Arcediano 等多明我会士于 1587 到达澳门并建立了教堂和会院,参见 González, *Historia de las misiones dominicanas de China*, Vol. 1, pp. 31 – 32.

③ 参见 García-Abásolo, "Los chinos y el modelo colonial español en Filipinas", p. 225. 中国人到菲律宾最早的记载可以追溯到宋代。参见 Gil, *Los Chinos en Manila*, p. 19.

④ 1575 年一个马尼拉的使团来到福建商谈,成员中有拉达和马林(Jerónimo Marín)两位奥斯定会士。他们没能得到在中国传教的允许。参见 Manel Ollé, *La empresa de China: de la Armada Invencible al Galeón de Manila*, Barcelona: Acantilado, 2002, pp. 53 – 72. 西班牙国王菲利普二世委托几位奥斯定会士带领使团去中国给明朝万历皇帝送礼,包括西班牙的马等物品。该使团于 1581 年到达新西班牙(即今墨西哥),紧接着新西班牙大总督中止了这次访问,原因是前任大总督与菲律宾总督桑德(Francisco de Sande)认为派使节不会得到好的结果。参见 Ollé, *La empresa de China*, pp. 84 – 88.

侵略中国沿海地区的计划[1]、留在菲律宾并继续与中国进行贸易
的计划。最后获得成功的是第三个，因为这是比较实际的互利互
助的往来模式，即通过住在马尼拉的中国人促进中国与西班牙帝
国之间的贸易。每年大量丝绸等商品从福建被运到马尼拉，再通
过马尼拉大帆船被运至新西班牙。福建来往马尼拉的船只数量取
决于福建人从马尼拉赚取银子的多少：16 世纪后期大约每年为
20—30 艘，17 世纪最好的时候一年可达 60 艘。一艘中国船可载
200—400 人和 100—300 吨货物。此外，马尼拉的商船也来中国
进货，也有中国人参与到马尼拉商船的生意中去，这些中国人和西
班牙人在贸易上拥有着共同的目标和利益。[2] 1593 年西属马尼拉
政府规定本城居民可以用大帆船运载 25 万比索的货物，这些货物
在阿卡普尔科（Acapulco）的价值将翻一倍达到 50 万比索，1602 年
则可以运载 30 万比索的货物，在阿卡普尔科会值 60 万。据意大
利人 Gemelli Careri 在《世界环游》（Giro del Mondo）中说，在
1697 年商人的利润在 150％到 200％，甚至有时可以达到 300％，

---

① 西班牙到福建的使团访问中止后，总督桑德于 1576 年写给菲利普二世的一封
信中提及用武力先攻击中国的一个省。参见 Ollé, La empresa de China, pp. 72‐84.
1580 年菲利普二世兼任葡萄牙国王，所以耶稣会士桑切斯（Alonso Sánchez）等 25 人被
派到澳门，目的是让澳门政府承认新的政权。他们的船在途中遇到暴雨，结果在到达沿
海地区之后被带到了广州。后来 Jerónimo Burgos 等方济各会士也于 1582 年到达广
州。最后西班牙修士只能离开，但两广总督陈瑞准许来自澳门的耶稣会士罗明坚留在
肇庆。西班牙修士回到马尼拉之后，桑切斯以中国阻碍自由传播信仰为理由提出了向
中国发动战争的建议。后来该耶稣会士回到澳门商讨进入中国一事，但是广东官员与
葡萄牙资助下的耶稣会士没有同意。之后桑切斯再次提出发动战争并回到西班牙报
告，但是西班牙国王没有接受这样的计划，马尼拉大主教多明我会士 Domingo Salazar
虽然一开始支持耶稣会士桑切斯的想法，但是后来也改变了立场。参见 Ollé, La
empresa de China, pp. 97‐133, 155‐230.
② 有关马尼拉大帆船贸易和往来中国商船贸易，参见 William Lytle Schurz, The
Manila Galleon, Manila: Historical Conservation Society, 1985; Miguel Angel
Fernández, La Nao de China, Monterrey, México: Grupo Vitro, 1998; Serafín D.
Quiason, "The Sampan Trade, 1570‐1770", in Alfonso Felix, The Chinese in the
Philippines, Manila: Solidaridad Pub. House, 1966, pp. 160‐174.

因此他们也经常可以接受高达 50％的借款利息。① 繁荣的贸易给马尼拉的华人和西班牙人带来了丰厚的收入，双赢的局面使华人与西班牙人在菲律宾共处了三个世纪，物品与人的大幅流动使在马尼拉的华人数量迅速增加。

在马尼拉的中国人从 1571 年黎牙实比发现的 40 人增加到 1603 年的 2.5 万—3 万人。那时西班牙人决定让中国人住在马尼拉城外，他们先集中在 Tondo 区以及马尼拉的东北边的巴里安（Parián，即马尼拉的华人区）。② 后来巴里安毁于火灾，于是菲律宾总督指定把巴里安迁至北边不远的一个地方。到了 1688 年，这个巴里安区共有 150 家店铺以及 600 名长居中国居民。③ 除了做福建与马尼拉的生意之外，中国人在当时还给西班牙人提供生活上的各种服务，如制作衣服、鞋子、家具、装饰、面包、点心、药物及银品加工等。中国人的不断增加以及诸如 1603 年屠华事件等冲突使西班牙政府对华人采取了一定的措施，包括限制入境人数并把商人集中在巴里安，甚至酝酿只让中国天主教徒留下而把其他非教徒驱逐出境的计划。④

至于西班牙是如何处理国家内部的民族问题的，可以参考费尔南多国王（Fernando）曾经说过的一句话。当时在西班牙生

① Antonio García-Abásolo, *Murallas de piedra y cañones de seda: chinos en el Imperio español（siglos XVI – XVIII）*, Córdoba: Servicio de publicaciones Universidad de Córdoba, 2012, pp. 91, 129.

② 有关巴里安，参见 Alberto Santamaría, "The Chinese Parian", in Alfonso Felix, *The Chinese in the Philippines*, pp. 67 - 118; Gil, *Los Chinos en Manila*, pp. 142 - 183.

③ 这些信息来自大主教 Domingo de Salazar 于 1588 年写的报告。他还写了在马尼拉市场进行交易的商品，包括中国人买卖的货物。参见 Salazar 于 1588 年 6 月 25 日的报告，AGI, Filipinas 74; García-Abásolo, *Murallas de piedra y cañones de seda*, p. 31.

④ 1603、1639、1662—1663、1686、1762 与 1819 都发生过华人起义和屠华事件，其中 1603 年的屠华事件最为严重。

活的穆斯林人爆发了起义，一个伯爵遂建议把所有的穆斯林人杀了，而国王对此的回答是："我和女王的决定是让他们受洗，如果他们不是真正的教徒，他的孩子和孙子一定是。"在西班牙，宗教被认为是能够为国家带来社会和政治稳定并达到不同民族融合与统一的工具。1700 年在马尼拉周围的所有巴里安的中国居民中 14.5％是天主教徒，该数据不包括每年来马尼拉的中国流动人口。[①]

　　有关天主教在菲律宾的传播，则首先要提多明我会士高母羡（Juan Cobo，1546—1592），他于 1593 年编写了一本介绍天主教教义的中文书《天主圣教真传实录》。关于马尼拉的中国人，他写道：虽然都是渔翁、农民、工匠等社会地位不高的人，但是他们比西班牙类似地位的人都要更有知识、懂道理。[②] 多明我会士负责在巴里安传教，那里有个会院，并且传教士在马尼拉便开始学习中文。不过，几位负责管理马尼拉的中国教徒的传教士，如 Jacinto Samper、Cristóbal Pedroche（1645—1715）、利胜以及政府官员如 Diego Calderón，对马尼拉中国教徒的信仰情况做出了消极的描述，认为他们并非真心受洗，而是为了得到一个更好的待遇，还一直不改原来的坏习惯。[③]

　　上面大致描述了西班牙人到达马尼拉后与中国人最早接触的

---

　　① 参见 García-Abásolo, *Murallas de piedra y cañones de seda*, p. 38. 费尔南多国王的这个小故事收录于 F. J. Sánchez Cantón (ed.), *Floreto de anécdotas y noticias diversas que recopiló un fraile dominico residente en Sevilla mediados del siglo XVI*, Madrid: Real Academia de la Historia, 1948, p. 43.

　　② 参见 José Antonio Cervera, "Misioneros en Filipinas y su relación con la ciencia en China: Fray Juan Cobo y su libro Shi Lu", *Llull*, Vol. 20, no. 39 (1997), p. 499. 参见 García-Abásolo, *Murallas de piedra y cañones de seda*, p. 54.

　　③ 当时马尼拉的西班牙人对中国人的道德抱有负面看法，在他们看来中国人保留了一些迷信的礼仪、经常与同性发生性关系、爱好赌博、做生意时进行欺骗等。另外值得指出的是，利胜神父比较了马尼拉与中国的华人教徒，他的看法是前者没有后者积极。参见 García-Abásolo, *Murallas de piedra y cañones de seda*, pp. 132‑141.

模式与基本特征。可以说西班牙人与中国人在马尼拉找到了共同的利益来维持一定的关系。接下来我们将介绍马尼拉与福建之间联系的途径以及传教士如何来到福建。我们将揭示,在建立和维护马尼拉与福建联系的过程中,中国教徒起了很重要的作用。从一开始就有中国教徒愿意帮助西班牙传教士来到福建,因此,一个天主教徒群体网络在马尼拉与福建之间慢慢成形,而这个网络跟马尼拉与福建之间的贸易网络关系密切。罗文炤在受洗后也成为了该网络中的一员,还提高了这个网络的运作效率。为了更好地理解这个网络是如何运作的,我们接下来将简要介绍像 Çanco(或写作 Sanco)和 Siguan 这样的早期马尼拉中国教徒。

2.2　马尼拉与福建之间的中国教徒

菲律宾总督 Guido de Lavezaris 于 1575 年派出一个使团来到福建,其目的是开辟福建与马尼拉之间的贸易航线,并得到准许西班牙传教士在中国传教的许可。该使团中有拉达(Martín de Rada)和马林(Jerónimo Marín)两位奥斯定会士。[①] 当时马尼拉有一些来自漳州与福州的商人开始有点名气,Çanco(有些文献写作 Sanco)便是其中之一位。他在宿务(Cebú)的奥斯定会会院住了将近半年。拉达在写给新西班牙大总督的一封信中写道:"这位中国人可以设法让两位奥斯定会士到福州,而且已经得到了福建官员的许可。"除了拉达与马林之外,陪同他们一同来福建的还有一

---

① 当时福建官员希望在马尼拉的西班牙人能抓住海盗林凤,但是由于林凤逃走了,所以西班牙的奥斯定会士没有能够被允许留在福建。参见 García-Abásolo, "Los chinos y el modelo colonial español en Filipinas", p. 226. 除了 Sanco 与 Siguan,西班牙文献还记载了其他与西班牙人有关的福建人,如 1574 年马尼拉的会计账本中记载的 Sinsay 与 Minsan,前者当时已经跟西班牙人有过一段时间的往来,而且懂西班牙语。当时福建官员想抓海盗林凤,中国教徒 Sinsay 也参与了这件事。有关这一段提到的中国教徒及他们在马尼拉与福建之间的角色,参见 Gil, *Los Chinos en Manila*, pp. 25 - 31.

位担任通事、名叫埃尔南多(Hernando)的中国人。虽然政治上没有结果，但是这次使团访问达成了福建与马尼拉之间的贸易往来。1576 年 4 月 28 日，十三艘中国船来到马尼拉贸易，Sanco 是其中的一位商人。他在马尼拉住下并受洗入教，洗名为方济各(Francisco)。至 1590 年，他已经成为了马尼拉的重要人物，负责管理居住在马尼拉的华人教徒。另一位名叫 Siguan 的中国人与Sanco 一样，是马尼拉最有影响力的中国人之一。Siguan 也是教徒，是由多明我会马尼拉主教 Domingo de Salazar 授洗的。这两位中国教徒帮助 Juan de Castro(1527—1592)和 Miguel Benavides(1550—1605)两位多明我会士于 1590 年 5 月 22 日乘坐一艘中国船来到福建。作为对此的奖励，菲律宾政府相应地保证每个人可以有一艘船享受六年内不在马尼拉的机易港(Cavite)交税。① Domingo de Salazar 主教还在写给西班牙国王的一封信中请求他授予这两位教徒终身享有此特权。虽然多明我会士 Juan de Castro 和 Miguel de Benavides 没能留在中国，西班牙修士仍继续做进入中国传教的尝试。终于在 1632 年，高琦得以进入中国；1633 年，方济各会士利安当和多明我会士黎玉范也跟着他来到福建。② 来自马尼拉的传教士终于可以在中国开始传播天主教。

---

① 通过其他文献可以知道，菲律宾总督、其他官员和马尼拉居民经常委托中国人在回中国时给他们买东西。比如，1620 年前有一位官员在一个会计本中写道："Liancan船长欠我 2 400 比索，我给他这个钱让他从中国给我购买衣物。"还有一个人记载，1695年 Patricio Cojo 与 Dunsay 两位中国人分别欠他 49 与 15 比索。有关这两个例子以及其他的例子，参见 Gil, *Los Chinos en Manila*, pp. 174-178.

② 在 1587、1590、1593、1596、1604、1612、1618、1619 和 1626 年都有不同的多明我会士尝试过来到中国传教。他们动身之前已经在马尼拉学过中文，并在当地的中国人中传教，在这过程中，像 Sanco 这样新入教的福建人以及他们的关系网向传教士提供了重要的帮助。参见 González, *Historia de las misiones dominicanas de China*, Vol. 1, pp. 33-48.

　　由上可见，在西班牙人与福建人的往来中，贸易、传教与政治三方面从一开始就互相影响，马尼拉与福建之间开始形成一个互利互助的人际关系网，中国教徒可以为西班牙修士提供所需要的帮助，而西班牙修士也可以帮他们得到马尼拉官员在贸易方面的便利条件。这个模式在 17 世纪一直起作用，官员、船长、商人、修士和教徒共同构成了该关系网。后来，协助西班牙托钵修士在福建传教的一些中国教徒，如罗文炤和方济各会世俗修士迭戈（Diego）、Juan Ferreira 等福建教徒，共同强化了这一人际网络。这里面值得思考的一点是，这种混合了宗教、贸易以及其他因素的现实背景，也许会导致当时的中国人对教会的性质和理念存在理解上的偏差。

　　最后，我们想强调一下马尼拉在中西交流中的重要地位。众所周知，利玛窦等耶稣会士在到达中国后对中西文化交流做出了很大贡献，而且跟北京和其他省城的官员都有联络，但是不能忽略的是，在中国沿海地区形成了一种不同方式的中西交流和不同于内陆的天主教传播条件。南方沿海地区离官场比较远，而福建与马尼拉之间的贸易往来尤为繁荣。福建与马尼拉之间逐渐形成了一个交叉地带，而且通过马尼拉大帆船把这个交叉地带延伸到了美洲。[①] 在西班牙政权管辖下的马尼拉与美洲，福建人做着贸易、工匠等职业；在中国官员控制的福建省，西班牙传教士在传播天主教，试图建立一个以天主教为宗教信仰的社会群体。在福建与马尼拉之间，西班牙人与中国人共存的局面持续了三个世纪。西班牙传教士最先接触的中国社会群体是沿海地带与外贸相关的、讲闽南语、社会层次相对较低以及人际关系意识较强的福建人，

---

　　① 有关中国人在美洲的移民情况，参见 García-Abásolo, *Murallas de piedra y cañones de seda*, pp. 231 - 253.

我们认为这在一定程度上影响了西班牙托钵修士在福建的传教模式，也正是这样的条件才使得原本身份卑微的罗文炤被载入史册。

2.3　修士在西班牙社会中的角色

罗文炤一直陪伴并协助西班牙修士，自己也成为了多明我会士，所以为了更加理解罗文炤的角色，需要对西班牙修士在西班牙帝国中所扮演的角色略加介绍。虽然一直以来史学界对西班牙帝国与天主教会有一个相对负面的解读，但是现在已经有不少学者开始以更加客观的角度去分析西班牙帝国与天主教会在历史长河中所发挥的作用。[①] 另外，虽然在西班牙国王资助下的修士也一样受到抨击，[②]但是西班牙修士在社会建设的各个方面都做出了

---

①　有关西班牙的"黑色传奇"的真实性，或者西班牙帝国在全世界的扭曲形象，参见 Philip Wayne Powell, *Tree of Hate: Propaganda and Prejudices Affecting United States Relations with the Hispanic World*, Albuquerque: University of New Mexico Press, 2008; Philip Wayne Powell, *La leyenda negra: un invento contra España*, Barcelona: Áltera, 2008. 有学者强调西班牙帝国与罗马帝国的相似性，对所控制的领土都有一个详细的社会建设计划，包括制定针对领土上包括本地人在内的所有人口的法律系统(Leyes de Indias)，以及建立与西班牙本土一样的各种机构，如教育机构、医疗机构等。这与一些欧洲其他帝国(如大英帝国)的性质有所不同，后者更多地是以商贸为主，对殖民地原住民的考虑不如前者，参见 Gustavo Bueno, *España frente a Europa*, Barcelona: Alba Editorial, 1999; Gustavo Bueno, *España no es un mito: claves para una defensa razonada*, Madrid: Temas de Hoy, 2005.

②　一个简单的例子就是，学界在菲律宾研究中经常使用的《菲律宾群岛志》(*The Philippine Islands*)这套文献集。这套文献的翻译和编辑有一定的政治背景以及政治目的，因为菲律宾刚于 1898 年在美国的支持下从西班牙独立出来，而美国政治家希望反映西班牙的落后形象，企图断开菲律宾与西班牙的联系。虽然 J. A. Robertson 和 E. H. Blair 在翻译、编辑《菲律宾群岛志》的过程大量使用了大学者 Wenceslao Retana 的文献与著作，但是他们有意忽略了 Retana 的一些书目，因为该学者在书中描述并表扬了西班牙修会在菲律宾的贡献。参见 Glòria Cano, "Evidence for the deliberate distortion of the Spanish Philippine colonial historical record in 'The Philippine Islands 1493–1898'", *Journal of Southeast Asian Studies*, vol. 39 n. 1(2008): 1–30; Glòria Cano, "La Cara oculta de Retana: una nueva aproximación histórica a su obra", *Illes I Imperis*, v0 n10/11 (2013), pp. 273–302.

不可忽视的贡献，方济各会、多明我会、奥斯定会与耶稣会在西班牙帝国的管理方面更是十分重要的参与者。[1]

传播天主教是西班牙帝国殖民模式的核心部分。从一开始教宗亚历山大六世就通过 1493 年发布的 *Inter Caetera* 训谕委托西班牙国王在新发现的领土上传播天主教。通过西班牙国王卡洛斯五世（Carlos V）的决定，以及 1522 年发布的另一个教宗训谕 *Bula Omnimoda*，修会神父获得了在西班牙新发现领土上传播天主教的权利，并且他们可以在没有主教的情况下施行圣事。就这样，在美洲、菲律宾以及后来中国的教会中，神父不仅承担着传教工作，也承担起教区神父所承担的施行圣事的任务。[2] 修士在经济方面得到了西班牙国王的经济资助。这一情况中隐藏着三种矛盾：谁来命令主教（罗马教廷与西班牙王室之间的矛盾）、谁来管理教堂（修会神父还是教区神父）、谁来承担费用（国王、修会、罗马教廷之间的矛盾）。在罗文炤被任命为主教期间，这些问题尤为尖锐。

西班牙人到达菲律宾之后，天主教传播与修士的地位又一次

---

① 有关西班牙修士在菲律宾的角色，参见 María Dolores Elizalde and Xavier Huetz de Lemps, "Un singular modelo colonizador: el papel de las órdenes religiosas en la administración española de Filipinas, siglos XVI al XIX", *Illes I Imperis*, v0 n17 (2015), pp. 185 - 220. 有关西班牙修士的形象，库敏士（Cummins）教授很早就阐述了学术界对西班牙及其修士的负面描述，也用了很多文献来反驳所谓的死板、固执、不宽容的态度等看法。他尤其分析了方济各会的贡献与态度，他们拥有来自在西班牙收复失地运动、美洲与菲律宾的传教过程积累的丰富经验。参见 James S. Cummins, "Two missionary methods in China: Mendicants and Jesuits", in Victor Sánchez & Cayetano Fuertes (coord.), *España en Extremo Oriente*, Madrid: Editorial Cisneros, 1979, pp. 33 - 108.

② 天主教会神父分成两种情况：一是修会圣职人员或修会神父（*Regular clergy* 或 *Regular priests*，如方济各会神父、多明我会神父、奥斯定会神父、耶稣会神父等修会的神父。他们遵守各自的修会会规，以会长为直接上司）；二是从属于各教区主教之管辖的非修会圣职人员或教区神父（*Secular Clergy* 或 *Secular priests*，他们负责施行圣事、举行弥撒，没有修会神父要遵守的会规）。

被强调："我们国王的主要目的是扩张我们的天主圣教以及拯救那些非教徒的灵魂，因此在你们所有居住的地方都得尤其贴心地帮助修士。"①西班牙修士的社会角色比较广，不仅要传教，因为菲律宾的教区神父少、政府官员也不多，所以修士也要负责菲律宾各地施行圣事、举行弥撒等本该由其他教区神父负责管理的事情，并且除了宗教角色外，作为西班牙帝国殖民模式中的核心组成部分，他们也要处理菲律宾的行政事务。

一个比较明显的例子就是所谓的"归化村"（pueblos "bajo campana"、reducciones 或 pueblos de congregación）。在偏远的地方，西班牙政府把菲律宾本地人集中在这些村子里，希望使他们融入西班牙人的世界中。这些"归化村"配有修士向村民传播天主教，为其施行圣礼，与此同时西班牙政府希望修士教他们西班牙语。修士还承担着管理的角色，在这些村分配工作、修建公共设施。这些本地人的村里会有一个社区公共基金（caja de comunidad），②目的是保证能够正常地施行宗教事务，及解决建楼铺路，建学校、医院等社会所需要的公共设施和机构，这在美洲与菲律宾的印第安人（indios）中比较普遍。③

相比"归化村"中的菲律宾本地人，虽然中国人的身份不同，但是马尼拉 Binondo 区的中国教徒也建立了一个会（comunidad），为

① 新西班牙政府 1564 年 9 月 1 日写给黎牙实比的指南，AGI, Patronato, 23, r. 20；参见 Blas Sierra de la Calle, "La evangelización de Filipinas durante el gobierno de Legazpi (1565 - 1572)", en Leoncio Cabrero (coord.), *España y el Pacífico*, Legazpi, Madrid: Sociedad Estatal de Conmemoraciones Culturales, 2000, vol. I, pp. 343 - 385.

② 有关社区公共基金组织在美洲的发展情况，参见 Andrés Lira, "Las cajas de comunidad", *Diálogos: Artes, Letras, Ciencias Humanas*. v18 n6 (108) (1982), pp. 11 - 14.

③ 菲律宾本地人被归入了印第安人（indios），这不是一个民族的概念，而意味着一个法律身份，表明这些菲律宾人在西班牙帝国中被归到了印第安人的法律系统（Leyes de Indias）中。虽然刚开始文献有记载把马尼拉的中国人叫成"中国的印第安人"（indios chinos），但是中国人在菲律宾没有这个身份，而是中国人。

本群体提供一些慈善服务，包括照顾老人、病人等。他们于 1609 年制定了会规，并于 1622 年建立了华人区的社区公共基金。这样的组织以及他们的共同基金用来经营各种事务和承担各项临时费用，具体包括：从 1622 年起承担两位负责管理华人区教堂的多明我会士的生活所需，每位每年 100 比索，另外分配大米和酒；San Gabriel 医院的部分费用，从 1629 年起每年固定分配 2 000 比索，该医院资金由一名中国人管理；Passig 河的桥梁建设；给政府人贷款等。这个共同基金是华人社区每一个中国人分摊积存的，储存在华人区的多明我会教堂，这个金库有三把钥匙，其中一把在负责该教堂的多明我会士手里，另两把在政府官员手里。[①]

一般来讲每个本地村落都有一些小领导负责管理自己的人，但是修士也可以向菲律宾政府提交该村的报告。修士是政府官员与本地人之间的直接中介，因为他们学习菲律宾各地的语言，翻译政府的公文，也向政府转达本地人的抱怨与诉求。

前文提及，1575 年奥斯定会士已经跟居住在马尼拉的中国教徒有联系，但是没能通过这些中国教徒进入中国传教。[②] 多明我会士 1587 年到达菲律宾后，在 Domingo Salazar 主教的推动下开始在中国人中传教。[③] Miguel de Benavides 与高母羡两位多明我会士可能是在该主教或会长的命令下开始学习中文的。那时多明我会士已经开始编写一些中文词汇表、语法书以及天主教入门的

---

① 参见 Gil，*Los Chinos en Manila*，pp. 169，172，183，290 - 298.
② 至 1680 年代才有奥斯定会士进入中国传教。有关奥斯定会在中国的传教研究参见 Standaert，*Handbook of Christianity in China*，pp. 342 - 343.
③ 多明我会圣玫瑰省于 1582 年建立，其目的是为了在中国传播天主教，后来其传教范围主要包括菲律宾、中国、日本与越南。参见 González，*Historia de las misiones dominicanas de China*，Vol. 1，pp. 31 - 32.

书。他们也提出了与耶稣会有所不同的传教策略。[①] 1590 年多明我会士已经有两个专为中国人设立的教堂：在巴里安旁边的 Binondo 区的 San Gabriel 教堂，以及在 Tondo 区旁边的 Baybay 区教堂。1612 年有 600 名中国人居住在 Binondo 和 Baybay，其中一些是富有的商人。多明我会神父每个礼拜日和节日会用中文为中国人布道，再用他加禄语为中国人的本地妻子讲解教理。1617 年在巴里安建立了 Santos Reyes 教堂，别的中国人聚居区也有多明我会士传教，并且建立了一家针对中国人的医院，即 San Gabriel 医院。在教育方面，多明我会士在马尼拉建立了几所学校，包括后来成为圣托马斯大学的学校。在传教过程中，中国教徒也会协助他们。17 世纪中叶菲律宾巴里安有五六个中国传道员。

　　实际上托钵修士在西班牙、美洲都有这样的传教模式和经验。这些传教模式和经验也影响了托钵修士的在华传教。具体来说，传教士在当地人中生活，学他们的语言，关注病人、老人、孤儿等弱势群体，与当地有权势的人保持联系等，都是在试图建立一个天主教群体与天主教社会模式。在一定程度上，这些经验和模式被西班牙托钵修士神父嫁接到了福安等地方的社会群体中，而罗文焖作为中国人刚好承担着一个非常重要的角色，因为他既是当地教徒，又成为了修士和神父，他在教会中的一步步晋升能让教会社区的事业更有效、更牢固。在这过程中，罗文焖原本的社会地位高低

---

　　① 出自多明我会士高母羡的书信，引自 Gil，*Los Chinos en Manila*，pp. 126 - 127. 有关居住在马尼拉的中国人以及西班牙修士在中国人中的传教活动，参见 Gil，*Los Chinos en Manila*，pp. 121 - 194. 耶稣会士于 1580 年开始在菲律宾传教，后来在宿务岛及马尼拉附近的 Santa Cruz 区向中国人传教。有关耶稣会士在菲律宾的传教情况，参考 Horacio de la Costa，*The Jesuits in the Philippines*，*1581 - 1768*，Cambridge：Harvard University Press，1967. 耶稣会士 Alonso Sánchez 的事情发生后，马尼拉的耶稣会士没有去中国，直到南怀仁通过福建的耶稣会士请求马尼拉的耶稣会士去协助他们。参见 Sebes，"Philippine Jesuits"，pp. 192 - 208.

并不那么重要,因为托钵修士所面向的传教群体并非生活在上层社会的中国人,他们的传教模式也非自上而下,即便他们在这个社会建设的过程中也需要跟当地官员打交道。①

虽然中国不像菲律宾那样在西班牙政府的掌控之下,但是17世纪马尼拉的多明我会、方济各会、耶稣会以及奥斯定会的传教范围从菲律宾延伸到了中国。② 在中国的西班牙修士也保持了与马尼拉的联系,也像在马尼拉一样注重建设以天主教信仰为基础的社群与模式。③ 中国教徒协助西班牙修士在福建做传道员等,教会也考虑过把一些教徒培养为修士,与他们共建中国传教区。跟在菲律宾的情况一样,修士在中国的角色不能仅被视为一种信仰的传播者,他们也是民间社会的一员,如教徒会找他们治病,与他们共同在村子里建立教堂并组织活动。④ 此外,修士还负责联络工作并把中国的情况报告给马尼拉,⑤协助福建与马尼拉之间的

---

① 关于耶稣会与托钵修会的不同传教模式,参见 Cummins, "Two missionary methods in China: Mendicants and Jesuits", pp. 33-108.

② 指的是四个修会在菲律宾建立的四个传教省:多明我会圣玫瑰省(Provincia del Santo Rosario)、方济各会圣额我略省(Provincia de San Gregorio)、耶稣会菲律宾省(Provincia Jesuita de Filipinas)以及奥斯定会菲律宾省(Provincia del Santísimo Nombre de Jesús)。他们的传教士分别从1632年、1633年、1678年和1680年开始在中国建立各自的传教区。有关这四个修会在17世纪中国的传教情况,可分别参考 González, *Historia de las misiones dominicanas de China*, Vol. 1;《中华方济各会志》; Sebes, "Philippine Jesuits", pp. 192-208; Juan Ruiz de Medina, "Los orígenes de las misiones agustinianas en China a partir de Macao", in Isacio Rodríguez (ed.), *Agustinos en América y Filipinas* (Actas del Congreso Internacional, Valladolid, 16-21 de abril de 1990), II, pp. 827-859. Valladolid & Madrid: Ediciones Monte Casino, 1990. 更多研究著作可参见 Standaert, *Handbook of Christianity in China*, pp. 326-327, 335-341, 342-343.

③ 建立这样的模式意味着改变原有的一些社会规则和礼仪规范,例如"守贞女"的出现便引发了中国社会与家庭的反抗。

④ 中国教徒参与了顶头教堂的建立,而且教堂的落成成为顶头的一件大事,举行了一些庆祝的活动,周围村子的人也来参加;黎玉范和郭多明(Domingo Coronado, 1615—1665)两位传教士去浙江兰溪传教时,福安的教徒也出钱资助他们,参见下一章。

⑤ 例如,罗文炤曾几次去过马尼拉报告中国的情况。多明我会士利胜参与了郑成功与马尼拉政府之间的协商工作。

贸易。① 在天主教社会建设的过程中，罗文炤——先是作为传道员，后来又成为修士、神父——扮演了非常重要的角色。不能说福安县等地方成为了上面提及的"归化村"，因为在社会环境和政治上与西属菲律宾有很多的不同，但是与"归化村"的情况也有一些相似之处，因为当地围绕着天主教与神父开始形成一个信仰群体，中国教徒也共同参与了村子里的一些公共事务，如建教堂、救济穷人及照顾病人等。

　这并非说此种群体观念是西班牙修士带来的，我们只是想指出，修士们在美洲和菲律宾建设社群的经验，也被用在了福安当地天主教社群建设中。来华多明我会士与当地人共建教堂，共管天主教社群，并参与当地社会的事务。由此可见，托钵修士入华时的传教模式跟耶稣会有所不同，他们从一开始便不是针对有学问的文人士大夫，也不以"西士、西儒"的身份传教。② 但是他们绝不像在一些耶稣会报告中写的那样是没有准备的修士，因为他们早在马尼拉期间便学过闽南语、在福建人中传播过天主教，并与中国教徒共同经营天主教社区。当时的马尼拉有来自亚洲各地的人，修士们有学习他加禄语和其他菲律宾本地语言以及日语、闽南语的经历，还有建立医院和学校，拥有在一个多元社会中生活的经验。在这样的一个历史条件下，托钵修士考虑培养本地教徒和神父，让他们参与传教

---

　① 1575年奥斯定会士随使团来到福建一事便体现了贸易与传教的关系。中国教徒有时候帮助福建与菲律宾各方的人进行一些贸易相关活动。罗文炤也在这个网络中，后文将会揭示一些相关信息。

　② Cummins教授曾对耶稣会与托钵修会的不同传教方式做了总结，指出托钵修士批判了耶稣会士华丽的生活方式、不同意耶稣会自上而下的传教策略，他们认为由耶稣会洗礼的教徒其信仰不牢固；而托钵修士提倡简朴的生活、不认为要从社会高层人士开始传教、不提倡调试性传教策略，认为该策略会导致天主教会变形乃至分裂（schism），参见 Cummins，"Two missionary methods in China: Mendicants and Jesuits"，p. 51. 有关西班牙修士在教育、科学技术传播以及推动社会发展中所起到的作用，亦可参见Cummins该文第77—81页。Cummins也反驳托钵修士修养不够或者他们在礼仪问题方面不够谨慎、不够宽容的观点，认为托钵修士就是因为有马尼拉的丰富经验，所以持有比较谨慎的态度。参见Cummins该文第81、87—89、92—93等页。

和天主教社区的建设,罗文炤就是在这一背景中被托钵修士们培养起来的。托钵修士的目标是建立一个稳固的天主教社群,为此需要扎扎实实地在当地传教和做建设。这个过程中,本地神父将发挥语言文化和社会关系的优势,他们也因此而受到重视。下一章我们将呈现罗文炤是如何完成建设稳固的本地天主教社群这一任务的。

　　从教会内部结构中可以看到修士与本地教徒形成了相对团结的社会群体,而后来中国天主教发生的一些事情同样可以在美洲与菲律宾找到先例。早在 16 世纪美洲就发生过的修士神父与非修士神父之间的冲突。当时教会上层有计划把开辟美洲传教区的修士替换成非修会的教区神父,把神父直接放在主教的管理之下,修士们强烈反对这样的做法,提出假如非修士神父来管理本地教徒,那么他们将离开教堂;这些修士培养的当地教徒也出面维护他们,一起反对修士被替换的计划。[①] 当罗马教廷派宗座代牧以及法国非修士神父来到包括中国在内的亚洲国家时,也发生过类似的情况,中国教徒(包括罗文炤在内)也同样站在了修士这边。我们将在这样的背景下分析罗文炤等中国教徒的行动,以及他们撰写的书籍和信件,并对所谓的"中国声音"进行重新思考。[②]

---

　　① 　Margarita Menegus Bornemann and Rodolfo Aguirre Salvador, *Los indios*, *el sacerdocio y la Universidad en Nueva España*, *siglos XVI - XVIII*, México, D. F.: Plaza y Valdés, 2006, p. 88. 帕莱福(Palafox)主教于 1640 年开始在新西班牙进行这个计划,希望把美洲的神父都放在主教的管理之下。菲律宾后来也发生了类似矛盾。虽然把修士管理的教会改由非修士管理的计划一直有,但该计划后来才一步一步实现。

　　② 　学界习惯从中西文化交流的角度考察礼仪之争(参见 Nicolas Standaert, *Chinese Voices in the Rites Controversy*, pp. 217 - 248),虽然我们不否认这一角度,但本研究是从其他的角度进行来分析礼仪之争的。我们认为礼仪之争更多体现的是不同教会机构之间以及不同国家之间的权力关系。在礼仪之争中所发出的这些"中国声音"不是飘在空中的民族精神,而是具体人和具体机构产生的辩论,以伸张各自的立场,因此我们更多地需要分析言论者的目的、其读者是谁以及文本编写情况。哪怕有中国人参与了这场争论并写了一些辩论文本,也不能将其抽离语境并将其简单地读为代表中国文化。关于作为抽象概念的"文化",参见 Gustavo Bueno, *El mito de la cultura*, Oviedo: Pentalfa, 2016。

3. 受其他欧洲国家资助的修会

葡萄牙在亚洲的扩张中拥有东方保教权，其所资助的修会中以耶稣会最为重要。[①] 耶稣会中国-日本巡按使常驻澳门，管辖耶稣会中国副省传教区。虽然罗文炤主要接触的是西班牙国王资助下的托钵修会，但是也非常熟悉澳门，曾多次前往澳门，且与耶稣会中国副省的神父往来较多。

法国较晚才开始在亚洲扩张势力，暹罗是其扩张亚洲的重要基地。法国传教士从暹罗来华，先是 1684 年巴黎外方传教会的神父抵达中国，再有 1687 年来华的法国国王路易十四派遣的耶稣会士。罗文炤由巴黎外方传教会神父提议为主教，所以需要了解他们对中国传教区以及对罗文炤制定的计划；而部分法国耶稣会士的传教区域刚好属于罗文炤负责的代牧区，也因此与他关系密切。[②]

1622 年，罗马教廷建立传信部来负责管理世界各地的传教活动。该机构开始实际管理中国传教区的时候，罗文炤已与西班牙传教士有接触，但是后来罗马传信部对罗文炤专门有一个计划，希望他成为对中国本地神父培养政策发挥重要作用的人。[③]

---

①　关于葡萄牙在亚洲的扩张及其保教权，已有很多研究，中文学界最新的整体研究有顾卫民《"以天主和利益的名义"：早期葡萄牙海洋扩张的历史》(北京：社会科学文献出版社，2013 年)。

②　有关 17 世纪末法国在暹罗、越南、中国等亚洲国家的扩张情况，参见 Frédéric Mantienne, *Les relations politiques et commerciales entre la France et la péninsule Indochinoise*, Tome 1, XVII siècle, Paris: Les Indes savantes, 2002; Henri-Alexandre Chappoulie, *Aux origines d'une église: Rome et les missions d'Indochine au XVIIe siècle*, Paris: Bloud et Gay, 1948. 至于巴黎外方传教会与法国耶稣会士，可以分别参见本书的第二章第三节与第四章第三节。

③　有关传信部以及罗马教廷对宗座代牧的计划和发展，已有很多研究，例如 Josef Metzler, *Sacrae Congregationis de Propaganda Fide memoria rerum: 350 anni a servizio delle missioni 1622 - 1972*, Vol. 1 - 1, Vol. 1 - 2. Roma: Herder, 1971, 1972.

第二节　受洗并协助西班牙托钵修士
(1617—1640)

罗文炤去世后,中国文人、天主教神父吴渔山作《哭司教罗先生》诗一首,其中有这样一句"一生到处历险危,半在小西半东里",[①]意思是罗文炤一生中数次身处险境,往复于澳门、菲律宾和中国内地之间。本章首先介绍罗文炤的中国背景,包括他的真实姓名、出生时间、地点,以及他的家庭及其所处的社会环境等,接着阐述他接触欧洲传教士和领洗入教的情况,考察他如何逐步跨进西班牙传教士的世界。

吴渔山的这一诗句涉及本章的两个要点:第一,"半在小西半东里"的罗文炤所拥有的中西双重身份,为他后来所承担的角色奠定了基础。对这位福建人来说,接触西班牙传教士以及领洗入教,是他生命中的关键转折,深刻影响了他的人生轨迹。他往返于菲律宾与福建之间,在马尼拉跟传教士学会了西班牙语,成为具有中西双重身份的人。第二,罗文炤在天主教传播过程中所做出的持续不断的贡献,使他能够以相对卑微的社会地位为起点,一步步在教会体制中取得自己的地位,最后成为位高权重的主教。在中国天主教史中,徐光启、杨廷筠和李之藻并称为 17 世纪中国天主教的"三柱石",[②]他们的政治势力、社会地位与文化背景与罗文炤截然不同。他们三位著书立说,给天主教书籍撰序,还通过他们的人际

---

①　吴渔山《三余集》,见吴历:《吴渔山集笺注》,章文钦笺注,北京:中华书局,2007 年,第 306 页。小西指马尼拉。

②　有关"三柱石"的研究著作很多,参见 Standaert, Nicolas. *Handbook of Christianity in China*, pp. 416 - 437.

网络帮助传教士在中国各省建立住院；而罗文炤出身普通人家，在社会地位、教育程度等方面虽远不及他们，但他"一生到处历险危"，通过几十年的行动实践，对福建天主教的传播工作做出了重大贡献，成为第一位中国主教，[①]获得众人的敬仰和爱戴。因此，我们认为把罗文炤比作17世纪中国天主教的"第四根柱石"亦不为过。

1. 罗文炤的出身与社会背景

1617年罗文炤出生于福安县南福安河西岸的罗家巷。[②] 罗文炤墓志载：

> 主教罗公，讳文炤，字宗华，福建福宁州福安县人。世居罗家巷。生于明万历丁巳年九月十九日。少孤，抚于伯氏。苦志读书，不屑攻时艺，嗜天人性命之理。一日得读天学书，深相契合。[③]

虽然一直以来他是以"罗文藻"之名而为人所知，但他姓名的准确写法为罗文炤。《罗氏宗谱》、罗文炤墓志以及他参与修订的赖蒙笃《形神实义》中，均写作"罗文炤"，字宗华。[④] 方豪应该没看

① 主教的地位很高，并且罗马每年给罗文炤的主教津贴达两百罗马埃斯库多（escudo romano）。

② 罗家巷在西方文献多写为 Lokia. 关于罗家巷前文已有介绍，另光绪十三年（1887）陈砥砺（Tommasso M. Gentili）著《中国传教回忆录》（*Memorie di un missionario domenicano nella Cina*），描述当时的罗家巷云："分为里巷、外巷，靠河为外巷，村民全为教友。里巷又名内巷，在河湾中，居民多半为教友。"参见方豪：《中国天主教史人物传》中册，第144页。另，有关罗家巷亦可参考 Joseph Dehergne, "Les chrétientés de Chine de la période Ming (1581-1650)", *Monumenta Serica* 16 (1957), pp. 33-34.

③ 参见罗文炤墓志, ARSI, Jap. Sin. 157, f. 3.

④ 赖蒙笃：《形神实义》，长溪天主堂刊，BNF, Chinois 6970；关于罗文炤的姓名，宋黎明写过专文讨论，参见宋黎明：《罗文炤还是罗文藻？——为中国首位国籍主教罗主教正名》，《海交史研究》2019年第3期，第40—51页。

到罗文炤的墓志，故其所撰《罗文藻传》中写道："罗公文藻是国人第一位出任主教的。字汝鼎，号我存"，"教会内流行之罗主教木刻像，乃康熙四十年（1701）李明所藏，有汉字一行：'主教罗文藻我存'"。[①] 方豪进而认为"明代杭州教友名贤李之藻，号我存，罗公号亦同，文藻、之藻仅一字之差，罗公对之藻必特别敬仰"。[②] 但是根据墓志和族谱，其名为文炤，而他的从孙名为罗日藻，则"文藻"之名更不可能。据宋黎明研究，"文藻"之名最早出现于 1887 年法国耶稣会士高龙鞶（Augustin Colombel，1833—1905）《金陵教思录》，"我存"之字最早出现于 1924 年法国耶稣会士史式徽（Joseph de la Servier，1866—1937）《耶稣会中国传教史，1552—1814》，[③] 此二人均弄错了，结果导致以讹传讹。

关于罗文炤的生卒年，学界曾有不同说法。[④] 据罗文炤墓志等相关资料，可以断定罗文炤生于明万历丁巳年九月十九日（1617 年10 月 18 日），卒于康熙辛未年正月三十日（1691 年 2 月 27 日），[⑤]享

---

① 参见方豪：《中国天主教史人物传》中册，第 144 页。方豪根据《宁波简讯》提供的 Lo Ngo Chai 与 Ngo ts'uen 两个注音而将其还原为"我存"。袁若瑟还提出罗文炤有 Lo Chai（可能是"罗才"）和 A Lo（可能是"阿罗"）的称呼。参见 González, *El primer obispo chino*，p. 22. 有关罗主教的木刻像，上海徐家汇天主堂藏有根据该木刻像改绘的罗文炤遗像，木刻像右上有"主教罗文藻我存"七字，下有法文曰："罗文炤主教，据一七零一年李明神父所绘木刻像云。"时罗主教去世十年。李明是 1692 年离开了中国回法国，没有再回中国传教区。参见郑天祥编：《罗文藻史集》前言，第 13 页。有关李明（Louis-Daniel Le Comte，1655—1728），参见 Dehergne, *Répertoire*，pp. 146 - 147.

② 方豪还认为，罗文炤做宗座代牧时路过杭州并特意在那里停留一段时间也是因为这个原因。参见方豪：《中国天主教史人物传》中册，第 157 页。

③ 宋黎明：《罗文炤还是罗文藻？》，第 49—50 页。

④ 关于罗文炤的生年，袁若瑟评论过不同学者的说法，他本人认为罗氏生于1615 年，参见 González, *El primer obispo chino*，p. 22. 后来有学者把罗文炤出生时间定为 1616 年，如郑天祥编《罗文藻史集》；或者 1615 年，如张奉箴《罗公文藻晋牧三百周年纪念》。多明我会士 San Román 神父在一篇文章中认为罗文炤生年待考，见 Miguel Angel San Román, "Luo Wenzao: A Unique Role in the Seventeenth Century Church of China", pp. 133 - 152.

⑤ ARSI, Jap. Sin. 157, f. 3.

年74岁。

据《罗氏宗谱》，罗文焯曾名"九汉"，曾字"汝鼎"，祖父罗尚贲，父罗季祝，为尚贲长子。季祝第一任妻子王氏生有二女，名罗适、罗敬，第二任妻子刘氏生二子，长子九渊，次子九汉即罗文焯。[①]至于墓志中说他"少孤，抚于伯氏"，宋黎明认为其意为"罗主教幼时父母双亡，由其长兄罗九渊抚养成人"。[②]但此说似与多明我会文献矛盾。按照多明我会学者的说法，"双亲均为佛教徒"。[③]多明我会圣玫瑰省会长 Baltasar de Santa Cruz 所著《多明我会圣玫瑰传教史》一书中谈及，罗文焯父母已经给他安排了门当户对的婚姻，但是他放弃了婚事，转而去陪伴传教士了。[④]多明我会士闵明我于1673年写道："我也从我的同会神父们那里听说，他全家都领了洗。但我没有特别留意，他的父母是否领洗了，虽然我以为他们也领了洗，但对于这件事，我不敢发誓作证。至于他的长兄，我很清楚地知道他是个光明正大的君子，而且是个极好的教友。他村里的教友把他的家当作圣堂集会地。"[⑤]不过据 Baltasar de Santa

---

① 张先清在其《祖先、记忆与重构：罗家巷的天主教遗产》一文中，引用了《罗氏宗谱》的部分内容，但该文未公开发表，此处转引自宋黎明：《罗文焯还是罗文藻？》，第47—48页。

② 宋黎明：《罗文焯还是罗文藻？》，第48页。

③ 参见方豪：《中国天主教史人物传》中册，第145页；González, *El primer obispo chino*, p. 22. 他们的信息来自 Gentili, *Memorie di un missionario domenicano nella Cina*, p. 383.

④ 参见 Baltasar de Santa Cruz, *Tomo segundo de la historia de la Provincia del Santo Rosario*, p. 279. 袁若瑟在撰写《罗文焯传》时采纳了这一说法，其目的可能主要是强调罗文焯当修士的决心，参见 González, *El primer obispo chino*, p. 22. 袁若瑟的说法又被后来的中文学界引述为"罗文焯对那位神父利安当的感激心情是如此地诚恳，并毅然离开了家乡、亲友及一庄很美丽的婚事，形影不离地做了他志同道合的同伴，协助他到处传扬圣教，都受尽了各种苦难。并且把自己的家产也全部交给了该神父，虽然并不算多，因为他的家本来是相当清寒的"，见郑天祥：《罗文藻史集》，第12页。

⑤ 1673年传信部就罗文焯品行等方面询问闵明我，闵明我比较谨慎委婉，不敢否定罗文焯家庭的非教徒背景。见闵明我1673年8月29日呈传信部介绍罗文焯的意见书，APF, SC Indie Orientali e Cina, vol. 1, ff. 531–532. 中文翻译来自郑天祥编：《罗文藻史集》，第76页。

Cruz 记载，在 1637 年的福建教案中，有一位罗文炤的兄弟为多明我会士施若翰提供自己在罗家巷的房子来藏身，而该记载中的这位兄弟不是教徒。[①] 则其长兄九渊至 1637 年还未入教。罗文炤的亲属中，我们能够明确断定为教徒者是他的从孙罗日藻，洗名若瑟（José）。在罗文炤晚年，罗日藻像罗文炤当初一样开始做传道员；罗文炤去世后，罗日藻继续帮余天民副主教来安排罗文炤的葬礼，并继续做余天民的传道员。[②] 除了罗日藻，罗文炤在罗家巷还有家人，因为余天民与罗日藻在一封信中求多明我会士万多默（Tomás Croquer，1657/1659—1729/1731）神父向罗文炤的家人问候。[③]

据一位耶稣会士记载，在马尼拉的一个中国人提到罗文炤主教时曾说过一句话："这位主教与我没有什么不同，我也和他一样。他是个种大米的农民。"[④]耶稣会士的记载或有偏颇，但是多明我会士也强调罗文炤的文化水平不高。按照袁若瑟的描述，"罗文炤，乳名罗才，或者阿罗，他虽出身贫寒，却是廉洁的教外人家。不

---

① 参见 Baltasar de Santa Cruz, *Tomo segundo de la historia de la Provincia del Santo Rosario*, pp. 474‑475. 据传教士史料记载，罗文炤的亲戚朋友经常在罗家巷协助西班牙传教士，事例可参见 Miguel Flores, "Declaración sobre el estado de la misión china", en Manila a 18 de junio de 1686, SF VII, pp. 1061‑1062；石铎禄 1676 年 10 月 21 日写给 Miguel de Santa María 的信，SF VII, p. 1131.

② 罗文炤墓志上有罗日藻的署名，参见 ARSI, Jap. Sin. 157, f. 4. 罗文炤去世之后，余天民于 1691 年把罗日藻从南京派到福建送信，1692 年余天民给颜珰神父写信道："罗日藻(Lo Joseph)1 月 12 日回到南京了，并告诉我您在那边热心接待了他。"见 SF VI, pp. 55‑56. 后来罗日藻跟余天民一同去广州，7 月 21 日抵达广州，11 月 29 日返回南京。罗日藻跟罗文炤一样从传道员开始，负责送信、寄送资金、买房产、打通关系等任务，传教士很信任他，参见 SF VI, p. 71. 直到余天民 1696 年去罗马报告传教区情况前，罗日藻一直陪伴在余天民身边。余天民离开时将罗日藻托付给了法国耶稣会士，于是罗日藻随法国耶稣会士在北京传教，参见 SF VI, p. 71, n. 17；127；176；ARSI, *Fondo Gesuitico* 730, f. 237.

③ 余天民 1694 年 4 月 17 日写给万多默的信，参见 SF VI, p. 127.

④ 参见 Francesco Messina, "Lettera del P. Francesco Mesina Provinciale delle Filippine al P. Oliva Gnale della Compagnia di Giesù sotto li 15 Giugno 1676", Sancta Cruz Manila, BC, ms. 2673, ff. 83r‑v.

久前,他出生时的简陋房屋还在。几年前,人们还认识一位青年,他是罗家后代。相传罗文炤少年时代过着放鸭的辛苦生活"。①总之,从耶稣会与多明我会传教士的文献记载上来看,成年前的罗文炤是一位社会地位与教育程度不高的人。墓志中说他少时"苦志读书,不屑攻时艺,嗜天人性命之理。一日得读天学书,深相契合",因无其他文献佐证,难以判断是否为实情,后来方济各会士丁若望在一份报告中提到,在罗文炤"还是个孩子的时候,利(安当)神父就教过他阅读我们的书"。②

2. 天主教传到福安,罗文炤领洗入教(1627—1634)

罗文炤受洗前后天主教在福建全省已经传播开来。利玛窦等耶稣会士与中国的官员和文人保持着较为稳定的往来。艾儒略1621—1623 年在杭州跟杨廷筠合作撰写、编译有关科学的书籍,其中成书于 1623 年的《职方外纪》前有杨廷筠序,艾儒略赢得"西来孔子"的名声。1624 年末他在杭州结识三朝阁老叶向高,其时叶向高正在辞官返乡(福建福清)的途中。1625 年艾儒略随叶向高抵达福州。除了叶向高之外,福州还有徐光启与李之藻的学生和朋友,因此艾儒略很快融入了福建文人圈子,站稳脚跟并开始传教。著名的《三山论学纪》对天主教在福建的传播起到了重要的推动作用,该书是 1627 年艾儒略与叶向高在福州的谈话记录,当中讨论了天主教与儒家思想,也收录了几位文人为表扬艾儒略而作的诗。通过这个人际网络,艾儒略到了泉州、兴化等地,也出版了

① Gonzál̇ez, *El primer obispo chino*, p. 22. 译文来自郑天祥编:《罗文藻史集》,第 11 页。这是袁若瑟引自陈砥砺等多明我会士的说法,当然也不排除多明我会士在有意制造罗文炤的简朴形象。

② 丁若望 1702 年 10 月 4 日写的报告, AFIO 42/7, f. 169.

有关天主教的书，如 1628 年的《万物真原》、1637 年的《天主降生出像经解》以及与卢安德（Andrius Rudamina）合作的《口铎日抄》。① 艾儒略似到过闽东，天主教在几位中国教徒的帮助下也被传到了福安。据 1627 年的耶稣会年信记载，在福州有两位福安人从艾儒略领洗，其中的一位姓郭，洗名 Joakim②，其中文名为郭邦雍③，另一位可能是缪士珦④。这两位来自福安的文人教徒跟福州的文人有密切的联系，很有可能是通过他们结识了艾儒略。⑤

中国教徒如何看待欧洲传教士以及如何理解天主教，这在天主教入华早期是一个重要的问题。利玛窦等耶稣会士的儒服装扮及其使用的"天学""西儒"等语汇让天主教显得较为亲切，但同时

---

① 有关艾儒略在福建的活动可见 Eugenio Menegon, *Un solo cielo: Giulio Aleni S. J.（1582 - 1649）: geografia, arte, scienza, religione dall'Europa alla Cina*, Brescia: Grafo, 1994. 关于艾儒略在福建出版的书，可见 Ad. Dudink, "Giulio Aleni and Li Jiubiao", in Tiziana Lippiello and Roman Malek（eds.）, *Scholar from the West: Giulio Aleni S. J.（1582 -1649）and the Dialogue between Christianity and China*, Sankt Augustin: Institut Monumenta Serica, 1997, pp. 129 - 200.

② 参见 1627 年耶稣会中国年信, BA, 49 - V - 8, f. 188r; Eugenio Menegon, *Ancestors, Virgins, and Friars*, pp. 24 - 27.

③ 郭邦雍（1582—1649），字简之，崇祯年间贡生。他来自福安县鹿斗的郭氏家族。1627 年去福州参加科考时由艾儒略洗礼入教。后来郭邦雍带多明我会士高琦到福安并协助他的传教工作。天主教可能给了郭邦雍在官场之外发展的机会，福建反教案时，他保护西班牙传教士，并陪他们回马尼拉。1638—1641 年他在菲律宾 Bataán 跟多明我会士一起编纂了一本中西词典，并从那时开启了修士的生活，进行晨间祷告、苦练、做斋等。随后他入了多明我会，在 1642 年陪同传教士回到福安并协助他们传教。参见 Eugenio Menegon, *Ancestors, Virgins, and Friars*, pp. 24 - 27; 张先清：《官府、宗族与天主教：17—19 世纪福安乡村教会的历史叙事》，第 54 页。

④ 缪士珦（1603—1649），字叔向，号丹石，崇祯十五年（1642）举人。见《东鲁缪氏宗谱》,《元房佑一公支钜三公世系八图·缪士珦》，民国 25 年（1936）重修本;（光绪）《福安县志》卷之十九《选举·举人》，第 325 页。引自张先清：《官府、宗族与天主教：17—19 世纪福安乡村教会的历史叙事》，第 54 页。

⑤ 福安与福州同属闽东地区，而福州又是各郡举子前往科考的中心地，故两地文人历来交往频繁。例如，以刘中藻为首的明末福安文人就与曹学佺等福州知识界有着密切的关系。刘中藻与缪士珦、郭邦雍、连邦琪、方德新等福安同邑文人之间颇为友善。由此不难理解，福安士人完全可能通过参与文社活动结识艾儒略，从而接触天主教。关于这几位文人的详细信息，参见张先清：《官府、宗族与天主教：17—19 世纪福安乡村教会的历史叙事》，第 55—56 页。

也容易跟儒家思想混淆。因此，为了理解早期的中国天主教，有两个方面应给予重视：入教的群体与入教的目的。1640 年李九标出版的《枕书》包含了几位东林和复社成员写的一些文稿。来自福安的郭邦雍与缪士珣也支持出版这本书。梅欧金教授认为，这些中国教徒看重"天学"在政治、道德上可以用来治理国家的一些理念，以及一套化为神明的习俗与礼仪，而且正好晚明期间也有一个道德革新的氛围并涌现出新的主张，如新儒家的王阳明（1472—1529）、佛教的李贽（1527—1602）等人。天主教强调"会"（comunidad），共同举行礼仪、共同祷告以及提倡慈善行为，这些可能在当时中国并不显得陌生；而且按照多明我会士 Aduarte 的说法，天主教还主要可以提供一个个人拯救的概念。[1] 天主教会有一个特征，即神父在"教友会"发挥重要作用，因为礼仪是由神父来主持的。如果神父离开了，教徒们便会感到精神上的孤立无助。[2] 在没有神父照管的情况下，郭邦雍与缪士珣在福安地区自己主动重印耶稣会出版的书籍，推动了天主教在当地的传播。[3] 而罗文炤应该就是在这样的环境里接触了天主教，并开始熟悉这些"西儒"传播的"天学"以及在福建出版的天主教书籍。

虽然罗文炤可能是通过这些福安文人首先得知天主教的一些信息，但是他皈依天主教却要等到托钵修会来到福安以后。首位得以留在福建的西班牙传教士是多明我会士高琦，他于 1632 年抵

---

[1]　参见 Eugenio Menegon, *Ancestors, Virgins, and Friars*, p. 22. 有关天主教与这些福建学士的交叉网络，参见 Standaert. *Handbook of Christianity in China*, p. 421；黄一农：《两头蛇：明末清初的第一代天主教徒》，第 65—130 页。

[2]　梅欧金举出了李九功的例子，参见 Eugenio Menegon, *Ancestors, Virgins, and Friar*, p. 23.

[3]　有关这两位中国教徒可以参见利胜的《多明我会在中华帝国之业绩》（*Hechos de la Orden de predicadores en el Imperio de China*），第 2 册第 17 章。

达福建后,刘路加(Lucas)①、郭邦雍、缪士珦等福安教徒请他在福安传教并主持圣礼。高琦发现福安已经有十位天主教徒,他们在一位文人亲戚的书房里布置了一个小祈祷室以举行集体的宗教活动。② 就这样高琦开始在福安传教,并请求圣玫瑰省会长向这里派遣新的传教士。③ 于是多明我会士黎玉范和方济各会士利安当、玛方济(Francisco de la Madre de Dios,? —1657)④先后被派来。1633 年 6 月 22 日,郭邦雍去台湾先把黎玉范与利安当接到福建,1633 年 7 月 2 日一行人抵达福安附近的一个村子。同年 11 月 18 日,高琦去世。⑤

从 1632 年 7 月至 1633 年 11 月,高琦在福安的传教时间为一年多,后来在福安教徒的帮助下,黎玉范与利安当继续照管福安以及周围的七个村子,罗家巷应该是其中之一。利安当来到后不久便为罗文炤洗礼了,所以可能早在 1632—1633 年罗文炤便与托钵修会会士有接触,甚至可能他也接待了刚来的利安当和黎玉范,因为罗家巷的地理位置正好在白马港往福安的路上。关于罗文炤的

---

① 刘路加(Lucas),新入教者,福安行脚医生。参见张先清:《官府、宗族与天主教:17—19 世纪福安乡村教会的历史叙事》,第 57 页。

② 有关高琦来到福安的情况,见 Aduarte, *Historia de la Provincia del Santo Rosario de la Orden de Predicadores en Filipinas*, *Japón y China*, 1640, 2 Vols, Madrid: Consejo Superior de Investigaciones Científicas, Departamento de Misionología española, 1962 - 1963, p. 368; González, *Historia de las misiones dominicanas de China*, Vol. 1, pp. 51, 82; Menegon, *Ancestors, Virgins, and Friar*, p. 23;张先清:《官府、宗族与天主教:17—19 世纪福安乡村教会的历史叙事》,第 51—59 页。

③ 1632 年 12 月 24 日的信,参见 González, *Historia de las misiones dominicanas de China*, Vol. 1, p. 61.

④ 玛方济 1628 年到达菲律宾,1633 年同利安当和黎玉范到了台湾。1634 年他和苏芳积到了福建,1635—1637 年任方济各会中国会长。1637 年他请求方济各会菲律宾省会长再派修士到中国,于是马若翰与雅连达也奉命到了中国传教区。他与雅连达去了北京后,被驱逐到福建并被逐出中国,1657 年卒于马尼拉。参见 SF II, pp. 249 n. 4, pp. 255, 318.

⑤ 参见 González, *Historia de las misiones dominicanas de China*, Vol. 1, pp. 65, 70. 按多明我会士的表述,他们到的那个村子离福安有一公里左右。

领洗时间有不同的记载，一部分学者认为罗文焰于 1633 年 9 月 24
日受洗，尽管利安当在他写的信中提及罗文焰于 1634 年受洗。[①]
罗文焰的洗名为额我略（Gregorio），后来给他添加了西班牙语姓
López[②]。取"额我略"为洗名是因为利安当隶属于方济各会菲律宾
圣额我略省（Provincia Franciscana de San Gregorio de Filipinas）[③]；
取 López 为西文姓是因为罗文焰姓罗，当时西班牙人转写为 Lo，
跟 López 这个西班牙语姓的开头发音相似，而且符合西班牙语姓
的格式，因为很多西班牙语姓有"ez"这个后缀，意为"某人之子"，
因此该西文姓表示罗文焰就是罗氏家族的儿子。[④]

[①]　1633 年领洗说的依据为两位方济各会学者的著作：Huerta, *Estado
geográfico, topográfico, estadístico, histórico-religioso de la santa apostólica
Provincia de S. Gregorio Magno*, Manila：Impr. de M. Sánchez, 1865, p. 407；
Platero, *Catálogo biográfico de los Religiosos franciscanos de la Provincia de San
Gregorio Magno de Filipinas*, Manila：Imprenta del Real colegio de Santo Tomás,
1880, p. 215. 后来一些传记也延续这个观点，如方豪《中国天主教史人物传》中册，第
146 页；张奉箴《罗公文藻晋牧三百周年纪念》，第 10 页。1634 年领洗说，则有利安当
1649 年写的两封信为依据："自 1634 年给他施洗以来，罗文焰到现在一直坚持他的信
仰。"见利安当 1649 年 10 月 30 日写给省会长的信，SF II, p. 383；另一封信写于 1649
年 11 月 20 日，见 SF II, p. 392. 袁若瑟在书中既引述了 Huerta 与 Platero 的看法，也
提及利安当 1649 年 10 月 30 日写的信，参见 González, *El primer obispo chino*, p. 22.
罗文焰墓志说："年十六，遂受洗于泰西利安当先生，圣名颉勒卧略。"罗文焰至 1633 年
10 月 18 日满 16 周岁，则按墓志说法，其洗礼时间似在 1633 年。
[②]　以前有学者以为或许罗文焰是混血儿，因为有西班牙语姓，但是德礼贤神父早
就反驳了此说。参见 Pascual D'Elia, *Catholic Native Episcopacy in China*, Shanghai：
T'usewai Printing Press, 1927, p. 30, n. 3. 更为详细的论证参见 González, *El
primer obispo chino*, pp. 26 - 27; 32, n. 23 - 26.
[③]　当时葡萄牙和西班牙常把付洗者或代父母的姓名传给受洗人。中国教徒去澳
门或者菲律宾时，也常被给予一个洋姓。当时姓阮的福建教徒洗名为安当（Antonio），
洋姓为 Collado，很可能是因为他是利安当神父付洗的，故获得了利安当的西名；马尼拉
当时有一位多明我会士叫 Diego Collado（1585—1641），可能是阮姓教徒西文姓的来源。
此外，可能因为 Antonio 这个名字已给了阮姓，故利安当另外给罗文焰 Gregorio 这个西
名。有关 Diego Collado，可见 SF III, p. 408, n. 3. 有关阮安当，见后文。
[④]　比如说，Fernández 意思为 Fernando 之子，González 意思为 Gonzalo 之子，
Pérez 为 Pedro 或者 Pero 之子，等等。Fernando、Gonzalo、Pedro 都为西班牙语的名字，
而 Fernández、González、Pérez 都为西班牙语的姓。

　　罗文炤在由利安当洗礼后开始协助他与其他托钵修士,但是没有什么文献可以证明他在这几年间的具体活动。按照后来利安当对罗文炤的描述,罗文炤在他身边的时间比较长,因此大部分学者会说罗文炤形影不离地陪着利安当,[①]也有推测说他于1633年陪同利安当去了南京,但是未提供证据。[②] 利安当在南京受到了耶稣会的阻止并被送回福建。在福建的时候方济各会士与多明我会士看到福建教徒所参加的祭祖仪式,也了解到耶稣会士对该仪式的宽容态度,故而1636年初利安当和多明我会士苏芳积(Francisco Díez,1606—1646)启程去马尼拉报告中国礼仪的情况。当时罗文炤或许留在福建,又或许在到达台湾后,再跟雅连达(Gaspar de Alenda,？—1642)和马若翰(Juan de San Marcos)两位修士返回福建,并于1637年的封斋期时抵达福建。[③]

　　综上所述,罗文炤出生在福安地区的一个普通非教徒家庭,但是他在16岁左右接触到了来自菲律宾的修士,而这件事情在罗文炤的生活中起到了深远的影响,开启了一条新的人生道路。通过领洗入教,罗文炤成为了Gregorio Lopez,并从此与西班牙人有着频繁的往来,后来出身普通的罗文炤在西班牙与教会世界成长起来,晚年深受尊重,成为了受人爱戴和敬仰的罗老爷、罗老师、主教罗公。[④]

---

　　① 袁若瑟说有个写过罗文炤传记的中国学者是这样描述的,参见González, El primer obispo chino, p. 23.

　　② 比如方豪《中国天主教史人物传》中册,第146页。

　　③ 袁若瑟指出了这两个可能性,并排除了罗文炤跟利、苏两位修士前往马尼拉的可能性。利安当和苏芳积分别启程,利安当在途中遇到风暴并落到了台湾荷兰人手中,1637年6月才得以到达马尼拉。苏芳积神父于1637年9月才从马尼拉回到福建。罗文炤不可能陪着他们,因为他在1636年6月已经从福建启程去北京了,参见González, El primer obispo chino, p. 23.

　　④ 兰溪教徒写给罗文炤的一封信中对他很恭敬并称呼他罗老爷,详后。有关罗老师的称呼,见黄一农:《两头蛇:明末清初的第一代天主教徒》,第409—410页。吴渔山神父在《哭司教罗先生》一诗中也有几个对罗文炤的尊称,参见方豪:《中国天主教史人物传》中册,第160—162页。

罗文炤入教及其与西班牙托钵修会的结识，不仅意味着他本人逐渐兼具中西双重身份，也意味着他吸收了西班牙和天主教的影响，并与其他中国教徒入会后一样，影响着其他中国人对天主教的理解。另一方面，罗文炤很可能视利安当神父为"西儒"，天主教对他而言也可能更多地是"天学"而非一般意义上的宗教。因此，在一定程度上，罗文炤的洗礼以及他与修士的往来，也同样使 Antonio Caballero 神父成为西儒利安当，使天主教在中国有一个重塑。[①]

3. 罗文炤目睹"礼仪之争"的爆发（1635—1637）

"礼仪之争"是一个非常复杂的话题，关于它的研究著作颇多，[②]本书将研究罗文炤在礼仪之争中的角色。罗文炤受洗后，托钵修会与耶稣会之间的争论爆发了。最早在福建传教的耶稣会士延续了利玛窦的理念，艾儒略等耶稣会士一开始便允许本地教徒进行祭祖祭孔等礼仪。托钵修士到达福建后，对耶稣会的做法有所批判。利安当在学习中文过程中曾询问过中国教徒王达窦（Tadeo）"祭"字的意思，得到的回答是："神父，这个字意思是祭祀，可以解释成你们在弥撒时做的那种。"[③]这引起了托钵修会对此事的调查。1635 年中秋节前夕，利安当与黎玉范在教徒缪仲雪

---

①　罗文炤于 1685 年在广州受祝圣时，为利安当神父重修坟墓以谢其授洗之恩，可见罗文炤与方济各会士的情谊依然深厚。罗文炤或许视利安当为其启蒙老师和西来儒者，详后。

②　需要着重强调的是，耶稣会与托钵修会在中国礼仪上的争论不仅是一个理论上的讨论，也跟葡萄牙与西班牙两个政权的冲突，以及耶稣会与托钵修会之间在教会结构内的斗争是分不开的。利安当去南京时在耶稣会士的安排下被抓并被赶回福建去，以及耶稣会对托钵修会在中国传教的一些阻挠行为，容易使耶稣会在罗马招致相应的控告。

③　参见 González, *Historia de las misiones dominicanas de China*, Vol. 1, p. 115.

的陪伴下，从顶头步行前往穆阳，发现缪氏宗族中的教徒与非教徒都在一起举行祭拜祖先及其他相关礼仪活动。① 托钵修士认为祭祖祭孔等礼仪是崇拜偶像的异教行为，禁止中国教徒举行此类活动。郭邦雍、缪士珣等福建教徒对此感到很困惑，因为利、黎的做法与同为传播天主教的耶稣会士不一致，于是他们给艾儒略写信寻求指点与帮助。② 托钵修会会士亦写信给艾儒略以讨论他们之间的分歧，但是艾儒略并未给予答复。于是在 1635 年 11 月 22 日黎玉范与玛方济神父前往福州，跟耶稣会副省会长傅汎济（Francisco Furtado，1589—1653）及林本笃（Bento de Matos，1600—1651）讨论中国礼仪问题。耶稣会士表示中国人的礼仪只是表达对祖先与孔子的敬意，可以准许。于是托钵修士回顶头后于 1635 年 12 月 22 日至 1636 年 2 月间完成了两份司法调查报告，以向罗马教廷汇报礼仪问题的重点以及耶稣会士的处理方法。③ 1636 年初，苏芳积和利安当携带这两份报告起身前往马尼拉。

　　利安当、玛方济、黎玉范和苏芳积四位修士组织并参加了第一次司法调查，还有 11 位中国教徒提供了证据，解释了中国人祭祖祭孔及拜城隍的真实意图。这些教徒是来自福安城的郭邦雍、陈

---

　　① 黎玉范对祠堂与祭祖的场面提供了一份详细的描述，参见 González, *Historia de las misiones dominicanas de China*, Vol. 1, pp. 117 - 119.

　　② J. S. Cummins, *A Question of Rites: Friar Domingo Navarrete and the Jesuits in China*, p. 62.

　　③ 第一个报告为"Información jurídica acerca de los ritos chinos hecha por los PP. dominicos y franciscanos, haciendo de testigos varios cristianos de los principales"（以下简写为 Inf. I），Tingteu, 19 enero 1636. BC, ms. 1073, ff. 16 - 79. 第二个报告为 "Información jurídica hecha por los religiosos de San Francisco y Sto. Domingo en este Reyno de China, y remitidas a los Padres Provinciales de las dichas Religiones en las Islas Filipinas"（以下简写为 Inf. II），Tingteu, 10 febrero 1636. BC, ms. 1073, ff. 80 - 106. 有关这两份报告的分析可以参见 Fortunato Margiotti, "L'atteggiamento dei francescani spagnoli nella questioni dei riti cinesi", in Victor Sánchez & Cayetano Fuertes (coord.), *España en Extremo Oriente*, Madrid: Editorial Cisneros, 1979, pp. 125 - 180.

五臣，来自顶头的黄大成、黄时向、黄元晃、缪如钦、黄元炫，来自穆阳的缪仲雪，来自樟港的阮孔贯。还有一位在报告中没有写明他是来自哪里，此人名林廷贵(Lin t'ing-kuei)，洗名为马诺(Manuel)，三十九岁，是传教士的男仆，"很了解情况，可以为该案件提供很多信息"。① 这些教徒是福安地区最富学识的文人教徒，至少有两位秀才(*graduados en sus letras*)，三个是举人(*maestros de escuela*)，他们的年龄在二十三岁至六十岁之间。虽然这份报告没有提供关于罗文炤的信息，但是因为罗文炤当时已经在陪伴与协助西班牙修士，所以通过这份资料可以知道当时托钵修士和罗文炤身边的中国教徒的一些信息，而且可知罗文炤没有参加这次调查，或许是因为年龄只有 18 岁，或者更有可能因为不像这些教徒有一定的社会与文化地位。不过，罗文炤应该目睹了这第一次有关中国礼仪的争论，也有机会跟林马诺等教徒沟通这些事情，因为有文献可以证明 1637 年罗文炤、林马诺、阮安当三位教徒一起陪两位方济各会士前往北京。② 至于阮安当，或许是司法报告中的阮孔贯的亲戚，这位教徒在 1637 年去北京的时候应该有二十一岁(详后)，跟罗文炤年龄相仿。所以，罗文炤从一开始就处在托钵修士的福安教徒网络中，而他最初的地位应该没有超过林马诺等教徒。

4. 福建教案，罗文炤与方济各会士到北京(1637)

　　1637—1638 年的福建教案是明末福安地方遭遇的第一次较

　　① Inf. I, 344；Inf. II, f. 74v. 参见 Fortunato Margiotti, "L'atteggiamento dei francescani spagnoli nella questioni dei riti cinesi", in Victor Sánchez & Cayetano Fuertes (coord.), *España en Extremo Oriente*, pp. 132 - 133, n. 14；n. 17.
　　② 这次司法报告中的林马诺为三十九岁，而 1637 年陪两位方济各会士去北京的三位男仆中也有一位叫林马诺，且这三位男仆中有一人的年龄在四十岁，因此这两位林马诺应该是同一个人。

大规模的反教事件。当时福安民间反教力量主要来自城中大族上杭陈氏。[1] 为了反驳黎玉范等西班牙传教士宣扬禁止祭祖祭孔的行为,陈翰迅撰写并刊刻反教书籍。万济国曾述及陈翰迅的反教行动:"这位文人是福安本地人,住在上杭区,现在我们的教堂就建在他们家族的地方。他名叫陈闱八(Chiu Goei-Pa),是我们圣教的大敌。"[2]万济国接着提到陈翰迅写了两本书,批判天主教,污蔑圣母童贞与贞洁。陈翰迅在刊刻了上述反教书籍后在福安广为散发,此事为黎玉范所见。黎玉范与陈翰迅几经争论之后,陈翰迅决定孤身前往京城,以求禁止天主教。玛方济与雅连达[3]两位方济各会士紧随其后,于 1637 年 6 月 20 日离开福建,8 月 14 日到达京城,有三位福安教徒与其随行,罗文炤是其中之一。[4]

　　方济各会士和福建教徒前往达北京导致了耶稣会与方济各会之间的冲突。不久方济各会士和教徒被遣返福建,此事引发出不同的解释。首先,耶稣会士汤若望(Johan Adam Schall von Bell,

---

　　① 《上杭颍川陈氏左一华房第四楣宗谱》,肖爱民序,嘉靖四十五年,1995 年重修本;(光绪)《福安县志》卷终《氏族》,第 740 页。引自张先清:《官府、宗族与天主教:17—19 世纪福安乡村教会的历史叙事》,第 72 页。

　　② 参见 González, *Historia de las misiones dominicanas de China*, Vol. 1, 96;陈闱八即陈翰迅,闱八是他的行号,参见张先清:《官府、宗族与天主教:17—19 世纪福安乡村教会的历史叙事》,第 72—73 页。

　　③ 雅连达出生于西班牙 Elche,1628 年到了菲律宾,1637 年到了福建。他与玛方济去了北京后,被驱逐到福建。他先到了顶头,再去连江,在此接受了方济各会中国会长职位,1642 年去世。参见 SF II: p. 236 n. 4; Gaspar Alenda, "Relación a los PP. José de Valencia, definidor, y Jerónimo Nadal, guardián de Manila", Lienquian-hien, 12 marzo 1638. SF II, pp. 251 - 265, 272 - 276; Domingo Urquijo, "Relación a un hermano nuestro", Convento de S. Francisco del Monte, 1 junio 1638. BC, ms. 1073, ff. 107r - 109v.

　　④ "我们决定紧随其后前往北京来为我们的圣教辩护……以及宣传死于十字架上的耶稣,因为关于耶稣的去世缘由中国人了解得甚少。我们是带着三位很好的男仆去的",见 Alenda, "Relación", SF II, p. 251, n. 1. 这三位男仆为罗文炤(Gregorio)、林马诺(Manuel)与阮安当(Antonio), Domingo Urquijo, "Relación a un hermano nuestro", Convento de S. Francisco del Monte, 1 junio 1638. BC, ms. 1073, ff. 107r - 109v;参见 Eugenio Menegon, *Ancestors, Virgins, and Friars*, p. 247, n. 58.

1592—1666)写了一封信，①耶稣会中国副省会长傅汎际在 1637 年
8 月 18 日也把事情的原委报告给驻澳门的巡按使李玛诺（Manuel
Dias，1559—1639）。② 后来，方济各会士在回到福建和马尼拉之
后，也写了相应的报告；雅连达、艾佳良（Francisco de Escalona，
? —1659/1660）③和多名莪（Domingo Urquijo，? —1652）④一起
撰写了报告，⑤利安当也反驳了汤若望信中的说法。⑥ 另外，当时
正在马尼拉形成的针对礼仪问题的法律文件中也对北京发生的事
有所记载。⑦ 虽然在这些报告中关于罗文炤的信息不多，但是能

---

① 这封信也被抄写在一封寄给罗马总会的书信中，见"Capitulo da huma carta
que de Pekim escreveo o Padre João Adams Alemão, ao Padre Alexandre Rhodes
residente em Macao, feita em Pekim a 8 de Novembro de 1637", ARSI, Jap. Sin. 161
II, f. 196r-v. 后来这封信又为托钵修会所用，所以该信的抄件也保存在 BC, ms.
1073, f. 178。

② 耶稣会巡按使李玛诺把这封信的部分内容写入一封寄给罗马总会长的书信
中。参见 Manuel Dias, "Carta a Vitelleschi", Macao, 16 marzo 1638, ARSI, Jap. Sin.
161 II, ff. 179r - 180v. 也可以参见内容相似的另一封信：Francisco Furtado, "Carta
al Papa Urbano VIII", 5 noviembre 1639, ARSI, Jap. Sin. 161 II, f. 222v.

③ 艾佳良（Francisco de Jesús 或 Francisco de Escalona, ? —1659/1660）出生于
西班牙托雷多（Toledo）省的 Escalona，在马尼拉学日语后 1636 年去了台湾，计划跟四
位方济各会士一起去日本传教，不过 1637 年 9 月 1 日苏芳积把他和多名莪、阿脑伯
（Onofre Pelleja, ? —1650）以及施若翰、查伯多禄（Pedro Chaves, 1611—1660）都带到
中国了。福建教案发生后，他于 1639 年离开了传教区回到马尼拉，参见 SF II, pp. 217 -
218,也可参见 Urquijo, "Relación a un hermano nuestro", ff. 107r - 109v.

④ 多名莪（Domingo Urquijo 或 Domingo de Jesús, ? —1652）1636 年到了菲律
宾。他跟艾佳良一起到了福建。福建教案发生后，他于 1638 年离开了传教区回到马尼
拉，卒于 1652 年。参见 SF II, pp. 245 n. 4; 257.

⑤ 参见 Francisco de Escalona, "Relación del 12 de marzo de 1638", SF II, pp.
224 - 314,尤其是 pp. 250 - 254. 有关这个报告的内容、资料、撰写过程等信息参见 SF
II, pp. 218 - 223; Alenda, "Relación", SF II, pp. 251 - 265; 272 - 276; Urquijo,
"Relación a un hermano nuestro", ff. 107r - 109v.

⑥ Antonio de Santa María Caballero, "Respuesta a dicha carta, que han hechado
a bolar, aun sin attender a estar en la quaresma los de la compañia contra los menores de
la Yglessia hijos del humano seraphin el señor S. Francisco", 2 agosto 1639. BC, ms.
1073, ff. 179r - 182r.

⑦ Inf. I, Tingteu, 19 enero 1636. BC, ms. 1073, ff. 16 - 79; Inf. II, Tingteu,
10 febrero 1636. BC, ms. 1073, ff. 80 - 106.

够显示出他是耶稣会和西班牙托钵会之间冲突的见证人,也能够表明他是如何从一开始就被牵扯到欧洲传教士之间的纠纷中的。

上文提到的耶稣会报告描述了以下情况:方济各会士到达北京后通知了耶稣会士,于是第二天汤若望去了他们的住处并试图说服他们回福建,认为这样才可以避免传教区受到威胁,因为西班牙修士几乎不会中文,他们试图穿着会衣在街上传教,声称中国皇帝是错误的、孔子在地狱里,还想一边躲在耶稣会的房子里,一边再回福建找更多修士过来。除此之外,他们还询问了侵略中国需要多少士兵,并打算去朝鲜半岛,在那边建个城堡。耶稣会士认为方济各会士的这类妄想和企图将会威胁到传教区的安全。报告还说,后来在他们去探望利玛窦墓地时,有明朝政府的人发现了他们,同时也知道他们的计划,便派人把他们抓起来并打算将其遣送回福建。但因为有耶稣会士汤若望的帮助,这些事情没有向皇帝及礼部报告,最终方济各会士和福建教徒得以秘密地离开了北京。

与耶稣会报告的内容截然相反的是方济各会的报告,其不但一口否认了耶稣会报告内容,还指出抓他们的不是明朝政府的人,而恰恰是耶稣会的中国教徒。报告中还强调耶稣会教堂里有一些与天主教不相符的物件,例如圣像没有表现耶稣的脚和被钉上十字架的痛苦,还设有一个用以供奉中国皇帝的台子等。

耶稣会与方济各会各执一词,而对本研究而言更重要的是,在利安当反驳汤若望的报告中找到了一些有关罗文炤的宝贵信息,其中提到罗文炤等三位福建教徒的年龄时说道:“(汤若望在其信中)说:三个福建男孩陪着他们。(利安当在此)答:一个19岁,一个21岁,还有一个40岁,当鳏夫都几年了。所以可以判断他们是不是男孩。”另外,利安当在反驳汤若望有关他们穿着打扮的时候也提供了一些宝贵的信息:“(汤若望在其信中)说:传教士与福建教徒经常交换衣服。服装内、外层都是丝绸做的,也有麻布做的。

(利安当在此)答：我们总共五个人，两个修士，三个男仆。只有一件长的、可以叫成 capisayo 的衣服是丝绸的，是福建人外穿的一种衣服，再加上一个在 calzón 上穿的 faldoncillos。而且这一件可不是双层的那种，根本不像耶稣会神父带有歧义的话所言。它是用简单的单层 tafetán 做的，刚买的时候最多都没到三比索，是现在身在马尼拉的那位福建教徒在当时穿的。方济各会玛方济是到了北京才换上这一件，以此来把自己打扮成一位来京城办事的中国人，其他人则扮成他的仆人。而且一到耶稣会教堂，他还把这件衣服换成福建人穿的普通衣服，也就是简朴的麻布做的。雅连达穿的衣服亦如此。有如耶稣会神父所说的，穿着丝绸的、自己的而非别人的衣服，恰恰适合用来描述耶稣会士。耶稣会中国会长傅汎际说过，耶稣会士在中国除了他们平时穿的用薄薄的 mantilla 做的衣服之外还有两种丝绸做的衣服，一种用于拜访重要人物，另一种是用于参加葬礼的。"①上述文献体现了有关这三位福建教徒的一些信息，包括他们的年龄、穿着以及传教士与他们合作方面的一些小细节。通过穿着信息可以判断这些人的文化与社会地位。按照方济各会的描述，方济各会士和罗文炤一样都穿着简朴的衣服。虽然罗文炤的社会地位确实不高，但这里也要指出，方济各会士所给出的对服装的描述也是用来衬托耶稣会士在这方面的华丽，以此来批判耶稣会在中国实施的适应性政策给天主教本身造成的误解。

除了罗文炤等三位福建教徒的年龄和穿着，耶稣会与方济各会也报告了政府官员对罗文炤等三位教徒的态度。阮安当后来在马尼拉作证时描述了在北京耶稣会住院里所发生的事情："陪同这

---

① 参见 Antonio de Santa María Caballero, "Respuesta a dicha carta", BC, ms. 1073, ff. 179r - 182r.

个证人（按：即阮安当）的两位中国教徒（按：即罗文炤和林马诺）被捆住了双手，脖子上了锁链后，又被带到那所房子后边的园子里，像狗一样地被拴到一棵松树上，不给他们吃的……一位耶稣会神父到了，一位官员在他面前下令把该证人的双手给捆住，并用绳子捆住他的脖子。一个官兵执行了命令。"①

此外，耶稣会与方济各会在报告中也描述了罗文炤是如何离开北京回到福建的，但是他们在这一点上也是各执一词："（汤若望在其信中）说：（两位传教士）不愿意把三个福建男孩带回去。（利安当在此）答：其中两个现在在马尼拉，而他们说（西班牙）传教士最痛的事情就是看到汤若望坚决不同意三位福建教徒跟该传教士一起回去。（汤若望）说：传教士把三位教徒丢在监狱里，身上套着锁链。（利安当）答：说得没错，因为他们留在耶稣会住院里了，而该住院被耶稣会士当作监狱了。该传教士与他们的教徒都是在这里被抓的，然后耶稣会士把教徒放在那里了。三位教徒没待在其他的监狱……（汤若望）说：也是我帮助了三位教徒秘密地离开北京。（利安当）答：的确是很秘密地，是您放了他们，他们才走的，他们是公开地上了京城的街道，自在地行走，在一家餐厅吃完饭后，毫无畏惧地从公共的街道离开的北京。（汤若望）说：他们为凑了这个热闹感到很后悔。（利安当）答：是感到震惊，感到受侮辱，并不后悔。因为他们还是回去找他们的神父，并跟他们一起回到马尼拉。他们现在在这里，即使是需要离开他们的父母、他们的家乡和他们的亲戚朋友。"

此事的是非曲直我们暂不做进一步分析，事情的结局是罗文炤回到福建了，他应该是从本次北京之行中清楚地意识到了耶稣

---

① "Respuesta a la 2ª pregunta del Proceso de Manila sobre los ritos"，引自 González, *El primer obispo chino*, p. 24, n. 12.

会与西班牙托钵修会之间的冲突。在西班牙传教士做的几个报告中，有几个中国教徒对此事作证。虽然没找到罗文炤对所发生事情作证的资料，但是在中国礼仪问题的一份报告上记载了方济各会的中国世俗修士迭戈（Diego）[①]的一个重要证言："他听罗文炤说他在中国都城北京的时候，进了耶稣会神父的教堂，发现里面有两张台子；一张供奉我们的主，用来做弥撒；另一张在边上，放着一个牌子，牌子上写着皇帝的名字，加上'皇帝万岁'一句。罗文炤还看见耶稣会的一位男仆与教徒进了教堂后在我们的主的那张台子前鞠躬，再转身去另一张放着刚提到的牌子的台子前鞠躬。"[②]

5. 福建教案的结束与后果（1637—1640）

就这样，两位方济各会士与三位中国教徒陆续回到了福建，[③]而福建教案不仅没有解决，陈翰迅掀起的反教活动反而在福建的几个地方愈演愈烈。雅连达与玛方济经过杭州，被杭州的官员押送回福州，1637 年 11 月 4 日又到了顶头。黎玉范与查伯多禄两位多明我会士在杭州看见雅连达与玛方济被抓了，便立刻决定离开杭州回到顶头。几位西班牙传教士在顶头聚集并商量如何应对福建的反教事件。经过讨论他们决定先分开行动，一部分传教士留在顶头，而方济各会士阿脑伯、多名我、玛芳济三人则在苏芳积的陪同下前往宁德塔山吴厝一位生员吴伯溢家中躲避。不料他们遭到一个叫王春的人向官府报信，时任福建巡抚的沈犹龙下令巡

---

① 参见 SF II, p. 362, n. 8.

② "Respuesta a la 6ª pregunta del Proceso de Manila sobre los ritos"，引自 González, *El primer obispo chino*, p. 24, n. 13.

③ 他们不是一起回去的，而分开经不同的路回福建的。参见"Respuesta a la 2ª pregunta del Proceso de Manila sobre los ritos"，引自 González, *El primer obispo chino*, p. 24, n. 12.

海道施邦曜派兵捉拿。追兵赶到时苏芳积已经离开了,但是三位方济各会士以及顶头信徒黄尚爱等四人于 1637 年 11 月 21 日被捕,[①]并被押至福州施邦曜衙门受审。在此期间,福安奉教生员黄大成、郭邦雍为传教士辩护未果。福州知府等其他的闽省官员发布了反教告示,由此酿成了一场全省范围的禁教案。[②] 福安知县巫三祝在接到施邦曜等人的命令后立即派人在境内搜捕传教士,身在顶头的黎玉范等六名多明我会士纷纷逃往不同的地方。罗家巷在后来一直是一个安全的庇护所,对此罗文炤应该起到了很重要的作用。有一次黎玉范等五名西班牙修士前往罗家巷,躲在一户非教徒家中的一个狭窄的谷仓里,[③]后来多明我会士施若翰也躲在福安一所房子的一个谷仓里。[④] 虽然上述文献中没有提到罗文炤在帮忙,但是据与罗文炤有过来往的多明我会圣玫瑰省会长 Baltasar de Santa Cruz 记载,施若翰在罗家巷藏身的房子恰恰就是罗文炤的一个非信教的兄弟的,[⑤]所以很有可能罗文炤在福建教案期间靠亲戚朋友帮忙给传教士提供了庇护所。倘若如此,那

---

　　① 按照袁若瑟说法,罗文炤等三位教徒也被抓并被送至宁德的监狱,跟西班牙传教士一起受了折磨。不过,袁若瑟对此也不确定,因为不同文献当中的记载存在矛盾。例如袁若瑟通过利胜书中的描述推断罗文炤等三位教徒被捕了(参见利胜:《多明我会在中华帝国之业绩》,第 3 册第 2 章第 4 段),但据阮安当(Antonio Collado)的一份报告("Respuesta a la 2ª pregunta del Proceso de Manila sobre los ritos",引自 González, *El primer obispo chino*, p. 25, n. 16),罗文炤等三位教徒似未被捕。虽然袁若瑟相信罗文炤应该此时是被捕的,利胜的表达却不够明确。

　　② 参见 Urquijo, "Relación a un hermano nuestro", ff. 107r - 109v; González, *El primer obispo chino*, pp. 24 - 25;张先清:《官府、宗族与天主教:17—19 世纪福安乡村教会的历史叙事》,第 75 页。

　　③ 参见 González, *Historia de las misiones dominicanas de China*, Vol. 1, pp. 132 - 135. 张先清:《官府、宗族与天主教:17—19 世纪福安乡村教会的历史叙事》,第 75—76 页。

　　④ 参见 González, *Historia de las misiones dominicanas de China*, Vol. 1, p. 143. 张先清:《官府、宗族与天主教:17—19 世纪福安乡村教会的历史叙事》,第 78 页。

　　⑤ 参见 Baltasar de Santa Cruz, *Tomo segundo de la historia de la Provincia del Santo Rosario*, pp. 474 - 475.

么罗文炤在这个西班牙修士与中国教徒的网络中作用越来越重要了,这个网络中的成员有如上述报告中提到的黄氏教徒、郭邦雍,以及多明我(Domingo)、本笃(Benito)等福建教徒。

福建教案导致很多西班牙传教士被迫离开福建回到马尼拉。他们到马尼拉后纷纷报告了礼仪问题以及在华耶稣会士对西班牙修士的阻挠。1638 年底罗文炤和郭邦雍跟随黎玉范、苏芳积从福州抵达澳门,停留了一年多之后才能在 1640 年 4 月从澳门前往马尼拉。[1]

总体上讲,福建教案对中国传教区造成了严重影响,不仅教堂被毁、传教被禁,很多传教士与教徒要么被捕,要么被迫离开传教区了。至于罗文炤在此教案中的角色及教案对罗文炤的影响,可以从两方面来阐释:首先,他和他的家人为西班牙传教士提供了帮助。可以说他在结识了西班牙传教士之后已成为一个可信的助手。其次,传教士也应该从中意识到了本地教徒的重要性,或许也是从这时开始酝酿培养本地神父的构想。西班牙传教士在与罗文炤一起回到马尼拉之后,可能考虑过可以培养他为修士与神父,帮他们在中国扩大传教事业。

第三节　往还于马尼拉与福建之间(1640—1665)

托钵修会在进入中国的最初几年中经历了两个主要问题:第一是耶稣会对西班牙传教士加以阻止并对中国礼仪问题持有不同看法;第二是接踵而至的反教活动,即福建教案。这场教案对托钵

---

[1]　参见 González, *El primer obispo chino*, p. 25;张先清:《官府、宗族与天主教:17—19 世纪福安乡村教会的历史叙事》,第 79—80 页。

修士的打击很大，而这一遭遇也证明了一个道理，即如果不依靠中国教徒，那么福建的传教区将难以为继。在这一背景下，西班牙托钵修会不得不重新调整在华传教策略。一方面要考虑如何处理与耶稣会之间的冲突、如何解决中国礼仪问题。耶稣会与托钵修会未能达成一致，黎玉范已带着在中国完成的法律报告等文件返回罗马汇报。另一方面，要想办法应对随时有可能发生的反教事件。换言之，福建教案推动并加速了马尼拉传教士对培养中国本地神父的讨论，而罗文炤是培养本地神父计划的最显著成果，他在接下来的几年里对西班牙托钵修会在福建的传教事业做出了很大贡献。

　　不过本章也要强调一点，即罗文炤所承担的角色不只限于传教。当时马尼拉与福建之间存在着贸易、艺术、外交等方面的往来，需要中间人联络与沟通，而教士和教徒于其中也起到了不容小觑的作用。罗文炤就是这样一位中间人，他与马尼拉和中国的商人、官员、船长以及其他的中国教徒保持着联系，并与他们一道实现了福建与马尼拉之间的多种往来。虽然罗文炤地位不高，但是他忠诚、勇敢、聪明的品格让他在这个网络中发挥出才能，使他不断赢得更多信任、担任更多任务，在马尼拉与福建之间扮演着一个不可忽视的角色。此外当时在很多中国人眼里，修士所传播的"天学"中也包含一些新知识和新技能，他们被视为西儒，有较高的地位，在社会的教育、医疗、工程等方面均体现出重要的价值。因此，罗文炤加入修会这件事也必然对其社会身份和社会地位的提升有所影响。

1. 罗文炤成为多明我会士和神父

1.1　接受本地修士与本地神父的讨论

　　从 1552 年耶稣会士沙勿略到达广东沿海的上川岛开始，传教士和葡萄牙商人便是在一些华人中间人的协助下开始与中国进行交流的。这些中间人主要来自福建、浙江和广东，[①]承担着翻译、教授语言、在谈判过程中沟通双方等任务。欧洲传教士在到达澳门、广东、福建地区的时候，必须依靠由中、西方商人以及这些本地通事构成的关系网络来开展活动，同时他们也考虑过让一些早期入教的本地教徒加入修会并成为神父的可能性。葡萄牙多明我会士克路士（Gaspar da Cruz）神父 1556 年尝试在澳门与广东传教，当时就有一位洗名为 Dionisio de la Cruz 的本地教徒入了多明我会。[②] 1587 年三位西班牙多明我会圣玫瑰省传教士 Antonio Arcediano、Alonso Delgado 和 Bartolomé López 也到了澳门并建立了会院与教堂。[③] 他们在澳门驻留的时间很短，而当时一位洗名为 Antonio de Santa María 的本地教徒入了多明我会并成为神父。[④] Dionisio de la Cruz 和 Antonio de Santa María 这两位本地会士、神父任职期不长，也几乎没有更多关于他俩的信息，但是他

---

①　最早在中西之间担任翻译的通事使用的是阿拉伯语，后来中国通事能使用葡萄牙语，再后来入华耶稣会士学习汉语。利玛窦提到这些做中间人的华人有入教的，短发，身穿西方人的衣服。Isabel Murta Pina, *Jesuítas chineses e mestiços da missão da China 1589 - 1689*, Lisboa: Centro Científico e Cultural de Macau, 2011, pp. 33, 42.

②　克路士隶属于葡萄牙的多明我会 Congregacion de la Santa Cruz 省。关于中国多明我会士 Dionisio de la Cruz，可见 González, *El primer obispo chino*, pp. 100 - 101, 123 - 124.

③　虽然后来省会长住在马尼拉，但是西班牙多明我会圣玫瑰省建立的时候主要目的是在中国传教。这三位神父属于从西班牙出来的第一支派往中国的多明我会传教团，参见 González, *Historia de las misiones dominicanas de China*, Vol. 1, pp. 31 - 37; Manuel Teixeira, *Macau E a Sua Diocese*, Vol. III, *As Ordens e Congregações Religiosas em Macao*, Lisboa: Agencia Geral do Ultramar, 1963, pp. 608 - 620. 西班牙奥斯定会、方济各会、多明我会传教士以及加拉会修女都在澳门建了会院，参见 Manuel Teixeira, *Macau e a sua Diocese*, Vol. III, pp. 406 - 741.

④　Antonio de Santa Maria 是中葡混血儿。西班牙多明我会士被澳门葡萄牙人赶出的时候，他们的修道院和教堂被转让给了葡萄牙的多明我会 Congregacion de la Santa Cruz 省，在转让期间由这位本地神父管理。González, *El primer obispo chino*, pp. 100 - 101, 123 - 124. 多明我会史学家袁若瑟自豪地表示他们比较早地接受了本地修士和本地神父，比耶稣会要早一些。

们的事例可以证明多明我会在华传教早期已经有了让本地神父加入修会做法。

最早加入耶稣会的中国人是钟鸣仁,他洗名为 Sebastião Fernandes,1589 年 11 月入会。耶稣会巡按使范礼安(Alessandro Valignano,1539—1606)在 1589 年 10 月 10 日写给总会长的信中谈及入会的中国教徒,认为:"他们是本地人,所以不会受到阻止,也不会在中国被认出来。"①他所考虑的是他们可以做耶稣会的世俗修士,同时提出接受他们的标准:"他们的父母是中国天主教徒并且生活在澳门的葡萄牙人中间;是在澳门出生的,且是由我们培养的天主教徒。"②通过这个标准,范礼安希望保证入会的中国人会在信仰和传教工作上保持坚定,并且能一直按照天主教的道德观点生活。

1591 年耶稣会中国传教区会长孟三德(Duarte de Sande, 1531—1600)提议在澳门建立神学院培养中国神父,主要意图是希望被培养人成为"听告解以及举行圣事的神父",③但是范礼安不同意这个想法。虽然一些耶稣会士如孟三德、郭居静(Lazzaro Cattaneo,1560—1640)、龙华民(Nicolas Longobardi,1559—1654)一直支持培养中国神父,但是 1606 年耶稣会总会长 Claudio

---

①   出自范礼安 1589 年 10 月 10 日从澳门写给总会长的信;范礼安在 1592 年 2 月 5 日从长崎写给总会长的信中认为,日本传教区同样需要本地神父。此二信转引自 Pina, *Jesuítas chineses e mestiços da missão da China 1589-1689*,p. 67. 1589—1689 年间加入耶稣会的中国人、中葡混血以及其他澳门的亚洲人共有 26 位,详见 Pina, *Jesuítas chineses,e mestiços da missão da China 1589-1689*.

②   范礼安 1589 年 10 月 10 日从澳门写给总会长的信,转引自 Pina, *Jesuítas chineses e mestiços da missão da China 1589-1689*,p. 67. 1640 年左右,范礼安制定的标准发生变化,耶稣会开始考虑接受中国内地教徒,让他们在中国度过初学期。见 Pina, *Jesuítas chineses e mestiços da missão da China 1589-1689*,p. 114.

③   出自孟三德 1591 年 1 月 29 日从澳门写给总会长的信,原件见 ARSI, Jap. Sin. II 11,f. 241,转引自 Pina, *Jesuítas chineses e mestiços da missão da China 1589-1689*,p. 87.

Acquaviva 认为天主教在中国还不够成熟，决定暂时还不能建立神学院培养中国神父。① 中国传教区的耶稣会士认为收为世俗修士的这些教徒是非常重要的，但是耶稣会一直到 1680 年代才决定接受中国人做神父。②

　　福建反教事件发生后，是否接受本地神父的讨论也在马尼拉拉开序幕。多明我会省会长 Domingo González 于 1637 年 5 月 6 日讨论本地修士和神父的问题时，提到了 Antonio Arcediano 曾经做的决定。据多明我会圣玫瑰省档案馆保存的一份文献显示，1643 年多明我会在马尼拉继续讨论是否以及在何种条件下可以接受中国人当修士和神父。几位神父被一一邀请回答以下问题："有关给予中国人会衣的看法，所问的问题是：中国教徒是否可以像日本籍的新天主教徒一样被接受任圣职和入修会？ 主要针对具备以下条件的人：童年时期受洗；在信仰与品德方面受修士培养；经身边培养他们的修士批准和考验，不仅多次证明他们在信仰方面很坚定，且在品德上尤其是守贞方面也表现得很坚定，最终在天主的帮助下因为克服了难关而得到身边修士的肯定；另外要经过足够的拉丁文培养等。"1643 年 7 月 28 日 Domingo González 给出了以下回答："如果具备好的品行，那么不能因为所属民族而拒绝其接受圣职与入修会。如果中国人具备在此提到的条件，那么可

---

　　①　1615 年金尼阁(Nicolas Trigault，1577—1628)去罗马时，获得教宗保禄五世于 1615 年 6 月 27 日发布的 *Romanae Sedis Antistes* 宗座简函(*Breve apostolico*)，允许中国神父用中文主持弥撒以及施行圣事，也允许把圣经翻译成中文。但维埃拉(Francisco Vieira)写信给总会长说，这些决定暂时没办法实现。参见 Pina, *Jesuítas chineses e mestiços da missão da China 1589 - 1689*, pp. 94, n. 336；337, n. 338.

　　②　日本省的几位耶稣会士曾批评耶稣会接受日本或中国本地教徒为世俗修士的做法。龙华民于 1617 年给总会长写了一份报告，阐述在澳门培养的中国人的重要性，其他的耶稣会士也支持这个想法。龙华民的报告刚好是在 1616—1617 年南京反教事件爆发时写的，教案中中国修士显得更为重要，参见 Pina, *Jesuítas chineses e mestiços da missão da China 1589 - 1689*, pp. 98 - 104.

以直接接受进入修会和授予圣职。"8月24日奥斯定会士 Carvajal 在马尼拉圣保禄修道院也给出了类似的回答。①

除了上述文献,还有其他证据可以证明多明我会当时对于接受本地修士所下的决心。1640年耶稣升天节,黎玉范与利安当从马尼拉启程去澳门,并计划由澳门去罗马,除了报告礼仪之争的情况外,他们还打算在罗马讨论培养本地神父的方案。当时罗文炤陪着利安当,与他们一起从马尼拉到了澳门。② 袁若瑟认为,可能利安当和黎玉范希望罗文炤陪他们前往罗马。但是他们在澳门遇到了一些问题,葡萄牙人以出航危险为由劝他们不要登船。③ 利安当没能出发,而黎玉范跟一位名叫 Pedro de la Cruz 的中国教徒一起坐船启程前往罗马。多明我会本来打算在这位中国教徒从罗马回来后接纳其成为会士并让他从事传教工作,不料他遇难于途中。④ 黎玉范于1643年2月24日只身抵达罗马,直至1648年才

---

① 参见 APSR(AUST), Sección Sangleyes, tomo 1, doc. 18 "Parecer acerca de dar el abito a chinos"(有关给予中国人会衣的看法)。参考的是 AUST 的 Microfilm, Serie C, Reel 40.

② 1635年方济各会士利安当与多明我会士苏芳积往马尼拉报告中国教会内部所发生的有关中国礼仪的争执。苏芳积回中国后,传教士遭遇了福建反教事件,1640年4月黎玉范与苏芳积从澳门回到马尼拉,参见 González, *El primer obispo chino*, p. 25;张先清:《官府、宗族与天主教:17—19世纪福建乡村教会的历史叙事》,第79—80页。袁若瑟认为,罗文炤应该是1640年4月跟黎玉范和苏芳积从澳门回到马尼拉,再跟利安当和黎玉范一起回到澳门的。但是他没有提供具体的文献依据,参见 González, *El primer obispo chino*, p. 25. 不过,利安当记录了罗文炤在方济各会修道院待过并且跟他一起去了澳门,可能指的就是1640年这一次:"罗文炤曾在我们马尼拉的修道院待过,然后跟我去了澳门,之后又跟我一起回到马尼拉了。"参见利安当1649年10月30日写给省会长的信。SF II, pp. 382 - 383; González, *El primer obispo chino*, p. 116, n. 20.

③ 参见 González, *Historia de las misiones dominicanas de China*, Vol. 1, p. 235. 当时正好也是葡萄牙摆脱西班牙控制的期间。

④ 驻澳门多明我会住院的一位意大利神父认识这位中国教徒 Pedro de la Cruz, 后来多明我会士利胜结识了这一位意大利神父,详细信息见 González, *Historia de las misiones dominicanas de China*. Vol. 1, p. 235.

回到马尼拉。①

黎玉范在罗马期间讨论了有关培养传教士以及设立亚洲本地神父的计划，他从罗马教廷和多明我会总会长那里得到了一些特殊权力来扩大传教士队伍，包括缩短培养修士的规定时间，在墨西哥圣贾辛托会院(Convento de San Jacinto)接受新的修士，批准把圣托马斯学院提升为大学，确立多明我会在马尼拉的另一个神学院(后来成为圣若翰神学院，Seminario de San Juan de Letrán)，②并允许他在台湾建立一个神学院来培养中国教徒，以期其在日后担任神父。③ 黎玉范给传信部描述多明我会的神学院时讲到："在菲律宾我们的修会建立了一个神学院，很多学生在这里接受培养，有西班牙人、中国人和日本人。一般来说有两百多个学生。其中有学语法的，有学文科的，还有学神学的，都是为了服务于传教事业。"④

---

① 关于黎玉范的罗马之行，可见 González, *Historia de las misiones dominicanas de China*, Vol. 1, pp. 233 - 249. 黎玉范去罗马的主要任务是报告礼仪之争的情况，为此他见了多明我会总会长 Domingo Gravina、红衣主教 Francisco Barberino、传信部秘书长 Francisco Ingoli 以及教宗。他从马尼拉带着省会长以及大主教 Fernando Guerrero 的信，也把礼仪之争的文本提交到宗教裁判所。1644 年 6 月他提交的问题得到答复，宗教裁判所把答复交给传信部，让其呈报教宗批准。1645 年 9 月 12 日发布了有关中国礼仪的相关法令。黎玉范以中国传教区宗座代牧的身份返往中国，携带着罗马公布的几个重要法令和教宗训谕，其中包括 1645 年 9 月 12 日有关礼仪之争的法令，该法令支持多明我会在礼仪之争的立场。另外，多明我会总会长委托他带 40 个多明我会传教士前往菲律宾，因此他回西班牙招募会友，并委托利胜继续在罗马处理事务。黎玉范于 1646 年 6 月 12 日从西班牙启程去菲律宾，于 1648 年抵达。

② 多明我会只想建立修道院(Seminario)，但是大主教 Jerónimo Guerrero 和西班牙国王希望学生还能学其他的专业，所以建立成学院(Colegio)。详细信息见 González, *Historia de las misiones dominicanas de China*, Vol. 1, p. 278, n. 10 - 11.

③ 1633 年多明我会在台湾建立了一个仁慈会(Hermandad de la misericordia)，资金为 6 000 比索，主要的目的是希望建立一座能够培养中国、日本和朝鲜神父的神学院。但是最后建立神学院的计划没有实现，所以黎玉范又去罗马寻找支持。然而这次建立神学院的计划也没有成功，因为 1642 年荷兰人将西班牙人逐出了台湾。有关黎玉范获得的其他权力，可见 González, *Historia de las misiones dominicanas de China*, Vol. 1, pp. 277 - 278.

④ González, *Historia de las misiones dominicanas de China*, Vol. 1, p. 278. 至于语法、文科和神学这些科目的内涵，详后。

在得到了总会长的批准后,黎玉范也希望通过这番表述能得到传信部的支持。不难看出黎玉范的目的很明确,即希望在菲律宾和台湾培养本地神父,而他的目的也达到了,得到了总会长以及传信部的大力支持。

多明我会士培养本地神父的计划很明确,而罗文炤是这个计划中的重要对象之一。首先,马尼拉方面在是否接受本地神父的讨论上表示得很清楚,而罗文炤大体上符合他们设立的培养条件,因为罗文炤在成年前(16 岁时)就受洗了,在他身边的利安当一直赞扬他的品德和能力,并且多明我会士施若翰等传教士也可以证明他在福建教案中所表现出来的坚定。其次,黎玉范和利安当去罗马的一个重要目的就是讨论培养本地神父的方案,而且黎玉范在罗马取得了相应的支持来实行该计划。第三,虽然利安当未能去罗马,但是黎玉范回罗马时带着中国教徒 Pedro de la Cruz,并计划回马尼拉之后授予该教徒多明我会会衣。按照后来发生的事情可以反推罗文炤在当初一样是要陪利安当和黎玉范去罗马并在回来后成为修士与神父的,而利安当在 1645 年 5 月 20 日到达马尼拉后便带罗文炤到圣托马斯学院接受培养。

1.2　罗文炤去马尼拉接受培养

罗文炤在马尼拉学了多长时间,受到了什么样的培养,这些问题依据现有文献不易回答。有文献记载,罗文炤曾在马尼拉的方济各会修道院学习语言。利安当写道:"罗文炤曾在我们马尼拉的修道院待过,然后跟我去了澳门,之后又跟我一起回到马尼拉了。"[①]因此罗文炤可能在 1640 年在方济各会修道院住过,1640—

---

　　① 参见利安当 1649 年 10 月 30 日写给省会长的信,SF II, pp. 382 - 383;González, *El primer obispo chino*, p. 116, n. 20.

1644 年一直陪伴利安当左右，之后又跟他一起回到马尼拉。①

　　培养罗文炤的计划，可能始于利安当，因为从利安当的表述来看他对罗文炤比较熟悉。1640 年葡萄牙脱离了西班牙而重获独立，所以驻澳西班牙方济各会士以及加拉会修女不得不离开澳门。1644 年 10 月 10 日罗文炤跟利安当以及在澳门的西班牙人启程去马尼拉，船长是 Diego Enríquez de Losada，船上还有他出生于澳门的儿子 Francisco 和女儿，其女儿是加拉会修女。罗文炤跟这个家族应该是在澳门及此次艰险旅途中彼此熟悉的。这个家族在马尼拉地位较高，跟方济各会、马尼拉华人社区巴里安都保持着很重要的关系。Diego Enríquez de Losada 曾担任方济各会在日本的理事（síndico apostólico），居住澳门多年，是澳门加拉会修道院的创办人，也是该修道院的理事。② Francisco 于 1645 年回到马尼拉后在圣托马斯学院学习，开始军人和商人的生涯。他在 1671 年12 月 22 日至 1672 年 10 月 7 日担任巴里安的管理者。1671 年他被菲律宾总督 Manuel de León 派到台湾与郑经和谈，然后又在耶稣会神父 Francisco Messina 的陪同下从台湾去了澳门，曾与一位来自广东、名叫 Boneca 的中国人商谈进入中国的计划。当时，已经做到将军的 Francisco Enríquez de Losada 跟方济各会士丁若望（Joan Martí Climent，1635—1704）到了交趾，在那里等待要从云南过去的 Boneca，但是计划没有成功。③ 除了 Francisco 与那位加拉会修女，Diego 还有一个女儿叫 Luisa。通过史料可以了解到这位

---

　　① 福建反教案件期间以及 1640—1644 年间有关罗文炤的信息凤毛麟角，可能那时他一直跟利安当在澳门活动。

　　② 参见 SF VII, p. 702, n. 3.

　　③ 参见丁若望 1702 年 4 月 12 日的报告（SF VII, pp. 703，n. 7；820‑822）；Gil, *Los Chinos en Manila*, p. 645. 有关丁若望，参见 SF VII, pp. 681‑685.

女士也担任过方济各会的理事，①并跟一位名为 Andrés Navarro 的军人结了婚。这位 Andrés Navarro 也是一位有权势的人，在巴里安担任过最高职位。②

　　从上文可见罗文炤在澳门结识了马尼拉当地有权势的家族，而这一家族跟马尼拉的巴里安关系密切，同时也资助和推动了方济各会在中国的传教活动。罗文炤、利安当和该家族从澳门起航后，在去马尼拉的途中遇到暴雨，船只被吹到了交趾的 Turon 城。当地官员遂逮捕了罗文炤等人并押至顺化朝廷，在这过程中罗文炤险些被砍头。③ 几经周折后，他们于 1645 年 4 月 20 日得以动身前往马尼拉，并于 5 月 20 日抵达。

　　抵达马尼拉之后，罗文炤和 Francisco Enríquez de Losada 开始在圣托马斯学院学习。利安当写道："罗文炤在我们的修道院开始学会写字并开始学习拉丁文……我让他们把他送到多明我会的圣托马斯学院学习，他也开始学习'文科'了。"④利胜等神父却没有提到罗文炤住过方济各会修道院，所以按照他们的意思，罗文炤是跟多明我会士开始学的："罗文炤进入了圣托马斯学院，然后以令人惊叹的耐心和恒心坚持学习，从最基本的字母表开始学西班

---

　　① AGI, Filipinas, 348, L. 5, F. 3, R-4V；利安当 1652 年 1 月 24 日的信，SF II, p. 414.

　　② 其全名 Andrés Navarro de Álava，也有史料写作 Andrés Navarro de Alarcón，1617 年的文件记载他跟军官 Alonso Fajardo de Tenza 到了菲律宾。他一直是马尼拉居民，是 Diego 之女 Luisa 的丈夫。1637 年他提出申请一个领地（encomienda），两年后在菲律宾 Ylocos 获得了一块领地。他于 1644—1645 年担任马尼拉巴里安的总管理员（Alcaide y Gobernador），住在巴里安的 Baybay 区。他去世后，妻子 Luisa 接着享受这个领地的部分利润。主要信息来源为一份载有他所做出的贡献的报告，AGI, Filipinas, 49, N. 30；也可见 AGI, Filipinas, 340, L. 3, ff. 174r-175r；AGI, Filipinas, 347, L. 2, ff. 106v-107v；利安当 1649 年 10 月 30 日写给省会长的信，SF II, p. 381；Gil, Los Chinos en Manila, pp. 205, 643.

　　③ "我们的罗文炤见他自己的喉咙处驾着刀"，参见 Santa Cruz, Tomo segundo de la historia de la Provincia del Santo Rosario, p. 279.

　　④ 参见利安当 1649 年 11 月 20 日写给省会长的信，SF II, p. 392.

牙语和拉丁文。"①

　　当时多明我会在马尼拉有两处培养学生的地方，一个是即将升格为大学的圣托马斯学院(Colegio de Santo Tomás)，二是后来升为学院的圣若翰神学院(Seminario de San Juan de Letrán)。②多明我会的大学和学院把神学放在最高位置，因为在这些学校培养的学生以后要做神父、神学家、教授、传教士等。神学的培养系统包含三个领域：一、语法(Gramatica)；二、文科(Artes)；三、神学(Teologia)。学生要先学语法，内容为拉丁文基础、阅读教会权威神学家的拉丁文经典著作、拉丁文写作等，最后要经过语文考试才能继续学习文科。文科包含亚里士多德哲学影响下的经院哲学，包括逻辑、自然科学以及形而上学(Logica，Fisica，Metafisica)，都属于神学的基础知识。神学包含神学理论、教条(Teologia dogmatica)以及伦理神学(Teologia moral)和实际应用。17 世纪这些学院比较重视道德案例(Casos de conciencia)分析，设有案例分析课的教授席位(Lector de casos)，学生学习如何按照神学知识分析和处理一些具体情况。这些知识是通过课程或者讲座的方式

---

　　① 参见 González, *El primer obispo chino*, p. 116, n. 20.

　　② 刚开始学院(Colegios)是由主教建立的，其目的为培养教会人员，后来也开始偏向于法律，培养政府官员与教会人员。有关这些不同教育机构的具体情况，参见 Olegario Negrín Fajardo, *Historia de la educación en España: autores, textos y documentos*, Madrid: Universidad Nacional de Educación a Distancia, 2005. 黎玉范去罗马后，教宗发布的 1645 年 11 月 20 日训谕，使建立于 1619 年的圣托马斯学院被提升为大学，1646 年 7 月 31 日西班牙政府也予以批准，1648 年黎玉范在马尼拉获知了这一喜讯。参见 González, *Historia de las misiones dominicanas de China*, Vol. 1, p. 260; SF II, p. 383, n. 1. 当时的大学有神学、哲学、法律与医学专业，教会的大学里耶稣会与多明我会占据主要角色，这样的大学需要教宗和国王的双重批准，主要发展的是神学与哲学专业。有关多明我会在 17 世纪大学教育中的重要角色，参见 Buenaventura Delgado Criado, *Historia de la educación en España y América. Vol. 2. La educación en la España Moderna (Siglos XVI - XVIII)*, Madrid: ediciones SM, 1993, pp. 457 - 458.

传授的，每天都会教授这方面的内容。①

在结识了西班牙传教士之后，罗文炤在一定程度上进入了西班牙的行政制度世界，所以第一步就要学西班牙语。要加入多明我会并成为神父，必须经过上述教育体系的培养。罗文炤所受的具体教育情况我们不太容易判断，但西班牙语的掌握程度是比较清楚的。他后来多次至马尼拉报告中国的情况，也能用西班牙语跟官员和教会领导沟通。例如 1664 年他对中国重大反教案件作了报告；又如 1683 年至马尼拉受祝圣时，传教士委托他向菲律宾总督报告两广总督和马尼拉的贸易计划等。1683 年奥斯定会士陆铭恩（Miguel Rubio，？—1710）在一封信中表扬了罗文炤的西班牙语，认为虽然他的语言不那么精美，但沟通并无障碍。② 不过，罗文炤西班牙语水平的最好证明是他亲自写的西班牙文书信。虽然研究罗文炤的学者汇编了罗文炤的书信集，但是他们并未分析和解释这些书信是否为罗文炤本人所写，而是默认一律都由他所作。然而实际上，大多数信件都是由罗文炤身边的神父写的，因为有一部书书信用语有其他语言的痕迹，例如他晚年的书信有意大利语的特征，所以我们推测是由罗文炤的副主教余天民代笔的。虽然大多数罗文炤签署的信件并非由他本人构思和执笔，但是笔者在 1684 年的一封信中发现了一些中文的语法特点，书法字迹也符合罗文炤本人签名的字迹特点，更重要的是罗文炤当时身边没有欧洲传教士，所以应该可以判断该信为罗文炤亲自构思并书写。③ 或

---

① 参见 José García Oro, *Historia de la Iglesia*, *Vol. III: Edad Moderna*, Madrid: Biblioteca de Autores Cristianos, 2005, pp. 292 - 296.

② 参见陆铭恩 1683 年 10 月 4 日从马尼拉写给司库 Lorenzo Segovia 修士的信，AGI, Filipinas 305, R. 1, N. 6, doc. 10（IMAG. 44）. 有关陆铭恩，可以参见 Elviro Pérez Jorde, *Catálogo bio-bibliográfico de los religiosos agustinos de la Provincia del Santisimo Nombre de Jesús de las Islas Filipinas desde du fundación hasta nuestros días*, Manila: Estab. Tip. del Colegio de Sto. Tomás, 1901, p. 141.

③ 罗文炤 1684 年 9 月 13 日从漳州写给白万乐的亲笔信，AGA, Aa 41, ff. 41r - 42r.

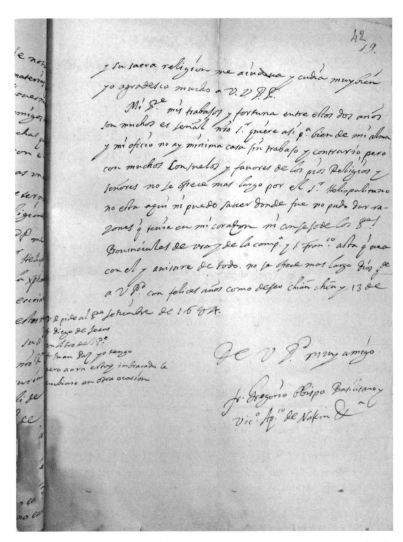

罗文炤 1684 年 9 月 13 日从漳州写给白万乐的亲笔信签名页，AGA，Aa 41，f. 42r.

许正是因为以前的研究者没有看到该信，所以无法判断其书信是否为亲笔信。这封信的语言特点可以证实陆铭恩给出的评价，即罗文炤的西班牙语虽不精美，但是表达清楚。

　　除西班牙语外，罗文炤还需具备一定的拉丁文和神学基础。罗文炤签署的一部分书信是用拉丁文写的，应该不是出自他手。虽然罗文炤作为神父应该学好拉丁文，但是可以判断在马尼拉的时候拉丁文基础没有打好。陆铭恩在同一封信中表示，他对罗文炤的拉丁语水平不敢表态，暗示出罗文炤在拉丁文与神学方面有不足，这与后来多明我会士对罗文炤的评价如出一辙。1670 年代初有记载显示，一位多明我会士对罗文炤举行弥撒的熟练程度感到不满，隐约指其不够规范。[①] 但是罗文炤掌握了一些拉丁文来举行一些仪式是可以证明的：1688 年耶稣会士毕嘉说罗文炤要给三位耶稣会士施行授圣职仪式，但是还需要几天来练习仪式上要用到的句型，因为还不够熟悉。这意味着罗文炤背诵过其他圣事的拉丁文句型，也证明他在拉丁文方面确实比较吃力。[②] 另外，按照方济各会的史料记载，罗文炤于 1685 年将要受祝圣的时候，承认自己看不懂颜珰神父的一份拉丁文文件，因为他"不懂欧洲的语言"。[③] 所以罗文炤应该是能诵读拉丁文，也背诵了他要在弥撒等

----

　　① 这是一位叫 Francesco Messina 的耶稣会士记载的，所以可能带有主观性而事实未必如此，但是据他说，多明我会士刘若翰（Juan Polanco, ？—1671）神父曾说过这样一句话："罗文炤是多明我会的第一位中国神父，恐怕也会是最后一位。"参见 Francesco Messina, "Lettera del P. Francesco Mesina Provinciale delle Filippine al P. Oliva Gnale della Compagnia di Giesù sotto li 15 Giugno 1676", Sancta Cruz Manila, BC, ms. 2673, f. 83r-v.

　　② "（罗文炤）还不熟悉这个新的要读的内容，尤其是针对授圣职仪式的一些形式还不熟练，今天早上跟我说了还需要练几天"，参见毕嘉 1688 年 7 月 23 日从南京写给方济各的信，BA，49 - IV - 63，f. 353r (81r).

　　③ 1685 年，罗文炤被问到某一个文件是否为陆方济亲笔写的时候，回答说他不懂欧洲的字（应该指拉丁文）。参见利安定 1685 年 12 月 19 日写给省会长的信，SF III, p. 586.

礼仪中应用的一些句型，但是由于"语法"基础不够好，不足以进行拉丁文阅读和写作，也因此无法完成哲学或神学中深奥论题的深造。这一点既是身边不同修会的修士信中透露出的，也是他本人在一封信中所言：

> 我是土生土长的中国人，曾在马尼拉待过，好不容易学会了西班牙语和一点拉丁语。欧洲的礼数我是不懂的。比起西方的神学与律法，我还是更为熟悉自己国家的学问与法度，关于这些我倒是可以谈一谈。倘若这时候还会出错，那可真是罪不可恕了。换作是欧洲的那些，我想自己肯定会犯错，也肯定已错了不止一次。若无知可作借口，我做的这些恰是出于无知，因为我之所为多是听从别人的建议，而我信了他们的话，依照着行事。①

除了有关罗文炤的语言与教育水平，还可以透过一些信息还原罗文炤在马尼拉的生活环境。17 世纪的马尼拉是一个融合了亚洲多种民族的地方，有不超过两千西班牙人，而据记载中国人最多时达到三万。② 虽然或许黎玉范为得到传信部的支持而夸大了多明我会神学院的学生人数，但是罗文炤在马尼拉应该是接触过黎玉范描述过的国际化环境，身边不乏亚洲教徒和混血儿。不过罗文炤在马尼拉的时候，或许省会长让他大多数时间待在多明我会会院和圣托马斯学院，不许他经常出去与马尼拉的其他人有太多接触。后来多明我会士万济国派中国教徒去马尼拉的时候，给省会长提出以下建议："不要让他们跟混血儿一起吃饭，因为他们会遭到讽刺，或者让他们分开吃饭；也尽量少出门，因为会看到士兵的坏

---

① 罗文炤 1685 年 4 月 13 日的信，见 González, *El primer obispo chino*, pp. 164 - 165；中文翻译参见郑天祥编：《罗文藻史集》，第 119 页。

② 参见 Garcia-Abásolo, *Murallas de piedra y cañones de seda*, p. 92.

表现；也不要去巴里安，因为中国人会讲西班牙人和修士的坏话。最好是这边（按：即中国福建）不通过他们了解这些事情。"①

　　最后要指出的是，罗文炤不是以学员的身份在圣托马斯学习的，而是作为该学院的 capista 或者 fámulo，即协助学院师生之人，所以即使多明我会士说"他在这里不仅学了语法还学了文科"，②但罗文炤其实应该只是旁听课程，或者跟他们一起学习修道院的生活和一些基本知识。至于他的 capista 身份，可以假设他是跟着 Francisco Enríquez de Losada 进入了圣托马斯学院的。罗文炤是 1645 年跟 Diego 和 Francisco Enríquez de Losada 父子俩以及利安当一起从澳门来到马尼拉的，而 Francisco 恰于 1645 年跟罗文炤同时开始在圣托马斯学院学习。既然利安当让罗文炤在圣托马斯学习，而 Diego 和 Francisco 两位西班牙人一直与利安当等方济各会士保持着密切联系并为他们提供支持，所以或许罗文炤是跟着 Francisco 进入了圣托马斯学院，在做 capista 的同时跟他一起学习。毕竟，1640 年罗文炤陪利安当去澳门，应该住过澳门的方济各会修道院，前文提到 Diego 是澳门的居民，也是方济各会的理事，其子 Francisco 是在澳门出生的，其女是加拉会修女，所以罗文炤一定在澳门跟这个家族有很多往来。罗文炤与他们于 1644 年一起离开澳门并共同经历了路途中的艰难险阻，他们之间似有深厚感情，所以在到达马尼拉后他们希望罗文炤能继续学习，日后加入西班牙托钵修会。

1.3　罗文炤在方济各会与多明我会之间

　　罗文炤由方济各会士利安当洗礼，也在澳门接触了支持方济

---

　　① 参见万济国 1678 年 12 月 20 日写给省会长 Baltasar de Santa Cruz 的信，BC，ms. 1074, f. 367v.

　　② 参见 González, *El primer obispo chino*, p. 25.

各会士的 Enríquez de Losada 家族成员。利安当希望罗文炤成为
方济各会士。然而，罗文炤在马尼拉应该没有受到方济各会士的
重视，因为利安当后来给省会长写信评论道："在菲律宾罗文炤一
直感受到我们的修士对他的冷漠，除了他在中国结识的修士。相
反，多明我会神父一直热心地对待他，所以必定会影响他的选择并
接近那些接受他的人，尽管他的心在我们这个修会，他是这样跟我
说的。"①所以罗文炤在多明我会的圣托马斯学院学习期间，应该
是跟多明我会士关系更为亲近。

　　当时多明我会省会长 Domingo González 已经表示中国本地
神父可以入修会，所以罗文炤为了达到基本要求而到圣托马斯学
院进修。1643 年协商是否可以接受中国神父时，曾强调要多次考
验中国修士是否坚定，在通过考验之后才能被授予会衣。按照利
安当所说，"Domingo González 神父因为知道罗文炤的品行好，三
年前把他派到这里来给多明我会传教士带 500 比索，保证如果罗
文炤回马尼拉并用一艘船把传教士带回中国的话，就会授予他多
明我会会衣"。② 所以省会长 Domingo González 于 1647 年派罗文
炤带传教经费给中国传教区的传教士，施若翰神父一个人在中国
等待经费和传教士。罗文炤于 7 月抵达福建。省会长应该是让施
若翰等人寄回一份有关罗文炤表现的报告，因为施若翰神父在罗
文炤回到中国之后于 1648 年 9 月 27 日做出以下评价："罗文炤在
这里一切顺利，他填补了我们离开的同伴，很认真地协助我，并且
他是一个很好的青年，一定会是一个能成为典范的好修士。凡是
委托给他的事情他都很努力地去做，求您帮他加入修会，我对他入
会一事投肯定票。"③1649 年黎玉范从罗马回到传教区后，也对罗

---

① 参见利安当 1649 年 8 月 9 日写给省会长的信，SF II, p. 363.
② 参见利安当 1649 年 10 月 30 日写给省会长的信，SF II, p. 383.
③ 参见施若翰 1648 年 9 月 27 日写给省会长的信，BC, ms. 1074, f. 45v.

文炤入会一事表示了肯定。他对省会长说：

> 罗文炤立下很多功劳，一直很努力、很热心、很忠诚；另外品行很好，是一个典范，也很坚定；我曾经跟您商量好了应该授予他多明我会会衣，而且您和该省的所有神父都赞成；他值得被接纳入会，并且他的年纪越来越大，他的时间快要过了。所以我决定把会衣给他了，到时还会让他发愿，等到菲律宾有了主教后，再让他过去接受神父圣职。这有利于我们的传教区，也有利于我们的修会，也要让他对语法和道德案例学科更为熟悉，从而在此传教事业中为天主服务。①

通过施若翰与黎玉范两位多明我会士的表述可知，多明我会已经在马尼拉商定：如果罗文炤表现好就会接受他为多明我会士。他们很希望接受中国神父，同时也保持谨慎的态度，一方面是考验罗文炤的品行和忠诚度，另一方面也意识到罗文炤需要继续接受培养。

黎玉范建议让罗文炤对语法和道德案例的学科更为熟悉。道德案例是一个神学学科，包括一些难以判断的道德问题和分析的方法，主要目的是让神父能够在一些情况下（如在进行告罪的过程中）给教徒答疑。这门学问在 16、17 世纪的西班牙很发达，西班牙帝国的扩张推动了如何在政治、社会、法律、贸易等方面建设和治理一个帝国的探索，与其他民族的相遇和碰撞引起了对战争、商业往来、不同习俗互相融合等方面问题的思考，多明我会等修会的神学家要以天主教的角度在这个新的多元化社会中建立一套符合新世界的神学系统。萨拉曼卡学派的多明我会士 Vitoria、Cano 及 Soto 等神学家为此奠定了基础。后来神学家讨论的热门话题是

---

① 参见黎玉范 1649 年 8 月 12 日写给省会长的信，BC，ms. 1074，f. 79v. 黎玉范到的时候，发现罗文炤已经买了船票，正好准备从福建去马尼拉接他们。

概率的问题，即在不能很确定一个行为的对错、不知该如何做出判断的情况下，分别有多大的概率来支持不同的选择和答案。多明我会士 Bartolomé de Medina 给盖然论（probabilismo）学派下了核心定义："在有疑问的时候，哪怕有一个选择是概率最小的，也可以按照这个看法安全去做。"①

这些讨论是与中国礼仪之争直接相关的，因为要判断一些中国礼仪是否符合天主教义就需要从神学中找到依据，后来耶稣会以盖然论的神学理论基础支持了其在礼仪之争中的看法。虽然在中国的多明我会士大体上对耶稣会接受一些中国礼仪的做法持批判态度，但是后来也有一部分多明我会士希望尽可能地接受一些中国习俗和礼仪，他们向马尼拉的神学家咨询对哪些习俗可以更加宽容一些。② 我们不在这里继续展开这个话题，上述内容重在展示黎玉范建议让罗文焯学道德案例分析的原因、背景及其重要性。然而实际上罗文焯是无法根据自己掌握的神学知识来判断礼仪问题的，因为这个判断力是以具有博大精深的神学知识储备为

① 这位多明我会士的两部主要著作为 *Expositio in primam secundae D. Thomae Aquinatis* 和 *Breve instrucción de cómo se ha de administrar el sacramento de la penitencia*。后来著名耶稣会士 Francisco Suarez 也支持了这个理论，于是有不少耶稣会士受到了该理论的影响。跟随 Francisco Suarez 的还有 Tomás Sánchez，Pablo Layman 等耶稣会神学家。参见 Cummins，"Two missionary methods in China：Mendicants and Jesuits"，p. 100；Esteban Llamosas，"Probabilismo，probabiliorismo y rigorismo：la teología moral en la enseñanza universitaria y en la praxis judicial de la Córdoba tardocolonial"，CIAN，14/2（2011），pp. 282 - 286；也可以参见 F. Compagnoni，Giulio Piana，and S. Privitera，*Nuevo diccionario de teología moral*，Madrid：San Pablo，2001.

② 马尼拉的多明我会神学家之间也有分歧，Juan de Paz(1622—1699)支持相对宽容的态度，而 Bartolome Marrón（1646—1717）批判了他的看法，详后。与西、葡的修士相反，后来从法国派来的神学家严谨地批判了盖然论等理论，他们接近冉森派（jansenismo）的看法。这就是所谓的宽容态度（laxismo）和严格态度（rigorismo）之争。后来法国数学家、哲学家帕斯卡（Blaise Pascal，1623—1666）在《致外省人书》(*Lettres Provincials*）一书中就支持后者的看法而批判了耶稣会士所持的盖然论和过度的适应政策，提倡回到传统的天主教神学系统。

前提的,而这就需要阅读拉丁文的神学经典著作,但罗文炤的拉丁文水平却是短板,不足以支撑他继续深造。可见多明我会应该是希望罗文炤能够具备一些基本能力,给中国教徒告罪的时候能够解答他们的一些疑问,而在比较复杂的神学问题上则要从他身边的多明我会士那里寻找答案。[①]

　　黎玉范培养中国神父的计划首先是为了一个实际的问题,即让中国神父为教徒主持圣事,所以后来多明我会士一直没有支持罗文炤晋升主教一事,也未让他发表对礼仪之争的看法。前文提到多明我会士要求中国神父经过"足够的拉丁文培养",这应该是指拉丁文掌握到足以主持圣事的程度,而非达到辩论神学问题的程度。多明我会培养中国神父的计划主要是针对当时的具体需要,即应对神父少、环境陌生以及突发的反教运动导致欧洲传教士被驱逐,所以黎玉范对省会长写道:"假如我们在中国发现有什么合适的人,也像罗文炤一样具备必要的条件,求您同意我们在指定的条件下可以授予他们会衣。"[②]像其他修会一样,多明我会急缺可以在中国工作、了解本地语言、理解中国习俗和环境的神父。

　　虽然黎玉范等对罗文炤入多明我会一事已考虑周详,但利安当还是希望方济各会省会长考虑接受罗文炤。我们很难判断罗文炤对加入哪个修会是否有自己的倾向,或者是否具备区分这两个会的意识,但利安当写道:"他的心在我们这个修会,他是这样跟我说的。"[③]罗文炤由方济各会士利安当领洗,在方济各会修道院待过,而且利安当去世的时候罗文炤深深表示了对他的感恩之心(详后),但却最终加入了多明我会,我们认为这一问题需要解释。据

---

　　①　罗文炤不具备必要的哲学与神学知识来判断一些事情,后来巴黎外方传教会以及多明我会士闵明我支持任命他为主教,是希望他在一位多明我会士的指导下判断中国礼仪问题。但是他最后自觉或不自觉地支持了耶稣会士的看法。

　　②　参见黎玉范 1649 年 8 月 12 日写给省会长的信,BC, ms. 1074, f. 80r.

　　③　参见利安当 1649 年 8 月 9 日写给省会长的信,SF II, p. 363.

方济各会士丁若望说，这是因为方济各会的规定不容许。① 事实上利安当在他的信中一直在请求省会长接受罗文炤为方济各会士，他于 1649 年 8 月 9 日、10 月 30 日、11 月 20 日都给马尼拉的上级写了信。② 按照利安当所述，黎玉范在写给省会长的信中请求他接受罗文炤为修士，"但是罗文炤并没有向多明我会士要他们的会衣。在马尼拉的时候和现在都经常跟我说他还是更倾向于我们的会衣，只要我们愿意接受他"，③多明我会士对罗文炤一直很好，但是他"只需要您在他到马尼拉的时候对我会会衣的事给出一句肯定的话，他就会跟我来。我求您接受他，让我这一次的投票有价值。如果您能够给他写一个表示接受他的书面文件，我会感到非常开心，如果您认为他所掌握的知识不够，那么我会在这里再帮他夯实曾经学过的东西，直到他去那边。如果您愿意我们先在这里授予他会衣，那么让他在这里度过一年的初学期后发愿，再让他去菲律宾接受圣职，您如何说，我就会如何做"。④ 从上一段可以看到多明我会士黎玉范与方济各会士利安当对罗文炤入会及晋铎都是一致肯定的，但是马尼拉各个修会省会长对这件事情做出了不同的选择。可能马尼拉的方济各会士遇到的一些先例使他们对中国教徒入会和晋铎心存顾虑，致使最后利安当的请求和建议并没有被其省会长接受。

---

① 参见 Joan Martí Climent, "Relación muy importante", Lumbang, 10 de abril de 1702, AFIO 42/7, ff. 168v – 169r.

② 参见 SF II, pp. 363 – 364, 382 – 384, 392 – 393.

③ 袁若瑟说"利安当神父是错误的，因为罗文炤回中国之前已经向多明我会省会长做出了该请求"，参见 González, *El primer obispo chino*, pp. 26, 31, n. 21. 我们看到的更多的是有关多明我会士主动运作的记载，而罗文炤对多明我会的计划很配合。但是后来罗文炤对利安当表示感恩，这说明罗文炤与利安当的关系也很好。无论是利安当还是黎玉范，从他们的书信中可以看出在华传教士都很重视罗文炤，而身在马尼拉的神父则顾虑多一些。总之，在实地的人更需要罗文炤的加入。

④ 上述两处参见利安当 1649 年 10 月 30 日写给省会长的信，SF II, pp. 383 – 384.

1.4　欧洲传教士对接受中国人为修士和神父的矛盾心理

　　为了进一步解释罗文焌加入多明我会而非方济各会,我们需要了解马尼拉方济各会神父的看法,他们是如何理解中国教徒的,对罗文焌又持有何种态度。在这方面虽然没有直接涉及罗文焌的史料,但是通过方济各会世俗修士迭戈(Diego de San Francisco)的案例,或可更好地了解当时方济各会对中国教徒入会并成为神父的态度。迭戈的案例显示他们对吸纳中国教徒入会既有需要也有担忧,将其与罗文焌的情况对比,更能显示罗文焌的特殊性以及他在传教士眼中的重要价值所在。

　　迭戈是一位方济各会的中国世俗修士。[①] 据记载,在福建教案结束后他曾为托钵修士提供帮助,也去过马尼拉,1649 年他与利安当和黎玉范在马尼拉有过来往并陪他们回到福建。稍早前黎玉范刚从罗马带来了教宗 1645 年发布的旨令等有利于西班牙修士的文件,[②]并于 1648 年 8 月 11 日把它们交给马尼拉大主教区,嘱咐相关负责人通知各个修会会长必须要求传教士听从罗马的法令。按照传信部秘书长 Francisco Ingoli 的要求,马尼拉主教区准备了一份法律报告,报告中除利安当和黎玉范的证词外,还有下列

---

　　① 　关于迭戈(Diego de San Francisco, Diego 的拉丁文为 Didacus),参见 SF II, pp. 362, 378 – 379, 388 – 389, 394 – 395, 403, 414, 611 – 612; SF III, pp. 19, 23, 29 – 31; AFIO 35/101. 至于他是什么时候开始协助西班牙托钵修士的,史料无载,不过 1649 年他和其他修士以及世俗修士从马尼拉回中国协助传教,这意味着他在西班牙修士身边已经有几年的时间了。多明我会士施若翰 1648 年派了一位中国教徒到马尼拉送信并请求新的传教士来福建,此教徒或许是 Juan Chen 或者迭戈,因为他们两位 1649 年都在马尼拉。参见 González, *Historia de las misiones dominicanas de China*, Vol. 1, pp. 274 – 275, n. 2.

　　② 　1645 年的法令支持多明我会在礼仪之争中的立场,禁止中国人举行部分礼仪。通过这些法令,马尼拉大主教成为日本和中国传教区的保护者(Patron),负责监督教廷法令的执行,同时任命利安当和黎玉范两位修士为各传教区的宗座监牧,负责在马尼拉和中国执行实施这些法令。参见 González, *Historia de las misiones dominicanas de China*, Vol. 1, p. 273.

几人的证言：José de Santa María、澳门居民 Francisco Diaz 以及 Juan Chen、Antonio Collado 和迭戈三位中国教徒。[①] 通过这份文献可知，迭戈是福建顶头的方济各会世俗修士，而且他听罗文炤说过北京耶稣会神父教堂内有一张放着"皇帝万岁"牌子的台子一事。[②] 至于 Antonio Collado，或许就是跟罗文炤和林马诺陪两位方济各会士去北京的阮安当。[③] 这份文献记载他是中国的秀才（bachiller），也准备进入教会当神职人员（clérigo ordenante）。所以通过托钵修士在 1636 年和 1649 年做的这些法律报告可以得到一些重要信息：一、当时有几个协助托钵修士的福建教徒，罗文炤就是其中的一位。这些文献提供了有关这些教徒的基本情况。二、这些福建教徒主动或者被动地参加到这些法律报告的作证环节，支持并稳固了西班牙修士在中国传教区的地位。三、罗文炤没有参加过这些法律报告或许意味着他的社会地位或者文化程度不如其他教徒高。四、迭戈与阮安当的情况可以证明托钵修士希望这些教徒更靠近教会组织，应该考虑过如果他们在品行等方面都符合条件便让他们入会。福建教徒文士郭邦雍也到了菲律宾并入了多明我会三会（Orden Tercera de San Francisco）。

通过上面的信息可知，方济各会希望迭戈等其他教徒能够一

---

① 这个法律报告的题目为"Autos hechos en razón de los artículos y declaraciones de la Sagrada Congregación de Propaganda Fide，y de cómo se han de administrar los santos Sacramentos y predicar la Ley evangélica en la nación de los chinos y convertidos a la Fe"（《按照传信部指令撰写的法律报告以及该如何在中国传播圣教和施行圣事》）。参见 González, *Historia de las misiones dominicanas de China*，Vol. 1，pp. 274 - 276，n. 2.

② 这些证人回答了有关耶稣会和中国礼仪的十二个问题，此处引文为迭戈对第六个问题的回答。参见 González, *El primer obispo chino*，p. 24，n. 13. 关于这十二个问题，参见 González, *Historia de las misiones dominicanas de China*，Vol. 1，pp. 275 - 276.

③ 利安当于 1639 年写道，那些陪他们去北京的男仆后来陪他们回到马尼拉，其中很可能就包括阮安当（Antonio Collado）。参见 Caballero, "Respuesta a dicha carta"，BC，ms. 1073，ff. 179r - 182r.

直协助他们。他的案例很能体现欧洲传教士的矛盾心理：既需要依靠他们又对此怀有顾虑。方济各会士的确考虑过让这些教徒入会并成为神父，包括罗文炤在内，可能一些失败的经验使他们不得已放弃了这个打算。1649 年迭戈回中国时表现出托钵修士所希望看到的优点。他跟利安当、文度辣（Bonaventura Ibáñez，1610—1691）和毕兆贤（José Casanova，？—1655）[1]三位方济各会士回到福建后，[2]西班牙方济各会士对迭戈的评价很高。他在路上担任厨师等任务，更重要的是到福建后他还当医生，给郑成功及其属下的一位官员等人治病，因此受到重视，也受到这些官员的款待和赠礼。[3] 毕兆贤有更详细的表述：“我们很重视官员郑成功支持我们，因为他控制这片地区。我们到了之后他一直善待我们，因为迭戈修士治好了他的病……也医治好了他的一位官员朋友的妻子……郑成功叫迭戈来是给他治腿疼……为了讨好该官员，我已经写信给我们的省会长了，建议他给该官员送礼；该官员向迭戈修士要了一双袜带等他喜欢的东西。因为迭戈要去（马尼拉）了，所以他可以跟您说郑成功会喜欢什么东西。我也求我们的会长，让他给该官员写一封信并附上要送给他的礼物，同时派一位可以治病的修士医生……有些混血儿可以用中文书写……也可以考虑一些虔诚的人捐些特别的东西来送这一位官员，因为他在这里非常有权势。”[4]可见之所以迭戈受到欧洲传教士的重视，是因为他可以帮他们建立与郑成功的关系，也能顺利地在马尼拉与福建之间

---

① 关于文度辣，参见 SF III，pp. 3 - 6. 关于毕兆贤，参见 SF II，p. 408，n. 1.

② 他们应该是坐着中国船长 Samnio 的船到的。参见利安当 1649 年 8 月 9 日写给省会长的信，SF II，p. 362.

③ 迭戈收到了母鸡和一些饼作为回报。见利安当 1649 年 10 月 15 日从安海写给省会长的报告，SF II，pp. 378 - 379.

④ 参见毕兆贤 1651 年 3 月 18 日从安海写的信 AFIO 35/102；拉丁语摘要在 SF II，p. 611.

来回携带物品。

　　但在 1651 年 7 月迭戈又一次从马尼拉回来之后的行为，却引发了传教士对中国教徒加入修会的一些担忧。① 据毕兆贤、文度辣与利安当三位神父说，迭戈从马尼拉回来的时候花掉了省会长委托他带送的一部分传教资金，②也把一部分食品吃了。到安海后他还跟一位结过婚的妇女有往来，经常给她送礼买东西，于是几个中国人来到方济各会士住的地方，斥责他们这些修士都是来捣乱的。当时方济各会士住在一个来自澳门的葡萄牙家族的房子里，一位名叫 Antonio Rodriguez 的人只能出面解释迭戈其实不是一位修士，而只是个男仆。毕兆贤本要没收迭戈的会衣，但是考虑到除了迭戈也没有其他可以托付信任的人能把传教经费送到山东，于是他冷静下来，劝迭戈改掉恶习，并不准他出门。但是迭戈却不听劝，还是一直出去，嘴上说着他不是个孩子，不需要有人管，最终毕兆贤只好没收了他的会衣。③ 此类事情肯定增加了欧洲传教士对中国人加入修会、成为神父的顾虑，因为迭戈把修士应该遵守的服从、清贫和守贞三个誓言置之不顾，不仅如此，他的行为还大大影响了中国人对神父的看法。毕兆贤记道，安海的居民说外国神父趁丈夫不在家进入女人的房子，他认为："他们之所以这么说，是因为他们认为世俗修士是一位神父。"④我们由此推测，很有

---

　　①　迭戈经历一些问题之后能够启程去马尼拉，跟多明我会的一位叫 Juan Ferreira 的中国教徒以及耶稣会士卫匡国神父一块儿回马尼拉。1651 年 7 月 15 日迭戈与 Juan 一起从马尼拉回来了，带来方济各会与多明我会的救济金。他们到了福建沿海地区发现安海的港口被郑成功的船包围了。文度辣只能去厦门跟郑成功谈，方济各会与多明我会都出了点钱让他出个执照（chapa）。

　　②　花了 100 比索。参见利安当 1652 年 1 月 24 日写给省会长的信，SF II, p. 414.

　　③　参见文度辣 1651 年 9 月 8 日写给省会长的信，SF III, pp. 30 – 31.

　　④　参见毕兆贤 1652 年 1 月 30 日从安海写的信，AFIO 35/101；该信拉丁文摘要见 SF II, pp. 611 – 612.

可能因为迭戈以及其他一些在马尼拉方济各会士身边的中国教徒,屡屡表现出不符合方济各会士要求的品行,使得方济各会士对接受中国教徒当修士和神父产生顾虑,决定要慎重考虑。

此时的欧洲传教士进退两难,一方面迫切需要依靠中国人来管理传教区,希望他们加入修会成为神父,另一方面却担忧本地修士会犯错并带来负面的影响,因此不敢草率决定。文献记载他们多次碰到与迭戈类似的情况,如一些早期入耶稣会的中国世俗兄弟就因违反教规和操守问题被开除。[①] 这些情况的频频发生解释了为何各个修会虽然很希望培养本地修士和神父,但在中国天主教早期阶段这个理想计划的实施并非易事。耶稣会士龙华民认为可以在澳门建立一所神学院来培养神父,[②]但是耶稣会一直到1688年都没有让中国人成为神父。至于方济各会,虽然利安当一直希望罗文炤入会,但是马尼拉的方济各会神父保持了谨慎的态度。多明我会接受了罗文炤为修士和神父,这在早期中国天主教阶段是很特殊的。为何罗文炤反而能够进入多明我会并成为神父,这一问题不易判断。或许是因为个人品格,他一步步、一次次地证明了他是一个忠诚、虔诚的教徒。或许因为他不像其他教徒那样拥有一定的社会地位和背景,而恰恰是他相对卑微的出身使他在天主教和教会机构中找到了与自己相符合的价值观和社会身

---

① 先是 João Fernandes 因参与了一些生意活动于 1622 年被开除了,之后 1628 年 Luís de Faria 也被开除了,而 Manuel da Costa 和 Sebastião Correia 为了能结婚而离开了耶稣会;中国耶稣会士 Paulo Vanhes 于 1688 成为神父后也发生了负面的事情,他偷了一部分钱并跑出了耶稣会住院。关于这些被逐出耶稣会的中国会士,参见 Pina, *Jesuítas chineses e mestiços da missão da China 1589 –1689*, pp. 105, 114, 370 – 376.

② 龙华民认为,内地的中国人不能被接受入会,但是相信可以把在澳门天主教家庭长大的孩子培养为神父。至于在内地长大的教徒,他还是担心会不坚守信仰、不守贞、会结婚,或者乱用委托给他们的钱。参见龙华民 1612 年 10 月 15 日从南昌写给巴范济(Francesco Pasio)的报告,ARSI, Jap. Sin. 113, f. 268v. 参见 Pina, *Jesuítas chineses e mestiços da missão da China 1589 –1689*, p. 91.

份。或许罗文炤也曾做过违背修会纪律的事情,但现今保存下来的文献中并没有很明确的记载,后文会提及有传教士埋怨过他的一些行为。

1.5 罗文炤加入多明我会并成为神父

虽然方济各会和耶稣会保持警惕,但是多明我会做出了一个不同的选择。上文提到,施若翰与黎玉范两位多明我会士都向省会长表达了对罗文炤成为修士的肯定态度。方济各会士利安当没能够说服自己的省会长,但黎玉范的建议却在马尼拉被接受,因此罗文炤成为了多明我会士。

当时黎玉范负责推动中国传教事业,非常清楚如果想在中国发展则要依靠本地人,而在他的计划中罗文炤等中国人是不可忽视的人物。他于 1649 年 8 月回到中国后给省会长写道"整个旅途中我们都受到了船长的妥善照顾,他们很热情地招待我们,在抵达港口时,船长与在他之上的官员商量,于是该官员把我们安置在一处非常不错的紧邻其府邸的住地,并且安排了四名家仆服侍我们,帮我们把门,确保没人打扰我们。他还送我们一些鸡、一头猪和酒,船长也一样送了东西,还每天都关照我们",[①]紧接着他给省会长以下建议:

> 您要在马尼拉为这位船长提供帮助,不仅在他做的生意以及其他找您帮忙的事情上,还要送他一些礼物和钱。这不仅因为他为我们所做的一切,也因为我们将来也会需要,因为现在这个国家比以前更加封闭,天主正好给我们开了这么一扇门,通过它我们每年可以更容易地送信和其他东西,也可以派传教士过来,所以我再次委托您要尽力关照他,让他对您和

---

① 黎玉范 1649 年 8 月 12 日写给省会长的信, BC, ms. 1074, f. 79r.

其他神父都感到感激。为了做得更周到,您最好让管理巴里安的神父负责随时通知您该船长所需要的一切……至于留宿我们的这一位官员,我认为他会真诚地帮我们。虽然在这里一切都建立在利益的基础上,我们必须利用他们的这种诡秘狡猾来达到我们的目的,更何况在这个国家哪怕有利可获也一样很难找到愿意为天主的事业帮忙的人,所以既然这位官员愿意帮忙,我认为您可以给他寄来一批卡斯蒂亚的礼品,以此来让他一直支持有关天主的事业。①

这段文字表露了黎玉范的态度,他的思维角度现实,目的明确,方式灵活果断。他清楚地看到,要想推动中国传教事业不能有太多顾虑,且需要依靠一个本地人际网络。他从大的范围和整体发展的角度出发来考虑中国传教区问题,一些次要的小问题和不完美是避免不了的,可以先为了达到更重要的目标而忽略小问题。这种小有妥协的态度有几种表现,一是面对在华被动局面时只能讨好官员和船长,通过钱、礼品以及为他们在马尼拉开展生意提供方便等形式,建立互利互助的人际网络和互相信任的一套程序。中国官员通过船长在马尼拉做生意赚钱,船长可以通过马尼拉巴里安的多明我会神父与省会长沟通,而省会长跟西班牙官员有直接往来。第二种妥协是对身边中国教徒的一些要求,因为对修士来说也同样难以找到足够可信赖的教徒来帮他们传教,协助修士建立更加紧密有效的人际网络,所以像上述迭戈的情况毕兆贤神父只能先睁一只眼闭一只眼,继续让他担任一些任务。黎玉范在这封信中表达的态度既现实又灵活,所以在本地神父可做的贡献和对他们一直怀有的顾虑之间,他应该更看重前者,因而选择了不

---

①　黎玉范1649年8月12日写给省会长的信,BC, ms. 1074, f. 80r-v. 该描述不符合一些耶稣会士与学者描绘的多明我会士的形象(如笨拙地拿着十字架不懂礼仪地上街喊嚷),其实黎玉范的行动显得比较灵活,懂得一些别国作风。

追求完美而接受罗文炤，因为如他所说，哪怕有利可获都很难找到愿意提供帮助的人。为了有一定的保证，他们选择罗文炤的标准应该是更重视他的忠诚等品行，尽管他的教育背景不够高，但因为对新的本地修士，神父的希望主要是让他们协助处于陌生环境下的西班牙修士，与他们一起管理传教区，包括听中国教徒告解、施洗等圣事，所以教育背景也就可以适当降低了。

黎玉范在得到了罗马教廷的支持后，满怀信心地以多明我会中国会长及宗座监牧（prefecto apostólico）的身份迅速开始推动培养中国神父的计划。1650 年 1 月 1 日，罗文炤在顶头村被接纳为正式的多明我会士。罗文炤在福建的传教区度过了他的初学年后，于 1651 年 3 月 7 日发愿。多明我会士利胜神父对上述经过有这样一段记载：

> 罗文炤是本省的神子，中国人。中国会长及宗座监牧黎玉范神父收他为正式初学修士，时为 1650 年 1 月 1 日。14 个月后，即 1651 年 3 月，大约在圣托马斯节发了愿。本人在马尼拉圣多明我会会院，于 1652 年 9 月 9 日签署，以此证明。初学导师利胜。①

利胜神父把罗文炤入会及发愿二事记载于马尼拉圣多明我会会院的档案里，所以罗文炤在法律上隶属于上述会院。发愿后，罗文炤回到马尼拉继续学习。黎玉范跟省会长建议让罗文炤学习道德案例，然后成为神父。罗文炤这几年一直奔波于路上，在马尼拉的圣托马斯学院应该没有长期持续攻读，或许在传教的过程中断断续续跟西班牙神父学过些知识，但这可能并不重要，因为多明我会需

---

① 马尼拉进多明我会院的进会名册（Libro oficial de la toma de hábitos del convento de Santo Domingo），Archivo conventual，t. 5，pp. 62 - 63. 参见 González，*El primer obispo chino*，p. 33，n. 28.

要的主要是一个可以信任的人,让他把传教经费等钱物带到中国并经营传教区的各种事务。① 无论他受到的培训多寡深浅,完成学业后:

> 他在本城(马尼拉)从 Cristóbal Poblete 主教(1624—1655)手中接受了圣品,即 1654 年 5 月 29 日,瞻礼六领受剪发礼及四个小品;30 日,五品;6 月 30 日,六品;7 月 4 日,晋铎。同年 4 月 25 日玫瑰省中期会议决定派罗文炤回中国传教。他于次年与利胜、郭多明、丁迪我(Diego Rodríguez Villalobos,? —1656)和赖蒙笃四位神父起身赴华,7 月初抵达中国。②

这里我们要再次强调,托钵修士建立一个中国人的人际网络这件事情不能仅从传教角度看待,因为修士是西班牙菲律宾省与中国福建人之间往来的核心角色,无论是在福建还是在马尼拉的巴里安都是如此。③ 罗文炤加入修会并成为神父,其意义也要在这个网络中理解。在小范围内他也推动了中国福建、广东与马尼拉的往来,他接触了马尼拉的官员、军人、商人、艺术家,并使他们跟处在福建、广东的西班牙修士以及中国官员和商人之间形成关联。实际上马尼拉与福建之间的这个小世界是一个多元化的社会,罗文炤的入会与晋铎是西班牙人与福建人在这个小世界相遇的结果,他学习西班牙语,在不同人之间进行联络,参与构建了西

---

① 袁若瑟也一样觉得罗文炤没有受到足够的培养,所以在礼仪之争中只能做出错误的判断。González, *El primer obispo chino*, p. 90. 不过,多明我会我应该是没想过让他参与这个争论,只是希望他协助他们传教并运营传教区。

② 参见 González, *El primer obispo chino*, p. 28. 其所依据的是 Ocio, *Misioneros dominicos*, p. 30. 袁若瑟说这些信息符合马尼拉大主教区的圣职记录。郭多明(Domingo Coronado, 1615—1665),参见 Ocio, *Misioneros dominicos*, pp. 181 - 183;赖蒙笃(Raimundo del Valle, 1613—1683),参见 Ocio, *Misioneros dominicos*, pp. 170 - 171.

③ 有关教会在管理西班牙帝国的重要角色,可参见 Elizalde, "Un singular modelo colonizador", pp. 185 - 220.

班牙人与中国人共处的局面。

2. 罗文炤在福建的传教工作（1647—1664）

　　罗文炤具体以什么样的方式和行动证明了他的价值从而得到了传教士的信任与认可？其实罗文炤一次次完成任务和他逐步得到修士的认可在时间上相互交错，呈现出一种因果关系。为了表述得更加清晰，我们没有按时间顺序讲述这些事情，上文讲了他是如何接受培养以及成为修士和神父的过程，本小节则将显示他在成为神父的前前后后所做的事情与扮演的角色。

2.1　罗文炤回福建协助多明我会士（1647—1649）

　　1647 年省会长 Domingo González 派罗文炤携带传教资金返回福建，并协助福建多明我会士传教。当时多明我会士的处境艰难，福建地区面临清军与南明的激战局面，清军于 1646 年初已经开始向福建逼近，是年 7 月，郑芝龙与明降臣洪承畴暗中联系，密谋降清，仙霞关形同虚设。9 月 30 日，清军未遇抵抗即由仙霞关入闽，隆武帝从福州奔延平。10 月 26 日清军攻入福州，11 月 4 日占领福安城。1647 年南明将领刘中藻仍在召集人马抵抗清军，尤其是在福安一带。雪上加霜的是，在清军攻入福安城的同一天，苏芳积在穆阳去世，福建只剩下多明我会中国会长施若翰和山济各两位传教士。

　　在这种危险的环境下，罗文炤回到福建并完成了马尼拉省会长交给的任务。施若翰写于顶头的报告中对此提供了一些宝贵的信息：

　　　　去年（1647 年）7 月罗文炤到了这里，带了您的书信、钱以及其他东西,他都按照您在书信中所说的照办了。他把您交给他的钱如数带到了这里,其中包括放在福州城外的用于补充物资的 50 比索以及军官 Andrés Navarro 的 60 或 70 比索。他来到这里的两个月后发生了反抗鞑靼人的行动,将领(按:即刘中藻)的士兵包围了福州,城内的人冲出城来并重创城外之人、杀害了在周围村子碰到的所有人并烧毁这些村子,其中就有福州城外的大商人谈生意所在的那个区,即罗文炤存放我们的 50 比索和军官的钱的地方,所以很有可能那些钱损失了。福州一直被包围着,这里与福州之间有三个县(按:宁德、罗源和连江),其中一个(罗源)已经在原来国王(按:隆武帝)管辖下,鞑靼人的另两个县(宁德与连江)还没投降,所以我们尚无法去福州寻找我们的钱,也一直没能找到回马尼拉的船,除非天主给我们开路,否则不会有船了。[①]

施若翰提供有关福建反清情况的同时,描述了罗文炤如何把传教资金和书信等从马尼拉带来。这份文献透露了罗文炤在福州城外所做的一些经济活动,委托于他的这些任务涉及马尼拉的一个重要官员 Andrés Navarro,他是 Diego Enríquez de Losada 的女婿,至少于 1644—1645 年担任马尼拉巴里安的总管理员。[②] 虽然施若翰没有说罗文炤在福州城外联系了谁,但是福州城外是商人区,而且后来多明我会一直跟福州城外的教徒保持联系,由此可见罗文炤在马尼拉与福建之间所发挥的联络作用。

罗文炤到达福安后,开始协助施若翰和山济各。通过施若翰

---

① 施若翰 1648 年 9 月 27 日从顶头写给省会长的信,BC, ms. 1074, f. 34r. 通过利安当的另一封信,我们知道 Andrés Navarro 交给罗文炤的钱是 70 比索,且这笔钱后来没有丢失,1649 年还在委托买东西的人手里。此人没有能够买到委托他买的东西。利安当收下了这笔钱来自己用,求省会长在马尼拉还给 Andrés Navarro 同样的数目。见利安当 1649 年 10 月 30 日写给省会长的信,SF II, p. 381.

② Gil, *Los Chinos en Manila*, pp. 205, 643;SF II, p. 381.

的记载可以了解到罗文炤与福安地区的女性教徒之间的重要联系。多明我会士在中国也向女性传教，甚至开办了针对女性教徒的教堂。传教士听女性教徒忏悔以及一些女性教徒决定守贞，这在福安引发了一些冲突，导致了 1644 年陈氏家族发动了一次讽刺神父与女性密切关系的游行。刘中藻也曾对托钵修士表示不满，因为有一位王姓女教徒（Bibiana）因为守贞而拒绝他。[①] 在这种背景下，施若翰提供了一个有关罗文炤的小细节："女性天主教徒都在观察和议论，她们看到了我和另两位神父（苏芳积与山济各）的区别。她们跟罗文炤说，我对待她们比那两位神父更疏远、更严厉。"[②]苏芳积和山济各两位神父跟陈子东[③]等女性教徒比较亲近，山济各每天给她们供给圣餐，而施若翰决定保持距离，避免误解和谣言。但是这里要强调的是罗文炤的角色：女性教徒没有直接跟西班牙传教士表达看法，而是把想法告诉了罗文炤，而施若翰则要通过罗文炤来了解一些女性教徒的情况。罗文炤作为本地人与教徒之间更为亲近、沟通无障碍，教徒与罗文炤的交流更加具体和诚实，使罗文炤能更好地了解他们的情况。因此，罗文炤在传教士与中国人之间承担了重要的沟通角色，尤其是在一些敏感问题上。后来罗文炤在罗源、福州等地的情况也类似，中国教徒，尤其是女

---

① 有关此次福安的游行，以及守贞女不结婚而导致的问题，可见 Menegon, *Ancestors, Virgins, and Friars*, pp. 59, 301 - 356.

② 这是 1649 年 1 月 14 日施若翰在山济各写的一份报告后添加的一个解释。施若翰手写本的整理稿，参见 APSR, Sección 34 China, t. 7, doc. 5, "Postdata a la relación al Provincial del P. Capillas", f. 4. 山济各 1647 年 12 月末写给省会长的报告，参见 BC, ms. 1074, ff. 4r - 18v,其中施若翰写的部分在 ff. 13v - 14v.

③ 陈子东（Petronila Chin），福建下邳人，守贞女，也是第一位入了多明我会三会的女教徒。其墓地在下邳，墓前有一新立石碑，题为《中华圣教第一朵童贞花碑志》，参见张先清：《官府、宗族与天主教：17—19 世纪福安乡村教会的历史叙事》，第 83 页，注 1. 有关她守贞的故事以及因此引起的纠纷，参见 González, *Historia de las misiones dominicanas de China*, Vol. 1, pp. 181 - 186;有关陈子东以及其他守贞女的情况与分析,参见 Menegon, *Ancestors, Virgins, and Friars*, pp. 301 - 356.

性教徒,更喜欢跟这位亲切的中国神父忏悔,因为他听得懂她们讲什么。①

清军占领了福安,以陈氏为首的反教势力意图借新政权之力铲除天主教,陈万辉等人向清福安知县郭之秀呈控,要求在查禁白莲教的禁令中加入禁止天主教的内容。这就威胁到了剩下的两位多明我会士施若翰和山济各。1647 年 8 月 9 日清福安当局发布了告示,将天主教与白莲教一并视为邪教加以禁止,并下令缉拿传教士和教徒,查封天主堂。施若翰和山济各闻讯后已逃往穆阳、顶头等处躲藏,逃过了官府的抓捕。当时罗文炤已回到施若翰住处,因此有可能他们是在罗文炤的陪同下逃跑的。11 月 13 日,山济各在前往福安城外为一个教徒做临终圣事时被捕,当地文人教徒们试图加以营救未果。② 清军获悉刘中藻军队中有许多人信天主教,如缪士珣、郭邦雍等人,因此怀疑山济各为刘军的同伙。山济各于 11 月 21 日写的一份报告中说罗文炤亲手将省会长的信交给了他,他在回信中写道,他仍抱有希望,不会在那个困境中死去,并说如果罗文炤尚未启程去马尼拉,则会把信通过他送到马尼拉。③ 尽管山济各抱有希望,但还是于 1648 年 1 月 15 日被清军处死。

1648 年 3 月,刘中藻重新占领了福安,罗文炤与施若翰也跟着回到了福安。他们获悉山济各死讯后为其办理了后事,施若翰写道:

> 我在别人的遗体中认出他的遗体,已经腐烂了,因为看到

---

① 参见万济国 1678 年 12 月 9 日写给圣玫瑰省会长的信,见 BC, ms. 1074, f. 339v.

② 参见 González, *Historia de las misiones dominicanas de China*, Vol. 1, p. 216;张先清:《官府、宗族与天主教:17—19 世纪福安乡村教会的历史叙事》,第 88—89 页。

③ 山济各 1647 年 11 月 21 日从福安写的报告,APSR, Sección 34 China, t. 7, doc. 4;参见 González, *Historia de las misiones dominicanas de China*, Vol. 5, p. 36.

了他的两只鞋才得以认出来……我跟教徒一同为他清洗并将其装进一口天主赐予我们的美观的棺材里，官员、文士以及天主教徒群体中最好的人都参加了他的葬礼。他的头盖也是半腐烂的状态，我清洗了，把口腔剩下的东西拿出来，并将头盖骨放入一个金黄色的盒子里，罗文炤回马尼拉的时候会带过去……我会写一份有关他的勇敢品德等内容的报告并委托罗文炤带过去。①

施若翰继续写道："罗文炤回来的时候会带两份报告。一份有关苏芳积的生活和他在该传教区所做出的贡献，他的美德和去世。这份报告山济各写得很漂亮，但却被逮捕他的人给没收了。另一份有关山济各的生活、贡献及其荣耀地殉教。还有一份由山济各神父写的报告（他被抓之前起笔，在牢里被砍头之前写完的，天主没让报告留在士兵手里）。"②所以罗文炤原本是要带着殉教的山济各的头盖以及上述两份报告回马尼拉的，但是后来施若翰于1648年9月27日写的这一封信不是由罗文炤带到马尼拉的，因为他又于1649年1月17日对上一封信做了个抄本并在书信末尾补充道："这份抄本的原本（1648年9月27日写的信）是去年12月份由一位福建人送给您的，万一没送到，罗文炤现在会带去这份抄本，只要有其中一份送到就够了，因为内容是一致的。"③

　　施若翰上面两封信写于顶头，而罗文炤这段时间也在顶头陪

---

　　①　见施若翰1648年9月27日从顶头写给省会长的信，BC，ms. 1074，f. 37r-v.

　　②　参见施若翰1648年9月27日从顶头写给省会长的信，BC，ms. 1074，f. 45v. 这些手续的目的是希望山济各在罗马被追认为殉教者以及圣人，多明我会亦将因此获得荣誉。1649年黎玉范等传教士来到中国后，多明我会士在福安聚集并于1650年完成了有关山济各的合法报告，罗文炤参与作证并签字。

　　③　施若翰于1649年1月17日做的抄本，BC，ms. 1074，f. 58v. 施若翰通过两个途径把书信送到马尼拉，在福安动荡期间他先派出别人送信而把罗文炤保留在了身边。

同并协助他,施若翰写道:"罗文炤留在我这边,代替了我去世的同伴(即山济各),他尽力帮助我,是一个很好的青年。"①当时多明我会已在顶头开建一座很好的教堂,罗文炤在这件事情上提供了重要协助,利胜写道:

> 他力排众议买下了那块地,为此他募集辖区教众的捐助,凑齐了各项所需建材,自己既当工人又做建筑师。他在一年多的时间里应对如此多的人,协调各方工作,筹措各类款项,为工人提供饮食,运输筑造所需的灰沙、木石、砖瓦,做到无一事不顺畅、无一人不称心,这一切着实令人惊叹。这彰显了他了不起的才能,在各方面总是出众的。为了服务于教会,无论陆上或是海上的,有什么行程是他没有完成的吗?有何种艰辛是不曾经历的吗?身陷图圄也好,身无分文也罢,抑或是身受羞辱,他从来不改半分昂扬精神。②

当时在福安有刘中藻、缪士珣、郭邦雍等人支持天主教,但是1649 年 4 月清闽浙总督陈锦统兵包围了福安城,不久攻克了福安,而刘中藻、缪士珣、郭邦雍都在这期间先后死难。③ 为了避免危险,施若翰神父于 1649 年 6 月逃到罗家巷,在一个教徒家躲藏了四个月,直到福安恢复平静。④ 这跟 1638 年的福建教案他逃到罗文炤的亲戚家避难一样,所以很有可能他是由罗文炤带过去的。

---

① 施若翰 1648 年 9 月 27 日从顶头写给省会长的信,BC, ms. 1074, f. 45v.

② 参见利胜:《多明我会在中华帝国之业绩》,第 3 册第 2 章第 4 段。这座教堂于 1651 年建成。参见 González, *Historia de las misiones dominicanas de China*, Vol. 1, p. 289.

③ 参见张先清:《官府、宗族与天主教:17—19 世纪福安乡村教会的历史叙事》,第 91—92 页。

④ Santa Cruz, *Tomo segundo de la historia de la Provincia del Santo Rosario*, p. 238.

2.2　罗文炤协助从马尼拉新来的托钵修会传教士(1649—1652)

福建教案以及明清之际的战乱削弱了西班牙托钵修士在福建的力量,仅剩中国会长施若翰一人。1648 年他委托了一位福建人去马尼拉把传教区的书信报告带到马尼拉,同时求省会长派新的传教士来;1649 年他又派罗文炤前往。但是罗文炤于 8 月到安海时,发现已经有八位新的传教士坐着一艘中国船从马尼拉来到安海。方济各会士利安当和多明我会士黎玉范以宗座监牧的身份带领方济各会士文度辣、毕兆贤与中国世俗修士迭戈,以及多明我会士万济国、窦迪莫(Timoteo Bottigli,1621—1662)与马玛诺,[①]在经过 23 天的航行后,于 8 月 3 日到达安海。[②]

黎玉范在 1649 年 8 月 12 日的信中描述了与罗文炤碰面的情景:

> 到达该港后,我们碰到我们忠诚的罗文炤,他买了一艘中国舢版正准备来菲律宾接我们。他见到我们感到很高兴,我更是为看到他还活着并且身体健康而感到高兴……我们要乘坐罗文炤已买的舢版去我们的传教区(按:即福安地区),风顺的话有两三天的路程……他告诉我,山济各殉身之后,被与另外八个非教徒的尸体一起扔到城墙外面,过了 50 天罗文炤本人、施若翰神父以及一些教徒去找他的遗体,发现只有他一具尸体不腐烂,其他人的连骨头都没找着,是被乌鸦和狗吃掉了,因为可以肯定的是这些尸体没有被埋葬。这是一件为我们圣殉难者的光荣所发生的不可思议的事……他告诉我圣殉难者的头盖骨在施若翰神父手里,在一个金黄色的盒子

---

① 有关窦迪莫和万济国,参见 Ocio, *Misioneros dominicos*, pp. 179, 183. 马玛诺(Manuel Rodríguez, 1617—1653),参见 Ocio, *Misioneros dominicos*, p. 181.

② 见文度辣 1668 年写的报告("Brevis Relatio"), SF III, p. 75.

里……我会注意等待一个安全的机会把这些东西寄到马尼拉，加上您们要的书和文件。①

据这份文献可知，罗文炤深得传教士信任，并在带传教士入传教区过程中扮演主动且重要的角色。另外，罗文炤所讲述的山济各遗体的故事已经变得有奇迹的色彩了。

黎玉范等人来到福建是一个非常重要的行动，可以看出马尼拉一直在做充分的准备以与福建形成密切关系。前文已经提到1647 年华人区的官员 Andrés Navarro 委托给罗文炤带一笔钱在福州采购，而这一次的船长 Samnio 一到达就去见了安海港口的官员，把马尼拉另一位官员 Manuel Díaz② 写的推荐信交给他。后来中国官员和船长热情接待了传教士，黎玉范建议省会长在马尼拉准备礼品，并与这些中国官员和船长保持良好关系。③ 在这样的情况下，这八个新来的西班牙修士会威胁到耶稣会士在福建的地位，因为托钵修士与当地官员开始形成互利互助的往来，而且修士人数也比耶稣会士多很多，④而利安当与黎玉范被任命为传教区的宗座监牧，并且他们手里又拿着罗马教廷很多有利于他们的旨令。总之，从马尼拉来的修士是坚决要在福建扎根的。

在这个新的行动中，罗文炤的联络工作显得非常重要。他从福安赶到安海后，先是向利安当和黎玉范报告了福安的新局面，即

---

① 　Juan Bautista de Morales, "Carta al Provincial", Anhay, 12 agosto 1649. BC, ms. 1074, ff. 79 – 80.

② 　Manuel Díaz Estacio Venegas 于 1642 担任马尼拉华人区的一个管理职位（Teniente de alguacil mayor），参见 Gil, *Los Chinos en Manila*, p. 649；SF VII, 32. 据利安当 1649 年 10 月 15 日写的报告，其职位是 Sargento mayor，见 SF II, 365. 更多的信息见 AGI, Filipinas 31, N. 23.

③ 　这些关系包括郑成功以及在他管辖下的安海官员、福建船长以及福州城外的商人，还包括一些来自澳门的居民。

④ 　耶稣会只有三个传教士：在福州的何大化（Antonio de Gouvea, 1592—1677），在泉州与漳州一带的郭纳爵（Inácio da Costa, 1603—1666）和聂伯多。有关何大化，参见董少新：《葡萄牙耶稣会士何大化在中国》，北京：社会科学文献出版社，2017 年。

清军掌控了福安与福宁地区，以及这件事情如何导致了原来支持天主教的刘中藻、郭邦雍、缪士珦等人死难。利安当本以为方济各会士到福建后可先住在多明我会的住院，但是通过罗文炤了解到战争的情况后就改变了计划。多明我会士先留在安海港口的那位官员家里，而罗文炤把方济各会传教士带到安海的一位葡萄牙人家中，距离港口大约五公里。

　　这家葡萄牙人是从澳门来到安海定居的，他们是由郑芝龙请过来的，①因为其中一位葡萄牙人是郑芝龙的女婿。② 安海还有给郑芝龙、郑成功当士兵的黑人大主教徒，他们也是从澳门逃身过来的，并由一位名为 José Pereira 的队长管理。利安当对这个家族并不陌生，因为他在澳门访问过郑芝龙女儿的家。③ 罗文炤当时陪同利安当，因此他可能也认识这些从澳门来到安海的重要人物。1649 年之前，泉州一带的教徒由耶稣会士聂伯多（Pietro Canevari，1596—1675）负责管理的，这位传教士曾经在安海住过这个葡萄牙人家的房子，房子里还有个小礼拜堂，④但是按照方济各会士的表述，该耶稣会士决定搬出去并去照管漳州等地方的教

---

①　文度辣 1649 年 10 月的报告，SF VII, p. 33; Biermann, *Die Anfänge*, p. 86, n. 11. 郑芝龙当时被清政府叫到京城，郑氏集团包括其儿子郑成功，统治厦门、安海一带。利安当希望郑芝龙会回来当总督（virrey），而如果郑芝龙不回来，那么这些葡萄牙人打算去菲律宾落脚，参见利安当 1649 年 11 月 20 日的书信，SF II, pp. 393–394.

②　虽然有时候方济各会史料有关这一家人的信息有些模糊，但是似乎 Manuel Bello 和 Antonio Rodrigues 是父子关系，Antonio Rodrigues 跟郑芝龙的女儿结婚了，女儿是天主教徒，洗名为 Ursola de Bargas。据方济各会士文度辣说，郑芝龙为了让女儿回安海而做出保证，即他会在安海建立一所教堂。参见利安当 1649 年 8 月 9 日、10 月 15 日、11 月 20 日的信，SF II, pp. 362–363, 367, 393–394；文度辣 1649 年 10 月的报告，SF VII, pp. 32–34.

③　利安当 1649 年 8 月 9 日写给省会长的信，SF II, pp. 363–364. 据文度辣说，他们是想带一个方济各会神父到安海，但是中间受到了阻止。见文度辣 1649 年 10 月的报告，SF VII, pp. 32–34.

④　安海的教徒会在他们家中聚集、举行弥撒、集体祷告唱歌。参见利安当 1649 年 10 月 15 日写的信，SF II, p. 369. 有关安海的天主教徒，参见 Dehergne, "Les chrétientés de Chine", p. 26.

徒,等到利安当等修士来到安海后,教徒请求西班牙传教士留在安海,因为耶稣会士聂伯多很少能够去施行圣事。①

托钵修士的到来自然引起了耶稣会士的不满以及两个修会之间的争论,但是此处我们要着重强调的是罗文炤在这个网络中的处境和作用。虽然没有很多关于他的信息,但是有依据来支持以下看法:在利安当等传教士 1649 年来到安海之前,罗文炤已经跟安海一带的教徒建立了联系。这样推测是因为在利安当的记述中显示,耶稣会士聂伯多的一位教徒来到安海,而此行的目的是给罗文炤送一封信。② 虽然聂伯多当时去了泉州并把那里作为主要传教地点,但是因为曾经在安海待过,所以罗文炤应该跟他或者跟漳州的教徒有一定联系。另外,罗文炤在澳门陪同利安当神父的过程中认识了西班牙籍的 Enríquez de Losada 家族,可能也因此使他认识了郑芝龙之女及其葡萄牙籍丈夫等居住在澳门的教徒。毕竟,罗文炤处在一个方济各会的环境中,而 Enríquez de Losada 家族与 Antonio Rodriguez 的家人都跟方济各会保持着密切的关系,Enríquez de Losada 家族的几个人担任过方济各会理事,而 Antonio Rodriguez 与其家人后来入了方济各会三会。③ 由此可见这段时间在澳门、马尼拉与安海的几位欧洲居民以及在他们周围的中国人之间,形成了一个以安海为中心的天主教网络,网络中有几位从福安教案中帮助过托钵修士的福建教徒,如 Juan Ferreira

---

① 参见文度辣 1649 年 10 月的报告,SF VII, pp. 32 - 34.

② 参见利安当 1649 年 10 月 15 日写的信,SF II, p. 369. 西班牙托钵修士通过这位教徒通知聂伯多罗马教廷发布的有关中国礼仪问题等的旨令,于是耶稣会士和方济各会士在安海发生了一些冲突,参见利安当 1649 年 10 月 15 日写的信,SF II, pp. 372 - 373. 在耶稣会与方济各会的斗争过程中,聂伯多还把队长 José Pereira 驱逐出教,见利安当 1650 年 5 月 14 日写的信,SF II, p. 399.

③ 参见利安当 1649 年 11 月 20 日的书信,SF II, pp. 393 - 394.

和罗文炤。[①]

　　具体来讲，这个网络涉及与马尼拉做生意的福建官员、商人与船长，也包括马尼拉的官员，如 Enríquez de Losada 父子、Andrés Navarro、Manuel Díaz 等人。因为他们身兼要职，在马尼拉华人区掌有直接的权力，同时这些人跟传教士有往来，例如 Enríquez de Losada 一直支持方济各会修士的传教事业，Andrés Navarro 也曾委托罗文炤在中国办理一些贸易上的事情。显然，马尼拉政府、修士与福建人都参与了福建与马尼拉之间的这个共同的发展空间中。西班牙政府官员对华人区有一定的控制，福建官员、商人和船长得以继续与马尼拉做生意，传教士可以增强与福建沿海地区官员之间的关系，同时可以把书信、传教经费等通过中国舢舨输送。而像罗文炤、迭戈、Juan Ferreira 等福建教徒则在中间做一些联络和中介的工作。在政治、经济、军事、宗教复杂交错的大背景下，我们认为不能把罗文炤、修士和教徒的活动仅在传教范畴中考察。

　　中国传教区的报告把欧洲传教士推向主角的位置，他们以自己的角度记载所发生的事情，但是通过一些报告中的零散信息可以重现当时中国教徒的活动，并且从中可以判断实际上正是这些中国教徒在打理着传教区的各个方面。以上介绍的是罗文炤对方济各会士提供的帮助，接下来我们将考察他带领多明我会士到福州和福安的过程。

---

　　① 罗文炤以及迭戈、Juan Ferreira、林马诺、阮安当等中国教徒形成了方济各会士的中国教徒网络。Juan Ferreira 的角色比较重要，通过他可以把托钵修士与安海的关系追溯到福安教案。福建教案时，Juan Ferreira 在安海帮助了方济各会士玛方济与多明我会士黎玉范，当时他们准备从安海坐船到澳门，而 Juan Ferreira 跟安海的官员商谈后，该官员提供了一部分钱来资助传教士。参见毕兆贤 1653 年 3 月 4 日写给 Sebastián Rodríguez 的信，AFIO 35/99。该信拉丁语摘要见 SF II, p. 612.

罗文炤先把三或四位①多明我会士从安海带到了福州。他们在福州城外的一个教徒家里住下,该教徒希望有一位神父能留下,他可以提供房子当住院和教堂。此教徒是个官员,利安当和黎玉范在福安时认识了他。或许在 1647 年罗文炤经过福州城外放下部分钱款的时候,已跟这里的教徒联系过并做了铺垫。黎玉范和窦迪莫留在福州,而罗文炤和万济国继续前往福安的传教区。黎玉范本打算在福州城外开教堂,因为这里的天主教徒离城内的教堂有一定距离,但是由于管理城内教堂的耶稣会士何大化神父反对多明我会士留在福州,②所以最后他们只好离开福州前往福安。

罗文炤先把万济国带到顶头,施若翰在罗家巷通过一封教徒送来的信得知了此事,在确认了路途的安全性后,另外三位多明我会士也于 1649 年 12 月 23 日到达顶头。③ 1650 年 8 月 18 日至 12 月 12 日间,罗文炤和其他多明我会士在罗家巷完成了有关山济各的一份法律报告。这份报告需要证明山济各是在践行传教事业的过程中殉身的,并提供事情原委的详细信息,他们希望山济各在罗马被追认为殉教者,以为多明我会赢得荣誉。由于罗文炤跟施若

---

① 是三位还是四位要看如何解读以下资料。文度辣说他们到了福州后,罗文炤带万济国前往福安,而黎玉范和窦迪莫留在福州。可能他忘了提及马玛诺神父,但也可能马玛诺确实没有跟他们去福州,而是提前由罗文炤从安海带到了福安,以确定安海和福安之间的路途是否安全。倘若如此,则利安当在下面这段文字中提到的一位传教士不是万济国,而是马玛诺:"黎玉范带来的三位同伴中,只派了一位(马玛诺)到福安,由我们的罗文炤陪同通过陆路去的。"见利安当 1649 年 10 月 15 日的信, SF II, p. 379. 这里特地指出"通过陆路"是因为一般情况下都是沿海坐船到白马港,再直接北上到罗家巷,这次走陆路主要是考虑到战争带来的危险。

② 见利安当 1650 年 5 月 14 日的信, SF II, pp. 397 - 398;文度辣 1668 年写的报告("Brevis Relatio"), SF III, pp. 76 - 77; Biermann, *Die Anfänge*, pp. 86 - 87. 虽然黎玉范没能留下,但后来万济国神父于 1674 年在福州建立了多明我会圣若瑟教堂。

③ Santa Cruz, *Tomo segundo de la historia de la Provincia del Santo Rosario*, pp. 239 - 240.

翰一起去捡收山济各的遗体，所以他在这份报告中作了证、签了名。①

　　1651 年，罗文炤努力建造的宏大的顶头教堂和会院终于完工了，于复活节的第二天举行了隆重的仪式。《圣玫瑰省史》描述了这个教堂和开幕仪式："会院有很多办公室，有用木头做的院子和墙体，教堂非常漂亮，教徒们都为建此堂慷慨地做出了贡献……从马尼拉带过来的圣体座漂亮华丽，附加一个用带有刺绣的天鹅绒做的祭坛华盖，还有蜡烛、花束和香……教堂的院子都有很别致的台子，院子中间还有一个漂亮的喷泉，这让中国人惊讶，因为他们没有这样的东西。"②除了举行弥撒，那天还举办了一些活动，如文人和学生的才华竞赛。周围村子的人都来参加这个隆重的庆祝活动，结束之后才陆续返回。但是没过多久，1651 年 11 月的一个礼拜日，郑成功麾下一支拥有三百余艘舢舨的舰队从白马河进入福安。黎玉范等修士先藏起几幅画，然后在顶头居民的带领下，带着教堂的画和其他贵重物品跑到山上去了。第二天，有六个士兵下船后运了木材放到教堂和会院周围，放火将其烧毁。罗文炤当时很有可能在场，眼睁睁看着自己一手操持、刚刚落成的顶头教堂被毁。③然而除教堂以外顶头其他的房子并没有被烧毁，当时修士并不明白为什么只针对教堂，其实原因应该在于顶头教堂具备一定高度，郑成功怕它会被用来做军事防御。多明我会士于 1654 年

---

　　①　黎玉范以及他从马尼拉带来的窦迪莫和马玛诺三位多明我会士参与编写了这个报告，共有 13 人为此提供了证据，其中罗文炤和施若翰神父在上面签字证明。见 *Información jurídica sobre el martirio del Bto. Francisco F. De Capillas*（《有关山济各殉教的法律报告》），见 González, *Historia de las misiones dominicanas de China*, Vol. 5, p. 19.

　　②　Santa Cruz, *Tomo segundo de la historia de la Provincia del Santo Rosario*, p. 252.

　　③　在那个动荡时期福安城和顶头的教堂都遭到损害，但是顶头的教堂没有完全毁掉。参见利安当 1650 年 5 月 14 日写的信，SF II, p. 398.

重新修建了顶头的教堂,规模虽不比当年,但陆续也在柘洋(今柘荣)、西隐、罗家巷等地建了新堂。[①]

2.3　罗文炤往返于福建与马尼拉之间(1652—1655)

　　大部分传教士离开了安海,多明我会士去了福安,方济各会士利安当于 1650 年 7 月 14 日去了北京,在耶稣会士汤若望的指点和帮助下转往山东传教。但是方济各会士毕兆贤和文度辣两位神父留在安海和厦门,做马尼拉与中国传教区的联络人。他的书信中透露出一些有关马尼拉与福建之间往来的信息,其中涉及沿海地区的官员、船长与协助传教士的中国教徒。罗文炤在他们的书信中是一位频繁往来于马尼拉与福建之间的非常值得信任的人,而且很难找到能代替他的人选。

　　首先,可以知道罗文炤于 1652 年 4 月 10 日路过厦门准备再次去马尼拉。毕兆贤写道:"我把书信交给了 Samnio,当时他正准备去马尼拉,但后来他行程受阻,又把信件还给了我。我把它们交给了来到这边的罗文炤神父,由他转交到您手上。除了在信中向您详述所发生的所有事情,我还委托罗文炤神父说明一切。至于他去马尼拉的缘由,据他说是为了领取多明我会修士三年的津贴,倘若可以,也想着顺便把修士带来。去年 Samnio 带来的 200 比索,他收了 20 比索的运费,我没有钱来支付这笔开销,就委托罗文炤到马尼拉想办法付掉。关于给郑成功的礼物和写给他请其帮忙的书信,罗文炤负责去办理了,他跟我说可以两个修会共同出资,我也给我们省会长和多明我会的省会长写过信了。请您尽可能帮

---

　　① 　Santa Cruz, *Tomo segundo de la historia de la Provincia del Santo Rosario*, pp. 252 - 253; González, *Historia de las misiones dominicanas de China*, Vol. 1, pp. 290 - 295.

忙促成此事，因为保持这条路的通畅是很有用的。"①

通过这封信可见托钵修士需要与郑成功保持良好关系，以确保从马尼拉往福建运送财物和传教士；罗文炤可以向省会长口头报告中国的情况，同时作为一个可以托付信任的人来回送信、传教资金以及给郑成功准备的礼品等。这几年罗文炤似乎经常往返于马尼拉与福建之间，1653 年 3 月 4 日毕兆贤在信中说，"我很担心，因为罗文炤走后一直没有他的消息，不知道是否在海上遇到了危险"，他也找不到像罗文炤一样可信并能从马尼拉带来东西的人，"您之前写信建议我说不要派中国这边的人去领传教津贴，因为修会里的人会议论。我不怕他们议论。您跟我说说我这个可怜的人眼下该怎么办，书信已经备好了，打算去找 Samnio 或其兄弟，因为之前听说他俩其中一个会去马尼拉，结果 Çhin Kua 船长跟我说 Samnio 的兄弟死了，Samnio 也不去马尼拉了，我感觉罗文炤神父今年也回不去。您和我们的司库都写信给我说去马尼拉那艘船的船长不愿意带 90 比索回来，那您看谁还能去把钱带回来呢？就算修会里的人议论，也比我们拿不到津贴在这里受苦要好。我也想过在前往马尼拉的中国人当中找一个可以委托带回津贴的诚信之人，但是还没有找到。Juan Ferreyra 是我的左右手，他说自己可以去马尼拉领回津贴。他是澳门来的那些人当中的一个，人很好，很愿意为两个修会服务"。② 毕兆贤的书信显示，当时是船长协助托钵修士带东西，如

---

① 毕兆贤 1652 年 4 月 10 日写给 Sebastián Rodríguez 的信，AFIO 35/100. 拉丁文摘要见 SF II, p. 612. 罗文炤可能 7 月到马尼拉，那一年马尼拉港口记载 7 月有两艘船从福建来到马尼拉，船长分别为 Quiuquia 和 Gounio，参见 Gil, Los Chinos en Manila, p. 612.

② 毕兆贤 1653 年 3 月 4 日写给 Sebastián Rodríguez 的信，AFIO 35/99. 拉丁语摘要，见 SF II, p. 612.

Samnio 及其兄弟,还有 Çhin Kua。① 罗文炤应该跟这些船长很熟
络,他在传教士身边是很稀缺的资源,已经成为修士的罗文炤也因
为为人忠实而获得了传教士的重视。这是个很特殊的例子,因为
马尼拉的方济各会士似乎不愿意毕兆贤将这些任务委托给中国内
地的人,但他也很无奈,因为很难找到合适的人。他也希望来自澳
门的 Juan Ferreira② 可以开始像罗文炤一样为托钵修士服务。在
毕兆贤眼里这位教徒显得比较可信,应该也是因为符合上述标准,
即非中国大陆的、在澳门待过、曾经帮助过传教士。

　　1654 年初,罗文炤又携带书信等到马尼拉。文度辣在于 1653
年 12 月 20 日寄到马尼拉的信中说罗文炤将会带去他的这封信。
文度辣还希望马尼拉一位姓 Castro 的画家帮他们画一幅包含天
堂、炼狱和地狱的油画,因为这种画很能打动中国人,也希望通过
马尼拉官员催该画家尽快完成,不要一年还画不完,以便罗文炤回
来的时候可以把画顺便带回来。③

　　罗文炤回到马尼拉之后,于 1654 年 7 月被授圣职,但罗文炤
应该没有很多时间在马尼拉多明我会圣托马斯学院学习神学,因

―――――――

　　① 船长 Çhin Kua 在 1649—1655、1658—1661 和 1664 年都曾从福建到马尼拉。
1653 年 3 月出发的那一次,马尼拉港口记录显示 Çhin Kua 船长就是 5 月到的。至于
Samnio,马尼拉港口所记录的到达船长中,1646 年的 Sandio、1647 年的 Sanchio、1648
年的 Samia、1650 年的 Chapnio,可能都是 Samnio。参见 Gil, *Los Chinos en Manila*,
pp. 609 - 615.

　　② 福建教案时,Juan Ferreira 在安海帮助了方济各会士玛方济和多明我会士黎
玉范。当时他们准备从安海坐船到澳门,而 Juan Ferreira 跟安海的官员商谈后,该官员
提供了一部分钱来资助传教士。可能 1648 年他被派到马尼拉送信并带来传教士,至少
在马尼拉做的法律报告中出现了一位名为陈若寒(Juan Chean)的人于 1649 年 6 月 26
日作证,陈若寒可能与 Juan Ferreira 是同一个人。在此毕兆贤把他派到马尼拉来拿多
明我会和方济各会的传教津贴,并建议省会长让该中国教徒住在多明我会的住院并热
心接待他。毕兆贤是希望他继续协助托钵修会。见毕兆贤 1653 年 3 月 4 日写给
Sebastián Rodríguez 的信, AFIO 35/99. 拉丁文摘要,见 SF II, p. 612.

　　③ 文度辣 1653 年 12 月 20 日写给 Sebastián Rodríguez 的信,SF III, 33. 按照文
度辣的说法,罗文炤应该是准备 1654 年就从马尼拉回中国,可能就是带着多明我会士
郭多明去中国的那一次。

为这几年他一直不停地在马尼拉与福建之间奔波。与罗文炤在神学方面的积累相比，西班牙多明我会士更看中罗文炤很强的行动力，所以又委托罗文炤把多明我会士郭多明带入中国。① 这位神父本来参加了去柬埔寨的西班牙团，但这个计划没有成功，所以只能回到马尼拉。② 后来省会长又让郭多明"秘密地进入中国……他跟罗文炤神父一起乘船，但在到达 Marivelez 的那个岛③时遇到暴雨，船体毁成碎片，很多人都死了，他们二人抓着已经落入水中的桅杆与波涛搏斗，战胜了死亡……在天主的帮助下得以回到马尼拉"。④ 虽然罗文炤与郭多明这次没能回到福建，但是 1655 年省会长 Pedro de Ledo 把罗文炤、利胜、郭多明、丁迪我和赖蒙笃五位多明我会士派到中国，于 1655 年 7 月抵达厦门。⑤

　　罗文炤的勇气，不仅表现在他每次去马尼拉都要冒着海上的风险，还表现在他要面临运送传教津贴所隐含的风险。罗文炤几次负责运送传教士的传教津贴，⑥此非易事，首先要在马尼拉做好该做的准备，联系值得信任的船长等人，然后要把钱藏好，因为有

---

　　① 本来 1654 年还有一个大计划，省会长 Pedro de Ledo 要和赖蒙笃神父去日本，但是该计划也没成功，所以赖蒙笃神父也加入了 1655 年由 Pedro de Ledo 派到中国的传教团。参见 González, *Historia de las misiones dominicanas de China*, Vol. 1, p. 303, n. 3.

　　② 参见 Ocio, *Misioneros dominicos*, pp. 182, 603. Diego Enríquez de Losada 也是这个团的成员。1650 年他作为马尼拉市政府的官员建议在柬埔寨建造大帆船，1655 年一艘在柬埔寨建造的大帆船在回马尼拉的旅途中遇到暴雨，百余人遇难。见 AGI, Filipinas 31, N. 23.

　　③ 应该指 Corregidor 岛。船在此地经常遇触礁，1649 年利安当来中国所乘之船也两次在那里搁浅。见利安当 1649 年 8 月 9 日的信，SF II, p. 362.

　　④ Santa Cruz, *Tomo segundo de la historia de la Provincia del Santo Rosario*, p. 455.

　　⑤ Santa Cruz, *Tomo segundo de la historia de la Provincia del Santo Rosario*, p. 455. González, *Historia de las misiones dominicanas de China*, Vol. 1, pp. 303 - 304.

　　⑥ 他于 1652 年去马尼拉把三年的传教津贴带回中国。的确可以看到大概每隔三年罗文炤或者其他人便会从马尼拉把津贴带到中国。

被抢的危险,到达中国港口后还需将钱安全地送到传教士手中。
虽然下面一段引文讲的不是罗文炤,但是通过利安当的表述可以
对罗文炤运送传教津贴的情况和所面临的危险有直观了解,对他
异于常人的勇敢性格有一个大体的认识:

> 我派那位世俗修士去那边把我要的东西带回来……他可
> 以带回来一坨捆扎完好的原蜡,在最里面藏好两百比索。拿
> 个装酒的瓷罐,里面可以藏一百比索,都用新扯的干净布条包
> 好缝起来,防止它们相互碰撞发出声音。世俗修士身上至少
> 可以带一百比索,再给船长带两百比索,但这些钱不能散着,
> 得用布条包起来缝好,再用火漆上封,贴上条子。把给我的回
> 信一并交给他,另外还有一封以您的名义写给中国官员的信,
> 感谢他对我们提供的帮助,并委托他把您给的东西转交给我。
> 这封信您可以让我们的司库在 Binondo 区或者华人区找人用
> 中文写。剩下的两百比索可以给 Diego Enríquez 船长,由他
> 转交给 Samnio 船长,后者会把钱和给我的信一起交给我,这
> 样比较稳妥。世俗修士要带一些药品回来的话可以,但不要
> 带 farfallada,最多带一个箱子,因为带上 farfallada 他们会认
> 为都是钱。(旁注)我写的这封信会随船前往,你们不要通过
> 这艘船的船长寄给我任何东西,什么都不要给他,就算他回来
> 的话,最多让他带回一封书信;这封信也不是由他带过去的,
> 而是另外的某个中国人,这个人也不要给他什么东西带回来,
> 最多几封书信。①

福建的舢舨在 2—7 月左右到达马尼拉,下半年从马尼拉回到
中国。1652—1655 年穿梭于福建与马尼拉之间的罗文炤,是两地

---

① 参见利安当 1649 年 10 月 30 日写给省会长的信, SF II, p. 382.

人际网络中的重要一员。罗文炤去马尼拉的次数应该不止记载下来的这些，而与罗文炤一样在这一网络中穿梭的还有迭戈、Samnio、Çhin Kua、Juan Ferreira 等人。

2.4　罗文炤以神父身份回到中国传教区(1655—1665)

罗文炤在 1647—1655 年间所承担的工作对于多明我会的传教事业是非常关键的：1647 年罗文炤给施若翰带来传教资金，1649 年帮助四位新的多明我会士到达福安，并负责修建顶头等教堂，后在马尼拉与福建之间来回运送东西，1655 年以神父的身份又把利胜、郭多明、丁迪我和赖蒙笃四位新的多明我会士带到中国。在这约十年的努力下，福建教务恢复甚至超过了教案爆发之前的水平。在接下来的几年里，罗文炤继续协助多明我会士在福建传教，传播范围得以扩大，利胜神父在福建南部的厦门和泉州传教，黎玉范和郭多明向北发展，在浙江兰溪与金华传教并建立教堂。①

而这段时间清政权与郑成功势力之间的一系列对抗又影响了天主教在福建的发展。1656—1659 年间，郑成功发动北伐，其舰队在 1656 年秋冬季节进入福安腹地，给当地社会造成了很大的破坏。利胜神父后来是这样写的：

> 1656 年基督降临节的第四个主日，大小 3 000 余艘国姓舢舨从海口溯福安河而上。这些海寇刚一着陆，便立即开始蛮横地洗劫该地。他们抢夺一切东西，不分男女老幼肆意杀戮，强奸妇女，抓捕壮丁。最后，还放火烧毁了许多村镇。远

---

① 有关利胜在厦门的活动，以及黎玉范和郭多明传教兰溪，参见 González, *Historia de las misiones dominicanas de China*, Vol. 1, pp. 304 - 310, 321 - 325.

远地就能望见陆地上令人可怖的浓烟。①

郑成功的军队一直推进到穆阳,身处当地的万济国、窦迪莫、赖蒙笃三位传教士匆忙分散躲藏,在一位名为 Antonio 的文人教徒的帮助下,一起躲进一所佛寺中。② 为首的将官发现了他们,但由于该将官是利胜的朋友,因此没有抓捕他们,相反还帮他们捎了一封信给利胜。

当时罗文炤在顶头传教,在郑成功部队逗留福安的六个月里,罗文炤四处奔走,做中间人,解决各种问题。郑成功部队在白马河两岸的村子里抢了许多财物,也抓走了许多当地居民,借以勒索赎金。当地教徒多明我以及陈子东和缪玛利亚两位守贞女等都受到了士兵的骚扰。陈子东的圣物被抢走,但是不久后郑军的一位将领就派人把罗文炤请到其舢版上,客气地将陈子东的圣物、一个耶稣像、一个圣母像、一个铜做的十字架以及大量天主教念珠归还给罗文炤。罗文炤也借此机会与其商量释放陈子东的父亲,对此郑军本来开口要 450 比索,但最后罗文炤得以用 100 比索将其赎出。罗文炤还帮忙让另五十名非教徒获得释放。当时很多居民都接受了洗礼,包括陈子东的父亲以及他的妾。1657 年夏,郑成功的军队离开福安回到厦门,福安地区终于恢复平静。1660 年,为了阻断郑军与内陆的联系,清方下迁界令。一些天主教徒聚居的村落如顶头、罗家巷、双峰等被迫内迁,教堂被毁。③ 至于从福建前往

---

①　参见利胜:《多明我会在中华帝国之业绩》,第 3 册第 7 章第 1 段,转引自张先清:《官府、宗族与天主教:17—19 世纪福安乡村教会的历史叙事》,第 98—99 页。

②　参见利胜:《多明我会在中华帝国之业绩》,第 3 册第 7 章第 2 段,参见张先清:《官府、宗族与天主教:17—19 世纪福安乡村教会的历史叙事》,第 98—99 页。

③　本段内容参见利胜:《多明我会在中华帝国之业绩》,第 3 册第 7 章第 10—11 段,第 15 章第 11 段;张先清:《官府、宗族与天主教:17—19 世纪福安乡村教会的历史叙事》,第 99 页;González, *Historia de las misiones dominicanas de China*, Vol. 1, p. 337.

马尼拉的船只，1656 年和 1657 年马尼拉港口只记录有一艘来自福建的船，可见郑氏军队进攻福安期间阻断了福建去往马尼拉的航线。而迁界令下达后，马尼拉港口每年都记录有来自福建的舢舨，似未造成严重影响。[①]

　　有关罗文炤在福安地区的具体工作记载不多，不过他于 1650 年代末到了福安地区一个叫桑洋的村庄。这个村庄住着冯氏家族。[②] 文献记载那里有一位妇女被恶魔附体，说魔鬼会以羊或其他动物的形象显现。其丈夫及家人先叫了和尚驱魔，但是魔鬼通过那位妇女说他不怕和尚就怕天主，所以她的家人就把罗文炤请来。罗文炤给那位妇女讲教理，还给她和她的小女儿施行洗礼，离开之前还送给他们一个十字架和圣水。此后，那位妇女及其家人就不再受到恶魔的骚扰。那个村庄有许多人都因此事而入了教。[③] 后来桑洋的冯氏家族成为福安地区信奉天主教的家族之一。

　　这段时间罗文炤作为神父已经可以施行洗礼等圣事，虽然他还会去马尼拉，但是他可以更多地留在福建协助西班牙修士传教，他还可以派其他人去马尼拉送信。另外，多明我会士利胜留在厦门一带，同时做马尼拉与福建地区的联络工作。罗文炤曾从福安去厦门领取传教津贴，虽然不知道他具体往返多少次，但是至少罗文炤于 1658 年 12 月跟中国会长黎玉范一起到了厦门，黎玉范准备去马尼拉招徕更多传教士，所以留在了厦门；罗文炤则把多明我会和方济各会的传教津贴和书信带回福安。

---

　　① 参见 Gil, *Los Chinos en Manila*, pp. 612–615.

　　② 冯氏家族是在元明鼎革期间来桑洋定居的。17 世纪末冯氏家族大多数受洗入教，开始跟福安地区的其他天主教家族通婚，如穆阳的缪氏、溪墘的赵氏、罗家巷的罗氏以及西隐的郭氏。参见 Menegon, *Ancestors, Virgins, and Friars*, p. 202.

　　③ 参见利胜：《多明我会在中华帝国之业绩》，第 3 册第 7 章第 11 段。参见 González, *El primer obispo chino*, p. 35；González, *Historia de las misiones dominicanas de China*, Vol. 1, p. 330.

　　按照多明我会史料记载，罗文炤在思明州（即厦门）短暂停留时还遭遇了危险：一次利胜出门后，郑成功的儿子郑经（西文文献写作 Kingsie）在几位下属的建议下进了利胜的住所并拿走了几个塑像，这些下属发现罗文炤在那里，就把他带到郑经面前，指责他是个贼，还是清军的间谍，因为他已经剃了发还留了辫子，不像中国人了。利胜回来后跟郑经解释了情况，说罗文炤跟他一样是一位神父，最终由于利胜在厦门具有一定的影响力而化险为安。其实当时利胜在厦门的情况比较复杂，郑成功北上打仗，其子郑经留在厦门，郑经与他周围几个人一直骚扰利胜神父。[①] 不过，罗文炤很快就带着传教资金回了福安。

　　身在山东的利安当还得设法安全地接收传教资金，他在写给省会长的信中写道："1659 年 9 月 16 日我收到了您的信，是您于1657 年 7 月 27 日在 Panguil 写给我的。同时还有您寄来的五百比索，是经由多明我会神父之手转交于我的。利胜神父在他所在的港口收到了您寄的这笔钱以及省会长寄给他们的钱；接着由罗文炤神父把钱转交给万济国神父，他和其他几个人在福安县；之后万济国神父派可靠之人把这笔钱带到了兰溪县，同时带去的还有发给当地三名传教士的资金，一路上不乏遭抢遇劫的风险。兰溪那边的负责人写信到山东，告诉我资金已在兰溪，让我决定怎样以最稳妥的方式和路线把钱寄给我们。由于山东这边没有别人可

---

　　① 参见利胜：《多明我会在中华帝国之业绩》，第 3 册第 8 章第 4 段。有关罗文炤到厦门的情况可见 González, *Historia de las misiones dominicanas de China*, Vol. 1, pp. 330, 342. 当时利胜与郑经之间的冲突，参见 González, *Historia de las misiones dominicanas de China*, Vol. 1, pp. 339 - 344. 按照利胜的表述，他们之间的矛盾包括：他的教堂和会院离郑成功的宫殿不远，郑经想要占有神父的房子；郑经制造谣言说利胜是个叛徒，指控他一直往马尼拉写信不让进口大米到厦门，控制贸易往来；有些郑经的人因为跟女性教徒有不当的关系而受到利胜的批判；有一艘英国的船来厦门，而郑经指责利胜参与了干扰活动。这些信息表明罗文炤此次遭遇危险与当时的政治、外交有密切关系。

派,我决定亲自带两个教徒前往兰溪领取。"①可见托钵修士不敢直接委托中国教徒领取传教资金,要派他们信任的罗文炤专门去厦门拿,甚至利安当考虑亲自从山东去兰溪领取,也不敢委托别人。这又一次证明了罗文炤对托钵修士的重要价值以及在中国教徒中的特殊性。

利胜和后到的阮神父(Jaime Verge,1628—1687)②在厦门遭遇了很多问题。1663 年厦门发生了一次战争,一方是郑经,另一方是清军与支持清军的荷兰人,结果郑经战败后退守台湾。③ 战争前利胜神父已经把从马尼拉带给多明我会、方济各会和耶稣会的传教资金藏了起来。战争后厦门只有 20 个教徒得以逃命,其中一位是利胜神父的男仆游若瑟(José You)。两位神父得到荷兰将军 Baltasar Borth 的帮助,身着满人的衣服后前往泉州了。1664年 1 月罗文炤从福安来到泉州,郭多明也从浙江来了。他们都以为两位神父去世了,想去认殓其尸体,到后发现他们还活着。随后阮神父离开泉州去了福安,几天后罗文炤带着三个修会的传教资金也回到了福安。④

罗文炤回福安后不久又去泉州和福州协助利胜神父。利胜在泉州城中心买了房子并建了圣加大利纳(Santa Catalina)教堂,该堂于 1664 年 11 月 16 日投入使用。⑤ 康熙历狱爆发后,所有在华

---

①　参见利安当 1659 年 9 月 20 日写给省会长的信,SF II, p. 475.

②　关于此人,参见 Ocio, *Misioneros dominicos*, p. 188.

③　关于这段时间利胜在福建的情况,以及马尼拉与福建的政治、军事、外交情况,参见 González, *Historia de las misiones dominicanas de China*, Vol. 1, pp. 351‐380.

④　参见利胜:《多明我会在中华帝国之业绩》,第 3 册第 24 章第 7 段。González, *Historia de las misiones dominicanas de China*, Vol. 1, pp. 374‐376. 1664 年 1 月罗文炤和郭多明到了漳州, Biermann, *Die Anfänge*, p. 111.

⑤　此前利胜还从泉州去了趟福州,再于 1664 年 7 月回到泉州并在那边遭遇了水灾。有一位学官(福清人,名叫 Ka Yo-ling)帮助他,利胜在他家住了三个月。参见利胜:《多明我会在中华帝国之业绩》,第 3 册第 25 章第 4—7 段。参见 González, *Historia de las misiones dominicanas de China*, Vol. 1, p. 377, n. 4.

欧洲传教士都被传唤至京,利胜因此把圣加大利纳教堂交给罗文炤管理并前往福州。但是泉州的官员没有过于干涉利胜的行动,他因此得以在福州待了十个月。在这段时间里,他住在一位名叫 Pascual Carvallo 的教徒家中,罗文炤来到了他家。[①] 多明我会士 Baltasar de Santa Cruz 写道:

> 这是 1665 年在福建福州府发生的。有一位好教徒,名叫 Pasqual Yang[②],是军队队长。他有一个 8 个月的儿子,叫玛窦(Mateo),突然生了重病,三天多没有吃奶或者其他东西,已经有濒死迹象,看来活不成了,因为脸色都变了,眼睛也凹进去了,微小的身体不动了,家人已经准备了棺材来埋葬他。因为反教事件,当时利胜神父躲在此人家里。利胜同情这家人,为了安慰这对父母,说既然人所能做的在孩子身上都没有什么效果,建议他们把希望寄托在天主上。于是他就给他们一个圣多明我的圣带(medida)[③]。这时罗文炤神父正好刚赶过来了,便亲手把圣带给孩子系上了。父母就把孩子委托给天主以及我们的主保圣多明我,让孩子长大后成为多明我会士,像罗文炤一样,也会把孩子派到马尼拉学习,让他穿会服。圣多明我按照惯例准时帮上了忙并使孩子

---

① 　参见利胜:《多明我会在中华帝国之业绩》,第 3 册第 27 章第 8 段。因为荷兰人帮助清军打败了郑经,所以他们能够留在福建沿海地区的一个城市,利胜遇到危险时可以装作是荷兰人。但是后来荷兰人必须离开,所以 1666 年 1 月利胜也跟荷兰人一起去了台湾,又于 1666 年 3 月 19 日回到马尼拉。参见利胜:《多明我会在中华帝国之业绩》,第 3 册第 30 章第 1—8 段。参见 González, *Historia de las misiones dominicanas de China*, Vol. 1, pp. 377 - 379。

② 　Yang(杨)可能是 Pascual Carvallo 的中国姓。但 Baltasar de Santa Cruz 又说 Pascual Carvallo 是"葡萄牙人,是一位管理该地的教徒士兵",如果是葡萄牙人,为什么称他为 Pascual Yang? 关于此教徒的身份、族属,有待进一步考证。

③ 　此物为一条带子,上面有圣人像和名字。

恢复了健康。[1]

这些记载也表明,利胜在福州和泉州的活动依赖一个重要的地方群体,如利胜的男仆游若瑟、在军中任职的 Pascual Carvallo 及学官 Ka Yo-ling 等人。罗文炤也是这个网络中的一员,而且他还能以神父的身份给教徒施行圣事。罗文炤是其他中国人加入多明我会的榜样,多明我会士应该有把他树立为模范的想法,以鼓励更多中国人入会、当传道员等。从另一个角度说,一定程度上罗文炤也给其他中国人打开了入教、入会的一扇门。他在桑洋传教后,该村也出了一位多明我会修士,即冯世明。同时,罗文炤在福州给 Pascual Yang 之子治病后,那对父母也希望孩子可以像罗文炤一样成为修士。还要补充的一点是,罗文炤在福建施行圣事的奇迹般的结果,反映着宗教和神父在教徒眼里的形象。罗文炤传播的"天学"有时被视为一种特殊的学问和超自然的能力,他能用一个神奇的方式来治病,可以跟佛教的大师相比。当时老百姓认为疾病是恶鬼等超自然的现象所导致的,所以《福宁府志》载有 17 世纪福安人相信鬼、灵媒和天主可以对超自然现象有所影响。[2]

3. 小结与评价

罗文炤领洗入教后一直陪伴在西班牙传教士左右,先在福建教案期间为他们提供各种帮助,然后去马尼拉接受培养,学习西班

---

[1]　Santa Cruz, *Tomo segundo de la historia de la Provincia del Santo Rosario*, p. 380. 他记录了利胜的叙述。参见利胜:《多明我会在中华帝国之业绩》,第 3 册第 21 章第 6 段。有关传教士在中国用圣水、圣物、洗礼等方法治病,参见董少新:《形神之间——早期西洋医学入华史稿》,上海:上海古籍出版社,2008 年,第 141—150 页; Menegon, *Ancestors, Virgins, and Friars*, pp. 221‑230.

[2]　Menegon, *Ancestors, Virgins, and Friars*, p. 222.

牙语和其他神学相关的基础知识。此后他继续协助托钵修士,帮助方济各会和多明我会联络及疏通关系、输送传教士、运送传教资金和书信等物,并因此一步一步赢得了西班牙传教士的信任,在加入多明我会并成为神父后继续帮助传教士经营中国传教区。

晚明一些福建文人开始与传播"天学"的"西儒"有所往来,他们是东林与复社等民间组织的参与者,因认为天主教与他们所持思想有相似点而接受了天主教,福安的文人教徒郭邦雍等将天主教从福州引入了福安。明末清初福建与马尼拉之间形成了重要的贸易和传教关系,在此基础上出现了一个关系密切的人际网络。由地方官员、商人、修士构成的三方联动局面需要一些福建教徒在中间协助传教士才能形成,罗文炤便是其中的一位。发生于福建的几起教案对传教事业造成了不小的打击,使传教士认识到本地教徒对传教事业的重要作用。本地教徒可以在危机中为中国天主教事业提供关乎存亡的帮助,一方面帮助传教士藏身以保命,另一方面,本地修士还能在没有欧洲神父的情况下维持教徒的信仰生活。因此,无论是耶稣会士还是托钵修士,在教案发生后对培养本地修士和神父的讨论均日趋热烈。黎玉范的计划受到了罗马教廷的重视,他从罗马回来后就开始践行培养本地神父的计划。

当时中国当地文人教徒网络以及马尼拉与福建之间的贸易往来都对福建教徒接触并接受天主教起到了重要的促进作用,教案的屡次发生也强化了对培养本地神父计划的认识。正是在这样的环境下,罗文炤等一些离修士比较近的中国教徒的作用被凸显出来。欧洲修士和这些本地教徒一起工作,相互影响,共同经营刚刚建立起来的中国教会,哪怕他们对这个新的"教"和"会"的理解不尽相同。所以无论是罗文炤的受洗入教、加入多明我会,抑或成为神父,都远不仅是罗文炤的个人选择,更是当时的社会环境和多方因素相互作用的结果。

在欧洲与中国接触的早期，罗文炤作为中国人拥有本土人际网络，同时他又接近西班牙的社会文化，包括接受了天主教、与西班牙传教士长久往来、学习西班牙语、进入了西班牙国王资助的修会、与马尼拉华人区的官员保持联系，这一切使他发展出一个跨文化的双重身份。另一方面，在耶稣会士、方济各会士、多明我会士身边的同类中国教徒中，罗文炤又是非常特殊的个案：只有他成为了修士和神父，他在托钵修士的用心培养下能够比较熟练地讲西班牙语，并具备了一些神学知识基础。大的社会环境可以解释罗文炤以及其他中国教徒如何走进了西班牙修士的世界，但不能解释为什么只有罗文炤才入会成为神父，即罗文炤特殊性的成因。

实际上传教士在东亚培养天主教神父的计划过于理想化，很难实现。各修会以及后来罗马教廷委托的法国宗座代牧，在这方面都乏善可陈。培养本土神职人员的计划需要得到政权的支持、倚靠政府的保护和有实力的组织。罗文炤是这个事实的例外，他在其他中国教徒中脱颖而出成为修士和神父，还因为以下几点：相对较早受洗、相对较低的社会地位、长时间在一个西方天主教环境中成长以及托钵修士有意识地培养他，还有必不可少的一点是他忠诚、勇敢的品行。

首先，当时对于享受较高社会地位、拥有一定财富的中国人来说，往往难以拒绝参加祭孔祭祖等礼仪，还会做一些被天主教会视为不得体的行为。然而修士必须遵守服从、清贫和守贞三个誓言，而且托钵修士也不允许中国教徒参加祭祖祭孔等他们认为是"迷信"的活动。罗文炤不同于郭邦雍、缪士珣等中国文士教徒，自然更不同于徐光启、李之藻等高地位、高学识的中国教徒，相较之下罗文炤离官场以及官方的礼仪制度比较远，所以就较少感受到当传教修士所带来的行为限制。正因为社会地位和文化水平有局限，他在福建与马尼拉的跨文化环境中、在天主教与修会的组织中可以找到一条发挥自己能力的道路。第二,罗文炤经过学习掌握了这些"西儒"的语言,在修士身边效力,并与高学识、高品德的西方修士、修会的省会长、华人区的官员等人开展往来,从而帮助推动福建与马尼拉之间的关系发展。第三,他还一直冒生命危险运送财物,负责使用这些重要的拨款来买房子、建立教堂等,正是他勇敢和忠诚的品德使得这些任务都圆满完成,从而为天主教在福建省的发展奠定了基础。

罗文炤成为神父后,和西方修士一样身兼各种社会角色。西班牙修士在马尼拉不仅具有宗教方面的角色,而且还是西班牙帝国行政和管理的重要组成部分。[①] 罗文炤在福安也扮演多重角色,包括购买房子、建立教堂、从马尼拉带来宝贵的物品和资金、主持弥撒、治病等,在很多情况下他就是多明我会传教区的直接运营者。罗文炤真诚勇敢的品行、对外语的掌握程度、社会关系网络的维系能力以及对地方环境的熟悉程度等优点,使他在西班牙传教士与福建人当中为自己赢得了一个显著的位置。这么一位"种大米的农民"在社会上获得了很大的认可。

加入多明我会并晋升为神父提高了罗文炤的社会地位以及福安人对他的认可度。据耶稣会士 Francesco Messina 记载,有一位居住在马尼拉的中国人因为听到罗文炤被提升为主教而感到奇怪,因为"这位主教与我没有什么不同,我也和他一样。他是个种大米的农民",[②]这种话反而反映了罗文炤社会地位的上升。而罗文炤在他的一封信中也表达了对社会身份的关注,1684 年他因尚

---

① 他们在教育、医疗等方面发挥核心作用,还可以提供信息、帮助政府和商人翻译文件等,参见 Elizalde,"Un singular modelo colonizador", pp. 185 - 220.

② Francesco Messina,"Lettera del P. Francesco Mesina Provinciale delle Filippine al P. Oliva Gnale della Compagnia di Giesù sotto li 15 Giugno 1676", Sancta Cruz Manila, BC, ms. 2673, f. 83r-v.

未受祝圣而不敢回家乡，他感到难以向亲戚朋友们解释。① 修士
和神父享有一定的权利和权威性，成为修士和神父也被视为一种
荣誉或者地位的提升。虽然没有足够的文献去判断罗文炤对修士
和修会的理解，以及他是否也会有这方面的动机。

　　虽然托钵修士在讨论接受中国本地神父的条件时并没有强调
他们的社会地位与文化程度，只说要"有足够的拉丁文基础"，因为
传教士只希望其协助修士施行圣事并经营传教区，但是后来可能
就是因为对罗文炤的培养不够，有一些传教士表达了对罗文炤的
学问水平的负面评论。例如，多明我会士刘若翰对罗文炤的表现
不甚满意，他说道："罗文炤是多明我会的第一位中国神父，恐怕也
会是最后一位。"②文化高的人不太容易进入修会并成为神父，但
是文化低的人也不适合担任神父。有记载称中国人有时候不尊敬
罗文炤，他们更尊敬欧洲人。③ 无论如何，多明我会都往前迈进了
一步，接受了罗文炤为修士和神父，而这个决定对罗文炤的生命轨
迹影响非常大。罗文炤在 1664—1671 年康熙历狱期间成为了一
个关键人物，他是唯一的中国神父，唯一能够在动荡和危险中自由
访问各地教堂并给教徒施行圣事的人。

---

　　① 参见罗文炤 1684 年 10 月 16 日从福州写给陆方济的亲笔信，AMEP, vol.
426, ff. 381‐382. 龙华民讨论建立神学院来培养中国人的时候，认为建在中国内地不
如建在澳门，因为如果最后教徒不符合修士和神父该有的品德则可以更容易谢绝他，而
如果是在内地则亲戚朋友会不理解而施加压力或者埋怨。参见龙华民 1612 年 10 月 15
日从南昌写给巴范济的报告，ARSI, Jap. Sin. 113, f. 268v. 一位后来成为耶稣会士和
神父的教徒的亲戚朋友也在 1688 年给传教士施压，因为其他两位中国教徒已经被接受为
神父。参见 Pina, *Jesuítas chineses e mestiços da missão da China 1589‐1689*, p. 97.
　　② 参见 Francesco Messina, "Lettera del P. Francesco Mesina Provinciale delle
Filippine al P. Oliva Gnale della Compagnia di Giesù sotto li 15 Giugno 1676", Sancta
Cruz Manila, BC, ms. 2673, f. 83r‐v.
　　③ 陆铭恩以罗文炤为例证明本地神父的培养是不能解决问题的，因为"中国人不
尊敬自己的人，即使是神父。这种情况在罗文炤身上就发生过很多次……中国文人尊敬
欧洲人也是因为认为他们是有知识的，但是也依然是非常困难的"。参见陆铭恩 1684 年
3 月 2 日从广东写给司库的信，AGI, Filipinas 305, R. 1, N. 6, doc. 11 (IMAG. 48).

第二章　罗文焄晋升主教及其原因和影响

第一节　康熙历狱期间唯一的中国神父(1664—1671)

至 17 世纪 60 年代,在耶稣会、多明我会和方济各会的努力下,天主教已传播到中国大多数省份,教堂与教徒人数不断增长。多明我会也从福建发展到浙江,分别在金华与兰溪建立教堂,还派了郭多明神父到山东,与方济各会士利安当管理山东省的教徒。然而天主教的发展再次遭遇波折。

1664—1665 年间,杨光先掀起历狱案,①京城传教士被捕入狱,汤若望被罢官,多名奉教官吏或遭处死,或遭贬黜。清政府还下令拘捕各地传教士,封闭各处教堂。这是入清以来首次大规模的反教行动。多明我会在华传教区也受到了一定程度的影响,特别是在浙江和山东地区。1665 年初,在浙江传教的白敏峩(Domingo Sarpetri, 1623—1683)、许斐禄、闵明我以及在山东济

---

① 有关历狱的基本信息,可参考 Brockey, *Journey to the East*, pp. 126 - 136.

宁传教的郭多明先后遭到拘捕并被押至北京受审。次年 5 月,郭多明因病死于北京东堂。随后,闵明我等三位多明我会士与方济各会士利安当连同另外二十一位耶稣会士一道被押解至广州监禁,于 1666 年 3 月 29 日到达广州。

当禁教令与拘捕传教士的命令传到福安时,万济国、施若翰、赖蒙笃和阮神父四位多明我会士匆忙藏身至穆阳等地。利胜刚刚在泉州建立了圣加大利纳教堂,他把这座教堂委托给罗文炤照管。后来,传教区的事务均交由罗文炤管理,因为他是中国人,他的传教士身份不容易被察觉。

1. 罗文炤前往马尼拉报告,传教士委托罗文炤照管中国教徒

中国全面禁教给罗文炤带来了异常艰巨的挑战,一方面他需要向马尼拉报告中国教区的情况,另一方面他要协助传教士,因为无论是留在北京的那几位耶稣会士、藏在福安的几位多明我会士还是被监禁在广州的传教士都没法现身施行圣事。

关于教案期间罗文炤受多明我会士委托管理全中国教徒,袁若瑟已有论述。[1] 我们将提供一些新资料,来证明部分耶稣会士也请罗文炤照管全国的教徒。教案之初利胜委托罗文炤管理泉州的圣加大利纳教堂,后来利胜到了福州,1665 年在福州待了 10 个月。在此期间罗文炤应该也到了福州,跟耶稣会士何大化以及利胜神父应该都有来往。[2] 在福州传教的何大化神父也意识到罗文

---

[1]　多明我会在历狱期间的情况,见 González, *El primer obispo chino*, pp. 40 - 79. 关于罗文炤此时期的活动,参见同书第 70—72 页。

[2]　在此期间罗文炤去了马尼拉汇报传教区情况,从马尼拉回来的时候利胜还在福州,1666 年 1 月才离开中国。参见 González, *Historia de las misiones dominicanas de China*, Vol. 1, 377 - 379.

炤的重要性。1665 年 3 月 14 日,何大化在赴京前给罗文炤写了一封信,[①]信中提到他附上了另外一封写给利胜的信和一份有关传教区新情况的报告。罗文炤带着这些信和报告前往马尼拉,约5 月末抵达,6 月初向多明我会省会长报告了中国教区的情况。[②]

罗马卡萨纳特图书馆藏保存了几份重要报告,如《中国京城寄过来的消息》[③]和《有关 1664 年大中国国王掀起的反教活动的报告》,[④]另外还有一份题为《关于中国书信报告的说明》的文献,提供了有关上述第二份报告的两个抄本的信息,其中写道:

> 前面两个报告的内容是罗文炤从一些用中国字写的文稿或书信中如实抄来的。身为多明我会士和中国神父的罗文炤是一位在那个大国工作的很好的传教士。作为该国的本地人,他先是在这次反教活动中躲藏,之后又打扮成鞑靼人来到马尼拉城报告所发生的事情,最后再返回中国把经费带给多明我会的九位传教士。这些传教士藏起来了,他们在观望这次反教行动的发展情况,适时再出来继续做贡献⋯⋯按罗文炤所说,这次反教行动的源头是恶魔与恶魔助手的嫉妒,因为几位穆斯林中国人,还有崇拜偶像的和尚以及非教徒的官员都感觉到天主教越来越普及、天主教的神父越来越受尊敬,所以凑了钱前往京城向中国的四位辅政大臣上书(鞑靼人的国王是一个年仅八岁的孩子)。他们在奏书中说天主教徒不是

---

① 何大化 1665 年 3 月 14 日写给罗文炤的信, BC, ms. 1073, ff. 302r - 303v.

② 袁若瑟说罗文炤是 1665 年 5 月 10 日由厦门到马尼拉的,但是未提供出处,参见 González, *El primer obispo chino*, p. 70.

③ "Nuevas que ymbiaron desde la Corte de China por correos ...",见 BC, ms. 1073, f. 299r-v;另一个抄本在 f. 300r-v.

④ "Relación de la persecución que el Rey de la Gran China a levantado contra la Yglesia de aquel Reyno en el año de 1664 ...",见 BC, ms. 1073, ff. 297r - 298r,文献上写着"从中文翻译成西班牙语,1665 年 6 月 2 日,原件有些不清楚"。另一个抄本在 f. 301r-v.

好人,他们传播的教义也不好,而且他们谈论造反、煽动人民起义(政府对此很敏感,因为现在中国仍在战争时期),信天主教就是以这个目的聚集,还秘密地凑集人,又用象征符号来互相识别,还有其他诸如此类的荒唐事。这一切加上他们的贿赂使他们得到信任了,接着就发生了这些报告中所陈述的事情。①

罗文焲又一次在福建与马尼拉之间发挥了重要作用。后来,除了罗文焲携带的报告之外,还有更多有关这次反教事件的报告被带到马尼拉,如利安当于 1666 年 4 月 30 日在广州写的《有关中国反教事件的报告》②。多明我会省会长 Francisco de los Ángeles 神父把所有的这些书信报告通过墨西哥的多明我会圣贾辛托会院修道院院长 Francisco Sánchez 神父,寄给了正在马德里和罗马办事的多明我会士刘若翰神父。③

除了把上述书信报告带到马尼拉之外,罗文焲还带了黎玉范神父的讣告。该讣告是利胜神父寄给多明我会省会长 Juan de los Ángeles 的,1665 年马尼拉的圣玫瑰省会议纪要上对此有所记载。④ 当他准备离开马尼拉返回福建时,马尼拉多明我会交给他一份委任利胜为多明我会中国会长的委任书。罗文焲抵达福州后,将委任书交给在此藏身的利胜。利胜于 1666 年 1 月 10

① "Advertencia a las Relaciones de china",见 BC, ms. 1073, f. 298r-v.

② Antonio de Santa María Caballero, "Relacion de la persecucion en la Gran China contra la Santa ley Evangelica, y sus predicadores",见 BC, ms. 1073, ff. 265r-296v,出版于 AIA II (1914), pp. 447-478; AIA III (1915), pp. 259-288. 参见 SF II, p. 342.

③ 刘若翰(Juan Polanco, ? —1671)于 1661 年离开了中国传教区,以圣玫瑰省在马德里和罗马的司库身份被派往欧洲,以汇报中国传教区的情况以及多明我会在礼仪问题上的立场,希望罗马教廷肯定 1645 年颁布的、有利于多明我会立场的法令。

④ 参见 González, *Historia de las misiones dominicanas de China*, Vol. 1, p. 61. 他的信息来自圣玫瑰省会议纪要(*Actas Capitulares*, tomo 1, pp. 295-296)。

日搭乘荷兰人的船离开福州前往台湾,罗文炤便负责照管中国的教务。① 罗文炤一回中国便写信给多明我会会长 Juan de los Ángeles,说"我们于(1665 年)7 月 14 日安全抵达海澄港口",接着提到多明我会会长给他的任务:"我还在等赖蒙笃神父的答复,因为我已经把您的书信寄给他了。利胜神父已经给我回信并且他也收到了我给他寄的东西。"②赖蒙笃在 1665 年 6 月 1 日给罗文炤写了一封信,附有"一个清单,写着多明我会在中国的所有财产,包括在谁的手里、藏在哪儿等信息",赖蒙笃还让罗文炤去马尼拉带回其他传教士来维持中国传教区的工作。可惜赖蒙笃说的清单没有保留下来,不过从这一段话中不难看出多明我会士高度信任罗文炤。罗文炤在前信还提供有关马尼拉与福建之间人际关系网的信息:"这艘船的船长或者官员对我很礼貌很诚实,他保护我,使我安全地把全部经费带到我们泉州的圣加大利纳教堂。您与菲律宾总督会见时要向他表示感激,因为船长对我的态度都是因为他对总督的敬畏。"③就像在本书其他章节强调的,传教与贸易一直在互相促进,船长在提供一些帮助之后可以在马尼拉做生意时得到一些方便。可见传教、贸易与政治三者之间联系紧密,形成了一个复杂的关系网络,而罗文炤是该网络中的重要连接点。

　　不仅多明我会会长,马尼拉各个修会的会长都委托罗文炤把

---

①　关于此期间从中国福建到马尼拉船只的情况,参见方真真:《华人与吕宋贸易(1657—1687):史料分析与译注》,新竹:台湾清华大学出版社,2012 年,第 422 页。1666 年 3 月 4 日正好有一艘船以四舍(Sisia)为船长到了马尼拉港口。1666 年 5 月 13 日利胜在菲律宾也写了中国所发生的事情的报告,末尾写道"中国的事情目前的情况如上述,传教区唯一的安慰是我们修会的罗文炤神父还在该国。因为他是中国人,所以反教行动不涉及他,他可以无障碍地照管全国的教徒。那个帝国的教徒人数众多,超过二十万",见 Riccio, "Carta o relación sumaria", BC, ms. 1074, f. 281v.

②　罗文炤 1665 年 7 月 28 日的信,收录于 González, *El primer obispo chino*, pp. 143-144.

③　González, *El primer obispo chino*, p. 143.

经费带给中国传教区的神父，①因为在此时期欧洲传教士都不能自由活动，除了几位耶稣会士还在北京以及几位多明我会士藏在福安，剩下的传教士都被关在广州。耶稣会菲律宾省会长 Rafael de Bonafe 在 1665 年 5 月 27 日的书信中报告了中国传教区的危险情况并写道："因为澳门的贸易被关停了，在华耶稣会神父两年都没有收到传教津贴了……上周六我给他们送了丰厚的传教津贴，下一班船也会通过一位多明我会士再送一批可观的津贴。因为该多明我会士是中国人，所以才得以偷偷来到这个城市。"1665 年 6 月 10 日 Bonafe 给在中国的耶稣会神父写了一封信，很可能这封信跟传教津贴一并抵达中国。在华耶稣会士鲁日满（François de Rougemont，1624—1676）于 1666 年年中收到该信。实际上罗文炤不仅在送信送钱，也在给西班牙政府传递重要信息。Bonafe 在他的信中报告了马尼拉政府当时决定派兵到 Cagayan, Ilocos 与 Pangasinan 三个岛，这个军事行动的决策即来自罗文炤提供的信息，因为他向马尼拉报告了荷兰人在召集海军，很有可能要把郑成功（Panguan）的儿子赶出台湾。西班牙人担心这会威胁到菲律宾，所以打算与上述菲律宾三岛的岛民一起防御郑成功儿子的侵扰。②

在这个关键时刻，罗文炤以及其他一些中国教徒都自然地显示出他们对中国教区传教使命的重要性和贡献。有几份报告显示

---

① Salazar, *Historia de la Provincia de el Santissimo Rosario*, p. 594；参见 González, *El primer obispo chino*, p. 78, n. 1.

② Bonafe 信的部分内容刊载于 1667 年马德里出版的一本书中，Francisco Combes, *Historia de las islas de Mindanao, Jolo y sus adyacentes*, Madrid, 1667, pp. 565-567. 可见，罗文炤与菲律宾的耶稣会士的参与使得马德里的读者可以及时地了解到东亚的现状。有关鲁日满收到的信及内容，参见 *Relacion del Estado dela Christiandad del Gran Imperio de la China y de otros sucessos destos Reynos dela ultima Asia*, BNE, Mss. 18553/2, f. 1r.

出当时的中国教徒关系网。利胜的男仆 José 把经费带给藏在福安的万济国神父，然后中国教徒黄 Jacinto① 带经费从福建前往北京，给那里的多明我会士。1665 年 11 月 29 日黄 Jacinto 到达北京后，耶稣会士利类思（Ludovico Buglio，1606—1682）跟其他在北京的耶稣会士商议，决定让黄 Jacinto 邀请罗文炤来北京，并让他访问中国北方的教徒。这个信息是在这个决定遭到其他耶稣会士的反对后利类思写给巡按使 Luís da Gamma(1610—1672)的一封信中提及的，信中他还补充阐述了有关本地神父的看法，表示如果耶稣会早点开始培养中国本地神父，那么当传教区面临如此挑战的时候就可以依靠他们来照管中国教徒了。针对有人指责利类思跟黄 Jacinto 标榜自己是大老爷以及让罗文炤来北京，利类思在信中反驳说他从来没有说自己是大老爷，因为连北京耶稣会的会长都不是，而且就算说他是大老爷也没用，因为罗文炤是另一个修会的神父。②

在万济国给马尼拉多明我会省会长写的一封信中这样描述罗文炤的任务：

> 我把罗文炤派到广州，让他把您通过利胜的男仆 José 寄给我们的经费带给广州的神父，然后按照耶稣会士的建议，让他从广州出发去中国其他省听教徒的忏悔。耶稣会神父提出了很多意见，因为他们会阻止我们修士在这个传教区的任何行动。最终他还是去了，在澳门主教区的主教（Gobernador del Obispado）以及耶稣会巡按使的允许与支持

---

① 教徒黄 Jacinto 出现在多明我会的报告中。他于 1671 年被万济国派到马尼拉，以带回经费和传教士。万济国让马尼拉的多明我会士好好照顾他，也称赞了他，因为他很忠诚，为了信仰受了酷刑。见万济国 1671 年 12 月 18 日从广东写给司库 Cristóbal de Medina 的信，BC, ms. 1074, ff. 291r.

② 利类思 1667 年 9 月 15 日从北京写给耶稣会巡按使 Luis da Gamma 的信，ARSI, Jap. Sin. 162, f. 176r.

下于 1667 年 2 月 1 日离开广州。我们到目前为止还没有收到关于他的消息。我们给了他 40 多两的经费,利安当给了 10 两,耶稣会士好像给了 20 两。希望天主给他力量来承担重任。①

按照上述文献所示,一些耶稣会士不赞同罗文焘去照管他们的教徒,但是又有一部分人表示了同意与支持,其中包括何大化、利类思以及时任耶稣会巡按使职位的 Luís da Gamma 神父。同时,万济国用罗文焘的贡献来建立多明我会的好形象,增强多明我会在中国传教区的地位和立场,同时批判耶稣会士在中国的一些做法,以及他们对合作的阻止态度。多明我会与耶稣会这种试图合作而又难以实现的情况除了体现在传教区的管理方面(即是否派罗文焘照管全国的教徒),还体现在中国礼仪之争方面。被关在广州的耶稣会士和多明我会士持续讨论中国礼仪问题,都希望说服对方,或许也试图达成共识,对此比较重要的一条线索是耶稣会士何大化与多明我会士闵明我所谓的达成协议的计划。② 两会都明白需要合作,同时又在中国礼仪、传教方式等方面存在不同的意见和矛盾,他们希望所有传教士在礼仪问题方面有一致的看法和做法,同时又都不想放弃各自的观点。③ 他们之间这种紧张的关系和权力斗争,后来也表现为对罗文焘的控制,尤其是在罗文焘开

---

　　① 万济国 1667 年 12 月 5 日的信,APSR, Sección 34 China, tomo 7, doc. 9, ff. 104v - 105r,部分内容收录于 González, *El primer obispo chino*, p. 71. 万济国的另一封信中说"我们给他 50 两的经费",参见万济国 1667 年 9 月 4 日从穆阳写给圣玫瑰省会长 Juan de los Ángeles 的信,BC, ms. 1074, f. 289r. 按照耶稣会士鲁日满的说法,罗文焘在广州待了两个月后,确实在 1667 年初离开广州去访问各地教堂,见鲁日满在 1669 年 1 月 8 日从广州写给 Rafael de Bonafe 的信,ARSI, Jap. Sin. 124, f. 73.

　　② 参见 González, *Historia de las misiones dominicanas de China*, Vol. 1, pp. 446 - 451.

　　③ 耶稣会内部意见有分歧,同样也有个别多明我会士偏向于耶稣会的看法,如白敏峨。

始承担一些重要角色之后。回到利类思被指责标榜自己是大老爷这件事,如果利类思真曾以大老爷的身份邀请罗文炤去北京,这件事本身也是试图对罗文炤的权力地位加以控制的一个表现;反过来如果这件事是子虚乌有,那么也还是表现出两会之间为控制黄Jacinto、罗文炤等重要中国教徒所产生的争斗。

罗文炤于 1666 年 12 月抵达广州。① 闵明我在他的书中提到他与罗文炤在佛山见面。在谈及广州周围基本没有什么教徒的时候,他说只有在佛山有单独的一户人家,然后加上以下信息:“我有一次去过这一家,因为罗文炤在那儿。”②闵明我也在其书中责备耶稣会士没有给罗文炤提供足够的经费。按照他的记载,耶稣会士提供的经费是所有修会中最少的:“罗文炤从广州前往耶稣会的教堂,我给了 50 两白银,利安当给了 22 两,而耶稣会神父只给了16 两。”③闵明我在跟万济国一样批判耶稣会的同时,是否也在讨论罗文炤在耶稣会与多明我会之间应有的位置? 闵明我对耶稣会在礼仪问题等协调冲突方面的态度非常不满,于 1667 年离开广州前往罗马报告礼仪问题,也支持法国宗座代牧陆方济把罗文炤提名为主教以及把他放在一位多明我会士的指导之下。闵明我阐述罗文炤去访问全国的教徒以及回顾各修会资助金额时,是否也在暗指传教区应该由谁管辖?

① 见 Luís da Gamma 于 1667 年 10 月 25 日从澳门写的信,ARSI, Jap. Sin. 162, f. 196v. Luís da Gamma 从 1664 年 7 月 25 日到 1670 年 7 月 23 日担任巡按使,成际理(Feliciano Pacheco)从 1666 年到 1669 年担任副省会长。罗文炤在这两位耶稣会士的任职期间去照管耶稣会在各省的教堂。

② 参见 J. S. Cummins (ed.), *The Travels and Controversies of Friar Domingo Navarrete 1618—1686*, 2 Vol, Cambridge: Univ. Press, 1962, p. 233; Domingo Fernández de Navarrete, *Tratados historicos, politicos, ethicos y religiosos de la Monarchia de China*, Tratado 6, cap. 14, Madrid: imprenta real, 1676.

③ 参见 González, *El primer obispo chino*, p. 78, n. 3. 袁若瑟此处引用的是闵明我的著作 *Controversias antiguas y modernas de la Misión de la gran China*(《大中国传教区以往和当前的争论》)。

　　罗文炤离开广州之后,前往北方。在罗文炤墓志中概括了他此后数年寻访各地教友的行程:"跋涉于燕、齐、秦、晋、吴、楚者,寒暑凡四易。"[①]他的一部分行程在耶稣会士的信中有所记载:"这位神父应着我们的请求开始访问江西省,又去了南京省、山东省直到京城,然后带着我们的信前往山西和陕西,一直到陕西边界线上的汉中。"[②]他路过山东省会,因为一些困难没能够到泰安州[③],但他承诺在返回的路上过去。1667 年 8 月 29 日罗文炤到了北京,耶稣会计划给他提供一匹驴和一些经费,再让他在 Leão 的陪同下去山西。[④] 北京的耶稣会士期待他 1668 年 3 月回到北京,但是利类思在 1668 年 4 月 26 日的信中说他还没回去。[⑤] 安文思(Gabriel de Magalhães,1610—1677)说罗文炤在山西和陕西很受欢迎,在陕西和甘肃传教的李方西(Francisco de Ferrariis,1609—1701)也记载罗文炤的传教成就:"他整整两年跑了我们所有的教堂,取得了很大的收获,尤其在我传教的陕西省。他自己写他在不到一个月的时间里洗礼了 800 人。去年,他又回到位于浙江省的自己的传教区。"[⑥]他去浙江之前先回到北京。安文思在 1668 年 8 月 15 日的信中说,罗文炤回到北京的时候顺便访问了北京管辖的几个

---

　　① ARSI, Jap. Sin. 157, f. 3.

　　② 参见安文思 1668 年 8 月 15 日写的信(Copia de una carta del P. Gabriel de Magalhaes de la Compañia de Jesús)。这份手写的抄件是附加在西班牙国家图书馆收藏的《大中国传教区以往和当前的争论》一书中。这一印本前后有附加的手稿,后面部分有相应的手稿页码。Fernández de Navarrete, Controversias, BNE, R. MICRO/5025, f. 54r-v(电子版的图片为 729—730)。

　　③ 泰安州原文写作 tai nyham cheu,位于山东省济南府之南,方济各会士利安当和多明我会士郭多明曾照顾这个地方的教徒。参见 SF III, p. 311; Dehergne, "Les chrétientés de Chine", p. 107.

　　④ 参见利类思 1667 年 9 月 3 日从北京写给 Francisco Pacheco 的信, ARSI, FG, 730', f. 72r.

　　⑤ 参见利类思 1668 年 4 月 26 日从北京写给 Luis de Gama 的信, AHN, Clero. Jes. 270/86.

　　⑥ 李方西写给 Manoel Suares 的信, ARSI, FG 730', f. 103r.

教堂,然后起身前往山东、南京与浙江。①

耶稣会士鲁日满在 1669 年 1 月 8 日写的信中,也与利类思和安文思一样指出了罗文炤作为本地神父的重要性,认为培养中国本地神父是传教区唯一的希望。鲁日满信中说:"多明我会传教士罗文炤是第一位也是唯一一位被提升到神父职位的中国人,我在与他同住的两个月里体会到了他的品德与智慧,远远超过我以前对其好名声的耳闻。他照管各地教徒已经有两年了,但是传教区面积之大,各省相距之远,各省教徒和教堂之多,致使他只能在其中不停地四处奔波,每个地方几乎只能每隔三年访问一次。"②接着鲁日满得出结论说,这一次反教行动应有的教训之一是培养中国神父,因为欧洲神父已经无法公开传教,也无望再得到公开传教的允许,除非天主创造奇迹。"罗文炤神父是一个很好的典范,但是,这件事(按:指培养中国神父)是要由我们的会长来负责的。"③

鲁日满在报告中也指出:"京城里的传教士在他们的信中提醒我们说,回到原来所处的自由状态是不可能的,所以为了保住中国传教区,我们必须依靠中国人的帮助。"④被关押在广州的传教士 1669 年 1 月初收到了安文思等京城耶稣会士在 1668 年四五月份写的信,他们在信中指出康熙皇帝禁止传教士在中国传教的局面

---

① 参见安文思 1668 年 8 月 15 日写的信。Fernández de Navarrete, *Controversias*, BNE, R. MICRO/5025, f. 54r-v (电子版的图片为 729—730)。

② 鲁日满在 1669 年 1 月 8 日从广州写给 Rafael de Bonafe 的信,见 *Relacion del Estado dela Christiandad del Gran Imperio de la China y de otros sucessos destos Reynos dela ultima Asia*, BNE, Mss. 18553/2, f. 2v.

③ 鲁日满在 1669 年 1 月 8 日从广州写给 Rafael de Bonafe 的信,见 *Relacion del Estado dela Christiandad del Gran Imperio de la China y de otros sucessos destos Reynos dela ultima Asia*, BNE, Mss. 18553/2, f. 2v; ARSI, Jap. Sin. 124, f. 72v.

④ *Relacion del Estado dela Christiandad del Gran Imperio de la China y de otros sucessos destos Reynos dela ultima Asia*, BNE, Mss. 18553/2, f. 3r.

很难打破。报告接着指出：“与北京的书信一起到的有罗文炤从南京写的一封信，信中告诉我们他已经访问了传教区的一大部分，中国教徒对此感到欣慰，在此期间发生了前面提到的地震，把很多城市夷为平地，给该省带来巨大灾难，我们的天主没有让任何天主教徒在如此难关受苦，因为他们的家没有遭到破坏，这使非教徒感到惊叹，并因此有很多人受洗入教。从罗文炤开始访问各处到写这封信为止，由他施洗的人数已经超过一千。我认为他们大多数是成年人，因为小孩子是由传道员施洗的。”①

万济国在他的报告中也提供了一些关于罗文炤在江南传教的重要信息。在历狱的最后几年罗文炤去过南京省的几个教堂。万济国记载了耶稣会巡按使刘迪我（Jacques Le Favre，1613—1675）在福州跟他讲过的一个故事：

> 耶稣会巡按使在此跟我们讲过一个案件，而如果这个案例被埋没在记忆里也是可惜。通过它可以发现天主不忘记在他的这个王国里工作的神父。罗文炤去访问全国的教徒，因为他们像孤儿，没有牧羊师（之前我已经提过）。那个时候，在他去过的几个地方当中有南京省的崇明县。以前没有传教士到过这个地方，只有一些在别的地方受过洗礼的教徒。罗文炤在此地收获很大，洗礼了 500 个人。正好是在反教期间，所以是带有饱满的热情的。三年后刘迪我神父也到过崇明，②又给更多的人洗礼，教徒人数很快就增加了。罗文炤回到崇明，准备去其他的地方传教时，他先在崇明下辖的一个村上唯一一个教徒家里住了一晚。几个非教徒知道了，然后凑起来 30 个人，有的拿棍子，有的拿兵器，深更半夜去往该教徒的房

---

①　*Relacion del Estado dela Christiandad del Gran Imperio de la China y de otros sucessos destos Reynos dela ultima Asia*，BNE，Mss. 18553/2，f. 3v.

②　刘迪我是在 1672 年到崇明，所以罗文炤应该是 1669 年到了崇明。

子。他们不仅想抢神父的东西还想把他给杀了，因为以为他
是欧洲人，而在他们印象中欧洲人身上带着很多银子和其他
有趣的东西。在他们快要到了并打算发起攻击的时候，突然
停下了脚步，因为看见房门前有几个士兵，戴着头盔，手持兵
器，像是在站岗。但是他们知道那儿是不可能有什么士兵的，
神父只是带了两个男仆，所以他们又准备冲向房子，可是他们
却感到畏惧，因为看到了不仅是门口，而是整座房子都围绕着
士兵，戴着头盔，拿着亮亮的长矛，就像在山上保护着以利西
亚(Eliseo)先知的一样。他们又惊讶又害怕，最后回到自己家
以后也没明白这些人是怎么回事。第二天罗文炤接着按他的
路线启程了，也不知道晚上发生了什么。过了三年刘迪我神
父到这里时发现很多人都因此而愿意受洗礼，而这个案例是
后来才公开的。那些人当时觉得是天主派的天使来保护他的
神父。受洗礼的人中有一部分是去抢罗文炤的，也是他们后
来跟刘迪我神父讲述了这件事。①

耶稣会士何大化的一封信中，提供了一些细节来补充和反驳
万济国的描述：

至于您爱表扬的罗文炤，他确实是访问了中国各地，但是
他在这个过程的收获真不小，带回来200两银子，还有从杭州
带回来的好多东西，光是许太太就给了他40两，因为看到这
件事有这么大利益，这位中国神父一到这儿了就开始用我们
的刻版来印刷很多书，为了再次获得大丰收。但是正当他在
兴致上之时，我们就重返教堂了。您看这位神父把我们的教
堂当作生意场，在这里总共待了七个月，他对此如此感激以至

① 参见万济国1678年12月9日写给圣玫瑰省会长的信，见BC, ms. 1074, f. 333.

于给在兰溪传教的神父（白敏峩等）①写了一些信，致使白敏
峩就天真地感到不得不帮我写那么一章，就好像我是他的曾
孙一样而不是反过来。在我手里马上要寄给您在马尼拉的多
明我会省会长的这封信就是要让他看看这里是怎么玩的。②

何大化信中最后的这句话意思含糊不清，但是对于礼仪之争来说
是很重要的信息。笔者在此做进一步的补充解释：首先，白敏峩
神父在耶稣会和托钵修会之间的礼仪之争中似乎倾向于耶稣会，
写过有利于耶稣会立场的文稿，有可能就是上文何大化提到的"一
章"。③ 所以何大化的意思是罗文炤和白敏峩两位多明我会神父
是因为受到耶稣会的一些帮助，就在礼仪问题的讨论上主动或者
被动地支持了耶稣会的观点。至于何大化在文中所说的"就好像
我是他的曾孙一样而不是反过来"，是影射何大化把白敏峩骗了却
反过来让白敏峩觉得自己是那个更聪明的人，何大化因此而感到
得意。而由此也可以看出白敏峩配合耶稣会写的这些东西也未必
表达了他的真实观点。万济国立即给何大化回信了，批判其对罗
文炤作出的卑鄙的评论：

可能何大化神父自己认为罗文炤想再回去访问各个教堂

---

① 罗文炤确实在 1668 年从南京写过信寄到广州，他的书信是跟在京耶稣会士于
1668 年四五月写的信一起于 1669 年 1 月初寄达广州的，耶稣会士鲁日满对此有记载。
见 *Relacion del Estado dela Christiandad del Gran Imperio de la China y de otros
sucessos destos Reynos dela ultima Asia*, BNE, Mss. 18553/2, f. 3v. 当时欧洲传教士
如耶稣会士鲁日满、何大化，多明我会士白敏峩等都在广州，白敏峩原来在兰溪教堂工
作，后来也被押至广州，所以罗文炤给白敏峩等写的信或许就是指 1668 年在南京写的
这一封。

② 参见万济国 1678 年 12 月 9 日写给圣玫瑰省会长的信，见 BC, ms. 1074, f.
346.

③ 或许是指白敏峩 1669 年 10 月 4 日写给何大化的信，*Apologia pro decreto S.
D. N. Alexandri VII et praxi Jesuitarum circa caerimonias*, *quibus Sinae Confucium
& Progenitores mortuos colunt*, Lovanii: Apud Aegidium Denique, 1700, pp. 18 - 20.

的动力在于他贪心银子。谁会相信这么一个说法？他的动力
不是贪心银子，而是像纯金一样对灵魂的爱与照顾，加上教徒
本身多次请求他，也是教徒委托他去印刷书籍，因为他们很需
要。而且北京的耶稣会士不仅当面再三求他回去，还给他写
了很多信来表达同样的请求，我读过这些信。至于他在这期
间的大丰收，确实如此，因为他为天主取得了很多灵魂，这变
成了他再次去收葡萄的动力，可不是像您所说的那个卑鄙下
贱的理由。北京耶稣会士对此并不认同，在一封写给广州的
信中就表达过类似看法，我把这封信的内容写在传教史里了。
我也相信何大化神父如果不是意气用事也会跟他们持同样的
看法。但是如果一个人被意气左右，那么下笔时难免写下一
些以后会让自己后悔的东西。还是接着讲此事的真实情况，
我派罗文炤去访问耶稣会士的教堂时，我给了他 50 两的经
费，而耶稣会只给了 20 两。罗文炤花了两年的时间，教徒
都会给他一些资助来维持他的吃住行。虽然教徒给他的钱
确实达到神父所说的金额，但是大部分都是在路费、船费等
方面花掉的，只剩下了我给他的那 50 两的经费，而这个钱
就是要用来印书的。假如说真的是拿着您所说的 200 两回
来的，岂不是教徒自愿捐给他的吗？难道收这个钱他就扣
走了耶稣会士该拿的钱吗？许太太也确实给了他 40 两，20
两作为回福建的路费，剩下的 20 两是为了让罗文炤在下一
年再回南京。这一点就说到这里。还说罗文炤在福州教堂
所待的七个月时间里一直把教堂当作谈生意的地方……在
欧洲读这个描述的话，难道不会让人认为罗文炤是用教堂
来做什么买卖，就像在澳门的学院所做的一样吗？至于您
说的有关罗文炤的最后两件事情，是没有道理的，因为他没
有给兰溪那边的神父写过什么，白敏峩神父写过的东西是

因为他听到了其他的消息。①

　　按照上述所引文献可以先重新按照时间顺序叙述罗文炤前往南方的基本线路。很有可能北京耶稣会士让罗文炤去照管江南地区的众多教徒，其中一位重要教徒是徐光启孙女许甘第大（Cándida Xu，1607—1680），即文献中叙述的许太太。② 罗文炤到了南京和上海后与她取得联系，并获得她的资助，接着又去访问江南的其他教徒。崇明岛有受洗的人跟上海保持着密切联系，所以可能在许太太的帮助下罗文炤于 1669 年到了崇明。③ 除了上海和崇明，罗文炤应该也到了南京和杭州。据万济国记载，许太太也希望罗文炤以后还能回南京。④ 罗文炤在杭州的教堂也印刷了书籍。

2. 历狱对罗文炤的影响：权辖范围扩大与身份转变

　　本章所引用和分析的这几份文献，除了能更为清晰地梳理罗

---

　　① 参见万济国 1678 年 12 月 9 日写给圣玫瑰省会长的信，见 BC, ms. 1074, f. 348.

　　② 许甘第大是徐光启之子徐骥的九个孩子之一，是进士许缵曾（1627—1696?）的夫人，参见柏应理著：《一位中国奉教太太——许母徐太夫人甘第大传略》，徐允希译，台中：光启出版社，1965 年。关于徐氏与许氏的其他教徒，参见 Standaert, *Chinese Voices in the Rites Controversy*, pp. 159, 163 - 164；王成义：《徐光启家世》，上海：上海大学出版社，2009 年。

　　③ 历狱结束后，被软禁于广州的传教士回到各个教堂，刘迪我神父回到了上海。他在许甘第大和佟国器的夫人亚加达（Agatha）的资助之下，于 1672 年在崇明岛建立教堂，以这个教堂为中心总共有六个教友会（cristiandades）。参见 Pfister, *Notices biographiques et bibliographiques sur les Jésuites de l'ancienne Mission de Chine 1552 - 1773*, Chang-hai: Imprimerie de la Mission Catholique, 1932 - 1934, p. 292. 崇明天主教的最早发展该归功于耶稣会还是罗文炤在历狱期间做的贡献，这后来也成为万济国与耶稣会士之间的争论议题。诸如此类的争论也在浙江兰溪、福建罗源等地方发生过，耶稣会与多明我会争论的是应该由谁来照管这些地方的教徒，而谁先到这个地方传教也成为了其中的一个争论焦点。

　　④ 几年后，罗文炤以南京宗座代牧的身份回南京了。罗文炤这段时间访问江南的耶稣会教堂和教徒可能是他当上南京宗座代牧的原因之一。

文炤的行程之外，还能说明以下几个问题：首先，历狱对罗文炤个人有非常重要的影响。在此教案发生之前，他只是一位在福安地区传教的神父，他的交际圈主要是福建地区的中国人以及西班牙托钵修会的传教士。而在历狱期间，罗文炤的传教范围和影响扩大了，接触了不同省的教徒以及京城耶稣会士。各个修会的传教士都需要他，他不再只是多明我会的一位神父，而是一下子变成了整个传教区的支柱。罗文炤的特殊身份是独一无二，他既是唯一中国籍的神父，又是能够用西班牙语跟欧洲传教士沟通的中国人。

正因如此，罗文炤的身份也有了转变的可能性。他变成了一位为耶稣会发展的大量教徒工作的多明我会士。这个新的交叉身份随即引发出了一些新的问题：各修会应该出多少钱，谁能命令他，是否能收取耶稣会教徒的资助，是否能用耶稣会教堂的刻版等。万济国与何大化之间的争论就凸显了这些问题。利类思的信也一样体现了耶稣会士们对罗文炤该充当什么角色有不同意见。不难想象他们也在讨论谁有权力命令罗文炤，因为有人说利类思把自己当作大老爷。罗文炤回到福建后，问题就更大了。1670—1671年罗文炤在耶稣会教堂举行圣事、联络教徒、印刷书籍的时候，何大化又回到福州教堂了。这使得一些多明我会与耶稣会之间的问题集中在罗文炤一人身上了，比如福州及其周边和漳州一带的教徒应该在耶稣会还是在多明我会的管理之下？再比如针对这些教徒如何对待中国礼仪问题，是按照多明我会的看法还是按照耶稣会的看法？万济国与何大化的书信来往中也都论及了这两个问题。耶稣会士与多明我会士都希望罗文炤能够配合，也希望他在这些纠纷上可以站在自己修会一边。

历狱期间被软禁在广州的传教士讨论了中国礼仪问题。闵明我与何大化希望达成一致,可能只是想说服对方,甚至可能只是想说服罗马教廷认可自己的立场。在这个过程中,各会传教士写了很多书来证明自己的立场。当中闵明我与何大化之间的讨论比较重要。[①] 在这个讨论中,耶稣会士也让多明我会士白敏峩写出他的看法,因为他似乎支持耶稣会的立场。万济国的报告记载了何大化的解释。何大化的信表示罗文炤在这件事情上起了一定的作用,而且何大化把自己描述得很聪明,因为让白敏峩上了他设置的圈套,让他写了一份支持耶稣会看法的书信;耶稣会士与其教徒在这期间给罗文炤提供了很好的物质条件,所以他很感激,也配合何大化,写信给白敏峩等在兰溪的传教士。万济国却否认这个说法,认为罗文炤没有写过这些,白敏峩帮耶稣会士写他的看法也不是出于何大化说的那个动机。虽然书信中一些词汇的所指不明确,但这些信息还是能提供一些新的线索,也能显示罗文炤开始靠近耶稣会,在后文中我们会继续揭示罗文炤是如何逐渐或主动或被动地配合耶稣会的立场。

　　还要指出的一点是,传教士写的这些报告不能看成是一系列客观阐述事情的材料。解读这些报告时必须把作者及其意图、收信人的身份、写信的背景等因素考虑进来,因为这些报告一般都是按照作者当时的需要来写的。很明显的一个例子就是万济国与何大化对福建地区所发生事情的不同论述。他们互相争论谁有权力管理福建的几个教堂,也争辩在中国礼仪问题上谁更有道理。他们写报告的目的是为自己的观点和立场辩护,希望自己一方在罗马教廷有所影响。有时候很难判断罗文炤的看法以及罗文炤的行为具体是什么样的,因为罗文炤的形象被

---

　　① 有关这次讨论的多明我会视角,参见 González, *Historia de las misiones dominicanas de China*, Vol. 1, pp. 441-459.

塑造成各修会所需要的样子。罗文炤在历狱期间和历狱之后的传教工作受到不同的评价。万济国和闵明我在他们的报告和书籍中把罗文炤描绘成多明我会的一位成员,强调多明我会在中国传教区受到威胁期间所扮演的重要角色。虽然一些耶稣会士对罗文炤的评价很高,但是他们这些评论局限于耶稣会的私人交流与讨论。针对修会外的人时,他们却把罗文炤描述成一位不够资格的中国神父,强调罗文炤的缺陷。在后面几章我们将看到,不同修会以各自立场和利益为基准来刻画罗文炤的倾向会变得更加明显。

第二节　身处多明我会与耶稣会之间
(1671—1681)

历狱案结束之后,传教士们纷纷回到各自的教堂。在福建传教区,耶稣会与多明我会之间的纠纷仍在继续。这时的耶稣会在福建地区面临一个重要问题,即他们的神父人数越来越少,不足以照顾当地所有教徒。[①] 在方玛诺(Germain Macret,1620—1676)和何大化这两位神父去世之后,才新来了一位耶稣会士接替福州教堂的工作。这位新到的耶稣会士名叫李西满,他与南怀仁一起尝试着与马尼拉省的耶稣会合作,让三位西班牙耶稣会士来到中国传教。[②] 而

---

① 到了18世纪初耶稣会在福建的住院只剩下三个,参见 Nicolas Standaert, *The Fascinating God: a Challenge to Modern Chinese Theology Presented by a Text on the Name of God Written by a 17th Century Chinese Student of Theology*, Rome: Pontificia Univ. Gregoriana, 1995, p. 11.

② 参见 Sebes, "Philippine Jesuits", pp. 192-208.

多明我会在 1670 年代派来了很多新的传教士,[①]也建了新的教堂。[②] 本章介绍罗文炤在此期间所承担的关键角色。一方面他帮助了新来的多明我会士开展教务,另一方面他本人的特殊身份使他在历狱案期间扩大了人际网,全面禁教使他置身于多明我会士、耶稣会士与中国教徒之间。在这样的背景下,罗文炤绕不开这两个修会之间在教徒管理范围和中国礼仪问题方面的争斗与纠纷。他后来被任命为主教和南京宗座代牧,所有上述提到的问题会让罗文炤变成中国传教区的焦点。

　　在传教士从广州回到各自所属的教堂之前,藏在福安的万济国、施若翰、赖蒙笃和阮神父四位多明我会士中,施若翰去世了,阮神父回到马尼拉了,万济国被捕后被押至广州,[③]因此福建地区只剩下了藏在暗处的赖蒙笃与行动不受影响的罗文炤神父。据多明我会圣玫瑰省会议纪要所示,1671—1673 年间赖蒙笃是多明我会中国会长,[④]而罗文炤负责帮他管理福安以及其他一些地方住院的教务。那个时期在福建传教的多明我会士也像耶稣会士一样撰写并出版天主教方面的书,赖蒙笃、闵明我、万济国等传教士都在

---

　　① 有八位新的多明我会士来华:欧加略(Arcadio del Rosario, 1641—1686)、Francisco Luján(1648—1710)、费理伯或者许斐禄(Pedro de Alcalá, 1641—1705)、Andrés López(1628/1640—1683)、许伯多禄(Pedro de Alarcón, 1642—1685)、白诚明(Salvador de Santo Tomás, 1626—1696/1701)、施若翰(Juan de Santo Tomás, 1648—1683)和郭玛诺(Manuel Trigueros, 1644—1693)。参见 González, *Historia de las misiones dominicanas de China*, Vol. 1, pp. 489‐490; Ocio, *Misioneros dominicos*, pp. 201, 218‐219, 205, 207, 193‐194, 230, 228.

　　② 福州圣若瑟天主堂(1674)、宁德圣母无染原罪天主堂(1675)、漳州的圣托马斯天主堂(初建于 1676 年,1680 年重建)和先名为圣方济各再改名为圣罗莎的罗源天主堂(1676 与 1680)。参见 González, *Historia de las misiones dominicanas de China*, Vol. 1, p. 671.

　　③ 参见 González, *Historia de las misiones dominicanas de China*, Vol. 1, pp. 461‐467.

　　④ 17 世纪多明我会中国会长名单见 Gentili, *Memorie di un missionario domenicano nella Cina*, pp. 441‐465.

这方面做出了贡献。① 罗文炤很有可能在书籍编纂和出版过程中提供了帮助。例如除了协助赖蒙笃管理福安地区的教徒之外,罗文炤也参与了由赖蒙笃执笔的《形神实义》(*De corpore et anima*)的出版工作。② 该书是在浙江文士祝石③的请求之下开始写的,于1671 年 4 月之前在福建完成,④1673 年在福建长溪出版。前引何大化的信中提到,1669—1671 年间罗文炤在杭州和福州耶稣会天主堂用过他们的刻版印了很多书,其中应该有一部分就是多明我会士写的。

　　1671 年 3 月康熙帝下令释放被软禁在广州的传教士,允许他们回到各自的教堂。1671 年 9 月 8 日耶稣会士离开广州,9 月 9日除万济国以外的多明我会士也返往他们的教堂。因为当初万济国并没有被押解至北京而是一直藏在福建,后来在福建被抓并被押送到了广州,所以不在皇帝谕旨的名单上。他稍晚一些被释放后,于 1672 年 11 月 30 日抵达福州,去了耶稣会的福州天主堂,与

　　① 万济国在 1673 年 2 月 12 日的书信中写道:"闵明我写过两本有关耶稣之名的小册子和两本教理问答小册子。赖蒙笃写有两篇反驳杨光先的文章以及五本有关灵魂与身体的小册子,我自己写了四本小册子。"见 BC, ms. 1074, ff. 304 - 305. 在 1677 年8 月 17 日的书信中,万济国接着向会长报告多明我会在中国的出版工作进展:"赖蒙笃的书已经出版了,其他的正在完成,写完了会出版。"有关多明我会士在中国写过的书,参见 González, *Historia de las misiones dominicanas de China*, Vol. 5.

　　② 该书署名如下:泰西传教会士赖蒙笃著;同会万济国、闵明我、白敏峩、罗文炤订;同会万济国准;后学谷水祝石、三山李九功阅;韩阳王道性、王道甡润。赖蒙笃:《形神实义》,长溪天主堂刊,BNF, Chinois 6970;收录在钟鸣旦、杜鼎克、蒙曦编:《法国国家图书馆明清天主教文献》,第三册。有关这本书的撰写情况,参见 González, *Historia de las misiones dominicanas de China*, Vol. 5, pp. 68 - 69.

　　③ 祝石,洗名 Lino,因从医而对传教士介绍的身体知识有兴趣。参见方豪:《中国天主教史人物传》中册,第 120—125 页;陈拓、余新忠:《中西医汇通先驱明遗民祝石考论》,《南开大学学报》2022 年第 3 期,第 48—59 页;González, *Historia de las misiones dominicanas de China*, Vol. 1, pp. 321 - 325.

　　④ 1671 年 4 月 26 日万济国在一份书信中写道:"赖蒙笃已经写了两本书,一本是有关灵魂的,总共三册,另一本是反驳杨光先的。" BC, ms. 1074, ff. 290 - 291.

何大化一起住在耶稣会的福州住院。①

　　这期间有关罗文炤的信息,主要来自后来成为多明我会中国会长的万济国写的书信报告。1673 年 2 月万济国写道:"多明我会中国会长赖蒙笃和罗文炤神父在福安照顾那个区的教徒;守贞女依然过着规矩虔诚的生活",②"他们忙着福安县与福宁州的工作,没有受到任何阻碍"。③ 万济国盼着从马尼拉来的信息、经费与传教士,写信给会长说:"Jacinto 与马尼拉方面的信都还没到福建……其实本来是可以让两位传教士先到澳门,然后让罗文炤去接他们的。"④通过这封信可以看出,由罗文炤在 1650、1660 年代承担的往返于福建与马尼拉之间的角色已经转交给别的教徒,如黄 Jacinto 等中国人。这可能是由于多明我会士认为作为神父的罗文炤留在传教区作用更大,同时也知道罗文炤是可以到澳门去接传教士的。有文献记载澳门人基本上都认识罗文炤,所以罗文炤应该去过很多次澳门办类似的事情。⑤ 持续的战争使得福建与马

----

　　① 关于此事是怎么决定下来的,有不同的说法。按照耶稣会士的说法,何大化让南怀仁向朝廷说情,万济国才得以回福建,参见 Pfister, *Notices biographiques*, p. 78. 万济国则强调他与广东的总督关系好,礼部让总督自己给皇帝上奏问万济国的情况应该怎么处理,是否让他回福建。参见万济国 1678 年 12 月 9 日写的报告,BC, ms. 1074, f. 325r-v;万济国 1673 年 2 月 8 日写的信,BC, ms. 1074, ff. 298 - 299. 也可以参见 González, *Historia de las misiones dominicanas de China*, Vol. 1, pp. 463 - 464.

　　② 参见万济国 1673 年 2 月 8 日从福州写给闵明我的报告,BC, ms. 1074, ff. 298 - 299.

　　③ 参见万济国 1678 年 12 月 9 日从福州写给圣玫瑰省会长的报告,BC, ms. 1074, f. 325v.

　　④ 参见万济国 1673 年 2 月 11 日从福州写给圣玫瑰省会长 Juan de los Ángeles 的报告,BC, ms. 1074, f. 300. 在这封信中万济国还求省会长寄几幅耶稣和圣母玛利亚的像来装饰教堂,也回答了菲律宾总督与 Francisco de Losada 将军关注的问题,如郑经不打算派军队到菲律宾,参见 BC, ms. 1074, f. 303r-v.

　　⑤ "中国修士罗文炤,在这座城市(澳门)基本上家喻户晓",参见 APSR, Seccion China 33, tomo 17, doc. 2, "José Lobo de Fonseca 葡萄牙文证词的副本和西班牙语翻译(该证词证实耶稣会是传教士在日本传教失败并在 1665 年被驱逐出中国的主要原因)"。

尼拉之间的交通困难重重,以致万济国在 1673 年 8 月份还没收到马尼拉的消息。苦于传教区传教士紧缺,万济国再次向马尼拉省会长发出同样的请求:"您可以冒险派两位传教士,送他们到澳门去,让罗文炤去看看是否有什么办法带他们进来,还有一条路,就是通过暹罗,因为他们每隔三年派使者到中国觐见皇帝。他们的船到广东,所以如果传教士坐这艘船到广东的话,进入中国会更容易。您让我们多明我会在暹罗的会长以及那儿的主教①看看是否可以从那边开通个路线,以便我们圣玫瑰省维持这个传教区。"②以上内容很好地展现了多明我会在受到战争以及葡萄牙人控制澳门等因素的影响下,去探索其他的办法把传教士派到中国,在提供了一个关于亚洲地区教会的更广阔视野的同时,还显示了多明我会与法国宗座代牧之间的合作。而在这个过程中罗文炤是一个熟悉沿海地区情况的好助手。

1. 福州与罗源的天主教徒

1672 年 11 月至 1675 年 1 月罗文炤和万济国在福州传教。这里是耶稣会士神父何大化和方玛诺管理的,于是耶稣会士与多明

---

① 　法国籍的主教和宗座代牧已经到了暹罗,这封信证明早期的多明我会与巴黎外方传教会的往来与合作倾向。

② 　参见万济国 1673 年 8 月 14 日从福州写给圣玫瑰省会长 Felipe Pardo 的报告,BC, ms. 1074, f. 311. 在法国主教陆方济的书信中提到澳门周围的岛屿很多,被荷兰人用来跟广东做生意,所以他们认为从这几个岛可以直接到广东。后来陆方济一直希望罗文炤能够与他们在这个相对难管理的地带见面并接受祝圣,陆方济在 1683 年的一封书信中也让罗文炤帮法国传教士 Courtalin 进入中国。另外,文献中出现的一些船长,如 João Cortes、Antonio Nieto 等人,在澳门、菲律宾与暹罗之间做生意,他们与中国官员及不同国家的不同修会的传教士合作,起到了重要的作用。陆方济 1683 年 6 月 1 日从暹罗写给罗文炤的信,参见 AGI, Filipinas 92, N. 1. "Papeles originales del obispo y clérigos franceses que remite esta Real Audiencia a Su Magestad"(法国主教与法国神父的原资料), f. 14r (IMAG. 1291)。这封信的西班牙语翻译,参见 ff. 136r – 136v (IMAG. 1538 – 1539).

我会士在此期间发生了一些冲突。万济国最后建立了福州多明我会圣若瑟教堂,后于 1675 年初回福宁教堂,把福州圣若瑟堂委托给罗文炤管理。1673—1674 年间罗文炤在福州和附近的罗源县①传教,在该地区的各教堂之间扮演了重要的角色,多明我会中国会长万济国在他的报告中有所记载。②

　　罗源县的天主教徒与罗文炤有着亲密的联系。这个地方在温州至福州交通线上。从北向南,福安、宁德、罗源、连江、福州都有天主教徒,多明我会传教士从福安到福州时都会经过中间的这些地方。按照万济国所说,罗源教会就是这样发展起来的:

　　　　1673 年 6 月罗文炤在来福州的路上经过罗源。他在此待了八天,给天主教徒做圣事,还为几位非教徒施洗。他们都感到很开心,同时跟罗文炤说耶稣会士方玛诺神父去罗源传教的时候,他们不明白他讲什么。我们没有跟耶稣会神父讲这件事情,直到耶稣会士巡按使刘迪我 10 月末来到福州耶稣会教堂。罗文炤和我向刘迪我讲了罗源传教的事情。他回答我们说这件事情是要看罗源教徒意愿的,也要先等方玛诺神父回到福州,因为他正好在罗源传教(他经常去),等到他回来后会听一听他的看法,然后才会给我们一个答复。方玛诺神父回来了……巡按使刘迪我在准备离开的时候,先跟我们说

---

　　①　罗源是福安传教区与福州的很好连接点,传教士文献中把罗源写成 Loiven、Loiuen、Loyüan、Loyuan、Loyuang、Longuong 等形式。

　　②　万济国在 1673—1680 年间担任多明我会中国会长。他于 1678 年 12 月 9 日从福州给圣玫瑰省会长寄了一份长报告,包含了 1672—1674 年期间发生的事情,也包括陆续补充的 1675—1678 年间的情况。与传教士之间的私人书信不同,这份报告的目标读者是修会外的人,所以万济国让省会长对内容和文笔加以把关和修订。这份报告中包含他于 1675 年 2 月在福宁写的内容,其中就提道:"我把福州的教堂留给罗文炤管理,在福州生活了两年两个月之后,于 1675 年 1 月离开了福州前往福宁。"参见 BC, ms. 1074, f. 350r. 关于这类传教士报告、年信或其他传教史作为史料的价值及其客观性的讨论,参考 Pascale Girard, *Les religieux occidentaux en Chine à l'époque moderne: essai d'analyse textuelle et comparée*, Paris:[s. n.], 1996.

罗源有五六户天主教徒人家，都是从连江迁来的，而他们都是耶稣会原来的教徒。还说罗源的教徒想要由耶稣会士管理，而不由我们管理。巡按使刘迪我就这样没有做什么决定就离开福州了。何大化神父后来跟我说巡按使是让他们照管罗源的教徒，因为是自己的教徒。其实方玛诺告诉巡按使刘迪我的两个理由可以很容易地反驳。他的第一个理由完全不符合实际，因为罗源没有一户人家的教徒是在连江由耶稣会士洗礼的。第二个理由与实际情况相反才对，因为当地教徒们是想要由我们管理的。首先因为他们是由我们洗礼并受到天主教启蒙的，其次因为他们可以明白我们讲话。①

按照万济国的阐述，罗文炤是多明我会在罗源布道的第一人。万济国在与耶稣会士争论应该由谁负责管理罗源教徒时，经常提到罗文炤的角色，他继续写道：

罗文炤从福州回到福安时再次经过罗源，并在那里待了几天。教徒们已经开始感觉到我们与耶稣会在谁应该管理他们的问题上存在纠纷。罗文炤什么都没告诉他们，而他们却聚集起来讨论这件事情。除一人以外大家都同意罗源的教徒应该是由多明我会士管理，因为他们是受了多明我会士洗礼和天主教启蒙的，而且多明我会士懂他们的方言。有一位虔诚的女教徒说：我希望听我告解的那位神父懂我说的话，我也懂他说什么；方玛诺神父听不懂我，我也听不明白他说的。接着有一位在泉州由耶稣会士洗礼的士兵说，多明我会士传的是一种更严谨、更朴实的教，必须守很多斋、苦行和禁欲，而

---

①　万济国 1678 年 12 月 9 日从福州写给圣玫瑰省会长的报告，BC，ms. 1074，ff. 340v - 341r. 耶稣会士可能在 1639 年已经到了罗源，虽然我们不知道后来的发展。参见 Dehergne, "Les chrétientés de Chine", p. 31. 也可参考 Gentili, *Memorie di un missionario domenicano nella Cina*, p. 447.

耶稣会士比较宽容一些。他是针对修士说的,大家却都反驳说该士兵不是当地人,不同意他的观点。所以在讨论好以后,他们告诉罗文炤神父,他们希望多明我会来照管他们的灵魂。过了几个月罗文炤回到该县听教徒告解。正好方玛诺也刚到,但罗文炤不知道。教徒因为罗文炤的到来而感到非常开心,他们重新跟罗文炤告解,尤其是女人。他们对罗文炤解释说,他们对方玛诺神父所做的告解不够满意,因为沟通不了。这些描述确实如此,所以凭什么根据,巡按使刘迪我收到与其相反的报告呢?①

万济国在试图解决罗源教徒管理权问题上一共涉及三个评判标准:罗源天主教徒是由谁洗礼和启蒙的,教徒们自己的意愿,谁更适合照管他们。万济国把注意力从第一点依次转到第二和第三点。如前所述,很难判断万济国是否以及在何种程度上客观地描述了所发生的事情,但是无论如何罗文炤都毫无疑问地是他为多明我会争取权利而使用的主要理据。一般在耶稣会的报告中,多明我会士被描述成不怎么懂中文,又不像耶稣会士那样适应中国本土的环境。与其相反,万济国却轻微地讽刺了耶稣会士,称其在福建传教不如多明我会士合适,并且示意之所以他们比耶稣会更适应环境恰恰是因为他们对福建方言的掌握程度远高于耶稣会士,更重要的是他们吸纳了一个福建人加入他们的修会。罗文炤作为一位福建神父增强了多明我会的适应能力,福建教徒对罗文炤神父感到更加亲切,沟通起来也没有任何障碍。万济国这一段叙述很是聪明,他把适应政策这个概念从中国礼仪的接受与否转移到了其他方面,例如因为适应本地人的语言习惯而与当地人打

① 万济国 1678 年 12 月 9 日从福州写给圣玫瑰省会长的报告,BC, ms. 1074, f. 341r.

成一片,从而才能与当地教徒产生共鸣。在这方面罗文炤承担着非常重要的角色,他更容易与福建教徒融在一起,形成网络。万济国成功地在这个报告中突出了多明我会的优势。但是不要忘记这个报告主要是用来说服罗马教廷的,使教廷对中国传教区情况做出判断时有一个区别于耶稣会年信的角度。因此,万济国还加上了一个精彩而易懂的比喻。他在讨论方玛诺神父与其男仆在福州传教的时候说:"他们俩都不会福州当地人的语言,而这就是女人才使用和听得懂的语言。所以告解的时候,她们用方言讲、神父用官方语言回答的情景,好比在西班牙有一位法国神父不会西班牙语,然后教徒跟他讲西班牙语而这位神父却用拉丁语与他们沟通,毫无疑问会发生很多误会。"①

尽管如此,耶稣会还是继续与多明我会争夺罗源传教点的管理权,并试图在罗源买房产以建立住院与教堂。在这点上,中国教徒又体现出他们的价值与动力。万济国写道:

> 耶稣会士获悉有一位名为李良爵(Leoncio Li)的文士打算去罗源售卖他在那边贮存的一些大米。他们就把他叫过来,委托他在罗源帮他们买个房子。这位教徒前往罗源,想用他卖大米赚来的钱来谈成这件事情。他刚到罗源,正好赶上藩王(el régulo)②搞叛乱,士兵在罗源的房子里抢东西。该教徒比较幸运地住在一位信教的军官家,不然他是会受苦的。结果他回到福州,既没卖掉他的大米,也没完成耶稣会士所委托的任务。……该教徒又回到罗源,耶稣会士委托他买不到房子就不要回福州。不过他这次又没能谈成这件事,因为大米的价格太低了,如果他把大米卖了的话很吃亏。方玛诺神

---

① 万济国 1678 年 12 月 9 日从福州写给圣玫瑰省会长的报告,BC, ms. 1074, f. 339.

② 即耿精忠。

　　父又试过在那儿买房子,但是最后耶稣会士还是没能在罗源
买到房子。①

这一段资料显示出中国教徒网络在福建天主教传播与经营上的重
要角色。李良爵应即李奕芬(约 1635—1706),李九功之子,洗名
良爵。李奕芬两次试图帮耶稣会士在罗源买房子,而他的父亲李
九功与罗文炤一起帮助了赖蒙笃等多明我会士出版《形神实义》。
所以不难看出,有一些中国教徒处于耶稣会和多明我会的交集中,
他们一方面帮助这些欧洲传教士在中国建立教会,另一方面也被
夹在这两个修会的纠纷里。

　　那么,包括罗文炤在内的中国教徒网络中的这些人对于这两
会之间的冲突有着怎样的意识? 他们在这个冲突中是否对某个修
会在某种程度上有归属感? 由于现存的记载都是这两会的争论者
写的,所以很难给这些疑问找到确凿的答案。然而我们却注意到
了上述文献里的一个小细节:李奕芬在罗源买房子这件事情上考
虑到经济价值。之前提到何大化批判罗文炤在福州教堂谈生意,
万济国在这份文献里提到李奕芬因感到大米价格不划算而没能完成
买房子的委托。虽然这些信息不足以证明这些教徒在帮传教士发
展教会的同时也在考虑经济方面的利益,但是传教士在阐述他们
与中国教徒的来往时经常提及碰到一些与钱相关的问题。李奕芬
帮助李西满撰写《辩祭参评》一书,②李西满考虑到要给他点报酬。
所以我们认为值得研究中国教徒对于教会事业的理解和意识,以
及这个教徒网络存在的意义与基础。可能西方传教士所理解的帮

---

　　①　万济国 1678 年 12 月 9 日从福州写给圣玫瑰省会长的报告,BC, ms. 1074, f.
341v.
　　②　该书反驳多明我会士写的《辩祭》,参见 Menegon, *Ancestors*, *Virgins*, *and*
Friars, p. 112, n. 25. 有关《辩祭参评》,参见 Chan, *Chinese Books and Documents in*
the Jesuit Archives in Rome, pp. 50-51.

助并不等同于在中国所说的帮忙。那么教会是不是被中国教徒理解成一个互惠互利的关系网了呢？

耶稣会几经周折也没能在罗源买到房子，但多明我会却在那里买到了一处房产来建立天主堂。万济国在 1675 年离开福州前往福宁时路过罗源，文献里可以找到那时候他关于多明我会买房子的一些叙述："我委托了刘伯多禄买一个房子来当教堂，把银子放在他手里。"[1]关于受委托的这个教徒，文献里没有更多记载，其中的波折也不得而知，但是最后房子确实是买到了，而且是罗文焕一手操办的。万济国继续写道：

> 今年(1675)实现了我们一直所希望的事，即在罗源县买个房子来当教堂。两位住在福州城的耶稣会士有些不甘心。……罗文焕到罗源去，然后选择了一个很合适的房子，进行装饰后把房子做成了一座天主堂。先是贡献给圣方济各的，后来把名字改成圣罗莎。在购买并装饰这个房子上总共花了 100 比索。罗源的教徒感到很开心，因为他们县城里终于有了一座教堂，更让他们开心的是还有罗文焕神父管理该教堂。结果是天主教徒人数翻倍了，每天都有人受洗礼，以至于现在教徒人数已经达到 220 人了，大部分是女人。……罗文焕神父访问了县令，给他送了礼，虽然他只接受了两个礼品。后来县令回访，也请罗文焕神父，但是他谢绝了，然后继续忙他作为神父的工作，因为这就是这些访问所应该追求的唯一目的。……罗文焕神父也访问了一些文人，经过交谈之后他们增加了对我们天主教的了解与兴趣。其中有一个接受

---

① 万济国 1678 年 12 月 9 日从福州写给圣玫瑰省会长的报告，BC, ms. 1074, f. 350r-v.

洗礼,洗名保禄。罗文炤继续管理该县的教徒。①

通过万济国的叙述可以了解罗文炤在罗源多明我会新建教堂过程中所扮演的角色。他很独立也很主动地去经营罗源县的新教堂和教务。他在罗源传教,买房子,装饰教堂,跟县令和其他当地重要人物建立良好关系,并最后留下来任这座新教堂的神父。至于上门送礼的礼仪,万济国努力解释与强调所有这些物质来往的目的明确,即建立教堂并开始传教工作。他通过对罗文炤谢绝回礼这件事再次表明罗文炤不受物质因素驱动,强调他只热衷于传教事业,同时也似在暗示罗文炤确实很难避免参与当地这些礼仪性的来往。②

罗文炤在罗源工作时,同样遇到了像在福安等地传教时所遇到的困难,其中包括处理与官员、文人之间的来往,克服中国人祭祖祭孔、供牌位等礼仪问题。万济国在报告中说:"我们在该县有前面提到的圣罗莎教堂。罗文炤在该教堂当神父,有很多虔诚的天主教徒,尤其是女教徒。总共大约听了200人告解。在罗源挂了反邪教的牌子,虽然不包含我们的天主教,但是该县的天主教反对者在公共街道上张贴了押韵的告示,上面写着有关罗文炤神父、男女天主教徒的内容,尤其针对告解这一圣事,还有关于禁止祭祖等诸如此类的恶魔挑起的坏话。之前总督下令必须调查并报告该县任何一个被禁止的邪教。教堂所在的那个区的官员奉罗源县令之命向其做了报告。该报告中写着罗源县没有任何被禁止的邪

---

① 万济国 1678 年 12 月 9 日从福州写给圣玫瑰省会长的报告,BC, ms. 1074, f. 352v.

② 黎玉范在 1649 年回到中国后,发表了他对上门送礼的一些看法。他认为可以送礼以达到传教的目的。同时在多明我会士这些报告中也得对他们的送礼行为做出解释。

教,他的区只有一个天主堂。"①后来县令让他们不要打扰天主教徒。万济国还记载了一次骚动,因为有一位天主教徒不想在他父亲的葬礼上进行一些祭祀该县城神灵的礼仪和仪式。

罗文炤在罗源县传教引起了一些社会冲突。祭祀县城神灵、祭祀祖先的传统习俗受到天主教批判后,开始有人放弃行使这些礼仪,妇女教徒向神父忏悔也引起了人们的议论与质疑。虽然这类情况在穆阳等地也发生过,②但有所不同的是,这一次不是针对外来的欧洲神父,而是中国神父罗文炤。罗文炤本人虽然以前目睹过类似的冲突,但这次他自己是教务的主要负责人和唯一的神父。作为本土同胞,他或许更容易被这些冲突所影响。

据利安定记载,罗文炤在罗源县允许天主教徒在家里保留祖先牌位。③ 我们从万济国的报告中也能看出,万济国与罗文炤在对待中国教徒上有所不同。在多明我会士管理的福安等地,从一开始就一律禁止祭祖祭孔等传统礼仪;而针对由耶稣会士洗礼及管理的教徒,尤其是在福州以及福建南边的城市,多明我会士不去改变为耶稣会士所允许的一些礼仪。罗源教徒家中保留祖先牌位的这一情况,要么说明他们是由耶稣会士洗礼的,要么说明罗文炤本人开始倾向于耶稣会士的做法,认为可以允许罗源的教徒保留祖先牌位。

除了与中国礼仪有关的事情,万济国还记载了另一件发生于

---

① 万济国 1678 年 12 月 9 日从福州写给圣玫瑰省会长的报告,BC, ms. 1074, f. 361r.

② 1644 年上杭的陈氏家族组织一些人在福安的街道上游行反对天主教和欧洲神父,一部分人打扮成教徒,一部分人打扮成神父,在街上模仿欧洲神父,讽刺当时在福安工作的施若翰、苏芳积和山济各神父,其中批判的一点是守贞女的习惯,有一位扮成怀孕的女教徒跟神父讲话,暗示女教徒与神父有特别的关系。参见 Menegon, *Ancestors, Virgins, and Friars*, pp. 59 - 62.

③ 参见利安定 1695 年 10 月 17 日反驳 Marron 和马熹诺的两份文献,SF VII, pp. 296 - 297, 317; Menegon, *Ancestors, Virgins, and Friars*, pp. 287 - 289.

罗源的有关罗文炤的事情：

> 500 个士兵进驻罗源，然后通过协商有 50 个士兵被分配到罗源的天主堂住。当时罗文炤在，看到那么多人来住那么小的教堂，他就去向部队的长官交涉，但没被允许见长官，所以他只能耐心等待。过了几天，这位长官来参观教堂。罗文炤得知他要来，就准备去迎接，但是长官的手下不让他离开房间。长官直接进来后坐在椅子上，发现房子干净、漂亮又整齐，于是询问主人是否在家。有人说主人在家，于是罗文炤被叫上来。长官让他坐，待之以礼，并问他会不会欧洲的语言文字。身为天主教文士和神父的罗文炤作了肯定回答，但没提有士兵住在教堂里的事情。长官就起来了，叫上了那个部队的队长，然后说道：这个给士兵住宿的很干净整齐的地方，是贡献给天主的教堂，所以住在这里的 50 个士兵去孔子庙住，跟那里的其他士兵住一块儿。于是士兵就立即离开了。第二天长官还送了一个告示和命令，禁止任何人进那个教堂或者弄脏它，也不要打扰那位神父，不然会受到惩罚。这一切都不是罗文炤请求他做的。后来，罗文炤去感谢他，也带了点礼物，同时也获赠了一些欧洲好玩的东西。文人对此感到很不是滋味儿，因为是他们申请把士兵分配到教堂住的，可后来士兵却被安排到他们如此尊敬的孔庙去了。罗文炤却倍感感激，因为天主如此关照着他的教堂。①

这一案例体现了地方儒家文人与天主教神父的竞争，而他们地位的高低反映在了长官对教堂和孔庙的重视程度上。虽然此事的真实性不易判断，但是其中有几个细节值得我们关注。一是长

---

① 万济国 1678 年 12 月 9 日从福州写给圣玫瑰省会长的报告，BC, ms. 1074, ff. 361v - 362r.

官询问罗文炤是否会欧洲的语言,我们由此揣测长官因为罗文炤会欧洲语言而对他另眼相看。二是罗文炤带着礼物去答谢长官的时候,反而收到了一些来自欧洲的礼物,因此这位长官可能跟欧洲人有来往并对欧洲有所了解,也因此他才问及罗文炤是否懂欧洲语言,而回馈礼物本身也意味着长官对罗文炤有好感或者想要和他保持良好的关系,同时显示自己与罗文炤都对欧洲有所接触的共同点。这些情节又一次显示了天主教在中国逐渐建立起了一个人际关系网络,传教士可以通过与当地官员、文人、士兵等的交好来解决一些冲突或扫除一些障碍。罗文炤作为这个网络中一个跨文化的关系枢纽,其身份和地位也因这个关系网而得到强化,他因掌握欧洲人的语言文字而得以分享欧洲传教士在中国所获得的天主教文士的地位。[①]

接下来的几年罗文炤一直照管多明我会的不同教堂。他在1679 年担任罗源住院的院长,许伯多禄神父协助他。[②] 1680 年石铎禄(Pedro de la Piñuela, 1650—1704)从长乐前往宁德,他提到罗文炤当时也在罗源教堂。[③] 1680 年 5 月 9 日罗文炤离开罗源教堂前往漳州。后来或许考虑到罗源在福安与漳州一带的中间位置,罗源住院在 1686 年变成了多明我会中国会长驻地,此后在多

---

①　按照前文所引万济国和奥斯定会士陆铭恩神父的记载,虽然罗文炤也是神父,但是未受到中国人的足够重视,因为他不是欧洲人。不过,万济国与陆铭恩的评价也要在其书信的意图中加以理解。万济国需要解释为什么要从福安或福宁回到福州,而他就给出这个理由,即罗文炤不够受重视。而陆铭恩想证明培养本地神父为中国教会的发展趋势过于理想化。陆铭恩主张伊比利亚半岛的传教士应该继续做中国教会的顶梁柱。所以,关于罗文炤身份地位的判断一直存在着立场偏见的影响。

②　参见万济国 1679 年 12 月 29 日从福州写给圣玫瑰省会长的报告,BC, ms. 1074, ff. 371 - 372.

③　石铎禄 1680 年 1 月 6 日写给省会长的信,参见 SF IV, p. 273.

明我会的会议纪要中,罗源住院的院长也就是多明我会中国
会长。①

2. 在宁德建立教堂

　　1675 年 8 月初,罗文炤要帮方济各会士利安定在宁德买一套
房子。利安定本来要去山东重新启用利安当神父在历狱案之前所
建立的教堂,但是因为战争的缘故而只能先留在福建工作。宁德
正好在从福安到福州的路上。按照万济国所说的,福安到宁德要
一天的路,宁德到罗源又要一天,然后从罗源可以到福州。因此这
座教堂也有利于西班牙修会管理在福建的传教事业。

　　从这次宁德购房的过程中,可以了解到西班牙托钵修会在中
国购房的一些方法和困难,以及罗文炤等中国教徒扮演的角色。
利安定给马尼拉的省会长的信中写道:

　　　　我们买房子的这个城市叫宁德,大概有 1 到 1.5 万人口,
　　没有任何教徒,所以买房子时经历过一些困难,因为当地人不
　　想把房子卖给外国人,变成教堂。但是我们克服了这个困难,
　　先让罗文炤以自己的名义去买那个房子,一旦谈成,在准备给
　　钱时才告诉房主房子是用来作教堂以及住的是欧洲人。那位
　　中国人在没看到钱之前不愿意卖,但是当看到银子在手里就
　　不想不要这个钱,因此他还是同意了。所以房子是 7 月初买
　　的,谈好于阴历六月(也就是阳历 8 月份)交房。所以万济国
　　和我要在 8 月 20 日过去住下来并开教堂。为了避免官员提

---

　　① 从一开始到 1686 年,福安圣玫瑰住院院长同时担任多明我会中国会长的职
位。关于中国会长,参见 Gentili, *Memorie di un missionario domenicano nella Cina*,
pp. 441 - 465.

出什么问题,万济国跟负责管辖宁德的另一位官员已经谈好了。所以我们必须两个人一起过去,因为那位官员不是把开教堂的权利给我而是给万济国的⋯⋯该教堂是献给圣母玛利亚的,因圣母玛利亚的无染原罪节而被命名为圣母无染原罪教堂(Iglesia de la Immaculada Concepción)。①

我们看到,多明我会也像耶稣会一样需要跟官员建立良好关系。万济国也提供了有关这件事情的一些信息:"为了实现这个目标,多明我会中国会长派了两位福安的文人到宁德,也让罗文炤从罗源到宁德,这样三个人可以一起在那边为利安定买房子⋯⋯有几位文人来看神父,他们了解了天主教之后,便不再担心在他们的县里把房子卖给外国人⋯⋯以利安定的名字签了买卖合同,把银子给房主,罗文炤回到罗源的教堂,另两位教徒回到福安。"②很明显,万济国和利安定两人的描述有所不同。万济国在报告中并没有提到利安定所说的由于当地人不愿卖房子给外国人而不得不采取哄骗的手段,而是强调了天主教的魅力说服了宁德的文人。利安定信中所言应该比万济国的说法更接近事实,因为万济国的报告是后来写的,这份报告不同于私人书信,有被修会外的人读到的可能性,所以有比较明显的目的去刻意忽略掉一些细节。

买完房子之后,利安定还跟宁德的官员发生了一些问题。按照该方济各会神父所描述的,发生这些事是因为罗文炤和那两位福安的教徒没有处理好与官员的关系:

我进入了宁德县后(我前面写过这是 1675 年 8 月末的时

---

① 参见利安定 1675 年 8 月 29 日写给省会长的信,SF III, pp. 421 - 422. 利安定还提供了其他信息,如房子的价格为 80 比索,住院结构是按中国传教需要建的,因为在中国要在家中接待客人,而不在街上或者广场上传教。

② 参见万济国 1678 年 12 月 9 日从福州写给圣玫瑰省会长的报告,BC, ms. 1074, f. 353.

候)有两次被迫逃出宁德。第一次是在那一年11月……逃跑的原因,或者更确切地说,士兵一直打扰我的原因就是因为天主堂隔壁房子住的一位官员。我们来宁德的时候,访问了所有官员,其中包括这一位。但是在回访时我们听罗文炤神父以及另两个文人教徒说,他认为我们对他有所失礼。我们就这样得罪了他,而他当天也明显地同样对我们失礼了,他的这个态度让万济国和我感到犯了什么错。那个官员暂时没有做什么,等到万济国和罗文炤神父以及那两位文人离开后,剩我一个人留在宁德,这时那位官员就开始报复。首先他的三个仆人来到教堂,听了天主教的教义。过了三天他们跟我说想入教。我给他们一本讲天主教祷告文和教义的书,在书中也有对其他异教的批评,尤其针对佛教,就是该官员虔诚信奉的宗教。仆人把书带回,那位官员看他们拿着那本书就问他们书上写着什么内容。仆人告诉了他,他读了,在看了有关佛的部分后将其删掉,并加了一个旁注,“你们如果想传播你们的宗教,没有人阻止,但是不要来批评其他的”(“其他的”就是指那些异教)。然后他把书送还给我,并禁止他的男仆踏入教堂一步,男仆确实不再来了。后来他会把所有来到宁德的士兵派到我的住处。[①]

　　罗源和宁德两个教堂都是在罗文炤的帮助下购买建立的。它们建立的时间也很接近,还有一些其他信息显示罗源教堂和宁德教堂是方济各会和多明我会共同商讨后开设的两座教堂,并让方济各会士利安定和罗文炤分别管理。首先,罗源的教堂先是被命名为圣方济各教堂,可能原计划是让方济各会士管理,后来又改成多明我会圣罗莎教堂,而让方济各会士利安定在宁德发展。其次,

---

　　① 参见利安定1675年8月29日写给省会长的信,SF III, pp. 421 - 422.

罗文炤和利安定在 1675—1676 年间有来往与合作,因为两地离得近。这段时间利安定看过罗文炤容许罗源教徒保留的祖先牌位,他们之间的来往应该对利安定有一定的影响,因为后来他们之间有些合作,利安定的书中也显示他对罗文炤比较熟悉。①

　　值得指出的是,传教士在罗源和宁德两地的购房经历及教堂管理情况也存在着一些共同特征,可以归纳为三个方面:第一,罗源和宁德的教堂均因对儒、释构成威胁而受到抨击。第二,战争期间士兵在宁德和罗源找住处的时候,官员让士兵住进教堂或者寺庙,而官员的决定又体现了不同宗教的地位竞争。第三,在上述的这种情况下,传教士为了保证天主教的地位必须与官员交涉,需要在礼仪和送礼方面有所行动。罗文炤与其他中国教徒的角色很重要,即使利安定埋怨他们有失误。万济国对罗源的乐观描述与利安定对宁德的悲观态度存在着鲜明的对照。利安定对银子、礼品等发挥的作用记载得更清楚,而万济国在报告中却忽略这方面,取而代之的是强调官员文人对天主教和教堂魅力的尊敬,因为不能在相对公开的报告中显示包括罗文炤在内的多明我会士也是通过礼物等物质方面的手段才能在中国扎根,而万济国在其他的个人书信中一直请马尼拉省会长多寄些东西来送给福宁或者福州的官员。

　　后来宁德的教堂由方济各会士石铎禄和王路嘉(Lucas Estevan, 1639/1640—1691)管理。他们也在长乐、泰宁与建宁开了新的教堂,并且又遇到了跟佛教的冲突。② 他们像利安定一样

　　① 这几年为罗文炤与利安定的合作奠基了基础。有关利安定替罗文炤管理罗源的教堂,以及他发现罗文炤容许教徒保留祖先牌位,参见利安定 1695 年 10 月 17 日反驳 Marron 与马熹诺的两份文献,SF VII, pp. 296 - 297, 317; Menegon, *Ancestors, Virgins, and Friars*, pp. 287 - 289. 关于二人的进一步合作,详后。
　　② 有关天主教与佛教的竞争可以参考石铎禄 1684 年 12 月 30 日写的报告,SF VII, pp. 1160, 1170.

也指出了多明我会士在中国礼仪问题上呈现出的不同对待方式，在福建北部禁止一些中国礼仪，而在泉州、厦门、漳州一带则比较宽容。[①] 罗文炤在罗源和漳州应该是比较宽容地允许了保持牌位等礼仪。除此之外，也允许在福安教堂里悬"敬天"牌匾。

3. 福州多明我会圣若瑟教堂的建立：罗文炤与耶稣会士及福州教徒的人际网络

多明我会在与耶稣会争夺罗源教堂的同时，福州也发生类似的情况。历狱结束后，罗文炤往返于福安与福州之间。这期间罗文炤在以下几个方面的作用值得强调：他为多明我会在福州传教所做出的贡献，罗文炤与中国教徒形成的网络，罗文炤与耶稣会士之间的关系。这几个方面都需要以当时福州教会的整体情况为背景展开探讨。

万济国在 1672 年 11 月 22 日来到福州，先在耶稣会住院与何大化一起住了一段时间。在他的报告中，万济国叙述了 1672—1678 年间他和罗文炤、何大化、方玛诺以及福州教徒之间的关系。万济国在报告的开头部分说明了该报告的性质。他认为，耶稣会与多明我会在通讯方面有所不同，耶稣会士习惯给耶稣会总会长写有关中国传教情况的年信，[②]而多明我会以前只写个人书信，而

① 石铎禄、利安定、王路嘉等方济各会士的看法，参见 SF VII, pp. 1213 - 1214, 1272.

② 有关耶稣会中国年信的研究很多，其中比较重要的有 Joseph Dehergne, "Les lettres annuelles des missions jésuites de Chine au temps des Ming (1581 - 1644)", in *Archivum historicum Societaties Iesu*, 49 (1980), pp. 379 - 392; Joseph Dehergne, "Lettres annuelles et sources compleméntaires des missions jésuites de Chine", in *Archivum historicum Societaties Iesu*, 51 (1982), pp. 247 - 284;董少新：《17 世纪来华耶稣会中国年报评介》，《历史档案》2014 年第 4 期，第 128—132 页;刘耦：《17 世纪耶稣会中国年信研究》，博士学位论文，复旦大学历史地理研究中心，2018 年。

这些书信有时候又会丢失。他之所以给马尼拉多明我会省会长写一年又一年的中国传教区报告,一方面是为了弥补这个缺陷,同时也是借此延续黎玉范开始做的工作。黎玉范写了从 1630 年到 1671 年的多明我会中国传教史,[①]而万济国决定接着从 1671 年写起。这样一来,黎玉范、万济国和闵明我三位多明我会士都在努力撰写与耶稣会立场不同的中国多明我会传教史,逐年记载所发生的事情,像耶稣会的年信一样,同时也撰写代表多明我会统一立场的报告。万济国的这份报告时间跨度为 1671—1678 年,报告中也记载了他与何大化的书信往来。要解读罗文炤在万济国报告中的形象和角色,首先要弄清楚耶稣会与多明我会在福建的矛盾和斗争,以及万济国想用他的报告达到什么目的。万济国一直强调耶稣会在福建给多明我会设置障碍,例如,纵使耶稣会的人手不够,他们也尽力避免让多明我会管理更多的教徒。同时万济国也批判耶稣会士一直往罗马教廷报告有关中国礼仪的错误观点。万济国报告中的罗文炤形象也通常与这些目的有联系,因此需要仔细辨析、谨慎使用。

　　万济国描述他与罗文炤在福州教堂的情况时写道:"有时候会有女教徒突然进入我的房间,然后锁上门跟我说,'神父,我想向你告解,因为我听得懂你,你也听得懂我',然后我就只能答应,秘密地听她们告解。还有一件事情让我感到更奇怪,就是罗文炤在这个教堂待了大约六个月,女教徒很希望找她们的同胞罗文炤神父告解,但是她们一直没能够找他。"[②]万济国在影射耶稣会士禁止教徒找多明我会士告罪,同时强调福州的教徒感到罗文炤更亲切。

---

　　① 该书已佚,参见 González, *Historia de las misiones dominicanas de China*, Vol. 5, p. 14.

　　② 参见万济国 1678 年 12 月 9 日从福州写给圣玫瑰省会长的报告,BC, ms. 1074, f. 339v.

　　万济国又叙述耶稣会士巡按使刘迪我到达福州后所发生的事情："当时罗文炤跟我在一起,我们俩给予热情的、符合刘迪我神父的道德和学识的接待。我们请他吃了饭,也送了他几样东西来当路上的食物……他送我们一面小镜子,还有在中国出版的很大的一张世界地图。"①据万济国说,刘迪我到福州的时候,因为看到多明我会不在福州施行圣事而感到惊讶,也跟他俩讲了崇明岛奇迹。② 在何大化与万济国 1674 年的书信往来中,还有一个细节可以显示罗文炤在欧洲传教士与中国教徒的网络中的角色。据万济国的记载,何大化在信中写道:"罗文炤在福州的时候,唆使阮托马斯(Iuen Thomas)③和张多默(Chang Thome)抱怨我,让他们跟巡按使刘迪我说我责备他们跟多明我会士有来往,还跟您讨论一些物品事宜,这是托马斯偷偷告诉我的。哪儿有这回事。我一直认为多默是一位在两水之间的人(按:意指两面派),我也会跟他开玩笑说他是一位两心之人。"④何大化不仅对多默有所不满,对罗文炤也如此,"既然罗文炤也这样对待我,像一位中国人一样,那以后我们的关系也会如此进行下去",⑤而万济国却否认罗文炤唆使那两位中国教徒

---

　　① 参见万济国 1678 年 12 月 9 日从福州写给圣玫瑰省会长的报告,BC, ms. 1074, f. 333.

　　② "我俩都听了他讲的故事,跟这里写的一样",参见万济国 1678 年 12 月 9 日从福州写给圣玫瑰省会长的报告,BC, ms. 1074, f. 333.

　　③ Iuen Thomas 是一位何大化的男仆,有一次何大化委托他去福宁向万济国要酒。参见万济国 1678 年 12 月 9 日从福州写给圣玫瑰省会长的报告,BC, ms. 1074, f. 354. 所以我们可以看到中国教徒跟两修会的传教士都保持密切联系,也就是说中国教徒同时服务两个修会。传教士之间的合作也是经常发生的,只是在报告中显示他们的不同立场,目的是说服第三方,即罗马教廷等欧洲读者。

　　④ 西班牙语原文插入了中文表达"hombre de dos corazones *leang sin*(两心)",何大化的意思是多默一心侍二主、脚踏两只船。参见万济国 1678 年 12 月 9 日从福州写给圣玫瑰省会长的报告,BC, ms. 1074, f. 346.

　　⑤ 参见万济国 1678 年 12 月 9 日从福州写给圣玫瑰省会长的报告,BC, ms. 1074, f. 346.

控告何大化。① 不管这些事情是否发生过,这些资料也显示了欧洲传教士在处理与中国教徒的关系时有一些困难。历狱期间,何大化委托罗文炤照管中国传教区的教徒,而后来他对罗文炤感到失望。何大化又一次对这位中国神父的动机表示怀疑,把中国人描述为表里不一、难以信任,也包括罗文炤在内。除了他们之间交往的一些困难,上述内容也显示罗文炤与耶稣会教徒之间有来往。罗文炤神父作为中国人让教徒感到更加亲切,应该也具备一定的影响力,才能使教徒抱怨何大化阻止他们与多明我会士交往。

　　罗文炤对多明我会与耶稣会之间的冲突应该深有体会,因为万济国在他的报告中详细描述了一些中国教徒在福州参与的纠纷。这些事情显示作为中国教徒网中一员的罗文炤在这些纠纷中的两难处境和要面临的立场选择。例如有一位名为 Geronimo Ung Pe Lhy② 的中国教徒"在三位教徒面前说,福安教堂里男女混杂,而守童身女住在天主堂",③然后多明我会士的一位名为 Gaspar 的男仆回答道:"如果多明我会士真像恶魔一样,为什么耶稣会士会叫上罗文炤来访问他们所有的教徒?"④万济国在描述他与何大化矛盾的同时,也谈到了一位名为 Maximo Xe 的教徒:"Maximo 曾为艾儒略神父做过几年男仆,后来结婚了。因为没有孩子,所以纳了妾。我在他家住过,自己有独立的房间和厨房。在

---

　　① 万济国写道:"没有道理……罗文炤更没有唆使那两位教徒向巡按使刘迪我抱怨何大化神父。我自己很清楚,而且托马斯也这么告诉我的。"参见万济国 1678 年 12 月 9 日从福州写给圣玫瑰省会长的报告,BC, ms. 1074, f. 348.

　　② 1700 年 4 月 18 和 1700 年 10 月 10 日福建教徒署名的中国礼仪证词中,签名者中有一位教徒名为翁热路尼摩,还有一位阮多默(Yuen Thomas),不知此二人是否即为 Geronimo Ung Pe Lhy 和 Iuen Thomas. 参见 Standaert, *Chinese Voices in the Rites Controversy*, pp. 196 - 199.

　　③ 参见万济国 1678 年 12 月 9 日从福州写给圣玫瑰省会长的报告,BC, ms. 1074, f. 345v.

　　④ 参见万济国 1678 年 12 月 9 日从福州写给圣玫瑰省会长的报告,BC, ms. 1074, f. 345v.

一个宽大的房间设有一个台子来主持弥撒,外面一个房间作为接待客人的屋子,隔壁还有我自己住的房间。女性是住在房内另一个屋子。而我去他那儿住,也是因为何大化把我赶出了他的房子。"①万济国接着解释他们之间有关多明我会留在福州的一些冲突:"既然因为我住在何大化的教堂而让他感到烦,所以没过三天我就去 Maximo 家里住了,因为他家就在我从他那里买到的房子旁边,这样一来也可以催促住在我买的那个房子的一位官员早点搬走。"②万济国还埋怨何大化找中国教徒阻止他在福州买房子:"我搬到 Maximo 家后,耶稣会神父的男仆林 Theodosio 替何大化去叫我的房东并把他带到教堂去。在见何大化神父之前,Theodosio 跟 Maximo 说了一句'你严重犯罪了,因为把你的房子卖给多明我会神父了,或许你会因为这件事情而失去你所有的财产,还有自己与自己家人的性命。何大化神父会命令毁掉那个在教徒之山上本来留给你的地方(sepulcro)'。"③

　　除了这些教会经营和住宿问题以及教徒管理上的一些纠纷,多明我会士万济国与耶稣会士何大化也讨论他们在中国礼仪问题方面的不同看法。他们把罗文炤也拉到这个争论中,都希望他站在自己这边。分析这个问题时,首先要辨析各个传教士理论上的态度和他们在传教区施行礼仪方面的具体实践。比如说,在实践上一位传教士可以暂时允许教徒施行某礼仪,但这并不意味着他在理论上认同这样的行为。前文提过,罗文炤允许罗源教徒在家

---

　　① 参见万济国 1678 年 12 月 2 日从福州写给圣玫瑰省省长的报告,BC, ms. 1074, f. 348.
　　② 参见万济国 1678 年 12 月 9 日从福州写给圣玫瑰省会长的报告,BC, ms. 1074, f. 344v.
　　③ 参见万济国 1678 年 12 月 9 日从福州写给圣玫瑰省会长的报告,BC, ms. 1074, f. 344v.

里保留祖先牌位,但是万济国在他专门讨论中国礼仪问题的著作①中记载了在福州发生的以下情况:

> 在我面前,罗文炤在福州教堂跟何大化说:"如果耶稣会士的看法是基于中国人不向祖先的灵魂求恩惠的话,那么他们的依据不是事实,因为我是中国人,成年时受洗礼了,我很清楚非教徒从小就在这些礼仪上是请求祖先的,希望得到恩惠。这是没法否认的,任何一个中国人如果实话实说不会否定任何一点。"何大化就沉默了。②

接下来万济国为了证明他的立场还提供了李九功的看法:

> 我在福州的时候同样也问了另一位信教的文人。他是耶稣会神父的教徒,名叫李多默③,读过很多中国古籍,很有学问。他的回答是:非教徒在这些礼仪上请求并希望从自己的祖先那里得到恩惠。但是他说有一件让他感到困惑的事情,即既然天主教徒是不求恩惠的,为什么多明我会士严厉禁止他们上贡品。我就给他如实回答,他就明白了这一点。④

---

① 万济国写了数种有关中国礼仪问题的著作,包括 1664 年在兰溪撰写的、1671 年左右在广州撰写的,以及回到福建后 1680—1681 年写完的大部头著作。参见 González, *Historia de las misiones dominicanas de China*, Vol. 5, pp. 38-42.

② 万济国于 1680 年撰写的有关中国礼仪问题的著作(*Tratado en que se ponen los fundamentos que los Religiosos Predicadores tienen para prohibir a sus cristianos algunas ceremonias que los gentiles hacen en veneración de su maestro Confucio y de sus progenitores difuntos*, Año 1680),第五章《多明我会士对这些祭祀礼仪的体验》("de lo que los religiosos predicadores emos experimentado açerca de estas ofertas"), BC, ms. 1070, f. 128r.

③ 此人即李九功,洗名 Thomas. 李九功用不同的中国古书来证明祭这个词没有宗教意义,只是对祖先表示尊敬的一种方式。后来耶稣会士用他的书籍和看法来支持他们的观点。参见 Standaert, *Chinese Voices in the Rites Controversy*, pp. 51-57, 69-70, 72.

④ 万济国于 1680 年撰写的有关中国礼仪问题的著作, BC, ms. 1070, ff. 127v-128.

万济国继续写道：

> 我们把社会礼仪看成偶像崇拜并禁止祭祖祭孔，如果要判断我们这么做是不是一个不够谨慎的选择，那就需要先看我写过的相关论著。在这些书里可以看到我在福州期间以及后来何大化神父回福州后，我从来没有跟教徒提过这些事情，也没有禁止任何一个耶稣会允许他们施行的礼仪。罗文焻也像我一样对待了耶稣会的教徒，所以在福州有很多教徒或者大多数教徒不知道我们在福安是禁止这些礼仪的。是何大化和他的男仆把这个情况公布出去的，而其意图在于解释他们自己的立场，也为他们阻止我留在福州工作找借口。虽然我回复了一些主动来问我的教徒，说我们目前只想在福州找个落脚的地方，但是如果今后留在福州的话一定会继续沿袭耶稣会士的看法和做法，就像我们一直在福州所做的，直到罗马教廷有别的说法。①

按照万济国的说法，他和罗文焻没有在福州禁止教徒施行祭祖祀孔的礼仪。何大化反而利用他们两修会在中国礼仪问题上的争论意见来博取福州教徒的支持，引发了教徒对多明我会士的反对行为。在理论方面，万济国提出与耶稣会相反的看法，并且批判耶稣会没有客观地向罗马报告中国礼仪情况。他是这样总结自己的态度的："我们不是想强迫大家接受我们的看法，我们只是一直希望以前你们给罗马教廷做的报告是按正确的方式做的。"②

万济国在他的报告中还讲述了他最后是如何在福州买到房子并建立圣若瑟教堂及其过程中受到的阻止与干扰。他的这段记载

----

①　万济国于 1680 年撰写的有关中国礼仪问题的著作，BC，ms. 1070，ff. 127v-128r.

②　参见万济国 1678 年 12 月 9 日从福州写给圣玫瑰省会长的报告，BC，ms. 1074，f. 347v.

可以帮助我们更为全面地解读当时耶稣会士与中国教徒之间的合作方式;后来罗文炤也配合并支持了耶稣会士,所以这段记载对准确解读中国教徒所撰写的书信与书籍也有一定的对照价值。

　　他们还用了这么一个方法,就是以所有福州教徒的名义给多明我会省会长写一封信。信中请求他让我回到福宁教堂,千万不要让我在福州买房子。这封信里有 73 个教徒的姓名,有趣的是除了两个人没有别的教徒知道这封信的存在,也没见过信上写的是什么。这封信是由林 Theodosio 与 Ung Geronimo 写的或口述的。这两位是耶稣会神父何大化的忠实助手。所以不能否认何大化神父先看过此信,然后才寄过去的,因为该信是以所有教徒的名义在福州教堂写的,如果他没有表示同意这两位教徒是不敢下笔的。他们写了两封信,一封短一封长。第一封一些教徒是看过的,因为圣母会会长后来是这么告诉我的。信上只写着几行很礼貌的话,说当时我在福州买房子不适合,但是寄给身在福安的我的不是这一封,而是内容众多的另一封。这封信是秘密地写的,信中把我描写得很卑鄙低贱,还对我做一些控告以及用天主教徒不应该用的一些话。如果不是亲眼看到该信是 Geronimo 的笔迹,我是不会相信他们会写这些话的⋯⋯他们派人把信带到福安,我们留存了书信原件⋯⋯教徒感到惊讶,因为这两位最虔诚的教徒会写这样的话⋯⋯也没有人认为阻止我们在福州建立住院的这个方法合适,因为与我们的神父身份不符合。这座人口众多的城市毕竟是能容纳下其他神父的,但现在却只有两位神父,而其中一位已经没法正常工作了,另一位又语言不通。①

---

① 参见万济国 1678 年 12 月 9 日从福州写给圣玫瑰省会长的报告,BC, ms. 1074, f. 349.

最后，多明我会士于 1674 年 11 月 25 日建成了圣若瑟教堂并主持了第一次弥撒。罗文炤在此之前应该是在福安，因为万济国说他为了开堂弥撒而从福安赶到福州去了。后来万济国于 1675 年 1 月前往福宁，委托罗文炤照管福州的教堂。[①]

1670 年罗文炤在福安、宁德、罗源、福州四地之间工作。此后罗文炤一直跟福州的教徒保持联络，成为福州教徒与多明我会之间的重要沟通渠道。1676 年方玛诺神父去世之前，福州发生了一个重大事件。万济国在他的报告中记载了他是如何通过罗文炤得知此事的，并大概描述了此事原委："这件事情（福州教徒跟罗文炤讲的，而他又转告给我）是在方玛诺去世前不久发生的。该神父给藩王上书了，提醒他保持警惕，因为有些官员打算把他出卖给鞑靼人。方玛诺神父让福州教堂男仆 Theodosio 把信写成中文。这种事很危险，他没敢写，因为藩王或许会想找该神父追究到底谁是叛徒以及他是通过什么渠道了解到的。方玛诺就找了一个胆子大一点的教徒。该教徒帮他写了之后，方玛诺神父去见藩王递交了此信。藩王一看就发怒了……后来阴谋被发现了，藩王下令把 15 个大官员砍了头，其中包括在藩王起兵之后因不愿意屈服而一直被囚禁的总督[②]。"[③]传教士给藩王耿精忠通风报信，此事不见于中文史料，而万济国此处言之凿凿，或可为三藩之乱研究提供参考。但我们用这个例子揭示的是，一方面作为中国神父的罗文炤与中国教徒构建出一个中国天主教群体网络，并且他跟耶稣会的教徒往来频繁；另一方面作为多明我会士的他，得向多明我会中国会长报告有关福州教会的情况。因此罗文炤变成了一个重要的信息渠

---

　　① 参见万济国 1678 年 12 月 9 日从福州写给圣玫瑰省会长的报告，BC，ms. 1074，f. 350.

　　② 即福建总督范承谟。

　　③ 参见万济国 1678 年 12 月 9 日从福州写给圣玫瑰省会长的报告，BC，ms. 1074，f. 356v.

道,成为这两个群体的重要连接。

　　关于当时罗文焰与中国教徒关系,目前没有发现叙述详细的文献,我们只能通过文献中的零星信息加以勾勒。根据多明我会的文献记载,1680 年罗文焰从罗源前往漳州的路上经停福州,"福州教徒热情地接待了他,尤其是一位名为 Lihongki Martín[①] 的虔诚教徒。Lihongki 是该城的重要人物,他为了能够入天主教把一个妾赶出家门,即使他很喜欢她。受洗后,他的生活一直是值得表扬的,是一位热心虔诚的教徒、很好的教徒",[②]但该文献中没有关于教徒 Lihongki 的进一步信息。我们在西班牙奥斯定会士白万乐(Álvaro de Benavente,1646—1709)的记载中找到了一些关于他的宝贵信息:Lihongki 是一位来自扶溪(Foky)的文人,他在福州为藩王做事。他是在福建入教的,并且读过与天主教相关的书。后来藩王因起兵反清而在 1679 年被捕,为其做事的人因此受到牵连而被捕,而 Lihongki 得以幸运逃离,回到老家扶溪。据白万乐所说,Lihongki 在扶溪是最有权威的人物之一。虽然刚开始他把天主教看成是一个既没用又有害的教派,但是在与多明我会士交往之后,他的想法有所改变,并且多明我会士给了他很多书。他拥有所有在中国出版的天主教相关书籍。他不但与家人做一些信仰训练(ejercicios de devoción),还说服了很多人入教。当 Lihongki 听到奥斯定会士李若望神父(Juan de Ribera,?—1711)到南雄府的消息后,马上就过去找他并把他带到扶溪来。扶溪为肇庆府(Xao king fu)之下的一个村镇(aldea),人口两千,离南雄府有两天

---

　　① 该教徒名字在西文文献中写为 Lihongki 或 Lij hoan ky,洗名为 Martín。
　　② 参见 Salazar, *Historia de la Provincia de el Santissimo Rosario*, pp. 171 - 172; González, *El primer obispo chino*, pp. 36 - 37; González, *Historia de las misiones dominicanas de China*, Vol. 1, pp. 492 - 493。

的路程。①

我们推测,白万乐提到的给 Lihongki 很多天主教书籍的多明我会士很可能是罗文炤,因为我们在前文提到,罗文炤在 1670 年代先在福州的耶稣会教堂印刷了书籍并管理该教堂的教徒,之后又负责管理福州多明我会圣若瑟教堂,所以罗文炤与 Lihongki 应该在福州有着频繁交往。Lihongki 回到了扶溪后,白万乐神父把 Lihongki 与李若望神父的相遇描述为巧合,认为是天主的安排,但是很有可能其并非偶然,而是中国天主教群体网络运作的结果。有文献记载从奥斯定会进入中国时,他们与耶稣会、罗文炤以及耶稣会周围的几个教徒有来往也有合作。② 比如白万乐进入中国时,罗文炤建议他可以从广东到广西发展,因为那里还没有神父。同时,罗文炤与白万乐都跟方济各、南怀仁等耶稣会神父以及他们周围的几位教徒如李百铭、João Cortes 等人有合作。因此 Lihongki 与罗文炤在福州的来往,以及后来在广东扶溪与奥斯定会合作,应该都不是偶然的,而罗文炤恰是这个网络得以编织和扩大的一位重要成员。总之,罗文炤在福州接触了更多耶稣会身边的中国教徒,而这对后来发生的事情产生了一定的影响。

除了 Lihongki 以外,文献中还记载一位洗名为 Eleuterio 的福州教徒与罗文炤有联系。据多明我会士许伯多禄神父在 1682 年

①　白万乐 1685 年在肇庆府写的报告,见 I. Rodríguez & J. Álvarez, "Álvaro de Benavente, OSA, y su Relación de las misiones agustinianas de China (1680–1686)", *Estudio Agustiniano* 12 (1977), pp. 767–768. 关于白万乐,参见 Pérez, *Catálogo*, pp. 130–132. 据荣振华的研究,1683 年 10 月 2 日李若望已经过扶溪,该地属仁化县管辖,参见 Dehergne, "Les chrétientés de Chine", p. 44. 但荣振华并未给出 Fuki 或 Fou ky 的中文名,按照白万乐的说法,此地距离南雄为两日程,因此我们将其考为扶溪。至于该文献此处的 Xao king fu,也有可能是韶州府(Xao cheu fu)之误。关于李若望,参见 Pérez, *Catálogo*, pp. 144–146.

②　耶稣会帮他们在中国发展,而奥斯定会神父来弥补耶稣会缺乏传教士的问题,以奥斯定会在没有耶稣会士的地方发展为前提。

的报告说，Eleuterio 是为福建总督（virrey）①服务的一个老人，他和他的父母以及祖父母都是天主教徒。他在 1681—1682 年福安和宁德地区遭遇反教运动期间，为多明我会士提供了帮助，并向总督上书，请求其干预并阻止反教活动。报告中说他认识了几个官员，都是品行端正的人。② 罗文炤和 Eleuterio 等中国教徒群体网络成员在这次反教活动中为福建教会辩护。后来罗文炤在漳州也遇见了这位教徒（详后）。

　　总之，罗文炤是明末清初福建天主教徒群体网络中的一员，而 Gaspar、Máximo Xe、阮托马斯、张多默、Lihongki、李百铭、João Cortes 等中国教徒也都是该网络中的成员。很多教徒都同时与耶稣会和多明我会保持着联系，罗文炤也不例外。他们不可避免地卷入到这两个修会在福州的一些矛盾和冲突之中，也因此被两修会的会士在其报告中或多或少地记录下来。罗文炤与耶稣会身边的这些中国教徒有着频繁的交往，或许也因此越来越多地融入耶稣会的中国教徒网络中。而罗文炤与这些中国教徒不同的是，他还有一个多明我会士和神父的身份，后来还被选为主教和宗座代牧，所以他在教会结构中有一定的权力和地位，这让多明我会和耶稣会在争论过程中都对罗文炤有所期待，都希望他能够多配合本修会，从本修会的立场出发来管理教务和处理礼仪问题。

4. 罗文炤逐渐靠近耶稣会的倾向

　　上文阐述了罗文炤如何通过福州的耶稣会教徒慢慢融入耶稣

---

　　① 时任福建总督的是姚启圣（1624—1683）。
　　② 参见许伯多禄 1682 年 12 月 16 日的报告（"Relación de los sucesos de esta nuestra Mission de la Orden de Predicadores en China en este año de 1682"），AFIO 28/18，28 - 29.

会的圈子。而同时罗文炤也直接与耶稣会士保持联系。前文提及何大化神父委托罗文炤在历狱期间照管耶稣会的中国教徒，北京的耶稣会神父又支持他接着访问各省的耶稣会教堂，同时把他介绍给各地的重要教徒（如江南的许甘第大）。这些事都使罗文炤与耶稣会的关系逐渐变得密切。总之，历狱事件对此起到了很重要的作用，而 1670 年代耶稣会在福建所面临的人手短缺问题同样影响了其与罗文炤之间的关系。

1676—1677 年对罗文炤与耶稣会士的关系发展而言非常关键。通过耶稣会士李西满、多明我会士万济国以及罗文炤的书信内容可以了解当时的传教区情况。几年前殷铎泽神父以耶稣会司库的身份被派回罗马办事，返回时带来一批耶稣会士，但只有殷铎泽、李西满和一位留在广东的耶稣会士三人顺利地抵达中国。① 当时平定藩王的战争还在福建延续，何大化与耶稣会上级的正常通讯受阻，李西满也未能及时到福建协助何大化。1676 年 10 月清军平定福建后，通讯恢复了正常，何大化给耶稣会中国副省会长写信，表示无论如何需要一位传教士。② 万济国也提到这件事："何大化派人去南京找耶稣会中国副省会长陆安德（Andrea Lubelli，1611—1685）③，向其要了一位传教士，因为他年纪大了，没法照顾这个传教区。但是这个传教士没来得及按时到，（因为何大化去世了）。"④耶稣会士在找各种办法弥补人力资源的缺口，万济国写道："何大化告诉我马尼拉的经费已经到了，方玛诺神父去

---

① 参见万济国 1678 年 12 月 9 日从福州写给圣玫瑰省会长的报告，BC, ms. 1074, f. 356.

② 参见李西满 1677 年 10 月 28 日从福州写给 Xavier Riquelme 的信，ARSI, Jap. Sin. 124, ff. 103r - 104r.

③ 陆安德于 1674—1676 年间担任耶稣会中国副省会长。参见 Dehergne, *Répertoire*, p. 158；Pfister, *Notices biographiques*, p. 328.

④ 参见万济国 1678 年 12 月 9 日从福州写给圣玫瑰省会长的报告，BC, ms. 1074, ff. 356v - 357v.

世了,他们也没有其他办法可以派来一位替补,所以向我提出请求,如果我们要派男仆去马尼拉的话,希望能通知他一声,这样他也可以派人跟着一起去菲律宾,进而请耶稣会菲律宾省的神父派两位传教士。后来他想的是问暹罗那边,但是何大化都没能够就此事询问马尼拉或者其他地方,因为他去世了。"①方玛诺和何大化先后去世于 1676 年 9 月 4 日和 1677 年 2 月 14 日,福建已经没有其他耶稣会神父了。

在这种情况下,罗文炤又担起了重任。罗文炤在这期间的行动及书信证明了他与中国传教区耶稣会士之间的密切联系,他写道:

> 我来到福州是因为何大化(愿天主与他同在天国)叫我来照顾他。两个月里我一直都在照顾他,因为他病倒在床上,半身都瘫了,没法动也没法翻身。原因是在圣诞节那一天,在听了一天告解并主持了三个弥撒后,最后一个弥撒刚结束他就昏倒了。教徒把他抬到床上,醒过来后让他们派了一个人去罗源县叫我。我当时在我的教堂,离福州有两天的路。我到了以后他很受安慰,因为有人可以给他施行圣事了。他向我告解,吃了几次圣餐,直到去世都保持清醒⋯⋯我们给他们(按:方玛诺与何大化)举行的葬礼就像给我们修士举行的一样。②

万济国的描述与罗文炤的基本一致,但万济国补充道:"何大化把他所有的东西都给罗文炤了,委托他亲自转交给要来的耶稣会士;他也让罗文炤给我写一封信,信中他向我为我们以前的事情

---

①　参见万济国 1678 年 12 月 9 日从福州写给圣玫瑰省会长的报告,BC, ms. 1074, f. 357.

②　参见罗文炤 1677 年 4 月 9 日的信。罗文炤书信的馆藏信息或出处,参见附录二"罗文炤署名的书信等作品"。

表示道歉。他还告诉所有的教徒罗文炤是他们的牧羊人与主教，是教宗合法选择的，让大家尊敬他，尊重他主教的身份并听从他。他还劝说罗文炤接受主教职位，不要谢绝……罗文炤为他主持了九日弥撒，然后我们各自也为他主持了六次弥撒，就像给我们的修士做的一样。"①李西满神父 3 月 30 日才到福州。在此期间万济国也到过福州，因为"虽然罗文炤在福州教堂，但他是本地人，福州主要的教徒担心他不像欧洲神父一样受尊敬，所以写信请我在新的耶稣会士没来之前去福州管理他们的教堂。签这封信的教徒中有曾写过批评我的那封信的那两位（林 Theodosio 与 Ung Geronimo）"。②万济国应该是 3 月 10 日到福州的，因为他写道："我在福州 20 天后李西满来了。我跟几个邻近的鞑靼官员见了面，然后李西满一到我便离开福州了。因为李西满是新来的，不会当地语言，罗文炤就在他的请求之下多陪了他几天。他求罗文炤在福州过四旬斋，帮他听女教徒告解。"③

万济国说耶稣会巡按使 Sebastião Almeida 与耶稣会中国副省会长陆安德④分别于 1677 年 12 月 23 日和 1678 年 1 月 7 日给他写信，信中他们为何大化曾经的过错向万济国表示道歉，也给万济国送了一些礼物。同时感谢多明我会对何大化和李西满的照顾。陆安德神父写道："感谢您与罗文炤在何大化去世时所做的，

---

①　参见万济国 1678 年 12 月 9 日从福州写给圣玫瑰省会长的报告，BC, ms. 1074, f. 357v.

②　参见万济国 1678 年 12 月 9 日从福州写给圣玫瑰省会长的报告，BC, ms. 1074, f. 358r.

③　万济国 1678 年 12 月 9 日从福州写给圣玫瑰省会长的报告，BC, ms. 1074, f. 358r. 至于李西满对罗文炤的评价，可以参见李西满 1677 年 10 月 28 日从福州写给 Xavier Riquelme 的信，ARSI, Jap. Sin. 124, f. 103r.

④　这两位耶稣会士希望促进耶稣会与多明我会在中国礼仪问题等问题上达成协议。耶稣会缺人管理福建等教堂的问题一定起到了很重要的影响。

也感谢后来对李西满的帮助。"①

　　总之，罗文炤在历狱期间跟耶稣会士保持联系，历狱结束之后也在福建跟何大化神父和李西满两位继续保持来往。耶稣会在福州人手不足的问题更拉近了耶稣会与罗文炤之间的距离，罗文炤协助他们管理教徒，尤其是在何大化去世之前以及李西满刚接手福州教堂工作的时候。此处更值得注意的是何大化建议罗文炤接受主教职位，以及后来耶稣会巡按使 Sebastião Almeida 和耶稣会中国副省会长陆安德对此事的参与。关于罗文炤接受主教任命及其与耶稣会的关系，后文将详细讨论。

　　罗文炤与耶稣会的联系不局限于福州。江南、浙江以及福建的耶稣会士都跟几位多明我会士有一些合作。前文已经提到了罗文炤在历狱期间到了江南地区，并与重要的天主教徒许甘第大有所接触，在杭州的耶稣会教堂印刷了书籍，还通过许太太去了上海附近的崇明岛传教。后来耶稣会士巡按使刘迪我也在许太太的资助下去过崇明岛，继续扩大天主教在岛上的影响。鲁日满和刘迪我去世后，江南地区虽仍有柏应理继续管理崇明岛等教堂的教徒，②但还是陷入了如福建一样的人手不足困境。在这种情况下，多明我会士白敏峩神父从浙江去过常熟的堂区，照顾鲁日满神父原来照管的教徒。万济国也记载了许太太通过耶稣会士柏应理接济了浙江的三位多明我会士。她给了三位多明我士 200 两白银，

---

　　① 参见万济国 1678 年 12 月 9 日从福州写给圣玫瑰省会长的报告，BC，ms. 1074，f. 362r-v.

　　② 柏应理（Philippe Couplet，1622—1693），1656 年前往中国，曾经在福建工作过，可能在那边结识了罗文炤；也去过浙江，但是主要是在许太太支持下的江南教堂工作。历狱结束后他回到江南地区，也到过崇明岛。1680 年离开中国前往欧洲，以耶稣会司库的身份去罗马、巴黎等地。他在罗马表示需要培养中国本地神父，希望能容许中国神父用中文主持弥撒等。他还把许太太给的一些东西以及 400 本中文书带回欧洲。他在 1692 年跟斯皮诺拉神父（Carlo Spinola）以及六七个耶稣会士回到中国传教区。参见 Dehergne，*Répertoire*，pp. 66–67；Pfister，*Notices biographiques*，p. 308.

而陆安德也给了 10 两。[①] 此外，据何大化说，罗文焰在一定程度上帮助了他来说服浙江的多明我会士白敏峩支持耶稣会在中国礼仪问题上的立场。[②] 总之，江南、浙江和福建的耶稣会与罗文焰、白敏峩等多明我会神父之间存在着一定的联系。这一关系在罗文焰与柏应理的通信中也有体现。罗文焰在 1677 年 4 月 9 日写给柏应理的一封信中说："我已经很久没看到过您的字迹了，在这个动荡时期我也没能给您写信……李西满到了之后我获悉您身体健康……福州教徒很希望您来到福州，因为他们都很喜欢您。"[③]这段话意味着罗文焰与柏应理此前已有来往，且福州的教徒认识柏应理，而李西满在 1677 年 3 月到达福州后使罗文焰重新与柏应理联络。直到柏应理前往欧洲之前，罗文焰应该都和他保持着联系。罗文焰在 1682 年的一封信中写道："虽然现在我们之间相隔遥远，已很久无法在您身上享受您热情的陪伴，但是无论如何我都无法忘记您对我一直以来的热情对待与帮助……因为要用爱来换别人对你的爱，虽然在其他方面我还是欠您的，我希望您接收我对您所表达的心意。"[④]

罗文焰与江南耶稣会的这些联系奠定了其与江南耶稣会士的合作基础。后来罗文焰以南京宗座代牧的身份访问了南京省的教徒，包括崇明岛堂区，而且访问过程中都有江南耶稣会士的陪同。

[①] 万济国 1678 年 12 月 9 日从福州写给圣玫瑰省会长的报告，BC, ms. 1074, f. 358. 万济国说鞑靼人在战争期间住过金华多明我会教堂。

[②] 参见万济国 1678 年 12 月 9 日写给圣玫瑰省会长的信，见 BC, ms. 1074, f. 346.

[③] 参见罗文焰 1677 年 4 月 9 日的信。

[④] 参见罗文焰 1682 年 11 月 10 日的信。

5. 罗文炤迎接新来福建的托钵修会传教士(1676—1680)

　　马尼拉总督一直关注明清战争,担心中国人会从台湾来到马尼拉从而威胁到马尼拉的安全,[①]同时这个战争也影响了福建与马尼拉之间的航线,到达马尼拉港口的船只减少了,导致传教士不那么容易到中国去。1672 年万济国回到福建之后,在他的报告中说,虽然每年还是有例外,但一般来说船长是不愿意从福建去马尼拉的。万济国给马尼拉的省会长提出建议,"其实本来是可以让两位传教士先到澳门,然后让罗文炤去接他们的",但他补充道:"我去年给省会长写了关于这个问题的很多解释,非耶稣会士很难通过澳门进入这个王国……现在说是因为鞑靼人的问题不太容易经过台湾了,但是还有船只继续做贸易,所以传教士可以通过台湾来,路上只需要 12 天。"在 1673 年 4 月 22 日多明我会圣玫瑰省的会议上,省会长 Felipe Pardo(1611—1689)收到了派传教士到中国的请求。同年他派了欧加略、费理伯、许伯多禄和 Alonso de Córdoba 去台湾。他们主要的目的是在台湾建立一个新的传教区,但是没有成功,因此于 1674 年 5 月 4 日回到马尼拉。除了台湾,万济国还提出可以经过澳门,或者通过暹罗来到广州。[②] 无论传教士是通过台湾来到福建、直接到澳门,还是通过暹罗来到广州,罗文炤都可以继续担任迎接传教士并陪他们安全地到福建教

---

　　① 　Diego de Salcedo 在 1667 年 8 月 4 日的书信中便表达了这个忧虑。1672 年 Manuel de León 派使者去台湾商讨如何避免这个问题。马尼拉方面询问万济国中国人侵略马尼拉的可能性,他在回信中认为没有这个危险。1681 年 6 月 11 日 Juan de Vargas 也在一封写给国王的信中表达了他关于这个问题的担心。参见 AGI, Filipinas 11,R. 1,N. 27.(IMAG. 1 - 2).

　　② 　参见万济国 1673 年 8 月 14 日从福州写给圣玫瑰省会长 Felipe Pardo 的报告,BC,ms. 1074,f. 311.

堂的任务。

　　从 1676—1680 年间基本上每年都有两位新的多明我会传教士来到中国，共有 9 位多明我会士从马尼拉抵达中国，此外还有几名方济各会士、四位耶稣会士以及几位奥斯定会士。在此期间西班牙传教士的比例变成传教士中最高的。罗文炤担任着迎接他们的重要角色。罗家巷也在这个过程中变成了一个安全的目的地。1676 年夏有四位托钵修会神父来到福建泉州，分别为多明我会的欧加略和 Francisco Luján，以及方济各会的华德美（Miguel Flores de Reya，1644—1702）和石铎禄。7 月，多明我会中国会长万济国让罗文炤离开罗源去迎接他们，由利安定神父暂时替他管理罗源的教堂。7 月 10 日，考虑到战争带来的风险，罗文炤在到达泉州后便与新来的传教士一起商量是直接去各自的传教区还是先在原地等一段时间。讨论过后，因为多明我会打算在泉州开教堂，所以欧加略留在泉州，其他的三位传教士直接跟着罗文炤去福安。罗文炤先找了一艘船，一行人在 7 月 17 日沿着海岸前往福宁州。走到在福宁州入海的那条河后，继续沿河而上前往罗家巷，于 8 月 20 日到达罗文炤的家乡。他们受到罗文炤亲友们的热情接待，随后万济国来到罗家巷接 Francisco Luján，几天后利安定也来罗家巷接两位方济各会士并于 8 月 26 日离开罗家巷。[1]

　　把新的传教士带入中国并非易事，在这过程中需要做一系列的安排和重要的决定。虽然从传教士所写的书信内容来看，故事

---

　　[1]　有关罗文炤迎接这些托钵修士的事情原委，参考的文献如下：Agustín de San Pascual, "Epistola ad provincialem, 20 aug. 1677", SF III, p. 442; Miguel Flores, "Declaración sobre el estado de la misión china", Manila 18 junio 1686. SF VII, pp. 1061-1062；石铎禄 1676 年 10 月 21 日写给 Miguel de Santa María 的信，SF VII, pp. 1127-1133；万济国 1677 年 8 月 17 日从穆阳写给圣玫瑰省会长的报告，BC, Ms. 1074, f. 316.

的主角是传教士自己,罗文炤只是来配合他们的,但是实际上很难想象新到中国的传教士会有足够的能力主动去做这些决定,故作为本地人的罗文炤以及他周围的人际网络应该在其中起到了更为重要的作用。例如,是罗文炤找来了船,而一行人到福宁那条河的入口时遇到了阻碍,经过船上的中国人与岸上的人沟通之后才得以通过,据记载:"有个晚上我们到了一个堡垒,马上出来两个人准备检查我们的船,但是他们发现我们的船比较大,就没敢到我们这里来。他们互相说了几句,认为是自己的人,就让我们过了。"①可以想见,在这些行动过程中有熟悉的人是多么重要。可以说罗文炤的人际网络是确保整个旅途无阻的核心所在。

在罗文炤的整个传教事业中,曾多次把传教士带入传教区,但是像上面这样的详细描述不多。前一章中我们考察了罗文炤如何从马尼拉把传教士带到中国,但在这一时期多明我会一般把这个任务委托给其他的男仆,而罗文炤则留在传教区担任神父。但他依然会去港口接传教士并带他们去多明我会的教堂。1677 年,罗文炤和欧加略神父获悉费理伯和 Andrés López 神父从马尼拉到了厦门,便"立即前往厦门,然后乘船到了福安的传教区,路上用了8 天时间"。② 1678 年 6 月 24 日又有马尼拉的传教士前往福建,其中有多明我会士许伯多禄、方济各会士郭纳璧神父(Bernardo de la Encarnación, 1629/1630—1719)以及耶稣会神父鲁日孟、洪度亮(Francisco Gayoso, 1647—1702)、何纳爵(Ignacio Montes,

---

① 参见石铎禄 1676 年 10 月 21 日写给 Miguel de Santa María 的信,21 octubre 1676. SF VII, p. 1132.

② 参见万济国 1678 年 12 月 9 日从福州写给圣玫瑰省会长的报告,BC, ms. 1074,f. 359r-v. 这两位多明我会士于 1677 年 6 月从马尼拉前往福建,还有两位方济各会士与他们同时来。参见万济国 1678 年 5 月 26 日写给 Juan de los Ángeles 的信,BC, Ms. 1074,f. 320.

1628—1680)。① 受战争影响,这次他们先到了泉州。罗文炤像往常一样应该又起到了关键作用。同年 10 月 23 日,罗文炤派人告知神父们已经安全抵达福安。② 后来石铎禄神父从宁德去接他们时在穆阳碰到他们了,然后让郭纳璧神父先跟万济国在穆阳待一段时间,以便跟他学中文,像他自己在 1676 年经历的一样。罗文炤可能是把许伯多禄神父带到罗源去了,因为按照多明我会马尼拉省会纪要的记载,该神父 1679 年在这个住院,而罗文炤当时是该住院的院长。③ 看来托钵修会已经有相当稳定的策略。1676—1678 年传教士进入中国都走一样的路线。泉州的住院很重要,因为传教士先到厦门一带,再坐船往北航行,直到罗家巷,然后由比较熟悉的一位多明我会士和一位方济各会士把他们带入传教区,先在一位传教士身边学语言。罗文炤在整个过程的角色非常显著,他除了对福建沿海地区很熟悉,还能在罗家巷提供一个重要的集散点,再加上罗文炤会西班牙语,所以刚来的西班牙传教士可以在罗文炤身上获得重要的帮助。

　　1679—1680 年西班牙托钵修士转而从澳门进入传教区。④

---

　　① 有关这三位来自耶稣会菲律宾省的传教士,参见 Sebes,"Philippine Jesuits",pp. 192‐208. 关于他们的生平等信息,也可参见 Dehergne, *Répertoire*, pp. 107, 130, 178‐179. 有关方济各会士郭纳璧,参见 SF IV, pp. 375‐376.

　　② 参见 SF IV, pp. 284‐285; SF VII, pp. 1157, 1159;见李西满 1678—1679 年的报告,ARSI, Jap. Sin. 117, f. 191v.

　　③ 参见 Gentili, *Memorie di un missionario domenicano nella Cina*, pp. 441‐465. 万济国在 1679 年 12 月 29 日的一封信里也写道:"罗源住院院长由罗文炤担任,身边有许伯多禄神父。该教堂发展得很好,教徒数量比较多。"参见万济国 1679 年 12 月 29 日从福安写给圣玫瑰省会长的报告,BC, ms. 1074, f. 372.

　　④ 这个转变是由几个因素造成的。首先战争对马尼拉与福建之间的往来影响比较大。1678 年来到福建的传教士在进入传教区的时候经过一些困难,见李西满 1678—1679 年的报告,ARSI, Jap. Sin. 117, f. 191r‐v. 其次,马尼拉与广东开始了贸易往来,方济各会传教士可以在广东帮忙,因为跟广东的藩王关系比较好,而且一些船长也与托钵修会传教士关系比较好,如 Antonio Nieto。再次,耶稣会与西班牙托钵修士开始有一定的合作,包括在中国礼仪方面的一些合作,因此他们在澳门一直阻止西班牙传教士进入中国的做法开始在一定程度上有所改变。

1679 年 11 月 20 日白诚明与施若翰(Juan de Santo Tomás)①两位多明我会士坐着广东藩王尚之信的一艘船从马尼拉到了澳门。1680 年 11 月初又有六位托钵修会的传教士坐着 Antonio Nieto 的船到了澳门,其中有郭玛诺与马熹诺(Magino Ventallol, 1647—1732)两位多明我会神父。以前万济国提过多明我会士可以通过澳门或者广东进入中国,还说罗文炤可以抵达澳门来接这些传教士到福建。这些多明我会传教士从澳门到了广州,住在方济各会广州住院,等待有人来把他们带到福建去。按照万济国的说法,有可能罗文炤承担过这个任务,但我们尚未找到其他文献来证实这一点。

清朝统一台湾后,从厦门到马尼拉的商贸航线重新繁荣起来。1685 年有 22 艘船从厦门来到马尼拉。② 当时万济国继续建议马尼拉省会长重新优先考虑通过这个路线派出传教士,放弃通过澳门派传教士,因为澳门的路线贵且经常出问题。③ 这时罗文炤已经被提升为主教和南京宗座代牧,带入多明我会传教士的任务已由其他中国教徒来承担,而罗文炤与多明我会的关系也疏远了很多。

6. 福安教堂

前文提到罗文炤在 1670 年代穿梭于整个福建多地,管理不同

---

① 该传教士与多明我会士 Juan García 神父中文名相同,因此我们在后面用其西文名 Juan de Santo Tomás 以示区分。

② 前几年从厦门和台湾来到马尼拉的船只总共只有五艘船左右,而 1683 年一艘船都没有。见 Gil, *Los Chinos en Manila*, pp. 622 - 625.

③ 参见万济国 1684 年 2 月 15 日从罗源写给省会长 Antonio Calderón 的信, BC, ms. 1074, ff. 382v - 383r. 虽然 1679 年和 1680 年有几位传教士通过澳门进入中国,但驻澳门的西班牙方济各会士丁若望也记载了耶稣会和澳门政府制造的一些困难。

堂区,期间他经常去福安,例如 1673 年他从福安到了福州和罗源一带,1674 年应该也至少回到福安一次,以及 1676—1678 年间罗文炤数次把西班牙传教士从厦门一带带到福安。

根据万济国的报告记载,罗文炤于 1674 年或者 1675 年回到福安是为了给女教徒陈伊奈斯(Inés Chin)施行临终圣事。陈伊奈斯去世的时候已入教 30 年,入多明我会三会也 20 年了。万济国提供了有关这位教徒的宝贵信息,也因此可以知道罗文炤与这位教徒、她的家人以及福安守贞女的持续联系。万济国写道:

> 今年陈伊奈斯在福安去世了,她是多明我会三会的,女教徒中最热情最虔诚的一位……她是在结婚后受洗入教的,其丈夫是一位非教徒,是郭氏家族里颇受尊敬的一位官员的孙子……陈伊奈斯使她的七个儿子信奉天主教,其中四位是秀才。除了他长子的儿媳,其他儿媳也因她而入教了。而长子的儿媳以及她家里其他人于 1675 年也由我洗礼了……陈伊奈斯的家里只剩下丈夫不信天主教……丈夫后来生病了,在妻子的劝告下他也答应了信奉天主教,所以陈伊奈斯立即把罗文炤神父叫来了。他给她的丈夫讲了天主教的教义。他按妻子所希望的那样由罗文炤洗礼,陈伊奈斯因此感到非常开心。

万济国的报告还告诉我们,陈伊奈斯在她丈夫去世之后便去了穆阳的守贞女修道院:

> 丈夫去世后,她就更自由地把自己供奉给天主了。她跟一个守贞的侄女去穆阳了,在其他守贞女的陪伴下修行,每天都听弥撒,经常接受圣事……几个月后,她回去照顾儿媳,但过了几天她生了最后的一场病,便派人去找罗文炤神父。她准备好后,以虔诚的态度接受了圣事,罗文炤正在为她的灵魂

祷告的时候,她安心地把灵魂供奉给天主了。①

　　以上内容反映了罗文炤与福安教徒不间断的来往,以及他作为中国神父对传教区的重要性。罗文炤与福安教徒的关系始于1640年代。虽然1637—1638年间的福建反教事件导致了福安教徒人数减少,但是1642年3月施若翰受到了福建顶头黄氏家族的支持,后来郭邦雍陪着新来的多明我会士山济各与苏芳积两位神父回到福安接着传教。在他们的努力之下,教徒重新多了起来,尤其是女教徒。施若翰在反教案期间住过福安教徒家里。按照山济各神父所言,教徒与神父共享住宿空间,双方之间频繁的接触让中国人意识到传教士的好意,不再觉得女性必须与传教士保持距离。郭邦雍等教徒鼓励女性入教并参加天主教活动,在他们的支持之下传教士在顶头与穆阳建了小礼拜堂,在福安建了两个教堂,男女教堂各一。一位名为陈万钟的教徒资助了这些教堂。于是女性教徒多了,甚至有一部分开始参加更严苛的一些宗教修行活动,成为守贞女。女性的这些行为有时遭到其父亲和丈夫的反对,1644年陈氏家族的一部分人在福安举行了反教游行,讽刺神父与女性教徒之间的来往。② 在万济国的记载中,罗文炤就曾处于这样一个环境之下,因为守贞女陈伊奈斯以及她的家人跟罗文炤神父比较熟悉。③

―――――――――

　　① 以上关于陈伊奈斯的信息,见万济国1678年12月9日从福州写给圣玫瑰省会长的报告,BC, ms. 1074, ff. 331v-332r.

　　② 以上内容请参考 Menegon, *Ancestors, Virgins, and Friars*, pp. 88, 59. 陈万钟,字介臣(Kiay Chin),福建上杭人,生于1615年。父亲非教徒,母亲是教徒,名字为 Inés。1644年左右,陈万钟是福安城最富有之人。他于康熙元年(1662)成为恩贡生。据1702年王道雅证词,陈万钟后因礼仪问题而出教。参见 Menegon, *Ancestors, Virgins, and Friars*, p. 89, n. 35. 根据这些信息,我们可以推测,陈万钟是陈伊奈斯之子。

　　③ 有关福建天主教守贞女,参见 Menegon, *Ancestors, Virgins, and Friars*, pp. 301-356.

我们之所以认为罗文炤与守贞女关系比较密切，是基于以下三个原因。首先，1640年代罗文炤在福安应该参与过第一批守贞女的培养工作，而陈伊奈斯可能是其中的一位。这位女教徒在去世之前专门叫罗文炤来福安给她行圣事，表明他与守贞女群体的关系。其次，万济国在他的报告中一直强调福州、罗源等地方的女教徒感到罗文炤很亲切，因为跟他沟通没有语言障碍。再次，罗文炤在罗源建立并管理的教堂供奉着圣罗莎。圣罗莎是一位秘鲁守贞女。[①] 多明我会士在福建写过有关她的中文传记，把他树立为守贞女的模范。罗文炤应该在罗源尝试过在女教徒中传播圣罗莎的美德，像在福安一样建立守贞女会。

万济国的报告还记载了此期间罗文炤在福安工作的其他细节。罗文炤此前曾为建顶头教堂做出很大的贡献。在1676—1677年他也帮助在福安建立一座新的教堂。[②] 万济国写道：

> 福安县新教堂的装修工作开始，在教徒和罗文炤的协助下完工，我们举行了神圣隆重的开幕仪式。最受尊敬的教徒来参加了，所有的东西也都准备好了。我告知该县的武官和文官这座教堂要开了，并将把相应的牌匾挂在门上。牌匾上有按照原版做的皇帝御书的两个字，还盖着国王的印，表示着对我们的信仰的支持。第二天安排了奏乐，并鸣放九次礼炮，打开了教堂的门，也挂上刚刚提到的黄金色牌匾。该县的所有官员，无论是武官还是文官，没有一个缺席，全都参加了。他们都向我表示祝贺。我接待来访的人，并跟他们交换礼

---

① 关于圣罗莎，参见 Menegon, *Ancestors, Virgins, and Friars*, pp. 316 - 317.
② 袁若瑟在其书中罗列的多明我会教堂清单上，没有显示该年在福安建立了这座教堂，参见 González, *Historia de las misiones dominicanas de China*, Vol. 1, p. 671. 他的清单中显示 1632 年和 1644 年都在福安建立了圣玫瑰教堂。1644 年还显示有一座女教徒使用的教堂，但不确定其名。但下引万济国报告说，1677 年建成教堂后使福安共有两座教堂，则若福安此前已有两座教堂，那么其中之一或许曾被毁。

品······武官跪在地上磕头,其他穿着带有等级标志的衣服的不信教文人也如此······所以现在我们在福安已经有两个教堂,小的面向女人,大的面向男人。①

像 1651 年帮施若翰建立顶头教堂一样,这次罗文炤又承担了类似的责任,即帮助多明我会中国会长万济国装修福安新堂。万济国在其他的报告中提供了更为详细的信息。当时万济国从福安起身前往福宁,把完成福安教堂的任务委托给罗文炤。万济国去福宁是想在那里建新的教堂。② 他谈好了 150 比索的买卖合同后,把该教堂委托给赖蒙笃神父管理并回到福安,在圣玫瑰教堂庆祝圣诞节。万济国回到福安后写道:"我感到很开心,因为我看到教堂已经弄好了,还被画上画了。虽然还缺两个祭坛的装饰屏,但已经非常漂亮,总共在装饰教堂方面花了 140 比索。罗文炤负责装点,所以一切都安排得不错,因为他很细致。很多教徒都从不同村子来参加节日了。"③至于教堂的成本,万济国在另一报告中写道:"在购买与装修福安的教堂上花了 200 比索。"④通过这些记载可以看到罗文炤具备一个经营者统筹管理的能力和素养,且万济国对罗文炤做事情认真细致的性格尤为认可。

挂在教堂门上的牌匾是康熙帝赐给北京宫廷耶稣会士的,御笔书写"敬天"二字。耶稣会士安文思神父在一封信中记述了康熙帝御赐该牌匾的经过,并解读了皇帝的意图:"我们认为,他给我们

---

① 参见万济国 1678 年 12 月 9 日从福州写给圣玫瑰省会长的报告,BC,ms. 1074,f. 359r-v.

② 1679 年建立了福宁的圣多明我教堂。参见 González, *Historia de las misiones dominicanas de China*, Vol. 1, p. 671.

③ 参见万济国 1678 年 12 月 29 日从福安写给圣玫瑰省会长的报告,BC,ms. 1074,f. 372r-v.

④ 参见万济国 1677 年 8 月 17 日从穆阳写给圣玫瑰省会长的报告,BC,ms. 1074,f. 317v.

这个牌匾是为了补偿反教期间对天主教所造成的损害⋯⋯我们把它放在一个壮丽的框里⋯⋯印了几个版本寄给中国所有的教堂和神父。"[1]后来有文献记载，多明我会与其中国教徒展开了关于应不应该把御书牌匾挂在门上的讨论。毕竟，敬天这两个字意味着把天主与天这两个概念同等看待。这个问题后来变成了中国礼仪问题争论中的一个热点，基本上多明我会士和巴黎外方传教会的法国宗座代牧反对使用该表达，反对把它挂在教堂门上，而耶稣会士以及一些方济各会士和奥斯定会士则没有反对意见。但万济国的上述记载表明，当时福安的多明我会士也没有拒绝悬挂"敬天"牌匾，而且将其视为受到官方支持的象征。据耶稣会士纪理安神父（Kilian Stumpf，1655—1720）的记载，万济国、赖蒙笃、罗文炤以及多明我会士身边的文人曾讨论并决定使用该牌匾，后来Andrés López 和 Juan de Santo Tomás 也一样支持了该决定。[2]

7. 漳州教堂

欧洲人早就到了漳州。卫匡国提到漳州一位文人还保留了一本用哥特文字写的天主教书籍，因为他的祖先也是天主教徒。[3]明末清初时也早就有传教士到了漳州，1638 年已经有教堂。[4] 17世纪中期除了中国教徒之外，漳州还有一群来自澳门的黑人教徒，

---

① 参见 Magalhaes, Gabriel, "Carta al P. Juan Cardoso, Provincial de Japon y China", ARSI, Philipp. 12, f. 79r.

② 参见 SF VII, pp. 1213 – 1214；ARSI, Jap. Sin. 138, ff. 1086 – 1087. 有关支持与反对悬挂敬天牌匾的讨论以及罗文炤的角色，详见后文。

③ 参见 Pfister, *Notices biographiques*, p. 257.

④ 有关明末清初漳州天主教，参考 Joseph Dehergne, "Les chrétientés de Chine de la période Ming (1581 – 1650)", pp. 22 – 23. 多明我会士早在 1590 年便想来漳州传教，见 González, *Historia de las misiones dominicanas de China*, Vol. 1, p. 38.

聂伯多和卫匡国都曾为他们提供过宗教服务。[①] 明清战争在福建造成严重破坏,耶稣会在福建的传教士也减少了。1651 年中国教徒给耶稣会菲律宾省会长写了一封信,请求派遣神父来漳州,信中说道:"漳州已经有两个教堂,天主教家庭已经有 100 个以上";"我们像缺少养育的孩子,盼望慈祥的母亲来养育"。[②] 清军进入福建后,漳州一直都没有长期在那里工作的耶稣会士,因此教徒们主动寻找神父。1664 年毕嘉路过漳州,1673 年 23 个人由何大化洗礼,是一位名为 Teófilo 的教徒把何大化带到漳州的。[③] 1676 年四位西班牙托钵修士从马尼拉来到厦门时,Teófilo 听到了有几位西师(maestros Europeos)或者天主教的老师(maestros de la ley de Dios)来到他的国家,便带了严赞化等教徒前往,请求传教士到漳州听教徒告解。[④] 于是欧加略神父留在漳州了,而罗文炤把其他三位修士带到了福安。后来欧加略神父在漳州城内和城外买了房

---

　　① 参见 SF II, pp. 367, 385; Pfister, *Notices biographiques*, p. 257.

　　② ARSI, Jap. Sin. 161, ff. 364r-v, 368r‑369r. 该书信是中国教徒严赞化用中文写的,卫匡国译。聂伯多神父管理福建各地的教徒忙不过来,但因为战争等因素也很难有神父从澳门赶过来,所以耶稣会士向菲律宾的同会者求助。卫匡国带着一位洗名为 Julián 的漳州教徒来到马尼拉,希望他把耶稣会士带回福州。信中严赞化或者说其背后的耶稣会士做了一些提醒:派来的神父要注意,在中国要先宽容些,然后可以慢慢严格点,也不要派来那种带着十字架在街上传教的神父。这些提醒表现出耶稣会对托钵修会传教方式的不认可。严赞化洗名 Ambrosio,在西方文献中写成 Ambrosio Nien。他后来写过有关中国礼仪问题的几本书,支持耶稣会在中国礼仪的立场。

　　③ 有关毕嘉的到来,参见 Menegon, *Ancestors*, *Virgins*, *and Friars*, pp. 287‑288. 关于何大化在漳州为人洗礼,见石铎禄 1676 年 10 月 1 日的报告, SF VII, pp. 1123‑1125.

　　④ 四位修士为欧加略、Francisco Luján、华德美与石铎禄,见石铎禄 1676 年 10 月 1 日的报告, SF VII, pp. 1120‑1121, n. 7, 8. 有关漳州教徒去找他们的详情,参见 SF VII, pp. 1123‑1125. 多明我会士来到兰溪的时候,情况非常相似。兰溪中国教徒祝石以前跟耶稣会士卫匡国有合作,把他当成西儒,多明我会士接触祝石后,也有兰溪官员称黎玉范为"西师",见 González, *Historia de las misiones dominicanas de China*, Vol. 1, p. 323. 值得注意的是,他们一直用"师"(maestro)来称呼西方传教士,那么这些中国教徒对这些西方神父的任务是怎么理解的呢? 对不同修会的神父有什么区分吗?

子,又把房子改成圣托马斯教堂和圣罗莎教堂。[①]

　　多明我会士或许是有计划到漳州的。对西班牙传教士来讲,福建沿海地区的泉州、厦门、漳州都是与马尼拉对接的重要港口。他们可以通过台湾和厦门等地把书信、经费以及传教士带入中国传教区。万济国写于 1677 年 8 月 17 日的报告中说:"在多明我会圣玫瑰省会长的命令下,欧加略留在泉州了,因为多明我会在泉州有一个房子,即使现在被士兵所占。"[②]在这次经费的分配中,欧加略神父收到的是最多的,多明我会应该有计划让他在泉州、漳州一带买房产,以巩固多明我会在福建沿海地区的传教区。但战争给新建教堂带来了严重损害。漳州被攻克的时候,欧加略神父与漳州教徒逃到周围山里躲藏,漳州城内的教堂被清兵占据了,而城外的教堂被郑经的军队所毁。万济国知道欧加略面临的困难,所以把罗文炤派到欧加略身边。万济国写道:

　　　　欧加略很苦恼,因为在这个情况下没有同会的人可以给他安慰,所以他给我写了信求我派一位传教士过去。我考虑了神父的紧迫请求,认为他的请求也合理,于是罗文炤去了,即使有 14 天的距离,路上又因为有土匪而不太安全。罗文炤还没到漳州的时候,郑经的士兵把他给抓起来了,然后把他带到厦门。郑经当时已经退守厦门,因为鞑靼人把他从原来占据的三个城市(泉州、漳州与潮州)给赶走了。抓罗文炤的长官向他索要 1 000 两赎金。欧加略神父获知罗文炤被抓后,

---

　　① 参见万济国 1678 年 12 月 9 日从福州写给圣玫瑰省会长的报告,BC, ms. 1074, f. 359. 袁若瑟《多明我会在华传教史》中的多明我会教堂清单没有列出该年在漳州建立的圣罗莎教堂,见 González, *Historia de las misiones dominicanas de China*, Vol. 1, p. 671.

　　② 参见万济国 1677 年 8 月 17 日从穆阳写给圣玫瑰省会长的报告,BC, ms. 1074, f. 316.

　　跟一位有影响力的教徒赶到厦门,并通过这个教徒跟郑经协商释放罗文炤的事。最后罗文炤没交赎金就被释放了,与欧加略回到泉州。不久他们得知从多明我会圣玫瑰省派来的费理伯与 Andrés López 神父抵达厦门,因此他们前往厦门,四人坐船并在八天后抵达福安传教区。我们和中国教徒非常开心地接待了他们。欧加略是来学官话的,因为在泉州没有人可以教他。语言学好后他会回去管理泉州的教堂。[①]

　　虽然罗文炤在报告中又一次显示为一个被动人物,但是实际上他应该是多明我会在福建传教的推动力量,不然万济国不会给马尼拉的省会长提出以下建议:"既然罗文炤没有接受主教职位,他可以先担任多明我会中国会长的职位,因为会做得很好,在此期间欧加略神父可以熟悉中国并积累当中国会长所需要的经验。"[②]罗文炤不仅是西班牙传教士的助手,而且是多明我会士在福建传教的顶梁柱。他一直是多明我会中国会长最重要的依靠。他在福安与赖蒙笃工作,在福州和罗源协助万济国,然后万济国希望欧加略也能靠他管理泉州、漳州的教堂。而在这段时间里,建立与管理福安、罗源、福州、宁德、漳州等教堂在很大程度上都得依靠罗文炤,是他在负责经营传教区的各个方面。由于很多报告都是传教士执笔的,所以他们自己是故事的主角。刚到中国的欧加略神父语言还不通,在一位有一定影响力的漳州文人的帮助下

---

　　① 参见万济国 1678 年 12 月 9 日从福州写给圣玫瑰省会长的报告,BC, ms. 1074, f. 359r-v. 在另一封信中,万济国说欧加略一直让他派一位神父,因为他已经有一年没有告解。万济国是从李西满神父在福州给他写的一封信中得知罗文炤被抓了,见万济国 1677 年 8 月 17 日从穆阳写给圣玫瑰省会长的报告,BC, ms. 1074, f. 318v. 罗文炤 1677 年 4 月 9 日在福州给柏应理写了一封信,万济国 8 月份已经知道罗文炤被抓了,所以罗文炤应该是在 4 月至 8 月之间前往漳州时被抓的。罗文炤 1677 年 4 月 9 日写的书信,见 ARSI, Jap. Sin. 124, f. 105r-v.
　　② 参见万济国 1677 年 8 月 17 日从穆阳写给圣玫瑰省会长的报告,BC, ms. 1074, f. 318r.

才得以处理罗文焒被抓的问题。同样,他也很难独自管理漳州
教堂所发生的情况,所以万济国决定派罗文焒去。凡此种种都
一再证明,中国天主教徒群体在中国教会的经营过程中有更重
要的贡献。

　　我们在文献中还发现了一些较为有趣的内容,如罗文焒去泉
州、漳州的旅费以及其他传教区的财物信息,在 1677 年万济国写
给省会长的一份报告中有所记载。[①] 万济国在该报告中汇报了于
1676 年收到的 1 000 比索的支出情况,大体可以分为三类。第一
类支出是发给不同人的津贴:发给罗文焒的金额为 50 比索,作为
他的日常开销费用;发给其他西班牙传教士的日常开销费用为
100 比索;发给男仆的为 3 比索;发给帮传教士处理与书籍有关事
务的人为 7 比索。第二类支出是临时的或者一次性的旅费:罗文
焒前往泉州的经费为 20 比索,万济国去福州的经费也为 20 比索,
两个男仆去浙江的经费为 3 比索等。第三类支出是用于购买物
品、装修教堂等:购买并装修福安的教堂为 200 比索,装修穆阳的
教堂 10 比索,装修留洋的教堂 4 比索等。通过这个报告,我们可
以获知一些有关罗文焒经济方面的情况。他的日常津贴比其他的
欧洲传教士少,但是比其他的男仆要高出很多,同时在旅费上的开
支比较多,并且跟其他的传教士的旅费是同等的,比中国男仆的经
费又明显高得多。教堂装修支出可能也是分等级的,福安、穆阳和
留洋的地位不同因而花费也不一样,当然也不排除只是当时这些
教堂装修的需求不同。[②] 从罗文焒的经费金额也能推断出,罗文

----

　　① 参见万济国 1677 年 8 月 17 日从穆阳写给圣玫瑰省会长的报告, BC, ms.
1074, f. 317v. 1679 年万济国记录了比索与两的比率,他说购买福宁教堂总共花了 150
两,并补充说:"相当于 200 比索多一点。"参见万济国 1679 年 12 月 29 日从福安写给圣玫
瑰省会长的报告,BC, ms. 1074, f. 371.
　　② 关于教堂分布以及福安传教区的教徒分布情况,参见张先清:《官府、宗族与
天主教:17—19 世纪福安乡村教会的历史叙事》,第 172—187 页。

炤当时在教会里是有他的级别的,并且受到相应级别的对待,这或许也可反映罗文炤在当地的社会地位。

到了 1680 年,漳州的多明我会堂区发展规模仍有限。虽然 1676 年欧加略到了泉州后又去漳州创建了圣托马斯教堂和圣罗莎教堂,但是战争导致城外教堂被毁,城内教堂被士兵所占。1680 年情况比较稳定了些,郑经已退回台湾,清兵控制了漳州一带,所以万济国委托罗文炤重新开放漳州的教堂。[①] 1680 年 1 月驻罗源的多明我会士准备把书信寄到马尼拉,罗文炤准备从罗源前往漳州。[②] 他路上途经福州、兴化、泉州,并在这些地方与几位教徒见了面。多明我会士历史学家 Salazar 这样阐述整个过程:

> 罗文炤到了福州后,福州教徒热情地接待了他,尤其是一位虔诚的教徒,姓名为 Lihongki Martín,是该城市的重要人物。他为了能够入天主教,把他的一个妾从家里赶了出去,尽管他很喜欢她。受洗礼后,他堪称模范,热忱并虔诚地生活。后来罗文炤到了兴化,待了六天,听了教徒告解,还有入门的七个人接受了他的洗礼和教导。然后路过泉州,在该城过了耶稣升天节。最后于 6 月 9 日到了漳州……罗文炤发现漳州满城都是鞑靼人的士兵,总共有 20 000 人和 15 000 匹马。漳州几千居民还住在山里,因为鞑靼人来了之后他们跑进山里避难。罗文炤比较幸运碰到了一位好教徒,名字叫 Eleuterio。他把罗文炤带到被称为"虔诚军官"(el capitán religioso)的 Pascual Carvallo 家里,军官热情接待了罗文炤。第二天有很多教徒来看罗文炤,其中有不少士兵。他们去听礼拜并给予

---

① 当时欧加略病了,所以没能够过去。参见 Salazar, *Historia de la Provincia de el Santissimo Rosario*, pp. 169 - 171。

② 1680 年 1 月 6 日石铎禄给马尼拉的省会长写信,书信中写着与罗文炤在罗源见,还说多明我会准备寄信到马尼拉,见 SF IV, p. 273。

罗文炤经济上的接济。不幸的是,罗文炤到漳州才三天,该军官就离开了漳州,陪着吴兴祚(U-Bang)①前往福州了。一个不信教的新军官来到这家住,罗文炤就只能流落街头。有一位名叫 Julián Sum Ta-nian 的教徒看到了罗文炤的窘境,便给他提供了自己家里的一间房。不过,屋子小得只有三臂长、一臂半宽。罗文炤用它作为屋子、厨房、接待处等。他只能留在这里,一直到教徒租到一个大点的住所,其中一位交了 50 里亚尔的租金。1680 年 8 月多明我会中国会长给他寄过来 500 里亚尔,用来买一套房子并把它改成教堂。罗文炤这样做了,并在教堂供奉圣托马斯·阿奎那,因为教徒们虔诚敬仰这位圣人。罗文炤先是找到了一处很适合这个目的的房子,但是因为价格超过了他的预算而没能买到。之后他就比较绝望地离开漳州去给一些教徒施行圣事,距漳州有三天的路程。罗文炤本打算接着回到福安,放弃漳州的计划,因为他认为已经失败了。他却祈求圣多明我和圣托马斯,并立誓说假如他们在这个难关帮他,他就会为这两位伟大的圣人各自做一次弥撒。之后情况发生了转变,军队的一位官员因为要离开漳州,所以想把房子卖出去,但是没找到买家。罗文炤通过一位叫 Andrés Le 的教徒得知了这个消息,以 1 300 里亚尔的价格把房子买了下来。本来这套房子值 6 000 里亚尔,所以罗文炤是以该房子五分之一的价格就买下来了。为了避免士兵把房子给占了,他便让一位有权势的、名为李百铭的教徒先入住该房子。李百铭花了 500 里亚尔装修了房子,然后在离开这个房子的时候收到了军队将领下达的一个旨令,禁止任何人打扰该传教士,否则将会受到严厉的惩罚。罗文炤就这样住

---

① 吴兴祚(1632—1697),字伯成,1682 年 2 月至 1689 年 8 月期间担任两广总督。

下来了,并在圣卡特琳娜节举行了第一次弥撒。

还有一段记载可以对上面的内容进行补充:

> 该城的天主教徒对圣托马斯·阿奎那非常虔诚,因为受到他的教义的影响,尤其是他的那部由耶稣会士利类思神父翻译成中文的《神学大全》①。当时剩下一个难点,就是谁应该名义上住这个房子……天主给我们提供了一个有权势的重要教徒,他叫李百铭。当时他刚从巴达维亚回来,他去是为了谈鞑靼人的一些事情。于是李百铭就住了几个月,因为这样做是最好的。

李百铭把房子留给罗文炤之后:

> 出现了一个问题,就是总督决定从漳州划分出 1 000 间房子用作军人住宿,与其他居民分开生活。罗文炤的房子正好在划定的地区之内……解决方法又是通过以前就住过该房子的教徒李百铭。他跟总督谈了这件事情,总督回答说他没有办法,只能把与该房子等值的钱交给他们,然后他们再去别的地方买其他房子。罗文炤与漳州的教徒求天主帮助他们,天主就安排该军队的总督没有实现他的计划,所以罗文炤得以继续管理他的教堂。②

以上所引内容反映了有关漳州教堂与罗文炤的一些细节。其一,这里出现很多有关罗文炤的天主教徒群体网络的信息,以及这个网络在漳州传教和建教堂方面所起到的不可忽视作用。网络中

---

① 即利类思《超性学要》。

② 以上三段引文,见 Salazar, *Historia de la Provincia de el Santissimo Rosario*, pp. 169 - 174. 部分内容参见 González, *El primer obispo chino*, pp. 36 - 37; González, *Historia de las misiones dominicanas de China*, Vol. 1, pp. 492 - 493.

有地方官员 Lihongki，军人 Pascual Carvallo[1]，以及中国教徒 Julián Sum Ta-nian，Eleuterio 和 Andrés Le 等。他们将福州和漳州两地之间的堂区（如兴化和泉州）连在一起。该网络中的官员与士兵有较强的流动性，而传教士也因此可在不同城市得到他们的帮助。例如 Pascual Carvallo，1665 年在福州帮助了多明我会士，1680 年又在漳州帮助了罗文炤；李百铭分别在广东、福州、漳州给传教士提供过帮助；[2]Eleuterio 也是个流动人物，1680 年帮罗文炤在漳州联系 Pascual Carvallo，1682 年他又在福州跟罗文炤一起

---

① 军官 Pascual Carvallo，葡萄牙人，负责一支黑人小分队。参见 Santa Cruz, *Tomo segundo de la historia de la Provincia del Santo Rosario*，p. 447. 历狱案刚开始，利胜神父从泉州到了福州，1665 年先在 Carvallo 的家躲藏了 10 个月，见 Biermann, *Die Anfänge der neueren Dominikanermission in China*，p. 129. 1670 年代 Carvallo 还在福州，万济国的报告提到过他，并说手下的黑人经常去找多明我会士告解，参见万济国 1678 年 12 月 9 日从福州写给圣玫瑰省会长的报告，BC, ms. 1074, f. 339v. 因此，罗文炤应该早就认识这位葡萄牙人以及他手下的黑人士兵。这些黑人和家人原来在澳门当黑奴，他们从澳门跑到福建沿海地区几个地方，如安海等，形成了郑芝龙（Nicolas I-kuan）属下的小部队，见 Pfister, *Notices biographiques*，p. 201; SF VII, pp. 32–33; Biermann, *Die Anfänge*，p. 8. 还有一部分黑人士兵在广东，例如有 30—40 名黑人士兵效力于尚可喜和尚之信父子，参见 SF III, p. 500; SF VII, p. 850.

② 李百铭在西方传教士的书信和报告中被称为 Juan Lipemin。他是一位中国商人，主要活动于广东与澳门，服务于两广总督。他曾帮助耶稣会士安文思、Sotomayor、Matias de Maya、方玛诺以及两个中国世俗修士进入中国。历狱期间，他请求总督宽待欧洲传教士，让他们住在广州周围一个教堂中，且不被卫兵所看守。闵明我说李百铭可以帮助被关在广东的传教士随时到澳门，也认为这位教徒同时是澳门衰落的原因，参见 Pfister, *Notices biographiques*，p. 291; Cummins, *Travels and Controversies*，pp. 233, 267, 421. 据方济各会士文度辣记载，耶稣会巡按使万多玛斯（Tomasso Valgarneira, 1608? —1677）曾让李百铭把几个进入广东的方济各会士弄回澳门去。不过，后来李百铭也帮助了方济各会士办理广州外城教堂的买卖手续，参见 SF III, pp. 105, 325. 他在漳州帮罗文炤打官司、买房子，之前还被派到巴达维亚说服荷兰人协助清军围剿郑经，但是没有成功，见白万乐 1683 年 1 月 25 日从肇庆（Xaoking）写给菲律宾总督的书信，AGIS Filipinas 24, R. 4, N. 27, J（IMAG. 38–40）. 后来他还参与开创两广总督吴兴祚与马尼拉之间的贸易往来。他后来还帮传教士在广东和广西买房子。南怀仁在 1685 年 12 月 12 日的书信中建议把事情委托给李百铭或者其他的官员，见 BA, 49–IV–63, f. 60v. 1688 年伊大任主教也记载了耶稣会巡按使方济各与李百铭和 Ko pe ven（郭百文?）的友谊与合作，见 BA, 49–IV–63, f. 258r.

参与解决福安和宁德所发生的反教活动；[①]还有 Lihongki，先后在福州、广东都帮托钵修士传教。总体看来，罗文炤所处的天主教徒关系网很广，既有官员和军人，也有有声望的文人和消息通达的普通人。罗文炤与这些有着不同社会身份的教徒都保持着不间断的联系，也是西班牙传教士与该天主教群体网络之间的重要桥梁。其二，从上一段可知战争对传教造成的严重冲击，罗文炤只能依靠新政府中一些与满人关系比较好的军人和官员，跟新的统治者搞好关系以使教堂受到保护。在 Salazar 对漳州教堂状况的描述中出现一些军官与士兵，他们在这个转折期提供了帮助。其三，这些与罗文炤保持联络的教徒也同时跟耶稣会保持一定的联系。李百铭是耶稣会士方济各的朋友，漳州教徒看过耶稣会士利类思的书籍，Carvallo 与 Lihongki 等教徒也跟福州耶稣会教堂保持着一定的联系。换言之，罗文炤在管理福州与漳州教堂的同时与耶稣会教徒的关系变得更为密切，罗文炤接着受到耶稣会网络关系的帮助与支持，而这为后来罗文炤与耶稣会之间的合作奠定了基础。

　　罗文炤不仅在经营堂区方面受到了像李百铭等中国教徒的帮助，在礼仪方面可能也受到了耶稣会教徒的影响，因为漳州的严赞化等教徒在这个问题上支持了耶稣会的做法。[②] 其实罗文炤在罗源已经对中国教徒保留祖先牌位采取宽容做法；万济国也说过，他与罗文炤在福州等耶稣会教堂没有改变耶稣会对中国礼仪的处理方法。到了漳州之后，罗文炤应该也有机会跟严赞化等教徒讨论这些问题。因为多明我会欧加略神父在管理泉州和漳州教堂的时

---

　　① 教徒 Eleuterio 曾服务于福建总督。他老年的时候请求总督停止 1682 年在福安和宁德的反教活动，并担保这些传教士都是高品德的人。他是一个老教徒，他的父母和祖父母也是天主教徒。

　　② 严赞化早在 1651 年的书信中便表达了对这个问题的看法，而他写此信可能也是由卫匡国策划的。罗文炤的《论中国祭祖祭孔礼仪》说不定是在严赞化或他的儿子的帮助下写的，详见本书第五章。

候与严赞化讨论过中国礼仪的问题,①所以有理由推测,罗文炤、欧加略还有严赞化应该对这些问题是有过讨论的。欧加略神父向马尼拉提出过有关这些中国礼仪的问题,并希望从马尼拉的权威神学专家那里得到解答。Andrés López 等其他多明我会士当时也在考虑在什么程度上可以认同耶稣会的做法。比较清楚的是罗文炤等多明我会士在闽东福安和闽南两个传教区保持了两种不同的做法。多明我会在扩展到耶稣会原来管理过的堂区时,遇到了一个需要对传教方式进行统一的问题。罗文炤到了福州一带和漳州一带后,这个问题应该表现得更为明显。

第三节　被任命为主教和南京宗座代牧

1. 有关法国宗座代牧的计划

1622 年,罗马教廷成立传信部,其主要的目的为管理世界各

---

① 万济国记载了他们俩对这些问题的讨论。万济国 1680 年写过一本有关中国礼仪问题的书,1681 年 12 月 22 日又在书籍的最后一页补充道:"我写完了这些论著之后,有一位耶稣会士身边的、叫 Ambrosio 的文人(按:即严赞化)写了一本书。书中他也解释了我在论著中使用的一些经典和权威著作,但是他的解读与我相反,也支持相反的立场。在我看来,我再来反驳他是浪费时间,会变得没完没了。不过,为了明白应该怎么理解这一位以及诸如此类的文人对这些问题的看法,还是要知道这位文人是如何回答多明我会欧加略神父问他的一个问题的。欧加略没说为什么问他这个问题,而直接问:'假如说您是一位非教徒,您也会这样解读万济国在他的论著中提到过的中国经典和权威著作吗?'他直接回答了:当然会不一样……所以如果有中国教徒对多明我会的看法提出相反的意见,应该保持警惕。"参见万济国于 1680 年撰写的有关中国礼仪问题的著作论著,BC, ms. 1070, f. 151v. 万济国的意思是中国礼仪是有宗教意义的,因为非教徒认为是这样的,也是这样解读中国经典的,甚至像严赞化或者杨廷筠等中国教徒也认为非教徒这么解读这些礼仪。所以如果有中国教徒持有相反的解读,那么这种对中国礼仪的解读似乎不是从本土角度进行的,而是为了给耶稣会士辩护,以及为了让中国教徒可以继续保留这些中国礼仪。

地的传教区,欲将西班牙和葡萄牙保教权下的传教事业归由传信部来负责管理与协调。多明我会士黎玉范神父去罗马后,提出了通过在马尼拉和台湾建立神学院以培养中国本地神父的想法,从而为中国传教区提供合适的神职人员。在越南传教的法国耶稣会士罗历山(Alexandre de Rhodes,1593－1660)回欧洲时,也同样提出了培养亚洲本地神父的需要。此外,罗马教廷通过建立宗座代牧制加强了对中国传教区的控制,把以前葡萄牙和西班牙传教士所负责并拥有保教权的传教区置于其管理之下。与此同时,罗马教廷决定在暹罗建立一个神学院来培养亚洲本地神父,在这个任务上,巴黎外方传教会的角色尤其重要。[1] 历狱期间欧洲传教士被软禁于广州,除了罗文炤外没有其他神父可以继续在华传教,这使得对中国本地神父的需求更为迫切。在京耶稣会士利类思、安文思和南怀仁也开始赞同培养中国神父,他们在写给多明我会士万济国和闵明我的信中赞扬了罗文炤的角色和贡献。毕竟罗文炤是唯一一个能够在中国传教区传教和主持圣礼的人。闵明我于1669 年末离开广州去罗马报告礼仪之争的近况时,很可能带着安文思的书信。[2] 闵明我希望罗文炤担任主教的想法可能是去罗马的路上产生的,也有可能是在马达加斯加岛碰到陆方济时两人商量的结果,也有可能此前西班牙多明我会、方济各会和巴黎外方传教会的神父已经有所安排。

　　无论如何,我们已知闵明我在马达加斯加跟陆方济谈过罗文

---

　　① 有关亚洲首批三个宗座代牧的建立,参见 Mensaert, *Établissement de la Hierarchie catholique en Chine*, pp. 369－374. 陆方济是这三位宗座代牧之一,参见 Baudiment, *François Pallu*; Launay, *Mémorial II*, pp. 485－491.

　　② 有关闵明我离开广州以及他在罗马所介绍的情况,参见 González, *Historia de las misiones dominicanas de China*, Vol. I, pp. 469－482; Cummins, *Travels and Controversies of Friar Domingo Navarrete*. 闵明我把安文思寄给他的信附在他的书中,参见 Navarrete, *Tratados historicos*, p. 353. 袁若瑟已把该信的部分内容收入其著作中,参见 González, *Primer obispo chino*, pp. 78－79.

炤担任主教一事。① 陆方济在通过闵明我了解到中国传教区的近
况后,给传信部和该部秘书长写了信。② 在 1671 年 8 月 1 日的书
信中,陆方济汇报了他与其他宗座代牧的工作进展,也谈到了闵明
我告诉他的有关中国传教区与广州会议中所讨论的中国礼仪问题
的信息,同时还表扬了罗文炤的工作,尤其指出了在所有欧洲传教
士被关在广州时罗文炤所起到的重要作用。陆方济请求罗马教廷
颁布一个新的宗座谕令来增强宗座代牧的权力,还提议给暹罗的
神学院发放固定的年度经费以及将罗文炤提升为主教。在书信末
尾陆方济罗列了任命罗文炤为主教的几个理由:首先,历狱事件
突显了本地神父的重要性,而罗文炤的优秀表现使陆方济肯定了
中国教区需要一个本地主教来给本地神父授圣职的想法,因为假
如欧洲神父被驱逐出中国的话,至少还有本地神父来照管中国教
徒。接下来,陆方济简要描述了罗文炤的情况并提出了以下几点:

任命罗文炤为主教和宗座代牧;给他每年两百埃斯库多
(escudos)津贴;

由传信部而非西班牙国王或者多明我会圣玫瑰省来承担
罗文炤的津贴;

传信部把津贴交给多明我会总司库,再由总司库寄给马
尼拉多明我会士;

作为中国的宗座代牧,罗文炤必须按照罗马教廷指定的

---

① 有关闵明我和陆方济在马达加斯加见面的情况,参见 Cummins, *Travels and Controversies of Friar Domingo Navarrete*, pp. 425 - 434. 有关东南亚地区宗座代牧及其与耶稣会的关系,参见 Chappoulie, *Rome et les missions d'Indochine au XVIIe*.

② 陆方济 1671 年 8 月 1 日从 Fort-Dauphin 写给传信部的信,收录于 Launay, *Lettres de Monseigneur Pallu*, pp. 436 - 448. 陆方济 1671 年 8 月 1 日从 Fort-Dauphin 写给传信部秘书长 Baldeschi 红衣主教的信,见 Launay, *Lettres de Monseigneur Pallu*, pp. 449 - 450. Fréderich Baldeschi (1625 - 1691)在 1668—1673 年间担任传信部秘书长。

礼仪经典主持圣礼,而不是按照多明我会的做法;

如果罗文炤遇到任何问题或疑问,必须直接请教罗马传信部,或者离他最近的宗座代牧;

罗文炤的主要目的为建立与培养中国本地神职人员;

传信部可以把关于这个问题的最终决定通过三个途径寄给陆方济与其他宗座代牧:第一份可以附在寄给宗教裁判所的书信里,会在 12 月份或者次年 1 月份到达菲律宾机易港;另外两份可以交给巴黎外方传教会的司库,他们在法国会委托两个人坐着不同的船把这两份带到亚洲去。①

陆方济在提出任命罗文炤为主教的同时,也考虑到怎么让罗文炤联系法国的宗座代牧的问题。陆方济让闵明我写信给罗文炤,让罗文炤去广州并与在东南亚工作的法国宗座代牧取得联络。陆方济强调该计划要秘密进行。我们也知道闵明我从马达加斯加岛写信给罗文炤了,虽然这封信并没有保存下来,但在万济国的书信中提到了这封信。② 万济国后来一直反对任命罗文炤为主教。他在一封信中表达了对闵明我离开中国及其所做的一些事情的不满,③很可能是因为万济国看到了闵明我写给罗文炤的书信,而在那封信中或许谈到了闵明我和陆方济对罗文炤新角色的设定以及实现该计划的一些步骤。

---

① 以上内容引自陆方济 1671 年 8 月 1 日从 Fort-Dauphin 写给传信部的信,见 Launay, *Lettres de Monseigneur Pallu*, pp. 445 - 448.

② 万济国在 1671 年 2 月 8 日从福州写给闵明我的信中说:"我们收到了您从马达加斯加岛写给罗文炤的一封信,书信比较短,您都没有在这封信跟我打个招呼。"见 BC, ms. 1074, ff. 298 - 299.

③ 万济国在 1671 年 12 月 18 日从福州写给闵明我的书信报告中说:"当时我担任中国会长,而闵明我连解释他的去程和计划的几行文字都没有写给我。"见 BC, ms. 1074, f. 291. 万济国认为闵明我留在传教区更能有所贡献,因为即将要在澳门继续跟传教士和即将到来的宗座代牧讨论礼仪的问题。

2. 罗文焰的主教任命在罗马完成

接下来陆方济往东走，在印度苏拉特(Surate)与巴黎外方传教士 Charles Sevin[1] 见面后，委托他回罗马汇报。陆方济在 1672年 1 月 8 日给 Sevin 的指令中，要求他向罗马教廷申请任命罗文焰为主教和宗座代牧。闵明我和 Sevin 都到了罗马后，1673 年传信部红衣主教召开了几次会议来决定有关中国传教区的几件重要事情，其中有些是关于中国礼仪之争的，后来把这些问题的讨论转到了圣职部。[2] 在 1673 年 7 月 31 日传信部中国传教区的会议中，红衣主教答复了 Sevin 所提交的申请，认为任命罗文焰为主教一事还需要获取更详细的信息。于是传信部于 1673 年 8 月 7 日写信给多明我会总会长，索要更多关于罗文焰的信息。[3] 之后传信部收到了分别来自多明我会总会长 Pietro M. Passerini 和闵明我的两封书信，对罗文焰有了进一步了解。[4] 此后红衣主教再次召开了会议，并于 1673 年 10 月 2 日决定任命罗文焰为主教和宗座代牧，该决定于 1673 年 10 月 4 日获教宗批准。[5]

在这个过程中有一件事值得一提：1673 年 10 月 2 日传信部

---

[1]　Charles Sevin (? – 1707)于 1670 年启程去暹罗，但到达苏拉特后，受陆方济委托返回罗马。在罗马完成汇报任务后，他又于 1674 年回到暹罗，然后再次于 1676 年被派到罗马，担任巴黎外方传教会在罗马的代表至 1680 年。参见 Launay, *Mémorial II*, pp. 580–581.

[2]　参见传信部 1673 年 6 月 23 日的信，APF, Lettere, vol. 61, f. 58v.

[3]　参见 González, *Primer obispo chino*, p. 111 n. 4. 传信部于 1673 年 8 月 7 日写给多明我会总会长的信见 APF, Lettere, vol. 61, f. 114v.

[4]　两封信的内容可见在 APF, SC Indie Orientali e Cina, vol. 1, ff. 529 – 532. 也可以参见 Fontana, *Monumenta dominicana*, pp. 692 – 694.

[5]　参见 González, *Primer obispo chino*, pp. 83 – 85.

写信给 Bottini 主教，来为罗文炤指定一个具体的主教区，[①]又写信给宗座简函部门的 Ylusio 主教，让他给罗文炤颁发担任主教和宗座代牧的相应宗座简函。[②] 不过，写给 Ylusio 的这封信上的一个注释提醒我们，其实这封信最后并没有直接寄给他。我们可以从另一份文献推断为什么这封信没有马上寄给他。这份文献是传信部秘书长于 1673 年 10 月 2 日写给红衣主教的一封信，信中写道："因为法国主教的代理人（Sevin）认为，传信部给予罗文炤如其他法国主教一样的权力是不合理的，所以我为了完成这件事情而交给你们一张纸。这张纸上写着当时给予三个法国宗座代牧的权力。希望各位来决定其中哪些权力要剔除，哪些要保留。这样我才能写信通知要颁发的宗座简函，也才能在上面表明他所被授予的主教的具体权限。"[③]后文我们会更详细谈到陆方济设定本地主教的意图与想法。在他们的计划中，本地主教是作为一个亲近亚洲教徒的教会结构权力的一层，而本地主教这一层级与其他欧洲主教不具有平等地位，本地主教在欧洲主教的管辖之下。

罗马任命罗文炤为主教的这个决定一经公布，马上便通过不

---

① 传信部 1673 年 10 月 2 日写给 Bottini 主教的信，APF, Lettere 61, f. 149r-v. 中国还没有划分主教区，所以罗马教廷把宗座代牧派到东方的时候，会先给他们某一个中东城市的主教职称，然后以该地的主教职称派他们到亚洲来管理一个指定的代牧区。这样的主教叫"教外地区的主教"（Episcopus in Partibus Infidelibus），因为他们的主教区在当时的非天主教地区。最早被派到亚洲地区的主教就被任命为 Heliopolis、Metellopolis、Basilinopolis 主教，这些都是中东以及其他穆斯林地区的城市（polis 为古希腊语城市的意思）。陆方济被任命为 Heliopolis 主教（在今埃及），文献中被叫成 Episcopus Heliopolitanus，而罗文炤被任命为 Basilinopolis 主教，在文献中被叫成 Episcopus Basilitanus（即巴西利诺城主教）。巴西利诺城是古罗马 Bithynia 省的城市（当今 Pazar-Köy，在土耳其境内）。参见 Biermann, "Fray Gregorio Lopez. Der erste chinesische Dominikaner und erste chinesische Bischof", p. 112 n. 35a.

② 参见传信部 1673 年 10 月 2 日写给 Ylusio 主教的信，APF, Lettere 61, f. 149v.

③ 参见传信部秘书长 1673 年 10 月 2 日写给传信部红衣主教的信，APF, Lettere 61, f. 153.

同渠道被传到亚洲。1673 年 10 月 2 日传信部写信给 Berite 主教和其他宗座代牧，通知他们罗文焱已被任命为主教，年津贴为 200 埃斯库多。[①] 多明我会总会长 Tommaso Rocaberti 于 1673 年 11 月 11 日写信给菲律宾多明我会省会长，命令省会长让罗文焱接受主教职位。[②]

传信部在举行了 7 月和 10 月的关于中国传教区的会议后，又在 1673 年 11 月 20 日的传信部总会议上谈到了有关罗文焱的事情，并确认了中国传教区会议上做的决定，即罗文焱被任命为主教和宗座代牧，以及给他 200 埃斯库多作为年津贴。[③] 通过这次总会议的纪要，我们也得知红衣主教在该会上还讨论了 Sevin 提出的两个问题：第一，哪些权力不应该授予罗文焱并且要从红衣主教手里的那张纸上划掉；第二，罗文焱的津贴应该由谁负责寄给他。对此问题 Sevin 提出的建议是，由于中国与罗马相距遥远，可以先提前支付两年的津贴 400 埃斯库多。传信部采纳了 Sevin 的建议，决定提前拨款罗文焱两年的津贴。[④] 至于具体赋予罗文焱哪些权力这个问题，就相对复杂了。Sevin 感到时间紧迫，他求红衣主教来指定哪些权力应该写进给罗文焱的任命宗座简函上，因为如果这件事情得不到解决，该宗座简函就没有办法被落实下达，进而 Sevin 将会面临两种选择：要么在未完成此件要事的情况下直接离开罗马回亚洲去，要么在罗马多待一年而耽误传教区的事情。

---

　① 传信部 1673 年 10 月 2 日写给 Berite 主教等中国宗座代牧的信，APF，Lettere 61，ff. 153v - 155v.

　② 多明我会总会长 Tommaso Rocaberti 1673 年 11 月 11 日写给圣玫瑰省会长的信，APSR(AUST)，Sección Maestros Generales，Tomo 1，Legajo 3，doc. 9 (Reel 79，im. 1047).

　③ 据陆方济说，马尼拉大主教的津贴为 3 000 埃斯库多，新西班牙的主教有 2 000 埃斯库多，参见 Launay，*Lettres de Monseigneur Pallu*，p. 705.

　④ 参见 1673 年 11 月 20 日的传信部总会议纪要，APF，Acta 1673，ff. 349 - 352r.

于是后来传信部指定了罗文炤拥有的具体权力,仅从宗座代牧列出的权力清单上划掉了第三条,即有权力选择一个神父来替代他作为主教,其余一律保留。传信部的说法是这个权力只有给予Beritense 和 Heliopolitano 主教。①

传信部在 1673 年 12 月 12 日的会议上讨论了怎么把津贴钱寄给罗文炤。② 因为按照相关规定 Sevin 不是罗文炤的司库,所以后来传信部跟闵明我讨论过如何能安全地把罗文炤的津贴给寄到中国。闵明我提出的建议是,让多明我会总会长通过菲律宾多明我会圣玫瑰省在马德里与墨西哥的司库把钱寄到菲律宾,原因是圣玫瑰省会长每年都会从菲律宾援济中国传教区的多明我会士,所以可以同时把罗文炤主教的津贴给一并寄过去。③

1673 年 12 月 30 日传信部秘书长向 Ylusio 主教通报了最终决定,即任命罗文炤为巴西利诺城主教和宗座代牧,同时让他传达相应的法令。④ 在 1674 年 1 月 3 日的宗座简函(拉丁文为 Apostolatus officium)以及《在宗座之上》(Super Cathedram)教宗训谕中,罗文炤被任命为巴西利诺城主教和南京代牧,兼掌河北、山西、山东、河南、陕西各省和朝鲜的署理主教职。⑤ 1674 年 1 月 13 日和 5 月 20 日传信部又写信给 Ylusio 主教,让他用不同途

---

　① 参见 APF, SOCG 444, f. 176v.
　② 参见 1673 年 12 月 12 日的传信部总会议纪要,APF, Acta 1673, ff. 378v - 379r; APF, SOCG 444, f. 176v.
　③ 参见 APF, SOCG 444, f. 179r. 不过 1673 年 12 月 12 日传信部总会议纪要记载的是委托了 Sevin 带罗文炤的津贴,参见 APF, Acta 1673, ff. 378v - 379r; APF, SOCG 444, f. 181v.
　④ 参见传信部 1673 年 12 月 30 日写给宗座简函部秘书长 Ylusio 主教的信,APF, Lettere 61, f. 172.
　⑤ 他管理的范围跟原来的南京宗座代牧依纳爵·科多朗迪主教是一样的。任命罗文炤为巴西利诺城主教以及南京宗座代牧的相关文献,参见 AMEP, vol. 247, ff. 263 - 265; Fontana, *Monumenta dominicana*, pp. 697 - 699. 教宗训谕的中文翻译引自郑天祥编:《罗文藻史集》,第 80—81 页;张奉箴:《罗公文藻晋牧三百周年纪念》,第 19—20 页。

径把罗文炤任命状寄到亚洲。[①] 5 月 20 日传信部还写信给法国宗座代牧，让他们再推荐一些其他的中国人，并报告他们的姓名、年龄、特点等，这样一来，万一罗文炤去世，便可以从这些候选人中选出一位来代替罗文炤。[②] 可见传信部有意继续把中国本地神父提升为本地主教且在提前做计划。

另外，多明我会总会长 Tommaso Rocaberti 于 1674 年 4 月 16 日给菲律宾圣玫瑰省会长写信，让他继续维持对罗文炤的经济支持，无论罗文炤是否已经被任命为主教，同时也让他选择一个传教士来帮助罗文炤开展主教的工作。[③]

3. 罗文炤被任命为主教的消息传到亚洲

罗文炤被任命为主教和南京宗座代牧的消息先传到了菲律宾和暹罗，然后又从这两地传到了中国传教区。1676 年 6 月菲律宾耶稣会省会长 Francesco Messina 写信给耶稣会总会长奥里瓦（Paolo Oliva，1600－1681），通知他罗文炤被任命为主教的消息已经传到了菲律宾，并且大家在得知后感到很惊讶。[④] 紧接着，1676 年欧加略和 Francisco Luján 两位多明我会神父到达中国时，带来了教宗克莱芒十世（Clemente X）颁发的教宗训谕的一份公证过的抄件。

---

① 参见传信部 1674 年 1 月 13 日写给宗座简函部秘书长 Ylusio 主教的信，APF，Lettere 63，f. 9v；传信部 1674 年 5 月 20 日写给宗座简函部秘书长 Ylusio 主教的信，APF，Lettere 63，f. 48v。

② 传信部 1674 年 5 月 20 日写的信，APF，Lettere 63，f. 50v。

③ 参见多明我会总会长 1674 年 4 月 16 日从罗马写给圣玫瑰省会长的信，APSR（AUST），Sección Maestros Generales，Tomo 1，Legajo 3，doc. 10（Reel 79，im. 1051）。

④ 参见菲律宾耶稣会省耶稣会士 Francesco Messina 于 1676 年 6 月 15 日写给总会长的信，BC，ms. 2673，f. 83r-v；APF，SOCP 9，ff. 17r-18r。

万济国在获知这个消息后,表达了他不赞同罗文炤被任命为主教的态度,在他的评论中忽略了闵明我在这件事情上扮演的角色:"这都是因为那些在暹罗工作的主教提出过这个请求,我们的修会可没有做过任何努力来帮助罗文炤被任命为主教。"我们在前文已经谈到罗文炤带着 Luján 神父到了罗家巷,万济国也到那边接待他们,所以万济国应该是目睹过罗文炤的亲戚朋友欢迎他的场面,并且为他被任命为主教而感到荣幸:"中国人因为同胞老乡被提升到这么高的职位而感到非常开心。这种荣誉连日本人都没有得到,虽然那个国家出了很多神父。中国人应该是感到很自豪的。"当然,万济国同时也在表达他对罗文炤当主教这件事的观点,他接着说:"罗文炤没接受该主教职位。理由有很多,先不用在此展开。"万济国可能在一定程度上认同耶稣会士批判罗文炤被任命为主教的一些理由:"马尼拉的耶稣会士感到罗文炤被任命为主教是一件很奇怪的事情,并且写信给在中国工作的耶稣会士,信中所提到的一些东西不必在此展开。"①

万济国的尴尬与别扭很容易理解,因为他提到的这封信应该是 Francesco Messina 写的,或者是内容类似的一封。耶稣会士 Messina 写给总会长的书信中,把罗文炤的形象描述得不值得称赞,也向我们揭示了中国人对该任命的另一种反应:

> 我感到我必须以真实、直接、谦虚之心,向您汇报教宗的一个法令在菲律宾所引起的反应。通过该法令,教宗任命一位多明我会的中国人为全中国的大主教。他在圣托马斯大学在其有限的能力范围之内读过书,然后让他入了多明我会。

---

① 本段几处引文均引自万济国 1678 年 12 月 9 日从福安写给圣玫瑰省会长的报告,BC, ms. 1074, f. 357r.

这些亚洲本地人,尤其是中国人,对欧洲人的评价很高,很崇拜,反而他们会不太重视或者看不起自己人。原因是他们在马尼拉看到了西班牙人的豪华,比如住房以及佣人住房等,也在澳门看到了葡萄牙人之间的来往方式以及享有的一些特权等,以至于在此出生的西班牙人都不那么受重视。说实话,他们在行为上确实是有所不同。所以,您可以想象得到,中国人在看到跟自己出身一样的一个人被提升到主教,看到他在马尼拉享受这个荣誉时的惊讶吧。毕竟这些中国人都不是什么贵族或者官员的儿子,罗文炤也一样是一个贫穷的中国人。有一次我跟一个中国人谈话,告诉他已经有一位做到主教职位的中国人,他回答说:神父,这位主教与我没有什么不同,我也和他一样。他是个种大米的农民,成为了多明我会的修士。多明我会士在这个选择上只是被动角色,都是暹罗那些法国主教推荐到传信部的。甚至多明我会士刘若翰(他在中国传教,后来去过罗马。他被任命为菲律宾宿务主教区的主教后去世)是这么描述罗文炤的:罗文炤是多明我会的第一位中国神父,恐怕也会是最后一位。我先不说他的一些习惯,因为我跟他不熟,只是在他在马尼拉的圣托马斯大学学习的时候看到他了;但是我想说,如果不是从小就开始培养,并且其父母又德才兼备,是不能当神父更不能当主教的了。中国是一片恶土,中国人就是在这片恶土中成长的。他们除了有一些外在的社会政治道德之外,没有其他的美德。时间与经验会让我们明白过来。我在心理上感到很痛苦,因为这些法国主教为了能够进入中国而向传信部汇报情况,并且成功地从传信部那里操作从而让一位中国人被任命为主教。他们这样做使得受罗马教廷支持的这些国家的人无法理解主教职位的高贵,也没法树立该有的准则与尊敬。比较有智慧的人认为,我们的天主会在天上来阻止这件事情,我也想在这方面做出我的努力,希望能够让罗马教廷在这件事情上有个切合实际的看法。欧洲传教士就像黎巴嫩最高的雪松木,他们受到高贵的培养,拥有很好的学问和很高的品德。即便如此,这些雪松木在被移植到这片土壤和环境后很多时候还是会倒下。那么这些纤弱的植物,一出生就在这个非天主教的泥土上扎根长大的,他们会有什么样的结果呢? 我这么讲请您不要感到奇怪,我所拥有的多年经验以及对亚洲本地人的了解和熟悉程度,让我们有责任诚实地面对这些事实,让我们有理由质疑这些没有在小时候受过天主教信仰熏陶,而是刚刚入教并在成年后才接触天主教的人。①

万济国写了几封信给马尼拉方面,通知他们罗文炤没有接受也不应该接受主教职位。② 他在这些信中提到他于 1677 年 8 月 17 日写给多明我会圣玫瑰省会长 Diego de San Román(1627—1677)的一封信,该信阐述了罗文炤不该接受主教职位的理由,并请求省会长把罗文炤的真实情况报告给罗马教廷。③ 万济国大概是认为罗文炤的学问和知识不够,尤其是不足以判断与中国礼仪有关的争论。虽然那封信表达了万济国对这件事情的看法,但还是需要做一些细微的解释:虽然万济国表达了多明我会士的统一看法,但其实我们知道闵明我是推荐了罗文炤的。省会长把 Luján

────────

① 参见 1676 年 6 月 15 日菲律宾耶稣会省耶稣会士 Francesco Messina 写给总会长的信,BC, ms. 2673, f. 83r-v; APF, SOCP 9, ff. 17r-18r.
② 参见万济国 1677 年 8 月 31 日从穆阳写给 Felipe Pardo 的信,BC, ms. 1074, f. 319;万济国 1678 年 5 月 26 日写给 Juan de los Ángeles 的信, BC, ms. 1074, f. 320.
③ 参见万济国 1677 年 8 月 17 日从穆阳写给省会长 Diego de San Román 的信, BC, ms. 1074, ff. 316-318. 袁若瑟的著作中收录了这封信的一部分内容,参见 González, *Primer obispo chino*, pp. 112-114, n. 10.

派到中国来指导与协助罗文炤,这也表明省会长还是希望能够把
罗文炤主教保持在他的控制范围之内的。另外,我们接下来还会
看到有一些传教士,例如 Juan de Santo Tomás、Andrés López 等
新来的多明我会士,也在一定程度上保持了对罗文炤当主教的支
持。其中比较值得关注的是 Francisco Luján 的情况以及万济国
的反应。万济国在他的报告中提供了宝贵信息:

> Francisco Luján 神父垂头丧气,想回到欧洲去,没有办法
> 安慰他。他在中国语言文字方面很出色,有学问,有能力又年
> 轻,可以为中国传教区做很大的贡献。不过,他不愿意在这里
> 工作。您以前在信中说过,他是来陪伴罗文炤主教的。他却
> 在到了这里后,说自己不愿意承担这么大的责任。目前我只
> 能把这件事情交给天主,不强迫他,随他所愿,不催他学语言
> 或者去传教。中国人说听他讲听得很清楚。①

归纳起来,罗文炤被任命为主教的消息在多明我会的反应如
下:省会长派 Luján 作为罗文炤主教的助理,在神学方面让罗文
炤主教听从多明我会的意见;万济国坚决反对罗文炤接受该职位,
同时写信去马尼拉阐述为什么他不能当主教;Luján 没有顺利地
去完成他的任务,反而对中国的传教情况感到一些不适。我们认
为这可能是因为多明我会没能说服罗文炤,让他在中国礼仪方面
支持多明我会的立场(详后)。

关于耶稣会士的反应,我们在前文中已经谈到了 Messina 的
书信。在马尼拉的耶稣会士如 Francesco Messina 和 Xavier
Riquelme 等,一直都与在福建工作的耶稣会士保持着书信往来。
在何大化去世之后,继承其工作岗位的李西满找到了何大化与

---

① 参见万济国 1677 年 8 月 31 日从穆阳写给 Felipe Pardo 的信,BC, ms. 1074,
f. 319.

马尼拉传教士之间的书信，[①]其中有一封是罗文炤被任命为主教的教宗训谕公证抄件。李西满把这个消息告诉了当时耶稣会中国会长南怀仁。[②] 接着，驻北京的南怀仁于 1678 年 1 月 7 日给驻澳门的耶稣会士巡按使 Sebastião Almeida(1622—1682 以后)写信，除了转告福建来的消息之外，还提醒他原来在 Berite 主教管理下的中国区域，现在归罗文炤主教管辖。[③] 在南怀仁看来，这件事情很重要，原因是以前耶稣会总会长下了命令让所有耶稣会士宣誓听从 Berite 主教，而南怀仁认为现在耶稣会士可以摆脱法国宗座代牧的控制和威胁了。宗座代牧的变换完全改变了耶稣会对罗文炤的看法。从此耶稣会在反抗宗座代牧对传教区控制的对策方面，将目光转移到了新的南京宗座代牧罗文炤身上。

综上所述，罗文炤被任命为主教的消息传到中国后，先遇到了耶稣会士 Messina 和多明我会士万济国等人的反对。一方面，多明我会的反对可能是因为担心罗文炤在学问等方面不够资格，从而在日后给多明我会与中国教会带来不利的影响，可能也担心罗文炤在礼仪之争方面做出错误的或者不利于多明我会立场的判断。另一方面，耶稣会 Messina 的反对却可能是由于担心法国宗座代牧利用罗文炤来控制中国传教区，从而加强对耶稣会士的控制。罗文炤被任命为主教的消息诱发了不同的反对计划，这些计划中有：避免罗文炤当主教；允许罗文炤当主教但分配一位传教士来指导他的工作；让罗文炤远离中国传教区；让罗文炤支持自己

[①]　耶稣会士何大化与耶稣会菲律宾省的神父保持书信往来，参见李西满 1677 年 10 月 28 日从福州写给 Xavier Riquelme 的信，ARSI, Jap. Sin. 124, f. 103v.

[②]　南怀仁 1678 年 1 月 7 日从北京写给巡按使 Sebastião de Almeida 的信，Josson, *Correspondance de Ferdinand Verbiest*, pp. 196 - 207.

[③]　南怀仁 1678 年 1 月 7 日从北京写给巡按使 Sebastião de Almeida 的信，Josson, *Correspondance de Ferdinand Verbiest*, p. 200.

的立场;等等。我们在后文中会看到这些计划基本上一个接一个地被实施过。同时,耶稣会士南怀仁开始琢磨如何能从罗文炤被任命为主教一事中获利。

最终,罗文炤在周围传教士的建议之下,谢绝了这第一次的主教任命。1677 年 5 月 Berite 主教 Pierre de la Motte Lambert (1624—1679)和 Metellopolis 主教 Louis Laneau(1637—1696)从暹罗写信给罗文炤,让他接受任命。① 但是罗文炤给他们的书信让法国主教打消了这个念头。法国巴黎外方传教会在其总报告中写道:"我们本来今年等罗文炤到暹罗……但是我们从他的信中获知他不愿意接受任命,他以年纪大、资格不够为理由,但是从他的话中可以推断,他拒绝的主要原因是他担心中国教会可能因此而发生分裂,也担心中国教徒对此有所觉察后会导致中国教会失去所有的教徒。"②我们不知道罗文炤的书信是在哪位传教士的帮助下写的,但是他所谓的分裂的可能性大致有两个理由:耶稣会与多明我会在礼仪之争方面的争论,以及西葡两个国王资助的修会与罗马任命的宗座代牧之间的权力斗争。

万济国等在华多明我会士、多明我会总会长、省会长对罗文炤的认识可能有所不同,也对他当主教持有不同看法。传信部在 1679 年 5 月 2 日的会议上提到几封信,其中 1677 年 11 月在东京

① 参见 Lambert 和 Laneau 两位法国宗座代牧 1677 年 5 月 30 日从暹罗写给罗文炤的信,APJF, Fond Brotier, 126 - 04, f. 57r。袁若瑟依靠 BA, 49 - V - 17, f. 582r-v 的抄件来转写这封信似乎有些遗漏,参见 González, *Primer obispo chino*, pp. 111 - 112 n. 9. 有关 Pierre de la Motte Lambert,参见 Launay, *Mémorial II*, pp. 350 - 354;有关 Louis Laneau,参见 Launay, *Mémorial II*, pp. 356 - 359.

② 参见法国宗座代牧写的"有关天主教在中国及周围地区的传播简报"("Abregé de l'estat de la Religion dans les missions de la Chine, et lieux circonvoisins"), AMEP, vol. 418, f. 334;亦见于 AMEP, vol. 6, f. 704. 袁若瑟认为,罗文炤谦虚地拒绝了任命是因为自己与周围的传教士认为他的学问等方面尚达不到做好主教的要求。袁若瑟不提法国主教对罗文炤书信的细微解读,无意或者有意忽略当时教会内的纠纷。González, *El primer obispo chino*, p. 86.

(Tonkin)工作的多明我会士写信给总会长说,1677 年有三个多明
我会士从菲律宾去了东亚,"其中有两人安全进入了中国,另一人
去了暹罗等待罗文炤主教到那边,之后陪罗文炤去他的住院"。①
虽然法国主教一直让罗文炤到暹罗去受祝圣,但却因为国家之间
以及教会内部的矛盾而迟迟没能实现。

4. 罗文炤再次被任命为主教

　　罗文炤第一次被提议担任主教源自陆方济与闵明我在马达加
斯加岛的商谈,通过作为巴黎外方传教会在罗马代表的 Sevin 而
最终实现。罗文炤拒绝出任主教后,陆方济于 1677 年在罗马时第
二次提议任命其为主教。那时耶稣会与法国主教的矛盾已经非常
激烈了,陆方济在亚洲遭遇了耶稣会的反抗。1674 年在马尼拉发
生的事情让罗马教廷极为愤怒。当时陆方济坐船去越南东京时遇
到暴雨,船被吹到菲律宾去了。西班牙政府把他当间谍对待,在耶
稣会的帮助之下逮捕了他并对他进行审问,最后把他送回了西班
牙。在罗马教廷和西班牙多明我会的帮助之下,他才得以抵达罗
马。② 陆方济和罗马教廷为了增强对耶稣会的控制,打算加强宗
座代牧在亚洲地区的权力。陆方济于 1677 年抵达罗马的时候,葡
萄牙大使 Luis de Sousa 也正在罗马争取葡萄牙保教权的利益。
同时,耶稣会总会长也向罗马教廷递交了一系列报告,来为亚洲耶
稣会的行为辩解。但 1677—1680 年间陆方济在罗马所做的外交

---

　　① 参见传信部秘书长的草稿,"Scrittura di Monignore Segretario: per la prossima
congregazione particolare", BC, ms. 2673, f. 56r.
　　② 有关陆方济在菲律宾的遭遇,参见 Baudiment, *François Pallu*, pp. 295 -
323; Cummins, *Travels and Controversies of Friar Domingo Navarrete*, pp. 425 -
434.

工作和努力还是为他带来了所希望的结果。① 在这期间,来自东南亚的消息又表明难以驯服的耶稣会士再次不服从罗马教廷的命令。这么一来,耶稣会总会长无法继续辩解了,于是罗马教廷公布了一系列的法令来加强宗座代牧的权力。

在上述背景下,如果我们想理解罗文焄后来所遇到的问题,就需要进一步了解陆方济在罗马外交工作的三个方面:其一,陆方济在罗马期间增强了与多明我会之间的合作关系,而罗文焄作为多明我会士而受到了一定的重视。其二,陆方济在罗马教廷提出了一个相对完整的亚洲教会结构方案,包含树立一些本地主教以及确定这些本地主教的具体角色和权力范围。从陆方济对本地主教作用的理解,我们可以判断陆方济对罗文焄作为本地主教的一些期待。其三,陆方济收到了罗马教廷颁布的有利于宗座代牧的法令,所有在华传教士必须宣誓听从宗座代牧的法令,否则他们就得离开该传教区。② 我们从中可以看到,罗马教廷指派的宗座代牧不仅对那些难以驯服的耶稣会士加强了控制,还同样影响到西班牙托钵修会的传教士。假如法国主教与西班牙传教士之间发生纠纷的话,罗文焄很难保持中立,因为他一直都在西班牙菲律宾传教士中间生活。

多明我会与巴黎外方传教会的合作关系早就开始了,③比较

---

① 有关葡萄牙大使在罗马的商谈、法国宗座代牧对耶稣会的控告以及耶稣会的辩护,参见 Chappoulie, *Rome et les missions d'Indochine au XVIIe*, vol. 1, pp. 324, 341, 356, 369, 373; vol. 2, pp. 41 – 54.

② 参见 A. Van den Wyngaert, "Mgr Fr. Pallu et Mgr Bernardin Della Chiesa. Le serment de fidelité aux vicaires apostoliques", *AFH XXXI* (1938), pp. 17 – 47.

③ 例如文度辣 1665 年在果阿碰到了陆方济并跟他一起回罗马,参见 Baudiment, *François Pallu*, pp. 295 – 323; SF III, p. 122. 又如前面提到的闵明我与陆方济在马达加斯加岛上的讨论。陆方济在马尼拉被抓的时候,多明我会总会长 Tomasso Rocaberti 给圣玫瑰省会长写过一封信,让他帮助陆方济,亦提到他也给西班牙国王的忏悔师写过信来协调这个问题,参见他 1676 年 8 月 11 日的信,APSR(AUST), Sección Maestros Generales, Tomo 1, Legajo 3, doc. 13 (Reel 79, 1058).

关键的一次是陆方济在马尼拉被抓后，多明我会一直分别在马尼拉、墨西哥、西班牙和罗马给陆方济提供帮助。所以陆方济到罗马后加强了与多明我会的合作。他在信中表示："多明我会总会长与我关系不错，对我表现得非常友好，他保证可以通过我在墨西哥的好友、多明我会士 Francisco Sánchez 神父，把那 1 000 埃斯库多交给我。如果我们可以建立马尼拉多明我会神父与我们在暹罗的神学院之间的贸易关系，那么我认为靠多明我会总会长这个方式来保证我们能收到每年的传教资金是最安全的。"[①]陆方济考虑的是与多明我会发展长远的合作，打通罗马与中国间的稳定运输和通讯通道。这条路线从罗马出发，经过西班牙、墨西哥和菲律宾到达东亚的传教区，多明我会在这当中起到非常重要的作用。这样的计划需要秘密进行，陆方济对巴黎外方传教会会长阐述道："为了保证暹罗神学院所需要的传教资金，要通过多明我会在墨西哥供应 1 000 埃斯库多……另外我下周六会给驻西班牙的罗马教廷大使写信……而这一切都会以传信部的名义寄过去，我是这样跟 Cerri 主教商量的，我自己的名字是不会出现在上面的。"[②]按照陆方济的设计，多明我会总会长于 1677 年 8 月 21 日下令把 1 000 埃斯库多交给驻墨西哥的多明我会士 Francisco Sánchez，让他从墨西哥寄到菲律宾去，并从那边交给暹罗神学院院长或者法国主教的委托人。

多明我会与法国巴黎外方传教士的密切合作是背着西班牙与马尼拉政府进行的。法国是西班牙的敌国，所以西班牙政府非常关注法国在亚洲的动态，尤其是被罗马教廷派来的法国籍主教。

---

① 参见陆方济 1677 年 8 月 11 日从罗马写给巴黎外方传教会会长的信，Launay, *Lettres de Monseigneur Pallu*，p. 224.

② 参见陆方济 1678 年 5 月 18 日从罗马写给巴黎外方传教会会长的信，Launay, *Lettres de Monseigneur Pallu*，p. 250.

罗马让法国在亚洲教会占有优先地位这一事实被看成是对西班牙政治和贸易的威胁。本国国王资助的多明我会等修会的传教士在罗马教廷与西班牙政府的纠纷中支持罗马教廷的计划而损害西班牙的利益，这是西班牙政府不希望看到的。所以多明我会帮助法国主教一事引起了西班牙政治机关的关注。后文会进一步讨论马尼拉政府与大主教 Felipe Pardo 等多明我会士之间的斗争，以便我们理解罗文炤在受祝圣问题上的难处。

除了与多明我会合作，为了加强法国宗座代牧的权力，陆方济还希望建立一个能够适应亚洲国家的、有效的并能保持忠诚的教会结构。他所提出的建议之一是树立几位本地主教来协助法国主教。这个建议在 1678 年 4 月 26 日召开的传信部会议上得到了红衣主教的支持并顺利通过。而针对中国传教区，陆方济建议可任命多至六位本地主教。[①]

通过陆方济建议中的几个条款，我们了解到他所勾画的本地主教所拥有的权力和地位。他在第一个条款便说，"他们负责在宗座代牧所指定的省份施行圣事，前提是他们得听从宗座代牧的指导和领导"；[②]在第五条中具体说明了应该如何确定欧洲宗座代牧的领导地位："我们会给宗座代牧一些具体指令，而他们会在本地主教受祝圣后将这些指令转交给本地主教。指令中会讲清本地主教的义务以及本地主教的从属地位，他们总得听从委托权力给他们的宗座代牧。"[③]可见陆方济想把本地主教置于欧洲宗座代牧的领导之下，这些新的本地主教比原来 Sevin 与红衣主教商量给罗

---

① 参见 Adrien Launay, *Documents historiques relatifs a la Société des missions-étrangères*, Tome 1, Imp. Lafolye frères, 1905, pp. 68‑69.

② 参见 Launay, *Documents historiques relatifs a la Société des missions-étrangères*. Tome 1, p. 68.

③ 参见 Launay, *Documents historiques relatifs a la Société des missions-étrangères*. Tome 1, p. 69.

文炤的权力范围要小，而与欧洲宗座代牧的从属关系却更为明确了。虽然当时罗文炤受到更大的信任，而且在一定程度上被看成是欧洲人，但是这次法国主教陆方济也提出了一个新的建议："罗文炤去世后，应该由欧洲主教来继承该宗座代牧的职位。可以转给意大利人、法国人或德国人，但是不能转给西班牙人或葡萄牙人。"①可见，任命本地主教背后的计划，即要削弱西班牙和葡萄牙在亚洲教会的优先地位。

法国主教陆方济在信中向传信部解释本地主教的重要价值时说道："主要是因为他们可以给信徒施行圣礼，提高信徒对天主教的热情，他们还能通过本地主教让布道者、教友们甚至非教徒增强对欧洲宗座代牧的信任。布道者也会更热情、更认真地工作，或许还能成为神父。"②陆方济很清楚本地教会人员的价值。中国布道者和中国教徒的共性使本地主教更容易接近中国人；通过给他们一个教会的职位和地位，把他们置于罗马教廷的指挥之下；还能把那些在西班牙和葡萄牙资助下培养起来的教徒拉过来，由法国主教领导。

陆方济所做的外交工作也包括调和法国与罗马教廷之间可能发生的冲突。建立本地主教的计划在法国招致一些批判。有几个与巴黎外方传教会保持联系的法国人讨论了这个问题。陆方济于1678年6月15日给巴黎外方传教会会长写信说："我看你们没有准确理解本地主教这件事，你们是把它理解成一个长期固定的建制形式，也这么解释给会外的人。而实际上建立本地主教只是一

---

① 参见 APF, Fondo Viena, II Scritture riferite nelle Congregazione particolari, 21 Cina, 1678－1679, f. 124.
② 参见陆方济1678年写给传信部的信，Launay, *Lettres de Monseigneur Pallu*, p. 516.

个暂时的安排。"①陆方济也转告他们罗马教廷的一些传言,即法国计划在亚洲建立另一种保教权。所以本地主教是陆方济提出的一种解决方式,长期来讲他还是希望亚洲传教区归法国主教管理。他也认为可以"通过这个方式排除葡萄牙的庇护,避免亚洲教会分裂"。② 这么一来,我们认为模糊不清的一部分权力被转给本地教徒,从而不同国家和不同天主教团体之间的矛盾冲突也转嫁给本地人了。那么,罗文焖等重要本地教徒成为这个冲突的焦点就会是一个必然的结果。接下来罗文焖的祝圣,以及如何任命一名欧洲传教士做他的助理顾问或副主教等问题,都成为持续了很久的问题。不同国家与不同教会团体要设法争取罗文焖主教等教徒支持他们各自的立场。所谓"礼仪之争中的中国声音"在很大程度上也要从这个角度去理解。

陆方济设计并提出了亚洲教会的一个整体结构。最上层有两个总负责人,第一个负责中国的两个宗座代牧,第二个负责暹罗、东京和交趾的三个宗座代牧。他再一次强调这两个总负责人不能是西班牙或葡萄牙国籍。对于罗文焖的继任人问题,他也向传信部的红衣主教表达了他的看法:"虽然您给予宗座代牧一项权力,即通过祝圣一名本地人并让他接任罗文焖主教的职位,但是以目前情况来看,其他选择显得更为合适,可以取消之前所授予的权力,并在罗文焖去世后让欧洲宗座代牧选择一个欧洲传教士来接受祝圣,从而可以领导那些本地主教。"③1678 年 7 月 17 日和 7 月 27 日,传信部召开了两次会议,把陆方济和 Lambert 分别任命为

---

① 参见陆方济 1678 年 6 月 15 日从罗马写给巴黎外方传教会会长的信,Launay, *Lettres de Monseigneur Pallu*, 255.
② 参见陆方济 1678 年 6 月 15 日从罗马写给巴黎外方传教会会长的信,Launay, *Lettres de Monseigneur Pallu*, p. 256.
③ 参见陆方济 1678 年写给传信部的信,Launay, *Lettres de Monseigneur Pallu*, p. 516.

中国和暹罗的总负责人，也确认了罗文炤的主教和宗座代牧职位。这样一来，陆方济所设计的教会结构便得到了确认。至于罗文炤的继任人，传信部还是希望能够找一个本地人。在 1678 年 8 月 17 日的会议上，本地主教的权力划分得很清楚，不像 Sevin 第一次提出罗文炤为主教时那样模糊。① 比如规定在没有经过一位欧洲主教的书面许可之前，新的本地主教不能任命公证人（notario）或者祝圣神父。② 1678 年 8 月 28 日的会上也确定了任命本地主教的具体形式。③ 所以我们可以推理，法国主教在第一次提出任命罗文炤为主教的几年后，也预料到了在本地主教身上会发生的一些问题。在提出建立更多的本地主教的同时，制定了预防措施，并更加详细地指定了本地主教的具体权力、义务以及与欧洲宗座代牧之间的从属关系。

在 1679 年传信部召开的几次会议上，耶稣会总会长奥里瓦发表了自己的几点看法。几位在东京和交趾的耶稣会士因为不听宗座代牧的指挥而被传唤至罗马。奥里瓦希望罗马教廷减少宗座代牧对耶稣会士的管理和控制，因此在两次传信部会议上的演讲中，他指出宗座代牧选择传教区负责人的标准有问题。后来，他按照传信部的要求把这两份演讲稿和其他文献一并上交了传信部。在这些文献中有菲律宾省耶稣会士 Francesco Messina 写的有关罗文炤的书信。④ 奥里瓦提交这封信是想说明，传信部在法国主教

---

① 参见 1678 年 7 月 17 日的法令，Launay, *Documents historiques relatifs a la Société des missions-étrangères*, Tome 1, pp. 70 - 72.

② 参见 1678 年 8 月 17 日的法令，Launay, *Documents historiques relatifs a la Société des missions-étrangères*, Tome 1, pp. 72 - 74.

③ 参见 1678 年 8 月 28 日的法令，Launay, *Documents historiques relatifs a la Société des missions-étrangères*, Tome 1, pp. 75 - 77.

④ 耶稣会总会长奥里瓦在 1679 年 3 月 23 日、4 月 11 日以及 5 月 2 日参加了传信部的会议，他所做的演讲以及提供的文献，加上对此的反驳演讲，均见 APF, SOCP vol. 9, ff. 1r - 88r. Messina 的信见 APF, SOCP vol. 9, f. 83r-v.

的推荐下所立的宗座代牧不如耶稣会精心筛选的人选合适。也就是说,罗文焰是否适合当中国地区宗座代牧,这个问题实际上只是教会中两个修会之间权力斗争的表现。

陆方济马上给耶稣会总会长奥里瓦写信反驳,他的反击观点可以在传信部的文献中看到,其中写道:

> 选择罗文焰是对中国传教区的最大贡献。除了他是中国本地人之外,他也拥有一位好神父应有的品质特征。选择他为宗座代牧是经过中国传教区所有传教士赞同的,其中也包括耶稣会士。在传教士被关押在广州期间,他们共同决定委托罗文焰去访问中国所有的教堂(他用了两年时间做到了,并受到了大家的赞扬),Heliopolis 主教(按:即陆方济)保留着北京宫廷耶稣会士安文思的一封信,该信中罗文焰被高度赞扬,还被树立为耶稣会士培养本地神父的榜样……虽然 Messina 神父是耶稣会菲律宾省会长,但他对罗文焰的描述不如其他所有中国传教士的描述可信,这点只要看他当时是怎么恶意告发了在马尼拉抓到的陆方济主教就知道了。[①]

这样一来,法国主教陆方济再次巩固了法国宗座代牧的领导地位以及他们所做的决定。在陆方济的计划中,树立本地主教的重要性非常高,是他们进入中国传教区的手段。罗文焰的主教任命是这个策略的第一次试验,对证明该策略是否成功至关重要。即使陆方济把任命本地主教视为权宜之计,他也不能让耶稣会士破坏他的计划。另外,通过上述文献的表述我们可以确认,当时闵明我也把安文思写的书信交给了陆方济。虽然在该信中并没有谈到主教任命事宜,而只是谈到对本地神父的需求,但是陆方济很好地利

---

① 参见"Risposta ad una scrittura del P. Gnle della Comp.ᵃ"(对耶稣会总会长的答复),APF, SOCP vol. 9, f. 69r-v.

用了耶稣会士对罗文炤的评价来支持他最终的计划。

　　在传信部收到罗文炤拒绝出任主教的消息后,陆方济向传信部的红衣主教提议,让传信部催罗文炤接受主教职位,并通过多明我会总会长下达此令。如果他还是不接受任命,就再找其他人代替。在 1679 年 10 月 12 日的会议上,罗马教廷通过了陆方济的提议,发布了法令,通过不同渠道写信通知罗文炤。[①]

　　陆方济在罗马教廷还争取到几条重要法令,其中之一是让所有身在中国的传教士宣誓听从宗座代牧。由于耶稣会士在亚洲地区所进行的反抗,罗马教廷于 1677 年 12 月 6 日下令让那些不听从法国主教的耶稣会士返回罗马。传信部在 1678 年 3 月 21 日让宗座简函部秘书长 Ylusio 主教准备上面提到的宣誓法令,[②]后于 11 月 21 日下令印刷该法令及其具体的宣誓形式。[③] 耶稣会总会长奥里瓦在 1679 年的几次会议上试图阻止罗马教廷公布该法令,因为该法令一旦颁布,他的会士们将被置于法国主教的直接管辖之下。刚开始他还对此抱有希望,但是后来又从亚洲地区传出了耶稣会士不听从法国主教的消息,导致在东趾和交趾工作的耶稣会士 Ferreira、Fuciti、Acosta 和 Candone 在 1680 年 1 月 29 日被传唤回罗马,也促使所有在华传教士宣誓听从宗座代牧的法令被最终公布出来。[④] 这样,所有在华传教士必须经过宣誓才能继续留在中国。陆方济对此法令的落实和管理思考得很细致:"以后要

---

　　① 参见 1678 年 10 月 12 日的法令,Launay, *Documents historiques relatifs a la Société des missions-étrangères*, Tome 1, pp. 86 – 89. 传信部 1679 年 10 月 12 日写给罗文炤的信,见 APF, Lettere 68, ff. 74v – 75r.

　　② 参见 1678 年 3 月 21 日的法令,Launay, *Documents historiques relatifs a la Société des missions-étrangères*, Tome 1, pp. 65 – 67.

　　③ 参见 1678 年 11 月 21 日的法令,Launay, *Documents historiques relatifs a la Société des missions-étrangères*, Tome 1, pp. 78 – 81.

　　④ 参见 1680 年 4 月 1 日的法令,Launay, *Documents historiques relatifs a la Société des missions-étrangères*, Tome 1, pp. 97 – 100.

列出所有宣誓过的传教士的名单，也把他们所做的宣誓公证书保存下来放在档案馆里。"①而作为宗座代牧的罗文炤，在未来应该配合罗马教廷及其指派的欧洲宗座代牧来实现罗马的计划，其中的一个义务就是把这些公证书或纪要寄至罗马。

陆方济把罗马教廷颁布的法令和其他一些书信寄给了法国巴黎外方传教会会长。在他于 1679 年 11 月给巴黎外方传教会会长写的一封信里，提到了他在一个包裹里附寄的几份文件。除了寄给暹罗宗座代牧的信，陆方济说还有"给罗文炤写的一封信。我们需要多写一份该信的拉丁文抄件，然后再做该信原件与该拉丁文抄件的备份，把备份从不同渠道也寄过去"。② 这可能是通知罗文炤被任命为主教的信。陆方济还附寄了多明我会总会长与罗马教廷的两个许可证件，许可陆方济把一位叫 Pini 的法国多明我会士带到中国去。陆方济希望能有更多的法国传教士陪他一同去中国，本来是可以带 Pini 和 Veiret 两个法国多明我会士，但是多明我会法国省会长没放这两个人走。③ 实际上罗马教廷更希望陪陆方济去的神父是意大利籍的。④ 似乎这些行动的每个细节都在预示着后来在中国传教区将要发生的不同国家和不同教会团体之间的纷争。

我们认为陆方济原本的意图是，通过增加法国籍多明我会士

① 参见陆方济 1680 年 10 月 25 日写给 Desfontaines 先生的信，Launay, *Lettres de Monseigneur Pallu*, pp. 351 - 352.

② 参见陆方济 1679 年 11 月 29 日写给巴黎外方传教会会长的信，Launay, *Lettres de Monseigneur Pallu*, p. 320.

③ 教廷同意了这两位法国多明我会士陪陆方济去中国，参见 1679 年 10 月 12 日的法令，Launay, *Documents historiques relatifs a la Société des missions-étrangères*, Tome 1, pp. 86 - 89. 陆方济在几封信里提到这两位法国多明我会士，参见 Launay, *Lettres de Monseigneur Pallu*, pp. 123, 128, 133 - 134, 138, 147.

④ 意大利方济各会士伊大任主教在接受祝圣之后，与几个同修会的神父一起启程前往东方。按照陆方济的说法，任命罗文炤为主教的法令是这位意大利方济各会士带过去的。

来增加忠诚于法国宗座代牧的多明我会士人数,从而避免西班牙籍多明我会传教士不愿意服从法国主教的法令,并增强对身为多明我会士的罗文炤的控制和指导。这一看法基于两个原因:首先,有一位名为 Raimundo Lezzoli(1650—1706)的意大利多明我会士的事例起到了类似的作用。[1] Lezzoli 被派到越南之后,立即往菲律宾写信,以表达对罗马教廷所指派的宗座代牧的忠诚,并附加了他签署的宣誓法令。第二,罗马教廷在后来也想派两个忠诚于罗马的传教士为罗文炤主教提供帮助。由此可见,当时的罗马教廷和法国主教均对取得中国传教区的掌控权有所筹谋,他们不仅要指派宗座代牧,还要把罗文炤置于他们自己的管辖范围内,派去忠诚于罗马教廷和法国主教的传教士协助罗文炤。同时,这也体现了陆方济除了实现教宗的任务之外还希望为法国国王提供帮助,毕竟他受到了法国人的支持。如此一来,罗文炤服从法国籍宗座代牧管辖不仅是一个教会的事,也涉及国家之间的利益了。西班牙和葡萄牙政府一直资助在华传教士,所以他们很难认可法国籍的主教进入中国,也不会同意罗文炤担任主教来配合一个法国领导的中国教会。

1680 年陆方济以福建宗座代牧和中国传教区总负责人的身份离开罗马,前往亚洲。陆方济不仅在罗马顺利地办成很多事,还在罗马留下了一个小团队来处理传教区与罗马的书信来往等事。在他选择的人中有一位是传信部档案馆的亲戚,他的哥哥也为 Altieri 红衣主教工作。陆方济希望他可以做巴黎外方传教会在罗马的司库和代理人,包括"有权处理给传教士津贴,尤其是教宗给罗文炤主教所分配的津贴"。[2]

---

① 关于 Raimundo Lezzoli,参见 Ocio, *Misioneros dominicos*, p. 214.

② 参见陆方济 1680 年 5 月 1 日写给巴黎外方传教会会长的信,Launay, *Lettres de Monseigneur Pallu*, p. 334.

5. 罗文炤接受主教职位

上文说到传信部于 1679 年 10 月 12 日写信给罗文炤,通知他要接受任命。他们通过不同渠道将信寄往亚洲,其中之一是委托意大利方济各会主教伊大任。此外,按照传信部的要求,多明我会总会长也在 1680 年 2 月 17 日给菲律宾多明我会省会长写信,以确保传信部的法令得到传达。身在暹罗的 Laneau 主教大概在 1681 年 6 月已经把 Altieri 主教写给罗文炤的书信寄到马尼拉大主教多明我会士 Felipe Pardo 手中,也把一份抄件寄给马尼拉多明我会省会长。① 罗文炤于是通过 Laneau 主教在 1681 年 12 月收到了任命的消息。②

在华多明我会士万济国神父此前已写信给马尼拉的省会长 Felipe Pardo,表示反对罗文炤当主教。不仅万济国和省会长 Felipe Pardo 不认同罗文炤当主教,菲律宾多明我会圣玫瑰省在马德里和罗马的总司库 Alonso Sandín 神父(1640—1701)也觉得罗文炤不合适,他在收到罗文炤第一次拒绝主教职位的消息后,对万济国和 Felipe Pardo 的看法表示了赞同,③他在 1679 年 12 月 13 日给 Felipe Pardo 写的信中认为罗文炤的学问水平不足以担任主教。

---

① 参见 Laneau 主教 1681 年 6 月 1 日写给多明我会士 Felipe Pardo 的信,AGI, Filipinas 92, N. 1, "Papeles originales del obispo y clérigos franceses", f. 16r (IMAG. 969); f. 27r-v (IMAG. 1198).

② 参见罗文炤 1684 年 1 月 25 日的信,González, *Primer obispo chino*, p. 151.

③ 参见多明我会圣玫瑰省司库 Alonso Sandín 1679 年 12 月 13 日从马德里写给多明我会士 Felipe Pardo 的信,AGI, Filipinas 92, N. 1, "Papeles originales del obispo y clérigos franceses", f. 64v (IMAG. 1107). Felipe Pardo(1611—1689)担任了圣玫瑰省会长后,当上了马尼拉大主教的职位。参见 Ocio, *Misioneros dominicos*, pp. 174-175.

　　虽然绝大多数多明我会士都持这个观点,但 1670 年代末来华的几位多明我会士不再强烈反对了,其中包括 Juan de Santo Tomás。他于 1682 年 1 月 15 日写信给罗文炤说：虽然可能有其他多明我会士劝阻罗文炤接受主教职位,但罗文炤应该接受任命。[①] 他指出罗文炤没有足够的学问不构成不让他在刚建立的中国教会当主教的理由,毕竟耶稣的门徒也是普通人,其中就有当上教会首位领袖的渔夫圣彼得。[②] 而且传教区需要有主教来给教徒施坚信礼,且需要在中国礼仪问题上达成协议,而罗文炤作为一个中国人比较了解当地情况,从而可以起到非常重要的作用。

　　Juan de Santo Tomás 随即提出一个解决方案：可趁万济国准备去福州办事之机,让多明我会士与耶稣会士在那里商量这个问题,而且罗文炤神学等方面的缺陷可以通过周围各修会传教士的建议来填补。他认为多明我会士马熹诺很合适,原因是这个人正好在罗文炤身边,并且是他们那批来菲律宾的西班牙修士中最出色的。[③] 所以,他建议罗文炤"尽量招来传教士开会,达成共识,如果不能完全达成协议,也可以通过多明我会与耶稣会神父稍微让步,以尽量找到一个统一的做法"。[④] 这封信中还有另外两个观点值得注意：其一是 Juan de Santo Tomás 认为罗文炤当主教比欧洲主教更好,因为"他们来了一定会闹事,不仅因为那些中国的事情即礼仪之争的问题,还因为会与各修会产生矛盾","非信徒也

---

　　① 参见 Juan de Santo Tomás 1682 年 1 月 15 日写给罗文炤的信,BA, 49 - V - 20, f. 370r.

　　② Juan de Santo Tomás 1682 年 1 月 15 日写给罗文炤的信,BA, 49 - V - 20, f. 370v.

　　③ Juan de Santo Tomás 1682 年 1 月 15 日写给罗文炤的信,BA, 49 - V - 20, ff. 370v, 372v.

　　④ Juan de Santo Tomás 1682 年 1 月 15 日写给罗文炤的信,BA, 49 - V - 20, f. 372v.

会感到很奇怪,质疑他们想搞什么造反活动"。① 其二是书信结尾,让我们看出这封信的写作可能也有耶稣会士参与了。Juan de Santo Tomás 说:"我之所以把这封信写得这么长,是因为可能你收到了观点相反的其他书信。这样您可以在两个观点之间得出自己的看法。毕竟我这个想法只不过是简单地说我是怎么看待这件事情而已,所以我希望还是别给其他人看。那边的(按:耶稣会?)神父可以看,但是我这里(按:应该指的是在罗源工作的多明我会士万济国和许伯多禄),估计他们会批评我这个资格不够的人在那么重要的事情上提出自己的看法。"②可见,Juan de Santo Tomás 是以个人身份写这封信,且与耶稣会士显得格外亲近。

多明我会士白诚明后来表达的看法也能让我们看出多明我会士的一些难处。后文我们会看到马尼拉省会长对罗文炤当主教的强烈反对。在这个情况下,白诚明也表达了自己的看法:"阻挠罗文炤的祝圣我认为是一个准确的决定,但是我请您尽量安慰他,毕竟他在这个传教区做出了很多努力,在他所能做的方面要给他应得的回报。"③

总之,是否让罗文炤当主教这个问题,涉及相当复杂的几件事情:礼仪之争、法国主教来到中国传教区所带来的问题、耶稣会遇到的威胁等等。我们在下一章会详细阐述罗文炤在什么情况下、以什么意图接受了主教任命。

---

① Juan de Santo Tomás 1682 年 1 月 15 日写给罗文炤的信,BA, 49 - V - 20, f. 371v.

② Juan de Santo Tomás 1682 年 1 月 15 日写给罗文炤的信,BA, 49 - V - 20, ff. 372v - 373r.

③ 白诚明 1684 年 6 月 20 日从兰溪写给圣玫瑰省会长的信,AGI, Filipinas 305, R. 1, N. 7, ff. 34r - 35v (IMAG. 128 - 131).

第三章　关键时期：罗文焰的祝圣问题与礼仪之争

　　第一章阐述了罗文焰如何成为西班牙传教士在华传教的重要助手，以及如何一步步成为在整个中国传教区不可或缺的神父。作为唯一在历狱期间能自由出访各省教徒的中国神父，他使欧洲传教士认识到本地神父的重要性，随后被树立为培养本地神父的标杆。他在出访的过程中扩大了传教范围和人际关系网，在这几年里逐渐转变为欧洲传教士与中国天主教徒群体之间的重要纽带。罗文焰兼具中国人和天主教神父的特殊身份，使他在中国天主教人际网络中占有非常重要的位置，促使他的角色逐渐发生了重要变化。由于他后来慢慢走近耶稣会神父和耶稣会身边的中国教徒，再加上他的管理范围较大，他也愈加明显地开始面临在中国礼仪的问题上做出选择。

　　上一章阐述了罗文焰被任命为主教的来龙去脉，以及此事暗含的内部斗争和利益冲突。虽然巴黎外方传教会与多明我会几位神父开始合作，并提议罗文焰为主教和南京宗座代牧，但是第一次对罗文焰的任命却没能实现。尽管罗文焰拒绝了主教职位，但法国主教陆方济再次向罗马教廷提议让罗文焰当主教。陆方济还在罗马报告了耶稣会在亚洲各地区反抗宗座代牧的情况，导致罗马教廷随即夯实了宗座代牧的权力并公布了很多指令,其中较为重要的一条是要求中国传教区的传教士服从宗座代牧。

不难看出,一方面罗文炤一直在西班牙传教士身边工作,随着时间的推移,他在传教区的管理范围逐渐扩大且越来越亲近耶稣会士;另一方面罗马教廷希望罗文炤能够配合法国主教陆方济管理中国传教区。这两方面因素的叠加必然会导致罗文炤面临两个艰难选择。第一,支持耶稣会还是巴黎外方传教会? 两者在管理上和中国礼仪问题上都有冲突,也都希望罗文炤能站在自己的立场上。第二,应该支持法国主教还是西、葡两国的传教士? 前者来华目的是取得中国传教区的管辖权,而后者因受到西、葡两国国王的资助而只能反抗法籍主教,以保住在亚洲教区的优先地位。在接下来的两章中,我们将从以上这些矛盾点出发,来分析罗文炤被任命为主教之后所发生的事情,包括上述矛盾点给罗文炤生活带来的改变,以及对整个中国传教区产生的影响。

第一节　从福建到马尼拉：争论的解决方案(1681—1683)

陆方济主教以福建宗座代牧和整个中国传教区总负责人的身份,从罗马起身前往东亚去实现他的使命。他在罗马成功地取得了传信部红衣主教的信任,罗马教廷颁布了很多指令来增强他的权力,尤其是宣誓指令。他开始酝酿进入中国的计划,以及要求所有的传教士遵照指令、发誓听从宗座代牧。他认为罗文炤在该计划中可以起到重要的角色,希望他来暹罗接受祝圣并开始配合他本人的工作,与他合作管理中国传教区。1681 年 12 月罗文炤收到了从暹罗寄来的信,通知他罗马教廷已再次任命他为主教和南京宗座代牧,但他在读完信后却没有去暹罗。根据袁若瑟的研究,在接到罗马教廷的指令后,罗文炤在多明我会传教士的建议下答应并接受了主教职位,然后为了实现教宗的旨意和命令,起身前往马尼拉受祝圣。但袁若瑟的说法存在很多问题,与后来发生的事情也相矛盾。[①] 既然罗马教廷派来的法国主教在暹罗等着罗文炤,罗文炤应该可以去暹罗实现教宗对他的旨意和指令,但是反而去了马尼拉。再有,既然多明我会传教士建议罗文炤接受主教职位,那么他们应该在马尼拉也是支持他的,但是后来多明我会士反而阻止了他受祝圣。这些问题需要更多的解释。

在罗文炤接受主教职位并前往马尼拉的那段时间里,传教区正在发生几件重要的事情。首先是中国局势动荡,清军在这几年逐渐掌控了福建和广东,最后完全平息了三藩之乱。这对传教士来讲意味着要跟新政权建立良好关系,在此过程中中国教徒李百铭是一个关键人物。他在漳州给罗文炤提供帮助,而在 1680 年代李百铭依然是传教士与政府官员之间的重要中介。李百铭、传教士和罗文炤在这个新局面中形成了互利互赢的关系网。另一件值得指出的事情是,1681—1682 年在福安和宁德发生的又一次反教活动。在应对这次反教过程中,罗文炤和其他中国教徒起到了重要作用,并因此增强了天主教群体网络的协作。第三件重要的事情是耶稣会与托钵修会在中国礼仪问题上希望达成协议并找到一些共同做法,他们希望罗文炤作为主教也参与到该讨论中。

罗文炤接受主教职位、中国教会管理结构的权力斗争、中国礼仪之争、传教士与清朝官员往来,以及 1681—1682 年福建反教行

---

① 袁若瑟在《罗文炤传》中没有多少有关巴黎外方传教会的信息。他不介绍陆方济对本地主教的想法以及任命罗文炤为主教的背景。他主要想赞美罗文炤,强调多明我会培养第一位中国主教的荣誉,凸显多明我会神父闵明我把罗文炤推荐给陆方济和罗马教廷,基本上不谈巴黎外方传教会与罗文炤的关系。

动,这一系列事件之间均存在着密切联系,相互影响。想要厘清罗文炤在这几年的经历,就需要对这些事情做出解释。

罗文炤接受主教职位与中国教会管理结构的权力斗争关系密切。罗马教廷派出了法国宗座代牧陆方济神父到中国,而且通过宣誓指令使所有在华传教士必须服从宗座代牧。耶稣会中国副省会长已经命令所有在华耶稣会士必须服从宗座代牧,并把宣誓服从宗座代牧的公证函寄到罗马。罗文炤作为主教和南京宗座代牧,可以向罗马报告中国传教区的情况,同时拥有一定的权力来管理其代牧区的传教士,以及对中国礼仪议题表达他的看法。这使得罗文炤的角色变得非常重要,他拥有一定的权力,所以不同修会开始考虑与罗文炤之间应该建立什么样的关系。

耶稣会与托钵修会一直在中国礼仪问题上持有不同主张。但到了 1670 年代末,他们开始寻求消弭分歧。在华耶稣会面临人力资源紧缺的问题,对此在福建的何大化和李西满已有提醒,他们请求耶稣会菲律宾教省派传教士来华。与之相反,在福建的托钵修士数量比较多,他们在罗源、宁德、福州、泉州、漳州等地方均建起教堂,开始覆盖耶稣会的传教区域。方济各会在广东也发展很快,传教士越来越多,也一直建立新的教堂。① 这一状况促使耶稣会开始主动提出与托钵修士合作,以及寻求关于中国礼仪问题的一

---

① 1679 年方济各会在中国传教区总共有九个传教士,分布在山东、福建和广东。利安定在山东,石铎禄和郭纳璧在福建,文度辣、林养默(Jaime Tarín, 1664—1719)、卞芳世(Francisco de la Concepción Perís, 1635—1701)、华德美、艾脑爵(Blas García, 1635—1699)、丁若望在广东(丁若望主要在澳门)。1681 年王路嘉也进入了广东,1684年利安宁(Manuel de San Juan Bautista de la Bañeza, 1656—1711)和丁若翰神父(Juan Martínez de San Frutos, 1656—1693)也进入了广东。上述信息来自两份有关方济各会士以及教堂分布的整体情况报告,见 SF III, pp. 216 - 217; SF VII, pp. 1063 - 1064. 西班牙传教士受西班牙国王的资助,在通讯方面来华方济各会士每年两次给菲律宾的方济各会司库写信,然后他把书信寄到墨西哥,再通过墨西哥和菲律宾为来华传教士提供经费和其他的必需品。参见 SF VII, p. 1174.

致看法。耶稣会巡按使与马尼拉各修会省会长重新开始寻求合作,决定在马尼拉解决中国礼仪问题。为了提供各自立场的证据,不同修会的传教士开始编写、收集与交换有关中国礼仪问题的书籍和资料,其中有耶稣会士方济各,多明我会士万济国,方济各会士文度辣、利安定、华德美,奥斯定会士白万乐等神父。此外,欧洲传教士也请求中国教徒撰写相关的书籍,罗文炤作为主教也难免被不同修会拖到该争论当中。

1. 在马尼拉尝试解决礼仪之争

　　袁若瑟《罗文炤传》强调罗文炤去马尼拉接受祝圣,却忽略了他去马尼拉的另一个目的,即参与中国礼仪问题的讨论。历狱期间传教士在广州有过激烈讨论,但没有达成一致。[①] 为了确保不同修会的传教士在葬礼等仪式上保持一致,[②]1670 年代末耶稣会与托钵修会重新开始讨论中国礼仪的性质,分析中国人祭祖、祀孔是否具有宗教意义,是否通过礼仪祈求恩福等问题。耶稣会巡按使 Sebastião de Almeida 提议可以委托马尼拉权威的神学家来判断这些问题,以解决这些问题引起的纠纷。他希望马尼拉各个修会的省会长先阅读在华传教士提供的书籍与文章,然后共同协商出一个统一的做法,之后把他们协商的决定传达给所有传教士,让他们在华传教时遵照执行。为了这个讨论,耶稣会士、方济各会士和多明我会士纷纷撰写并交换书籍和资料。刚到中国的奥斯定会

---

　　① 闵明我离开中国传教区返回罗马后,批判耶稣会士的立场。同时耶稣会宣传说,闵明我与何大化是想达成一致,闵明我、白敏峩等多明我会传教士认同了耶稣会的做法。但结果他们还是各自持有自己的观点。参见 González, *Historia de las misiones dominicanas de China*, Vol. 1, pp. 446-460.

　　② 耶稣会人力资源的不足导致托钵修会传教士开始照管原耶稣会士管理的教堂和教徒,所以统一仪式成为一个迫切的问题。

士以及其他自菲律宾来华的传教士也希望在这个讨论中扮演调解的角色，找到共识。罗文炤也参与了书籍和资料的交换，在华传教士希望他能起到调和作用。

担任主教和南京宗座代牧使罗文炤在礼仪问题的讨论中的确发挥着重要作用。各修会的传教士都希望罗文炤支持他们的立场。在万济国 1681 年在福州写的有关中国礼仪问题的论著中，我们看到罗文炤曾对何大化说："如果耶稣会士的看法是基于中国人不向祖先的灵魂求恩惠的话，那么他们的依据不是事实，因为我是中国人，成年时受洗礼了，我很清楚非教徒从小就在这些礼仪上是请求祖先的，希望得到恩惠。"①不过，虽然万济国想把罗文炤拉到多明我会一边，他在 1682 年 6 月也只能提醒马尼拉多明我会省会长罗文炤前往马尼拉的意图："看起来罗文炤主教是希望我们在中国传教区的工作完全去适应耶稣会的做法。"②事实上罗文炤的决定确实是这样，因为耶稣会士李西满神父也向南怀仁报告说罗文炤已决定跟耶稣会士合作，这里所指的合作可能是一份 1681 年 12 月 12 日罗文炤在漳州签署的有关礼仪问题的中文作品。③ 当时李西满正在收集福建中国教徒的书籍与文章，以支持耶稣会在礼仪问题上的立场和看法。他在 1681 年 9 月 23 日的一封信上说他还需继续征集更多中国教徒写的书，所以很有可能他当时就准备请罗文炤写一部作品来表达其在礼仪问题上的立场。④ 李西满把收集来的福建教徒以及各修会传教士写的书籍分批寄给了耶稣

---

① 参见万济国于 1680 年撰写的有关中国礼仪问题的著作，BC，ms. 1070，f. 128r.

② 参见万济国 1682 年 6 月 6 日从罗源写给省会长的信，BC，ms. 1074，f. 375.

③ 万济国应该也请他写了一部作品，结果是该作品还是有利于耶稣会立场。

④ 参见 Simão Rodrigues, "Carta para o P. Provincial de Japon (Fillippuchi)", Fuzhou, 13 de Abril de 1681, BA, 49 - IV - 63, ff. 22v - 23r; Simão Rodrigues, "Carta para o P. Francisco Xavier (Fillippuchi)", Fuzhou, 23 de Setembro de 1681, BA, 49 - IV - 63, ff. 20v - 21r.

会士方济各。方济各在澳门负责协调、收集并整理耶稣会士在这一次中国礼仪讨论上要使用的论据，同时也跟罗文炤保持联络并参与了罗文炤前往马尼拉的筹备计划。耶稣会士先让罗文炤到广州，在广州工作的耶稣会士杜加禄（Carlo Turcotti, 1643—1706）通知南怀仁罗文炤到达广州的消息，①然后驻澳门的方济各神父以及身边的教徒负责把罗文炤秘密地从广州带到澳门，再让他坐船前往马尼拉。

　　罗文炤支持耶稣会的立场不奇怪。前章已介绍了罗文炤历狱期间开始深入耶稣会的人际网络，在 1670 年代开始照管原来由耶稣会管理的教堂和教徒，期间在礼仪问题上也没有去改变耶稣会的做法。罗文炤的身份或许在这个过程中经历过一个转变，即随着他管理范围的扩大，他作为多明我会神父的身份逐渐淡化了，同时由于他与支持耶稣会立场的中国教徒有了更多的来往，他本人的归属感应该也因此受到了影响。我们不难想象一位西班牙的多明我会士的归属感应该比较明确，他较难因为中国人的看法而受到影响，可罗文炤不一样。罗文炤主动或被动地帮助了耶稣会辩护他们在礼仪问题上的立场，配合他们写了有关中国礼仪的作品。罗文炤在广州的时候把用中文写的一些笔记和摘录的一些段落给了杜加禄，让他将其翻译成西班牙语并转发给方济各神父。② 而这些中文笔记和儒家经典的段落可能是罗文炤写的，也可能是福建的一些文人（如漳州的严赞化）帮他写的。③

　　罗文炤不是唯一参与这次礼仪讨论并寻求一致的多明我会

---

　　① 参见 Ferdinand Verbiest, "Carta a Gregorio López", 11 enero 1683, AMEP, vol. 401, ff. 9 - 13；AMEP, vol. 426, ff. 247 - 257.

　　② 参见罗文炤 1683 年 1 月 26 日的信。

　　③ 这是颜珰的说法。参见 De Sinica Religione, Dissertatio Prima, cap. 3, sect. 5, in BC, ms. 2452, f. 127. 方济各会士 Juan Fernández Serrano 也指出这份论著是由两位中国文士写的。参见 SF IX, p. 43.

士。按照方济各所说，最近几年来华的几位多明我会士跟耶稣会关系比较好，如 Juan de Santo Tomás 和 Andrés López。① Juan de Santo Tomás 在 1681 年的书信中建议罗文炤接受主教职位，并尝试催促不同修会的传教士在中国礼仪问题上达成一致。② 罗文炤在 1682 年准备离开福建前往马尼拉的时候，Andrés López 也准备与他同行。这位修士几年前向马尼拉报告了有关中国礼仪的一些问题，并提出请马尼拉的神父考虑是否可以在一定程度上宽容一些。他提出的一些疑问得到了马尼拉多明我会著名神学家 Juan de Paz 的回复。③ Juan de Paz 被称为东方先知，因为他是一位有权威的神学家，并经常在神学方面给亚洲的传教士答疑解惑。这位传教士大概有点倾向于耶稣会的看法，在某些问题上的观点与耶稣会士类似，所以可以理解为什么耶稣会巡按使 Almeida 希望 Juan de Paz 等马尼拉神学家来判断礼仪问题。罗文炤原来的计划就是把自己写的以及多明我会士写的有关中国礼仪的书带到马尼拉，询问马尼拉精通神学的神父的看法后，再把他们共同协商的结论经过马尼拉各个省会长以及他本人签字后寄到罗马教廷。④但是结果却是罗文炤没有在马尼拉被祝圣，中国礼仪的协议也没能够按照巡按使 Almeida、方济各等耶稣会士的计划落实，他们原

---

① 耶稣会士方济各在 1682 年 11 月 10 日的信中，表达了对与耶稣会士关系比较好的白敏峩、Juan de Santo Tomás 和 Andrés López 去世的遗憾，见 Francesco S. Filippucci, "Carta para o bispo electo Basilitano (Gregorio López)", 10 de Novembro de 1682, BA, 49‑IV‑63, f. 36v.

② 参见 Juan de Santo Tomás, "Carta a Gregorio López", Luoyuan, 15 enero d 1682, BA, 49‑V‑20, ff. 370r‑373r.

③ 关于 Andrés López 与欧加略两位传教士向圣玫瑰省提出的质疑，参见 Andrés López y Arcadio del Rosario, "Consultas al P. Juan de Paz sobre los ritos chinos y sus respuestas", ARSI, Jap. Sin. 163, ff. 78r‑87v. 关于 Juan de Paz(1622—1699)，参见 Ocio, *Misioneros dominicos*, pp. 177‑178.

④ 参见 Jaime Tarín, "Carta a Miguel de Santa María", Cantón, 25 marzo 1680. SF VII, pp. 463‑464.

本的计划最终没能实现。

　　总之,袁若瑟等多明我会学者认为罗文炤去马尼拉的目的是为了实现教宗之令在马尼拉受祝圣,但我们在此节提供了一些曾被忽略的信息,即罗文炤去马尼拉的一个重要原因是配合耶稣会在中国礼仪问题上的计划。巡按使 Almeida 设计了马尼拉各修会省会长和罗文炤主教签署一份有利于耶稣会立场的报告并寄到罗马的计划,并希望 Juan de Paz、Andrés López、罗文炤等人参与。这个计划需要几位耶稣会士一起协同实施,首先何大化去世之前向罗文炤提出了接受主教职位的建议,后来南怀仁、李西满、方济各等耶稣会神父纷纷请罗文炤帮助他们,并把罗文炤签名的著作翻译成西班牙语,再让他带着译本前往马尼拉。

2. 南怀仁反对宗座代牧进入中国及公布宣誓指令

　　罗文炤担任主教影响了中国教会管理结构的权力斗争。罗马教廷派出了法国宗座代牧陆方济神父到中国,通过宣誓指令让所有在华传教士必须服从宗座代牧。耶稣会中国副省会长也只能被迫下令所有在华耶稣会士必须服从宗座代牧,并把宣誓公证文件寄到罗马。罗文炤作为南京宗座代牧拥有一定的管理权,也可以向罗马报告中国传教区的情况和表达自己的看法。在这种情况下,在华耶稣会士需要想出一个办法,让罗文炤配合他们,从而阻止宣誓指令在中国生效。南怀仁早就写信给巡按使 Almeida,提醒他南京宗座代牧不再是巴黎外方传教会的神父,因为罗文炤将接替这个位置,可见从那时起南怀仁与耶稣会巡按使已经开始想让罗文炤支持他们的立场。所以罗文炤不仅在中国礼仪方面给耶稣会士提供了帮助,也配合他们反对宗座代牧陆方济的计划。不仅耶稣会士,西班牙托钵修士也开始关注宗座代牧进入中国的情况，以及宣誓指令的公布会对他们造成的影响，因为该指令不仅针对"叛逆"的耶稣会士，而是针对所有的传教士。①

1682 年 11 月罗文炤到了广州。广州和澳门的耶稣会士与托钵修会会士交换了书籍和书信，罗文炤写的作品被翻译成了西班牙语，然后准备跟许伯多禄去马尼拉。他们去马尼拉得先到澳门坐船。从方济各与罗文炤之间的往来书信中可以看出，罗文炤和许伯多禄路过澳门并在那边坐船是比较危险的，所以一切都秘密进行。1683 年 1 月 18 日教徒 João Cortes 从澳门给罗文炤带来了方济各写的一封信，②然后在 João Cortes、李百铭和一些中国侍从的安排下，2 月 1 日罗文炤和许伯多禄神父离开了广州，2 月 4 日到了前山寨(Cui mi)。这个地方是李百铭的侍从 Lucio 的家乡。③João Cortes 和李百铭又在前山寨与澳门之间来回传递书信。方济各提醒罗文炤要谨慎考虑派谁传递书信，因为如果是在澳门认识的人会很危险。在罗文炤走到船边准备上澳门的船时，一位叫

① 陆方济 1682 年 7 月 4 日到了暹罗，一同抵达的还有几位法国神父、伊大任主教以及四位方济各会士，参见 Baudiment, *François Pallu*, pp. 379, 420 - 421; Launay, *Histoire générale*, p. 256. 文度辣神父在1682 年 10 月给王路嘉写信，说方济各会主教伊大任带来了一个给予罗文炤在中国祝圣权的文件，还说法国传教士 Courtalin 将被派到澳门来。葡萄牙国王与澳门总督不许接待 Courtalin。他是来公布宣誓指令的，所以文度辣表示假如该传教士来公布此指令，他们应该怎么面对宣誓指令这件事情。他也写信给多明我会士，问他们的意见。参见 SF VII, pp. 102 - 104. 文度辣 1682 年 11 月 7 日也给耶稣会士方济各写信，告知方济各和巡按使陆安德说，Courtalin 给他写了信，并问他们是否有办法避免宣誓指令。参见 SF VII, p. 105.

② 罗文炤给方济各的回信中提到了一些信息：前往马尼拉的船打算 2 月 10 日离港。有一些葡萄牙人从海南到了广州，罗文炤怕被他们发现。许伯多禄把多明我会给省会长的书信报告寄给澳门多明我会住院院长 Francisco de las Llagas 了，在这封信中罗文炤请方济各在他们准备离开澳门时派人把书信送到船上去。参见罗文炤 1683 年 1 月 18 日的信。

③ 参见罗文炤 1683 年 2 月 4 日的书信。Cui mi 或 Chui mi，葡语名字为 *Casa Branca*，即香山县前山寨，参见 Luís Filipe Barreto（coord.），*Tomás Pereira. Obras*, Vol. 2, Lisboa: Centro Científico e Cultural de Macau, 2011, p. 242. 除了李百铭的男仆 Lucio 外，其他帮助送信的中国人还有 Tadeo Hia 和 Li Sol，参见罗文炤 1683 年 1 月 18 日的信。

Manuel Antonio 的葡萄牙人从船上下来，说船要等 8 到 10 天之后才能离港。于是他们当即商量在等船期间应该藏在哪里。Lucio 认为回到前山寨太危险，也考虑过到青洲（Isla Verde），但是这也可能会给为此提供帮助的人带来一定危险，最后他们决定留在一位澳门教徒家中。① 他们在澳门的时候继续保持书信来往，也讨论了一些重要的事情，②同时文度辣在 1683 年 1 月和 2 月整理准备要委托罗文炤带到马尼拉的书信，③他觉得方济各会省会长也可以委托罗文炤把马尼拉的书信和经费带回中国，因为罗文炤和许伯多禄将乘坐同一船只返回。④

　　罗文炤在离开澳门前写了三封重要的信件（分别写于 1683 年 2 月 23 日和 3 月 3 日），并且这些信很可能是在耶稣会士的指导下写的。第一封信和第二封信分别写给传信部秘书长和陆方济主教，当中还附加了一封南怀仁写给罗文炤的信。此三封信的主要内容一致，其目的在于阻止法国宗座代牧进入中国和公布宣誓指令。南怀仁在他的信中列出了他反对的原因，而罗文炤在这两封信里强调宗座代牧不应该进入中国和公布宣誓指令，因为这样做会给中国传教区带来很大的危险。罗文炤的第三封是写给方济各神父的，信中表示他已经写信给罗马报告中国的情况，目前在等罗马回信，在收到罗马教廷答复之前，他不会在南京代牧区要求传教士宣誓服从宗座代牧。事情发展到这里，以前一直反对罗文炤当主教并向传信部提交了 Messina 所写的关于罗文炤负面形象书信

---

　　①　或许为 João Cortes 的家。
　　②　罗文炤 1683 年 2 月 23 日的信写道："至于我们昨晚讨论的事情……"很有可能这段时间他们讨论了该如何面对宗座代牧陆方济，所以 2 月 23 日和 3 月 3 日罗文炤分别给方济各、陆方济和传信部秘书长写了信，详后文。
　　③　参见 1683 年 1 月 7 日写的信。SF III, pp. 243, 245.
　　④　参见 1683 年 1 月 25 日以及 1683 年 2 月 15 日写的信 SF III, pp. 252, 254. 虽然许伯多禄与 Luján 神父回来了，但是罗文炤被困在了马尼拉。

的耶稣会士，现在反而在通过罗文炤间接反抗以前提议罗文炤任主教的陆方济主教。

在陆方济给罗文炤的回信中指出，是他本人让罗文炤被提升到主教职位的，并且再一次请求罗文炤跟他合作。陆方济当时不知道罗文炤是否已经离开澳门前往马尼拉，他假设如果罗文炤还没离开的话，他想让罗文炤帮助之前被他派到澳门去的 Courtalin 神父进入中国。如果罗文炤已经抵达马尼拉且不能受祝圣的话，他想请罗文炤去暹罗找法国主教接受祝圣。陆方济在信中对南怀仁提出的问题进行了逐一反驳并且表达了他要进入中国的决心，还通知罗文炤说他已经把罗马教廷给予他的 400 埃斯库多津贴寄给驻澳门的多明我会司库 Francisco de las Llagas，而这个钱会先用来偿还欠李百铭的债，所以让罗文炤回到中国后去找多明我会士要这笔主教津贴来结算。陆方济主教可能想通过把主教的津贴放在多明我会士手里，来向罗文炤施加压力。

罗文炤没有在澳门收到陆方济这封信，因为他已经在 1683 年 3 月带着有关礼仪问题、有利于耶稣会的文件从澳门前往马尼拉了。陆方济心里琢磨着，罗文炤在受祝圣后会忽略在南京代牧区执行宣誓指令的种种情况。

3. 传教与商贸的交错

1683 年罗文炤去马尼拉包含多方面意义。袁若瑟等多明我会学者对罗文炤去马尼拉做出了比较简单的解释：罗文炤去马尼拉是奉罗马教廷之令接受祝圣。不过我们已经通过上文阐释了罗文炤这一次去马尼拉也涉及两个重要的问题：一、中国礼仪之争；二、尝试阻止法国宗座代牧在中国公布宣誓指令。但除了这两个因素之外，罗文炤去马尼拉实际上也是在支持开通澳门与马尼拉之间的贸易往来,因为在 1683 年前往马尼拉的船上载着两广总督手下的一位商人的商品,而且在广东工作的西班牙传教士通过罗文炤给菲律宾总督寄了几封信来推荐这位商人。于是像以前在福建一样,传教与商贸重新交织在一起,传教士协助中国官员与商人在马尼拉做生意,商人则可以帮忙把托钵修会的经费、书信和传教士通过海运带入中国。罗文炤在 1683 年这次前往马尼拉的过程中,对开通此贸易航线给予了支持、配合和帮助。

首先我们要考察开通澳门与马尼拉之间贸易航线的原因。[①] 清军与郑氏政权的战争影响了福建与马尼拉之间的航线,在 1670 年代末至 1680 年代初,这个影响尤为严重,基本上没有船从福建前往马尼拉,[②]但在 1670 年代中国开始有船从广州前往菲律宾。1678 年,广东的尚藩及为其提供服务的商人希望与菲律宾建立贸易往来,于是受到尚藩保护的方济各会传教士便给菲律宾总督 Juan de Vargas 写信推荐这些商人。该商人也给 Juan de Vargas 送了礼,Juan de Vargas 还礼时送了两把手枪以及国王卡洛斯二世(Carlos II, 1661 - 1670)的画像。虽然第一年广州商人埋怨马尼拉政府给他们的条件没有给福建商人的好,但是后来给他们的待遇有所提高,于是 1679 年、1680 年都有载着中国货物的商船从广州启航至菲律宾。这条贸易航线对广州商人以及西班牙传教士都有好处。但是 1680 年清军占据广州之后处死藩王尚之信及其手下的船长,致使后来没有船长敢从广州去马尼拉。[③] 恰巧 Juan de Vargas 已经开通了另一条航线,即澳门与马尼拉之间的航线。

---

① 1644 年葡萄牙脱离西班牙王国,西班牙政府禁止了澳门与马尼拉之间的贸易,马尼拉与澳门之间的贸易航线被关闭。

② Gil, *Los Chinos en Manila*, pp. 110 - 112.

③ Gil, *Los Chinos en Manila*, pp. 112 - 115. 除了普通的商品以外,西班牙人想看看是否可以把中国的水银运至美洲用于提炼银矿,他们权衡了产品的质量、运费与价格。

1681 年 Antonio Nieto 船长去澳门买武器,[1]他也被允许顺便去广州做生意。当时他还把六位西班牙传教士带到了澳门。[2] 由于中国皇帝与郑经之间的战争还在延续,政府封锁了中国沿海地区的港口,导致广州商船还是不能前往马尼拉做生意,于是广州商人想通过澳门继续跟马尼拉进行贸易,所以广州商品开始通过澳门运到马尼拉。时至 1683 年,有两艘船从澳门离港,载着广州商品前往马尼拉,并于 5 月份抵达菲律宾,其中的一艘就是罗文炤所坐的船。[3]

　　开通澳门与马尼拉之间的航线实则需要靠一个复杂的人际关系网,其中包括中国和西班牙官员、传教士、商人、船长等,形成这个网络的各个成员都可以提供一定的协助并从这个合作当中得到一定的利益。两位船长是澳门的葡萄牙人,货物是两广总督吴兴祚的并由其手下李百铭负责运作。他们派两个人乘施洗者圣约翰号到马尼拉作为他们商品的代理商,此二人在西文文献中写作 Choqua 和 Tequa。[4] 为了促进这次贸易顺利进行,在华工作的西班牙传教士给菲律宾总督写信推荐这些中国商人,并请求马尼拉优待他们。罗文炤很熟悉马尼拉与中国港口之间的往来,跟李百铭、西班牙传教士以及马尼拉的西班牙人这些此次贸易的主角都很熟悉,在语言方面也可以帮中国人与西班牙人各方沟通,而且他

---

　　① 虽然与澳门的贸易禁止了,但是武器是可以买的。

　　② 西班牙的法律规定只容许中国的船前往马尼拉做生意,不容许西班牙的船到中国。那六位传教士为:两位多明我会士、两位方济各会士以及两位奥斯定会士,参见本书第二章第二节。

　　③ 两艘船是圣保禄号(San Pablo)和施洗者圣约翰号(San Juan Bautista),见 Gil,*Los Chinos en Manila*, pp. 115 - 117;方真真:《华人与吕宋贸易(1657—1687):史料分析与译注》,第 424 页。

　　④ Juan Bautista Pereira 为圣保禄号的船长。Jose Gomes 为施洗者圣约翰号的船长。船上的商品是两广总督吴兴祚的,由 Choqua 和 Tequa 两位商人负责管理。见 Gil, *Los Chinos en Manila*, pp. 115 - 116;方真真:《华人与吕宋贸易(1657—1687):史料分析与译注》,第 424 页。

被任命为主教和南京宗座代牧,在教会结构上也有一定的权力,①
所以罗文炤也是这个网络构建中的一位重要人物。但是为什么罗
文炤与西班牙传教士要帮助吴兴祚与李百铭等人呢? 西班牙传教
士给菲律宾总督 Juan de Vargas 的书信中提供了很多宝贵的信
息。比如说,方济各会士卞芳世神父说李百铭是"一位很好的教徒
朋友……借给我们 1 500 杜卡多(ducados)";卞芳世还向菲律宾总
督请求:"通过帮助他(按:指两广总督吴兴祚)的两位属下来帮我
们把(我们欠李百铭的)债还清。他们是商品的代理商,您可以下
令不要损害他们的利益,尽可能把税降低。"关于吴兴祚,白万乐神
父也写道:"这位官员热爱天主教,②不久前在南怀仁的请求下给
了我们一个牌子,这个牌子是用来避免天主教神父受到干扰的。
他也在福建的反教事件中为多明我会和方济各会神父提供了帮
助。因此,由于也没有别的途径把经费带入传教区,我求您尽可能
地支持这个贸易往来,因为虽然这些商品看起来是澳门的,但是实
际上是广州的商品,商人也是广州的。"③总之,两广总督吴兴祚及
其商人李百铭为传教士提供了保护,而罗文炤和西班牙传教士协

---

　　① 陆方济打算在中国公布的宣誓指令威胁到西班牙传教士的自主与独立性。西
班牙政府不会容许他们资助的传教士受到法国宗座代牧的管制,最严重的后果是西班
牙传教士离开中国。罗文炤作为宗座代牧,可以在一定程度上帮他们不让该宣誓指令
生效。罗文炤的确已经开始配合耶稣会士和托钵修士反抗法国宗座代牧的计划。这个
例子体现了教会权力与国家政治和商业利益的紧密关系。代牧区建立后,宗座代牧可
以影响传教士调动和教堂的选址等问题。北京以及福建、广东沿海地区的教堂是不同
修会和不同国家竞争的对象。因此,无论对哪一方而言,罗文炤的支持都是很重要的。
　　② 有关吴兴祚与西人的关系,还包括他视察过澳门并写过《自香山县渡海赴濠镜
澳》《三巴堂》等诗,参见章文钦笺注:《澳门诗词笺注》(明清卷),珠海:珠海出版社,
2002 年,第 41—46 页。
　　③ 参见卞芳世 1683 年 2 月 19 日从广州写给菲律宾总督的信;文度辣 1682 年 2
月 21 日从广州写给菲律宾总督的信;白万乐 1683 年 1 月 25 日从 Xaoking 写给菲律宾
总督的信;文度辣 1683 年 1 月 20 日从广州写给菲律宾总督的信;文度辣 1683 年 3 月
18 日从广州写给菲律宾总督的信。以上书信参见 AGI, Filipinas 24, R. 4, N. 27, K
(IMAG. 42 - 43); F (IMAG：24 - 25); J (IMAG. 38 - 40); I (IMAG. 35 - 36); L
(IMAG：45).

助吴兴祚的人去马尼拉做生意实际是还了人情，给他们赚钱的机会，同时也增强了与他们的关系。三藩之乱平息后，西班牙传教士需要再次跟清政府搞好关系，寻求清朝官员庇护的同时，也需要一个能输送传教士、经费和书信的途径。与此同时，清政府也可以通过这次行动保证与马尼拉在政治和贸易方面的合作。

我们认为，罗文炤在这当中起到了中介和翻译的角色，在两艘船抵达菲律宾之后帮助中国代理商跟西班牙人沟通。白万乐神父在他给菲律宾总督 Juan de Vargas 写的信中说道："（吴兴祚）会继续跟菲律宾保持贸易往来，他会以澳门作为掩护，通过这个聪明的方式便不会被发现。至于具体情况，罗文炤神父能给出更详尽的解释。"①如此看来，罗文炤应该是要亲自向 Juan de Vargas 报告中国的情况和吴兴祚的计划。②

文度辣在他的书信中提及了罗文炤的另一个角色："传教士这一次会在罗文炤主教的陪同下来中国，所以传教士进入广东的方式会变得更容易，因为身为本地人他对于怎样能够进入这个国家比较了解。"③不难想象当马尼拉奥斯定会、方济各会等省会长在跟菲律宾总督商谈下一步计划时，罗文炤可能也参与并表达意见。1684 年石铎禄神父向方济各会省会长汇报说："罗文炤主教对这个事情的运作非常有经验并且消息通达，如果有机会派人送东西的话，找谁咨询都不如找罗文炤。如果罗文炤本人回中国的话，传

---

① 参见白万乐 1683 年 1 月 25 日从 Xaoking 写给菲律宾总督的信，AGI，Filipinas 24，R. 4，N. 27，J（IMAG. 38 - 40）. 虽然不能确定罗文炤是否一到马尼拉即与总督见面，但至少 1683—1684 年罗文炤与菲律宾总督有过来往，这有罗文炤的书信为证。参见罗文炤 1686 年 11 月 1 日的信。

② 多明我会士郭玛诺也曾对菲律宾总督说："我先不用跟您报告该帝国的消息，因为罗文炤主教会跟您报告得更确切。"参见郭玛诺 1682 年 5 月 26 日从福宁写给菲律宾总督的信，AGI，Filipinas 24，R. 4，N. 27，H（IMAG. 33）.

③ 参见文度辣 1683 年 1 月 20 日从广州写给菲律宾总督的信，AGI，Filipinas 24，R. 4，N. 27，I（IMAG. 35 - 36）.

教士与白土(按：指的是银子)都会非常安全地抵达到中国,因为他会照顾好传教士,也会把银子保管好。"①

传教士除了想让罗文炤给 Juan de Vargas 讲中国的情况以及广东商人的计划,还在信中请求 Juan de Vargas 给罗文炤举行一个隆重的祝圣仪式。白万乐写道：

> 罗文炤主教去菲律宾接受祝圣。因为您很虔诚,所以我很肯定您会按照罗文炤的高职位来对待他,但是为了让大家在中国也理解这个职位的重要性,我还是要代表在华传教士请求您也尽可能这样做,因为这样一来中国人会亲眼看到,然后会在这个国家互相转告,从此成为中国教徒的一个典范,也好让他们开始理解教会的等级。虽然这位先生的神学知识很有限,但是他在各个方面都是很聪明的,因为他的天才可以被称为人中龙凤(Phenix de los chinas),②他是很值得担任罗马教廷命令他接受的主教职位的。我们很希望他的工作能够带来更多的新教徒。③

多明我会士郭玛诺也给菲律宾总督写道：

> 为了完成这样崇高的指令,罗文炤前去马尼拉接受祝圣。他为人谦逊,至今所在之处并没有过主教,只有给人施洗、教人天主教基础知识的平常神父,所以他是需要被赋予荣誉感的。我相信您的宽待是会使他得到荣誉的。我也知道我的请求是没有必要的,因为您是一位虔诚的天主教徒并且一直对多

---

① 参见石铎禄 1684 年 1 月 24 日写的书信,SF IV, pp. 283 - 284.
② 白万乐的称赞有点夸大其词,因为类似的说法当时是用来赞颂一位 17 世纪伟大诗人的。这位诗人兼喜剧作家名叫洛佩·德·维加(Lope de Vega),是西班牙文学黄金时期的最伟大作家之一,被称为 *Fénix de los ingenios*("天才之天才",即人中龙凤)。
③ 参见白万乐 1683 年 1 月 25 日从 Xaoking 写给菲律宾总督的信, AGI, Filipinas 24, R. 4, N. 27, J (IMAG. 38 - 40).

明我会给予支持，但是因为我对罗文焵主教怀有责任和崇敬，再加上因为我希望中国的非教徒也能了解到菲律宾对罗文焵本人与主教职位的重视，所以我只能在此再向您提出该请求。①

以上两段向读者介绍了在华传教士向菲律宾总督通报了罗文焵的情况，其中奥斯定会士白万乐对罗文焵当主教表示支持，虽然他在信中表示罗文焵有一些缺陷，但整体评价比较积极。多明我会士的阐述稍微有点不同，主要强调了罗文焵被任命为主教是比较特殊的。

至此笔者主要讲述了传教与商贸的关系，并解释了罗文焵这次马尼拉之行在贸易方面承担的角色。通过以上引用的文献以及其他一些资料，还可以再进一步分析中国天主教群体网络的情况、重新解读和总结罗文焵在耶稣会、托钵修会和中国官员之间的角色，以及整个传教区的新局面。

吴兴祚是两广总督，李百铭是他下面的一个商人，他被清政府派到巴达维亚跟荷兰人谈政治与军事合作，吴兴祚和李百铭也派了人跟马尼拉谈贸易合作。所以清政府当时在尝试建立与周围欧洲殖民政权的关系，而欧洲传教士在这当中提供了一些方便。天主教在中国的发展依靠南怀仁与清政府之间的关系进而受到保护，吴兴祚与李百铭则保护了福建和广东的传教士。例如罗文焵在 1681 年于漳州受到了李百铭的保护；1681—1682 年从福安和宁德首先发起的福建反教事件中，南怀仁、吴兴祚、李百铭等人也帮助解决，籍贯为福安的罗文焵也主动参与应对这次反教活动，且他也对南怀仁等人心存感激，这就从某种角度上解释了罗文焵为何配合南怀仁协助耶稣会士。此外还有其他事情可以解释罗文焵

---

① 参见郭玛诺 1682 年 5 月 26 日从福宁写给菲律宾总督的信，AGI, Filipinas 24，R. 4，N. 27，H（IMAG. 33）.

与南怀仁等耶稣会士的合作：由于南怀仁等耶稣会士需要神父，所以奥斯定会士等修士从菲律宾来到中国后协助了耶稣会士，比如奥斯定会士被安排去一些位于肇庆等广东地区耶稣会士无力继续发展的堂区。而罗文焖从一开始就跟奥斯定会保持联系，也像耶稣会所希望的那样推荐白万乐去广西发展，因为那边还没有开拓天主教，也没有教堂。方济各会省会长也建议石铎禄神父不要在福建长乐发展，因为在他收到的南怀仁来信中说该教堂归耶稣会管，而且耶稣会与托钵修会正在协商合作，解决礼仪之争，所以最好不要争长乐的教徒。总之，上述介绍一系列事情是彼此关联的，整体来讲耶稣会与托钵修士当时谈合作，他们一起跟一些中国官员和重要人物搞好关系，从而使天主教能在中国顺利发展。要想理解作为这个关系网成员之一的罗文焖去马尼拉的意义，必须从上面给出的宏观视角去解读，解读过程中就要分析罗文焖马尼拉之行的三个方面：一、他配合耶稣会士撰写有关中国礼仪的作品，并争取在马尼拉的会议上辩护该立场；二、帮他们与西班牙修士一起阻止宣誓指令生效；三、他参与吴兴祚、李百铭等中国人的政治和商业活动。罗文焖马尼拉之行坚固了中国天主教群体网络的人际关系。

第二节　方案失败：马尼拉期间的尴尬情况(1683—1684)

1683 年 5 月罗文焖乘圣保禄号商船到了机易港。[1] 如上文所

---

[1] 方真真：《华人与吕宋贸易(1657—1687)：史料分析与译注》，第 424 页。罗文焖说他于 5 月初到了马尼拉，参见罗文焖 1683 年 6 月 4 日写给西班牙国王的信。

说，罗文炤来菲律宾除了受祝圣之外还有其他的目标和任务，包括
参与礼仪之争的讨论、通报宣誓指令等涉及宗座代牧的消息以及
报告广东商人的贸易计划。罗文炤和其他传教士原本的打算，是
他在接受祝圣之后乘坐澳门人的船返回中国，并把新的传教士、经
费和书信带回中国。但罗文炤在马尼拉停留将近一年半而并没有
被祝圣。对此袁若瑟等多明我会内学者主要强调，任命罗文炤为
主教的教宗训谕没有经过西班牙西印度事务委员会（Consejo de
Indias）的同意，因此不能在西班牙的领土上接受祝圣。他们还认
为，由于神学知识的不足使得罗文炤不具备当主教的资格，还略微
提到了罗文炤正因为缺乏神学知识才写了支持耶稣会的作品，[①]
之后又因为没能受祝圣，他才给教宗和西班牙国王写了几封信以
图摆脱这一尴尬局面。[②] 最后他们简单地提及了马尼拉政府闯入
修道院抓走了多明我会圣玫瑰省会长，而罗文炤在政府官员的帮
助下逃到奥斯定会修道院，随后返回中国。[③] 由于袁若瑟等会内
学者既没有对在马尼拉所发生的事给出清晰的解释，也没有提供
足够的文献资料基础，而读者看到的这些解释中又含有很多混沌
且互相矛盾的信息，所以在这接下来两节中我们将提供新的文献，
做进一步解释。

---

　　① 多明我会学者在他们的罗文炤研究中大概有意回避有关罗文炤对礼仪之争的
看法，只略提了一下。

　　② 罗文炤应该不是这些信的作者，所以该解读这些信是以什么意图写的、写信的
背景是什么样的等问题。但是多明我会学者不加分析，简单地归为罗文炤所写。

　　③ 虽然基本事实如此，但是政府先反对、后帮助罗文炤逃跑似乎还需要进一步解
释。多明我会的具体行动也不明确。菲律宾政府为什么要闯入多明我会修道院或者他
们对罗文炤等事情的看法如何也不太清楚。奥斯定会在其中的角色也没有细讲。还有
一点需要解释，就是罗文炤为什么离开多明我会修道院，因为根据多明我会的研究者，
罗文炤跑出多明我会修道院也是因为不懂事或者因为省会长对他过于严厉了。参见
González, *El primer obispo chino*, pp. 95-96；Biermann, "Fray Gregorio Lopez. Der
erste chinesische Dominikaner", p. 114.

1. 多明我会士与马尼拉政府之间的矛盾

罗文炤抵达前后的马尼拉正经历教会与政府之间的严重矛盾。这些冲突源自马尼拉大主教 Felipe Pardo[①] 和菲律宾殖民政府之间的权力斗争,[②]马尼拉居民也因此分化为两个阵营。[③] 冲突之一可以追溯到 1674 年,当时法国主教陆方济被马尼拉政府逮捕,而耶稣会向政府说他是法国间谍,损害西班牙的利益,于是他被遣送回西班牙。罗马教廷对此事进行了批判,当时有几位多明我会士支持罗马教廷的立场,帮助教宗派来的陆方济主教。随后马尼拉大主教 Felipe Pardo 受到罗马教廷的委托,批判了菲律宾政府官员的行为,还批评了马尼拉政府介入教会的权力范围。后来陆续激起的更多矛盾,导致了马尼拉政府于 1683 年 3 月 28 日下令把马尼拉大主教流放并没收他的个人物品。[④] 这个案件正好发生在罗文炤准备到马尼拉接受祝圣前夕,而罗文炤抵达马尼拉之后多明我会与马尼拉政府之间的冲突愈发激烈。这些矛盾引发的结果是,一批批的法律文件被从马尼拉寄到西班牙的西印度事务委员会,其中一部分是马尼拉政府记录该案件的档案文件及附带的各种证据资料,另一部分是为驻马德里的圣玫瑰省多明我会

---

① Felipe Pardo(1611—1689)曾担任过多明我会圣玫瑰省会长。参见 Ocio, *Misioneros dominicos*, pp. 174 – 175.

② 这个问题非常复杂。有关这些事情的原委与基本文献状况可以参见 Horacio de la Costa, *The Jesuits in the Philippines*, *1581 – 1768*.

③ 比如说,大多数多明我会士支持多明我会士 Felipe Pardo 主教,而耶稣会是配合马尼拉政府的。

④ 除了这第一次没收多明我会的重要文献之外,在 1683 年和 1684 年马尼拉政府多次没收了寄给多明我会省会长的书信。菲律宾总督 Juan de Vargas 的秘书 Juan Sánchez 与耶稣会关系比较好。一些耶稣会士也会帮忙翻译用拉丁文、法文、中文等外语写的书信。

司库 Alonso Sandín 神父给 Felipe Pardo 作辩护所提供的资料。西班牙政府为了能够对当时发生的冲突进行判断而一直要求寄更多的资料，并把收到的资料存在档案馆里。马尼拉政府除了引发了这个案件外，也一直非常关注法国在亚洲的进展，尤其是在陆方济主教在马尼拉被抓之后。实际上马尼拉政府关注的是任何一个有可能威胁西班牙在教会结构上的优先地位的力量。他们保存相关资料是为了在罗马教廷辩护西班牙的立场。所以西印度事务委员会保存了分别以 Felipe Pardo 为主题和以法国主教为主题的两批档案，而其中恰恰包含了有关罗文焘的一些零散信息。马尼拉殖民政府和西班牙政府需要先对亚洲教会结构的变动以及任命罗文焘为主教所带来的影响作出判断，之后再跟罗马商量中国教会结构的未来动向。

所以随着罗文焘抵达马尼拉，很多潜在的矛盾和冲突一下子就显现出来了，并进一步加剧。罗文焘虽是多明我会士，但是却支持耶稣会在中国礼仪之争中的立场，原本是要在菲律宾受祝圣的，却因罗马对他的任命没有经过西班牙政府的同意而化作泡影。罗马教廷任命罗文焘为主教和南京宗座代牧，并希望他在受祝圣之后去协助法国宗座代牧陆方济，不料马尼拉政府、西班牙传教士以及罗文焘本人都反对这一教会结构方案。

2. 罗文焘的祝圣问题：多明我会与中国礼仪之争

第一次任命罗文焘为主教时，原本的计划是找一位多明我会士在神学等方面帮助罗文焘主教，并陪他去暹罗接受法国宗座代牧的祝圣。于是在 1676 年 Luján 神父被派到福建传教区协助罗文焘主教，结果 Luján 到了中国之后开始批判耶稣会在中国礼仪方面的做法，也就不愿意再承担圣玫瑰省给他的这个任务。第二次任命罗文炤为主教时,万济国写信通知马尼拉省会长,罗文炤要去马尼拉受祝圣,同时还派了多明我会士许伯多禄神父来跟省会长解释,并让他处理遇到的问题。① 虽然书信中没有更多的信息,但是这个需要处理的问题一定是指罗文炤在中国礼仪方面决定支持耶稣会。罗文炤来菲律宾的目的之一就是尝试解决耶稣会与托钵修会在中国礼仪问题上的冲突。为此他带来了传教士写的相关书籍和他本人签署的作品,希望各修会的省会长能通过坐在一起讨论来解决这些意见冲突,然后一起把一份达成共识的有关中国礼仪的报告寄到罗马去。这就意味着罗文炤与许伯多禄在到了马尼拉后难免冲突。

有几份文献记载了罗文炤与多明我会士在马尼拉时所发生的冲突。罗文炤与多明我会省会长各自为自己做出了解释,其中罗文炤这样讲述事情的原委:

> 到了 Maribeles 海湾后,许伯多禄让我先留在船上,他自己先去马尼拉了。他给我的理由是我先去那边不合适,所以他先下船。他这样做的目的,就是去马尼拉掩盖所有书信文件以及船上的人会亲自讲述的事实,即我是主教,以避免我以主教身份被接待和对待。他总共用了八天的时间在陆地上办这些事,而我们在船上着急地等待结果。大家担心来马尼拉的事情不会有好结果,因为从葡萄牙独立后,西班牙国王公布指令禁止在马尼拉与葡萄牙人做生意。但是因为跟马尼拉政府说了我在船上,所以我们没有

---

① 本来在万济国不知情的情况下是 Andrés Lopez 神父准备陪罗文炤去马尼拉的,但是 Andrés Lopez 有些倾向于跟耶稣会统一在中国礼仪方面的看法,所以万济国知道罗文炤与 Andrés Lopez 一起前往马尼拉后感到比较麻烦,而后来 Andrés Lopez 中途去世了,万济国就派了许伯多禄代替 Andrés Lopez 陪罗文炤去马尼拉。

遇到问题……①我们下船之后发现多明我会省会长不在马尼拉，但是许伯多禄找了他的熟人朋友，恰巧一位是修道院院长，另一位是圣玫瑰省副省会长，②所以许伯多禄找到了办法避免大家以主教的身份对待我。

罗文炤在这段话中指的是多明我会士不认他为主教，但是许伯多禄没能够避免的是政府官员、教会里其他的重要人物以及马尼拉居民欢迎罗文炤，还给他送礼。他还说宿务主教与 Troya 主教③也来了，而且他们支持他带上主教的帽子，因为教会法是允许这样做的。罗文炤接着说，许伯多禄的反应是直接去找圣玫瑰省会长：

> 他坚持我不能受祝圣是因为中国传教区所有神父都是这样跟他说的，而且他离开中国就是为了避免我受祝圣……为了试图骗我以及通过谎言出卖我，让我被关在这里……他告诉省会长中国传教区的所有神父恳求省会长要非常注意不要让我受祝圣，因为我反对多明我会并支持耶稣会的看法……省会长就让我在此期间留在修道院里……并且假如说我决定不经过他的同意而回到中国……他还是希望如果回去的话不

---

① 罗文炤的说法是，他们说服了马尼拉政府同意让葡萄牙人的船入港，是因为西班牙国王支持天主教而他又是多明我会圣玫瑰省的修士，又被任命为主教，所以应该好好接待他。

② 第一位是 Bartolomé Marrón 神父，第二位是 Cristóbal Pedroche。后来这两个人跟圣玫瑰省会长 Antonio Calderón 一并被马尼拉政府赶出菲律宾。

③ 菲律宾有几个主教区。宿务主教是多明我会士 Diego de Aguilar. 这位多明我会士的立场比较特殊。他正好保护 Juan de Paz 神父，而 Juan de Paz 支持耶稣会在中国礼仪之争上的一些看法。而且他被其他的多明我会士批判，比如说 Bartolomé Marrón 神父批评他在大主教 Felipe Pardo 与马尼拉政府之间的纠纷中做了一些不利于多明我会士的决定。总之，马尼拉 Felipe Pardo 大主教与马尼拉政府之间原本存在的矛盾也体现在罗文炤应不应该受祝圣当主教的问题上。

要穿着多明我会的会衣。①

所以如果罗文炤的话属实,万济国让许伯多禄陪罗文炤去马尼拉的真正目的便一目了然,即阻止罗文炤受祝圣。

省会长 Antonio Calderón(1627—1685)在 1684 年写给西班牙国王的一封信中,对上文提到的事情给出不同的解释:

> 当时大家获悉,假如罗文炤公开接受祝圣,陛下的菲律宾省政府官员会阻止。原来要给罗文炤祝圣的主教以及多明我会神父都觉得不应该偷偷地给罗文炤进行祝圣,因为这样的话又会引起纠纷,陛下的官员会以此为理由再次抨击多明我会。所以他们决定等到我回到这个城市,以省会长的身份做出最后的决定。我的决定是,告诉这位被任命为主教的修士不应该在这个城市受祝圣,无论是公开地还是秘密地,因为会引起很多批评;也不应该去暹罗找法国主教祝圣,而首先要向教宗以及陛下报告情况。所以我告诉他,我不能允许他离开,而且假如他决定违背我的愿望离开马尼拉,我还是希望如果他要回去就不要穿着多明我会的会衣。②

总之,罗文炤主要是强调多明我会士反对他受祝圣,对此他在信中提供了一些细节。他认为他来马尼拉是被欺骗和利用了。至于澳门的商船,罗文炤认为他的角色是方便他们能够入港。中国商人、广东的传教士以及政府官员的确达到了他们的目标,澳门与马尼拉之间的贸易航线开通了。至于罗文炤受祝圣这件事却没有得到实现。多明我会省会长指出马尼拉政府不能给罗文炤公开祝

---

① 上述两段引文都来自罗文炤 1683 年 9 月 20 日从马尼拉写给万济国、赖蒙笃、郭玛诺三位多明我会士的信。

② 参见 Antonio Calderón 1684 年 6 月 13 日写给西班牙国王的信,AGI,Filipinas 90,N. 1 (IMAG. 201).

圣，从信中可知有人想秘密地进行祝圣，他还提到原来要给罗文炤
祝圣的主教后来觉得不合适。所以省会长跟西班牙国王说的话只
能有两种解读：要么省会长凭空捏造了有人想给罗文炤秘密祝圣
的说法，借此强调多明我会反而对西班牙国王保持忠诚，不会让罗
文炤受祝圣，因为任命他为主教的训谕没经过国王同意；要么确实
有一位主教和一些修士希望罗文炤受祝圣。① 如果确实有人想实
现这么一个计划，那也只能做一个冒险的假设：刚才提到了宿务
主教和 Juan de Paz 两位多明我会士没有在一些重要的问题上跟
其他的多明我会士保持一致，而受到 Bartolomé Marrón 的严厉批
判；罗文炤在他的信中提到宿务主教支持自己带上主教的帽子，并
且这位主教保护了 Juan de Paz，而这位多明我会神学家也刚好跟
马尼拉的一些耶稣会士保持良好的关系，也与耶稣会士在中国礼
仪问题上持有一些共同的看法，②所以，说不定罗文炤去马尼拉的
时候，耶稣会、奥斯定会是希望 Juan de Paz 这样的多明我会士来
调和托钵修会与耶稣会之间在中国礼仪上的分歧，也尽可能让罗
文炤在菲律宾受祝圣。③ 无论如何，罗文炤没有受祝圣，由他签署
的很多书信报告被寄往罗马和西班牙，而他本人被关在多明我会

---

　　① 很难判断马尼拉政府官员的态度，或许也想等待西班牙国王的决定，因为罗文
炤（或者替他写那封信的传教士）也没有明确指出政府官员希望罗文炤受祝圣。

　　② 一位马尼拉的耶稣会士把另一本书送到西班牙出版，这本书是答复传教士疑问
的，在中国礼仪问题上支持耶稣会的一些看法。参见 Bartolomé Marrón 1685 年 1 月 7 日
从头马尼拉写给多明我会总会长的信，AGI, Filipinas 92, N. 1 (IMAG. 1675 - 1677).

　　③ 澳门的耶稣会士与宿务主教 Diego de Aguilar 确实有来往。比如说，前几年因
为澳门没有主教，有三人坐着 Antonio Nieto 的船从澳门到了菲律宾，从 Diego de
Aguilar 手上接受圣职成为神父并回到澳门。他们和两位耶稣会士乘坐一艘澳门的船
从马尼拉回到澳门。见 Casimiro Díaz Toledano, *Conquistas de las Islas Filipinas
parte segunda que a beneficio de los materiales que dejó recopilados el ... fr. Gaspar
de San Agustín, autor de la primera parte*, Valladolid: Gaviria, 1890, p. 747. 所以
澳门与马尼拉的来往应该是通过澳门的耶稣会士与西班牙耶稣会士开展的。罗文炤去
马尼拉可能是通过已有的网络，希望来到马尼拉受祝圣，并尝试让耶稣会与托钵修会在
中国礼仪问题上达成一致。

修道院等待教宗和国王的决定。

　　罗文炤没能够在马尼拉受祝圣,同时有关中国礼仪问题的协议也没能达成。中国礼仪问题的协议本来是耶稣会和一部分托钵修士合作的体现。但是多明我会士认为罗文炤受到了耶稣会的摆布。在省会长 Antonio Calderón 看来,在华多明我会士是这样理解罗文炤的角色的:

　　　　虽然他们认为他很谦虚、很老实,但是也觉得他在知识方面有很多缺陷,而具备这些知识是当主教的必要条件,特别是这一点在这些非教徒国家比在天主教国家显得更为重要,因为每天都有很多问题与争论,尤其是多明我会与耶稣会之间的争论,所以如果主教没有能力就不会在这种紧张的争论中做中间人,而恐怕他作为中国人,很可能会跟着自己的感觉走,然后容易被任何一个看法所影响,因为自己没有太多的概念。[1]

　　省会长 Antonio Calderón 除了强调罗文炤不具备主教应有的知识,还指出了重要的一点:罗文炤在这些讨论中处于被动,而耶稣会则主动把他拉到自己的一边。笔者在前面已经介绍了罗文炤应该确实比较被动地写了有关礼仪问题的作品,甚至有可能是代笔的。多明我会省会长还提醒,假如罗文炤真当上主教的话,"他会以自己的想法或是与其想法相同的人来管理教会,就像他此前委婉表示过的一样"。[2] 这样看来,罗文炤只有在多明我会的管辖之内才会反对中国教徒实践一些中国传统礼仪,但是自己的思维或者想法还是跟其他中国人一样,认为多明我会禁止的一些礼仪无关紧要。

---

　　① 参见 Antonio Calderón 1684 年 6 月 13 日写给西班牙国王的信, AGIS, Filipinas 90, N. 1 (IMAG. 201).
　　② 参见 Antonio Calderón 1684 年 6 月 13 日写给西班牙国王的信, AGIS, Filipinas 90, N. 1 (IMAG. 203).

在一封信中，罗文焹也描述了他与多明我会省会长 Antonio Calderón 在马尼拉见面时的紧张情景以及他对这些事情的看法。按照罗文焹的说法，省会长说他无知，以及"更多不能在这里写的话"。① 罗文焹在这封信中用了比较强硬的言辞来表达他的不满以及他所受到的不公正的对待，也向一直在中国与他一起工作的万济国等神父表示自己的尊严受到了损害：

> 你们当时为什么没有把情况跟我解释清楚，我以前已经拒绝了一次（主教职位），我可以拒绝一万次……如果我是多明我会的敌人，怎么没有把我在中国吊死？如果耶稣会神父想要欺骗我，让我签署他的看法然后寄到罗马去并导致多明我会在罗马受到诋毁，那你们又为什么没有在中国事先提醒我？难道你们以为我这么笨、我是一个这么不好的修士、我会对自己的修会做出这么恶劣的事情吗？如果我有这么一个想法，那么早就会这么做了。还有，如果我在礼仪之争问题上是支持耶稣会神父的，你们作为多明我会中国会长为什么要让我写关于此事的东西？我自己是从来不会写的。我这次要把多明我会的文稿以及我自己写的这些带过来，给圣玫瑰省博学的神父阅读，收集他们的意见，并等他们还给我之后把经过各个修会长和我自己签名的报告寄到罗马，等待罗马对这些争论给出最后的判断。如果你们因此就可以推理我是想把自己的观点或者耶稣会的观点置于其他观点之上，那么这就应该是因为我被骗了，被狡猾的人所蒙蔽了。②

罗文焹在这封信强调的不是神学内容，也不侧重于中国礼仪

---

① 参见罗文焹 1683 年 9 月 20 日从马尼拉写给万济国、赖蒙笃、郭玛诺三位多明我会士的信。
② 罗文焹 1683 年 9 月 20 日从马尼拉写给万济国、赖蒙笃、郭玛诺三位多明我会士的信。

等问题,而是强调他作为多明我会士被自己的同事背叛了,其重点在于人际关系的重要规则。他在书信中写道:"尊敬的神父,请你们向圣玫瑰省写一封信,并使这一封信能被传给该省所有的神父,我希望你们能够通过该信为我挽回失去的荣誉和名声。"①至此,我们认为值得思考的是,罗文焯是如何理解修会和教会的,又是什么使他感到对修会和教会的归属感。罗文焯虽然入了教会,也入了多明我会,但是他和其他中国人对这些概念有着怎样的意识?从他的描述中或可推断,罗文焯不够了解多明我会在整个教会结构上的角色,可能也不完全理解耶稣会与多明我会的竞争关系以及修会里上下结构的一些情况。

上述文献中没有提及是否在马尼拉讨论过礼仪问题或者谁参加了这个讨论。驻澳门的耶稣会巡按使万多玛斯神父希望礼仪之争在马尼拉得到解决,方济各会士林养默等神父也希望有权威的神学家在马尼拉对礼仪问题进行讨论并得出一个调和的结果。万多玛斯提到多明我会士 Juan de Paz 可以在这方面扮演重要的角色。那么,最终罗文焯有没有去找 Juan de Paz,Juan de Paz 有没有参与礼仪问题的讨论? 1685 年 1 月 7 日多明我会士 Bartolomé Marrón 给多明我会总会长写了一封信,信中提供了有关马尼拉情况的宝贵信息:

> 我今年收到了您的一封信,信中您命令该省的省会长得在神父会议上查阅 Juan de Paz 神父想印刷出版的一本书,然后决定是否可以允许其出版。关于这件事情我可以说以前当过省会长的 Baltasar de Santa Cruz 曾经否定出版该书,然后这本书的作者找了名叫 Gerónimo Ortega 的一位耶稣会神

---

① 罗文焯 1683 年 9 月 20 日从马尼拉写给万济国、赖蒙笃、郭玛诺三位多明我会士的信。

父,给了他钱并委托他把书送到塞维利亚(Sevilla)圣托马斯
大学出版。关于此事我还要说,书中写的很多东西只是个人
观点而已,其中一些还是议论别人的言辞。这本书出版的话
会传到菲律宾,人们很容易看出议论的是谁,况且这些话应该
只是在告解时才说的,不该让人知道。在塞维利亚这本书会
很容易得到出版的容许,因为要判断这件事情的人对背景信
息不够了解。Juan de Paz 神父还在这里出版了他对越南传
教士答疑的一本书,即已呈给您的一本。从该书可以看出这
位神父学问不够……虽然他在书的最后说该书通过了圣托马
斯大学校长与教授的批准,但是我当时就是教授,并没有同
意,我认为当时的校长也如此。Juan de Paz 当时从马尼拉去
宿务陪伴该岛的主教 Diego de Aguilar 神父,但是他住的是自
己的房子。虽然 Juan de Paz 违背了他上级的很多命令规则,
但是不仅不能惩罚他,连批评他都不行,因为他受到主教还有
其他一些重要人物的庇护,所以圣玫瑰省没有办法让他回到
轨道里。对于这里教会之间发生的分歧以及省会长等多明我
会神父被流放,他是有很大责任的。①

至于 Diego de Aguilar 主教,Bartolomé Marrón 还补充说:"宿务
主教这样做对我们的损害很大,我们被问及的那些关于他的问题,
我们都没法回答,只能说他虽然穿着多明我会的会衣,但是他不是
从小就在我们的会里被培养长大的。"②这一封信进一步揭示出多
明我会内部的意见分歧。虽然没找到什么文献可以证明罗文炤跟
Juan de Paz 有过直接的沟通,但是罗文炤支持 Juan de Paz 和

---

① 参见 Bartolomé Marrón 1685 年 1 月 7 日从马尼拉写给多明我会总会长的信,
AGI,Filipinas 92,N. 1(IMAG. 1675 – 1676).

② Bartolomé Marrón 1685 年 1 月 7 日从马尼拉写给多明我会总会长的信,AGI,
Filipinas 92,N. 1 (IMAG. 1676).

Diego de Aguilar 这一方是毫无疑问的。首先,他指出了 Diego de Aguilar 同意他戴上象征主教的帽子。其次,有文献记载证明罗文炤后来把 Juan de Paz 的一本书从菲律宾带回中国了。这一本书是要给奥斯定会士白万乐的,而罗文炤又要让白万乐担任他的神学顾问。而且,陆方济进入中国之后在书信中写过要读这本书并且对它进行研究,主要是要批判里面的错误。总之,通过这些已述文献记载可以判断,罗文炤等神父要在马尼拉进行的讨论和协商是围绕着 Juan de Paz 这位神学家的书的,而罗文炤支持耶稣会士以及部分托钵修士(如 Juan de Paz、Diego de Aguilar 以及奥斯定会白万乐)一方。反过来,万济国、许伯多禄、多明我会省会长 Antonio Calderón、神学家 Bartolomé Marrón 等人反对罗文炤等传教士的计划,而且这些多明我会士参与了马尼拉政府与马尼拉大主教 Felipe Pardo 之间的冲突,依然支持多明我会士 Felipe Pardo,因此受到政府的抨击。

3. 罗文炤的报告以及法国宗座代牧入华的消息

多明我会省会长 Antonio Calderón 回到马尼拉并反对罗文炤受祝后,把罗文炤滞留在多明我会的巴里安修道院里。在此期间马尼拉政府与多明我会之间的冲突仍在继续,先是 1683 年 3 月马尼拉政府已经把多明我会马尼拉大主教 Felipe Pardo 流放到菲律宾的另一个岛,然后派官员闯入多明我会修道院,要把多明我会省会长 Antonio Calderón、多明我会士 Cristóbal Pedroche 逐回西班牙。① 1683—1684 年间,马尼拉政府至少四次切断了多明我会的

---

① 多明我会士、神学家 Bartolomé Marrón 得以逃脱。

通信,①其中三次是通过没收从中国传教区寄来的书信,以掌握多明我会与法国宗座代牧之间的信件往来情况,并获取陆方济等法国传教士进入中国的每一步动态,从而保证西班牙传教士避开法国宗座代牧的管理。而罗文焻在这期间的命运是与流放事件以及截取通信这两件事联系在一起的。

1683—1684年间罗文焻在马尼拉寄出的书信的内容,也要跟上述两件事情联系在一起进行理解。袁若瑟对这些书信的解读很简单,按照他的说法马尼拉政府不让罗文焻受祝圣,是因为任命他为主教的训谕没经过西班牙政府同意,身处尴尬局面的罗文焻因此给教宗和西班牙国王写了几封信来寻得一个回答。② 然而对此我们首先要提出一个质疑,即这些书信是否出于罗文焻本人之手?③ 其次,对罗文焻一直与耶稣会和奥斯定会之间保持的联系,袁若瑟并没有进行分析;④再次,他也不曾提及陆方济的情况以及被马尼拉政府没收的那些书信。⑤ 只有了解了这些政权与机构的斗争才能够透析当时罗文焻的真实情况以及他在其中承担的角色,也才能对那些所谓罗文焻写的书信有一个准确的理解。

如果比较一下马尼拉政府没收多明我会书信的时间与罗文焻

---

① 分别为1683年的4月、5月和8月,以及1684年3月。
② 袁若瑟《罗文焻传》中,罗文焻看起来是很尊敬西班牙国王也很尊敬罗马教廷的,不把众多的矛盾和冲突表现出来。
③ 这里需要指出的是,罗文焻署名的书信,大部分是代笔的,信末签字的笔迹与书信正文的笔迹不同;只有少数几封书信的笔迹是他自己的。至于这些书信的代笔者是谁,则很难确定。袁若瑟等学者不对这个问题做任何研究,简单地把这些书信归他写的;而我们在本书中一直强调罗文焻周围人的情况,因为只有这样才能解读这些书信的意义。
④ 袁若瑟这样做以避免揭示多明我会与其他的修会的冲突,也避免展现多明我会当时更具体的情况:多明我会与罗马教廷宗座代牧的合作(等于承认多明我会在违背西班牙的利益)以及多明我会阻止罗文焻成为主教(等于反抗罗马教廷下的令,也等于承认一直帮他们的罗文焻神父实际上不支持他们的立场,而是支持多明我会一直批判的耶稣会)。
⑤ 袁若瑟没看到罗文焻跟耶稣会士以及奥斯定会士的书信来往,他可能也不知道这些文献的存在。

写信的时间,可以看出它们基本上是有关联的。罗文炤的书信大体上可以归纳为四个时间段:1683 年 6 月、1683 年 9 月、1684 年 1 月、1684 年 6 月。这些书信并非被单独寄到西班牙和罗马,因为这些书信并不是来解决罗文炤的个人问题的。事实上它们是与大量其他资料一起被寄到欧洲去的,并希望解决两个涉及罗文炤的问题:第一,马尼拉教会与政府之间的冲突,即马尼拉大主教 Felipe Pardo 案件;第二,西班牙与马尼拉政府在亚洲的利益,例如法国宗座代牧的案件和澳门与马尼拉贸易航线的案件。罗文炤被提名为主教后便被动地卷入到这些复杂的问题中了。所以不能对这些书信进行简单的解读,而是需要挖掘更多的信息:是谁寄出了这些书信,通过什么途径被介绍到西班牙和罗马,配合哪些其他的资料,以什么目的寄过去,这些书信在欧洲是怎么被解读的,以及它们引起了什么样的反应。

罗文炤写的第一批书信是在 1683 年 6 月。当时大主教 Felipe Pardo 已经被抓了,他的书信等物品也被一并没收了,[①]而罗文炤刚到马尼拉,身边既有支持他受祝圣的人,也有对此表示反对的。1683 年 6 月 1 日利胜给罗马传信部写了一封信,表示自己对罗文炤被任命为主教的肯定,同时指出马尼拉政府对罗文炤受祝圣的反对。[②]罗文炤在 1683 年 6 月 4 日写给罗马教宗的一封信中,用尊敬和谦虚的口吻表示他自己不配被任命为主教。[③] 1683

---

① 大概在 1683 年 4 月马尼拉政府没收了他的几封书信。这些书信能证明多明我会与法国主教一直保持来往与合作。

② 参见 APF, SOCP, vol. 16, ff. 416-417. 利胜神父解释为什么马尼拉政府反对了罗文炤受到祝圣。原因是因为西班牙朝廷没有先看到教宗训谕,所以马尼拉政府不能容许。传信部 1685 年 8 月收信后,在 1685 年 8 月 10 日的会议决定让罗文炤去找最邻近的主教受祝圣。参见 APF, SOCP, vol. 17, f. 326. 罗马教廷还是希望在亚洲传教的修士配合宗座代牧,包括罗文炤在内。

③ AGI, Filipinas 305, R. 1, N. 6,收录于 González, *El primer obispo chino*, pp. 272-273.

年 6 月 14 日他又给教宗写信,说因为任命他为主教的训谕没有经过西班牙政府的同意,所以导致他不能在马尼拉受祝圣。[1] 这两封写给教宗的书信被叠在一起,与一封写给西班牙国王的书信装在同一信封中。这封给国王的书信也是 1683 年 6 月 14 日写的,[2] 信中表示西班牙国王可以决定是否要把两封写给教宗的信寄到罗马。目前我们没在罗马找到这两封信的抄件。

在 1683 年 6 月 4 日写给西班牙国王的另一封信中,罗文焕说自己是西班牙国王属下的臣民,并写道:"我把一切放在天主的手里。阁下您来决定我的位置,说不定通过这个方式,阁下您把我从主教职位的包袱之下解脱出来,因为我的心实在很累。"[3] 按照塞维利亚远东档案馆收藏的文献记载,罗文焕的信于 1685 年 6 月 13 日到了西印度事务委员会,是由圣玫瑰省在马德里和罗马的多明我会司库 Alonso Sandín 提交上去的。应该也是这个人负责处理了利胜神父在 1683 年 6 月 1 日写给传信部的信,因为这封信也是 1685 年 7 月 10 传信部总会议上的讨论对象之一。那么如何解释先是利胜写一封信来肯定教宗的决定,而罗文焕又紧接着谦虚地表示不应该担任这么重要的职位,就像多明我会省会长 Antonio Calderón、万济国或者 Alonso Sandín[4] 所希望的那样?

---

[1] AGI, Filipinas 305, R. 1, N. 6,收录于 González, *El primer obispo chino*, p. 146.

[2] AGI, Filipinas 305, R. 1, N. 6,收录于 González, *El primer obispo chino*, pp. 273 - 274.

[3] AGI, Filipinas 305, R. 1, N. 6,收录于 González, *El primer obispo chino*, p. 271.

[4] Alonso Sandín 也同意了省会长的看法,即反对罗文焕担任主教。参见 1679 年 12 月 13 日的信,AGI, Filipinas 92, N. 1, "Papeles originales del obispo y clérigos franceses", f. 64v (IMAG. 1107). 关于 Alonso Sandín (1640—1701),参见 Ocio, *Misioneros dominicos*, pp. 220 - 221;Victoriano Vicente, "El P. Alonso Sandín, misionero", Missionalia Hispanica, Año XXVII, n° 79, Madrid, 1970.

一封多明我会省会长 Antonio Calderón 写给西班牙国王的信可以解开这个的谜团，信中写道："按照我所提出的建议，应该是试图让任命罗文炤担任主教的计划不能得逞……但是这样做又不合适，因为这是教宗安排的。不过，仁慈的国王，您可以在这个困难上帮忙，把这位教宗选择的主教介绍一下，并提议他为助理主教（Obispo auxiliar）。正好 Nueva Segovia 主教刚就任了主教职位，但是他都还没来得及到他的主教区天主就把他带走了。所以罗文炤主教可以留在该地作为助理主教（Obispo auxiliar o de anillo），然后我们给他配一位谨慎稳健的修士来协助他，就应该不会出什么问题。任命罗文炤为主教的方案在中国是不可行的，因为他会以自己的想法或是与其想法相同的人来管理教会，就像他此前委婉表示过的一样。"[1]通过上面所有的这些文献记载或许可以判断，圣玫瑰省多明我会神父是想在罗马教廷面前保持服从的形象，同时请求西班牙国王替他们向罗马教廷提出上述建议。他们这样做可以避免两个问题：一、避免与罗马教廷产生直接冲突，也避免因为不服从罗马教廷的决定而遭到敌人和教宗的批判；二、避免一位反对多明我会立场的中国神父被提升为主教。如果真是这样，那么上面所提到的罗文炤书信应该是在圣玫瑰省会长或其他神父的安排下一起寄给多明我会司库 Alonso Sandín 的。多明我会省会长 Antonio Calderón 在同一封信中还提到他后来与马尼拉政府总督的对话，并写道："我给总督提交了一个报告，上面写到我已经向教宗和您报告了该主教的情况，也写了任命他为主教的问题，以及最公平的是先等待一个决定。"[2]总之，在此期间罗文炤写

---

[1] 参见 Antonio Calderón 1684 年 6 月 13 日写给西班牙国王的信，AGI，Filipinas 90，N. 1（IMAG. 202 - 203）。

[2] Antonio Calderón 1684 年 6 月 13 日写给西班牙国王的信，AGI，Filipinas 90，N. 1（IMAG. 206）。

的书信和报告,加上上述已经介绍的其他多明我会士的书信,都有同一个目的,即不让罗文炤受祝圣。

罗文炤于 1683 年 6 月 20 日也给西班牙国王写了一封信,[1]这封信的内容和重点与 1683 年 6 月 4 日、14 日写的信稍微有所不同,寄到西班牙的途径也许也不一样,提交到西印度事务委员会的时间也要早一些。西班牙国王收到这封信后,于 1685 年 4 月 13 日将其交予西印度事务委员会会长 Duque de Medinaceli,命委员会加以讨论,西班牙官员在文献末尾的书信总结附言如下:"罗文炤主教作为巴西利诺城主教和中国的宗座代牧求您跟教宗调解,并商讨不要让法国主教进入中国,因为会带来很多问题;他会在中国的南京建立第一个大教堂并将其置于西班牙国王的保教权下;他求您许可一艘小船在澳门与马尼拉之间往返,从而运送传教士与其津贴到中国。"经过讨论后,这封信在 1685 年 4 月 30 日被加到有关法国宗座代牧的档案中。[2] 这封信的内容跟多明我会省会长等多明我会士的请求完全相反,也跟多明我会司库 Alonso Sandín 传递的罗文炤书信不太相符。在 Alonso Sandín 提交的书信中,罗文炤很谦卑,希望国王帮他卸下主教职位的包袱。在 1683 年 6 月 20 日的书信中,罗文炤却大胆地提出可以作为主教建大教堂。前者符合多明我会士的逻辑,后者符合菲律宾总督 Juan de Vargas 以及奥斯定会、方济各会、耶稣会的立场。[3] 两个

---

① AGI, Filipinas 305, R. 1, N. 6,收录于 González, *El primer obispo chino*, pp. 275 – 278.

② 西班牙政府担心法国在亚洲的发展和扩张以及罗马教廷越来越信任法国而忽视西班牙一直以来的地位和贡献,所以西班牙政府开始积累文献与证据来辩护自己的地位,通过西班牙大使维护西班牙在教会结构中的地位。

③ Juan de Vargas 求国王开通澳门与马尼拉之间的贸易航线。为了这个目的他附加了方济各会、奥斯定会等传教士的书信,书信中推荐开通该航线,也推荐罗文炤,希望他受到隆重的祝圣仪式。所以罗文炤这一封信说不定原来也是马尼拉政府为了达到开通该航线的目的而附加的。

不同请求背后的这两个不同群体,正好跟马尼拉矛盾冲突的双方是一致的。一方是支持 Felipe Pardo 大主教的多明我会士,一方是马尼拉政府以及其他的修会,尤其是耶稣会士。①

　　总之,1683 年 6 月罗文炤签署的几封信存在一些彼此矛盾的地方,而这些矛盾点是需要被进一步解读的。我们从多明我会与马尼拉政府之间的纠纷以及法国与西班牙之间的冲突角度,对罗文炤的这些书信进行了分析,进而认为这些有罗文炤签名的书信并不都是罗文炤写的,而是罗文炤身边的人策划的,因此并不能体现罗文炤的本意。这些人希望在解决罗文炤应不应该受祝圣问题的同时,也让罗文炤支持与配合各自的利益和主张。而西班牙政府主要关注的是所有这些事情如何影响法国和西班牙在中国教会的地位,并且通过收集、积累这些资料以让驻罗马的西班牙大使再去为西班牙的权利进行争取和辩护。

　　罗文炤 1683 年写的第二批书信是在 9 月份,②我们推测他写这批信并非出于偶然,而是又一个对抗法国宗座代牧的举动。马尼拉政府于 1683 年 8 月 23 日决定没收并查看法国宗座代牧写给马尼拉多明我会神父的通信资料,③并在其中发现了陆方济写给罗文炤和南怀仁的几封信。陆方济在这些信中表明了他要进入中国的决心,并对罗文炤和南怀仁的看法做出了反驳,他认为宣誓指

　　①　参见 Juan de Vargas 1683 年 6 月 10 日从马尼拉写给西班牙国王的信,AGI,Filipinas 24,R. 4,N. 27 (IMAG. 3 - 7)。

　　②　包括(1)1683 年 9 月 20 日从马尼拉写给耶稣会士方济各的信,BA,49 - IV - 63,f. 46v.(2)1683 年 9 月 20 日从马尼拉写给万济国、赖蒙笃、郭玛诺三位多明我会士的信,抄写在陆铭恩 1683 年 10 月 4 日从马尼拉写给 Lorenzo Segovia 修士的信中,AGI,Filipinas 305,R. 1,N. 6,doc. 10 (IMAG. 40 - 44)。

　　③　至于没收书信的清单,参见 AGI,Filipinas 92,N. 1. "Papeles originales del obispo y clérigos franceses que remite esta Real Audiencia a Su Magestad"(法国主教与法国神父的原资料),ff. 124r - 125v (IMAG. 1514 - 1516)。

令不会给中国传教区带来危害。^① 除此之外，马尼拉政府没收的书信中还有一封是意大利多明我会士 Lezzoli 写的，表达了对法国宗座代牧的支持，并附上了他已经完成宣誓的一份证明，以此通知多明我会圣玫瑰省会长他准备去越南协助圣玫瑰省的神父；此外，信中他还通报了伊大任主教前往中国并给罗文焌进行祝圣的计划。这些信意味着法国主教与多明我会之间的合作，并且通过他自己的行动来表明自己是传教士的榜样，希望圣玫瑰省的多明我会士也像他一样在中国服从宣誓指令。^②马尼拉政府以及部分西班牙传教士在看到这些信件内容之后应该有所反应，而罗文焌于 1683 年 9 月写的信应该就是对陆方济等人的表态的回应。罗文焌没有直接回复陆方济的信，要么因为陆方济给他写的信没有传到他手上，要么因为在马尼拉的传教士与当地政府通过不理睬陆方济的方式来争取更多的时间，以应对法国宗座代牧所带来的问题。

　　奥斯定神父在这个时候起到了很重要的作用，奥斯定会神父白万乐给在暹罗的法国主教写道："（1683 年）11 月我在这个国家（按：即中国）只收到了罗文焌写给我的一封信，他让我转告您他没有收到您从暹罗写给他的信，因为信还没到他手里就不见了。

---

　　① 陆方济 1683 年 6 月 1 日从暹罗写给南怀仁的信，参见 AGI，Filipinas 92，N. 1. "Papeles originales del obispo y clérigos franceses que remite esta Real Audiencia a Su Magestad"（法国主教与法国神父的原资料），f. 13r-v（IMAG. 1287－1288）. 这封信的西班牙文译文，参见 ff. 135r－136r（IMAG. 1536－1538）. 陆方济 1683 年 6 月 1 日从暹罗写给罗文焌的信，参见 AGI，Filipinas 92，N. 1. "Papeles originales del obispo y clérigos franceses que remite esta Real Audiencia a Su Magestad"（法国主教与法国神父的原资料），f. 14r（IMAG. 1291）. 这封信的西班牙文译文，参见 ff. 136r－136v（IMAG. 1538－1539）.

　　② 参见 1682 年 7 月 19 日从暹罗写给多明我会省会长的信，AGI，Filipinas 92，N. 1. "Papeles originales del obispo y clérigos franceses"（法国主教与法国神父的原资料），ff. 30r－31r（IMAG. 1339－1341）. 这封信的西班牙文译文，参见 ff. 149v－150v（IMAG. 1565－1567）.

因此如果信里有什么重要的内容的话，请您再写给他，估计罗文炤主教还会在马尼拉停留一段时间，而您的书信可以随时通过我传给他，这样会比较安全，也不会被别人看到。"①这段话读起来就像白万乐在配合马尼拉争取时间，同时从陆方济口中得到更多的信息。

虽然罗文炤没有答复陆方济，但他在 9 月 20 日给驻澳门的耶稣会士方济各写了一封信，同日又给万济国、赖蒙笃、郭玛诺三位多明我会士写信；9 月 25 日他在马尼拉颁布了在他的代牧区免去传教士宣誓服从宗座代牧的指示。② 从这些文献记载中可以看出，奥斯定会、耶稣会、方济各会、罗文炤、马尼拉政府继续一起对抗法国主教。在第一封信中，罗文炤告诉方济各"事情没成"，这里的"事情"应该是指方济各等耶稣会士在澳门所做的计划，即罗文炤先在马尼拉受祝圣，再把中国礼仪之争议程的相关报告寄给罗马，然后直接坐船回到澳门。信中罗文炤表示只能先留在马尼拉，并写道："这样的决定比较好，因为陆方济主教准备进入中国的消息在此到处流传。在这里大家都在警惕他的行动，因为看样子他会以严厉的态度进入中国（按：即他会公布宣誓指令），而如果真是这样，定会引发冲突。"③由此看来，即使白万乐跟陆方济说罗文炤没有收到他的信，实际上罗文炤还是很清楚陆方济的意图的。与此同时，对抗法国宗座代牧的这些人之间一直在保持来往并商讨着后面的行动。罗文炤 9 月 25 日颁布的指示就是针对陆方济

---

① 参见 Álvaro de Benavente, "Carta a Pallu", Canton, 14 marzo 1684. APF, SOCP, vol. 17, ff. 101 - 104. 提到的书信应该就是马尼拉政府没收的书信。
② 1683 年 9 月 25 日从马尼拉写的免除宣誓指令的指示，BA, 49 - IV - 63, f. 43r; BA, 49 - IV - 63, f. 51r; BA, 49 - V - 19, ff. 385v - 386r. 亦收录于 González, El primer obispo chino, pp. 161 - 162.
③ 1683 年 9 月 20 日从马尼拉写给耶稣会士方济各的信，BA, 49 - IV - 63, f. 46v.

进入中国的对策。指示中写道罗文炤会在南京宗座代牧区给所有传教士免除服从宣誓指令的义务，还指出这是针对"各修会在华工作的尊敬的神父与传教士，尤其是刚刚进入广东省传教的奥斯定会"①。从这里可以看出罗文炤在 9 月写这些信和文件的时候，身边应该有奥斯定会士，②也可以看出耶稣会、奥斯定会等传教士希望建立不受法国宗座代牧管辖的独立的南京宗座代牧区。③ 罗文炤在信中解释他的行为："因为传教士非常紧缺……如果我要求宣誓，那么中国传教区的传教事业将会立即终结。"④罗文炤的这些举动就是耶稣会士南怀仁和方济各在澳门跟奥斯定等修会的西班牙传教士早已设计好的策略。⑤

罗文炤 9 月写给多明我会士的书信应该是在奥斯定会士陆铭恩的帮助下写的。信中罗文炤向万济国等几位在华多明我会士讲述了马尼拉省会长 Antonio Calderón 和许伯多禄神父为反对他受祝圣而采取的行动。罗文炤的原信被陆铭恩引述于 1683 年 10 月 4 日一封言辞激烈的信中。⑥ 陆铭恩让奥斯定会司库 Lorenzo

---

① 参见 1683 年 9 月 25 日从马尼拉写的免除宣誓指令的指示。

② 就像在澳门写给耶稣会士方济各的书信一样，当初是指出他会免去耶稣会士宣誓指令，现在强调的是会免去奥斯定会士宣誓指令。

③ 江南是中国天主教徒最多的地区。由于耶稣会传教士人手不足，潘国光 (Francesco Brancati, 1607—1671)曾提出让耶稣会菲律宾教省传教士管理。后来南怀仁、何大化和李西满三位耶稣会士都跟马尼拉保持联系，寻找合作，于 1676 年才有三位西班牙耶稣会士来到中国。参见 Sebes, "Philippine Jesuits", pp. 192 - 208. 这一合作也扩大至奥斯定会，因为当时他们也来了，一直跟耶稣会保持很好的关系，有共同的计划，在一些书信里白万乐甚至称呼耶稣会中国副省会会长为"我们的副省会长"。

④ 参见 1683 年 9 月 25 日从马尼拉写的免除宣誓指令的指示。

⑤ 参见前文。当初耶稣会已经确定了他们不能直接反抗宗座代牧，因为罗马教廷会严厉惩罚他们。耶稣会士大概是让罗文炤、西班牙传教士以及后来支持他们的意大利主教伊大任来实施具体的行动。不过当时耶稣会士方济各也提醒，单靠罗文炤颁布免去宣誓指令是没有用的，因为罗文炤在中国传教区总负责人陆方济的管辖之下，他所做的措施不会有法律效果。后来陆方济去世了，传教区暂时没有总负责人，此时出现了一个法律空间，参见后文。

⑥ 陆铭恩 1683 年 10 月 4 日从马尼拉写给 Lorenzo Segovia 修士的信，AGI, Filipinas 305, R. 1, N. 6, doc. 10 (IMAG. 40 - 44).

Segovia 把该信的内容以及罗文炤描述的情况报告给教宗。在这封信中陆铭恩严厉地批判了多明我会的行为,并对罗文炤不能当主教的异见给予了反驳。信中表示罗文炤是一位合适的人选,认为虽然他的西班牙语讲得一般,但是完全可以沟通,并且罗文炤还是一位很好的修士。陆铭恩还补充道:"我说的是属实的、有根据的,因为我在五个月里经常跟他来往。"[①]如果此话属实,那么说明从罗文炤 1683 年 5 月到达马尼拉一直到 10 月,两人一直有接触。[②] 通过陆铭恩的书信,还可以知道罗文炤与他是怎么写了这一封信的:"1683 年 5 月初罗文炤主教来到这里受祝圣,与圣玫瑰省的修士之间经历过并还在经历很多事情,他把这些事情写在一封信中,然后把这封信交给了我。信是敞开着给我的,他让我读完并将其带到中国。"[③]我们由此推测罗文炤应该是跟陆铭恩一起写了 9 月份的这些信件。陆铭恩在 1684 年末去了澳门,可能他本人带了这些文件跟耶稣会士方济各以及其他在广东工作的传教士继续商量怎么对抗陆方济。

与此同时陆方济于 1683 年 12 月份已经抵达台湾,[④]并在此碰到了一位罗文炤认识的人,名为 Juan de Castro,接着陆方济在

---

　　① 陆铭恩 1683 年 10 月 4 日从马尼拉写给 Lorenzo Segovia 修士的信, AGI, Filipinas 305, R. 1, N. 6, doc. 10 (IMAG. 44)。

　　② 奥斯定会与罗文炤的关系很重要。白乐万一进入中国就跟罗文炤有联系了,因为罗文炤建议了他往广西省发展。后来他高度赞扬罗文炤,建议菲律宾总督一定要给罗文炤举行隆重的祝圣仪式。罗文炤到了马尼拉之后,奥斯定会陆铭恩也一直跟他来往,还继续支持他当主教与宗座代牧的计划。

　　③ 陆铭恩 1683 年 10 月 4 日从马尼拉写给 Lorenzo Segovia 修士的信, AGI, Filipinas 305, R. 1, N. 6, doc. 10 (IMAG. 40 - 41)。关于罗文炤的西语水平,陆铭恩信中的原话是:"我不能判断他的拉丁文以及对相关知识的掌握,至于我们的西班牙语,虽然他讲得不精美,但是足够听得懂,他这封信也是他口授给我的。"陆铭恩 1683 年 10 月 4 日从马尼拉写给 Lorenzo Segovia 修士的信, AGI, Filipinas 305, R. 1, N. 6, doc. 10 (IMAG. 44)。

　　④ 陆方济在台湾写了几封信,见 Launay, *Lettres de Monseigneur Pallu*, pp. 387, 556。

Castro 的帮助和陪伴下到了福建,之后陆方济主教跟颜珰和卜于善(Philibert Le Blanc,1644—1720)两位法国神父于 1684 年 1 月 15 日抵达厦门。① 陆方济先从台湾给罗文焰写过一封信,1684 年 2 月份又给他写了一封信。② 据此推测可能 1683 年 12 月份陆方济到达台湾的消息已经传到马尼拉了。那时罗文焰在马尼拉继续往罗马教廷报告在马尼拉发生的情况。1684 年 1 月 25 日罗文焰给伊大任主教写过一封信,③可能还随之附上了于同一天分别写给教宗和传信部红衣主教的另两封信。在他写给传信部的信中提到,这两封信是通过暹罗寄过去的,通过宗座代牧(Heliopolis、Metellopolis 和 Argolis 主教)转寄给他们。由于当时 Heliopolis 主教陆方济已经离开暹罗去中国了,所以可能伊大任主教便得知了罗文焰在马尼拉的情况,因为罗文焰在这两封信中再次讲述了省会长 Calderón 是如何对待他并阻止他受祝圣等事情。

多明我会与陆方济等法国神父之间的合作已使马尼拉政府无法忍受,因此 1684 年 3 月 20 日政府再次没收并查看了来自中国的重要通讯信件,并委托政府官员 Antonio de Viga 翻译成西班牙文。耶稣会菲律宾省会长的秘书 Gerardo Vaz 在马尼拉圣依纳爵学院将这批信中陆方济与颜珰写的法语信件翻译成西班牙文后交给了政府。④ 1684 年 5 月 20 日马尼拉政府再次下令把从一艘由

---

① 有关颜珰,可以参见 Launay, *Mémorial II*,pp. 417 - 423. 有关卜于善,可以参见 Launay, *Mémorial II*,pp. 372 - 373.

② 我们暂时未找到陆方济从台湾写给罗文焰的第一封信。在 2 月份写的书信中,陆方济简单地写了他在台湾与福建做的事情。

③ 这封信我们未找到,但伊大任在 1684 年 7 月 2 日写给传信部的信中提到了这封信,参见 SF V, p. 56.

④ 和陆方济在马尼拉被抓住的时候一样,这次马尼拉政府也找了耶稣会士帮忙。

澳门抵达机易港的船上没收的一部分书信①翻译成西班牙文。马尼拉政府官员闯入了多明我会修道院，抓走了省会长 Antonio Calderón 和 Cristóbal Pedroche 神父。罗文炤跑到了政府官员 Diego Calderón 的家里。多明我会的学者只关注了马尼拉政府对多明我会的侵犯，对罗文炤是怎么跑走的也只给出了一些个人的看法，袁若瑟觉得是罗文炤因失去理智而支持了不公正的政府行为，Biermann 则认为是因为他跟省会长发生了严重冲突。但是我们认为从政权与教权、多明我会与耶稣会、法国与西班牙之间的对立与冲突的角度更容易解释所发生的事情——无论是马尼拉政府闯入多明我会修道院，还是 1684 年 3 月奥斯定会士白万乐、陆铭恩等神父写的书信。

　　这两批没收的信件数量不小，其中有陆方济写给多明我会省会长的信、马熹诺神父从漳州给多明我会神父的信以及陆方济 2 月份写给罗文炤的书信等。陆方济在信中给罗文炤讲了他抵达厦门之后的事情，并求罗文炤来中国协助他们："我立刻把陪伴我的一位神父（按：即卜于善）派到广东去，把另一位（按：即颜珰）派到福州和福安，然后马熹诺神父请我来到您（漳州）的住院，对我非常热情……这个神圣的家就像天堂一样，我在您的房间可以享受极大的平静。我和马熹诺神父都感到困惑，因为一直没有关于您的消息。我求 Celestem Dominum（即，天主）②愿意帮我们可以早点

---

　　①　多明我会的两位中国教徒负责带这些书信，一个是罗源的托马斯（Tomás），另一个是漳州的 Sebastián。参见马熹诺 1684 年 3 月 1 日写给 Raimundo Berart 的信，AGI, Filipinas 92, N. 1. "Papeles originales del obispo y clérigos franceses que remite esta Real Audiencia a Su Magestad"（法国主教与法国神父的原资料）, f. 59r (IMAG. 1412 - 1413). 有关 Raimundo Berart(1651—1713)，参见 Ocio, *Misioneros dominicos*, p. 227.

　　②　他应该用 Deum（天主）或者 Dominum nostrum（我们的主），但这里用 Celestem Dominum (Celestial Lord, 天的主)陆方济特意把中文的概念和词汇又以中国式的含义转回西方语言的表达，在表面看起来亲近，同时又感觉到有点轻微的反讽。

享受您的帮助以及您明智的忠告……如果因为疾病或者您碰到的其他意外情况致使您只能留在那儿的话，我求您像您曾经求我给您权力一样，现在给我这个权力，即允许我在您的代牧区的省份里进行访问和施行圣事。"①通过这封信，马尼拉政府可以获悉多明我会协助陆方济在中国发展的情况，以及陆方济已经派人到广东等地公布宣誓指令。法国主教陆方济不仅可以管归他管辖的中国南方代牧区，他也想掌管归罗文焖管辖的北方代牧区。以前罗文焖或者他身边的传教士曾经恳求陆方济把他的权力委托给罗文焖主教管，因为当时西班牙和葡萄牙政府以及耶稣会还能够阻碍陆方济进入中国。② 现在情况倒过来了，罗文焖主教不在而陆方济已到，所以陆方济在此信给罗文焖施加压力，求他现在同样把自己的权力委托给他。信中陆方济也表扬罗文焖在漳州的房子，还通过 Celestem Dominum（天之主）这样的中式西文词以示亲近，希望罗文焖配合他。

马尼拉政府没收的其他信件也提供了宝贵信息。关于罗文焖以前管理的漳州教堂，马熹诺神父提供了一些教徒人数以及天主教情况："漳州的圣托马斯教堂大约有 150 个教徒……非教徒虽多，但是传教进度只能一点一点来，除了因为政治情况使传教区发展受到限制（我们怕失去中国传教区），还主要因为我的能力受到限制。"③在陆方济写给多明我会圣玫瑰省会长的信中还有关于礼

---

① 陆方济 1684 年 2 月 15 日从漳州写给罗文焖的信，参见 AGI, Filipinas 92, N. 1. "Papeles originales del obispo y clérigos franceses que remite esta Real Audiencia a Su Magestad"（法国主教与法国神父的原资料），f. 53r-v (IMAG. 1396 - 1397). 这封信的西班牙语译文，参见 f. 41v (IMAG. 1367).

② 当时耶稣会传教士希望阻止陆方济进入中国，让罗文焖作为整个中国的唯一且没有实权的宗座代牧，以维持中国传教区的现状。

③ 参见马熹诺 1684 年 3 月 1 日写给 Raimundo Berart 的信，AGI, Filipinas 92, N. 1. "Papeles originales del obispo y clérigos franceses que remite esta Real Audiencia a Su Magestad"（法国主教与法国神父的原资料），f. 59r (IMAG. 1412 - 1413).

仪之争的重要信息,他求省会长把三或四册 Juan de Paz 针对礼仪问题答疑的书送到福建,同时补充道:"作为交换,我会送给您我们对 Juan de Paz 部分解答的看法以及忠诚的阐释。"①由此我们可以进一步确认 Juan de Paz 在马尼拉礼仪之争所占的重要角色。从该信中我们还知道,白万乐也向奥斯定会长要了 Juan de Paz 写的书,由罗文焰负责带回中国。所以传教士先是希望罗文焰去马尼拉并通过 Juan de Paz 争取传教士在礼仪之争方面达成一致,后来礼仪之争的讨论又回到了中国传教区,于是各方都在求马尼拉省会长把 Juan de Paz 的书送到中国去,而罗文焰又是负责把书带回给这个讨论中的一方,即奥斯定会士等其他传教士。

　　除了这些书信之外,还有一部分书信能够让马尼拉政府了解多明我会的立场和活动——一直配合法国主教,与罗马教廷及法国国王保持着通信中介的作用。马尼拉政府不会喜欢在信件中发现的关于陆方济的很多消息:一、陆方济对多明我会会长以及省会长的帮助表示感激,因为多明我会神父在福建热情接待并帮助他们;二、他求传信部秘书长 Edoardo Cibo 红衣主教在罗马教廷提出对各修会总会长的要求,让他们给马尼拉的省会长下令,要求所有在华传教士听从宣誓指令;②三、他让巴黎外方传教会司库 Fabre 向法国国王请求经济援助,首先需要 1 000 埃斯库多以在福州买房子,其次请求他提供固定的津贴,因为只有这样才能跟西班牙传教士竞争,而他们在中国的时间已经比较久了;四、他想通过

---

　　①　陆方济 1684 年 3 月 2 日从漳州写给多明我会省会长的信,AGI,Filipinas 92,N. 1. "Papeles originales del obispo y clérigos franceses que remite esta Real Audiencia a Su Magestad"(法国主教与法国神父的原资料),f. 49r-v (IMAG. 1384 - 1385). 这封信的西班牙语翻译,参见 f. 42r-v (IMAG. 1368 - 1369).
　　②　原本罗马教廷在他的指令上只让耶稣会总会长通过耶稣会巡按使要求这个,而托钵修会的总会长没有被要求。其实耶稣会与托钵修会的内部结构不同,因为耶稣会的等级制度很明确,巡按使直接听总会长的安排与命令;而托钵修会总会长与各省的省会长没有那么直接的上下级关系,各省的省会长相对比较独立自主。

马尼拉的多明我会以及墨西哥圣哈辛托多明我会修道院
(Convento de San Jacinto)的 Francisco Sánchez 神父继续保持秘
密通信。所以马尼拉政府通过这一批书信完全了解了多明我会配
合法国传教士的情况，也看到了法国主教一直希望罗文焰加入他
们的计划，协助他们在中国传教区的工作。

4. 奥斯定会士的参与

除了没收多明我会的来往信件，马尼拉政府还掌握一个渠道
来了解中国传教区的最新动态，即在华西班牙传教士，这些传教士
还向政府提议有关罗文焰在这些权力斗争中可以扮演何种角色。
卜于善神父被陆方济主教派到广东，并于 1684 年 2 月 16 日把宣
誓指令的消息传达给西班牙托钵修会传教士，[1]但是西班牙传教
士因未宣誓而被禁止在中国施行圣事，由此引发了奥斯定会士白
万乐和陆铭恩神父等在 1684 年 3 月纷纷给罗马和马尼拉写信，报
告陆方济进入中国导致的紧急情况和一系列问题，在他们的表述
中罗文焰被看成是能够支持西班牙传教士立场的。

1683 年末陆铭恩带着 Francisco Patiño(? —1691)和传教区
的经费回到澳门，在澳门短暂停留后于 1684 年 1 月抵达广州。
他在广州方济各会整理了他本人反对法国主教陆方济进入中国
以及公布宣誓指令的几份书信报告。这些报告里有他在广州做
的一些公证抄件，例如他于 1684 年 2 月 17 日在广州署名完成
的 1683 年 9 月 25 日罗文焰宣布宣誓指令无效的文件抄件。他
同样把罗文焰于 1683 年 9 月 20 日写给多明我会士的信做了一

---

① 参见利安定 1684 年 12 月 15 日写给伊大任的信，参见 SF III, pp. 544 - 545.

个备份。① 1684 年 3 月 2 日他又给罗马写了一份重要的报告，②批
判了陆方济的决定，原因是按照陆方济的要求传教士要宣誓服从宗
座代牧，但是宗座代牧又不给他们提供津贴。由于在经济上西班牙
传教士依靠西班牙国王、耶稣会士依靠葡萄牙国王，所以如果这些
传教士宣誓服从法国籍的宗座代牧，那么这两个国家的国王就会因
此中止资助，③从而导致西班牙传教士没办法维持在中国传教区的
工作。接下来他列出了很多理由来支撑他的观点：一方面他认为在
中国有很多西班牙传教士，如果不免去宣誓指令而导致西班牙传教
士撤离中国传教区，那么传教工作没法一下子以法国传教士代替，
更何况法国还隐含着侵略中国的计划；另一方面他指出培养本地神
父也不是代替西班牙传教士的好办法，因为把中国与欧洲神父看作
是对等的，就"好比想要把脆弱的芦苇和结实的橡树对等起来"。④

---

①　参见罗文炤 1683 年 9 月 20 日的信，该信被引述于陆铭恩 1683 年 10 月 4 日从
马尼拉写给司库 Lorenzo Segovia 修士的信中，AGI, Filipinas 305, R. 1, N. 6, doc. 10
(IMAG. 41 - 44). 陆铭恩引述的这封信有几个问题。首先，该信虽然被认为是罗文炤
写的，但是引述中用了第三人称，似乎该信的抄写者忘记应该用第一人以表明是罗文炤
本人的讲述；书信上有些改动涉及地点，有几次抄写者把"这里"划掉改成"那里"，把"那
里"改成"这里"。比如，提及马尼拉的时候应该写"这里"，因为写信时罗文炤在马尼拉，
但是抄写者居然改为"那里"；也有相反的情况，信中指中国时应该写"那里"，但是抄写
者改为"这里"。所以抄写者应该是在中国抄写的。总之，现在保留的这份文献可能是
陆铭恩 1684 年 3 月份在广州做的抄本，而由于这个抄本的原件未被发现，我们甚至怀
疑这份文献都是在广州伪造出来的，而不存在罗文炤的原信。

②　在陆铭恩从广州写给司库 Francisco Sequeiros 的信中说他此前已写过两封信
给他，第一封 1683 年 9 月写于马尼拉，第二封 1683 年 12 月写于澳门，由此可见奥斯定
会的紧急行动。参见陆铭恩 1684 年 3 月 2 日从广东写给司库的信，AGI, Filipinas
305, R. 1, N. 6, doc. 11 (IMAG. 46).

③　他在信中还说："把一位传教士带到菲律宾需要花 1 000 比索以上。"陆铭恩
1684 年 3 月 2 日从广东写给司库的信，AGI, Filipinas 305, R. 1, N. 6, doc. 11
(IMAG. 47).

④　这个比喻和想法跟耶稣会士 Messina 的说法是一样的，见前文。在此信中陆
铭恩还提供了一些对本地神父的负面看法，以此来驳斥法国宗座代牧通过中国神父代
替西班牙人的计划。这些负面的描述不能完全理解为欧洲人对中国人的看法，因为这
些说法是攻击法国的策略，不是对中国人的客观描述。

在这一点上陆铭恩还拿罗文焻举例来证明本地神父的培养是不能解决问题的，因为"中国人不尊敬自己的人，即使是神父。这种情况在罗文焻身上就发生过很多次……中国文人尊敬欧洲人也是因为认为他们是有知识的，但是也依然是非常困难的"。① 在这一份报告中，他也以罗文焻为例来证明自己的观点："我已经给教宗写了关于罗文焻主教的事，他是一位多明我会的中国籍神父，他也认为修士不应该服从派过来的主教。"②

总之，陆铭恩分别在马尼拉和广州准备了一系列的书信、报告来批判法国主教在中国公布宣誓指令的决定。罗文焻支持奥斯定会和马尼拉政府来对抗法国，先与陆铭恩在马尼拉写了 1683 年的那几封信。陆铭恩在将那些信带到中国后，尤其是在卜于善在广东公布了宣誓指令之后，备份了罗文焻写的那几封信并给罗马写报告。报告里罗文焻被描述为一位有一定权威性的旁观者，他的权威性来自他在中国教会所做的贡献和他的职位，客观上来讲他又是中国人，因而他对中国有相对更全面的了解，也能够在法国与西班牙两国的冲突上显得比较中立。

另一份同样重要的文献，是 1684 年 3 月 7 日白万乐神父给奥斯定会省会长写的一封信，③信中他向马尼拉报告了中国的情况，还附加了卜于善公布的宣誓指令的抄本、方济各会与奥斯定会对卜于善的回答的公证记录等法律文件。除此之外他还在信中指出了罗马教廷对法国的明显偏向："这些事情中间都隐藏着法国的利

---

① 陆铭恩 1684 年 3 月 2 日从广东写给司库的信，AGI, Filipinas 305，R. 1，N. 6，doc. 11（IMAG. 48）。

② 陆铭恩 1684 年 3 月 2 日从广东写给司库的信，AGI, Filipinas 305，R. 1，N. 6，doc. 11（IMAG. 48）。

③ 参见白万乐 1684 年 3 月 7 日写给修会长 José Duque 的报告，AGI, Filipinas 92，N. 1. "Papeles originales del obispo y clérigos franceses que remite esta Real Audiencia a Su Magestad"（法国主教与法国神父的原资料），ff. 83r - 95v（IMAG. 1430 - 1455）。

益;详细地阅读和考虑我送过去的书,在这本收集罗马教廷指令的书中可以看出教宗是否在开玩笑,明显可以看出他就是想把这个传教区委托给法国人,因为可怜的意大利 Argolis 主教(按:即伊大任)只不过就是来服务陆方济主教的……连台湾岛传教区都给陆方济主教管理,即使我们知道那里是归西班牙国王管的,所以您可以想想有没有余地改变针对中国传教区所做的决定。"①无奈之下,白万乐还把这些法国宗座代牧跟罗文炤比较:"我可以肯定罗文炤主教在美德、能力以及欧洲语文和知识方面就是中国人中的凤(Phenix,按:即人中龙凤)。虽然如此,但恰恰是罗马教廷下令要通过多明我会总会长给他指定一位多明我会士的神学家来当他的助手,反过来那些刚来而又被任命为副主教(provicarios)者却没有可供咨询的人,而且在我看来他们也并不想有这类的咨询。"②

　　白万乐在此段对罗文炤的评价极高,而重点也在突出罗马教廷的做法不够合理。白万乐认为既然罗文炤和刚来的宗座代牧各自都有缺陷和不足,那么罗马教廷不应该直接信任完全不了解中国也没中国经验的法国神父,因此他否定法国主教作为中国传教区的负责人。同时他否定法国主教向罗马做的报告,并且把法国宗座代牧在报告中称中国没有个人财产、所有的归国王所有这一点提出来作为反驳对象。他举出了几个例子来反驳法国宗座代牧提出的说法,然后写道:"财产是从父母到孩子继承下去的,皇帝在这方面不予干涉,罗文炤主教对此可以作证。所以如果对那么简单明了的情况他们都做出如此不真实的报告,那在一些容易被感

---

① 参见白万乐 1684 年 3 月 7 日写给修会会长 José Duque 的报告,AGI, Filipinas 92, N. 1, ff. 87v - 88r (IMAG. 1439 - 1440).

② 参见白万乐 1684 年 3 月 7 日写给修会会长 José Duque 的报告,AGI, Filipinas 92, N. 1, f. 89r (IMAG. 1442).

情控制以及有隐情的其他事情上还能不让人担心吗？"①

就像在陆铭恩的报告中写的一样，白万乐在报告中也将罗文焖视为一个客观中立的判断者，认为他作为中国人了解中国，而且在法国与西班牙的纠纷上，理论上他应该是没有偏向的。② 为了抵制法国主教的报告，白万乐给出了建议："我认为这位先生（按：罗文焖主教）给罗马写的报告太少了，假如他有做过其他报告，那都一定会是很真实的。我已经写信让我们的省会长赶紧找菲律宾总督以及相关负责人把罗文焖主教派回中国来，哪怕他还没受祝圣，因为这样做是非常重要的，哪怕只是为了给陆方济主教解释情况。我相信相比于修会神父，陆方济会更倾向于听罗文焖的，因为陆方济的副主教卜于善认为我们这么说是为了逃脱他们的管辖。"③

通过以上信息我们可以更好地理解几件事情：首先，罗文焖从多明我会修道院逃到奥斯定会修道院的动力，以及奥斯定会和马尼拉政府的介入和合作；其次，白万乐讲到罗文焖在接下来会起到的作用，即向罗马"客观"地报告有关中国传教区发生的不同国家和组织之间的冲突；再次，在强调罗文焖应该回中国的时候，白万乐写了"哪怕他还没受祝圣"这一句，所以从他的话可以判断奥斯定会确实是支持罗文焖在马尼拉受祝圣的。

白万乐在书信中还设计了具体可行的计划："菲律宾各修会省会长可以通过一式三份的信件向他（按：即陆方济）解释这些因指

---

① 白万乐 1684 年 3 月 7 日写给修会长 José Duque 的报告，AGI, Filipinas 92, N. 1, f. 90v (IMAG. 1445).

② 实际上罗文焖一直跟西班牙世界保持联系，学会了西班牙语，在西班牙机构的资助之下工作了一辈子，而且当时他在马尼拉受到管制，所以应该很难在这点上保持中立。

③ 白万乐 1684 年 3 月 7 日写给修会长 José Duque 的报告，AGI, Filipinas 92, N. 1, ff. 90v-91r (IMAG. 1445-1446).

令生效而将导致的问题,以及西班牙传教士无法不违背规则而服从宗座代牧,然后另外给他提出某一种协议方案,像菲律宾主教与修会的神父之间存在的协议,或者像在美洲他们之间的协议,这样宗座代牧的权力在被认可的同时,修会的神父也能够有持续的、可以忍受的、和平的管理。这样如果陆方济主教同意,伊大任主教(我们不担心他,因为他也是修士,也不太认同法国人做的决定)、罗文炤主教加上每个修会可以一起向罗马教廷解释,并使这件事情达成一致。这样可以避免其他选择会带来的问题。假如说陆方济不想要和平解决问题,反而还想继续施行他开始时的计划,那么我们的立场会显得更为公正,然后从现在到马尼拉修会长给他提出解决这些问题的方案的期间,我们可以先尽可能地要么躲避,要么用好听的话服从,尽量拖着这些宗座代牧和他们的副主教,这样(1684 年)8 月已经可以获得关于这一切的答案,因为我们知道(1683 年)11 月有一艘船从台湾岛开到马尼拉,并且这艘船会回到大陆,[①]因为是这样计划的,(1684 年)7 月罗文炤主教会坐这艘船回来,所以信件的一式两份可以送到多明我会神父手上,让他们再转给我们。假如这些信件丢失,还能通过澳门的船再送一份过去,所以从现在起的 9 个月之后,就会跟陆方济谈好这个协议了,这样就会为这个传教区达成有利于它的和平协议。我提醒您假如说这个协议能够实现的话,第一个条款应该会是这些宗座代牧不可以在修会的神父所工作的地区任命任何一位神父来当副主教。"[②]

---

① 有关 1683—1684 年从台湾到马尼拉的船,参见 Gil, *Los Chinos en Manila*, pp. 623 - 624;方真真:《华人与吕宋贸易(1657—1687):史料分析与译注》,第 110 页。该船有十字架的旗子,船长是 Poqua,1684 年 3 月在马尼拉港口。

② 白万乐 1684 年 3 月 7 日写给修会长 José Duque 的报告,AGI, Filipinas 92, N. 1, ff. 93v - 94v (IMAG. 1451 - 1453).

第三节   在广州受祝圣(1684—1685)

1. 与陆方济在福建商量宣誓指令一事,陆方济的离世

在罗文炤在马尼拉的最后一段时间里,巴黎外方传教士已经在多明我会士的帮助下开始在福建发展。1684 年 6 月 25 日陆方济给马熹诺写了一封信,让马熹诺接待与帮助新到厦门的凯梅纳(Louis Quemener,1644—1704)、何神父(Louis Champion de Cicé,1648—1727)与潘若望(Jean Pin,1643—1692)三位法国神父。① 马熹诺在 7 月 1 日给陆方济的回信中说,他心甘情愿地帮助他们,并让卜于善神父前往厦门接待他们,还给他们买了新的衣服和鞋子。马熹诺还在回信中提到了有关罗文炤与其他中国教徒的信息:“我收到了罗文炤的两封信,一封是写给我的,另一封是写给您的。我已经把该信委托给卜于善先生。两封都是信封开着、信纸展开着给我的,因为这些中国人就是这样给我的。目前为止没有得到其他的消息,因为新来的这一艘船没有带来其他神父的书信,只带来了这两封,这些信是由一位来自 Chio Be② 的教徒给我的,名字叫 Ho tie③,您对他比较了解。我让这位教徒去想办法把

---

① 有关凯梅纳、何神父和潘若望,参见 Launay, *Mémorial II*,pp. 137 - 138,518,537 - 539.

② 文献中写作“el cristiano de chio be”,应是福建的一个地名。

③ 此人中文名待考。方济各会士的文献中提到一位姓 Ho(可能是“何”)的教徒,原来是耶稣会士的教徒,1686 年参与巴黎外方传教士在广州买房子的事,见 SF III,p. 627. 还有一位姓何的福建教徒,举人,写过一本书叫《蒭言》,是为了礼仪之争写的并交给耶稣会中国副省会长毕嘉神父。这本书与《礼仪问答》一样,也是支持耶稣会对中国礼仪的解读和立场。参见 Chan, *Chinese Books and Documents in the Jesuit Archives in Rome*,pp. 58 - 59.

厦门的三位法国神父带过来。虽然要花点钱,但是他当着卜于善的面跟我说,他会去厦门看看能不能做什么,可能会有机会。卜于善对他表示感激。"①通过这一段话可知,白万乐的建议在马尼拉应该是受到重视的,中国教徒 Ho tie 带来的两封信应该就是白万乐计划的与陆方济的协议方案有关的信息。同时该信中揭示有几个人往返于马尼拉与福建之间,他们是认识罗文炤的,也在多明我会与巴黎外方传教会的圈子里帮忙,例如前面提到的 Juan de Castro、Poqua 船长以及这一位名叫 Ho tie 的中国教徒。在传教史书籍中一般不显眼的教徒网,在这些信息中呈现出来,这些人一直在帮欧洲传教士经营传教区的事情,而罗文炤正好也在这个网络中扮演重要角色。

马熹诺继续在信中写道:"罗文炤主教还告诉我很多消息,但是我先不在这里写了,因为我估计中国会长万济国②一定已经向您报告了。我只在此通报您,罗文炤主教给我写道: 他通过 Manuel de la Concepcion 神父(他是住在澳门的一位多明我会士)收到了您寄给他的大信封,所以您会知道这个大信封都包含了什么书信,③除了这个大信封恐怕他没有收到您从中国寄给他的其他书信,因为马尼拉政府的人应该把它们给没收了,就像他们也没收了我们今年寄过去的

---

① 参见 Magino Ventallol, "Carta a Pallu", Zhangzhou, 1 julio 1684. AMEP, vol. 426, ff. 311 - 312.

② 根据马尼拉多明我会会议纪要,这段时间万济国不担任这个职位,但是这一封信确实以这个职位称呼他。纪要中费理伯已经在 1682 年被任命为中国会长。但是多明我会士因为台湾的战争以及马尼拉所发生的事情,1680 年代初一直没有收到马尼拉的书信。

③ 指的就是陆方济 1683 年 6 月 1 日从暹罗寄到澳门的书信。罗文炤已经离开澳门前往马尼拉,所以该书信应该是通过澳门的多明我会士再转寄到马尼拉了。前文谈到了该书信的内容和目的。陆方济通知罗文炤,他要前往中国并且坚持公布宣誓指令。罗文炤没给任何答复,一直到马尼拉收到了陆方济进入中国的消息。通过马熹诺的书信可知,罗文炤到这时才答复陆方济。他的答复中应该介绍了罗文炤本人、马尼拉政府以及奥斯定会等修会有关宣誓指令的建议。

有关传教区的书信报告一样。① 罗文炤也告诉我，说您给他寄到澳门的银子被上述提到的 Manuel de la Concepcion 神父用上了，还清了我们欠李百铭的债。除此之外罗文炤还说他会在 7 月离开马尼拉，但是在我看来，罗文炤是不太懂那边的人。"②虽然马熹诺没有把全部信息写在这封信里，但是对该信的内容可以做出以下总结：首先，马熹诺可能还不知道马尼拉政府闯入了当地多明我会修道院，也不知道奥斯定会以及马尼拉政府已经安排罗文炤回到福建，所以他还以为罗文炤错误地认为马尼拉多明我会士会放他回中国。其次，通过这封信我们知道罗文炤一直没回复陆方济1683 年 6 月 1 日从暹罗寄给他的信，直到通过马熹诺收到该信才做出答复。这么晚回复是因为情况变了，当时陆方济已经进入中国，而马尼拉的传教士与政府准备派他到中国解决这个情况。再次，罗文炤通知陆方济，罗马教廷给他的 400 埃斯库多津贴已经用于偿还李百铭的债，这样做应该是希望陆方济与福建的多明我会士协商怎么处理他的主教津贴，因为罗马给的这笔钱已用完。③

---

① 指陆方济 1683 年 12 月从台湾和 1684 年 2 月从漳州寄去的书信。参见 AGI, Filipinas 92，N. 1. "Papeles originales del obispo y clérigos franceses que remite esta Real Audiencia a Su Magestad"（法国主教与法国神父的原资料），f. 53r-v（IMAG. 1396‒1397）；西班牙文译文见 f. 41v（IMAG. 1367）. 罗文炤看见了两封信，因为他后来在书信中说："陆方济主教给我写了两封信，让我来中国商讨这些事情（按：即罗文炤受祝圣等其他问题）。"参见罗文炤 1684 年 9 月 13 日从漳州写给白万乐的亲笔信，AGA，Aa 41，ff. 41r‒42r.

② 参见 Magino Ventallol，"Carta a Pallu"，Zhangzhou，1 julio 1684. AMEP，vol. 426，f. 312.

③ 多明我会省会长 Antonio Calderón 在给西班牙国王的书信中提到罗文炤说罗马教廷不给他补贴，所以希望多明我会圣玫瑰省出钱维持罗文炤主教的生活，参见 Antonio Calderón 1684 年 6 月 13 日写给西班牙国王的信，AGI，Filipinas 90，N. 1（IMAG. 202）. 另外，多明我会士 Bartolomé Marrón 在批判马尼拉政府闯入多明我会修道院的书信中，也提到罗文炤应该是把多明我会圣玫瑰省准备带给中国传教区的经费给带走了。总之，各方都在考虑罗文炤的津贴问题。陆方济先把津贴寄到澳门给多明我会士保管，然而多明我会用来还债了，罗文炤在马尼拉问陆方济这件事情现在怎么办，而同时马尼拉的多明我会士还控告他把供应给中国传教区的钱给带走了。

马熹诺以为罗文炤不会来福建的，所以当罗文炤来到漳州的时候，马熹诺没在漳州教堂。罗文炤到了福建后致信白万乐神父，写道："我于 7 月 17 日圣 Alexo 节从马尼拉出发，9 月 10 日到，总共在路上的时间为 40 天，很辛苦……我在漳州没找到任何修士，因为马熹诺神父一个月之前去泉州陪欧加略神父了……现在我住在一位教徒朋友家。"接着罗文炤向白万乐说明了自己的任务："我离开马尼拉的时候，奥斯定省会长 José Duque 委托我到漳州之后再把这些信给您，因为是至关重要的，在收到您的答复后，再把信通过第一艘前往马尼拉的船寄回去……送这些信的人是我的朋友，所以一定会赶路的。" José Duque 的命令应该就是原来白万乐自己安排的计划。罗文炤还给白万乐解释马尼拉所发生的事情原委：

> 我决定找政府和各修会省会长来对我的情况做出判断，政府官员和尊敬的神父都建议我回中国找陆方济主教给我祝圣，并且跟他商讨中国传教区的情况，陆方济主教给我写了两封信，让我回中国解决这些事情；我已经给教宗、传信部以及我们尊敬的多明我会总会长通过不同渠道写了很多信报告情况，我在等罗马教廷的答复。我在天主的帮助下就这样离开了马尼拉，即使是违背了咱们修会省会长之愿。他没有给我什么东西，但是我不缺什么，因为天主保佑，我能够带着 600 比索回来。①

罗文炤以为到了漳州会与陆方济会面，但是法国主教已经不在漳州了，②所以他只能暂时跟白万乐说："我没有其他的话要说，

---

①   参见罗文炤 1684 年 9 月 13 日的信。前面说过 Antonio Calderón 的书信中提到罗文炤要了这笔钱。

②   陆方济确实是在 2 月从漳州写信给罗文炤的，但这时他已经前往福安传教区了。

因为陆方济主教不在这里，也不知道他去哪儿了，所以我没能够跟他转告我心里的忠告，贵会、耶稣会以及方济各会的省会长只能等待我与他见面，我会对全部事情作报告。"总之，菲律宾的奥斯定会、耶稣会和方济各会省会长都让罗文炤去找陆方济商讨条件，这个讨论应该就是涉及宣誓指令及其对西班牙传教士所引发的担忧。从陆铭恩与白万乐两位奥斯定会士于 1684 年 3 月写过的信中，已经可以看出他们正在准备通过罗文炤应对法国宗座代牧的计划。罗文炤也做了马尼拉的奥斯定会士与在华奥斯定会神父之间的桥梁，他接着在信中写道，"至于有关西班牙与菲律宾的消息我不在此多讲，因为奥斯定会司库 Gaspar de San Agustín 会详细写给您的"，又在备注里补充道："至于您向（奥斯定会士）Diego de Jesús 神父要的书，就是 Juan de Paz 写的那一本，我手里有，但是现在比较忙，下次我会寄给您。"[①]至于提到的 600 比索，罗文炤没有明确指出钱的来源。虽然 Bartolomé Marrón 好像质疑他拿了多明我会的经费，但是可能这个钱也是奥斯定会出的，因为后来罗文炤一直感激奥斯定会的帮助，比如后来对省会长 José Duque 写过："我欠你们很多，因为您的修会帮助了我，也很好地对待我，我对你们充满感激。"[②]

　　1684 年 9 月 23 日罗文炤依然身在漳州，因为此日他签署了一封写给耶稣会士神父方济各的信。方济各神父曾于 1683 年在澳门接待并帮助罗文炤去马尼拉，罗文炤因此在这封信里对他表示感激："我还在马尼拉的时候，因为感到应该对您一直以来的帮助和支持表示感激，所以决定给您寄了两个盒子，是用银做的，上

---

　　① 以上三段中的引文均来自罗文炤 1684 年 9 月 13 日从漳州写给白万乐的亲笔信，见 AGA, Aa 41, ff. 41r - 42r.

　　② 参见罗文炤 1685 年 11 月 2 日从上海写给 José Duque 的信，AGA, Aa 42, ff. 122, 127r.

面用了 filigrana(按：意为用银丝细加工的)工艺。我不知道您是否收到了。"又补充说："要是耶稣会神父在我的主教区所管辖的省内有什么需要的话，请您通知我，这样我至少可以回报您当时在我去马尼拉路途中食品储备上所花的钱。"①从上面罗文炤写给奥斯定会士和耶稣会士的内容可见，这两个修会都在支持罗文炤受祝圣并反抗法国主教在中国的计划。

罗文炤通知到白万乐和方济各神父后，还在漳州和厦门与多明我会马熹诺神父处理了一些事情。马熹诺在给陆方济的信中写道："我们经常收到从厦门寄来的信，法国神父(按：即凯梅纳、何神父与潘若望)在信中报告他们的情况。最近给我写信说，过几天他们就会被放走。无论是有关这里还是有关在马尼拉发生过的事情，罗文炤主教会给您更详细的信息，所以我先不在此细讲。我相信您是一个明智的人，所以会判断和辨别甜苦与真伪的。"②可见，罗文炤也在关注和参与新来的三位法国神父从厦门继续前往福建其他传教区的事情，Ho tie 可能一起参与这件事情，至少他了解这个情况。有关在马尼拉发生的事情，马熹诺提醒陆方济保持警惕，让他能够分辨是非真假，怕陆方济相信罗文炤不利于多明我会的夸张描述。马熹诺在该书信的末尾提供了非常重要的信息：

> 我封上了这封信后又打开了(所以你会发现有点撕开了)，因为想提醒您，罗文炤主教好像想把奥斯定会士白万乐神父作为自己的同伴助手(按：即其副主教)。我自己认为该传教士会答应，因为他的上级(按：即奥斯定会省会长)同意了。他会(按照宣誓指令规定)宣誓，但是他这样做是以剩下

---

① 参见罗文炤 1684 年 9 月 23 日从漳州写给耶稣会士方济各的信，BA，49 - V - 19，f. 495r-v.

② 参见 Magino Ventallol, "Carta a Pallu", Zhangzhou, 2 octubre 1684. AMEP, vol. 426, f. 369.

的传教士不用宣誓为前提。我这么说是因为我从泉州给白万
乐写信之后(您已经了解该信的内容,因为我给您读过),在最
近收到了一封他的答复,然后我对该传教士产生了新的看法
(我不想说不光彩的事),我认为这位传教士是那些既不想又
不认为应该宣誓的那些人中的一个重要主导者(我的意思是
说,对他而言说服罗文炤不会很困难)①。您可以好好考虑这
一点,之后再决定……我尝试了热心地、也尽可能地让罗文炤
把我的劝告铭记在心,尤其是关于他应该跟您保持一致,或者
更确切地说,他应该服从基督代言人(按：即服从教宗所派来
的总负责人陆方济),并跟他保持真实的、完全的一致,让罗文
炤张开心灵之眼,看清楚他的做法等诸如此类的话,说起来会
太长了。但是我说过的话已经过去了(即使他全心全意地听
我所说的话),忘记也是很容易的;我相信您一定会让他更坚
定一些,以便达到所要追求的目标(而我就会因此感到很欣
慰,因为我对罗文炤有深厚的感情,我写这一切也是为他好,
为天主好)②。可能我这么热心会让人误会,让人以为我是追
求担任这个角色(因为有时候有人提出过我可以做他的同伴
助手),因为这样会给我带来光荣。这样解读我不难,因为我
承认我的心很倾向于类似的事情,但是我现在却说,我会对这
样的计划完全抗议,我宁愿先离开中国传教区,也不要接受做
罗文炤主教的同伴助手这个角色,我有自己的理由,我在前面
两段多说了些,只是为了让您知道我都是以谦虚、不骄傲的心
写这些的。③

---

① 在文献原件上这句话是马熹诺在书信的左侧页边加的旁注。
② 在文献原件上这句话也是马熹诺在书信的左侧页边加的旁注。
③ Magino Ventallol, "Carta a Pallu", Zhangzhou, 2 octubre 1684. AMEP, vol. 426, f. 370.

　　马熹诺写的这一封信提供了很重要的信息，证明奥斯定修会在罗文炤受祝圣当主教的问题上起到的作用，以及多明我会和巴黎外方传教会的反应。首先，可以确认白万乐在对抗法国宗座代牧陆方济和宣誓指令中的领导地位（可能马熹诺不知道的是，南怀仁、方济各等耶稣会士也推动并参加了该计划）。其次，马熹诺提到在白万乐和奥斯定会省会长的计划中，白万乐要当罗文炤的副主教，这意味着罗文炤会在奥斯定会和耶稣会的指挥之下管理南京宗座代牧区，摆脱法国主教的管辖。罗文炤已经写了两份宣布宣誓指令无效的证明，两个证明中分别指出并鼓励耶稣会士和奥斯定会士可以去南京宗座代牧区工作，不用宣誓。而且这两个修会在礼仪问题上想保持一致，持有相对宽容的态度。再次，通过这份文献可知，有人提出过马熹诺应该做罗文炤的副主教。多明我会神父 Juan de Santo Tomás 的确在 1682 年 1 月的一封书信中向罗文炤推荐了马熹诺神父，希望罗文炤在马熹诺神父的建议之下解决多明我会与耶稣会之间在礼仪问题上的纷争。[①] 马熹诺应该尝试过让罗文炤改变他在礼仪问题和宣誓指令方面的想法，希望罗文炤能听取他的意见。不过马熹诺这样总结与罗文炤的对话："我说过的话已经过去了（即使他全心全意地听我所说的话），忘记也是很容易的。"这多多少少也能显示马熹诺对中国人的观察和评价，也可能算是在提醒陆方济保持警惕，因为虽然中国人不会当面直接对抗，但即使是认真听，也并不意味着会照做。

　　陆方济和多明我会士先后尝试过把罗文炤置于一位多明我会士的指导下，然而最终都没有成功。最明显的是 Luján，因为他在

---

　　① 参见 Juan de Santo Tomás，"Carta a Gregorio López"，Luoyuan，15 enero 1682，BA，49‐Ⅴ‐20，f. 370v. 不过，罗文炤还是倾向于耶稣会的立场，决定听 Juan de Paz 等其他多明我会士的建议。

直接表示不想承担这个责任之后还想离开中国传教区,打算跟闵明我一样去罗马向总会长以及罗马教廷报告他在中国所见证的、有关中国礼仪问题的真实情况。[①] 在上引马熹诺书信中,马熹诺也有类似的说法:一、他不想承担这个责任,二、他宁愿离开传教区也不想做罗文炤的副主教。后来,陆方济还向罗马教廷推荐万济国做罗文炤的副主教,因为陆方济觉得万济国很符合条件。[②] 不过,这个方案也没能实现,因为万济国去世了。总之,可能多明我会和巴黎外方传教会的陆方济曾经在罗马做计划,理论上想出了能让罗文炤配合他们的理想情况,但由于在中国工作的传教士对中国传教区更加了解、更加实际,也更知道罗文炤在这方面的倾向,所以最终陆方济所计划的策略也只是纸上谈兵。[③]

　　这期间陆方济给罗文炤写信,邀请他来穆阳受祝圣。罗文炤1684 年 10 月 16 日才回信,[④]信中说之所以这么晚回信是因为在漳州忙着办理一些事情。陆方济以为罗文炤没能够早点离开菲律

---

　　① 这应该包括他所看到并批判过的、挂在教堂门口的"敬天"匾额等,因为不仅耶稣会士,还有一些多明我会士(包括罗文炤在内)都接受了这些做法。

　　② 这些条件包括:中文好、在中国的经验丰富、很了解罗文炤、神学方面资格也够,最重要的是,万济国支持宗座代牧,也接受了宣誓指令。菲律宾政府却对万济国做该宣誓的单独决定很不满,后来多明我会省会长也表示,不认同这几位在华的多明我会神父不等多省会长批准就宣誓的做法。

　　③ 这个问题可能在一定程度上也源自他们向罗马描述的传教区情况与实际情况不符,毕竟中国礼仪问题是可以从三个层面谈起:一、传教士在中国传教区具体做什么,他们是怎么对待与天主教似乎有冲突的一些礼仪的;二、传教士认为应该做什么,对这些礼仪有什么评价;三、他们往罗马报告什么,报告中的这些礼仪是什么样的,以及传教士是怎么对待这些礼仪的。比如说,罗文炤容许中国教徒保留祖先牌位,万济国解释说不应该保留,但是目前在闽南暂时只能不去改变耶稣会士所包容的这些习惯,并向罗马报告包括罗文炤在内的在华多明我会士都批判耶稣会士的做法,还报告说在多明我会的传教区不容许这些中国礼仪。出现这三个层面是因为面对的人不同,第一是面向中国教徒和官员,第二是面向与多明我会对立的耶稣会士,第三是面向罗马教廷以及总会长。这种不同辩论的对象导致了更多的冲突和误会。

　　④ 陆方济的这封书信没有保留下来,只能通过罗文炤的回信对陆方济书信的内容有一个大概的了解。

宾是因为马尼拉政府，而罗文炤回复说，恰恰是马尼拉政府帮他从多明我会修道院逃走的，而阻止他回中国的是多明我会。至于他目前的状况，罗文炤写道："我现在像逃犯一样……我都不敢回我的家乡，因为这样可以避免亲戚朋友去看我并问起我为什么无缘无故地在马尼拉领土上被冒犯了。但是我还是会保持沉默，不引起更多的混乱。"罗文炤在这里表示被冒犯了，没有颜面再回老家见自己人了，但我们对这句话另有解读：可能罗文炤只是编了个理由来让陆方济来到福州或者福州附近的地方，"来讨论至少一个月有关这个国家的传教区情况，与此同时给我祝圣"。罗马教廷的命令很明确，即让罗文炤由宗座代牧祝圣，但是罗文炤回到中国后没有直接找陆方济受祝圣，反而在这封信中好像是先跟陆方济提条件，得讨论至少一个月，而讨论的主题必定涉及宣誓指令以及礼仪问题，而且他提出的讨论之地不是多明我会士较多的福安地区，而是西班牙耶稣会士鲁日孟工作的福州。陆方济等人的计划是想把罗马教廷指定的管理结构在传教区强行落实下去，把中国礼仪问题经过分析之后做个判断。而罗文炤提出的前提是得先做考察，在了解实际情况之后再做决定："我们要访问中国各个省，要了解每一个省的不同神父、不同习惯和做法，并报告给罗马教廷。如果不是亲眼看到、亲手摸到等于没做什么，不然不经证实的话也会有虚假和矛盾的信息。"①罗文炤的这一句跟奥斯定会士的思路一样，认为法国主教只是来实施一个计划，但是不了解实际情况，所以其判断和报告会有很多错误，故建议他先去看一看，并希望他对宣誓指令以及礼仪问题的判断有所改观，因为宣誓指令会让中国教徒失去西班牙的神父，而在礼仪方面不宽容则会带来更多纠纷。

---

① 本段三处引文均见罗文炤 1684 年 10 月 16 日从福州写给陆方济的亲笔信，AMEP, vol. 426, ff. 381 - 382.

罗文炤和他身边的修士希望陆方济能够改变他生硬的计划，而为了商讨这件事情罗文炤还给他送了礼。信中说送信的人给陆方济带了 200 块巧克力、20 根白色蜡烛以及一本罗马的弥撒书。可见菲律宾托钵修会和耶稣会很希望跟陆方济主教谈好条件，调解矛盾，并通过罗文炤跟陆方济主教达成一致。

最后罗文炤没来得及与陆方济达成一致。这位法国主教在穆阳时生病了，没有去福州，罗文炤虽然去找过他，但是为时已晚。1684 年 10 月 9 日，陆方济去世。万济国写道："陆方济去世已经两天了，都要把尸体装在棺材里的时候罗文炤才到的。① 他并不知道发生了不幸，但是当他在教堂看到为葬礼准备的一些东西和在坟墓上象征主教的物品时，他便感到很忧伤，还掉了眼泪，知道暂时没法受祝圣了。天主的安排！我们还是让天主做，尤其在我们失去控制的事情上，因为神圣的国王（按：指天主）会安排得比我们想象的好。"②万济国把陆方济的去世解读为有意义的巧合，因为历史事件都是天主的安排（Divina Providentia），天主教的命运由天主决定。万济国暗示罗文炤是因为贪心该职位又心愿未遂而感到失望并伤心，同时也表达了反对罗文炤受祝圣的态度。

万济国和郭玛诺两位神父提供了有关罗文炤到穆阳后的信息。鉴于罗文炤一直向罗马教廷写的报告严重损害了多明我会的形象，多明我会士需要应对，所以郭玛诺在一封寄给多明我会圣玫瑰省代理会长（Vicario General）Bartolomé Marrón 的信中写道："罗文炤主教在穆阳的教堂没待几天，给我看了他写给罗马的两封

---

① 罗文炤在 1684 年 12 月 15 日从福建写给传信部的信中说："我在他去世后的第三天到的。"该信见 AMEP，vol. 403，f. 197；AMEP，vol. 403，f. 201.

② 万济国 1685 年 1 月 3 日写的报告，见 González, *El primer obispo chino*, 121, n. 42.

信，每封两份，一份寄给传信部，一份寄给我们尊敬的总会长。①
在两封信中他刻薄地抱怨圣玫瑰省省会长并点名了其他两位多明
我会士。他描述了他们是怎么冒犯他的，并请求给予他们惩罚，因
为（他说）把他像犯人一样关在马尼拉，避免他受祝圣。这些话太狠
了，他这样写让我感到很难过，然后我作为提醒对他说，他在马尼拉
所写的东西和所做的事情都是胆小的中国人才会做出来的。但是
后来我收到了菲律宾总督的信，信的内容与罗文炤主教所写的不
符。我认为可以把这封信寄到罗马去，应该足够来反驳针对省会长
与另外两位神父的控告，所以我在此把该信附加上去。"②万济国于
1684 年 2 月 7 日遵守宣誓指令的行为在马尼拉受到批判，但是万
济国在他的信中解释了他的行为，并表示愿意接受惩罚。③ 马尼
拉的多明我会神父已经任命了费理伯为新的多明我会中国会长，
所以万济国写道："颜珰已经跟罗文炤主教前往广州，他要在那儿
受祝圣。中国会长费理伯会跟颜珰在广州见面。如果费理伯想把
这些信④给颜珰，那就会给的，也会把您信中的话转告给颜珰，因
为这位神父作为该传教区的会长负责做这些事情，更何况他没有

---

①　可能指的是 1684 年 1 月 25 日写给传信部的信和 1684 年 5 月 15 日写给多明
我会总会长的信。我们没有找到后者，但其摘要见于 *Apologia pro Decreto Alexandri
VII*，pp. 5 - 6。该摘要未写日期，但是多明我会神父 Biermann 说这封信是 1684 年 5
月 15 日写的，见 Biermann，"Fray Gregorio Lopez"，p. 115。前者是写给传信部枢机团
的信，见 AMEP，vol. 426，ff. 407－414；APF，SC Indie Orientali e Cina，vol. 3，ff.
429－432，收录于 González，*El primer obispo chino*，pp. 151－155。罗文炤可能把这封
信从马尼拉带到了福建，郭玛诺看过后，可能由颜珰寄回欧洲去了，因为巴黎外方传教
会保留的书信应该是罗文炤亲笔写的。

②　郭玛诺 1685 年 1 月 23 日从穆阳写给 Bartolomé Marrón 的信，AGIS Filipinas
305，R. 1，N. 7，ff. 38r－39r（IMAG. 136－138）。

③　González，*Historia de las misiones dominicanas de China*，Vol. 1，pp. 565-
572。万济国认为应该宣誓，但是他还解释说虽然当时向马尼拉写信问了该如何决定，
但是一直没有收到答复，所以就自己决定做了宣誓。

④　指马尼拉寄过来的要给陆方济的书信，内容与西班牙传教士不能遵守宣誓指
令有关。万济国一直认为应该遵守该指令，所以在这封信中他表示不参与这件事情了，
把全部信件都转给新的中国会长。

宣过誓。他也会向您通报副总负责人颜珰的回答。"①

　　总之，多明我会经历的尴尬情况是这样解决的。一方面，在法国宗座代牧这件事情上跟马尼拉政府和其他的修会保持一致的态度，同样希望在中国的传教士保持自治，不遵守宣誓指令，跟法国宗座代牧商量一个解决方法，同时更换领导来实现这个转变，Bartolomé Marrón 和费理伯两位多明我会士分别替换了省会长 Antonio Calderón 和中国会长万济国。另一个方面是反驳罗文炤对多明我会所做的控告，向罗马解释说罗文炤的话不属实，按照郭玛诺所说的通过附上菲律宾总督写的那封信等资料来呈现更为客观的阐述。②

2. 罗文炤在伊大任主教与颜珰神父之间，西班牙传教士与宣誓指令问题

　　陆方济去世之后，中国传教区的管理结构发生了重大改变。中国传教区失去了由罗马任命的中国总负责人兼福建宗座代牧陆方济主教，南京宗座代牧罗文炤又尚未受祝圣，这导致传教区的管理陷入混乱。原来南京和福建两个宗座代牧分别负责管理北方各省与南方各省，③但后来罗马教廷把广东、广

---

①　参见万济国 1685 年 1 月 23 日从穆阳写给 Bartolomé Marrón 的信，AGI, Filipinas 305, R. 1, N. 7, f. 40r-v（IMAG. 140 - 141）.

②　可惜我们未能找到这封信。我们推测其内容可能主要是呈现马尼拉政府的主导地位，以及各个省会长都参与商讨如何面对法国主教的事情，如方济各会士卞芳世在一封信提出的建议一样。如果此推测不误，那么说明马尼拉政府和各个修会都应该同意在华传教士不能宣誓，并决定为了跟陆方济商量把罗文炤放回去，让他跟这位法国主教谈他受祝圣条件。这样解读的话，在阻挠罗文炤受祝圣的问题上，不仅显得多明我会不是主要阻挠者，也可以反驳罗文炤对多明我会的指控。

③　参见 Joseph de Moidrey, *La Hierarchie Catholique en Chine*, *en Corée et au Japon*（*1307 -1914*）, Variétés Sinologiques n. 38, Chang-hai, 1914.

西、贵州和云南四省从陆方济的管辖范围里划出来,交由方济各会士伊大任主教来管理。[①] 虽然之前这位来自意大利的主教没能像其他法国神父一样从暹罗前往中国,[②]但他于 1684 年 8 月 27 日跟叶尊孝(Basilio Brollo a Glemona,1648—1704)和余天民两位意大利方济各会士也到了广东。[③] 他随身携带一个指令,上面写着他有权给罗文炤祝圣。伊大任早在暹罗已经收到了关于广东情况的报告,并于 1684 年 7 月 2 日向罗马传信部写信,说除了耶稣会士杜加禄宣誓之外,方济各会士、奥斯定会士等其他从马尼拉过来的西班牙传教士没有宣誓,他们因此被取消了在中国进行圣事的权力。[④] 马尼拉的各个修会长都禁止了西班牙

① 伊大任本来只是陆方济的副主教,但罗马教廷于 1682 年 3 月 16 日把陆方济负责的几个省划归伊大任管理,所以伊大任成为了中国广东、广西、贵州和云南的宗座代牧。假如罗文炤不接受主教职位或者去世,南京宗座代牧区也要由伊大任来管理。参见 SF V,p. 58,n. 21;p. 60,n. 12 - 13. 陆方济因此感到不满。有关陆方济与伊大任的关系,参见 A. Van den Wyngaert,"Mgr Fr. Pallu et Mgr Bernardin Della Chiesa. Le serment de fidelité aux vicaires apostoliques",*AFH* XXXI(1938),pp. 17 - 47.

② 他本来要跟着陆方济从暹罗前往中国,但是只有凯梅纳、何神父和潘若望三位法国神父坐着英国人的船前往福建,1684 年 6 月 2 日抵达厦门,而伊大任留在了暹罗,参见 Ch. Pérennes,*Un vieil évêque breton des missions étrangères. Mgr. Quemener,évêque de Sura 1643 - 1704*,Quimper:Impr. Cornouaillaise,1935,pp. 73 - 74;SF V,p. 58,n. 24.

③ 他坐着华尔康(Constantine Phaulkon)安排的船前往中国,参见 SF VI,p. 837;SF V,pp. 57,67 - 68,229ss;Baudiment,*François Pallu*,p. 431. 华尔康是一位很重要的人物,是暹罗国王信任的希腊人,他为法国人和其他传教士在暹罗提供了很多帮助。

④ 利安定决定暂时留在广东等待,1684 年同会的卜芳世和华德美神父却马上离开传教区到了澳门。1685 年 2 月方济各会士王路嘉乘船前往马尼拉。参见利安定 1684 年 4 月 6 日写给卜于善以及 1685 年 12 月 19 日写给会长 Francisco de San José de Mondéjar 的两封信,SF III,pp. 542 - 543,578. 有关王路嘉,参见 SF III,235,n. 1;至于利安定与卜芳世的看法,参见 SF III,567 - 570;SF IV,pp. 30 - 44. 1684 年 2 月 15 日卜于善公布了宣誓指令之后,方济各会中国会长卜芳世和奥斯定会中国会长白万乐于 3 月把所发生的事情向马尼拉和罗马做了汇报。

传教士宣誓，①所以他们只能要么留下但不再当神父，要么直接回到马尼拉。在陆方济去世之前，广东的传教士尝试过请求他取消宣誓指令，后来也委托了罗文炤去跟他谈这件事情。耶稣会士杜加禄一直关注事情的进展并及时向方济各报告情况。伊大任在看到有很多西班牙传教士不能再担任神父工作而严重影响了中国传教区的情况后，②分别在 10 月与 11 月给陆方济写了几封信，请他慎重考虑暂时取消宣誓指令，③同时也给罗马写信并附上方济各会士与奥斯定会士的报告。

陆方济去世的消息传到广东后，广东的传教士又开始酝酿新计划，希望能解决宣誓指令所带来的问题。罗文炤被伊大任主教叫到广东来受祝圣。④ 1684 年 12 月 31 日伊大任写信给罗马教廷，说宣誓指令无法执行下去，暂时宣布了宣誓指令无效，随后从 1685 年 1 月开始给西班牙传教士颁发许可证。⑤ 利安定从 1 月 15 日起都在主持圣礼，他认为伊大任的到来意味着传教区获得挽救。⑥

────────────

　　① 马尼拉是要解决该怎么面临宣誓指令这件事情。各个修会修会长以及政府开了会之后，应该由罗文炤把马尼拉做的决定带回中国。福建多明我会士收到了马尼拉政府以及多明我会省会长的命令。耶稣会士鲁日孟也在福州收到了省会长 Salgado 的指令。

　　② 参见伊大任 1685 年 1 月 3 日写的信，SF VI, pp. 841－842；Dehergne, *Répertoire*, p. 335.

　　③ 参见他 1683 年 10 月 8、13、14、18 日以及 11 月 19 日写的书信，见 SF V, pp. 59－67.

　　④ "我们的主教伊大任获悉陆方济已去世而罗文炤主教还没受祝圣后，给罗文炤写信说他会给他祝圣。罗文炤回复说等过了中国年的前几天他就会前往广州，因为这几天在中国旅行不太方便。路程大概需要一个月，所以应该已经到了。"参见文度辣 1685 年 3 月 3 日写给省会长的信，SF III, pp. 274－275.

　　⑤ 伊大任颁发许可证就在陆方济去世后。利安定让石铎禄把这个许可的格式写下来寄给省会长，可惜包含它的书信丢失了。参见利安定 1685 年 12 月 19 日写给省会长 Francisco de San José de Mondéjar 的书信，SF III, p. 582.

　　⑥ 参见利安定 1685 年 2 月 3 日给省会长 Francisco de San José de Mondéjar 的书信，SF III, pp. 571－574. 这封信里带着另一封信给马尼拉总督 Juan de Vargas Hurtado，并让省会长决定要不要将此信给总督，也让他对它的内容保密，可惜我们未能找到这封信。

　　与此同时罗文炤跟颜珰已经离开穆阳前往广州,去找伊大任给他祝圣。通过文献可知,他们途中分别在罗源、福州和漳州有所停留。1684 年 12 月 15 日罗文炤从福州给传信部写了一封信,[①]虽然该信是拉丁文写的而且是颜珰的字迹,但至少这封信的署名是罗文炤。从语气和内容来讲,这封信偏向于法国神父的立场,先是讲述了罗文炤到穆阳后所发生的事情,然后讲了颜珰是如何被陆方济任命为其副主教和中国副总负责人;而且据这封信所示,罗文炤看过相关的文件,可以作证。至于宗座代牧与宣誓指令方面,罗文炤竟然表示都不会给中国传教区带来什么问题。这封信很明显地在为颜珰的中国传教区管理权和宣誓指令做辩护。从这封信可见,似乎罗文炤在谁身边就会写什么样的报告,例如此前他在西班牙传教士身边时写了反对宣誓指令的报告,而在这封信里却完全符合颜珰的立场。所以在分析和对待罗文炤署名的书信和报告时,都需要更加细致地考虑到这一点。[②]这封信还提到,任命罗文炤为主教和宗座代牧的指令原件没有寄到罗文炤手里,信中指出该指令是通过驻西班牙的罗马教廷大使寄过来的,所以要么指令原件在西班牙,要么在马尼拉被拦截了。该信请求把指令通过遥

---

　　①　1684 年 12 月 15 日从福建写给传信部的信,AMEP, vol. 403, ff. 197 - 200; AMEP, vol. 403, ff. 201 - 205.

　　②　罗文炤的书信可分为几种:一、本人构思并亲自动笔写的,如 1684 年 9 月 13 日的信;二、别人构思而他自己动笔写的,如 1684 年 1 月 25 日写给传信部的信,或者 1682 年 11 月 10 日写给柏应理的信;三、他口授、别人代笔写成的信,如 1683 年 9 月 20 日写给万济国等多明我会士的信;四、别人替罗文炤构思并动笔的信,如这一封。我们可以通过书写特征、语言的掌握、表达的内容和立场来判断某一封信归哪一类。比如说,1684 年 9 月 13 日的信,内容和签字的书写特点一致,西班牙语表达有些问题,这些问题又不是欧洲人会犯的,写信时没有欧洲人陪伴罗文炤,则可以判断为第一类;第二类书信的字迹是罗文炤的,但是语言表达精美无错,可看出不是他构思的;第三类需要通过其他文献来考证他是否有参与,也可以从语言表达的完美程度来判断;第四类语言表达精美,甚至用拉丁语,字迹也是别人的,可以判断不是他构思的。以上四类亦有原件、抄件之别,仍需在使用时加以甄别。

罗再次寄过来，因为他已经动身前往广州。①

这期间罗文炤处于颜珰、伊大任和西班牙传教士的冲突中间。法国神父颜珰与伊大任之间的矛盾可以归结为以下几个问题：第一，陆方济去世之后谁拥有福建、广东等省的管理权；第二，西班牙人离开传教区是否构成一个大的损害，从而是否应该暂时取消宣誓指令；第三，罗文炤是否要受祝圣，谁应该担任罗文炤的神学助手与副主教；第四，至于任命罗文炤为主教的指令，是谁带过来的或者是谁弄丢的。颜珰和罗文炤前往广州就意味着去跟伊大任讨论这些问题，各自维护自己的立场。

前往广州的路上颜珰和罗文炤还经历过与宣誓指令相关的重要事情。他们在 12 月收到了西班牙耶稣会士鲁日孟准备离开福州教堂的通知。颜珰在一封信中写道："我与罗文炤主教在罗源县，离福州有两天的路程，在 1684 年 12 月 23 日收到了耶稣会士鲁日孟的一封信。信中说他要马上前往澳门，再从那里去马尼拉，信写得很急，所以我以为很难赶得及在神父还没走的时候到，但是罗文炤主教和我很快准备好了，跟教徒过完圣诞节，次日就启程去福州了，27 日到达福州。"②颜珰、鲁日孟和罗文炤在福州起码从 12 月 27 日到次年 2 月 6 日都待在一起。2 月 6 日鲁日孟收到了马尼拉通过澳门寄来的书信后立即离开了福州，③颜珰和罗文炤亦于 2 月前往广州。在福州期间颜珰和鲁日孟因为宣誓指令问题争论了很久，颜珰和罗文炤对这个问题也有不同看法。

我们先来介绍颜珰对这些事情的描述和角度。首先，颜珰早

---

① 需要指出的是，这一说法跟伊大任的一封信里所表达的是矛盾的。

② 颜珰此信见 AMEP, vol. 426, ff. 439 - 444. 这份文献是本小节的叙述基础。

③ 关于鲁日孟离开福州的时间，见 AMEP, vol. 426, f. 444. 颜珰在他的一封信中写道："今年 2 月我跟罗文炤主教离开福建前往广州了。"参见 Charles Maigrot, "Carta a los Cardenales de Propaganda", 15 noviembre 1685. APF, SC Indie Orientali e Cina, vol. 4, ff. 338 - 355.

在 1684 年 2 月就在福州公布了宣誓指令,由于当时鲁日孟没有宣誓,颜珰禁止他继续担任神父职务。但鲁日孟实际上一直都在继续担任神父。按照颜珰的说法,罗文炤从马尼拉带来了菲律宾耶稣会省会长的信,信中让鲁日孟宣誓。① 罗文炤于 1684 年 10 月在鲁日孟于福州的家中给陆方济主教写过一封信,所以颜珰认为鲁日孟当时应该已经收到了马尼拉省会长的通知,他也应该像罗文炤一样给陆方济写一封信,表示遵守宣誓指令。12 月 27 日颜珰和罗文炤到达福州后,颜珰一直希望鲁日孟能最终同意宣誓,还向其保证如果他决定宣誓并留在福州管理福州教堂的话,他不会向罗马报告鲁日孟从 2 月以来一直在违规担任神父一事。但是鲁日孟不仅没有表示后悔,而且拒绝像其他耶稣会士那样宣誓并留在中国。② 对于准备离开中国,他给出的理由是马尼拉缺少神父,所以马尼拉省会长让他回去。此外,鲁日孟还表示他不归耶稣会中国副省会管,他的上级在马尼拉,同时也不像方济各会或者多明我会那样各自有中国会长,所以倘若他需要宣誓,宣誓之前得先回马尼拉。到了 1 月他还在拖着这件事情,争取时间以继续管理福州的教堂,后来他做了保证说会把宣誓证明发给耶稣会中国副省会长,然而颜珰提醒需要在他面前宣誓。最后鲁日孟在 2 月 6 日收到来自马尼拉的一封信,随即起身离开了福州。

　　颜珰基本上没有提到罗文炤的态度。按照他的叙述,罗文炤

---

① 虽然颜珰这么说,但本书此前介绍的文献一直强调马尼拉的省会长和政府不希望传教士宣誓。颜珰可能在说谎。

② 因为罗马教廷已经严厉惩罚了暹罗等其他亚洲地区的耶稣会士,所以耶稣会总会长下令让中国的耶稣会士宣誓。中国耶稣会士也希望鲁日孟配合并宣誓。南怀仁还于 1685 年 11 月 12 日给鲁日孟写了一封信让他回福州的教堂,因为耶稣会总会长决定的是从马尼拉来的耶稣会士归耶稣会中国副省会管辖。在写给方济各的信中南怀仁还报告说:"鲁日孟神父也跟我说,罗文炤主教给他指出了《答客问》中的两处问题。"所以罗文炤和鲁日孟在福州期间应该还讨论了一些有关中国礼仪等问题。参见南怀仁(1685 年 2 月)从北京写给方济各的信,BA, 49 - IV - 63, f. 459v (187v).

觉得鲁日孟应该表示后悔。但是颜珰在说到只要鲁日孟现在宣誓就可以不报告其以前一直没有宣誓且继续担任神父的事时，还加了一句：把报告或不报告这件事情交由罗文炤主教来决定。罗文炤在福州的情况应该比较尴尬。他曾经在福州教堂工作过，比较熟悉福州教徒。他应该是在中间起到调解矛盾的作用，认为颜珰应该让步，为鲁日孟和教徒的情况表示同情。至少他后来在一封信中是这样描述的：

> 去往广东的路上，在福州获悉大多数神父没有宣誓而被中止主持圣礼的许可之后，教堂里没有神父了，教徒无法接受圣礼了。教徒都感到很奇怪，以前正常主持圣礼的神父突然不想去听取忏悔，教徒不知道这是怎么回事。因为这个情况持续了约一年，①他们就开始觉得不对劲，对神父的行为心存质疑。他们因此给我写信，打探神父不在教堂、离开他们的原因。当时给他们的回答是，我会趁去广东的机会问一位来到那边的先生（按：指伊大任）。我没敢直接把理由告诉他们，因为最好教徒不知道……我让他们放心，给他们希望，说神父会回来的。我到了广东发现伊大任遇到了同样的问题。他还告诉我，就是因为这个原因他写信给传信部请求取消该指令。②

从颜珰和罗文炤对福州所发生事情各自的不同表述来看，还存在着三个有待解答的问题：一、马尼拉省会长对鲁日孟先后都下了什么命令；二、1684 年 2 月到 1685 年鲁日孟究竟是否在福州继续履行神父职务；三、罗文炤从福州写给陆方济的书信是否是与鲁日孟一起写的。按照以上介绍的马尼拉的情况和罗文炤回福

---

① 即从 1684 年 2 月陆方济通过颜珰和卜于善在福建和广东公布宣誓指令，至 1685 年 2 月鲁日孟等神父离开福州的教堂。

② 罗文炤 1685 年 4 月 13 日从广州写给传信部枢机团的信，APF, SC Indie Orientali e Cina, vol. 4, ff. 192‑195，参见 González, *El primer obispo chino*, p. 165.

建的任务,我们认为马尼拉的命令应该是先尝试着让陆方济改变
对宣誓指令的想法,再不行的话就离开中国,所以罗文炤 10 月到
了福州后,或许跟鲁日孟一起从福州给陆方济寄了那封信,提出了
一个解决方案,还送了礼;之后因为这个计划没成,所以鲁日孟在
福州经历了尴尬的局面,一边拖着时间,一边呈现出教徒的需要,
把压力放到陆方济和颜珰身上。罗文炤和鲁日孟一直希望颜珰改
变想法,但是到最后没能达到目标,就离开福州了。中国教徒应该
是在耶稣会士的说服之下也给颜珰和罗文炤施压。后来,1693 年
因为中国礼仪问题,福州教徒再次经历了耶稣会士和颜珰之间的
冲突。通过罗文炤 1684 年 12 月 15 日写的书信和颜珰后来对福
州所发生之事的描述,可以解读为颜珰希望显示他是在尽力执行
罗马教廷布置的任务,公布宣誓指令的唯一问题就是传教士的反
抗,尤其是耶稣会士的反抗。罗文炤参与了这些争论,反而最后还
是站在西班牙传教士和伊大任主教的立场这一边。

　　罗文炤和颜珰各自都隐瞒了一部分事情。按照罗文炤所言,神父
不听教徒告解的情况持续了一年,但是实际上 1684 年 2 月到 1685 年
2 月耶稣会士鲁日孟一直在管理这个教堂,所以罗文炤隐瞒这一事
实,即鲁日孟违反罗马教廷规定,在没有宣誓的情况下继续做神父。
反过来颜珰向罗马报告福州的情况也隐瞒了宣誓指令所带来的问
题,因为这位法国神父向罗马报告时写道:"的确福州教堂的教徒比
较多,他们由那位不愿意宣誓的耶稣会神父管理。但是这些教徒一
直受到了照顾,因为那位耶稣会神父离开之后,罗文炤主教和颜珰
神父住了很久,后来卜于善神父也去过两次听教徒告解。"[①]然而与

---

　　① "Extrait de la lettre ecrite par M. Pin docteur de Sorbonne nommé Vicaire
aplique de la province de Kiang-si dans la Chine au Superieur du Seminaire des Missions
Etrangeres de Paris datée de Chuien-cheu de la Province de Fo-kien le 20 Decembre
1685", APF, SC Indie Orientali e Cina, vol. 4, ff. 403 - 404.

这段记载相反的是，通过其他文献可知，事实上鲁日孟在没有宣誓的情况下还在管理福州教堂，罗文焰和颜珰也没有继续住很久，鲁日孟离开后他们也前往广州了，所以福州的教堂没神父管理的确是一个问题。①

除了在福州教堂的耶稣会士鲁日孟之外，还有其他西班牙传教士没有宣誓并离开了中国传教区。当时西班牙神父在中国传教区所占比例很大，所以西班牙传教士的离开意味着中国传教区人力资源的急剧减少。② 刚被任命为多明我会中国会长的费理伯和白诚明离开了浙江金华和兰溪的教堂返回马尼拉；在广东的卞芳世和华德美两位方济各会士以及奥斯定会士李若望也去了澳门；1685 年 2 月往马尼拉的船坐着方济各会士王路嘉。在伊大任和西班牙传教士看来，陆方济和颜珰对宣誓指令的态度严重损害了中国传教区。③ 法国神父却认为并无大害，现有的神父和今后培养的本地神父足够管理中国教徒，法国人在报告中也强调了浙江的教堂以及其他由西班牙人管理的教堂的教徒人数不是很多。④ 在这个争论过程中，罗文焰后来支持了西班牙传教士的立场。

总之，宣誓指令变成了中国传教区的一个关键点。首先，法国

---

① 据颜珰的这份报告，他大概容忍了鲁日孟暂时管理福州的教徒一直到有人来替他，同时提醒他如果想继续待下去必须宣誓。所以颜珰应该认为鲁日孟的离开确实是个问题，见 AMEP, vol. 426, ff. 443－444. 后来南怀仁还写信让鲁日孟回到福州教堂去。

② 至 1691 年中国传教区总共有 67 个传教士，其中西班牙人 26 名（多明我会士 5 名，方济各会士 14 名，奥斯定会士 5 名，耶稣会 2 名），法国人 14 名，葡萄牙人 10 名，意大利人 9 名，中国人 4 名，比利时人 3 名，英国人 1 名，参见 SF V, pp. 261－262.

③ 后来方济各会士利安定在 1687 年 9 月 28 日的信中写道："红衣主教知道了传教士没有宣誓后感到很惊讶，因为陆方济曾让红衣主教相信所有传教士会宣誓的。"参见 SF III, p. 618.

④ 见 "Extrait de la lettre ecrite par M. Pin docteur de Sorbonne nommé Vicaire aplique de la province de Kiang-si dans la Chine au Superiour du Seminaire des Missions Etrangeres de Paris datée de Chuien-cheu de la Province de Fo-kien le 20 Decembre 1685", APF, SC Indie Orientali e Cina, vol. 4, ff. 403－404.

神父、西葡国王资助的传教士和伊大任主教都在围绕着该指令争取各自在中国教会结构中的管理地位,就是否应该取消该指令的问题各方都竭力想要说服教廷。其次,法国神父向罗马汇报该指令在中国公布之后的反应,但是西班牙传教士以及罗马派来的意大利主教伊大任都在批判法国神父的报告不属实,并对此提供证据来动摇罗马教廷对法国神父的信任。在这样的局面中,罗文炤的重要性得以凸显。

3. 罗文炤到广州受祝圣

　　1685 年 2 月,罗文炤和颜珰从福州启程去广州,伊大任以及西班牙方济各会士、奥斯定会士一直在等待他们的到来。方济各会士利安定在写于 12 月 19 日的信中,阐述了罗文炤到达广州以及后来所发生的事情,因内容重要,我们大段征引如下:

　　　　(1685 年 3 月 31 日)罗文炤来到这个城市(按:即广州)。他是跟颜珰一起来的。颜珰称自己是整个中国传教区的总负责人,①已经使得罗文炤配合他了,颜珰想让他做什么他就做什么,②目的是为了立颜珰自己为中国传教区总负责人。我们猜想罗文炤被任命为主教和宗座代牧的指令一直没有找到,也不知道在哪儿,是否 8 月能从暹罗被带到这里,是否在法国人手里,都不清楚。颜珰还跟罗文炤说,恐怕伊大任因为指令没到所以不想给他祝圣,但是他自己会帮罗文炤提供很

---

　　①　颜珰带着一份文件,以证明陆方济去世之前让他继承自己的职位。上文我们曾提到罗文炤在 1684 年 12 月 15 日写给罗马的信(该信实际上是颜珰替罗文炤写的)中为这件事情作证。在广州,这份文件的真实性受到质疑并引起争论,伊大任不认可颜珰这份文件的有效性。

　　②　好像确实如此,至少前面提到的罗文炤写给罗马的信应该就是颜珰的意思,配合颜珰,支持他的立场。

多证据来迫使伊大任为他祝圣。① 罗文焂听得满怀喜悦，对他这个神学家或者助手的话非常满意，因为颜珰就是以这个身份给罗文焂主教介绍自己的。到了方济各会住院后，他们讨论了罗文焂的祝圣问题，伊大任马上答应了为罗文焂祝圣并提出了他的理由，即他带着一个教宗让他来中国给罗文焂祝圣的指令……罗文焂没有一个任命指令的合法抄本，这让伊大任主教感到很奇怪，因为他已经在苏拉特(Surate，按：位于印度)把这个抄本放在一沓书信中交给陆方济主教了，让他到了暹罗后尽快寄给罗文焂主教。两年后伊大任到了暹罗发现那份要寄给罗文焂的一沓书信还在暹罗，还说当年他就寄到马尼拉了。他就问了罗文焂是否收到了这一沓书信，罗文焂说他收到了。因为伊大任肯定里面有一份指令的合法抄本，所以为了清楚知道这件事情，这一沓书信就被摆到我面前，伊大任认出了所有的寄给罗文焂的文件，只有那个经过公证的抄本不在其中，只有个简单的抄本来代替它。伊大任对此感到非常吃惊。

虽然没有任命指令的合法抄本，但是伊大任仍决定祝圣罗文焂，而这又出乎了颜珰意料，利安定继续写道：

颜珰泄露了心里的真实想法，虽然他一直说会支持并努力使罗文焂受祝圣，在真要受祝圣的时候反而开始进行阻

---

① 虽然描述比较夸张，但是后来奥斯定会士白万乐也跟利安定一样批判了颜珰，似乎也质疑法国神父一直隐藏和控制罗文焂的任命指令。参见 Álvaro de Benavente, "Carta a Cicero, Obispo Nankinense", Nangan-fu, 1701. AV, Vaticano latino, 7407, ff. 4 - 5. 毕竟陆方济在罗马任命本地主教的想法也是想让他们先同意一些前提，保证本地主教完全在他们的控制之下。陆方济没有能够通过一位多明我会士来"指导"罗文焂，所以可能他们觉得如果把任命指令和主教津贴保持在他们手里，就可以让罗文焂听从他们，答应一些条件，如让颜珰或者一位多明我会士为副主教和神学助手，要求宣誓指令，在礼仪问题上也配合他们。

止……到了祝圣那一天(按：1685 年 4 月 8 日)伊大任请颜珰担任协助该仪式的神父,但是他找借口,跟罗文炤说他不参与的原因是,如果以后有人怀疑他是否有受祝圣,他就可以为他辩护。他这样说都是希望能让罗文炤站在他的立场上。最后,那天在耶稣会士方济各和我的协助之下,在我们的教堂里尽可能隆重地举行了祝圣仪式。我们总共五位神父,身着礼服参与,我们两位协助的神父再加上三位神父;没穿礼服的神父中有颜珰、因病在床的我们同会神父文度辣,还有一位因为来晚了一点的耶稣会神父。中国教徒感到这个仪式很神圣,因为他们看到了一个同胞被提升到这样高的职位。

接着,颜珰与伊大任开始争论中国传教区管理权问题,在该争论中又可以看出罗文炤的被动角色,利安定继续写道：

颜珰介绍了他作为总负责人的证据,即多明我会士郭玛诺神父写的一份文件①。这位神父在该文件中证明他是从陆方济亲笔写的书信上抄来的。文件中还加了罗文炤的几个字,写着：符合原件,还签了字……给出这些证据之后,伊大任说这些证据不足以用来认定他为总负责人。首先因为这些信件是 1684 年 6 月 23 日发出的,但是在陆方济后来所写的信中从来没有提到过这一点……颜珰指出罗文炤作为主教可以证明,是足够显示出可信度的。于是罗文炤就出面了,伊大任在公证人与颜珰面前问他有没有亲自看到原件,罗文炤回答说看到了,公证人做了记录。又问到原件是否是陆方济亲笔写的,罗文炤回答说他不懂欧洲的字(按：应该指拉丁文),不知道出自谁人之手,能认出他笔迹的人说是他本人写的。

---

① 应该是罗文炤于 1684 年 12 月 15 日写给罗马的信中提到的,证明陆方济把中国传教区总负责人以及福建宗座代牧的职位委托给颜珰神父的。

又问：该抄本是否是按原件如实抄来的，罗文炤回答说他不懂这些东西，他的签字只证明那个抄本是郭玛诺神父的手写的，其他的他是不能证明的。又问：有没有看到信件上盖有陆方济的章，罗文炤回答说他不敢发誓作证是否盖章了。这一切都被记录下来作为证词，伊大任总结判断道，他在暂时没有看到具有法律效力的证据之前不认颜珰的职位。

争完了总负责人的职位，颜珰与伊大任争论了谁应该管理福建宗座代牧辖下的省份，利安定继续写道：

> 颜珰判断，按照相关指令，除了罗文炤没有其他的宗座代牧可以管理这些省。伊大任答应说为了和平解决这个问题，他暂时先把这几个省的管理权让给罗文炤，同时再等罗马教廷作出判断。颜珰同意了，因为他以为他会像在来广州的路上一样继续做罗文炤的助手，然后可以按自己所愿行事。有关传教区的其他相关问题，他的回答是要等到达南京之后才会做决定。但是这位先生不知道早就有陷阱，而他不幸中计了，因为伊大任已经跟罗文炤商量好了，并且有文件上写着给他分配了陪伴伊大任的余天民神父作为他的神学家与助手（按：即副主教）。罗文炤已经发给他一个证件，上面写着他把余天民任命为在他生活中和去世之后的代牧区副主教。两位宗座代牧（按：即伊大任和罗文炤）协商后，罗文炤把原来由陆方济管理的所有省委托给了伊大任。除此之外，这两位先生还写信给罗马，请求撤销宣誓的指令，并且鉴于这个请求，为了我们在山东的两位传教士，罗文炤给了我两张（施行圣礼的）许可，像之前伊大任给我的那张许可一样。①

---

① 利安定 1685 年 12 月 19 日写的书信，SF III, pp. 582 - 583.

最后，利安定还加了这样一段："总之，颜珰跟罗文炤主教分道扬镳了，罗文炤就跟他分享了一个忠告，即如果来中国是为了当官的或者找银子，那么就提醒他，神父来中国是找灵魂的，而灵魂不是通过争论争得的。颜珰就变得谦卑了些，向罗文炤要一个男仆陪他回福建，但是罗文炤不愿意给他。他就求罗文炤陪他到赣州，因为有一位法国籍的耶稣会士聂仲迁在那里，之后他从那里再回福建。罗文炤就答应了。"①

除了利安定的描述，后来奥斯定会士白万乐也批判了颜珰的行为。除批评颜珰在礼仪方面的多虑、不够灵活之外，他也略提及了颜珰在罗文炤受祝圣的时候碍事。首先，他也质疑法国神父一直隐藏和控制罗文炤的任命指令；其次，他也更为清楚地描写了颜珰在祝圣仪式过程中的表现："他不愿意穿上礼服，说这个仪式违法，他不能参与，所以只穿了普通衣服，像其他来参加的中国人一样。"②

上述文献的描述显示，罗文炤比较被动，一直受颜珰和伊大任的摆布。像万济国神父一样，利安定也把罗文炤描述成一位贪心主教职位的神父，谁保证会帮他受祝圣，他就配合谁。很难判断罗文炤的动机究竟是否如利安定所言，以及他对待此事的真实态度。同时，本研究一直强调，由于罗文炤被任命为主教后拥有一定的权力，所以谁当上了他的副主教就显得十分关键。以前几位多明我会士以及奥斯定会士白万乐都尝试争取担任这个职位，利安定的信提到颜珰也希望担任这个角色，但是最后罗文炤还是选择了伊大任的建议，任命方济各会士余天民来担任他的副主教，并支持暂

① 利安定 1685 年 12 月 19 日写的书信，SF III, p. 589.

② 参见 Álvaro de Benavente, "Carta a Cicero, Obispo Nankinense", Nangan-fu, 1701. AV, Vaticano latino, 7407, ff. 4‒5. 与此相反，袁若瑟的评价站在颜珰的立场上："罗文炤的行为是不能支持的……也不能为伊大任辩解。"参见 González, *El primer obispo chino*, p. 97.

时取消宣誓指令。另外，任命指令丢失一事一直没有真相大白，这一情况也在某种程度上证明，陆方济、颜珰、伊大任等人都争取在给罗文焰祝圣这件大事中扮演重要角色，因为手里拥有是否让罗文焰当主教的决定权本身代表着一定的权力，谁能争取到给罗文焰祝圣也意味着谁能够对他有一定的影响，进而能够向他提出一定的要求。事情的结果是，伊大任正好同时具备几个条件来成为祝圣罗文焰的人，因为他既有主教身份（颜珰没有），又有来自罗马的指令，命他给罗文焰祝圣（虽然没有合法的任命指令），同时他还保有相对中立的态度，希望西班牙传教士留在中国。罗文焰一直跟西班牙传教士一起工作，所以应该更愿意配合伊大任的计划。

4. 罗文焰受祝圣后向罗马写的报告：中国教徒的声音

伊大任已经给罗马传信部报告了中国传教区的紧急情况：西班牙传教士没有接受宣誓指令，被禁止担任神父职务后纷纷离开中国，回到马尼拉。他在报告中阐述了他为了避免产生严重的后果、保证中国教徒能够继续受圣礼，而暂时取消宣誓指令，并向广东的传教士发放许可，使他们继续担任神父职务。他最终的目的是使罗马教廷重新考虑宣誓指令是否应该在中国执行。

1685 年 4 月 8 日罗文焰刚刚获得伊大任祝圣并正式成为主教，在接下来的几天里，他也迅速向罗马寄了三封很重要的信。第一封是 1685 年 4 月 10 日写给传信部秘书长的，①这封信罗文焰写得比较急，因为从澳门开往马尼拉的船即将出发，而他需要通过马尼拉把书信寄到罗马。后来该船延迟了离港时间，于是在此期间

---

① 罗文焰 1685 年 4 月 10 日从广州写给传信部秘书长的信，APF, SC Indie Orientali e Cina, vol. 4, ff. 199 - 200，收录于 González, *El primer obispo chino*, pp. 162 - 164.

又写了第二封信,也就是 1685 年 4 月 13 日写给传信部红衣主教的那一封,①信里把事情原委写得比较详细,内容跟伊大任所写的基本一致。第三封是 1685 年 4 月 14 日写给教宗的,信中只用了短短几行简略地总结了他写信的目的,并写道:"您可以参阅(给传信部写的)那封信了解这件事情的详细情况。"②这三封信由一位奥斯定会士通过马尼拉一并带到罗马,并连同受祝圣的证件等文件一起交给罗马教廷。③ 白万乐不仅支持罗文炤受祝圣,早在 1684 年 3 月,在一封写给马尼拉省会长的信中,便计划让罗文炤回中国写更多的报告来应对法国人写的片面报告,从而使罗马教廷获悉中国传教区的真实情况。罗文炤确实按照计划回国受祝圣并写了 1685 年 4 月的这些报告,而且就是白万乐本人负责把这些报告亲自带回罗马教廷,向罗马教廷当面解释了中国传教区的情况。

　　既然罗文炤和伊大任的报告在内容和目的上相似,都请求罗马教廷在中国取消宣誓指令,那么罗文炤所写的报告又价值何在?我们认为,西班牙传教士和伊大任主教针对与法国宗座代牧之间的冲突问题,决定为罗马教廷提供从中国本土的角度出发作出判断的依据。在西班牙传教士与法国宗座代牧之间有关宣誓指令的争论当中,罗文炤和其他中国教徒一样出来作证,向罗马介绍他们

---

　　① 罗文炤 1685 年 4 月 13 日从广州写给传信部枢机团的信,APF, SC Indie Orientali e Cina, vol. 4, ff. 192‑195,收录于 González, *El primer obispo chino*, p. 164‑167. 罗文炤在信中提的船是圣保禄号,本来准备 4 月初起航,参见卞芳世 1685 年 3 月 5 日给省会长写的书信, SF IV, p. 50.
　　② 罗文炤 1685 年 4 月 14 日从广州写给教宗英诺森十一世的信,APF, SC Indie Orientali e Cina, vol. 4, f. 197,收录于 González, *El primer obispo chino*, p. 168.
　　③ 参见罗文炤 1685 年 4 月 10 日的信。该奥斯定会士本来在罗文炤写完第一封信后,就要带走这些文件的,但是后来却没能立即离开澳门去马尼拉。参见罗文炤 1685 年 4 月 13 日的信。

的观点和传教区的客观的具体情况，让罗马重新做决定。[①]

罗文炤是一位合格、可信的证人，因为他是中国人，在中国传教区工作了很久，深入了解中国传教区的问题；也因为他是中国人，所以在葡萄牙、西班牙、法国之间国家层面的冲突上显得比较中立；再加上传教士一直对罗文炤评价很高，因为他的忠诚、朴实以及他在反教期间的优秀表现而对他十分信任，这些原因叠加起来使得罗文炤的看法更加有说服力。他在 1685 年 4 月 10 日的信中就表现了这些优势，他写道："我国的信徒很喜欢和蔼柔和的方式，希望我们对待他们像对待自己的孩子一样。老传教士就是以这个方式给他们'喂奶'，才得以争取到他们成为教徒。[②] 如果现在使他们落得像没有父亲的孤儿一样，他们会感到不习惯。因为我了解这个国家，我怕发生什么事而导致不可挽救的情况。所以我在您的脚下磕头，求您关心与照顾我这个国家，找个更温和的方式，因为这样才是最适合我们的本性的。"从在这段话中可以体会到，他主要在表达，作为中国人他知道怎样做是最适合中国教徒的传教方式，有资格并愿意在这方面给予建议。罗文炤显然已经接过主教的角色，充分地承担或表现着自己作为中国教徒和中国教会领导的桥梁地位。

除了自己的看法之外，罗文炤在这些信中也把他的所见所闻作为证据："去往广东的路上，在福州获悉大多数神父没有宣誓而被中止主持圣礼的许可之后，教堂里没有神父了，教徒无法接受圣

---

① 本书第一章已提及美洲发生过类似的情况，即在修士神父与非修士神父的冲突上，修士神父受到了本地教徒的支持。或许因为修士一直在他们身边，自然感到亲近熟悉，或许因为修士已经有一定的优先地位，可以使得本地人站在自己的立场写书信。总之，这个做法已经在美洲使用过，而本地教徒主动或被动地表达了对修士的不舍。

② 除了宣誓指令之外，罗文炤同时在指出中国礼仪问题。法国宗座代牧的严厉态度在此被批判，因为这个态度同时反映在宣誓指令和中国礼仪两个问题上。南怀仁等耶稣会士以及一部分托钵修士早就让罗文炤配合他们来反抗宗座代牧，支持保教权制度下的修会。

礼了。教徒都感到很奇怪，以前正常主持圣礼的神父突然不想去听取忏悔，教徒不知道这是怎么回事。因为这个情况持续了约一年，他们就开始觉得不对劲，对神父的行为心存质疑。他们因此给我写信，打探神父不在教堂、离开他们的原因。"①通过罗文焒的表述，罗马教廷了解到更多中国教徒诉求，而这些教徒的声音也通过罗文焒的信被传到罗马，成为证词。罗文焒在这封书信中附加了很重要的一份材料。他在信中签名之后添加的一句谈到了这份核心材料："写完这封信后，我决定把天主教徒的书信的译本寄过去，因为他们的问题同样也在很多其他地方发生。如果不通过这封信向诸位尊敬的阁下传达这个请求，我们是没办法援助他们的。"②罗文焒所附书信的西班牙文译文保存在罗马传信部的档案馆。鉴于该信的重要性，我们先将其翻译成中文如下：

兰溪天主教徒致尊敬的巴西利塔诺城主教
兼南京宗座代牧罗文焒先生

罗老爷(Lo Laoye)⁽⁻⁾，透过天主的恩宠、支持与助佑，您能够被擢升为神父及主教，这样的荣誉自中国开天辟地以来未曾有过。如果没有您高山仰止的品德，这是不可能在中国发生的。我们兰溪祝石(Choxe)⁽⁻⁾、Chu ting y⁽⁻⁾等中国天主教徒满怀敬意地向您请求一件事：尽管不曾得到您的教诲，但我和其他信徒长久以来都希望能在兰溪的教堂见到您，现在尤其如此。因为，让人始料未及的是，费(Fi)和白(Pe)⁽⁻⁾两位神父竟然离开了这里，去了广东。

多年的感情与来往，在一天之中消失不见，我和其他信徒都很惊讶，又像婴孩失去了母亲的哺育。但是，因为我们的精

---

① 参见罗文焒 1685 年 4 月 13 的信，González, *El primer obispo chino*, p. 165.
② 参见罗文焒 1685 年 4 月 13 的信，González, *El primer obispo chino*, p. 167.

神之父是顺应天主旨意才离开的，所以我们没有阻止他们。可是，假如我们的灵魂遇到了危险，失去理智或者受到恶魔的诱惑，谁来引导并帮助我们脱险呢？因此，我们诚恳地希望您能同情我们的精神世界，来我们的教堂，让我们能够从您的教义中获益，成为我们灵魂的倚靠，不让我们失去永恒的幸福，或遭受永恒的惩罚。如果您能够答应，我们会永远万分感谢。我诚恳地希望能够早些得到您的安慰。我们将一直企盼您的到来。

　　我，石(Xe)⁽五⁾，已经 83 岁，Chu ting y 已经 70 岁，还有比我们更年老的信徒。所以，我们一刻也不能离开神父如此之远。因此，我们诚恳地请求您今年⁽六⁾就能来到兰溪，给予我们安慰和支持。我们相信您一定会来的。

Cho Lino，中文名为石(Xe)

Chu Casimiro，中文名为 Ting Y[1]

Kiang Francesco，中文名为滔(To)[2]

Cho Thomaso，中文名为师正(Çu Ching)[3]

Kin Ambrozio，中文名为 Leu

Cio Simone，中文名为 Ing

等信徒

稽首百遍！

　　这封信是我遵罗文炤之命，从中文原文翻译而来的。为证其真实性，特请神父作证。

　　广州，1685 年 4 月 17 日，利安定神父。

---

　　① Chu Tingy，Kin Leu 和 Cio Ing 的中文名待考，但 Chu 和 Cio 应该都是"祝"，为祝石同族之人。

　　② 此人推测为姜滔，祝石门人。本信中"Xo""Cho"和"Cio"都应是"Chu"（即"祝"）之不同写法或抄写错误。

　　③ 祝师正为祝石之子。

翻译已阅,符合原文。罗文炤,巴西利诺城主教。

(原注)

(一)罗老爷:罗,是罗主教家族的姓。老爷,等于我们的 signoria 或者 illustrissima。所以意思就是罗氏家族的姓,因为中国人习惯先写姓再写名。

(二)祝石(Xoxe)是教徒 Lino 的中文名字;祝(Cio)是他家族的姓,因为中国人习惯先写姓再写名字。

(三)Chu Ting Y 是另一位中国教徒的中文名字。Chu 是他的姓。这封信下边是这样写的,同时也写上了这位教徒的洗名。

(四)费(Fi)是费理伯(Pedro di Alcala)。白(Pe)是白诚明(Salvatore de S. Tomaso)。他们是没有做过宣誓的两位多明我会士。

(五)Xe 就是上面提到的祝石(Cio Xe)。

(六)即 1684 年。①

罗文炤 1685 年写给罗马的三封书信以及这份附件《兰溪天主教徒致罗文炤主教书》都非常重要,因为罗文炤通过它们向罗马教廷直观地展现了取消宣誓指令的必要性。这次已经不是反抗宗座代牧与宣誓指令的耶稣会士的请愿,也不是与他们立场接近的一些托钵修会或者伊大任主教的请愿,而是在一直配合着罗马教廷的多明我会士管理之下的中国教徒自身的请愿。虽然伊大任也给罗马教廷写过相似的报告与请求,但是罗文炤的书信以及《兰溪天

---

① 该信中文本未见,罗马传信部档案馆保存了这份西班牙文译本,编号 APF,SR Congr. 4,ff. 204 - 205;这封信还有几份意大利文抄本,参见 APF,SC Indie Orientali e Cina,vol. 4,ff. 202 - 203;ARSI,Jap. Sin. 163,ff. 319r - 320r;BA,49 - V - 19,ff. 714v - 716r. 虽然袁若瑟转写了西班牙文手稿,但是他没有转写其中的注释和兰溪教徒姓名等信息,参见 González,*Historia de las misiones dominicanas de China*,Vol. 1, p. 573,n. 21. 该信的拉丁文摘要见 SF VII,p. 214.

主教徒致罗文炤主教书》给罗马教廷呈现出一个新的角度，即中国人在此问题上的看法与感受，则取消宣誓指令可视为中国教徒的客观需要。罗文炤作为中国人、出色的传教士以及南京宗座代牧，为此提供了一个本土的角度，而《兰溪天主教徒致罗文炤主教书》则为这个客观需要提供了真实依据。教宗和红衣主教在这件事情上的责任被点了出来。这种情况引发了悲剧性的效果，因为中国教徒"像婴孩失去了母亲的哺育"一样，他们等着教宗和红衣主教来解决他们缺乏神父的问题，即取消宣誓指令。罗文炤夸张地描写了一个混乱的局面，严重到教徒都不得不写信给罗文炤询问该混乱局面是如何造成的。

虽然多明我会学者袁若瑟在其辑录的罗文炤书信中收入了罗文炤于1685年写的这几封信，但是没有收入作为附件的兰溪教徒的这封信。他在《多明我会在华传教史》一书中提及此信，但是他并未分析利安定的注释以及罗文炤的证词，也未曾提及此信是附在罗文炤1685年信中的。他对这份材料的解读停留在兰溪教徒通过书信所表达出的请求和悲伤情绪，强调并批判那两位多明我会士当时离开兰溪，因为他本人认为那两位应该宣誓，[1] 除此以外他并没有对利安定和罗文炤的参与给出分析，也没有解释这封信起到什么样的作用。在我们看来，这样简短的一份文献里却隐含了当时复杂交错的情况，汇集了三种不同的声音：一、兰溪天主教徒的声音，他们给罗文炤主教写信；二、方济各会士利安定的声音，他对这封信做了翻译和注释；三、罗文炤的声音，他对该翻译的真实性作了证。[2] 这三种声音交汇的背后隐含着几个问题：第

---

[1] 参见 González, *El primer obispo chino*, pp. 164–167；González, *Historia de las misiones dominicanas de China*, Vol. 1, pp. 572–573.

[2] 虽然罗文炤兼通中文和西班牙语，应该是可以对该翻译的准确性作证，但是我们通过利安定上述表述也可以看出罗文炤有可能是比较被动地签字作证的。

一,罗文炤与兰溪堂区(包括与中国教徒以及离开的两位多明我会士)的关系。第二,利安定为何参与翻译此信? 第三,罗文炤为何签字证明该书信翻译的真实性? 第四,撰写这封信的具体情况。接下来我们将针对这些问题给出分析。

首先来看罗文炤与兰溪堂区的关系,以及为何教徒要给罗文炤写信。多明我会士在浙江兰溪的传教活动可以追溯到 1656 年,当年黎玉范和郭多明两位神父决定从福建顶头出发去浙江传教。[①] 他们通过兰溪一位富人认识了由耶稣会士洗礼的文士祝石。祝石家住邻近兰溪的八石溪(Paxeki),当时大约 55 岁,他提供给传教士一所房子来建小礼拜堂。后来随着天主教徒人数的增加,天主教分别在几个村庄都扎了根,[②]当时的天主教徒群体在《兰溪天主教徒致罗文炤主教书》中有所体现。[③] 1660 年代新的传

---

①　在多明我会士到来之前,浙江兰溪已经有天主教徒。一位名为依纳爵的官员及其四个孩子已经由耶稣会士领洗,其四个儿子都是秀才(licenciados)。依纳爵约在 1642 年入教,而耶稣会应该是 1648 年离开了兰溪。参见 González, *Historia de las misiones dominicanas de China*, Vol. 1, pp. 321 - 325. 有关兰溪堂区的早期情况,也可参见 Dehergne, "Les chrétientés de Chine", p. 18.

②　按照袁若瑟列的 17 世纪多明我会士建立的教堂表,多明我会在浙江下列地点建立了教堂(应该包括小礼拜堂或者其他形式): 1657 年八石溪,1658 年兰溪圣若翰教堂(San Juan Evangelista), 1660 年 Poking, 1662 年金华圣萨尔瓦多教堂(San Salvador),1662 年 Cangxan、Kiangxan、Sangchiuen、Pecho 和 Heuking。参见 González, *Historia de las misiones dominicanas de China*, Vol. 1, p. 671.

③　通过《兰溪天主教徒致罗文炤主教书》以及多明我会对兰溪的记载等材料,可以对兰溪天主教徒群体网络的形成与他们之间的来往有些许了解。祝石将自己所接受的天主教传给家人、族人和朋友,其中有他的女婿 Domingo,他女儿的女性亲戚朋友,以及他的儿子祝师正。祝姓在这份文献中有四种拼写形式: Chu、Cho、Xo 和 Cio,他们很可能是宗亲关系。关于祝 Casimiro, 参见 Menegon, *Ancestors, Virgins, and Friars*, pp. 270 - 271. 张先清分析天主教在福安的传播时说:"在人地生疏的情况下,自然离不开最初信教居民的接引。这些早期入教者,在拓展传教区方面所起的作用是十分突出的,他们在因各种机缘领洗入教后,一个自然的反应就是要将自己所接受的这种新宗教传递给家人、族人及其他关系比较密切者。他们或是带领传教士前往自己熟悉的本村本族传教,然后通过村际、族际联系而推广到远村近邻;或是以己之力,先行在本村本族中开拓,然后再邀请传教士前来。"参见张先清:《官府、宗族与天主教:17—19 世纪福安乡村教会的历史叙事》,第 189 页。

教士来到浙江兰溪。① 历狱期间，浙江有三位多明我会士，即在金华的闵明我，在兰溪的白敏峩和许斐禄，但是这三位传教士于1665年2月27日已经被带至杭州，在那里等待去北京受审，随后被逐至广州。② 关于罗文炤来到兰溪的记载不多，但是起码他在历狱期间访问过兰溪教堂：他在去北方访问各个教堂时是以兰溪为起点的，返回时也途经兰溪教堂，并且在此期间他给原来管理兰溪教堂的白敏峩写过信。③ 另外，罗文炤也参与了《形神实义》的修订工作，而多明我会士赖蒙笃写这一本书正是在祝石的建议下于兰溪起笔的，历狱案发生前在兰溪工作的白敏峩和闵明也参加过该书的编纂。④ 可见罗文炤跟祝石等兰溪教徒以及管理兰溪教堂的多明我会士有着一定的联系。

　　历狱结束后，白敏峩和许斐禄于1671年末才得以从广东回到浙江的教堂。几年后许斐禄去世了，1677年刚来到中国传教区的费理伯（Pedro de Alcalá）神父前往兰溪代替许斐禄。因为当时已经禁止新的传教士进入中国，所以费理伯用许斐禄的中文名开始

---

　　① 1657年窦迪莫和赖蒙笃两位神父从福建来到浙江省。黎玉范去马尼拉后，从马尼拉带来刘若翰、白敏峩和许斐禄，他们1659年9月已经到金华了。八位多明我会士在兰溪开了重要会议，讨论怎么对待中国礼仪问题，后来刘若翰神父被任命为菲律宾圣玫瑰会在罗马和马德里的司库，1661年11月份去罗马教廷提交了兰溪会议的报告。为了替补刘若翰，闵明我带两个男仆从广东来到浙江金华。参见 González, *Historia de las misiones dominicanas de China*, Vol. 1, p. 420.

　　② 参见 González, *Historia de las misiones dominicanas de China*, Vol. 1, pp. 420-421.

　　③ 兰溪的地理位置比较重要，往北与江南传教区临近，可以为北上的传教士中途提供住宿。兰溪的多明我会士与江南耶稣会士有一些往来。方济各会传教士在山东有教堂，所以他们可以把兰溪教堂作为福建与山东的连接点。传教经费寄到福建后，会有一位传教士从山东来到兰溪领取经费和书信，再返回山东，具体例子可以参见 SF II, p. 475.

　　④ 有关该书的编写情况，参见 González, *Historia de las misiones dominicanas de China*, Vol. 5, pp. 68-69.

管理兰溪的教堂。[①] 后来白敏峩也去世了，白诚明（Salvador de Santo Tomás）一样以"白敏峩"之名，来到浙江管理教徒。[②] 因此，兰溪教徒在信中提到的 Fi 和 Pe 两位神父即为费理伯和白诚明。罗文炤与这两位神父从一开始就有来往，是他帮助他们进入中国的。既然罗文炤与兰溪教堂有一定的联络，有可能兰溪教徒决定给罗文炤写信，然后他们派了人送信，或托离开兰溪的这两位多明我会士把该信交给了罗文炤。这样看来，罗文炤与兰溪的关系，以及为何教徒要给罗文炤写这封信就清楚了。

第二，为了理解这封信的意义，还需要考虑到方济各会士利安定和罗文炤的角色。利安定是该信的译者，并添加了注释，而罗文炤对此进行签字作证。传信部档案馆藏有此信西班牙文译本，但却没有中文原件。译本中交代了书信翻译的时间地点，但我们不知道中国教徒原书信的撰写情况和时间。如果中文原件在罗文炤和利安定手里，那么为什么他们没有一并寄到罗马？进而是否可以质疑该信并非真实存在过？利安定特意注明费理伯和白敏峩都是"没有做过宣誓的两位多明我会士"，希望提醒罗马教廷意识到宣誓指令所带来的问题，以此维护西班牙托钵修士在中国的地位。

其实用本地人的证言来支撑修士在教会管理权或其他问题上的立场在传教史上颇为常见。修士在美洲就曾用本地人的声音来反对非修士神父管理他们建立的教堂。巴黎外方传教士是非修士神父，西班牙传教士是修士神父，因此中国的情况与美洲相似，解

---

① 关于费理伯以"许"为中文姓，参见 González, *Historia de las misiones dominicanas de China*, Vol. 1, p. 552. 罗文炤的墓志上却显示这位传教士的中文名字为费理伯，而费理伯也正好是许斐禄（Felipe Leonardo）的西班牙语名字的中文音译。参见 ARSI, Jap. Sin. 157, f. 当时方济各会士在山东也做了类似的事情，Agustín de San Pascual 原来姓郭，但是去山东接替利安当（Antonio Caballero）时，把中文名改成利安定。

② 罗文炤的墓志上一样显示 Salvador de Santo Tomás 的中文为白诚明，参见 ARSI, Jap. Sin. 157, f. 4.

决办法也如出一辙。另外，耶稣会士在东南亚跟法国宗座代牧经历类似的管理权问题时，也一样用过本地人的书信来维护自己的传教范围，以本地人的名义来反对宗座代牧掌控东南亚的教堂。传信部档案馆存有很多用越南语等语言写的书信。然而本地教徒是否是主动写此类信件，从客观上来讲很难判断，但是有些评论是不可忽略的，例如多明我会士万济国在他的报告中曾批评耶稣会士何大化，指出何大化指使福州教徒写信来批评他在福州的工作。按万济国所说，虽然书信上写有很多福州教徒的名字，但是他在后来跟这些教徒的谈话中发现他们对此却浑然不知，只有一位教徒称他在何大化的嘱咐下写了信并添加了福州其他教徒的名字（见第二章）。方济各会省会长也曾提醒石多禄神父，如果他们想去一个原来由耶稣会管理的教堂，则要事先谨慎考虑，而且需要让该地方的中国教徒做书面请求，以免遭到耶稣会士批评。① 几年后，建宁教徒也跟兰溪教徒一样写过类似的书信，求传教士去照顾他们，同样也有当地教徒的姓名被添加在信中。②

可见，提交本地教徒的书信是一个被经常使用的方法，为了证明传教区的某一种情况和立场，为了影响管理层的决策，修士会找本地人作证。因此我们有理由认为，利安定翻译这封信并添加注释实际上是使用了一个惯常的模式，同时本地教徒写的信也未必代表本意，而是按照一个模式由欧洲传教士一手安排的，书信中他们的声音可能主要是方济各会士的声音。

至于罗文焰的书信是由他自主写的还是由修士安排的，虽然

---

①　当时福建长乐的教徒没有神父管理，石多禄便过去传教了。这个行动让南怀仁感到不满并给方济各省会长写信，所以省会长给石多禄写信，让他跟耶稣会士保持好的关系，若某个堂区的教徒请他们去，必须使用该书面形式提供证明。参见方济各会省会长 1680 年 9 月从 Dilao 写给石多禄的信，AFIO 28/16。

②　参见 APF, SC Indie Orientali e Cina, vol. 5, f. 31r-v; Standaert, *Chinese Voices in the Rites Controversy*, p. 113.

从留存史料上很难判断，但至少有三方面让我们对罗文炤声音的自主性和原发性产生怀疑：第一，罗文炤确实曾经有过未认真阅读就签字的前例。[1] 第二，罗文炤写给传信部的书信中的一些表达，跟兰溪天主教徒书信的表达相似，有可能是二者之间互相有影响，甚至有可能是同一个人写的。第三，通过利安定的信可知，罗文炤对伊大任等方济各会士心怀感激，并且如利安定所言："罗文炤是中国人，不太懂（教会的）管理，所以他都是依照他的副主教余天民做事的。"[2]那么罗文炤 1685 年写给教宗的书信很有可能都是在广州的托钵修士的影响下完成的，甚至有可能是他们替罗文炤代笔的。

综上所述，罗文炤 1685 年写给罗马教廷和传信部的书信以及附件《兰溪天主教徒致罗文炤主教书》，都要从方济各会在华传教策略视角去理解。虽然很多学者都愿意把罗文炤或者兰溪教徒的书信等文献视为中国教徒的本土声音，而且这类文献是以这样的目的被带到罗马教廷的，但是我们认为在这方面不能离开实际证据，至少还需要考虑中国教徒的参与程度、兰溪教徒书信原件存在与否、中国人在这类书信中的态度等。

与这些中国声音密切相关的，还有罗文炤在书信中显示的有关中国礼仪问题的态度。罗文炤提到最适合中国教徒的是和谐、温和、柔和的传教方式，罗文炤是否隐约暗示他自己的态度，即传教士在对待礼仪问题时应该对中国教徒保持一些包容而不宜强硬，暂且无从得知。巴黎外方传教会士和多明我会士对礼仪问题大体都持有较为强硬的态度，他们在祭祖祭孔等问题上不做妥协，并把这些礼仪看成是天主教不能接纳的迷信。相反，耶稣会士采取了调适政策，对中国人的礼仪有所包容抑或不做讨论。至于罗文炤关于礼仪

---

① 比如罗文炤要署名的《丧葬仪式》，详后。

② 参见利安定 1685 年 12 月 19 日写给 Francisco de Santa Inés 的信，SF III, p. 577.

问题的立场和态度，我们可以从其书信中的这段话有所了解："至于传教士争论的祭祖、祭孔和牌位问题，我正在认真分析……我会设法征求传教士各自的看法，将会跟伊大任一起看怎么样处理最合适，因为到时候他也会对中国更熟悉些。然后我们会向尊敬的先生们报告，让您决定这个问题最后该怎么规定并让所有的传教士接受。"[①]显然在罗文炤看来，熟悉中国是处理礼仪问题的重要条件。

5. 罗文炤对葬礼的看法

在此礼仪之争的背景下，耶稣会士方济各、他的几个中国教徒、罗文炤、西班牙方济各会士利安定和意大利方济各会士伊大任等人讨论了中国教徒该如何处理葬礼仪式，也尝试过指定一个统一的方案。然而，他们的方案只是表面上考虑对方，实际上一直都不曾放弃自己认定的核心标准。

他们的讨论围绕着耶稣会士方济各提供的一本书展开。耶稣会罗马档案馆目前保存着这本书的四个抄本：以《临丧出殡仪式》为题的早期、晚期两个抄本和以《丧葬仪式》为题的早期、晚期两个抄本。[②]

---

① 参见罗文炤 1685 年 4 月 13 的信，González, *El primer obispo chino*, p. 167.

② 钟鸣旦对这四个版本进行了分析与比较，也在其著作中收入了《临丧出殡仪式》的晚期抄本，参见［比］钟鸣旦：《礼仪的交织：明末清初中欧文化交流中的丧葬礼》，上海：上海古籍出版社，2009 年，第 156—160 页。四个版本分别为：

抄本 A，《临丧出殡仪式》(早期抄本)，ARSI, Jap. Sin. II, 169. 4；影印本见钟鸣旦、杜鼎克编：《耶稣会罗马档案馆明清天主教文献》第 5 册，第 439—446 页。该本无签字，封面无注释。

抄本 B，《临丧出殡仪式》(晚期抄本)，ARSI, Jap. Sin. I, 153；影印本见《耶稣会罗马档案馆明清天主教文献》第 5 册，第 447—465 页。

抄本 C，《丧葬仪式》(早期抄本)，ARSI, Jap. Sin. I, 164；影印本见《耶稣会罗马档案馆明清天主教文献》第 5 册，第 467—479 页。

抄本 D，《丧葬仪式》(晚期抄本)，ARSI, Jap. Sin. I, 164a；影印本见《耶稣会罗马档案馆明清天主教文献》第 5 册，第 481—491 页。

《临丧出殡仪式》的晚期抄本是在大原堂①完成的,封面提到该书的来源和作者,"1685 年头几个月我让我们住院的李安当相公编写了这本书/耶稣会士方济各(Mandey fazer este papel ao Ly Antonio Siam Cum desta casa nos primeiros meses de 1685/ Fr. co Xavier Filippucci S. J.)"。②

方济各把《临丧出殡仪式》一书交给了罗文炤,希望由作为主教的他给予批准。③ 罗文炤主教是否批准书上的做法成为了耶稣会与方济各会之间的争论焦点之一。④ 罗文炤是这样描述的:"方济各神父给了我关于天主教徒葬礼的一些指南,我当时认为这些做法是合适的。后来利安定神父觉得葬礼指南的第 11 条应该加一些天主教徒需要做的声明。"⑤罗文炤(或他身边的方济各会士)于 5 月 11 日给耶稣会士方济各写道:"我读了您的书(按:即《临丧出殡仪式》),做了应做的认真分析后发现,因为需要更有把握、更有保证,所以在第 11 条上做了点补充,即表明天主教徒在这样的场合上必须要做所指定的口头或书面的声明。这样我就批准您的书了,也不光是我批准,我的秘书(按:即副主教余天民)以及利

----

① 大原堂为耶稣会在广州的教堂。

② 陈纶绪把葡萄牙语的"nos primeiros meses"翻译成"the first month",见 Chan, *Chinese Books and Documents in the Jesuit Archives in Rome*, p. 205. 钟鸣旦《礼仪的交织》中译本(第 154 页)也翻译成 1 月。实际上"nos primeiros meses"意思为一年的前几个月,没确定是哪个月。该书很可能不是 1 月份完成的。

③ 参见抄本 B。

④ 其实 1683 年方济各会和耶稣会已经在广州讨论了这些事情。方济各会已经给耶稣会士方济各神父提交了他们的方案,跟耶稣会士的方案有所不同,所以本次讨论还是 1683 年那次讨论的延伸,而两修会依然在一些方面各持己见。1683 年 1 月 9 日由利安定和华德美两位方济各会士完成的 *Normae pastorales statutae* 一书,制定了方济各会士在中国天主教徒领洗前必须做的一些说明和必须接受的规定,内容包括天主教徒和神父该怎么处理祭祖、葬礼等礼仪问题。详细见 SF VII, pp. 187 - 201.

⑤ 这是后来罗文炤在一份他签的证词中写的,参见罗文炤 1685 年 5 月 15 日从佛山写的证词,BA,49 - V - 19, ff. 711v - 712r.

安定神父也一样批准了。"①这样出现了《临丧出殡仪式》经过修改的抄本。② 原来耶稣会士方济各的《临丧出殡仪式》中第 11 条是如此写的："安置棺木家堂中。棺木面前设香案，品物多寡摆列。孝子跪下、上香、奠酒。事毕，众友揖退。孝子率家中人同举哀。毕，孝子跪前，叩谢众友。"③在新抄本中却提醒逝者的亲戚朋友必须在葬礼上表明对这个礼仪的理解，所以补充了他们要做的声明："《礼记·檀弓》所云：始死，脯醢之奠而已，未有见其飨之者也。不过孝子之情，不能自已，则当跪下、上香、奠酒……"④这样就有两个原件，一个在耶稣会士方济各手里，一个在方济各会士手里，但是这两个原件只有第 11 条不同。1685 年 5 月 14 日方济各从广州的大原堂写信给伊大任主教的副主教叶尊孝神父，⑤叶尊孝神父也给耶稣会士方济各回了信，⑥他们决定从这两份文件上去掉罗文炤主教等人的签章。方济各写道："这样的话关于给逝者上贡时做声明这件事就当我们没有跟罗文炤主教协商过，罗文炤主教没给出过对于这件事的任何看法，他也并没有签字盖章。"⑦于是方济各会没有做出让步，仍然不同意耶稣会的方案（抄本 B），耶稣会也依然不接受方济各会的反馈方案（抄本 D），罗文炤还得签一个声明来解释他在这个争论当中的立场。他在佛山⑧写道：

　　方济各神父给了我关于天主教徒葬礼的一些指南，我当

---

　　① 罗文炤 1685 年 5 月 11 日写给耶稣会士方济各的信，BA, 49 - V - 19, f. 711r-v.
　　② 即抄本 D。
　　③ 《耶稣会罗马档案馆明清天主教文献》第 5 册，第 454 页。
　　④ 《耶稣会罗马档案馆明清天主教文献》第 5 册，第 473—474 页。
　　⑤ 1685 年 5 月 14 日方济各给叶尊孝的信，见 BA, 49 - V - 19, f. 751r.
　　⑥ 1685 年 5 月 14 日叶尊孝给方济各的信，见 BA, 49 - V - 19, f. 751v. 拉丁文摘要见 SF VI, p. 844.
　　⑦ 1685 年 5 月 14 日方济各给叶尊孝的信，见 BA, 49 - V - 19, f. 751r.
　　⑧ 当时耶稣会士方济各在广州的教堂，而佛山的教堂由耶稣会士杜加禄管理，见 SF VI, p. 856.

时认为这些做法是合适的。后来利安定神父觉得葬礼指南的第 11 条应该加一些天主教徒需要做的声明。方济各神父和其他耶稣会士不认为这些声明是必须要做的。我看了这两种不同的看法,我现在再次表示我当时在那些指南的两份抄本里签过名、盖过章,但我没有思考这个天主教徒的声明是否必要。我会等到合适的时间和地点,不仅以个人看法而且以宗座代牧的身份来表达我的观点。所以我暂时让两方把我的名字和盖章从该指南及其两份抄本上删掉,利安定和余天民神父的签名也删掉。所以,为了避免他们用我的名字来支持各自的观点,我在此对我这个声明签字并盖章,以天主之名,让每一方暂时持有自己的看法并遵照执行,像以前一样。①

通过以上史料可推测,这一次就像罗文焌写《论中国祭祖祭孔礼仪》一样,先有耶稣会士在中国教徒的帮助之下编写有利于他们立场的书,再让罗文焌以主教的名义给予权威性。但是也像那一次一样,耶稣会的计划受到阻止,因为方济各会士与宗座代牧不同意耶稣会的观点,罗文焌也会因此而受到方济各会的影响。方济各会士主教伊大任与其副主教叶尊孝负责管理广东省教务,余天民是罗文焌主教的副主教,利安定在一封信中以充满成就感与讽刺的语气描述了教会结构上的新局面:"现在我们这些渺小可怜的方济各会士能管理从北到南整个中国传教区。几年前有谁会想到耶稣会神父将会必须听从方济各会士,就好比目前他们履行宣誓指令后必须听从叶尊孝神父。耶稣会士方济各如果想去澳门都得向叶尊孝请求许可,上次要派一位传教士到海南也必须请求他的允许。"②虽然利安定的得意说法有点夸张,实际上并未发生巨大

---

① 罗文焌 1685 年 5 月 15 日的声明,BA,49 - V - 19, f. 711v.

② 见利安定 1685 年 12 月 19 日给 Francisco de Santa Inés 写的书信,SF III, pp. 577 - 578.

变化，但是起码可以避免耶稣会士轻易地让罗文炤配合他们在礼仪之争上的主张。

前文提到罗文炤在漳州签署的《论中国祭祖祭孔礼仪》可能受到了中国教徒严赞化或其他文士的协助，并在杜加禄和方济各两位耶稣会神父的帮助下译为西班牙文。与此相似，在《临丧出殡仪式》的筹备过程中，方济各请求中国教徒李九功的协助，然后把写好的书交给罗文炤批准并签章，以此将其置于罗文炤的名义之下。此外，罗文炤正好在杜加禄所管理的佛山教堂，所以杜加禄也参与了这个过程。由此看来，罗文炤在著书的过程中处在巡按使方济各和从马尼拉来的杜加禄两位耶稣会神父之间，再连同他身边的几位中国文人教徒一起，形成了一个关系网，协同运作来形成有关中国礼仪问题的有利于耶稣会的权威之辞。

虽然罗文炤在其所签署的文件和书信中所表达的态度未必就是他本人的观点，而是可能受到了身边传教士以及像严赞化、李九功等中国教徒的影响，但是这些文献可以反映出罗文炤被任命为主教之后的重要角色，也能体现出当时中国传教区的复杂局面。至于罗文炤本人的观点，除了这些经过他签字的书信报告之外，我们认为更能提供有价值的分析基础的是他一步一步的行动及其身边人的评论。从这个意义上讲，探究罗文炤对葬礼的态度，有一件事非常值得分析，即他在广州是如何表达对方济各会士利安当尊敬的。

6. 罗文炤重修利安当之墓

通过前面分析的《丧葬仪式》等文献，我们可以了解罗文炤当时在礼仪问题上的看法可能发生过改变，也许他一直没有一个很确定的立场，按照他的说法，他是没经过认真阅读和思考而签过方济各写的作品。我们唯一可以肯定的是，在这份文献中他决定保持相对中立或不确定的态度，也决定暂时不把任何看法凌驾于传教士之上，继续允许传教士按照自己的看法去处理。

罗文炤在广州接受祝圣期间，除了完成数封重要书信及参与围绕葬礼的讨论之外，还去了方济各会士利安当的墓地。方济各会士丁若望对此描述道：

> 在天主创造的所有美德中，感激之心是最美的美德之一。这个美德反映着创造者之美，这个美德这一次在广州被一位重要人物付诸实践，他就是罗文炤主教，他不断自豪地表达自己是利安当神父的儿子；在看到自己被提升到主教职位并受祝圣后，他就想向他挚爱的神父表达中国人孝顺的美德，以此来表示尊敬，还想向他表达一直怀有的感激之情，因为利安当神父确实曾经就像他的父亲一样。所以他去广州城外的墓地向其致敬……为此，罗文炤已经在马尼拉做过准备，留了一部分由捐助获得的资金专门用在此处：新建并改善利安当的坟墓，因此（到广州之后）他就去实现了这个虔诚的事情，到了他挚爱的神父的墓前，先眼含泪水很恭敬地祷告了很久，然后追忆了他曾经目睹并享受过的利安当神父生前的美德与圣德，想到这些这位虔诚的主教更加感动。中国人在表达感激方面非常突出，并在敬拜逝去的父母方面极其显著，即使是非教徒。因为该主教是中国人，所以他也必定要去表达感激，在没有让良心感到不妥的前提下尽可能地敬拜利安当神父，因此为了感激之美德而付诸一个令人瞩目的行动，即命令对他现在才见到的利安当之墓进行重建和改善，以此作为可以延续下去的对利安当神父的尊敬之情。他做这件高贵的事有很多理由，因为他一直感到他所拥有的一切美好都来自利安当神

父，因为在他还是个孩子的时候利神父就教过他阅读我们的书，辛勤地教会他我们的语法基础，把他从中国带到马尼拉，并把他介绍到多明我会在马尼拉的一所学校，让他在那里学习哲学，然后等到他成材后，利神父请求使他加入方济各会、穿上方济各会修士服，即使并没有被接受，因为没有先例，也因为我们的规定禁止这样做。因此这位主教当时就被多明我会接受了，好像这是天主赐予多明我会的恩泽，即获得一个如此聪慧又兼具美德的孩子。①

由此可见，罗文炤在受祝圣之后去了广州城外为利安当神父扫墓。利安当是给罗文炤洗礼并把他带到马尼拉学习的方济各会士，他还很执着地把罗文炤推荐给方济各会省会长，希望罗文炤被接纳加入方济各会，所以罗文炤对他应该是怀有如丁若望神父所描述的感情与感激。利安当在历狱期间在广州去世，遂安葬于此。虽然他在生前提出不希望在他的葬礼上摆牌位，也不要进行其他此类中国礼仪，但是他的看法并没有能够避免类似的情况发生，即在他隆重的葬礼上还是出现了一些他在生前一直反对的中国礼仪。② 他被葬于广州城外河南（Honan）一个名为宝冈（Pao-kang）③的山腰上，那里还有几位耶稣会士的墓。利安当之墓有块墓碑，上面刻有他的小传、写过的书籍等信息，④罗文炤 1685 年于广州敬拜的就是这座利安当的坟墓。按照丁若望神父说的，罗文

---

① 丁若望 1702 年 10 月 4 日写的报告，AFIO 42/7, ff. 168v - 169r.

② 有关利安当的葬礼以及礼仪之争的争论，可见 SF VII, pp. 712 - 715；Fernández de Navarrete, *Controversias*, p. 397, BNE, R. MICRO/5025（电子版的图片为 417）；Cummins, *The Travels and Controversies of Friar Domingo Navarrete*, p. 245.

③ 宝冈(Pao-kang)，见 1685 年罗文炤为其所立之碑的碑文，见 AMEP, vol. 551, f. 9.《中华方济各会志》(*Sinica Franciscana*)中只有拼音，没有中文字，见 SF VII, p. 714, n. 10.

④ 该墓碑未保留下来，有关该墓以及墓碑的更详细描述，参见 SF VII, p. 715.

炤后来重建了利安当的坟墓,并为他立碑以表心中感激之情,而且为了这个目的专门从马尼拉带了一部分钱过来。虽然这个墓碑似乎不存在了,但是碑文被保存了下来,左侧中文和右侧拉丁文分别写着:

> 圣方济各会士利先生,讳安当,号克敦,系泰西依斯把你亚国人。缘慕贞修,弃家遐世,于崇祯六年,东来中华,传天主圣教。至康熙八年己酉四月十四日未时,终于广州府城,寿六十有八。葬于河南宝冈西向之原。
>
> 圣方济各苦修会士利公之墓
> 时康熙八年己酉孟夏二十一日癸未之志[1]
>
> 宗座监牧与方济各会传教士利安当神父,在被流放到广州期间,于 1669 年 5 月 20 日被唤到天国。
> 1685 年巴西利诺城主教及南京宗座代牧罗文炤以感激之心为他的精神之父在新墓立下此碑[2]

利安当的新墓以及罗文炤所立之墓碑坐落在一个新的墓地里,后来文度辣和王路嘉两位方济各会士也被安葬在这里,在方济各会士的一份报告中对此写道:"王路嘉以中国的隆重仪式被埋在山坡上的新墓地,这个墓地被建在山间的一块土地上,是一位教徒

---

[1]　AMEP, vol. 551, f. 9.《中华方济各会志》(SF)没有收录这部分中文碑文。

[2]　拉丁文原文如下:"A. R. P. F. ANTONIO A S. MARIA / ORDINIS MINORUM, MINISTRO ET PRAEFECTO VERE APOSTOLICO / AB EXILIO CANTONENSI AD COELESTEM PATRIAM EVOCATO / ANNO M. D. C. L. XIX / DECIMO TERTIO KALENDAS IUNII / FR. GREGORIUS LOPEZ, EPISCOPUS BASILITANUS / ET VICARIUS APOSTOLICUS NANKINI, / PATRI SUO SPIRITUALI, RESTAURATO SEPULCHRO, / LAPIDEM HUNC / GRATITUDINIS MONUMENTUM EREXIT". 见 SF II, p. 329.

捐的善款，①离城市不远。"②

值得强调的是，通过留下的这块墓碑和罗文炤的行为，方济各会士丁若望神父可以对此提出并试图解答以下问题：罗文炤是如何理解他与利安当神父的关系的？罗文炤又是如何理解死亡、葬礼以及与逝去之人的关系？罗文炤在何种程度上是有意识并能够区分开天主教与中国传统礼仪？罗文炤的中国身份是否影响了他对礼仪之争的看法？

有人认为罗文炤的中国身份影响了他对礼仪之争的态度和看法，本书几处提到的一些情况是可以支持这种观点的，如罗文炤在罗源和漳州允许天主教徒保留祖先牌位以及一些礼仪，③并且赞同把写着"敬天"的牌匾挂在福安教堂的门上。④ 我们认为，他为利安当神父立碑并在碑文中署上了自己的名字以示感激，这个行为应该就是其中国身份的直接投射。欧洲修士会通过这样一种物化的方式来对其他修士表达感激吗？假如说某位修士代表他的修会给另一位修士立碑，他会以自己的名义去落实这件事并把自己的名字刻在碑文上吗？很显然，方济各会士文度辣等传教士的碑文中是没有类似的情况的。那么，或许就是因为这件事情比较敏感，所以方济各会士丁若望才在记述中提及此事，并且还尝试对罗文炤的行为作出解读。他对罗文炤与利安当的关系以及中国人对

---

① 本书提到过几次罗文炤受到商人朋友捐助的情况，例如罗文炤曾从马尼拉带回一些钱，参见前面提到的丁若望 1702 年 10 月 4 日的报告。可能此处这位教徒是两广总督属下的李百铭，或者李百铭身边的人。

② 参见"Noticias de las missiones de N. P. S. Francisco de el Imperio de la Gran China, en el año de 1692", AFIO, 36/32. 文度辣的墓也立有墓碑，碑文见 SF III, p. 6.

③ 参见 Agustín de San Pascual, "Opúsculo fiscal de conciencia", BNE, Mss. 18553/7/2, ff. 36, 53, 55, 66 – 7; Eugenio Menegon, *Ancestors*, *Virgins*, *and Friars*, pp. 288 – 289.

④ 参见 SF VII, p. 1214；BC, ms. 1074, f. 359v；Menegon, *Ancestors*, *Virgins*, *and Friars*, pp. 112 – 114.

感激的理解作了一番阐释,说罗文炤有如利安当神父的"孩子"或者"学生",而利安当则像罗文炤的"父亲"或者"老师"。他把罗文炤的行为归为感激,但这个感激是需要进一步解释的(他指出中国人很重视感激),因为这种感激似乎是以报答父母、报答老师的形式来表现的,需要有所行动、有所表现(即为他立碑),因此需要通过某一种礼仪来表达感激。有一句话比较有趣,因为按丁若望神父所说,罗文炤表示了感激(或者报答了利神父),但是是"在没有让良心感到不妥的前提下尽可能地敬拜利安当神父",①这句话反映出罗文炤的报答是受到限制的,因为不能以中国的一些礼仪方式来表达。实际上罗文炤为利安当立碑涉及一个重要的讨论,即关于天主教与中国礼仪的异同和天主教对中国礼仪的包容程度。很难判断罗文炤是如何理解在礼仪之争中的祭孔祭祖先等问题的,他本人是否是透过这些概念来理解天主教,他是否认为所有的中国教徒都是透过这些概念来理解天主教的,或者他和中国天主教徒是否认为祖先在葬礼上有所体现,中国人是否认为祖先在葬礼上有表现,等等。但是我们认为,罗文炤的这般行动很符合中国传统的社会规则,在他署名的《论中国祭祖祭孔礼仪》中的第 39 条就载有:"在《家礼》当中还提到:家族中如有子弟荣升官职,应向祖先灵位宣告:我某某得膺今天职位,皆托祖宗荫庇,均系祖宗教导有方,有以致之,特此叩谢云。"②而从他拜祭和立碑一事可以看出,在他的思维模式中,确实存在着中国文化中的父子关系、师徒

---

　　① 原文为"cuanto sin escrupulo de conciencia podia venerar". 参见丁若望 1702 年 10 月 4 日写的报告, AFIO 42/7, f. 169r.

　　② 参见 1686 年 8 月 18 日在南京完成的《论中国祭祖祭孔礼仪》(拉丁文版本), APF, SC Indie Orientali e Cina, vol. 3, ff. 74 - 84; APF, MV XXIII, ff. 91 - 114; ARSI, FG, 726/I/2;中文翻译来自李伯铎译:《中国首任主教罗文藻论中国祭祖祭孔礼仪》,收录于张奉箴《罗公文藻晋牧三百周年纪念》,第 135 页。《家礼》原文为:"某以某月某日,蒙恩授某官。奉承先训,获霑禄位。余庆所及,不胜感慕。谨以酒果,用伸虔告。谨告。"详细的讨论见本书第五章。

关系以及报答的观念。

　　丁若望提醒阅信之人，虽然罗文炤很孝顺，但是不会超过界限，他的行为只是尊敬。他之所以强调罗文炤没有超过界限，也是在映射出这个具体行为背后所隐藏的问题及其可能性。所以从中可以看出，方济各会士试图在处理礼仪之争问题上找到一个平衡点，不直接抨击祭孔祭祖先的行为，但是希望通过一些声明①划出一道明显的分界线，确定祭祀只是表示尊敬而"没有让良心感到不妥"，慢慢把原来的一些"信仰""迷信"或者"习俗"转化为天主教所能接受的理解形式。

---

① 如利安定等传教士支持的《丧葬仪式》中的声明。

第四章　罗文炤担任南京宗座代牧
（1685—1691）

第一节　南京宗座代牧的建立
（1685—1688）

1. 罗文炤就任宗座代牧并访问代牧区教堂

　　方济各会士伊大任和石铎禄于 1685 年 5 月 4 日离开了广东，几天后罗文炤和余天民神父也启程去南京就任宗座代牧职位，途中先陪颜珰到赣州，再继续前往南京。[①] 他们于 6 月 30 日抵达南京，耶稣会南京住院院长毕嘉神父前来接待，并把他们请到耶稣会教堂。[②] 第二天举行弥撒和南京宗座代牧就任仪式。毕嘉神父、余天民神父以及其他的教徒、朋友和熟人都来向罗文炤主教行吻手礼。耶稣会担心宗座代牧在管理上会给该会带来一些干扰，或

---

　　① 利安定说罗文炤于 1685 年 5 月 10 日离开广州，见 SF III, p. 589. 袁若瑟说是 14 日，见 González, *Historia de las misiones dominicanas de China*, Vol. 1, p. 548. 罗文炤 15 日在广东佛山签了一份文件，参见 BA, 49 - V - 19, f. 711v.
　　② 见罗文炤 1685 年 11 月 2 日的信。本节有关罗文炤去南京、苏州、杭州、松江、上海的信息来自罗文炤 1685 年 11 月 2 日和 1688 年 9 月 20 日的信。

双方产生一些矛盾。在罗文炤及其副主教刚抵达的时候，面临住处问题。罗文炤和余天民本来想住耶稣会圣母堂，但被毕嘉神父推辞了。后来他们提出要住耶稣会新的住院，毕嘉神父说这一次他没办法再拒绝了，只能让他们住在那里。于是罗文炤、余天民以及他们的三个男仆就住下了，由他们自己负责食品与书信往来的费用。①

罗文炤的代牧区管理范围包括北京、直隶、山东、山西、陕西、甘肃、河南、江苏、安徽以及朝鲜，教徒大部分集中在江南地区，包括上海、松江、常熟、南京、杭州、苏州等地。这些地方的教堂都是由耶稣会神父管理的，所以罗文炤在耶稣会神父的陪伴下开始到各地访问。在就任宗座代牧职位后，他先用几天时间给南京教徒施行确信仪式，然后在毕嘉神父的陪同下前往其他地方，给各堂区的教徒施行确信仪式，继续履行他作为主教的职务。陆方济举荐罗文炤为主教的时候，其实也主要是思量着他可以协助他们给中国教徒施行该圣礼。

通过罗文炤这一时期的书信，我们可以追溯他出访各地教堂的路线：他首先到了苏州教堂，李西满和张安当（Antonio Posateri，1640—1705）接待了他。② 接下来去了杭州，由殷铎泽神父接待，并会见已经来到杭州的伊大任主教。1685 年 10 月初他们在此准备了写给罗马教廷的书信及其他材料，也给留在广东和澳门的奥斯定会神父和耶稣会神父写信，告诉他们该如何处理这

---

① 毕嘉神父描述了宗座代牧及其副主教的到来以及这期间所发生的事情，参见 Domenico Gabiani, "Carta ao P. Vizitador Simão Martins", Nanjing, 4 de marzo de 1688, BA, 49 - V - 20, f. 203r.
② 1685 年 7 月 21 日张安当写道："我们在这里等待罗文炤主教的到来，因为我们收到他已经来到南京的消息。"参见张安当 1685 年 7 月 21 日写给总会长 Noyelles 的信，ARSI, Jap. Sin. 163, ff. 284v.

些向罗马写的书信①。毕嘉神父携伊大任主教回到南京的同时，有三位耶稣会士来到杭州接罗文炤和余天民，带他们继续访问松江和上海的教徒。② 按照罗文炤的表述，这两个地方大概有 5 万名教徒。10 月 28 日罗文炤已经到达松江，在此给奥斯定会士白万乐写了一封信，③11 月 2 日已经到达上海，并一直待到 1686 年 11 月。④ 罗文炤在一封信中写道："我跟我的同伴（按：即副主教余天民）在上海几乎待了一年时间，总共给 12 000 名教徒施行了确信仪式，负责上海住院的张安当神父一直待我很热情。"⑤他们在上海期间也到了崇明岛，该教堂当时由李西满管理。罗文炤 1686 年 9 月 10 日从上海坐船，20 日在崇明写的一封信中提到，他打算在崇明待一个月再回上海，之后跟李西满一起访问常熟和苏州的教徒。⑥ 1686 年 11 月罗文炤写道，他在上海和松江给 15 000 名教徒施行了确信仪式，还有 2 000 人由他洗礼。⑦ 1687 年 5 月罗文炤从扬州给耶稣会士方济各写信，⑧说他已经访问完南京省的教徒，接下来准备经淮安（hoay gnan）⑨前往山东省，至此，他一共为 18 000 人施行了确信仪式。罗文炤访问了山东省的教徒，并于 1687 年

---

① 这些书信包括罗文炤写给教宗和罗马传信部的信，于 1685 年 10 月 2 日写给方济各和白万乐的信，以及写于 1685 年 10 月 6 日和 1685 年 10 月 7 日的信。

② 参见罗文炤写于 1686 年 9 月 20 日的信。虽然阿儒达档案馆目录把这封信的日期显示为 1688 年，但是与内容不符，该信应该写于 1686 年。

③ 参见罗文炤写于 1685 年 10 月 28 日的信。

④ 罗文炤从上海给奥斯定会省会长 José Duque 至少写了两封信（分别写于 1685 年 11 月 2 日和 1686 年 11 月 1 日）。

⑤ 参见罗文炤 1686 年 9 月 20 日写给方济各神父的信。

⑥ 他还解释道："必须在崇明待一个月给教徒施行确信仪式，因为这里的教徒比较多。"见罗文炤写于 1686 年 9 月 20 日的信。

⑦ 参见罗文炤写于 1686 年 11 月 1 日的信。

⑧ 参见罗文炤写于 1687 年 5 月 7 日的信。按照罗文炤这封信中的说法，方济各神父于 1686 年 11 月 13 日给他写的信，他于 1687 年 4 月 30 日在杭州收到，到了扬州才答复的。

⑨ 有关淮安的天主教情况，可参考 Dehergne, "Les chrétientés de Chine", p. 54.

10 月回到南京。^① 在路过扬州的时候,他获悉 5 位法国神父已经来到中国。回到南京后,他于 1687 年 12 月分别给传信部^②、耶稣会士方济各^③以及 Laneau 主教^④写了信。或许因为路程奔波与疲惫,再加之年事已高,在回到南京之后罗文炤的身体状况就不好了,1687 年冬几度抱病,圣诞节的时候晕倒了。^⑤ 在余下的几年里,他没能够去访问代牧区的其他省份,基本上一直在管理南京和上海的教徒。

2. 罗文炤同耶稣会士及奥斯定会士的往来

前文一再强调耶稣会和部分托钵修会希望受到罗文炤宗座代牧的庇护,避免因宣誓指令而置身于法国宗座代牧的控制之下。他们希望在中国礼仪之争中达成一致,并向罗马寄去了有关礼仪之争的报告。他们先是在马尼拉尝试过对礼仪问题进行讨论,后来在新到广东的伊大任主教等方济各会士的参与下再次讨论过这些问题。罗文炤就任宗座代牧之后继续跟马尼拉和广东的奥斯定会士、耶稣会士等保持联系,实行他们在宣誓指令方面和礼仪之争方面的计划。有几份文献记载了他们之间的来往。

---

① 见罗文炤写于 1688 年 10 月 3 日的信。

② 罗文炤写于 1687 年 11 月的信,我们未发现此信。在罗文炤 1688 年 10 月 3 日写给传信部的信里提到了此信。

③ 见罗文炤写于 1687 年 12 月的信。这封信是方济各 1687 年 9 月 4 日来信的回信。罗文炤具体写道:"这里的消息如下:在山东方济各会神父和耶稣会士汪儒望(Jean Valat, 1614? —1696)都一直盼望我去访问那边的教徒,所以见我到了他们的教堂的时候,他们就感到很开心,该神父与其教徒都热情又礼貌地接待了我。虽然这边的教徒与南京省相比较少,但是他们很好、很虔诚……后来我跟我的同伴经淮安回来了,心里感到很欣慰。"

④ 罗文炤写于 1687 年 12 月 7 日的信。

⑤ 罗文炤写于 1688 年 6 月 12 日的信。

　　首先罗文炤和余天民跟三位耶稣会神父都保持了很好的关系，①分别是在南京工作的毕嘉、管理杭州教堂的殷铎泽以及在上海工作的张安当。同时，作为南京宗座代牧的罗文炤与南京省的方济各神父②以及其他耶稣会士保持联系，并且有很多决定在很大程度上都要通过耶稣会巡按使方济各神父。③ 耶稣会士一直向方济各报告宗座代牧在南京等教堂的动态，方济各负责把这些书信报告转给耶稣会总会长 Charles Noyelles（1615—1686）④。耶稣会希望尽可能地跟宗座代牧区的罗文炤主教及其副主教保持良好的关系，以期得到宗座代牧的宽容与合作。法国耶稣会士汪儒望神父在 1685 年 5 月向总会长报告了罗文炤主教在礼仪之争中支持了耶稣会，⑤毕嘉神父在写给总会长的两封信中也报告了罗文炤与罗马教廷派来的伊大任、余天民一直跟耶稣会保持友好。

　　毕嘉神父在写给总会长的信中请求他帮助罗文炤的副主教余天民神父，把副主教的信和一幅画像寄给他的父亲 Christophorus Nicolai，同时让总会长尽早得到余天民父亲的答复，并把他的回信寄回中国，因为余天民神父一定会珍惜这份情意。关于那幅肖像

---

　　①　毕嘉写给方济各的书信中报告了耶稣会士与宗座代牧的关系："在天主的保佑之下我们关系和睦，双方保持很好的关系。"见 BA，49 - V - 20，f. 181v.

　　②　方济各 1688 年才担任耶稣会巡按使职位，但是在此之前他一直在做联络的工作，跟耶稣会中国副省会的神父保持联系，同时向总会长寄书信报告中国传教区的情况。参见 Dehergne，*Répertoire*，pp. 94 - 95.

　　③　方济各一直跟罗文炤有来往，曾经在澳门安排了罗文炤去马尼拉的旅行。罗文炤一直跟他保持通信，及时报告他在马尼拉和回到中国后的情况，就任宗座代牧之后也一直跟他保持书信往来。罗文炤刚到南京，便给方济各写信表达感激，还请方济各向杜加禄和 Kalmes 等耶稣会士神父问候。见罗文炤写于 1685 年 10 月 6 日的书信。

　　④　Charles de Noyelles（1615 - 1686）在 1682 年 7 月到 1686 年 12 月担任耶稣会总会长。

　　⑤　参见汪儒望 1685 年 5 月写给耶稣会总长 Noyelles 的信，ARSI，Jap. Sin. 163，f. 275r. 也参见殷铎泽 1685 年 8 月 20 日写给耶稣会总长 Noyelles 的信，ARSI，Jap. Sin. 163，f. 282r-v.

画,毕嘉写道:"此画像为中国人所作,如实自然。"①罗文炤在南京期间也被画过画像,可能是同一个画家同一时间画的。除了这样的个人人情之外,耶稣会还帮助宗座代牧把其书信报告跟本会的书信一并寄到罗马去,罗文炤1685年10月2日写给传信部的信便是通过巡按使方济各神父寄到罗马的,因为罗文炤在一封10月6日写给方济各的信中写道:"求您帮我秘密地寄这些信,可以乘东印度(按:原文为Indias)的船,再从果阿安全到达葡萄牙和罗马。"②至此提到的寄给总会长Noyelles的信、余天民的个人书信与罗文炤的报告及附加信件都是一起通过方济各神父寄到罗马的。③ 综上所述,耶稣会士支持了罗文炤当宗座代牧,也继续帮助他把南京宗座代牧区的书信寄到罗马。④ 与此同时,巡按使方济各因为收到江南区传教士给他的书信报告,得以继续给总会长报告罗文炤的情况,包括他的优缺点、给中国教徒授圣职的计划以及罗文炤在中国礼仪之争中的态度。⑤

　　罗文炤就任宗座代牧职位后除了保持与耶稣会的关系和往来,也跟奥斯定会中国会长白万乐⑥以及马尼拉的奥斯定会省会

---

① 毕嘉随信附寄了余天民的信和画像,并提供了其父亲的住址。参见毕嘉1685年12月5日自南京写给耶稣会总长Noyelles的信,ARSI, Jap. Sin. 163, f. 311r;毕嘉1685年12月8日自南京写给耶稣会总长Noyelles的信,ARSI, Jap. Sin. 163, f. 313r-v.

② 参见罗文炤1685年10月6日的信。

③ 方济各给总会长写道:"这一扎书信是罗文炤主教的,是他刚从南京寄过来的。求您转给传信部。"参见方济各1685年12月16日自广州写给耶稣会总长Noyelles的信,ARSI, Jap. Sin. 163, f. 315r.

④ 在罗文炤写给方济各的其他书信中,一再感谢方济各帮他把书信寄到罗马,参见罗文炤1688年9月20日的信。

⑤ 参见方济各1686年2月23日写给Noyelles的信,ARSI, Jap. Sin. 163, ff. 329r-330v;亦可参见张安当1686年8月26日写给Noyelles的信,ARSI, Jap. Sin. 163, f. 336v;毕嘉1686年10月23日写给Noyelles的信,ARSI, Jap. Sin. 163, f. 348r.

⑥ 罗文炤通知白万乐他已到南京的消息,参见罗文炤1685年10月7日的信。

长 José Duque 保持着联络。① 前文介绍了这两位神父在罗文炤受
祝圣这件事情上扮演了重要的角色。他们在后来一直保持着频繁
的书信往来。罗文炤在 1685 年 10 月收到了白万乐从广州写给他
的两封信,书信中说没有从澳门开往马尼拉的船,无法把罗文炤等
人写的有关宣誓指令的报告带去马尼拉,所以他暂时留在了中国
并在耶稣会士闵明我(Claudio Filippo Grimaldi, 1638—1712)的
帮助下在广东肇庆买了一套房子。此外,白万乐求罗文炤把一本
《圣经直解》②寄给他,也提醒他颜珰神父试图在韶州开教堂。③ 罗
文炤 10 月 28 日给白万乐回信,除了表达为白万乐留在中国感到
高兴之外,也说到他无法寄《圣经直解》,因为他已经离开了杭州,
而这本书的印刷版在那里,所以只能寄这部书的全目录。至于颜
珰神父的事情,罗文炤回答说:"至于您写的关于颜珰神父想在韶
州开教堂这件事情,我完全不知道,他也没有跟我提过,我们从广
州去南雄的路只是经过韶州,但是我们没有进入,仅在过关的时候
短暂停留而已。如果聂仲迁神父陪他到该城建立住院的话,我就
不知道说什么了。"罗文炤在书信结尾写道:"至于颜珰和其他法国
人,我已经跟耶稣会神父说了,需要在福建省给他们个地方才能让

---

　　① 罗文炤写给奥斯定会省会长的一封信中写道:"我回到中国后给您写了两次
信,第一次是从福建写的,第二次是祝圣后从广州写的。"参见罗文炤 1685 年 11 月 2 日
的信。信中说的那两封信件原件无从考证,但是可以发现,奥斯定省会长在实时关注所
发生的事情,罗文炤也一直向他汇报计划的实施情况。可能第二封信就是白万乐乘圣
保禄号船时要带的一封信。白万乐要带罗文炤给传信部写的报告以及受祝圣的证明,
所以很有可能也带着一封罗文炤向奥斯定会省会长问候的信。
　　② 原文为"xing king che kiay",指阳玛诺(Manuel Diez)编译的《圣经直解》,该书
于 1636 年出版,影印本见吴相湘主编:《天主教东传文献三编》;亦收于张西平、任大
援、马西尼等主编:《梵蒂冈图书馆藏明清中西文化交流史文献丛刊》(第一辑),第 17、
18,19 册。
　　③ 这两封白万乐写给罗文炤的书信原件无从考证。第一封是 1685 年白万乐在
准备启程去马尼拉的时候写的,并委托利安定转给罗文炤,第二封是同年 8 月写的。部
分书信内容保留在罗文炤的信中。参见罗文炤 1685 年 10 月 7 日和 1685 年 10 月 28
日的信。

他们安静下来,不去打扰在其他省工作的神父。"另外,罗文焰请白万乐来他管辖的代牧区:"如果您想来我管辖的地方,不会没有地方给您和您修会的神父,我会一直尽力给您服务,给您带来方便……我现在准备给您在马尼拉的省会长写信,请他把您留在这个传教区,如果能成我会感到很高兴,并且会对该传教区有利,我还请他派来更多的传教士。"

罗文焰提到的信就是 11 月 2 日写给奥斯定会省会长 José Duque 的一封信。在该信中他先叙述回到中国后发生的事情,包括受祝圣、就任宗座代牧以及在南京省访问教徒,并向省会长表达他的感激,原因是"您在我最需要的时候帮助了我",同时他也请省会长继续帮助他,因为罗马寄来的津贴不够:"请您尽量帮助我,能够从马尼拉给我寄过来些经济援助。"谈到法国宗座代牧、宣誓指令以及礼仪之争等问题时,他说:"我们(跟法国神父不一样)不寻事端和冲突,我们只要又好又多的传教士,虔诚地照顾这些委托给我们的灵魂,所以您完全可以派传教士到这里来,因为不会缺少一个工作的地方。"书信最后他请奥斯定省会长代他向菲律宾总督问候,同时为了表示对奥斯定会的感激,他还写道:"我托送信人带去我对您表示忠诚的讯息。"①

1686 年 6 月 10 日,奥斯定省会长给罗文焰回信说,他准备派两位奥斯定会士到中国,并保证会通过澳门寄给他经济援助,同时

①　本段所引用的话均来自罗文焰 1685 年 10 月 8 日的信。罗文焰在这一封和 1686 年 11 月 1 日的信中都或多或少提及津贴的问题。如前文所述,罗文焰没有配合多明我会和法国宗座代牧的计划,失去了多明我会给的津贴,但是回中国前他在马尼拉收到了 600 比索。在这几封信中罗文焰表达对奥斯定会和马尼拉政府的感激,同时也希望马尼拉在经济方面继续给他一定的帮助。后来白万乐希望罗马传信部把南京宗座代牧的津贴委托给他并通过马尼拉交给罗文焰,而不要通过法国宗座代牧,目的在于在经济方面也把南京宗座代牧独立于法国宗座代牧。

也建议他给新的菲律宾总督①写信。罗文炤于 1686 年 11 月 1 日回信，②说奥斯定会士 Juan de Aguilar(1650—1715)已经跟 Luján 和万多默两位多明我会士来到福建，后被抓到福州交给了耶稣会教堂的神父穆若瑟(José Monteiro，1646—1720)。③ 罗文炤在这封信中再次表示，如果 Juan de Aguilar 想来南京代牧区的话可以过来，也提到他还给白万乐写过信，④报告了代牧区的情况，该神父已经动身前往马尼拉和欧洲去了。⑤ 在信的最后罗文炤提到他附寄了两封信：第一封是在奥斯定会省会长的建议之下写给新任菲律宾总督 Gabriel Curucelaegui 的，他(或其副主教余天民)求奥斯定省会长代他对总督表达诚挚的问候，也求总督继续为中国传教事业提供帮助和支持；第二封写给原来的总督 Juan de Vargas。罗文炤让省会长在他留下的空白处填写 Juan de Vargas 当下的官衔，由于这位先生被马尼拉大主教 Felipe Pardo 逐出教会了，所以罗文炤在信中谨慎地让省会长来决定是否要把这封信交给 Juan de Vargas："如果他最后没有真正被逐出教会，也允许跟他有往来，您就把我的信交给他，否则，您就先保留它，直到可以交给他

---

　　① 原总督 Juan de Vargas 因为贪腐问题被撤销职务，并被带到墨西哥，继任者为 Gabriel Curucelaegui.

　　② 罗文炤 1686 年 11 月 1 日的信。

　　③ 马尼拉来的这三位传教士是坐着福建商人的船到福建的。这些商人在马尼拉装作是天主教徒，保证会免费带这三位传教士到中国来，作为交换，他们在马尼拉的生意可以得到一些便利。他们到了中国之后却把三位传教士交给了政府官员，官员再把他们押到福州的耶稣会住院并询问情况。伊大任正好在耶稣会士穆若瑟管理的福州住院，所以他让该耶稣会士帮忙说情，让他说这些人是南怀仁的兄弟，因为南怀仁是总督的朋友。官员后来释放了他们，两位多明我会士去了福安，一位奥斯定会士去了广东南雄。参见 Ruiz de Medina, "Los orígenes de las misiones agustinianas en China a partir de Macao", pp. 847 - 848.

　　④ 该信件我们尚未找到。

　　⑤ 如前文所述，1685 年白万乐没能回到马尼拉。他于 1686 年到达马尼拉后，马尼拉各修会省会长委托他去西班牙和罗马，为西班牙传教士辩护，请求罗马教廷取消宣誓指令。

了,或者把它烧了,您来看怎样处理比较妥当。把书信交给他的时候请向他表达我对他的情意。"①通过这些信息可以判断,中国教会想跟新的马尼拉总督建立比较和平的关系,另外可知罗文炤确实受到了 Juan de Vargas 的帮助,并对他怀有一定的感激。

以前的学者没有研究罗文炤跟耶稣会以及奥斯定会之间的关系和往来,但通过上述文献可以清楚地了解到,这两个修会在罗文炤就任宗座代牧前后所扮演的重要角色,只有深入挖掘他们之间的关系才能明白南京宗座代牧的性质:南京宗座代牧与陆方济曾经计划的截然不同。罗文炤跟耶稣会士和奥斯定会士在 1685—1686 年期间的书信往来,可以再次确证这两个修会为罗文炤受祝圣及担任宗座代牧提供了积极的支持,也可以看出陪在罗文炤身边的意大利神父余天民应该是希望在建立罗马教廷的宗座代牧区的同时,跟澳门和马尼拉的各个修会保持和平的合作关系。而罗文炤在这个过程中一直在配合保教权之下的西、葡传教士。

第二节　南京宗座代牧的管理情况

1. 天主教圣事礼仪在中国的情况

作为天主教神父和宗座代牧,罗文炤需要在中国施行天主教圣事礼仪,同时也要考虑到天主教在中国面临的礼仪方面的问题。本节将通过一些相关资料来揭示罗文炤在礼仪方面所参与的一些讨论和表达的一些态度,涉及坚信礼、婚礼、圣油礼等圣礼,还有弥撒或者被众人热烈讨论的中国天主教徒的葬礼等。我们将考察罗

---

① 参见罗文炤 1686 年 11 月 1 日的信。

文炤在就任宗座代牧之初如何处理天主教圣礼的一些问题，以及就任后罗文炤及其副主教如何处理与耶稣会之间的有关中国礼仪的争论，包括罗文炤写的《论中国祭祖祭孔礼仪》以及在广州讨论的《丧葬仪式》。

天主教的七项圣事中，有两项是专门由主教负责管理实施的，即坚信礼和圣职授任礼。陆方济提出希望本地主教协助欧洲主教在当地进行这两个圣事。在坚信礼中，主教一般要用手指触碰教徒的脸，但是在中国这种行为会被视为不得体的，会引起流言，尤其针对女教徒。根据陆方济的记载，罗文炤去马尼拉的时候曾询问是否可以使用一个小道具来施行坚信礼的仪式，因为通过这个小道具可以避免碰到女人的身体以避免流言蜚语。[①] 耶稣会士利类思对中国的了解比较多，他的看法是不能把在西方施行圣事的方式直接应用于中国。[②] 陆方济在他的书信中介绍了在中国是如何进行各个圣礼的，[③]并对几个要考虑到的特殊情况做了提醒。[④]

有关婚礼的讨论涉及几个方面，利安定写过的几份文献中有所记载。[⑤] 罗文炤在信件中提到了其中一个问题，即"不同信仰"（cultus disparitatis）间的联姻问题。罗文炤的宗座代牧区包括教徒比较多的江南地区。尽管那里教徒人数不少，但是天主教的普及程度依然较低，所以天主教徒与非天主教徒联姻司空见惯。罗

---

　　① 参见陆方济 1684 年 9 月 29 日从福安写给传信部的信，Launay，*Lettres de Monseigneur Pallu*，p. 573.

　　② 参见他给耶稣会中国副省会长写的信，BA，49 - V - 20，ff. 320r - 321r.

　　③ 参见陆方济 1684 年 9 月 29 日从福安写给传信部的信，Launay，*Lettres de Monseigneur Pallu*，pp. 572 - 575.

　　④ 耶稣会在中国的适应政策比较明显，后来罗马教廷制定的宗座代牧手册实际上也考虑到很多这样的问题，比如怎么去适应世界各国的习俗，在什么程度上可以适应，怎么处理与国家政治事务的关系等问题。

　　⑤ 参见 Agustín de San Pascual，"Dificultades morales acerca de la misión de China，propuestas y resueltas por N. H. F. Agustín de San Pascual，comisario de dicha misión. Acerca del matrimonio". Tsinan，1682. AFIO 34/6；SF VII，pp. 163 - 185.

文炤在 1685 年 10 月 2 日的一封信中提到他对此的看法,认为不应该在中国公布禁止不同信仰的人结婚的规则,因为在中国不可行。① 对于这一点,伊大任主教与叶尊孝神父也做了报告。②

至于罗文炤主持弥撒礼仪的方式,我们没有找到很多记载。陆方济在他的信中提到耶稣会士是按照罗马礼仪举行弥撒的,但是马尼拉多明我会士不完全按照罗马礼仪举行弥撒。罗马允许他们在西班牙国王的领土上保留一些弥撒礼仪上的细微差别,所以多明我会士在中国保留了他们在墨西哥和马尼拉举行弥撒的一些细微差别。③ 罗文炤是多明我会士培养的神父,可能也吸收了这些习惯,但是宗座代牧应该统一礼仪,所以南京宗座代牧区应该也是按照罗马礼仪举行弥撒,培养本地神父时也应如此。④ 事实上,包括罗文炤在内的最早一批中国神父,对这些礼仪的把握应该不会太完整,至少在一些文献中有神父就针对罗文炤等神父的能力提出了批评。⑤

关于葬礼仪式的讨论则有较多记载。1686 年 2 月 23 日耶稣会士方济各在广州给总会长写信,报告了 1685 年 5 月在广州有关葬礼仪式进行的讨论:罗文炤本来是想签字同意耶稣会士的观点,但是后来方济各会士利安定给《丧葬仪式》这份文献添加了一个声明。耶稣会士方济各先向总会长解释了为什么不需要把利安

---

① 罗文炤 1685 年 10 月 2 日写给传信部写的信,见 González, *El primer obispo chino*, p. 178.

② 见 SF VI, pp. 892 - 893.

③ 参见陆方济 1684 年 9 月 29 日从福安写给传信部的信,收录于 Launay, *Lettres de Monseigneur Pallu*, p. 571.

④ 参见陆方济 1671 年 8 月 1 日从 Fort-Dauphin 写给传信部的信,收录于 Launay, *Lettres de Monseigneur Pallu*, p. 448.

⑤ 最早的耶稣会中国神父对语言等方面的把握不够好,多明我会士万济国也对罗文炤举行弥撒的能力有一定不满:"凭他一个人还不能很好地主持弥撒。"参见万济国 1677 年 8 月 17 日的报告,收录于 González, *El primer obispo chino*, p. 112, n. 10.

定的更改写进《丧葬仪式》,然后提到罗文炤到达南京就任宗座代牧职位之后所发生的情况。有传言说,方济各做出了让步并接受了方济各会士提出的一些建议。为了打消这些谣言,方济各决定把自己写的《丧葬仪式》的一份抄本寄给耶稣会中国副省的神父,并且附加罗文炤签署的证明,[①]以澄清自己持有耶稣会士一直以来所持有的观点,也证明罗文炤在广州最后决定在这个讨论上保持中立。他写道:"有关罗文炤的最后一个决定,我当时做了这个经过公证的证明,我是出于谨慎以防发生什么不测,结果后来的确发生了。"[②]总之,通过方济各这封信可以判断,南京宗座代牧区余天民可能还希望耶稣会士在礼仪问题上让步,并同意方济各会士利安定提出的一些建议,罗文炤也可能主动或被动地跟余天民副主教保持同一立场。

此前方济各已经给耶稣会中国副省的神父写信,征集他们对葬礼和牌位的看法。他于 1686 年 1 月 5 日和 1686 年 1 月 27 日分别写信给南怀仁神父和殷铎泽神父。南怀仁于 3 月 28 日给方济各神父回信表示,他不同意更改牌位上写的神鬼二字,还指出罗文炤本来想做这样的改变,但是毕嘉神父劝阻了他,而且汪儒望神父在获悉罗文炤打算这样做之后,就罗列出了中国书籍中的 10 到 12 个证据来证明神这个字不仅表示"灵"(espíritu),而是具有 10 到 13 种不同的用法。南怀仁还指出,给去世的祖先上贡食品等东西应该按照方济各的说法理解,即只是表示一种纪念和尊敬。[③]

---

① 参见罗文炤 1685 年 5 月 11 日写给方济各的信,以及 1685 年 5 月 15 日在佛山写的证词。

② 见方济各 1686 年 2 月 23 日给耶稣会总会长写的信,ARSI, Jap. Sin. 163, ff. 329v - 330r.

③ 方济各的这两封信的原件我们未能找到,只在南怀仁和殷铎泽的信中有被提到。南怀仁的这封信见 BA, 49 - IV - 63, f. 69v.

殷铎泽于 4 月 30 日的信①中回复了方济各提出的问题,一个是有关《丧葬仪式》,一个是有关牌位上的神鬼二字。他也一样认为方济各和李相公写的《丧葬仪式》都没有什么问题,中国教徒可以按照这个手册进行葬礼。他也不认为需要中国教徒通过宣言来证明他们对这些礼仪的解读和理解,哪怕耶稣会士陆安德的书上说是有必要的。殷铎泽神父还在信中表示,他已经保存好了经过公证的那一份罗文炤的证明等文件,以备需要时使用,而且罗文炤已经在他面前表示了他原来签过的看法无效。至于神鬼或者灵鬼两个字,殷铎泽神父认为保留这两个字没什么问题,因为只不过是用来代替逝者,来回忆他。殷铎泽对方济各劝解道:"但是这些事情现在都在宗座代牧先生的手里了,所以我们何必那么累? 我们会等到主教会议召开,这又不能太快了,这些宗座代牧会先积累几年的经验、听到大家的看法并认真分析各个方面之后,才会按他们所希望的去做决定。"②

中国教徒是否应该通过宣誓来表达其对葬礼的理解,牌位上是否可以写神鬼两个字,这两点均为中国礼仪之争的内容。耶稣会士和多明我会士、方济各会士等针对中国人和中国教徒是否相信有神鬼,是否相信神鬼在这些礼仪上有所表现,是否觉得可以通过供奉的贡品得到祖先的恩福等问题进行了讨论。在此期间,欧洲传教士的看法大体可以归为三类:第一类,前文有提到过,多明我会士万济国认为,中国人给祖先供奉贡品的时候确实求恩福,不仅仅是表示尊敬,应该归为迷信行为。据他说,罗文炤在何大化面前也这样说过。第二类,方济各会士利安定虽然刚开始好像也批判过一些礼仪,也提到过罗文炤在罗源允许天主教徒保留牌位,但

---

① 殷铎泽 1686 年 4 月 30 日的信,参见 BA, 49 - IV - 63, ff. 70v - 71r.
② 殷铎泽 1686 年 4 月 30 日的信,参见 BA, 49 - IV - 63, f. 71r.

是后来想找到一个平衡,所以他在广东提倡,中国人须在葬礼仪式上表明他们对该礼仪的理解,从而保证中国天主教徒对该礼仪有一个准确的理解,或慢慢接受对该礼仪的新阐释和新解读。上述文献提供一个重要的信息:耶稣会士陆安德也同意了方济各会士的看法,即中国教徒应该在葬礼仪式的时候宣言明示该礼仪的准确意义。第三类,方济各等其他耶稣会士认为不需要宣言,鬼神这两个字也问题不大,因为给祖先供奉食品等礼仪只不过是对祖先的孝敬,他们不认为祖先在这个礼仪上有什么表现或可以给他们恩德。

　　至于罗文炤本人对丧葬礼仪的态度,我们很难判断。各修会都希望把他拉到自己的立场,而罗文炤在广州先配合一方再配合另一方,最后签署了在《丧葬仪式》的争论上保持中立的证明。①在他就任南京宗座代牧后,各方继续讨论对中国礼仪该如何理解,具体应该认同或否定哪些做法。从上引方济各、南怀仁、殷铎泽等书信可以看出,耶稣会士想说服和改变罗文炤对于神鬼二字的看法。因此或可推测,要么罗文炤不那么倾向于耶稣会的立场,要么耶稣会讲罗文炤的看法实际上指的是罗文炤背后的余天民的看法。

　　我们认为,罗文炤应该保持了相对中立的立场。多明我会士在马尼拉对罗文炤感到很失望,因为他支持了耶稣会的看法,但是他在后来也并没有完全支持耶稣会的所有做法。除了南怀仁和殷铎泽写给方济各的信可以证明这一点之外,方济各给总会长做的总结也可以说明一些问题。他在 1686 年 2 月 23 日于广州写道:

　　　　罗文炤主教表现得很友好,他确实有很好的心和意图,但

---

① 罗文炤 1685 年 5 月 15 日在佛山写的证词。

是他的学识不足以使他担任他的职位,连在中国学问方面都不能真正地被称为文士,因为他没有走科考这条路,而是在年轻的时候就为方济各会和多明我会服务,后来成为了多明我会士。罗文炤主教一到他的教区就马上试过给在毕嘉神父管理之下的南京的几个中国教徒授圣职。他似乎本来想赶紧寄出一个好消息来得到表扬。① 但是授予这些教徒圣职的时机尚未成熟,所以如此草率地授予他们圣职会招致丑闻,像在交趾和东京发生过的类似的情况一样。② 他也想禁止使用一些在逝者的牌位上写的字,但这是不需要的,因为文士认为这些字在意思上没有什么问题,而且禁止使用的话会引发很大的骚乱……罗文炤主教本来想禁止几个教徒使用的给圣母和圣人的祷告文,假如真的这样做的话会引发很大的骚乱……罗文炤主教本来想在中国文士教徒写过的一些书中做一些修改,之后经殷铎泽和毕嘉神父分析后发现没有必要修改……③

接着,方济各用在广州发生的对《丧葬仪式》的争论来做论据,再次表明罗文炤在南京由于自身水平不够而导致他立场不坚定、容易左右摇摆。

在江南地区的耶稣会士和罗文炤、余天民讨论了很久有关礼

---

① 传信部派遣宗座代牧的重要目的之一就是来华培养本地神父,出现新的中国神父意味着传信部的计划开始起到作用了。因此,传信部收到这个消息一定会很高兴。

② 奥斯定会士陆铭恩在他的一封信中批评法国宗座代牧草率地培养本地神父,认为目前本地神父还是没法代替欧洲神父,并举出事例:有一位越南的神父,不但有妻子,还带着他的妻子坐船去传教。菲律宾总督把这个情况收录在写给国王的一个报告中。参见 Gabriel de Curucelaegui, "Carta al rey de España dando cuenta de los inconvenientes de la llegada de obispos franceses a China", Manila, 1 de junio de 1685. AGI, Filipinas 303, R. 1, N. 7 (IMAG. 5).

③ 见方济各 1686 年 2 月 23 日给耶稣会总会长写的信,ARSI, Jap. Sin. 163, f. 329r.

仪的一些问题,余天民把罗文炤原来有关中国礼仪的作品译成拉丁文,即罗文炤于 1686 年 8 月 18 日在上海签字的《论中国祭祖祭孔礼仪》拉丁文本。[①] 这部作品跟西班牙文版本基本一致,大体上是倾向于耶稣会的立场。

2. 培养本地神父并授圣职

前面讲过,只有主教才能施授圣职。1659 年罗马教廷派遣宗座代牧的一个重要目的就是培养本地神父,使他们像罗文炤一样可以照管中国传教区。前面也讲到黎玉范在 1644 年回罗马的时候请求开办神学院培养本地神父。后来法国宗座代牧在暹罗也开办了神学院,希望培养亚洲地区的神父。耶稣会士 Messina、奥斯定会士陆铭恩等修士对此做过消极的评论,这些评论也是因为国家之间和机构之间的矛盾而产生的,因为罗马教廷希望有一批忠诚于罗马教廷的本地神父,但是一部分隶属于保教权的修士希望在中国传教区继续占有主导地位。

罗文炤就任南京宗座代牧后,马上提出要把几位为耶稣会士服务的中国教徒培养为神父。罗文炤在访问江南地区的时候,跟耶稣会中国副省会长殷铎泽提出了这个计划。毕嘉写道:"罗文炤主教请副省会长不要耽误时间,要让两位世俗修士吴历(Simão Xavier da Cunha, 1632—1718)[②]和万其渊(Paulo Banhes, 1631—1700)[③]接

---

① 罗文炤 1686 年 8 月 18 日在南京签署的《论中国祭祖祭孔礼仪》(拉丁文译本),APF, SC Indie Orientali e Cina, vol. 3, ff. 74 - 84;APF, MV XXIII, 91 - 114;ARSI, FG, 726/I/2.

② 参见 Pina, *Jesuítas chineses e mestiços da missão da China 1589 - 1689*, pp. 382 - 386.

③ 参见 Pina, *Jesuítas chineses e mestiços da missão da China 1589 - 1689*, pp. 366 - 377.

受担任神父的培养,并提出他会给他们授圣职。"①殷铎泽对此表示同意,并签署了所需文件。上文已经提到巡按使方济各对此的反应,在他看来时机尚未成熟,而罗文炤与其副主教这样做是希望尽快完成传信部的任务并因此而受到表扬。罗文炤 1687 年末从山东回到扬州的时候,与毕嘉谈及这个计划,并求毕嘉让万其渊去南京。他跟殷铎泽沟通之后,让两位世俗修士去了南京。刘蕴德(Blaise Verbiest,1628—1707)②1688 年 1 月 24 日从澳门来到南京后,也一样接受培养,副主教也希望耶稣会签同样的批准书,让他担任神父。当时副省会长殷铎泽已经不在南京,他在收到毕嘉的信并了解了情况后,再次签署了所需文件。

毕嘉于 1688 年 7 月 23 日从南京写给方济各的信中说,经过了七个月的时间,刘蕴德大概赶上了另外两名中国教徒,这三位大体上可以用拉丁文读一个献给圣母玛利亚的弥撒了,继而可以接受圣职了,"但因为罗文炤难耐酷暑,又还不熟悉这个新的要读的内容,尤其是针对授圣职仪式的一些形式还不熟练,今天早上跟我说了还需要练几天"。③ 同时毕嘉强调不会拖很久,他们都考虑尽早授圣职,因为传教区需要神父。不久后的 1688 年 8 月 1 日,罗文炤给刘蕴德、万其渊和吴历三位中国耶稣会士授圣职,④之后与其副主教让这三位耶稣会士遵照宣誓指令做宣誓。1688 年 10 月

---

① 见毕嘉 1688 年 5 月 14 日写给方济各的信(Carta do Padre Gabiani ao Padre Visitador, 14 de Mayo de 1688, em Pekim),BA, 49 - IV - 63, ff. 306v - 307r (34v - 35r). 下面部分信息来自这封信,并参考 Pina, *Jesuítas chineses e mestiços da missão da China 1589 - 1689*.

② 参见 Pina, *Jesuítas chineses e mestiços da missão da China 1589 - 1689*, pp. 392 - 399.

③ 毕嘉 1688 年 7 月 23 日从南京写给方济各的信(Carta do Padre Gabiani ao Padre Visitador Filippuchi de 23 de Julho de 1688),BA, 49 - IV - 63, ff. 353r (81r).

④ 参见罗文炤 1688 年 8 月 1 日署名的文件。有关本地神父的培养也可以参见 González, *El primer obispo chino*, pp. 102 - 106.

28日，三位神父在南京宣誓后，罗文炤与其副主教于1688年11月7日做了一份证明三位中国神父宣誓的公证，[①]并将其寄给传信部，[②]同时也写信给耶稣会巡按使方济各，说刘蕴德去了湖广传教，但又表示对此有所不满："要是他不离开我的宗座代牧区，我会更高兴，至少不应该第一年就离开，因为我怕他会忘记在此所学到的东西，而且没有人协助他，所以不言而喻（intelligenti pouca）。不过，我决定不阻止他去，也是因为不想反对您委托给他在那些地方的任务以及所希望他能带来的收获。至于另两个人，他们留下了，还会继续学习一段时间在该传教区担任神父职务所需要的，然后他们会被派到上海去照管那边的教徒，正如中国副省会长、利安当神父以及我本人所愿。"[③]通过这封信的表述可见，中国传教区的确非常需要有新的本地神父，但同时罗文炤与其副主教担心他们还不能完全独立行动。虽然书信的表达礼貌而委婉，但是有关刘蕴德的事情也显示出罗文炤与耶稣会在一些决定与管理上的分歧。

　　除了这三位中国人，还有其他的中国教徒也被考虑过是否可以进入修会并成为神父。其中之一是陆希言（Domingos Lou，1630—1704）[④]。巡按使方济各于1688年11月给殷铎泽写信说，要让陆希言去南京，看看是否可以在毕嘉的帮助下掌握基本的拉丁语阅读。1689年殷铎泽已经跟毕嘉说了。罗文炤于1691年去世的时候，陆希言应该也帮助了余天民等神父处理葬礼的事情，他

---

　　① 见罗文炤1688年11月7日做的公证，González, *El primer obispo chino*, p. 213.

　　② 见罗文炤1688年11月7日写给传信部枢机团的信，González, *El primer obispo chino*, pp. 211-212. 另外，还有1688年10月29日毕嘉做的宣誓证明的几份抄本，在BA, 49-V-20, ff. 220r-221r, 223r-v, 228v-229v.

　　③ 参见罗文炤1688年11月7日写给方济各的信。

　　④ 参见Pina, *Jesuítas chineses e mestiços da missão da China 1589-1689*, pp. 403-407.

的名字也出现在罗文炤的墓志中。

耶稣会同样考虑过把中国教徒 Paulo Hiu① 接受为耶稣会士，但是他只做了世俗修士。后来他开始服务于宗座代牧伊大任，伊大任希望他成为神父。按照耶稣会士殷铎泽所说，他们提出他也可以入方济各会，罗文炤主教提出建议说他可以入多明我会。因为 Paulo 只想做耶稣会士，②所以殷铎泽提醒方济各并让他和毕嘉决定是否接受他。1689 年 3 月 7 日，殷铎泽也同样提醒方济各，其他修会和宗座代牧都希望陆希言加入他们做神父，所以他先把他接受为耶稣会士并把这位中国耶稣会士的见习期委托给毕嘉管理。③ 通过这个例子可见，宗座代牧的到来以及罗文炤的前例与典范作用在很大程度上推动了中国神父的培养，在教会内部的竞争背景下，耶稣会也开始换个角度考虑接受中国人为耶稣会士的问题。④

关于这个问题还可以再补充耶稣会士毕嘉在一封信中的看法。耶稣会正在讨论刘蕴德的情况，毕嘉如此描述他在 1688 年 1 月从澳门回到南京后的情景：“中国副省会长（按：即殷铎泽）在场，因为世俗修士（刘蕴德）求他在场。该世俗修士很不愿一直只做世俗修士。殷铎泽就向罗文炤主教做了与另两个世俗修士（按：即万其渊和吴历）一样的请求（按：即成为耶稣会士然后晋升为神

---

① 参见 Pina, *Jesuítas chineses e mestiços da missão da China 1589 - 1689*, pp. 412 - 413.

② 殷铎泽 1689 年 1 月 16 日从杭州写给方济各的信，BA, 49 - IV - 63, f. 436r-v (164r-v).

③ 殷铎泽 1689 年 3 月 7 日从杭州写的信，BA, 49 - IV - 63, f. 463r (191r). 方济各与殷铎泽在这件事情上持有不同的看法，最后 Paulo 还是被接受并成为耶稣会士。

④ 这又一次证明，耶稣会士等欧洲修士对中国人的评价与看法随着他们的需要而变，也因此可以推论分析欧洲人对中国人的看法或者所谓的欧洲人的中国观不能简单地解读。本书一直强调的一点就是，任何一个书面表达都不一定客观反映实情，而更多的是一个具体行为，而这个行为要在与其他人、机构、政权的关系上去解释的。耶稣会士的宽容态度、对中国文化的看法等问题也如此。

父）。好像该世俗修士比他们还更合适，而且不这么做的话，他的
亲戚以及他的所有熟人会在我们脸上吐口水。"①上一章介绍过，
罗文炤曾因要向亲朋解释为何没有在马尼拉受祝圣而不敢回福
安，这里刘蕴德的情况如出一辙。可见，神父的职位能给中国教徒
一定的社会地位，吴历在罗文炤主教去世后为其写诗并赞美他，就
是这种地位的淋漓体现。这些文献记载都能够显示出，中国教徒
如果担任某一个教会职位，是会以此为荣的，周围的人和社会也会
因此而给予其一定的认可。所以在一定程度上，这种社会身份所
带来的荣耀应该也是中国教徒愿意加入修会并成为神父的动力
之一。

当代学者在分析判断历史事件时，会过度相信理智与计划是
决定一个人或一个机构行为的绝对条件，例如前人研究以耶稣会
的宽容态度来解读他们在传教区的一些决定，但是有一些决定是
离不开物质条件的，这就需要将其还原到当时所处的竞争关系的
环境中去进行分析和理解。从上述内容可见，培养本地神父的决
定大体上亦如此，不仅要考虑修会之间的竞争，也要考虑中国的社
会文化环境等。

3. 宣誓指令与中国教会管辖范围

罗文炤任职的南京宗座代牧是中国北方省份的教会结构中最
高的职位，然而他的权力大小却是相对的，因为他身边的副主教余
天民以及几位耶稣会神父在帮助他进行管理及决策。余天民是罗
文炤的神学助手，向罗马教廷发送的有关宗座代牧区的书信报告

---

① 参见毕嘉 1688 年 5 月 14 日写给方济各的信，见 BA，49 - IV - 63，f. 307r
(35r)。

是由他负责撰写的,所以他在代牧区的实际运营地位或许胜过罗文炤。罗文炤和余天民也都受到耶稣会士的帮助(例如在南京的住宿以及通过澳门保障书信通讯等方面),同时也请求并得到奥斯定会、方济各会以及菲律宾政府的帮助。所以南京宗座代牧的自主程度应该比较受局限。例如,罗文炤就任宗座代牧后访问了山东,给该省的教徒施行坚信礼,但是文献中没有提到罗文炤有任何去北京的打算,我们或可推测,可能有耶稣会士不愿让宗座代牧到北京,以免造成一些问题。

　　南京宗座代牧建立之后便每年都向罗马递交一份代牧区的报告。出这份报告是罗马对宗座代牧的要求,罗马希望得到有关中国传教区的详细描述,包括中国的地理情况、宗座代牧区教堂和神父数量基本信息,当然也要保证中国传教区的神父宣誓服从宗座代牧。所以,除了写相关报告之外,罗文炤要首先收集传教士做过的宣誓并经过公证。他的代牧区只有耶稣会士和方济各会士,两会宣誓指令的执行情况有所不同。耶稣会总会长要求中国耶稣会士宣誓,[①]而针对方济各会士,罗文炤则颁布过允许他们不宣誓也可以继续担任神父职务的文件。实际上对耶稣会而言,罗文炤将耶稣会士宣誓的各种证明寄到罗马并向罗马报告宣誓指令在传教区的落实情况是非常重要的,因为这些涉及耶稣会在罗马的形象和地位。几年后耶稣会巡按使方济各在给殷铎泽的一封信中写道:"我们的宣誓证明到了罗马之后,大大改善了我们的情况。在天主的帮助下,有关宣誓指令,或者更确切地说反对我们的相应报告的一切谎言,在一点一点地被击破,所以在我们看来情况有希望

_____

　　①　虽然在华耶稣会士通过其他修会的传教士以及罗文炤也在反抗宣誓指令,但是因为耶稣会士已经被罗马教廷严厉地指责和提醒,所以总会长和巡按使只能表现得顺从,让所有在中国的耶稣会士宣誓,来体现对教宗与宗座代牧的遵从。鲁日孟等西班牙耶稣会士的特殊情况已经在前文提及。

好转。伊大任主教以及陪伴他的神父有关我们的友善报告非常有帮助,求您替我对他们表示感谢。"①罗文炤签署的报告当然包括其中。在罗文炤的命令之下,叶尊孝把耶稣会士宣誓的几份证明材料寄到罗马,这些宣誓的证明材料基本上都一样,1685 年 8 月 13 日的材料格式如下:"在罗文炤主教的命令之下,在下面签字的我本人,以自己的名义作证,我收到了相关耶稣会士的宣誓证明材料。"然后就列出在罗文炤的宗座代牧区所宣誓的神父:在南京的汪儒望和毕嘉,在北京的南怀仁、闵明我和徐日昇,在上海的成际理(Feliciano Pacheco,1622—1686)、李西满、张安当,在陕西的洪度亮,在松江的潘玛诺(Emanuele Laurifice,1646—1703)。② 除了这些耶稣会士之外,山东还有两位方济各会士,但是罗文炤给他们暂时免去宣誓的义务,发给他们继续担任神父的许可证,并在1685 年 10 月 2 日的报告中向罗马解释了情况。

虽然罗文炤已经受祝圣并就任了南京宗座代牧,但是在中国南方诸省,与颜珰等其他法国神父的管理权问题还没有完全解决。颜珰没有被认定为陆方济总负责人以及福建宗座代牧的继承人,而罗文炤把自己在南方的管理权委托给伊大任,但是法国神父在重新处理这些教会法律上的问题。关于这些管理权的问题,有一些有关罗文炤与法国神父往来书信的记载。罗文炤于 1687 年 12 月 7 日给 Louis Laneau 主教写了一封信,③提到他于 1686 年 11 月 24 日收到的一包书信,包括:第一,Laneau 主教于 1686 年 5 月 14 日从暹罗写给罗文炤的信,信中向罗文炤报告他在 1685 年给

---

① 见方济各 1688 年 8 月 4 日的信,BA,49 - IV - 63,f. 358v (86v).
② 该宣誓证明见 SF VI,pp. 845 - 846. 后来还有更多的证明,如 1685 年 9 月 1 日的证明,这次包含鲁日孟的宣誓证明,见 SF VI,pp. 846 - 848;1685 年 10 月 10 日与 15 日的证明,见 SF VI,pp. 875 - 877. 有关潘玛诺,参见 Dehergne,*Répertoire*,p. 145.
③ 罗文炤 1687 年 12 月 7 日的信。

罗文炤寄去了主教职位与宗座代牧职位的任命指令；①第二，两封颜珰于 1686 年 8 月 31 日写的信，收信人分别是罗文炤和余天民，信中还附加了教宗英诺森十一世于 1680 年 3 月 22 日确认罗文炤为主教的宗座简函。

罗文炤收到了这一批文件并向 Laneau 主教提出了一些问题。他主要是质疑法国神父没有及时给他寄任命指令等重要文献，认为他们是别有目的，间接地指出他们耽误了他准时收到这些指令。法国宗座代牧和神父应该是不愿意轻易给他这些文件，因为本来的目的是让罗文炤协助他们的工作，但是罗文炤反而没有站到他们的立场上。

除了这些问题，罗文炤在这封信中还回复了颜珰在 1685 年 10 月 9 日从赣州写的一封牧函(Pastoral letter)，该牧函中指控罗文炤违背了规则，罗文炤对此作出反驳，关于宣誓指令说的是他已经收集了耶稣会士的宣誓证言，而有关没有宣誓的西班牙方济各会士，罗文炤解释说已经向罗马报告了情况，并在等罗马教廷的最终决定。而罗文炤以颜珰没有提供证件的原件为由，没有承认颜珰为总负责人陆方济的继承人。有关他委托伊大任主教管理中国南方的几个省，他也认为没有不合法的地方。总之，在管理权问题方面，双方各持己见。在接下来的几年里，双方还将继续因对广东和广西管理范围的不同理解而发生矛盾。

4. 南京宗座代牧的内务管理

罗文炤作为主教和南京宗座代牧，是教宗与中国南京宗座代牧区的重要连接，得向罗马教廷报告代牧区各个教堂、神父等问题

---

① 罗文炤受祝圣后才收到相关指令。

的情况。他还得管理代牧区的一些情况和冲突,例如调动传教士。在圣事方面他专门负责施行坚信礼与授圣职,所以他一就任就开始访问各地的教堂,然后在 1688 年给三位中国教徒授了圣职。另外他还得召开神父会议,对重要事情进行决策,例如对中国礼仪的几个问题进行讨论并得出一个结果。罗文炤于 1686 年把他有关礼仪之争的报告寄到罗马传信部。这些问题中的大部分我们在前文已有阐述,接下来将围绕宗座代牧的经济和通讯等问题展开。

　　首先要考察罗文炤主教的津贴和收取津贴的路径问题。南京宗座代牧原计划是在法国宗座代牧的支持下建立,继而由他们提供津贴,但是因为前面两章阐述的罗文炤和南京宗座代牧区的新情况,导致代牧区的后勤与经济来源受到影响。

　　传信部给罗文炤的津贴是一年 200 埃斯库多。由于传教区比较远,所以第一次罗文炤被任命为主教时,法国宗座代牧的司库 Sevin 神父向传信部提前要了两年的津贴,即 400 埃斯库多。传信部本来是想在多明我会圣玫瑰省神父的帮助之下把钱从西班牙经过墨西哥和菲律宾带到中国。不过,罗文炤谢绝了主教职位,所以这笔钱最后应该是没有送到。第二次罗文炤被任命为主教时,罗马传信部先把钱委托给意大利方济各会士伊大任等神父带到亚洲。1683 年陆方济从暹罗写给罗文炤主教的一封信中写到,他准备把钱送到澳门的多明我会司库 De las Chagas 神父那里,让罗文炤回中国后再跟多明我会神父商量怎么处理。前文我们曾推测,陆方济一直把津贴和任命指令保存在法国宗座代牧和多明我会士的手里,可能是希望对罗文炤祝圣一事有所掌控,并以此作为让罗文炤必须接受一位多明我会士作为副主教以及答应跟他们合作的条件。罗文炤主教津贴被多明我会士 Manuel de la Concepcion 用来还清欠李百铭的债。据马尼拉省会长 Antonio Calderón 说,罗文炤去马尼拉准备受祝圣的时候向他要 500 比索作为一年的津贴,因为传信部不给他足够的钱,但 Antonio Calderón 不支持罗文炤当主教,不认同罗文炤回中国担任主教职位并继续穿多明我会士的会衣。在这种情况下,罗文炤最后收到了其他人的经济支持才回中国。

据罗文炤自己的表述,除了多明我会以外,马尼拉政府和其他修会都协助了他。他后来之所以一直感谢奥斯定会,应该也是因为他们给予了经济方面的支持。罗文炤也收到了一些其他的捐款,例如修复利安当坟墓的钱。在 1686 年给奥斯定会长写的一封信中,罗文炤希望能够继续受到经济援助。因此,罗文炤就任主教期间在经济上第一个碰到的问题,就是如何顺利收到主教津贴,是否有比法国宗座代牧或者多明我会更安全的路径。

梳理清楚这些信息才能理解罗文炤在 1688 年 10 月写给传信部的话:

> 我从马尼拉回中国快五年了,受祝圣也快四年了;在此期间按您给我指定的津贴算起来,我总共才收到了 400 埃斯库多,而这个钱都不够用两年。因为我从马尼拉带了一些西班牙人和我的几个中国商人朋友给我的 800 比索,我才能够面对这几年的开销,包括所有主教的衣服和其他需要的东西,因为刚就任职位的时候什么都没有。今年我剩下的钱只够用来生活,没有能用在其他事情上的钱。如果明年我还没收到您寄的一些经济援助,我不知道将如何尽我主教的责任。我已经给您写了,在中国当主教 200 埃斯库多是不够的……我也跟您说过这些法国神父,尤其是颜珰副总负责人,他跟我讲过如果您不给我提供所需的津贴,他也没有什么可以给我的。另外我跟您也说过,与其通过这些法国神父把津贴寄给我,不如通过西班牙寄到马尼拉来得安全。这件事情可以委托给驻

西班牙的尊敬的罗马教廷大使。这最后一点对于依靠传信部
资助的宗座代牧和传教士而言是非常重要的,因为这样才能
在中国生活以及完成相应的任务。①

这一段可以显示罗文炤以及伊大任、余天民等神父在经济方面的
尴尬处境,一方面提出经济方面的困难,另一方面提出法国宗座代
牧不是寄钱的最佳路径。罗文炤在经济方面没有保障,而颜珰等
法国神父还是不大认可罗文炤和意大利方济各会士的新身份,他
们可能在暹罗等地阻碍书信和津贴的顺利运送。

　　其实早在 1685 年罗文炤就写信给传信部,提到了西班牙是比
较安全的路径,而这封信本来要由奥斯定会士白万乐带到罗马的。
白万乐于 1688 年才到达罗马,报告了传教区的情况,并建议说最
好是把罗文炤和伊大任主教的主教津贴通过驻西班牙大使寄到中
国,还主动提出第一次可以由他自己把津贴安全带回中国。这些
津贴方面决定的背后,就是对南京宗座代牧与中国教会管理权的
争夺,其中包括国家政权之间的斗争,因为法国希望中国传教区在
这些派过来的法国宗座代牧的控制之下,并给予资助;②而葡萄牙
希望北京、南京和澳门作为三个葡萄牙保教权之下的主教区;③西
班牙则通过其驻罗马大使,跟罗马协商把一部分宗座代牧区归西
班牙传教士管理。④

----

①　参见罗文炤 1688 年 10 月 3 日的信,González, *El primer obispo chino*, p. 197.

②　陆方济的计划涉及法国的利益,他希望法国国王资助福州的教堂等费用,见
前述。

③　葡萄牙暂时能够挽回对中国教会的管理权,罗马教廷决定把这三个主教区归
葡萄牙国王管辖,详后。

④　罗文炤写给西班牙国王的信中确实提出,南京宗座代牧可以归西班牙的保教
权之下。西班牙国王知道葡萄牙的优先地位,所以后来西班牙国王一边收集材料,准备
跟罗马协商亚洲教会的情况,一边让使节跟葡萄牙和罗马谈这件事情。1688 年白万乐
请求南京宗座代牧由本地主教罗文炤管理,或者由西班牙人来管理。后来三个主教区
归葡萄牙管理,西班牙大使在罗马协商的结果是六位新的中国宗座代牧中有三位是西
班牙人,其中有一个就是白万乐。

在罗马还没收到传教区的新情况期间,罗文炤与身边的意大利神父需要从其他地方获得经济援助。罗文炤曾请求奥斯定会继续接济他,也跟马尼拉政府保持联系。马尼拉的方济各会士也给意大利方济各会士伊大任、余天民和叶尊孝提供些经济援助,余天民在 1688 年提到从马尼拉寄来的 100 比索以及几件礼品。① 另外,通过 1688 年法国耶稣会士洪若(Jean de Fontaney,1643—1710)写给华尔康(Constantino Phaulkon)的书信可知,伊大任、余天民和叶尊孝受到暹罗国王的经济支持,而且洪若也提出了接济罗文炤主教的建议。

罗马在了解到中国的情况之后,于 1689 年 1 月 9 日给罗文炤和伊大任两位宗座代牧以及在暹罗的宗座代牧 Laneau 及华尔康写了信。通过这些信可以了解到,罗马教廷委托耶稣会士塔夏尔(Guy Tachard,1651—1712)带着取消宣誓指令的消息以及伊大任主教的 800 埃斯库多前往亚洲。塔夏尔将乘坐法国的船到暹罗,华尔康会从暹罗把钱寄到中国。至于罗文炤的津贴,1690 年初罗文炤收到了耶稣会士巡按使方济各的信,信中恭喜罗文炤,因为他收到了传信部寄过来的信和津贴。② 罗文炤在他写给方济各的回信中也写道:"感谢您因传信部给我寄来了 500 比索而对我表示祝贺。"③这个钱应该是通过刘蕴德从澳门送到南京的。关于这个钱的用途,余天民后来向传信部的红衣主教写道:"1690 年后没有再收到寄给罗文炤或者寄给我的任何东西。那年您给罗文炤寄

---

① 余天民 1688 年 11 月 25 日从南京写给菲律宾省会长 Francisco de Santa Ines 的信,SF IV, pp. 511. 罗文炤去世后,罗马教廷把北京和南京提升为主教区,并归葡萄牙保教权,之后余天民又提议,认为由西班牙管辖更合适:"葡萄牙不能像西班牙那么容易提供更多的传教士!"参见余天民 1694 年 11 月 7 日从南京写给传信部的信,SF VI, p. 153.

② 方济各 1689 年 12 月 31 日写给罗文炤的信,BA, 49‑IV‑65, f. 169v.

③ 罗文炤 1690 年 3 月 27 日的信。

来的钱只够还清我们的债、让罗文炤过所剩下的时光以及支付罗文炤作为主教的开销。"①

　　除了津贴相关的事情,还有文献记载了主教区的必需品的供应情况。南京主教区在圣事中要使用的酒和油是由耶稣会士提供的。罗文炤主教与方济各的往来书信记载了如何从澳门把酒和油送到南京。大概每年 10 月方济各通知罗文炤货物寄出的消息,第二年年初,罗文炤通知收到货物并表示感谢。例如,1689 年 1 月 5 日罗文炤写道:"Juliano 修士 12 月 26 日到了南京住院后,交给我们您为了满足我的需要而寄来的酒和橄榄油。在此对您的诚心表示感激。"1690 年和 1691 年这些物品由刘蕴德负责运来。除了酒和油,有时候也会寄来其他东西,如一箱圣物(vaixoncillo de devociones)。② 邮费以及南京住院的生活开销由耶稣会南京院长毕嘉负责,罗文炤主教也会出一部分费用。③ 总之,罗文炤主教与其副主教余天民经营南京宗座代牧区,受到了各方面的经济帮助,包括来自马尼拉、暹罗和澳门的帮助。虽然罗文炤一直希望代牧区能拥有更多的独立性,但他的具体情况应该是受到了葡萄牙、西班牙、法国和这些国家资助下的机构的影响和限制。④

　　南京宗座代牧走向自治的过程中,在 1691 年克服了一个问题,就是拥有自己的住处和教堂。此前他们一直住在耶稣会的住

---

　　① 参见余天民 1694 年 11 月 7 日从南京写给传信部的信,SF VI, p. 152.

　　② 罗文炤为此对方济各表示感谢,见罗文炤 1690 年 3 月 27 日的信。在其他的信中也提到一些其他的物品,如圣托马斯·阿奎纳的书。方济各会士文度辣也曾给罗文炤寄东西。罗文炤说他会把常熟一位和尚写的反天主教的书寄给方济各,参见罗文炤约 1687 年 12 月 10 日给方济各写的信。

　　③ 毕嘉 1688 年 8 月 7 日从南京写给方济各的信中,讲到刘蕴德送信和南京其他开销时写道:"罗文炤也捐助了他(刘蕴德)一些银两,我比较辛苦地能够维持南京的费用,以及在此服务的三位男仆的开销。"BA, 49-IV-63, f. 360v.

　　④ 上文提到了在西班牙、法国和葡萄牙这三个政权中余天民似乎表示了对西班牙的偏向。

院,这导致南京的衣食住行、①通讯、男仆等方面的费用容易分不清,还会引起一些不方便。罗文炤在 1683 写给西班牙国王的一封信中提到,他希望西班牙国王出资保护南京第一个大教堂,②但是到了 1688 年 10 月 3 日,罗文炤给传信部的信中写道:"需要在南京买房子,但是因为没有足够的钱,目前还没能够买。我会比欧洲主教更容易买这个房子,因为我是中国人。至少需要 600 或 700 埃斯库多。如果您能为了这个目的给我寄点钱,希望能够为了天主之荣耀在南京建立主教公署,这也是为我职位的继任者。"③后来罗文炤快要去世的时候,余天民终于以罗文炤的名义买下了这个房子。④

　　罗文炤去世之后,余天民继续收拾那座房子。他在 1692 年 3 月 14 日的一封信中,向颜珰描述了该房子:"一所老房子,半塌下来的,但是位置很好,也很适合我们的目的,现在已经在我手里了。因为在浙江发布的命令,我还没搬进那所房子里。"⑤伊大任在 1692 年 9 月 22 日的一封信中写道:"我们在南京已经有房子,即使教宗指令指定耶稣会教堂作为南京主教区的大教堂。"⑥后来伊大任、余天民与叶尊孝三位意大利方济各会士,从广州一起回到南京:"我们(1692 年)11 月 29 日抵达南京了,发现三个人⑦在天主安排的那个房子里……这个房子以前需要,现在也还需要一些装修,已经花了将近 800 两,但是我觉得这个钱用得非常好,因为这个地

---

① 罗文炤访问上海、苏州等江南城市,也住在耶稣会士的住院。

② 罗文炤 1683 年 6 月 20 日的信,González, *El primer obispo chino*, p. 277.

③ 罗文炤 1688 年 10 月 3 日的信,González, *El primer obispo chino*, p. 197.

④ 参见见伊大任 1693 年 2 月 12 日从南京写给方济各会省会长 I. B. Martinez 的信,SF V, p. 277, n. 5; SF IV, p. 360. Francisco Simões1691 年 9 月 1 日写的信, BA, 49-IV-65, f. 404v.

⑤ 余天民 1692 年 3 月 14 日从南京写给颜珰的信,SF VI, pp. 69-71.

⑥ 伊大任 1692 年 9 月 22 日从广州写给华德美的信,SF V, pp. 276-277.

⑦ 可能指原来给罗文炤和余天民服务的三位男仆。

方又好又大。"①1695 年意大利人 Gemelli Careri 从北京来到南京时,描写了方济各会士的这个房子,有宿舍、教堂和一个大院,大院里满都是花,园子里有果树,有黑的和白的无花果,有葡萄以及桃树。② 虽然罗文炤没能看见这个教堂和房子,种着果树的方济各会士教堂在一定程度上也是他留下的一个成果,因为他一直与余天民在南京工作,而罗文炤的从孙与其他的男仆也留在余天民身边服务。

第三节　法国耶稣会士在南京宗座
代牧区(1688—1691)

1. 法国耶稣会士的到来

　　1687 年 10 月,罗文炤在从山东回南京的路上获悉,法国耶稣会士已经进入中国传教区。五位法国耶稣会士乘坐华尔康的船于 1687 年 6 月 23 日到达宁波,11 月 30 日他们被官员送到杭州,在那里待了三个星期,然后又被叫到北京朝廷,其中一两位要留在京城,剩下的被分配到其他省。罗文炤在一封写给传信部的信中,讲述了法国神父是如何从杭州联系他的:"他们共同给我写了一封很礼貌的信,认可我为宗座代牧,表示服从,并通知我他们在收到宗座代牧的许可之前不打算从事任何有关传教的工作,也一样想遵

---

　　① 他还说,在南京工作的葡萄牙耶稣会士也赞叹了这个房子。见伊大任 1693 年 2 月 12 日的信,SF V, pp. 278, n. 4.

　　② Gemelli Careri 完成了环球旅行,他到了南京之后描述了这个安逸平静的方济各会住院,还说在这里能够吃到葡萄,是不能在中国其他地方享受的愉快。参见 Giov. Francesco Gemelli Careri, *Giro del mondo del dottor d. Gio. Francesco Gemelli Careri*, Parte Quarta, In Napoli: Nella stamperia di Giuseppe Roselli, 1700, pp. 81 - 83.

守传信部和教宗所公布的其他指令。"①但同时罗文炤解释道,因为法国国王禁止他们宣誓,所以"恳求我给他们职权施行圣事的同时,不用他们宣誓"。罗文炤回答他们说,他们可以先到南京再讨论这件事情,但是通过耶稣会士殷铎泽的一封信罗文炤了解到:"这些神父无法来到南京与我见面,因为有一位中国官员和他们一起走。他们会经过扬州,离这里有两天的路,所以我决定派我的副主教余天民去跟他们商量这些事情,并向他们公布宣誓指令,因为这是我的责任。虽然我想亲自过去,但我没能够去,因为 12 月 25 日那天,在我的副主教准备出发的时候我晕倒了,很严重,所以该教堂的神父给我施行了圣油礼。"②此后,负责管理扬州教堂的毕嘉、耶稣会中国副省会长殷铎泽、五位法国耶稣会士以及代表南京宗座代牧的余天民在扬州见面了。③ 余天民向他们公布了宣誓指令,法国耶稣会士解释了他们为何不能宣誓,对此余天民要求他们书面交代,然后余天民回到南京后跟罗文炤主教当面阐述了事情的原委。他们经过分析后决定发给他们施行圣事的临时许可。④

通过罗文炤 1688 年 2 月 22 日写给法国耶稣会士洪若的信可以知道他的决定,他在信中说他了解到他们是以法国国王的数学家的身份来到中国,并在得知他们不能宣誓的原因之后,"我决定给你们寄需要的许可,让你们为了教徒的灵魂来使用这个许可,我相信你们会很虔诚、很努力,不管你们在哪里,也不会忘记向我报

---

① 罗文炤 1688 年 10 月 3 日的信,González, *El primer obispo chino*, pp. 198-199.

② 上面两段,参见罗文炤 1688 年 10 月 3 日的信,González, *El primer obispo chino*, p 199.

③ 参见毕嘉 1688 年 5 月 9 日从南京写给方济各的信,BA, 49-IV-63, f. 300v (28v).

④ 参见罗文炤 1688 年 10 月 3 日的信。González, *El primer obispo chino*, pp. 199-200.

告你们努力的成果"。① 耶稣会士毕嘉的信让我们知道这些书信和许可证是怎么寄到北京城的:"他们写好这些许可证后,于3月1日交给我,我就准备把许可证和其他平时往北京宫廷寄的书信一起寄过去。我寄给徐日昇神父,因为当时他还在担任耶稣会副巡按使。3月17日寄到后,这位神父或者当时担任副院长的安多神父(Antoine Thomas,1644—1709)就交给法国耶稣会士,然后他们都向罗文炤主教表示感谢。"②

其实这些许可证还没到北京之前,靠葡萄牙国王资助的来华耶稣会士与法国国王派过来的五位耶稣会士已经展开了激烈的争论。早在1685年10月11日,耶稣会总会长已经给耶稣会巡按使寄了一封信,要求所有耶稣会士必须宣誓。巡按使 Simão Martins 已经把这个消息寄到北京去了,方济各在接任巡按使职位后,也再次提醒所有耶稣会士必须听从该命令。他在1688年2月4日写给法国耶稣会士洪若的信中,要求他们"必须把他们宣誓的证明寄给罗文炤主教,另外寄三份给我,我会留一份,再把剩下的两份寄给耶稣会总会长"。③ 方济各也通知到南怀仁、徐日昇与殷铎泽神父,同时禁止参与任何有关暹罗国王派来的使节的往来。即便如此,五位耶稣会士收到这些命令后,于2月9日做了个声明,称如果他们宣誓会得罪法国国王,所以不能宣誓。④ 于是,中国副省的耶稣会士已经向罗文炤主教及南京宗座代牧做过宣誓,但是刚来的法国国王派遣的耶稣会士反而得到了罗文炤的许可,允许他们

① 参见罗文炤1688年2月22日的信。
② 参见毕嘉1688年5月9日从南京写给方济各的信,BA,49-IV-63,f. 301r (29r).
③ 参见方济各1688年2月4日从广州写给洪若的信,BA,49-IV-63,ff. 275v.
④ 1688年10月3日,余天民在南京对该声明做过公证并寄到罗马教廷。参见APF,SC Indie Orientali e Cina,vol. 5,ff. 48-50.

在不宣誓的情况下继续留在中国传教区。洪若等其他法国耶稣会士打算在中国保持自治,不接受由葡萄牙国王资助的耶稣会中国副省会长的领导。因此,他们会一直努力与刚刚建立的南京宗座代牧区保持好关系,以获得宗座代牧的支持。

耶稣会中国副省会长要面对一个非常复杂的等级结构。殷铎泽是这样描述的:"我们在中国……有五个统治我们的'船长':两个宗座代牧(按:即罗文炤与伊大任),两个副巡按使,北方的副巡按使徐日昇神父以及南方的副巡按使张安当神父,第五个就是所有这些之下的中国副省会长(按:当时为殷铎泽)。"此外,还有耶稣会中国和日本巡按使方济各。他已经于 1688 年 1 月 18 日致信罗文炤,告知他已经继承了 Simão Martins 的职位。[①] 这段时间巡按使方济各神父要处理这几个"船长"之间的复杂关系。这几个"船长"之间的冲突和调解情况,在罗文炤与方济各之间的书信往来中有所体现。这些管理权的上下关系涉及传教区调动传教士以及通讯方面的若干问题。罗文炤被提升为南京宗座代牧后影响到耶稣会的内部管理,所以北方副巡按使徐日昇在他的信中,对方济各等耶稣会士曾经帮助罗文炤受祝圣表示不满,因为现在南京宗座代牧在帮法国的耶稣会士。

2. 南京宗座代牧与法国耶稣会士关系的建立

罗文炤在何种情况给予法国耶稣会士施行圣事的许可证,以及为何南京宗座代牧支持法国耶稣会士? 我们要对以下几个因素展开分析:首先,南京宗座代牧区需要更多的传教士来保证满足

[①] 方济各的这封信是在罗文炤的一封信中提到的。见罗文炤 1688 年 6 月 12 日写给方济各的信,BA, 49 - IV - 63, f. 321v (49v),González, *El primer obispo chino*, p. 190.

教徒的需要，尤其是山西、陕西与河南；其次，一些针对法国神父的重要推荐信从暹罗被寄到南京宗座代牧区；最后，北京宫廷里的部分耶稣会士曾支持了法国耶稣会士的到来。这几个因素都跟罗文炤有一定的联系，其原因在于：罗文炤本人作为南京宗座代牧，要保证宗座代牧区教堂的工作继续正常运行；同时，罗文炤的副主教与法国来的耶稣会士都有个共同点，即他们都是因为有暹罗那边提供的帮助才得以来到中国；另外，一部分北京朝廷里的传教士如南怀仁神父，一直跟罗文炤保持着很重要的往来，给法国耶稣会士来华传教提供了一些方便。

　　关于罗文炤主教给洪若等法国耶稣会士许可证，毕嘉神父在1688年3至5月间写给巡按使的信中是这样解释的："天主教徒尤其是广大的陕西省教徒，最近给罗文炤主教紧急写了一封信，因为他们感到需要有神父来照管。这使罗文炤主教及其副主教感到，只能给刚去京城的法国神父颁发允许其施行圣事的许可证，想的是这些神父会被分配到北方的省份去。"除此以外，"他们看到几年前洪度亮神父离开了陕西及其离开的原因（按：指西班牙政府不允许西班牙耶稣会士宣誓），然后最近潘玛诺神父来到南京……所以教徒完全失去了照顾他们的神父"。所以罗文炤是希望法国耶稣会士能够填补这个空缺，"希望至少有几个可以去陕西和山西"。① 总之，按照毕嘉神父所说，除了其他的理由，陕西教徒的那封信在南京宗座代牧给法国耶稣会士颁发许可证的事情上，发挥了一定的决定性作用。该情况与兰溪教徒的情况类似，都是地方的教徒希望有神父来管理，正好也都是原来由西班牙传教士管理

---

　　① 毕嘉1688年5月9日从南京写给巡按使方济各的信，BA，49-IV-63，f. 301r（29r）. 毕嘉还提醒宗座代牧，这些法国神父不是作为耶稣会中国副省的传教士被派来中国的，因为不能宣誓，所以不由中国副省会长管理，参见毕嘉1688年3月5日从南京写给巡按使 Simão Martins 的信，BA，49-IV-63，f. 286r（14r）.

的一个堂区,又是罗文炤在历狱期间访问过的,而且宗座代牧又是希望通过免去几个传教士宣誓使之能够去到该教堂,继续照管那里的教徒。① 葡萄牙、法国和西班牙之间的矛盾是这些问题的背景,而宗座代牧就是在这些冲突中不断地进行调整。

从暹罗来的书信也支持法国耶稣会士获得相关的许可证。Laneau 主教及暹罗宗座代牧给罗文炤写了两封信来推荐法国耶稣会士,洪若凭借这些信请求罗文炤免其宣誓。罗文炤在 1688 年 10 月 3 日写给传信部的信中提到了这两封信,②洪若神父也在他 1688 年 1 月写的两封信里提到这两封信。按罗文炤信中所言,Laneau 主教在 1687 年 6 月 9 日写的信中求他支持这几位法国耶稣会士,因为他们在品德和能力方面都很优秀,希望罗文炤给予其施行圣事的许可证。Laneau 主教在暹罗提供了这样的许可证,因为传信部不要求只是路过宗座代牧区的神父做宣誓。Laneau 主教在 1687 年 6 月 27 日的另一封信中提到了暹罗国王也推荐了这几位法国耶稣会士。

洪若的信中有更加详细的信息。按照他的说法,这些推荐信没有直接产生效果,因为将信件递给中国的宗座代牧后,他们还是希望自己来分析和做决定。洪若神父 1688 年 1 月 8 日给余天民副主教写了一封信,信中揭示了更多法国神父得到许可证的原因。他于 1 月 9 日还给华尔康写了一封信,并附上了他给余天民副主教写的那一封。③ 他报告了 Laneau 主教的推荐信产生的效果以

---

① 耶稣会中国副省会没有那么多神父,南怀仁、李西满等部分耶稣会士希望有西班牙和法国的耶稣会士来弥补一些堂区的空位。正好三位西班牙耶稣会士来到了神父较少的福建和山西绛州,之前我们也推测奥斯定会来到中国也应该是配合他们的,因为他们正好要被分配到没有神父的地方,如广西和部分广东北部和西部的地区。罗文炤建议奥斯定会士去广东,现在他希望法国耶稣会士管理陕西,所以好像罗文炤也在配合那部分耶稣会士的计划,希望把其他国家的传教士派到一些需要神父的地区去。

② 罗文炤 1688 年 10 月 3 日的信,González, *El primer obispo chino*, p. 200.

③ 洪若 1688 年 1 月 9 日写给华尔康的信,BA, 49‑IV‑63, f. 143r.

及有关宣誓指令的消息。这封信里有一段值得关注:"暹罗的国王已经有几年都在格外慷慨地资助伊大任主教以及他属下的两个神父(按:即余天民与叶尊孝)。我必须跟您说,罗文炤主教也有跟他们一样的需要,而且他是一个具有高尚品德又心怀善意的主教。您的一句话就能让他变成您国王阁下的传教士,所以我真诚地求您帮这个忙,一直到天主能通过别的方式援助如此优秀又虔诚的主教。"上文提到了罗文炤(或余天民)曾向马尼拉奥斯定会请求经济援助,这里洪若希望能在这一点上帮上忙,请求暹罗国王资助罗文炤,大概他认为可以在之后得到宗座代牧的回报,例如给法国耶稣会士颁发许可证。[①] 洪若神父还在他的信中说,Laneau 主教在他的第二封信中指出"暹罗国王对所有宗座代牧都非常大方,因此应该考虑和重视他所做的推荐信"。总之,中国的宗座代牧可能有考虑过暹罗能对中国传教区提供的价值,因为在经济、后勤以及人力资源方面可以提供支持,而这些帮助也将为允许法国耶稣会士暂时不宣誓提供理由,就像此前帮助西班牙传教士不撤走给出的原因一样。宗座代牧以及部分中国副省耶稣会士可能只是出于本地需要而希望多增加一些传教士,不论其国籍为何,但是澳门的巡按使和一些葡萄牙耶稣会士却认为,这些不隶属于葡国保教权的法国耶稣会士将损害一直资助传教区的葡萄牙国王的利益。[②]

宗座代牧和法国耶稣会士的友好往来,在洪若后来写的一封信中是这样描写的:首先他说余天民"有风度又温和",然后写道:"葡萄牙人及耶稣会神父不太喜欢他,因为他一直用他的权力来保护我们,无论是在他做罗文炤主教副主教的时候,还是后来他继承

---

① 就像前面提到毕嘉神父想帮助余天民给父亲寄信一样,或者马尼拉奥斯定会和马尼拉政府希望帮助罗文炤一样,葡萄牙、西班牙、法国以及在这几个国家的各个修会,都希望跟中国主教保持最好的关系和往来。

② 方济各在他的一些信中提醒耶稣会士不要参与一些国王的使节的往来,指的应该是法国和暹罗国王派到中国的使节。

宗座代牧职位的时候……在所有这些管理权的冲突中,他一直是我们最主要的依靠。"1696 年余天民启程去罗马报告传教区情况的时候,洪若对他表达感激,表明洪若与罗文炤和余天民的感情和熟悉程度:"我们(法国耶稣会士)会在余天民不在的时候,负责照顾罗文炤主教的从孙。余天民一直负责照看他以表对罗文炤的感激,我们会把这个孩子带到我们的家,放在我们一位传道员那里。这是我们为他所能做的,也是他走的时候唯一请求我们做的。"①从这一段可以知道,罗文炤把他的从孙接到南京,在他去世之前将其委托给余天民照顾和培养,而法国神父也愿意在这一点上帮忙。通过这些信息能够了解,罗文炤进入教会后,不仅是从一个相对比较底层的社会地位被提升到教会结构的高层职位,他的家人也因为他而受到天主教的培养,他的从孙可以从小在法国的洪若、意大利的余天民等欧洲神父身边成长。所以可以说罗文炤个人信仰天主教并进入教会结构中发展的同时,他的人际关系、身边的资源等方面也为其整个家族带来了不小的转变。除此以外,这份文献还能表明,法国耶稣会士在与葡萄牙国王资助的耶稣会士的冲突中,受到了来自南京宗座代牧的支持,并与其保持了较好的交往。这个关系可以追溯到暹罗给予洪若等法国神父以及伊大任和余天民的支持,而洪若从暹罗为罗文炤争取的经济援助也是南京宗座代牧从 1688 年起对法国耶稣会士有所偏向的重要原因。

以上分析了宗座代牧发放许可证的两个因素:一、宗座代牧希望法国神父能够满足陕西等地方对神父的需求;二、通过法国神父可以增强与暹罗的关系,继续得到暹罗的支持。还有一个重要因素也促使南京宗座代牧不去阻碍法国神父,即来自部分耶稣

---

① 上面几段都来自洪若于 1696 年 12 月 4 日写给他们的司库 Verjus 的一封信,ARSI, *Fondo Gesuitico* 730, f. 237.

会中国副省神父的支持和推荐。

　　南怀仁、殷铎泽等重要耶稣会士一直保持跟罗文炤的往来,他们支持他受祝圣,以尽可能地避免传教区快速落入法国宗座代牧的手里。罗文炤也一直在配合他们,想办法让中国传教区有足够的神父可以照管中国各地的天主教徒。从马尼拉来的耶稣会士以及配合他们工作的奥斯定会士,就是配合了南怀仁等耶稣会中国副省的神父。南怀仁、李西满等耶稣会神父跟罗文炤主教形成了关系网络,希望从马尼拉得到帮助,同时跟伊大任等意大利方济各会士进行协商,希望罗马派过来的宗座代牧不要太严厉地去控制各个修会,而是保持相对温和的态度。

3. 耶稣会的内部冲突与南京宗座代牧的相关立场

　　耶稣会巡按使后来对是否有中国副省耶稣会士参与并帮助法国耶稣会士得到宗座代牧优待一事展开了调查。副省会长殷铎泽回答方济各时说:"您问我安多神父请求罗文炤主教免去法国耶稣会士宣誓这件事属实与否。我能说的是,该神父的行为是很谨慎的,因为他求罗文炤主教免除宣誓的信件是先寄给我的,信是开着的,并且写道如果我觉得合适的话,可以把信转给罗文炤,如果觉得不合适可以把信给烧了。于是我就马上烧了。"①这一段内容在书信的一个特殊部分,这部分叫作 Soli,是只写给方济各本人看的,属于他们俩的私人对话。方济各手里有些证据,知道副省的一些神父参与了法国耶稣会士来到北京一事,同时也对他们是否也牵涉罗文炤发放许可证一事表示质疑。

---

　　①　见殷铎泽 1688 年 5 月 10 日从杭州写给方济各的信,见 BA, 49 - IV - 63, f. 173v.

事实上,中国副省的几位耶稣会士的确跟法国耶稣会士有联系。副省会长殷铎泽跟巡按使方济各对南怀仁与华尔康秘密保持书信往来一事进行了讨论。他在信中提到前任巡按使 Simão Martins[1] 在澳门没收了南怀仁与华尔康之间的一些书信后,免去了南怀仁院长与北方副巡按使的职位,而且他也批判了安多的行为并惩罚了他。殷铎泽在这封信中建议新的巡按使方济各能够宽容一些对待,因为南怀仁已经去世了,安多也在请求在罗文炤免去法国耶稣会士宣示这件事情上表现得谨慎些。方济各神父在对这些事情做出调研之后发现,确实有一封华尔康写给南怀仁的信,还有南怀仁于 1687 年 11 月 8 日和 12 日写给华尔康的两封信。[2] 方济各告诉殷铎泽说,有一个秘密的计划,南怀仁没有告诉耶稣会日本省会长,也没告诉巡按使。该计划是,暹罗的国王委托了南怀仁照顾五个法国耶稣会士,然后南怀仁通过赵(Chao)老爷得到了皇帝的帮助,让这五个法国耶稣会士得以留在中国。安多于 1687 年 11 月 12 日和 22 日也写信给在暹罗工作的耶稣会士 Jean-Baptiste Maldonado 神父和华尔康,来尝试开通暹罗到云南的新路线。法国耶稣会士可以在暹罗学中文,然后通过耶稣会士闵明我在暹罗建立一个神学院。按照方济各所言,这个计划已经酝酿很久了,有一位原来的巡按使可能参与了该计划。[3] 所谓原来的巡按使或许就是法国巡按使 Tissanier,因为毕嘉神父在写给方济各的信中写道:"我从来没听说 Tissanier 有说什么让他们来到中国。"毕嘉神父觉得责任在南怀仁,因为在华尔康写给余天民的一封信中是这

---

① 他是葡萄牙人,在文献中他比较积极地争取葡萄牙的利益,有阻止法国耶稣会士的行动。

② 有关南怀仁帮助法国耶稣会士,可以参见 Bosmans, *Documents relatifs à Ferdinand Verbiest*, pp. 155ss,转引自 Pfister, *Notices biographiques*, p. 350.

③ 所有的这些信息都来自方济各 1688 年 7 月 11 日从广州写给殷铎泽的信,BA, 49 - IV - 63, ff. 317r - 319r (45r - 47r).

样说的,毕嘉还说在信中华尔康把五个法国耶稣会士委托给余天民,并解释"南怀仁把他们从暹罗叫到中国来协助我们的工作,至于他是什么时候或者以什么权力做的这件事情,这我就不知道了",①然后在另一封信中毕嘉又跟方济各确认了这件事情,即指是南怀仁向法国写信求法国耶稣会士来中国的。②

　　通过上述文献,我们可总结一下南怀仁等耶稣会士与南京宗座代牧罗文炤之间的联系。南怀仁与安多参与了五个法国耶稣会士来中国的计划。他们应该有尝试通过罗文炤继续方便更多的传教士来到中国照管传教区的教徒,无论是什么国家的,就像以前南怀仁与罗文炤都希望法国宗座代牧不要让中国的传教士按照宣誓指令宣誓一样。从南京院长毕嘉、耶稣会中国副省会长殷铎泽以及耶稣会巡按使方济各三位神父的书信往来可知,1688 年 6 月左右他们已经摸清了整件事情的来龙去脉。

　　罗文炤就任南京宗座代牧以及法国耶稣会士的到来,改变了耶稣会中国副省的管理情况。一方面是法国耶稣会士有自己的目标,不一定会配合耶稣会中国副省巡按使和副省会长的命令;另一方面,宗座代牧要负责保证自己代牧区的教徒有神父,保证传教士的合理分配与调动,所以在遇到冲突的情况下扮演着非常重要的角色。

　　法国国王派来的耶稣会士没有宣誓,罗文炤允许他们在不宣誓的同时继续担任神父职务,给他们寄去了许可证。这个情况引发了耶稣会中国副省一部分会士的不满。法国耶稣会士不宣誓意味着他们可以不听从副省巡按使的命令,而同时宗座代牧向他们

────────────

　　① 参见毕嘉 1688 年 5 月 9 日从南京写给方济各的信,BA,49 - Ⅳ - 63,f. 299r (27r).

　　② 参见毕嘉 1688 年 9 月 18 日从南京写给方济各的信,BA,49 - Ⅳ - 63,f. 374r (102r).

发放许可证意味着,他们通过宗座代牧避免听从耶稣会巡按使的同时还不违背罗马的指令。总之,在耶稣会内部的管理链条当中,耶稣会巡按使与法国耶稣会士中间插着宗座代牧。这两个被不同国家资助的耶稣会士群体之间存在着权力斗争,这个斗争体现在不同方面,其中包括争夺钦天监监正的职位,争取得到中国皇帝的器重,占据在地理位置上具有战略性地位的耶稣会住院而避免去管理偏僻的住院,以及可否参与一些政治相关的活动,如方便使节到北京宫廷,等等。罗文炤作为南京宗座代牧可以在不同程度上影响代牧区的传教士工作,所以在他们的斗争中扮演了重要的角色,尤其是传教士的调动事宜。

罗文炤给法国耶稣会士发放许可证的原因之一是,他希望有几个传教士能够去管理陕西、山西、河南几个省的教徒。但是执着地为葡萄牙争取利益的葡籍耶稣会士徐日昇于 1688 年 2 月 22 日给巡按使写信并埋怨道:"我给副省会长(按:殷铎泽)神父写信,让他(不是以我的名义,而我猜这是您寄来的决定)不要跟罗文炤主教协商任何有关调动传教士的事情,如果没有提前把他的想法通知到您或者我,就不要把我们的传教士从一个住院调到另一个住院。"[1]他在信中认为,宗座代牧需要考虑到耶稣会内部的管理,而且希望巡按使跟宗座代牧沟通这个问题。从法国耶稣会士进入传教区开始,调动传教士的管理问题就显得非常突出,而由于人事调动发生在不同的地方,进而引发了宗座代牧与耶稣会之间的几次冲突,也因此而产生了丰富的通讯往来。

第一次对传教士的人事调动,就是徐日昇在没通知罗文炤的情况下,把代牧区山西省的葡萄牙耶稣会士苏霖(José Soares,

---

① 徐日昇 1688 年 2 月 22 日从北京写给巡按使 Simão Martins 的信,参见 Barreto, *Tomás Pereira. Obras*, p. 122.

1656—1736)叫到了北京,并请求巡按使把在广东工作的齐又思
(Lodovico Azzi,1635—1690)派到山西接替苏霖。[①] 1688 年 4 月
2 日,罗文炤给巡按使方济各写信说,他们在等苏霖神父来到南
京,同时埋怨山西、陕西和河南的教堂没有神父了,表示他只能无
奈同意了徐日昇的请求,但他批评这个决定,因为徐日昇向皇帝隐
瞒了这位神父是来自山西,而说他是从澳门经过南京去北京的。[②]
罗文炤主教与其副主教应该因此而感到很被动,因为罗文炤收到
了徐日昇写的一封信,信中说中国皇帝很希望苏霖到京城,所以如
果最后不去的话会招致一些危险。罗文炤回复徐日昇说,他准许
苏霖去北京,但是也提出了几个问题:他之所以同意,是为了避免
更大的问题而已,耶稣会副省会长殷铎泽同样觉得应该让苏霖留
在山西而非调到北京。[③] 罗文炤主教及其副主教或许是被迫同意
苏霖去北京,因为中国皇帝派来接苏霖的人 4 月 20 日到达了南
京,而罗文炤在信中特地强调其实那时候他已经决定让苏霖去北
京了。最后苏霖启程去了北京,经过五天的路途于 5 月 3 日抵
达。[④] 耶稣会巡按使在一封信中也请求罗文炤同意这件事情,[⑤]而
罗文炤主教的回答很好地诠释了此时的尴尬局面:“我不能不允许
他去。”[⑥]虽然罗文炤的回答比较委婉一些,但是后来副省会长殷

---

① 徐日昇 1688 年 2 月 26 日从北京写给巡按使 Simão Martins 的信,参见
Barreto, *Tomás Pereira. Obras*, p. 135. 有关苏霖走的路线,还有山西、陕西和河南的
情况,参见 BA, 49 - V - 19, f. 648 及以下; Margiotti, *Il cattolicismo nello Shanxi*,
p. 173. 有关苏霖,参见 Dehergne, *Répertoire*, p. 256;有关齐又思,参见 Dehergne,
Répertoire, p. 20.

② 罗文炤 1688 年 4 月 2 日的信。后来罗文炤继续给方济各解释他的立场,参见
罗文炤 1688 年 6 月 12 日的信,González, *El primer obispo chino*, pp. 191 - 193.

③ 罗文炤 1688 年 4 月 20 日的信。

④ 苏霖 1688 年 5 月 6 日从北京写给方济各的信,BA, 49 - IV - 63, f. 167v.

⑤ 巡按使方济各 1688 年 5 月 14 日写给罗文炤的信,BA, 49 - IV - 63, f. 175v.

⑥ 罗文炤 1688 年 6 月 27 日的信,González, *El primer obispo chino*, pp. 280 -
281.

铎泽给巡按使方济各提了醒:"我这里听他们说,耶稣会士之所以这样做,是为了能够在北京不断地交替担任高职位。"①也就是说,这样徐日昇和苏霖两个葡萄牙人可以一直担任北京会院院长等重要职务,避免非葡萄牙人在北京做主。

1688 年 3 月 28 日,洪若、刘应(Claude de Visdelou, 1656—1737)和李明三位法国人准备离开北京。② 后两位是准备去山西,洪若去了南京,并想前往杭州,因为那里离宁波近。洪若跟巡按使方济各解释想去宁波住,是因为在这个港口可以迎接暹罗派过来的传教士和寄来的物品。③ 徐日昇把洪若派到南京,可能希望可以从此地去广州。殷铎泽却提醒巡按使方济各说,让该神父去广州很难,他建议可以写信给罗文炤主教,因为他肯定不会让洪若离开自己的代牧区去广州的。④ 洪若 5 月抵达南京,巡按使方济各不想让他去宁波开设教堂,并已经写了信命令他去河南,一个"有很多水路"的地方。⑤ 副省会长殷铎泽神父的看法是,不让洪若离开南京会引起对耶稣会中国副省的流言蜚语,而且如果避免耶稣会士洪若在宁波开教堂的话,一位名为 Carpon 的法国人在获悉暹罗的船不到广东而到宁波的时候,"会去宁波然后用礼品和银子,在逃出我们住院的 Vam Pedro 的帮助下,在宁波达到他

① 殷铎泽 1689 年 3 月 2 日从杭州写给方济各的信,BA, 49‐IV‐63, ff. 460v‐461r (188v‐189r).
② 罗文炤的信中隐约说徐日昇干扰法国耶稣会士,一直迫使他们离开北京等重要的地方。徐日昇反过来表示不满,因为罗文炤通过一些江南的传教士如副省会长殷铎泽,一直能够了解到耶稣会内部的决定和不应该知道的信息。
③ 洪若 1688 年 3 月 28 日从北京写给方济各的信,BA, 49‐IV‐63, f. 157v.
④ 殷铎泽 1688 年 4 月 8 日从杭州写给方济各的信,BA, 49‐IV‐63, f. 162r. 殷铎泽的态度是希望不跟法国耶稣会有太大的冲突,跟罗文炤主教与其副主教保持好的关系,通过他们来调节与耶稣会士的矛盾,让一步的同时保持主导地位。
⑤ 方济各 1688 年 5 月 12 日从广州写给洪若的信,BA, 49‐IV‐63, f. 304v (32v).

的一切目的"。①

　　在这个背景下,罗文炤和巡按使方济各开始了一个新的讨论。方济各不让洪若去宁波,是因为他认为,法国的 Brisac 先生有意带一个 15 个法国人的使团到中国,而且他们是没有经过耶稣会总会长同意的。所以他于 1688 年写给殷铎泽的信中想争取获得他的建议,还写道:"我也一样请求获得主教的建议,以在这件事情上更有把握地行动。"②总之,耶稣会士面临法国野心的挑战,纠结在这个尴尬的局面中。

　　这些事情也涉及法国耶稣会士在代牧区的调动情况,所以罗文炤作为罗马教廷任命的南京宗座代牧有一定的管理权,可以影响葡萄牙和法国以及两国之下的耶稣会士的权力斗争。洪若和巡按使方济各都希望罗文炤站在自己的立场上。方济各希望以河南缺少传教士为由,把洪若派到那个较为偏僻的地方,所以试图说服罗文炤支持该决定。③ 罗文炤却回复说洪若太年轻,又不会中文,该省又一直没有过固定的传教士,所以不赞同派洪若去河南的决定。④ 洪若本人在谈到这个情况时说:"有关我去河南的事情,是罗文炤主教拦下来的。院长神父把您寄给我的信交给我,我读完信去了院长毕嘉神父的房间,跟他一起又读了一遍。还没读

---

　　① 殷铎泽 1688 年 6 月 29 日从杭州写给方济各的信,BA, 49 - Ⅳ - 63, f. 186v. Carpon 全名 Yve Le Hir du Brand-Carpon(1640 - 1689),这位传教士后来放弃了巴黎外方传教会的神父身份,参见 Moussay, *Répertoire des Membres de la Société des Missions Étrangères*, p. 64. Pedro Vam 是一名中国教徒,刚开始协助耶稣会士,但是后来成为 Carpon 的助手,耶稣会士讽刺地叫他"Carpon 的小官员",参见 Pina, *Jesuítas chineses e mestiços da missão da China 1589 - 1689*, pp. 414 - 418. Pedro Vam 的例子再次说明,中国教徒与欧洲传教士的关系是比较复杂的。

　　② 方济各 1688 年 9 月 4 日从广州写给殷铎泽的信,BA, 49 - Ⅳ - 63, f. 366r (94r).

　　③ 方济各 1688 年 5 月 10、14 日写给罗文炤的信,BA, 49 - Ⅳ - 63, f. 175v.

　　④ 罗文炤 1688 年 6 月 27 日的信,González, *El primer obispo chino*, p. 281. 罗文炤或其副主教余天民果断而又礼貌地表示,不允许耶稣会在没有通知宗座代牧的情况之下调动传教士。

完,罗文炤主教与其副主教就率先一起进来,并告诉毕嘉神父他觉得这样做不合适,告诉我要留下,并把做这个决定的责任归于自己了。"①

毕嘉神父也从他的角度把事情的原委讲述给方济各,他写道:"您在寄给洪若的信中,命令他去河南工作,然后委托我试图通过罗文炤主教用他的权力来要求实现这个命令,因为这对洪若神父的身体健康有好处,而且是我们内部管理的迫切需要。"之后讲到他分别把寄给洪若和罗文炤的信给他们,再等他们来找他。洪若来了,罗文炤主教等也来了,并跟他说"实现该命令完全无益,无论是考虑洪若的身体还是传教区的利益","您的命令中说河南是一个水路很多的地方,但是这的确不属实",因此不能说是对洪若的身体有好处。用毕嘉的说法来描述这种尴尬局面就是:"我在他们(按:指罗文炤和余天民)面前听到了他们的解释和理由后,说实话我没法反驳他们,因为我还真觉得他们说的都有道理……我认为不应该让洪若去河南住。"②

总之,通过这些信息可以判断,罗文炤与其副主教余天民是一起行动的,也可以知道他们住在南京对中国副省会耶稣会士内部管理的影响非常大,明显可以看出毕嘉神父与罗文炤主教同住一处给该耶稣会士带来的尴尬与为难。罗文炤与其副主教在这个冲突中开始对法国耶稣会士有所偏向。最后,方济各只能向罗文炤表示接受,暂时让洪若留在南京。③

---

① 洪若 1688 年 6 月末从南京写给方济各的信,BA, 49 - IV - 63, ff. 188v - 189r. 洪若一边对方济各客气,一边等待宗座代牧罗文炤与方济各商量好最终的决定。也可参见洪若 1688 年 9 月 12 日从南京写给方济各的信,BA, 49 - IV - 63, f. 221r.

② 本段中引文均来自毕嘉 1688 年 6 月 27 日从南京写给方济各的信,BA, 49 - IV - 63, ff. 338r - 339r (66r - 67r).

③ 方济各 1689 年 7 月 24 日写给罗文炤的信,BA, 49 - IV - 65, f. 96r. 虽然该文献的目录上记录此信写于 1689 年,但我们认为该信写于 1688 年。

　　毕嘉与殷铎泽两位神父离宗座代牧比较近,保持相对亲近的关系,也因此难免会受到宗座代牧的指责和控制。他们写信建议巡按使方济各保持相对谨慎的态度,也提醒他关于罗文焗与其副主教的真实情况。比如说毕嘉在信中的私人对话部分(soli)写道:"虽然他们在写给您并委托给我寄出的信中没有谈到这件事情,反而依然是非常礼貌的回答,但是在我们之间当面沟通的时候,他们会把真实感情暴露出来,罗文焗主教和余天民两位都不喜欢该神父(按:指徐日昇)被委托(管理中国北方)①。首先因为他们不赞同他对苏霖神父事情的处理,即没有把他的决定提前通知到他们,以至于损害了山西、陕西、河南的教徒,也损害了苏霖以及他要指导的法国耶稣会士⋯⋯宗座代牧与其副主教掩盖了自己情绪,这是为了维持和平往来,也因为没有办法避免在中国皇帝的命令之下所做出的决定。但是我亲眼看到他们对这件事情感到很遗憾。"第二件让宗座代牧感到不满的事情是徐日昇在京城的粗暴表现,安多和洪若两位神父在信中报告了这些情况之后"被这些宗座代牧与其副主教获悉"。② 殷铎泽也跟毕嘉表达了相同的看法,在信中的私人对话部分向方济各写道:"假如说有法国耶稣会士来到我们的家,如果我们不认他们为耶稣会士的话,难道这里的宗座代牧(按:指伊大任)会不认同也不接受并至少认同他们为欧洲神父?⋯⋯我们究竟会如何向总会长和传信部解释,因为宗座代牧会报告这个案件并把不人性和令人惊叹的对待报告出来。"③总

---

　　① 原来的巡按使 Simão Martins 以及北方副巡按使徐日昇神父保持了比较强硬的态度,直接反抗法国耶稣会士,努力争取葡萄牙的利益。新的巡按使方济各只能调解冲突。

　　② 以上两处引文来自毕嘉 1688 年 6 月 12 日从南京写给方济各的信,BA, 49 - IV - 63, f. 329r-v (57r-v)。另外要指出的是,徐日昇在几封信中曾对安多神父等其他耶稣会士进行批判,指控他们作为中国副省的耶稣会士向会外人泄露内部信息。所以他也轻微地埋怨方济各等神父当时支持罗文焗担任南京宗座代牧。

　　③ 殷铎泽 1688 年 7 月 3 日从杭州写给方济各的信,BA, 49 - IV - 63, f. 197r。

之,这次中国副省的耶稣会士在京城反抗法国耶稣会士的到来,让我们想起 1634 年方济各会士被赶出去的情景。但是这次法国耶稣会士除了是通过南怀仁和中国皇帝的支持来到北京之外,还有一个不同,就是罗马派来的宗座代牧已经在中国扎根了。罗文炤主教与其副主教可以对此进行作证,并把情况直接报告给罗马。

　　除了洪若的情况,来到山西的法国耶稣会士也发生过类似的情况。1688 年 8 月 7 日罗文炤急切地给巡按使方济各写道:"在山西省工作的两位法国神父李明与刘应感到很绝望,在想办法离开中国回欧洲去。"①罗文炤解释他们想离开的原因,即中国副省的耶稣会士拦阻他们的工作,"命令他们完全不要使用数学仪器(instrumentos mathematicos),也不要从事测量各地经纬度等数学测量活动"。罗文炤求方济各不要阻止他们,认为既然京城的耶稣会士通过他们的数学知识为中国皇帝服务并能够因此保护传教区,那么"更应该对他们(按:法国耶稣会士)在这些数学测量的事情上表现得更为友善……他们现在想回法国,是因为他们被禁止去做法国国王委托他们做的任务……神父一离开,山西和陕西的教徒听到神父要走的消息会感到很伤心"。②这件事体现了宗座代牧再次参与了中国副省耶稣会士与法国耶稣会士的冲突。8 月 10 日毕嘉把罗文炤的这封信连同其他信件寄给方济各,并且对方济各写道,"北京会院院长徐日昇下达的一些命令自然会导致一些问

---

　　① 法国耶稣会士从山西绛州写给南京的信是 8 月 29 日到南京的。有关山西绛州天主教,参见 Dehergne, "Les chrétientés de Chine de la période Ming", p. 102.

　　② 以上几处引文都来自罗文炤 1688 年 8 月 7 日的信。法国耶稣会士是由法国国王派来的,以"国王的数学家"的身份来到中国。罗文炤在此提到的中国副省耶稣会的工作是指汤若望、南怀仁在京城钦天监的工作。除了写给方济各,罗文炤也通知了副省会长。另外,洪若也一样写信给巡按使方济各神父做类似的解释,见洪若 1688 年 8 月 9 日写给方济各的信,BA, 49 - IV - 63, ff. 211r - 212r.

题",此外,他还提醒方济各应该注意罗文炤主教与其副主教的容忍程度:"是因为他们很尊敬您,所以不想直接使用他们具有的管理权来阻止您下达的命令,反而决定先给您写我附加的这封信……他们希望您尽可能地解决会发生的问题……不要激怒宗座代牧……不要让他们再三重复其命令。"①毕嘉预料到宗座代牧可能要剥夺耶稣会中国副省自治的余地了,所以建议方济各不要走到一个不可挽救的地步,避免以小失大。

　　除了刘应神父给罗文炤写信以外,罗文炤也试过跟山西的法国耶稣会士联系。他在 1688 年 11 月 20 日给徐日昇写道:"为了更加谨慎,请您把这封信交给绛州的天主教徒,这样假如神父已经离开了,教徒可以把信送到他们所在的地方。"②所以罗文炤是经过北京把信寄到山西的。按照罗文炤所说,其副主教和他已经分别于 8 月和 9 月给山西教徒寄过信,但却一直没有收到回复,所以罗文炤在信中表示了对徐日昇的质疑,或许他认为信可能在北京被拦截。③ 罗文炤主教与其副主教担心的是山西、陕西的教徒没有神父,因为耶稣会士苏霖离开山西之后,绛州的教徒写信让他回陕西,④然后 1688 年 11 月陕西又写了两封信,一封是寄给罗文炤的,一封是寄给毕嘉的。毕嘉把这两封信的抄本附在他写给巡按使方济各的信中,并说由于宗座代牧及其副主教全部都知道,因此"如果您想平息这些先生的不满",⑤就请派传教士到山西、陕西。

---

　　① 参见毕嘉 1688 年 8 月 10 日从南京写给方济各的信,BA,49‑IV‑63,ff. 124v‑125r;126r.

　　② 参见罗文炤 1688 年 11 月 20 日的信。

　　③ 徐日昇在给罗文炤的回信中强调是,法国耶稣会士从离开京城后一直没有往北京寄任何一封信。

　　④ 参见毕嘉 1688 年 10 月某日(文献抄本未写具体哪一日)从南京写给方济各的信,BA,49‑V‑20,f. 176.

　　⑤ 参见毕嘉 1688 年 11 月 10 日从南京写给方济各的信,BA,49‑IV‑63,f. 124r.

五位法国耶稣会士中,洪若留在了南京,李明和刘应在山西,而张诚(Jean-François Gerbillon,1654—1707)与白晋(Joachim Bouvet,1656—1730)留在了北京。中国副省的耶稣会士不看好法国耶稣会士留在京城并得到中国皇帝的重视,所以也在阻碍他们的工作,并想尽量把他们调到别的地方去。徐日昇在这一点上表现得尤为明显,巡按使方济各也感到有责任保护葡萄牙的利益,而毕嘉和殷铎泽看到阻碍法国耶稣会士并不容易,他们与南京宗座代牧与其副主教保持联系,知道他们二人在这方面更不希望中国副省的耶稣会士不考虑他们的意见就把代牧区的耶稣会士调到别的地方。①

北京耶稣会士关注几个方面,主要是法国耶稣会士是否能接受中国皇帝的一些任务;他们是否能参加法国或者暹罗来的使节活动。1688 年 3 月巡按使方济各给京城的耶稣会士写信,要求他们没有收到巡按使的允许之前,不要参加这两种活动。② 他还强调法国耶稣会士被派到这边是来协助耶稣会副省的,应该去管理一些没有神父的教堂,因为总会长是这么希望的,也是罗文炤主教想要的。③

殷铎泽跟方济各在通信的私人对话部分(soli)又写道:"现在我以朋友的身份提供一些看法:⋯⋯第一,在我看来,在重要的事情上我们应该寻求宗座代牧的意见⋯⋯第二,因为既然我们宣誓了,那么他们在很多方面是我们的上级⋯⋯我们也应该向总会长询问我们的会士是否可以打开、拦住、没收宗座代牧与其副主教寄

---

①　参见殷铎泽 1688 年 11 月 16 日从杭州写给方济各的信,BA,49 - IV - 63,ff. 248r - 250v.

②　后来一直重复类似的命令,不允许参加非宗教相关的事情。见方济各 1688 年 4 月 21 日从广州写给洪若的信,BA,49 - IV - 63,ff. 292r - 294r (20r - 22r).

③　见方济各 1688 年 4 月 17 日从广州写给白晋的信,BA,49 - IV - 63,f. 290r-v (18r-v).

的信,因为他们埋怨我们北京的会长一直打开或者拦住他们的信……第三,您应该用更温和的语气来禁止任何人在北京支持一些国王派到北京的使节。"①

　　最后毕嘉预料的事情发生了。殷铎泽于 1688 年 12 月 2 日跟方济各说:"我刚又收到不好的消息。主教先生们(按:指罗文炤和伊大任)给我写信说,他们被迫只能用他们的一切权力来解决北京的情况。"②他获悉罗文炤主教与其副主教打算以法律手段严厉批判徐日昇,以及他下达的必须服从的命令一事。殷铎泽还希望他们能内部解决,保持自治,但是实际上他不希望的事情已经发生了。罗文炤于 1688 年 11 月 20 日给徐日昇写信,并完全禁止北京的耶稣会士在没有得到宗座代牧的允许下对任何传教士进行调度,抑或间接地把他们逐离北京。③ 1688 年 11 月 24 日,伊大任给巡按使方济各写信说:"很遗憾,我不得不通知您,我也协助了罗文炤向徐日昇下达命令,不让他再试图将两位法国耶稣会士赶出京城。"④毕嘉于 1688 年 11 月 29 日也向方济各写道:"罗文炤主教通知我说,他给您寄去一份于本月 23 日向京城的院长(按:即徐日昇)下达的命令……我在被通知到这个决定的时候没能够忍住流泪,因为我怕从此以后我们的会长就失去了自治权力。"⑤所以最终巡按使方济各与副省会长殷铎泽只能配合宗座代牧的做法,并且殷铎泽在表示遗憾的同时,还要跟方济各想办法解决徐日昇惹的祸。

――――――――――

①　参见殷铎泽 1688 年 11 月 16 日从杭州写给方济各的信,BA,49－Ⅳ－63,ff. 249v－250r.

②　参见殷铎泽 1688 年 12 月 2 日从杭州写给方济各的信,BA,49－Ⅳ－63,f. 262r.

③　参见罗文炤 1688 年 11 月 20 日的信。

④　参见伊大任 1688 年 11 月 24 日从南京写给方济各的信,BA,49－Ⅳ－63,f. 257v.

⑤　参见毕嘉 1688 年 11 月 29 日从南京写给方济各的信,BA,49－Ⅳ－63,f. 271v－272r.

在罗文焕生命的最后阶段,像这样教会内部管理上的冲突和权力争夺一波未平一波又起。在罗文焕去世之后,这些冲突和争端继续上演,甚至愈演愈烈。

第四节　罗文焕去世

1. 罗文焕的去世、葬礼、墓志与碑文

罗文焕离世的消息主要来自其副主教余天民的报告。他写了两封信,一封写给中国的宗座代牧,另一封写给传信部。1690 年罗文焕在松江生病了,先被带到上海,然后回到南京。八天之后病情复发,医生认为他的情况不容乐观,于是就于 12 月 19 日给他施行了圣油礼,1691 年 2 月 27 日,罗文焕逝世。① 在他去世前夕,余天民与耶稣会士刘应神父在他身边照顾,中国耶稣会士陆希言也在最后携其会友帮忙送他最后一程。按照余天民留下的信息显示,罗文焕没能够在去世之前见到刘蕴德等其他中国神父。②

1691 年 5 月 3 日,罗文焕在南京雨花台墓地下葬。③ 该墓地

---

① 有关罗文焕主教的病逝情形,参见余天民 1691 年 6 月 16 日从南京写给传信部的信,见 SF IV, pp. 514 - 522. 该信的西班牙文翻译,参见 González, *El primer obispo chino*, pp. 129 - 135. 该信的中文翻译,参见郑天祥编:《罗文藻史集》,第 187—191 页。同样的描述也出现在余天民 1691 年 3 月 13 日从南京写给宗座代牧的信中,见 AMEP, vol. 427, pp. 347 - 350; SF VI, p. 48; SF IV, pp. 514 - 522.

② 参见余天民 1691 年 3 月初从南京写给方济各的信,SF VI, p. 47.

③ 此墓地及墓碑在太平天国时期被毁。后来为了纪念这个墓地以及在那里埋葬的神父,在一块高地上立了一座纪念碑,上面刻有原来安葬在此的神父名字。1889 年,法国耶稣会士方殿华(Louis Gaillard)神父前去参观并记下了这些神父的名字:传教士:Félicien da Silva, Jean Ureman, Martin Burgent, Emm. Gonz. de Oliveira, Emm. Jorge, Alexandre Ciceri, Gregorio López, Emmanuel Rodriguez, Alexandro Ciceri y Roman HInderer. 见 Louis Gaillard, *Nankin d'alors et d'aujourd'hui. Nankin port ouvert*, Changhai: impr. de la Mission Catholique, 1901, pp. 261 - 262.

在南京城聚宝门外。南京当时有两个传教士墓地，分别在虎踞关和雨花台。后者是 1637 年耶稣会士毕方济购买的，即雨花台墓地，也叫南门墓地。后来因罗文炤主教和罗历山（Alessandro Ciceri，1639—1703）主教都埋在那里，也被叫作主教墓地。安葬罗文炤的开销，余天民使用了 1690 年传信部寄来的罗文炤主教津贴。余天民在忙完罗文炤葬礼的事情后，给颜珰写了一封信，把罗文炤主教去世和葬礼的相关信息写给他，信中写道："1691 年 5 月 3 日，我们尽我们所能进行了罗文炤的葬礼仪式，共有 11 位神父参加，以后我会详细报告。"①

　　有关葬礼和参加了葬礼的神父还有一份重要的文献，保存在罗马耶稣会档案馆里，记载了罗文炤墓志的相关信息。② 该墓志是经余天民下令印刷的，由于上面写着"天"字来表示天主教的天主（即 Deus），耶稣会士便认为，这说明"天"和"天主"都可以用来指示天主教的 Deus，支持了耶稣会在礼仪之争中的观点。于是耶稣会士把该墓志的内容抄写下来，由南京住院院长林安多（António da Silva，1654—1726）③寄至北京，最后于 1705 年 11 月由耶稣会士闵明我将其寄至罗马。④

　　这份文献的第二页为"主教先叔祖墓志条式"，以图式和文字的形式，对罗文炤墓志铭的样式和信息分布做了介绍：第一栏中间为十字架，两侧用欧洲语言（西字）写有罗文炤生平；第二栏写有天主教的《信经》祷文及《天主十诫》；第三栏为罗文炤的中文生平；最底下一栏写有传教士和中国教徒的名字。右边的注释提醒读者，这份文献的第一栏和第二栏省略未抄，而第三和第四栏的内容

---

① 参见余天民 1691 年 5 月 5 日写给颜珰的信，SF VI，p. 56.
② 罗文炤的墓志，ARSI，Jap. Sin. 157.
③ 有关林安多，参见 Dehergne，*Répertoire*，p. 248.
④ 这些信息都是在这份文献的第一页，参见 ARSI，Jap. Sin. 157，f. 1.

抄录于后,兹转录如下:

清故天学主教罗公宗华先生墓志

　　主教罗公,讳文炤,字宗华,福建福宁州福安县人。世居罗家巷。生于明万历丁巳年九月十九日。少孤,抚于伯氏。苦志读书,不屑攻时艺,嗜天人性命之理。一日得读天学书,深相契合。年十六,遂受洗于泰西利安当先生,圣名颇勒卧略。未几,偕利先生至吕宋,见诸西儒钦崇昭事之诚,即卓然向道,通习西文经史。年三十三,入圣多明我会。年三十七,授撒责尔铎德品级。时回,闽粤播乱,所遭险阻艰难,不能备纪。

　　皇清康熙三年甲辰,泰西诸修士蒙今上弘仁,恩养广东,莫慰教众,涴公代为抚视。公甘心劳勚,跋涉于燕、齐、秦、晋、吴、楚者,寒暑凡四易。至辛亥诏,赐诸西儒生还本堂,死归本墓。公功有成,咸述上教皇。教皇嘉公恭恪,赐主中洲教务。命下,公曰:"误矣! 恐非我也。我何堪此钜任耶?"辞,不允,命之再。乙丑,始拜命。又勤劳七载。今辛未岁,正月三十日,终于江宁昭事堂,享年七十五岁。临终,顾教众曰:"余忝为信德之首,愧不称厥职。圣教信德为万德之根,凡在教者,毋稍疑二也。远西职铎德者,舍命航海而来,惟以教人信、望、爱于天主。"天民叨职公副,敬遵遗命,发诸贞石,营公窀穸于江宁聚宝门外雨花台西,墓后皆耶稣会诸西儒之茔也。谨志。

　　康熙辛未初夏朔日遡

　　天主降生一千六百九十一年[1]

有关罗文炤的中文文献甚少,而该墓志是最为重要的一份。不仅罗文炤的中文姓名、字号、生卒日期、葬地等基本信息全赖该

---

[1]　ARSI, Jap. Sin. 157, f. 3 - 4.

文献而得以确定,历狱期间罗文炤寻访探望教友的足迹范围亦因该文献而为我们所知。"天民叨职公副"一句,可知该墓志为罗文炤的副主教余天民所撰,但应有华人教徒为其润色。墓志中称罗文炤为"天学主教",以及"天人性命之理""天学书"云云,与耶稣会的文化适应性策略一致,如非耶稣会士所改,则说明罗文炤、余天民等在实际传教过程都接受了这些表达,跟耶稣会的立场一致。

　　墓志上共有23人署名,[①]除了书写者徐砼和罗文炤从孙罗日藻(洗名若瑟,José Lo)外,有多明我会士4人:郭玛诺(Manuel Trigueros)、白诚明(Salvador de Santo Tomás)、费理伯(Pedro de Alcalá)、马希诺(Magino Ventallol);方济各会士5人:利安定(Agustín de San Pascual)、余天民(Francisco Nicolai da Leonessa)、伊大任(Bernardino della Chiesa)、叶崇孝[②](Basilio Brollo a Glemona)、林汉默[③](Jaime Tarín);耶稣会士12人:刘蕴德(Blaise Verbiest,湖广巴陵人)、洪若(Jean de Fontaney)、安多(Antoine Thomas)、张安当(Antonio Posateri)、毕嘉(J. Domenico Gabiani)、张开圣(Francisco da Silva)、殷铎泽(Prospero Intorcetta)、徐日昇(Tomé Pereira)、郭天爵(Francisco Simões)[④]、刘应(Claude de Visdelou)、吴历(Simão Xavier da Cunha)、陆希言(Domingos Lou)。这个名单上没有在广东传教的奥斯定会士,而一样在广东传教的方济各会士也只出现两位。至于多明我会,大概是把大部分在华多明我会士都写上了。

　　虽然在举行罗文炤的葬礼时西班牙方济各会士在广东,但是做过中国会长的利安定和时任会长的林养默的名字都出现在罗文

---

①　参见罗文炤墓志铭,ARSI, Jap. Sin. 157, f. 4.
②　即叶尊孝。
③　即林养默。
④　有记载说郭天爵(Francisco Simões, 1650—1694)是罗文炤去世的时候进入中国的,参见 SF VI, p. 131.

炤的墓志上了。这可能是由于安排葬礼等事的余天民是方济各会士，也可能是因为罗文炤一直跟方济各会士保持着很重要的关系。方济各会中国会长林养默在一封信中是这样描写的："罗文炤主教大病之后，天主携他至永生。他为中国留下了可以模仿的美德典范，也让所有传教士感到失去了一位这么好的牧羊人，毋庸置疑，肯定不会轻易地找到像他一样既如此辛勤工作又为所有人树立了榜样的中国人。我们在我们的教堂为他行圣礼，并委托我们的修士每人为他主持十二场弥撒，这样他享受到与我们圣额我略省的修士一样的荣誉，以此来回报他生前如此珍惜我们，因为他把自己当成利安当的儿子，正是受到利安当的领洗和指引，他才得以获得后来的荣誉。"①罗文炤为利安当重修坟墓，以及罗文炤的墓志上的方济各会士名单，都体现了他对方济各会士所怀有的一种归属感。或许传教士的名字在墓志上的排列顺序也并非偶然，不难发现，多明我会士的名字在前，因为罗文炤是多明我会士；方济各会士的名字居中，表示他对方济各会的尊敬；最后才是耶稣会士的名单，但耶稣会士的名单最长。

墓志刻石后被埋于墓中。罗文炤墓于19世纪被掘毁，但墓志实物至今未被发现，好在有耶稣会士留下文字抄件，使这份珍贵史料得以保存至今。同样被保存下来的还有罗文炤墓碑碑文。该碑文亦为余天民所撰，但比墓志简略。墓碑中间书"清故天学司铎罗公宗华先生之墓"，②两边碑文如下：

> 公讳文炤，字宗华，福建福安县人。生于明万历丁巳年九月十九日，卒于今康熙辛未年正月三十日，享年七十五岁。公少业儒，嗜天人性理之学。时年十六，受洗于圣方济各会士泰

---

① 见林养默 1691 年 4 月 14 日从广州写给省会长的信，SF IV，p. 128.

② 保存下来的抄件"宗华"误抄为"华宗"。

西利安当先生。博通中西经史，三十三入圣多明我会，三十七
授铎德品级。为道勤苦，足跰半寰区，不矜劳，不伐功，犹惴惴
如不及者。于乙丑年受命统摄教务，诚无忝其所职，爱德信
德，允为后学仪型。兹封树事竣，谨大略如此。

　　皇清康熙三十年岁次辛未孟冬望日
　　意大利亚余天民顿首熏沐谨书①

　　此墓碑实物至今亦未被发现，不知是否尚存于世。除了罗马
耶稣会档案馆保存的这一抄本，我们也未发现有其他抄本存世，因
此，与墓志一样，我们都无法判断抄本的准确性，或是否有被耶稣
会士改动过。墓志和墓碑碑文抄本中"天学主教罗公""天人性命
之理""天学书""余天民""天学司铎""天人性理之学"右侧都有竖
划线，不知是抄写者抑或后来某一读者所划，但肯定与"译名之争"
有关，这些地方的用词被耶稣会士视为其他修会乃至宗座代牧认
可文化适应性策略的证据。

　　除了墓志和碑文等文献外，还有一份重要的中文文献，即中国
耶稣会士吴渔山神父写的《哭司教罗先生》一诗（收入吴渔山《三余
集》中），全诗如下：

哭司教罗先生

　　　　呜呼讣至今信死，恸哭先生东铎始。
　　　　初自西归七闽乡，须鬓苍苍称清伟。
　　　　适遭纷议尽遣粤，辙环四方独劳矣。
　　　　勋荣超世主教尊，所傅铎品只三子。
　　　　鸣道辛勤各远方，唯我追随久于此。
　　　　讵料冲寒又离去，奄乎长逝如眠尔。

---

① ARSI, Jap. Sin. 157, f. 5.

北望金陵千里天,再哭泪血成红雨。

云来幽幽晓梦状,恍若居常每提指。

兹者学道日已少,道在咫尺谁综理?

仰悲大岭出雾迟,俛悯狂澜若无砥。

当其斋候讲经学,巷拥轮蹄门集履。

又期勘雠崇正事,秋毫无不贯西史。

日谈前圣励后修,更将老笔笔于纸。

一生到处历险危,半在小西半东里。

忆从勇渡黄浦潮,今瘗雨花台畔里。

景移物换窀后殊,空帷像设俨相似。

萋萋宿草日复生,墓碑超行诚难诔。

垅木萧萧未得春,庐居愿独三年止。

千古万古修事业,一言遗重委西士。谓余先生。

而今谁不悟死归? 梦回情至难忘耳。①

　　这首悼诗涉及的很多罗文炤事迹,如赴马尼拉学习、晋铎、教案期间照管各地教徒、升任主教、为吴渔山等三人授铎、去世等,均可与西文文献相互印证,而尤其珍贵的是,这首诗回顾了吴渔山本人与罗文炤的长期交往,如"唯我追随久于此""忆从勇渡黄浦潮",表明吴渔山曾伴罗文炤左右,传教于江南地区,而这些信息是西文文献言之未详的。该诗表达了吴渔山对罗文炤一生崇奉事业的敬仰,而"呜呼讣至今信死,恸哭先生东铎始","再哭泪血成红雨"等句尤其展现出吴渔山对罗文炤的感情。

　　从传教士和中国教徒在葬礼过程中的表现,可见罗文炤在他们心目中的地位很高。不仅周围的人很尊敬地为他举行隆重的葬

---

①　这首诗原藏上海徐家汇藏书楼,发表于《圣教杂志》二十六卷八期(1937年8月)。方豪曾对此诗做了阐释,见方豪:《中国天主教史人物传》中册,第160—162页。章文钦先生对该诗做了进一步的笺注,见吴历:《吴渔山集笺注》,章文钦笺注,第306—311页。

礼,为他撰写墓志、碑文和吊唁诗,还为罗文焕画像,希望巩固对他的回忆,把他树立为中国天主教的典范。1691 年 8 月 17 日余天民在给耶稣会总会长的信中写道:"敬求您愿意接受我们这点心意,也同时为罗文焕主教的灵魂举行一些圣礼。他生前对您和您之下的耶稣会士有着很深的感情,也针对南京宗座代牧区的耶稣会神父尽力表现了这份感情。"①紧接着他开始讲法国耶稣会士李明要跟他讨论的棘手问题,即葡萄牙保教权下的耶稣会士的行为。余天民同一天也给传信部写信附加了有关罗文焕死亡的信息,而且在这封信的结尾,还补充了有关罗文焕画像的信息和法国耶稣会士李明的角色:"李明神父会替我向红衣主教提交罗文焕主教的一幅酷似本人的画像。"②他没有说画像是李明画的,而且好像这幅画本来是在余天民手里,只是委托李明带回欧洲。前文提到了1686 年南京耶稣会住院有一个中国画家给余天民画过肖像,他可能同样也画了罗文焕画像

李明于 1692 年离开中国回法国,到了巴黎之后,这幅画像传到几个画家和版画家手里。据方豪说,"教会内流行之罗主教木刻像,乃康熙四十年(1701)李明所藏,有汉字一行:'主教罗文藻我存'"。③ 所以虽然李明没有再回中国传教区,但是罗文焕的画像不仅传到法国几个画家和版画家手里,也被带回中国。方豪说,"上海徐家汇天主堂藏有根据该木刻像改绘的罗文藻遗像,木刻像右上有'主教罗文藻我存'七字,下有法文曰:'罗文藻主教,据一七零一年李明神父所绘木刻像云'"。④ 但现存早期罗文焕画像上并未见中文字,方豪所依据的可能是法国耶稣会士史式徽(Joseph. de

---

① 余天民 1691 年 8 月 17 日从南京写给耶稣会总会长的信, SF VI, p. 61.
② 余天民 1691 年 8 月 17 日从南京写给传信部的信, SF IV, p. 524.
③ 见方豪:《中国天主教史人物传》中册,第 144 页。
④ 参见郑天祥编:《罗文藻史集》前言,第 13 页。

la Serviere，1866 - 1937)1924 年出版的《耶稣会中国传教史(1552—1814)》，该书中有罗文炤画像一幅，上写"主教罗文藻我存"七字，[①]当为时人所加，也因此导致后人误以为罗文炤之名为"罗文藻"，字我存。[②] 截至目前，我们找到了五幅罗文炤画像，基本情况如下：

画像 1：黑白版画，无背景。罗文炤立于中间，目光直视前方而略向下，神情慈祥而略带严肃，穿着具有清朝特点的衣帽，佩戴十字架串珠项链，左手抬起并持有十字架念珠，右手自然下垂。此画来自 Gaignières[③] 的收藏，现存于巴黎戏曲图书馆。[④]

画像 2：彩色水粉画(gouache)。罗文炤置身于一个小礼拜堂内，坐于一张木椅上，位于画面右下方，显得比较瘦小。他身着黑色长袍，头戴黑毛边红色礼帽，佩戴十字架串珠项链，右手抬起，拿着一串念珠，左手放在扶手上，脚穿黑面白底布鞋，椅背上挂着红色的主教袍子。目视前方，白色胡须以及面部皱纹呈现出一位老者的肃然沉思的面容。画面左侧是一个祭台，上面除了十字架和两支蜡烛外，还放置了一本经书和一顶主教法帽，祭台另一边立着主教权杖。画面后方放着一条长几，上面置一小几，几上有香炉。再往后方是一堵厚厚的墙壁，有一扇开着的窗户。该画保存于法国国家图书馆，亦为 Gaignières 的藏品。[⑤]

---

① Joseph de La Serviere, *Les anciennes missions de la Compagnie de Jésus en Chine*, *1552 -1814*, Chang - hai: Imprimerie de la Mission, 1924, p. 46.

② 参见宋黎明:《罗文炤还是罗文藻？——为中国首位国籍主教罗主教正名》，《海交史研究》2019 年第 3 期，第 50 页。

③ François-Roger de Gaignières (1642 - 1715)：法国人，1670 开始和版画家 Louis Boudan 一起合作，收集世界各地的画，内容包括城市、古迹、人物、服装等有趣的画。他收集这些画的目的之一是为了满足 Montespan 女士对古代服装的兴趣。如果他们能买原画就买，不能买的话也会做个副本。参见 Bouchot, *Inventaire des dessins*, Paris: E. Plon, Nourrit&cie, 1891, pp. Ⅰ-XXVIII；Ⅳ-Ⅶ.

④ 参见 Archive de la Comédie Française, Iconographie Costumes, Planches d'autorité 13, Chine. 感谢董少新先生提供此画的照片。

⑤ 参见 BNF, Département des estampes, Collection Gaignières, 1420.

画像1

Gregoire Lopez, Eveque de Basilitan Vicaire Aposto-
lique à Nankin.

Gaig.1420

画像 2

画像 3：版画家 Ertinger 做的版画，①其图像源自画像 2，截取了坐在木椅上的罗文炤和部分祭台，而省略了其他内容，祭台上的经书、法冠、蜡烛、十字架以及一旁的权杖都在，罗文炤的位置移至紧挨着祭台。在这幅版画中，罗文炤的面容显得年轻了些，双目更大也更为有神，鼻梁更高，更接近欧洲人的形象。该画保存于法国国家图书馆，后来收入李明 1696 年写的《中国近事报道》一书，但收入该书中的版画为另刻，其面容与法国国家图书馆所藏者有着明显的差异。② 另外，梵蒂冈博物馆藏有一幅罗文炤画像，为 19 世纪作品，应该也是源自画像 2，但有较多的改动。③

画像 4：根据李明书中的木刻像改绘的罗文炤像，上海徐家汇天主堂藏，收入郑天祥编《罗文藻史集》前言第 13 页。1897 年樊国梁主教（Pierre Marie Alphonse Favier，1837 - 1905）在北京出版的《北京：历史与概貌》一书中有罗文炤的画像，或许也是以该木刻像为来源的，因为画像相似。④

画像 5：版画家 Monnin 做的版画。⑤ 罗文炤在画中完全是西

---

① 罗文炤画像下面写着"G. F. H. delinck Fecit"（由 G. F. H. delinck 做的），名字有误。Franz Ertinger 或者 François Ertinger（1640 -?）：出生在 Weil，后来到了巴黎，1707 年被称为"国王的版画家"。更多详细信息，参见 Roger-Armand Weigert，*Inventaire du fonds français. Graveurs du XVIIème siècle*，Paris：Bibliothèque nationale，1961.

② Louis Le Comte，*Nouveaux mémoires sur l'état present de la Chine*，Tome Second，Paris：Jean Anisson，Directeur de l'Imprimerie Royale，rüe de la Harpe，au-dessus de S. Cosme，à la Fleur-de-Lis de Florence，1697，p. 208；也可参见 Menegon，*Ancestors，Virgins，and Friars*，p. 113. 除了罗文炤的画像，李明的书中包含了康熙的画像、皇宫的画、天文台的仪器、孔子像以及不同人与物的画像。

③ 该画像曾在北京展出过，参见故宫博物院、梵蒂冈博物馆编：《传心之美：梵蒂冈博物馆藏中国文物精粹》，北京：故宫出版社，2019 年，第 54—55 页。关于该画像的来源、内容、传播等，有待进一步研究。

④ Alphonse Favier，*Péking: histoire et description*，Paris：Desclée de Brouwer，1902，p. 177. 这本书是 1897 年由北京天主教北堂遣使会出版的，后于 1902 年在巴黎出版。同样的一个画像也出现在 Gemelli Careri，*Giro del mondo*，1699.

⑤ 罗文炤画像下面显示了两个人名信息：第一个是 Ernest Monnin，一位版画家，活跃于 19 世纪的巴黎。参见 Emmanuel Bénézit，*Dictionnaire critique et documentaire des peintres，sculpteurs，dessinateurs et graveurs de tous les temps et de tous les pays*，Paris：Grund，1999，p. 762. 另一个人名是 Jaques-Alphonse Testard，可能是画家。

画像 3

画像 5

方人容貌,并且目光敏锐。该版画保存于法国国家图书馆,并收入
Henrion 爵士 1847 年写的《天主教传教史》。[①]

　　李明从中国带回欧洲的画应该是相对简单的,而后来在法国
丰富了一些,也才有了木刻板来做出各种版画。有可能画像 1 比
较接近李明从中国带来的画,首先因为画像 1 相对简单,而且罗文
焄也比较像中国人一些,如眼睛、胡子、穿着打扮。与此相反,在其
他的画上罗文焄已经被摆在一个相对丰富的背景中,人物端坐在
椅子上、房间中置有华丽的台几。为了强调他在教会上的身份,还
画有多明我会的十字架,及标志着其为主教的象征物,如主教帽、
主教权杖等。此外,画像 2 还添加了远东的特色和趣味,如后边的
中国式的小方几以及摆在上面的香炉等物品。这些特征都是符合
Gaignières 所喜欢的风格,即把人物构建在一个能使其栩栩如生
的环境中。另外,画像 1 罗文焄的头微微向左转、左手拿着十字
架,而画像 2、3、4 中罗文焄的身体正好是稍微向右转,右手拿着十
字架,很可能是翻刻版画时的镜像效果。后来所谓的李明所使用
的木刻像被用来做成不同的版本,其中有的被带回中国,于是才有
了徐家汇天主堂的木刻像。

2. 南京主教区的建立

　　罗文焄去世的时候,南京宗座代牧已经被提升为南京主教区
了,罗文焄被任命为该主教区的主教。然而这个消息却是在他去
世之后才从罗马到达中国的。实际上,南京主教区的建立还是隐
含着各个国家与修会之间关于管理权的争斗,并且此问题在罗文
焄去世之后变得更为严重,从中可见罗文焄所拥有的中国人身份

---

　　① 参见 Henrion, *Histoire générale des missions catholiques*, p. 400.

以及他因此而具有的较为中立的角色的重要性。

南京主教区的建立背后有葡萄牙、法国和西班牙三国相互争夺在中国教会结构中权力的背景。首先,罗马教廷希望通过法国籍的宗座代牧来削弱西葡两国的保教权。该计划受到了来自西葡两国的反对,葡萄牙和耶稣会士阻挠法国宗座代牧对亚洲教会的掌控,法国宗座代牧进入中国并公布宣誓指令又引发了西班牙传教士的反抗,而最后法国耶稣会士的到来,也同样激起了部分葡萄牙保教权下耶稣会士的强烈反对。综合考量之下,罗马教廷虽然希望增强对中国传教区的控制,但同时也只能跟各国和各修会保持良好关系,而身在传教区的传教士也一直在等罗马教廷针对中国教会的情况做出有利于他们的决策。

前文已讲到罗马教廷通过葡萄牙派传教士时所遇到的困难,宗座代牧制度的计划也没有能够在中国顺利地实现。于是罗马教廷在与葡萄牙协商后,决定于 1690 年 4 月 10 日建立三个主教区:一、澳门主教区,管理广东、广西以及澳门周围的岛屿;二、北京主教区;三、南京主教区。[①] 于是,谁任主教区的主教成为了争论的焦点,而且情况显得比较混乱。葡萄牙和耶稣会士希望北京主教区落在他们的手里,这就意味着要避免罗文炤(或即将要继承他职位的副主教余天民)或者伊大任主教管理北京的主教区。1690 年初,罗马教廷驻葡萄牙大使 Francisco Nicolini 以及传信部秘书长给伊大任写了一封信,通知他罗马教廷决定建立这三个主教区,并且任命伊大任为北京主教、罗文炤为南京主教。[②] 虽然好像罗马教廷已经做出了这样的决定,但是实际情况仍旧比较复杂,因为葡萄牙和耶稣

---

① 有关新建北京和南京主教区的教宗训谕,参见 SF V, p. XLVII. 该教宗训谕没有指定北京主教区和南京主教区的具体管理范围。

② 传信部秘书长 Cibo 于 1690 年 1 月 22 日写给伊大任的信,APF, Lettere 79, ff. 64 - 65. 任命伊大任为北京主教的教宗训谕,见 BNF, Fr. 9771, ff. 33v - 34r;任命罗文炤为南京主教的教宗训谕,见 BNF, Fr. 9771, ff. 37r - 38r.

会士还是想获得更大的权力,所以通过在通讯等方面的优势,希望再跟罗马教廷商量该决定。或许是因为这个原因,葡萄牙国王于1691年3月23日给伊大任写了一封信,表示已经把他向罗马推荐为南京主教了。[①] 至于葡萄牙国王对罗文焖的打算,则可以从罗马教廷驻葡萄牙大使的一封信中获悉。1691年是罗马教廷内部发生变化的一年,恰逢教宗于2月去世,新的教宗英诺森十二世继而上任。

1691年12月17日罗马教廷驻葡萄牙大使 Sebastiano Antonio Tanara 给罗马教廷写了一封信,信中传达了葡萄牙国王佩德罗二世(Pedro II)有关中国主教的方案并附加了一份报告。[②] 教廷大使写道:"我很荣幸向您报告葡萄牙国王的愿望,并附加一份相关报告,他希望罗文焖主教从中国北京被调到日本去,他的职位由耶稣会士罗历山神父替代。"[③]该报告指出,罗文焖不具备足够的知识,不能担任中国京城的主教职位,[④]进而提出了这一惊人的方案,即葡萄牙国王觉得罗文焖可以任日本传教区主教,同时保

---

① 葡萄牙国王1691年3月23日写给伊大任的信,SF V, p. 329, n. 11. 葡萄牙国王一直想避免伊大任担任北京主教,所以任命伊大任为北京主教的教宗训谕一直被拦,迟迟到不了中国。1696年耶稣会士罗历山已经收到了任命他为南京主教的教宗训谕,但是任命伊大任为北京主教的教宗训谕依然没到达中国,而且葡萄牙国王还提出伊大任可以去担任马六甲的主教职位,并建议他先不要住在北京城。参见伊大任1696年9月17日写给葡萄牙国王的两封信,SF V, pp. 338 - 339;342 - 343.

② 参见 APF, SC Indie Orientali e Cina, vol. 6, ff. 92r - 97r.

③ 参见 APF, SC Indie Orientali e Cina, vol. 6, f. 93r. 罗历山神父是葡萄牙保教权下耶稣会中国副省会的耶稣会士。

④ 参见有关北京教会的报告,APF, SC Indie Orientali e Cina, vol. 6, ff. 94r - 97r. 虽然罗文焖在教宗训谕中被任命为南京主教,但是在一些文献中会把他写成北京主教,如《古代中国人祭孔祭祖记录》(*Anciens mémoires de la Chine, touchant les honneurs que les Chinois rendent à Confucius & aux morts.* Lyon: Collège de la Sainte Trinité de la Compagnie de Jésus, 1700; Paris: chez Nic. Pepie, 1700, p. 248)。由此亦可见当时有关中国教会管理权的复杂情况。有可能罗文焖曾被提出担任北京主教,这样的话,最重要的就是把握谁是他的副主教与继承人。因此,葡萄牙国王也希望让一位耶稣会士担任副主教,以保证对主教区的控制。

证会在澳门给罗文炤安排其主教公署。紧接着还说任命罗文炤为主教的通知在3月份才能送到中国,因为在等耶稣会士斯皮诺拉(Carlo Spinola)带一批传教士一起入华。葡萄牙国王在方案中提出斯皮诺拉可以做副主教,同时提出罗历山为北京主教以及伊大任为南京主教。总之,葡萄牙国王(或者耶稣会士)不希望罗文炤和伊大任担任北京主教,也因此而故意耽误寄出罗马教廷的教宗训谕并借机提出一个新的方案来掌控北京的主教职位。罗马教廷在收到驻葡萄牙大使 Tanara 寄来的信和报告之后,拒绝了葡萄牙国王的方案,并于1692年1月19日给罗文炤写信,通知他罗马教廷的决定。① 这封信是由斯皮诺拉负责带到中国的。除此以外,在1692年传信部秘书长写给伊大任的一封信中,也把伊大任和罗文炤分别称为北京主教与南京主教。② 葡萄牙国王与耶稣会士看到罗马的决定如此坚定,只好不情愿地接受,同时找办法耽误教宗训谕被送到中国。

罗文炤在去世之前,把南京宗座代牧的管理权给了余天民。余天民和其他宗座代牧一直等待罗马发来的消息与教宗训谕,但是葡萄牙人与耶稣会士能够掌控从罗马来的通讯,导致中国传教区对宗座代牧的任命一直处于茫然状态。虽然已经从罗马来的信中称伊大任为北京主教了,但是1694年余天民在他的书信中反映,从果阿来的一个信息说耶稣会士罗历山被任命为北京主教。③ 1695年罗历山被任命为南京主教的教宗训谕终于到了传教区,而伊大任的任命训谕一直没到。余天民认为,这是因为被葡萄牙政府拦住了,要么没能在葡萄牙港起航,要么在果阿又被带回葡萄牙

① 传信部秘书长 Cibo 于1692年1月19日写给罗文炤的信,APF, Lettere 81, ff. 73v-74r.
② 传信部秘书长 Cibo 于1692年1月19日写给伊大任的信,APF, Lettere 81, ff. 70v-71v.
③ 参见余天民1694年9月27日写给颜珰的信,SF VI, pp. 133-135.

了。余天民以及法国宗座代牧尤其关注的是,宗座代牧制度是被取消了还是宗座代牧与主教都会继续并列存在。[①]　虽然罗文炤已经去世了,但是罗马教廷还没收到他去世的消息,所以 1692 年 1 月 19 日传信部秘书长 Edoardo Cibo 红衣主教还给罗文炤写信,通知其新的任命。按照余天民的说法,该信到达中国时已经是打开着的,而耶稣会士马上在澳门做了抄本,并寄给中国的传教士,希望早日取消宗座代牧的权力。余天民却表示,传信部秘书长在信中指出,只有伊大任和罗文炤主教就任了主教职位,宗座代牧的权力才能被取消。可见在罗文炤去世之后,中国传教区的管理权纠纷还在继续上演,并且愈演愈烈。在几番冲突过后,方济各会士伊大任、耶稣会士罗历山、嘉素(João de Casal)最终分别就任了北京、南京与澳门的主教职位。[②]

[①]　这种模糊的情况带来了一些问题,见 SF IV, pp. 546 - 554.

[②]　后来宗座代牧制度又恢复了,但是这些问题已经超出本书的范围,可参见 Moidrey, *La Hierarchie Catholique*.

第五章 罗文炤与中国礼仪之争

　　欧洲传教士进入中国之后开始注意到中国人的祭祖祭孔等礼仪活动，并开始讨论受洗入教的中国教徒是否可以保留这些礼仪。他们对这些礼仪进行分析，判断其是否归属于宗教的范围，同时也在考虑"天""上帝"等词是否可以用来翻译天主教的最高神Deus。[①] 不同传教士对这些问题持有不同看法，一些修士认为中国教徒可以保留这些礼仪，另一些则认为应该禁止。这些分歧不仅存在于不同的修会之间，就连各修会内部也看法不一，例如耶稣会士利玛窦与龙华民就各持己见，多明我会士万济国与白敏峩亦如此。但是后来耶稣会与托钵修会都尽量进行了内部意见的统

一,最后呈现出的是修会之间在礼仪问题方面的意见对立。① 耶稣会首先需要为自己修会所做的决定进行辩护与解释,因为为了得以在中国传教以及得到中国官方和文人的支持,利玛窦等耶稣会士放宽了天主教的一些要求,采取了相对来说适应中国本土情况的对策。至于托钵修士,一方面他们不赞同耶稣会自上而下的传教策略,另一方面由于他们一进入中国就受到了耶稣会士的阻挠,所以他们开始往罗马报告及批判耶稣会过于宽松的传教政策。② 于是各方纷纷开始编写报告和书籍来声援各自的看法,所谓的"礼仪之争"这样就产生了。

本来这个争论是一个教会内部的争论,应该由罗马教廷负责判断中国天主教徒可以保留哪些中国礼仪、使用哪些术语等问题,但是为了能够做出决策,则需要首先判断中国礼仪的性质,于是除了欧洲传教士报告自己观察的结果之外,他们也开始往罗马反映中国人对中国礼仪的看法,这就是所谓的礼仪之争中的"中国声音"。③ 对于中国人对中国礼仪的看法,有一点不容忽视,即罗文焘等中国教徒之所以参与到礼仪之争中来,主要是因为欧洲传教

---

① 以往对礼仪之争的研究主要是从天主教传教史角度来进行的,把耶稣会的立场跟多明我会、方济各会、巴黎外方传教会的立场对立起来。艾田蒲(Etiemble)从耶稣会的角度研究礼仪之争,而库敏士(Cummins)教授也分析了托钵修士在礼仪之争里的角色。参见 René Etiemble, *Les jésuites en Chine. La querelle des rites*（1552－1773）, Paris：Julliard, 1966；James Sylvester Cummins,（ed）, *The Travels and Controversies of Friar Domingo Navarrete 1618 - 1686*，2 Vol；J. S. Cummins, *A Question of Rites: Friar Domingo Navarrete and the Jesuits in China*.

② 后来他们碰到了一些共同要处理的问题,也发现法国宗座代牧与神父成为了一个共同的"敌人",所以耶稣会与托钵修会几次尝试解决他们之间在礼仪问题上的不同立场与做法,以共同应对法国宗座代牧。

③ 近些年随着国际汉学的快速发展,对中国各个方面的研究越来越多,"礼仪之争"的研究也受到了关注,随之而来的是学术界开始强调中国教徒的角色,也开始大量分析与出版中国教徒与传教士用中文写的天主教文献,分析这些文献在礼仪之争中的作用。

士把他们带进来的,所以,他们所发出的"中国声音"未必纯粹。①

前文提及,耶稣会士李西满为了反驳多明我会士万济国的论著,请求中国教徒李奕芬写一篇驳斥其论著的文稿,并因此给予他一定的奖励,而且耶稣会士方济各可以在此基础上进行更改直到最后的定稿。由此可见,中国天主教徒是被动地参与了礼仪之争。因而进一步研究罗文炤如何参与有关中国礼仪问题的讨论,以及进一步分析归在他名下的《论中国祭祖祭孔礼仪》,有利于深入了解礼仪之争中的"中国声音"。

因为只有在罗文炤达到一定地位的时候欧洲传教士才把他带入礼仪之争,所以罗文炤在礼仪之争中所扮演的角色可以分为两个阶段:在第一阶段,他没有被邀表达有关礼仪问题的看法,只是目睹礼仪之争的爆发,由此意识到耶稣会与托钵修士存在分歧。作为教徒、传道员与神父,他也同样目睹了多明我会士与一些中国教徒的争论,这些争论体现出儒教与天主教的分界线在中国教徒眼里是比较模糊的。他在 1670 年代已经做了一段时间神父并被推荐为主教,所以他的一些行为和言论开始受到关注。但是现存于世的这方面的信息少之又少。在第二阶段,即第二次被任命为南京宗座代牧之后,罗文炤开始获得更多的关注,并被邀表达对礼仪之争的看法,随后,归入他名下的《论中国祭祖祭孔礼仪》问世,

---

① 关于中国教徒在礼仪之争的声音,学术界有不同的说法,如"被忽略的声音"或"不同声音",参见黄一农:《被忽略的声音:介绍中国天主教徒对礼仪问题态度的文献》,台湾《清华学报》第 25 卷第 2 期,1995 年,第 137—160 页;韩琦、吴旻:《"礼仪之争"中教徒的不同声音》,《暨南史学》第二辑,广州:暨南大学出版社,2003 年,第 455—463 页。有关中国教徒在礼仪之争的角色与文献,也可以参见 Nicolas Standaert, *Chinese Voices in the Rites Controversy*,*Travelling Books*,*Community Networks*,*Intercultural Arguments*. 在礼仪之争的研究中,不能忽略中国教徒的声音,但同样不能忽视的是,被介绍到罗马的不是中国教徒的自然的声音,因为首先这个声音不是"录下来的",而是被转换成书面表达,是经过修士的安排与编写的,所以在一定程度上可将之称为:"欧洲传教士声音的中国回声"。

并被带到了罗马教廷,此外传教士还尝试过让他签一份所有传教士使用的《丧葬仪式》。虽然在阐述罗文炤的生平时已经对这些事情有所介绍,但我们还是要在下文加以总结,并对《论中国祭祖祭孔礼仪》作更进一步的分析。

第一节 天主教、中国教徒
与中国礼仪

如前所述,西班牙托钵修士分别在 1635—1636 和 1648—1649 年间,在福建和马尼拉完成了几份报告,向罗马教廷汇报礼仪问题的重点以及耶稣会士在中国传教区的处理方法。在这些报告中,托钵修士描述了中国人祭祖祭孔、在礼仪中求恩求福、保留祖先牌位等行为,认为这些行为属于宗教领域,而耶稣会却未加以禁止。报告中有几位陪伴托钵修士的福建教徒文士为这些事作证,这是欧洲传教士第一次把中国人拉入礼仪之争中,也是中国教徒第一次意识到耶稣会与托钵修士在这些问题上存在分歧。罗文炤当时没有被拉进去参与此事,这或许是因为他的社会地位与文化水平不如被选中的教徒高。罗文炤于 1637 年随方济各会士到北京,并参观了耶稣会教堂。他看到了耶稣会教堂里的情况,方济各会士似乎是向罗文炤等两位福建教徒指出了耶稣会士的一些不应该被允许的做法。从北京回来之后,罗文炤跟其他教徒沟通了这件事情。① 所以应该就是在这段时间,罗文炤开始意识到耶稣会与托钵修士之间的分歧,也意识到托钵修士不赞同中国教徒保

---

① 起码后来在马尼拉做的法律报告中,福建教徒阮安当(Antonio Collado)做过这样的证词。罗文炤在北京所见到的情景只能靠欧洲传教士的史料来判断,参见第一章。

持一些中国礼仪。

　　可能从一开始托钵修士就与罗文炤讨论过祭祖、祭孔等礼仪，可惜留存下来的文献很少提到罗文炤的态度。不过，多明我会的史料中记录了几位中国教徒与修士的讨论，反映出中国教徒如何接受了托钵修士所传播的思想，尤其是与礼仪问题关系比较密切的话题，如孔子的身份、祭祖的意义等。文献中有朱宗元、李九功、李奕芬、严赞化、严谟、祝石等文士教徒与传教士的往来与讨论的记载，而这些教徒跟罗文炤应该多多少少都保有一定的联系。多明我会士与这些教徒的争论显示了传教区全景的一角，能够帮助理解多明我会士与罗文炤所处的背景环境以及所面临的问题，下面我们将列举几例在福建地区有关祭祖祭孔的讨论。

　　多明我会士黎玉范在一封信中，对由耶稣会洗礼的中国人继续祭祖祭孔一事进行了批判，反对用"圣"字来同样指代孔子、天主教的圣人与天主圣三位一体（Santísima Trinidad），①他的评论集中于中国人是否把孔子理解为圣人，祭孔是否属于宗教范围的礼仪等。后来万济国于 1660 年在浙江兰溪与祝石讨论过孔子，记录下了颇为有趣的情景：祝石"很肯定地告诉我，孔子在天堂"。万济国感到惊讶，并提醒祝石作为天主教徒不应该如此肯定地说这样的话。谈及祝石的反应，万济国描述道："他一听到这个，脸色都变了，站起身，来到我旁边，很生气地告诉我：'什么?! 您说孔子在天堂是不对的吗？ 等到最后审判，我会用指头给您指出孔子在其他圣人中……'"接着万济国还写道："虽然我跟他讲了很久，他还是保持自己的看法。与另一位名为 Juan Chîn 的教徒也发生了相同的情况，但他却还是被说服了天主教徒不能那么确定地说一位

---

　　① 黎玉范 1639 年 2 月 15 日写的报告（"Avisos del P. Juan Bautista de Morales en orden a las opiniones que los Padres de la Compañía siguen en China"），BC, ms. 1074, f. 86v.

非教徒在天堂……另一位准备受洗入教的教徒文士跟我说,孔子当然跟其他圣人、早期教父一样升到天堂了……倘若去问更多的教徒,他们也会一样回答。"①如果万济国的表述属实,那么从祝石等教徒把孔子与天主教的圣人并列这一点,可见中国教徒对儒教与天主教存在混淆的可能性。另外,好像祝石并不把万济国神父视为教义方面的权威。还有比较值得一提的角度,如浙江教徒朱宗元,"对于程朱等儒家圣人,朱宗元亦认为,如果他们不从天主教,亦不会上天堂,即不从'身教',则同样不会'上陟'天堂"。② 当时罗文炤的周围在热烈地讨论有关孔子身份、祭孔以及天主教与儒教的关系。

众所周知,耶稣会士入华后,逐渐确定采取"补儒易佛"的策略。传教士当时左右为难:如果强烈反对一些儒家礼仪,则容易引发碰撞甚至反教活动,但如果采取妥协并允许一些礼仪,则容易致使天主教与儒教在中国混淆不清。通过上述文献可见,大部分教徒文士的角度很明确,不愿意放弃儒家系统。虽然罗文炤不是文士,但是他在升任主教后对利安当墓的表现,或许可以从儒家系统去理解,他所表示的感激和孝道正是在他获得教会职务后,很像《家礼》中所规定要向祖宗表示的:"均系祖宗教导有方,有以致之。"包括罗文炤在内的中国教徒,在一定程度上应该还是从中国传统的概念去理解天主、天主教以及天主教神父的角色,所以一直有天、天学、西儒等说法。

除了祭孔的问题,前文也提及万济国在福州问过李九功有关中国非教徒祭祖时是否求恩求福,李九功回答说非教徒求恩求福,

---

① 以上引文出自万济国于 1680 年撰写的有关中国礼仪问题的著作,BC, ms. 1070, f. 34r.

② 参见肖清和:《"天会"与"吾党":明末清初天主教徒群体之形成与交往研究(1580—1722)》,博士学位论文,北京大学,2009 年,第 56—57 页。

教徒不求,但他又表示不明白既然中国天主教徒不求恩求福,为什么万济国还不允许中国教徒参加这些礼仪。[①] 万济国在他的报告中想证明的是,天主教徒所说的有关中国礼仪的描述是值得怀疑的,因为他们会否定中国礼仪有宗教意义,但是如果给他们换了角度,让他们从非教徒的角度去解释中国礼仪,反而他们会承认中国人在祭祖祭孔的礼仪上的确求恩求福,所以万济国推理说这些活动具有一定的宗教意义。依照万济国的提醒,中国教徒在礼仪之争中的声音是需要谨慎分析的。万济国提出了在判断包括罗文炤在内的中国教徒对中国礼仪问题的态度时,需要这些教徒在礼仪问题上的三个方面进行分辨:他们的具体行为、他们对这些礼仪的认识程度以及他们对这些礼仪的言论。这三个方面不一定一致,更何况中国教徒的声音都是由传教士介绍到罗马去的,无论是耶稣会士还是托钵修士,所以中国教徒"所言"未必代表其真实所想或所为。罗文炤在礼仪问题方面的言行也一样都是通过欧洲某一个修会的角度被介绍到罗马去的。

　　关于罗文炤本人对礼仪问题的看法,首先要追溯到多明我会士万济国与耶稣会士何大化在福州的争论。万济国在他的书中写到,罗文炤在福州当着何大化的面说过,非教徒的确会在祭祖的礼仪中求恩求福。[②] 由此可知,罗文炤不仅目睹了礼仪之争的爆发,还一直处在耶稣会、教徒文士、多明我会士之间的争论中。礼仪之争在17世纪末变得愈发尖锐的时候,传教士也做过有关罗文炤立场的一些表述,这主要是因为罗文炤成为了神父和主教之后,他的所作所为便受到了周围修士的关注。例如根据利安定的记载,罗

---

①　参见万济国于1680年撰写的有关中国礼仪问题的著作,BC, ms. 1070, ff. 127v-128r.

②　参见万济国于1680年撰写的有关中国礼仪问题的著作,BC, ms. 1070, ff. 127v-128r.

文炤在罗源县允许了中国教徒在自己家里保留祖先牌位。① 至于使用"天"来指代天主教的天主，后来修士也提醒说罗文炤对皇帝送来的"敬天"匾额表示赞同，同意把该匾额挂在福安教堂门上。

其次，多明我会士 Francisco Luján 神父来到传教区时，对诸如此类的做法非常不满，他本来要担任的角色是协助罗文炤主教，但是后来他推掉了这个职责并决定离开传教区，去罗马报告传教士在中国允许各种异常做法。当时很有可能罗文炤等周围的中国教徒与 Luján 神父的看法不一致，所以 Luján 的反应间接地反映出，罗文炤在中国礼仪问题上跟其他中国教徒及耶稣会士的态度相似。

最后，耶稣会士在罗马也提到罗文炤的墓志上使用"天学"来指代罗文炤传播的天主教，罗文炤被写作"天学司铎"，对此他们所得出的结论是，连罗文炤主教都允许使用"天"这个词来指代天主教的天主，因此在教堂悬挂"敬天"匾额没有问题，用"天"和"天主"均可。

另一个值得指出的问题是，中国教徒文士、罗文炤、欧洲传教士在礼仪问题方面互相影响的程度。首先可以肯定的是，中国文士一定影响了罗文炤在礼仪方面的看法。因为按照几位传教士的记载，由他署名的《论中国祭祖祭孔礼仪》是在周围几位教徒文士的帮助下完成的，其中之一是严赞化。严赞化的儿子严谟后来反驳了多明我会在礼仪问题上的立场。而后来由罗文炤签署的《丧葬仪式》也一样是中国教徒文士李奕芬编写的。李奕芬及其父李九功都曾帮助耶稣会士撰写有关礼仪问题的书籍，李九功也曾跟罗文炤一起出版过天主教的书。② 其次，罗文炤一直陪伴在西班

---

① 参见利安定 1695 年 10 月 17 日反驳 Marron 与马熹诺的两份文献，SF VII, pp. 296 - 297，317；Menegon, *Ancestors*，*Virgins*，*and Friars*, pp. 287 - 289.

② 李九功与罗文炤帮助了赖蒙笃等多明我会士出版《形神实义》。参见 Chan, *Chinese Books and Documents in the Jesuit Archives in Rome*, pp. 165 - 166.

牙托钵修士身边，而且会西班牙语，所以他本人应该也对西班牙修士有所影响，如方济各会士利安定①、奥斯定会士白万乐②以及1670年代末来华的欧加略、Andrés López、Juan de Santo Tomás 等多明我会士。

综上所述，在罗文炤被任命为主教之前，有关祭祖祭孔的讨论已经很热烈了，通过上述文献也显示了一个重要的问题，即罗文炤等中国教徒在他们自己传统的概念和礼仪以及刚刚接受的天主教教义与礼仪之间，能够在何种程度上进行区分。此外，我们还强调了这些教徒的行为、意识与言论未必一致，他们对礼仪问题的看法要放在欧洲人之间的礼仪之争的背景下去理解。

第二节　在礼仪之争中的关键时刻

罗文炤被任命为主教后，谁能够在他身边影响他、谁能担任他的副主教便成为了一个十分重要的问题，因为这个人将可以决定罗文炤在中国礼仪之争中所发表的看法。此时耶稣会与托钵修会也正在讨论中国礼仪以及交换书籍，并希望在福建、广州或者马尼

---

① 利安定经历过一个适应的过程，罗文炤在罗源的做法一定对他有所影响，他批判了一些顾虑太多的传教士。我们不完全同意 Margiotti 的看法，Margiotti 强调了方济各会士在17世纪对礼仪问题的转变，这个转变是毫无疑问的，但是要对方济各会接近耶稣会的看法做一些解释，因为实际上方济各会士坚持了与耶稣会不相同的一些核心看法，他们在广州有关《丧葬仪式》的争论可以证明他们之间存在着差别。而且利安定发现方济各会伊大任在中国担任宗座代牧，余天民担任另一位宗座代牧的副主教，他自豪表达了方济各会在中国传教区暂时占有的优先位置。所以从广州的意见分歧以及利安定的自豪情绪，可以证明方济各会与耶稣会的关系。参见利安定1689年12月19日的信，SF III, pp. 577 - 578；Margiotti, "L'atteggiamento dei francescani spagnoli nella questioni dei riti cinesi", pp. 125 - 180.

② 前文谈到他表扬了罗文炤的才华，下文还会看到，后来白万乐表达对礼仪之争的看法时，也一直提到罗文炤的态度和看法。可能由于罗文炤配合了他所设计的反抗法国宗座代牧的策略，因而对罗文炤产生了友谊和信任。

拉解决他们之间的争论。在这样的背景下，罗文焰就变成了焦点，尤其是在他去马尼拉前后。

巴黎外方传教会陆方济神父与多明我会闵明我以及多明我会省会长所酝酿的计划没能实现。第一位被指派负责协助罗文焰的神学家是多明我会士 Luján，在经历了中国传教区的复杂情况后，Luján 决定启程去罗马报告耶稣会士在中国的异常做法，后来的多明我会神学家马熹诺也不愿意担任这个角色，也无奈地表示罗文焰不听从他的意见。罗文焰前往马尼拉之前，多明我会士万济国对此表示担心，他跟多明我会省会长 Antonio Calderón、中国会长许伯多禄等人试图把罗文焰留在菲律宾，不让他以主教的身份回到中国，以免他给出对耶稣会士有利的看法。他们认为罗文焰的看法不代表多明我会，而且他学问不够，没有能力来判断此事。事实上，罗文焰的确没有神学等方面的渊博造诣，而且他写的报告似乎也是在其他中国教徒与耶稣会士的组织之下完成的。

罗文焰没有受相对极端的多明我会士 Luján 的监督，万济国也没能对罗文焰起到影响。① 反过来耶稣会士以及一些起缓和作用的托钵修士应该是把他说服了，让他参与到礼仪之争的讨论中去。有威望的多明我会神学家 Juan de Paz 在马尼拉起到了重要的作用。这位修士回答了一些有关礼仪之争的疑问，例如多明我会士欧加略和 Andrés López 请求他考虑在什么方面可以对中国礼仪保持相对宽容些的态度，而他给出的答复是在一定程度上允许有相对宽容态度，以至于后来马尼拉的其他多明我会神学家如 Bartolome Marrón，表达了对他学问的质疑与对其所持立场的不

① 万济国一直指出他和罗文焰在礼仪问题上没有改变耶稣会士在福州等耶稣会教堂的做法，他在福安教堂也没有反对挂御赐"敬天"牌匾。虽然在实践方面做了一些妥协，但是他在理论上一直在祭祖祭孔等礼仪问题上反驳耶稣会士，希望罗马教廷能够对这个问题有一个真实的理解并做出判断。罗文焰却配合了耶稣会，向罗马提供了有关礼仪问题的有利于耶稣会立场的报告。

满。罗文炤本来要跟多明我会士 Andrés López 一起去马尼拉,但万济国却对这位传教士突然不经过他同意要陪罗文炤去马尼拉而感到惊讶。按照耶稣会士方济各记载,Andrés López 跟 Juan de Santo Tomás 两位多明我会士都比较支持跟耶稣会士协商调和中国礼仪之争,所以 Andrés López 向马尼拉提交了上述问题,Juan de Santo Tomás 也希望罗文炤可以参与这个讨论并推动不同传教士找到一致的做法。① 然而不能忽略的是,在这个讨论过程中,托钵修士也指出耶稣会一点都不让步。②

在这个过程中,罗文炤在广州处在耶稣会与托钵修士中间协助传教士交换书籍,从马尼拉回来时也把 Juan de Paz 写过的有关中国礼仪的书带回中国,将其作为参考书。其实耶稣会巡按使一直在做安排,先是提出 Juan de Paz 充当解决礼仪之争的核心人物,然后安排罗文炤通过广州和澳门到马尼拉的去程。更为重要的是,来自马尼拉的耶稣会士杜加禄神父以及居住在澳门的方济各神父帮罗文炤把有关礼仪问题的中文草稿翻译成西班牙语。此外,之前南怀仁在他的书信中也已经指出罗文炤是愿意支持耶稣会的。

前几章已经对上述内容做过更详细的介绍,包括罗文炤在马尼拉期间所发生的事情,此处不再细讲。至于礼仪之争的结果,耶稣会与托钵修士还是未能达成一致,等到罗文炤受祝圣后才又围绕着罗文炤主教开始重新讨论这些事情。罗文炤、耶稣会士方济各、方济各会士利安定、新来的意大利方济各会士伊大任主教以及罗文炤的副主教余天民神父聚在一起继续讨论礼仪问题。很难判断罗文

---

① 不过前文已提及,Juan de Santo Tomás 的建议主要是让罗文炤不去马尼拉受祝圣,留在中国并以多明我会士马熹诺为神学顾问。所以要避免简单地把 Juan de Santo Tomás 的说法看成是他赞同耶稣会士。

② 表现在方济各会跟耶稣会在广州的讨论,如后来的《丧葬仪式》的讨论,以及白万乐书信中一直表示对耶稣会的支持,同时也请求他们做些让步。

炤在此次讨论中的立场，①因为各方还是一直希望把他拉到自己一边，让他签署有关规定天主教徒应该如何举行葬礼的决定。结果是罗文炤最后没有对任何立场表示肯定，把这件事情又拖到他去南京就任宗座代牧职位时。1685 年和 1686 年耶稣会士、罗文炤及其副主教继续对祖先牌位上写的字进行讨论。余天民 1686 年才把托名罗文炤的《论中国祭祖祭孔礼仪》加以完善并翻译成拉丁文。

第三节　罗文炤与严谟的关系

上述主要是以西文文献讲述了罗文炤在礼仪之争的角色。通过多明我会的史料还略微显示了修士与中国教徒有关中国礼仪的一些碰撞。接下来我们想从中文文献的角度对于罗文炤的角色做进一步补充，尤其是罗文炤与福建教徒文人严谟之间的关系。严谟（1640—？），字定猷，洗名保禄，1709 年贡生，漳州人，严赞化之子。为了配合礼仪之争，严谟在 17 世纪八九十年代撰有一系列作品，包括《帝天考》《庙祠考》《祭祖考》《木主考》《诗书辨错解》《存璞

---

① 很难判断的原因是他签名的每一封信都有一个特定的背景，也可能是由他身边的传教士代笔的，而且这些信都有一个特定的目的，所以不能对"罗文炤"之签名做表面的解读。在本书每个章节中，尽量对这些书信的编写情况与背景做介绍，并且对罗文炤的书信做过新的解读。比如，罗文炤于 1685 年写给罗马的书信中说："让我感到遗憾的是，我国的信徒很喜欢和蔼柔和的方式，希望我们对待他们像对待自己的孩子一样。老传教士就是以这个方式给他们'喂奶'，才得以争取到他们成为教徒。如果现在使他们落得像没有父亲的孤儿一样，他们会感到不习惯。因为我了解这个国家，我怕发生什么事而导致不可挽救的情况。所以我在您的脚下磕头，求您关心与照顾我这个国家，找个更温和的方式，因为这样才是最适合我们的本性的。"参见罗文炤 1685 年 4 月 10 日的信，González, *El primer obispo chino*, p. 163. 我们认为这封信大概是表达了罗文炤的态度，因为他绝对不支持严厉对待中国礼仪问题，他在耶稣会与方济各会之间似乎找到了一个中立的位置，但是也不能忽略这一封信的目的之一是支持他周围传教士的立场，以及抨击刚来的法国宗座代牧的严厉态度。

编《祭祖原意》《辨祭》《辨祭后志》《考疑》《草稿》《草稿（抄白）》《李师条问》《致穆大老师文两首、跋语一首》等。①

　　严谟的父亲严赞化曾经与李九功及其兄李九标一起，和艾儒略在福建各地游学传教。他们都属于一个非常紧密的文人团体，共同完成了《口铎日抄》，刻印后在中国教会内影响很大。② 严谟以及李九功的儿子李奕芬延续了长辈对天主教的支持，也跟他们一样撰写了有关天主教的中文书籍。前文提到李氏、严氏等文人在《丧葬仪式》以及《论中国祭祖祭孔礼仪》的编写过程都有一定的贡献，似乎都是由这些文人提供草稿，再让罗文炤签字的。我们通过西方文献记载已证明，罗文炤跟耶稣会士何大化、李西满、鲁日孟、杜加禄、方济各都有一定的往来，由于 1680 年前后的礼仪之争的原因，这些往来在史料中留下了印记，继而自然不难推断罗文炤跟这些欧洲修士身边的中国教徒文人也是有联络的。尤其因为罗文炤不是文人，所以他在被邀参加有关礼仪的讨论后必定会跟这些当地文人有所沟通。

　　1680 年前后在福建的传教士正好在收集各种书籍，为在马尼拉进行的讨论做准备，以便看看是否可以达成一些共识，或者来说服对方和罗马教廷自己的立场是对的。严谟撰写的《帝天考》《辨祭》《祭祖考》《考疑》《庙祠考》等中文书籍，很可能是在这个时期提供给西班牙修士与葡萄牙保教权修士作为讨论的参考资料。③ 通

---

　　① 参见黄一农：《两头蛇：明末清初的第一代天主教徒》，第 416—417 页。
　　② 李天纲：《中国礼仪之争：历史，文献和意义》，第 221—228 页。许理和先生将《口铎日抄》翻译为英文并详加注释（Erik Zürcher translated with Introduction and Notes, *Kouduo Richao: Li Jiubiao's Diary of Oral Admonitions*, *A Late Ming Christian Journal*, 2 volumes, Monumenta Serica Monograph Series LVI, Nettetal Steyler Verlag, 2007）。中国学界的研究，参见肖清和：《"天会"与"吾党"：名末清初天主教群体研究》，第 128—193 页。
　　③ 有关严谟的书中提到姓罗的信息参见黄一农：《两头蛇：明末清初的第一代天主教徒》，第 404—417 页。下面所引用的部分都来自这本书的这一部分，不再逐一加注释。黄一农还收录了其他学者的说法，如方豪、钟鸣旦和李天纲。

过这些书中的记载也可以发现,罗文炤首先查阅并转交了这些书,例如在《考疑》里严谟说:"此书乃呈进于罗、欧老师者,已蒙采取录寄万、夏二老师,谨将原稿呈览,以便采择。"黄一农认为"罗"为罗文炤,又说严谟还曾为欧加略《人类真安》一书作序,"知罗、欧二人对礼仪问题的态度可能较为友善或中立"。黄一农认为,因为严谟知道罗文炤与欧加略两位多明我会士态度比较友善中立,才请他们把书转送万济国和夏老师。通过西文文献可知,欧加略同时也向马尼拉请求 Juan de Paz 答疑,所以严谟的这本书应该是为托钵修士与耶稣会士正在进行的讨论提供参考的。现在有待解决的问题是,这是什么时候发生的,夏老师是谁。

黄一农教授提出严谟送书给罗、欧两位修士应该在 1684 年 9 月之后,因为按照他的说法欧加略是 1683 年进入泉州的,而罗文炤当时已经去马尼拉了。但我们已经通过文献证实欧加略在 1676 年就到了中国,所以他与罗文炤从 1676 年到 1682 年都在福建,当然罗文炤于 1684 年回中国后直到 1685 年到广州之前也在福建。因此上述两个时段均可被视为严谟呈送书的时间。

至于夏老师的身份和名字,黄一农教授认为是法国巴黎外方传教会的神父 Nicolas Charmot,可能是因为他的姓 Charmot 与夏字的发音相似。但是此人入华的时间跟上述的时间段不相符。很遗憾我们也未能确认究竟夏老师指哪一位,但在此提出两个假设。假设一:如果送书发生在 1684 年 9 月到 1685 年之间,那么我们认为这位夏神父可能是颜珰(Charles Maigrot),颜珰的中文名字之一叫嘉乐[1],是其法语名的音译,而夏字的音比较符合他法语名,并且正好罗文炤当时回中国是要找法国神父来讨论宣誓指令与礼仪之争。假设二:如果是发生在 1676 年至 1682 年期间,此人或

---

[1]　参见 SF VIII, p. 1030.

许是这段时间刚来华的托钵修士之一,如 Francisco Luján。① 然而无论如何,这份文献体现了罗文炤是在做中国教徒与修士之间的联络工作,并且严谟的书籍曾经经过罗文炤之手,所以很有可能其书中言论及其思想影响了罗文炤对礼仪问题的看法与论述。

在《辨祭》里严谟也说"谟则另有《考疑》一册……《考疑》一册之著,盖因万老师摘《礼记》《诗经》十数条,以证祭祖有来享、有求福,愚为考辨其原义不干求福之事,非真来格之言。今其原稿散逸,一时无存,不得抄呈。但罗、李、京都处已有,其书倘可采,祈便中寄音往彼处抄之,若得抄到,敢烦为草抄一本寄还,尤感也"。② 在这一段,黄一农教授也把"罗"解释为罗文炤,并认为这本书应该是 1685 年春撰写的。下文讨论罗文炤《论中国祭祖祭孔礼仪》时,还会提到严谟对罗文炤对祭字的分析产生的影响。

严谟《帝天考》一书应该也涉及了罗文炤,且他也处于严谟与欧洲修士之间的有关中国礼仪的讨论中。严谟在书首请求"费大老师"将《帝天考》一书"鉴俯采过各省罗、万、南、鲁、毕、聂、李诸位师"。黄一农同样认为"罗"指罗文炤神父。他按照这个假设还推算《帝天考》的编写时间为 1684 年冬至 1685 年春。他认为罗文炤没有被称为大老师意味着他应该还没有接受祝圣。另外,他对这些神父具体是谁以及这本书的意图也做出了解释,并认为严谟采取了较为中立的态度,希望能以此影响对中国礼仪批判最严厉的万济国等人。我们也和黄一农教授持一致看法,认为万、南、鲁、毕、聂、李就是当时正在讨论中国礼仪之争的主要修士,即万济国、

---

① 袁若瑟只指出这位神父中文姓 Han,但没提供姓的汉字。虽然与"夏"发音不通,但是根据万济国的记载,这位神父刚来华时中文进步很快,甚至敢评论并分析耶稣会士的中文书籍。除了他还有其他修士也是这段时间来华的,但是他们的中文姓氏也都不是"夏",参见 González, *Historia de las misiones dominicanas de China*,Vol. 1,p. 696.

② 《耶稣会罗马档案馆明清天主教文献》第 11 册,第 46 页。

南怀仁、鲁日孟、毕嘉、聂仲迁、李西满。至于费大老师的身份，钟鸣旦教授认为可能为耶稣会士方济各，而黄一农教授则提出可能是多明我会士费理伯，原因是费理伯 1682 年至 1688 年担任多明我会中国会长，可称为大老师。

　　总之，通过上述这些中文资料可证，罗文炤正好在严谟等中国文人教徒与各修会传教士的网络中，这些中文文献跟本书使用的西文资料所传达的意思是一致的。前文讲到耶稣会士李西满是如何听从南怀仁、毕嘉、方济各的指令在福建组织中国教徒写书来支持耶稣会的立场。罗文炤虽然没有这么高的学问造诣，但是他在地位得到提升之后顺理成章地被邀请参与寻找礼仪之争的解决方案，也参与到耶稣会巡按使与马尼拉的各个修会省会长商谈的协议中，鲁日孟和杜加禄以及会西班牙语的方济各等耶稣会神父、广州的方济各会士或多明我会士欧加略、万济国等修士，都尝试过通过罗文炤这个一脚踏入西班牙世界、用西班牙语为沟通语言的修士在其中做中介，在马尼拉和中国调解有关礼仪的争论。中文和西文资料都显示出，在这过程中罗文炤在严谟等中国教徒与修士之间转达资料、帮助协调或者被委托为各自的立场表态，他在当中充当的角色尤其重要，而像严谟这些当地教徒文士的参与也自然相当于填补了罗文炤本人在学问造诣方面的不足。

第四节　罗文炤署名的《论中国祭祖祭孔礼仪》

1.《论中国祭祖祭孔礼仪》的编写背景与不同抄本

　　罗文炤在一封写给万济国等多明我会士的信中写道：

　　如果耶稣会神父想要欺骗我,让我签署他的看法然后寄到罗马去并导致多明我会在罗马受到诋毁,那你们又为什么没有在中国事先提醒我?难道你们以为我这么笨、我是一个这么不好的修士、我会对自己的修会做出这么恶劣的事情吗?如果我有这么一个想法,那么早就会这么做了。还有,如果我在礼仪之争问题上是支持耶稣会神父的,你们作为多明我会中国会长为什么要让我写关于此事的东西?我自己是从来不会写的。我在这次要把多明我会的文稿以及我自己写的这些带过来,给圣玫瑰省博学的神父阅读,收集他们的意见,并等他们还给我之后把经过各个修会长和我自己签名的报告寄到罗马,等待罗马对这些争论给出最后的判断。如果你们因此就可以推理我是想把自己的观点或者耶稣会的观点置于其他观点之上,那么这就应该是因为我被骗了。①

从这封信的表述来看,多明我会中国会长曾让罗文炤写有关礼仪之争的报告,但同时罗文炤被认为反而签署了一个有利于耶稣会士的作品。前文已经提到,按照1682年和1683年罗文炤与耶稣会之间的书信往来,是有理由对罗文炤在到达广州之前已经有一个完整的中文作品一事进行质疑的,同时也很难确定那些他带来的用中文写的稿件是否是他本人写的,更何况目前未找到该作品的中文本。目前能找到的《论中国祭祖祭孔礼仪》抄本情况如下:

　　稿本 A:漳州,1681 年 12 月 12 日写的中文本。尚未找到,或许未真实存在过。

　　抄本 B:(广州,1683 年?)西班牙文抄本。原本 B0 未见,保存

---

① 参见罗文炤 1683 年 9 月 20 日写给多明我会士的信。

下来的是以下抄本：

抄本 B1：西班牙历史档案馆的西班牙文抄本，AHN，Clero Jes. 272/22.

抄本 B2：巴黎外方传教会档案馆的西班牙文抄本，AMEP，v. 426，ff. 207－218.

抄本 B3：里斯本阿儒达图书馆藏的西班牙文抄本，BA，49－V－19，ff. 90r－99r.

抄本 C：南京，1686 年 8 月 18 日翻译而成的拉丁文本，目前所见有两个：

抄本 C1：传信部的原译本，APF，SC Indie Orientali e Cina，vol. 3，ff. 74－84；APF，MV XXIII，91－114.①

抄本 C2：罗马耶稣会档案馆的抄本，ARSI，FG，726/I/2.

首先要提出的是，目前没有找到稿本 A，所以这份文献隐含的问题跟前面讲过的《兰溪天主教徒致罗文炤主教书》属一种情况，没法确定这份文献究竟是真实存在过，抑或传教士只是翻译了中国教徒提供的一些中文经典中的句子之后让罗文炤签字。《丧葬仪式》一书就属后一种情况，而且有几个人提过这本作品是由严赞化与另一位福建教徒文士一起替罗文炤完成的。

其次，在解读《论中国祭祖祭孔礼仪》时面临的第二个问题，是这几个抄本之间的关系。罗文炤 1682 年到了广州，1683 年从澳门启程去马尼拉。根据罗文炤与耶稣会之间的书信往来，罗文炤曾让耶稣会士杜加禄把他带来的中文草稿翻译成西班牙语。当时托钵修士与耶稣会士正在广州讨论礼仪之争，所以很有可能在《论中国祭祖祭孔礼仪》的编写与翻译过程中有不同修士为其提过意

_____

① 传信部的拉丁文抄本已被翻译成中文出版了。参见李伯铎译：《中国首任主教罗文藻论中国祭祖祭孔礼仪》，收录于张奉箴《罗公文藻晋牧三百周年纪念》，第 118—140 页。

见,以及对其进行了内容的增删,与《丧葬仪式》类似。将其西班牙语抄本 B 与拉丁文本 C 进行比较,可以发现有所不同。从 1683 年完成的西语抄本至 1686 年才完成的拉丁文本,经历过以下三次讨论:一、1682—1683 年间在广州和澳门,托钵修士与耶稣会士之间的讨论;二、1685 年罗文炤受祝圣后,方济各会士与耶稣会士方济各之间的讨论;三、1686 年罗文炤与其副主教余天民到南京之后的讨论。

再来看西语抄本 B,不同抄本显示存在某一个未保留下来的 B0 原件。首先,西班牙历史档案馆保存的抄本 B1,抄写者在末尾落款签名之后写了一个重要的注释:"请注意上面页边空白处的字,以及横线划出的部分,原件中就是像这样,有些部分不知是被作者或是其他什么人划掉删除了。至于里面出现的汉字,很多写得不对,不符合正确的汉语词汇,但原件中就是这样写的。"该文献上的确有些字写错了,例如在第 39 条上把"开元"写成"开文"。更加值得分析的是被划出来的那些部分,我们稍后会细讲。其次,巴黎外方传教会的抄本 B2 与 B1 基本相同,词汇比较准确些,容易阅读,比较完整。但 B1 和 B2 之间不同的是,B2 在页码旁边没有附加汉字,更重要的是那些 B1 被划出来的部分(所谓的在"原件"中被删掉的部分)在 B2 是不存在的。B2 应该是一位巴黎外方传教会的传教士带回欧洲的,在该抄本前面附加了两页,上面用法语提醒读者该作品与他看见过的另一个抄本(不是 B1)有一些不同,然后列出了不同之处,[①]对此我们稍后再给出分析。最后一个抄本 B3 是里斯本阿儒达图书馆收藏的抄本。这个抄本价值较低,因为它是后来对 B1 做的抄本。B3 保留了那些"被删掉的"部分,但是有几个"被删掉的"部分不在这

---

① 　AMEP, v. 426, ff. 205-206.

个抄本中被标记并划出来,而且没有附加汉字,更重要的是也没有抄本 B1 抄写者的那个注释。① 另外通过对西语抄本的分析还可以知道罗文炤署名的这部作品存在多个不同抄本,并且它们到了不同修会的手里。

拉丁文本 C1 是 1686 年寄到传信部的抄本,而 C2 是耶稣会士档案馆的一份抄本。抄本 C2 很有意思,因为有一位耶稣会士也在上面做了几处标注,且与抄本 B 有出入。这份文献封面记载着 Joannes Antonio Machado 于 1691 年 11 月 12 日把有关罗文炤的一些信息从罗马的一个档案馆做了一个抄本并提供给了耶稣会士,该信息抄自 Vincenzo Maria Fontana 于 1675 年出版的 *Monumenta dominicana* 一书,其内容为多明我会士闵明我向传信部和多明我会总会长做的有关罗文炤的表扬介绍,以及法国宗座代牧的代表在罗马提议罗文炤为宗座代牧等信息。② 可以想象耶稣会士在 1691 年是希望利用这些表扬罗文炤的记载来先抬高罗文炤的地位,再把罗文炤作品中有利于耶稣会立场的部分供给教宗与传信部参考。

2.《论中国祭祖祭孔礼仪》的结构与内容

《论中国祭祖祭孔礼仪》以条目的方式,讨论祭祖祭孔等中国礼仪问题。首先,所有抄本保持一样的结构:在卷首有个前言;第一章论祭字(这是抄本 B 的题目,抄本 C 题名为论祭祀);第二章论三代时期的祭祖礼;第三章论宋代的祭祖礼;第四章论祖宗的神

① 西班牙历史档案馆保留了原在澳门耶稣会档案馆的原件,而阿儒达图书馆收藏的文献是这个档案馆 18 世纪的抄本。虽然学术界经常以阿儒达图书馆所收藏的抄本做研究,但是透过对这些抄本的比较,能够突出西班牙历史档案馆所保留的原件的价值与优势,因为阿儒达图书馆收藏的抄本失去了这些细微的重要信息。

② Fontana, *Monumenta dominicana*, pp. 671, 697.

位;第五章论孔子;最后有结语,是罗文焵的个人最终意见。乍看上去,最明显的区别是拉丁文本 C 扩充了抄本 B,尤其是前言,并在第三章与第四章中间新插入了一个部分,题目为论祭祀(*De oblatione*),篇幅较长。其他地方也存在着一些细微的区别,略有增删。有读过抄本 B 的人注意到了这些更改,并标出来了。实际上这些部分在很多情况下正是传教士所讨论的重点,如中国人在礼仪中是否认为死者的灵魂光临现场,或者施行礼仪时是否求恩求福等问题。因此我们认为这些抄本实际上能够显示出罗文焵、耶稣会士、托钵修士与其他的中国教徒所经历过的一个持续的争论,由此而产生了《论中国祭祖祭孔礼仪》不同抄本的动态变化。

2.1　前言

前言先介绍了中国的信仰情况。最悠久的信仰可以追溯到 4 000 年前,中国人认为有个 Deus(上帝),有天使,有灵魂,还祭祀小门神、大门神、守日神、守窗神、守路神。之后,公元四十年佛教进入中国(抄本 B 写为"1 600 多年前")①,然后道教也盛行了。宋朝的时候程子、朱子批判了佛教和道教,否定了灵魂不死之说,否定了神、天神之存在。但是,原来的信仰也没有在中国完全消失,居于半信的状态。前言中明确了本书的目标为论述祭孔与祭祖礼,但他马上就提醒读者在中国有以下规定:"毁圣灭祖者斩"。在

---

① 罗文焵写给耶稣会士方济各的信中提醒他有关佛教进入中国的日期,因为方济各在一个草稿中写作在公元前佛教已经传入中国,信中指出佛教是"耶稣出生后第六或者第七个国王,或者更确切地说皇帝,才进来的……佛教是东汉的第二个国王的时候进来的,国王叫明帝",参见罗文焵 1683 年 1 月 26 日的信。

拉丁文抄本 C 中还补充一句："教会最大的难题即源于此！"①随后抄本 B 在前言的最后部分，列出罗文焯在诠释祭祖祭孔的问题上要用到的书籍：《礼记》《诗经》《书经》《春秋》《易经》；还有《孝经》，但说该书已不实用。

拉丁文抄本 C 在提到这些中文资料之前，还附加有一个篇幅较长的新补充，其目的是诠释几个字的意思，包括祭、庙、飨等字。② 首先依照严谟在《辨祭》中的做法，先把祭字分成不同的意思，第一个是这样说的，"祭之言察也，察者，至也，言人事至于神也"，从而显示"祭"不仅有祭祀（sacrificium）的意思，还有奉献（oblatio）的意思。在解释"庙"时也先指出，"庙者貌也，指人之容貌也"，接着解释祭拜已亡父母或祖先的内室或庙堂，供奉神明的殿宇或寺庙，又说"庙"还可以指文庙，但是文庙只有由儒家学士指定的时日才可入内祭祀。"飨"也是作为多义词介绍的，意为"接受些什么，享受些什么，准备、安排吃用……同时亦指献祭者的善心美意"和生者的宴会。抄本 B 原来在第三章后有一段文字来解释飨字的意思，但是在抄本 C 被删掉了，并在这个前言中展开解释飨字，用很长一段文字来引导读者对该字的理解。他提醒读者："读者可别诧异。"

所以抄本 C 借用了严谟的做法，并从一开始就把祭、庙、飨的意思给定义好了，之后自然地讲到祭祀本质以及祭祖祭孔的意义，又向读者强调"毁圣灭祖者斩"的危险，补充道"教会最大的难题即

① 罗文焯这样的开头已经是在暗示他的看法，因为他对反对祭孔祭祖会产生的危险后果做出了提醒。读者不要忘记当时刚发生福安与宁德的反教活动，而南怀仁在他的信中也在强调严厉的法国宗座代牧进入中国会威胁到中国传教区。1682 年和 1683 年罗文焯在广州与澳门写的信中也在描述并提醒宗座代牧进入中国会带来的反教反应。所以罗文焯的作品也是跟着这个思路的，可见南怀仁、李西满、方济各等耶稣会士当时成功地让罗文焯站到了他们的立场。或许也可以认为该作品不是 1681 年 12 月 12 日完成的，而是晚一点，在罗文焯到了广州、澳门一带的时候。

② Menegon, *Ancestors*, *Virgins*, *and Friars*, pp. 288 - 289.

源于此!"可见《论中国祭祖祭孔礼仪》从一开始就在表明一个态度,即严肃地对待礼仪所带来的问题,以及礼仪问题上存在的多层次的理解。

2.2　第一章:论祭字

　　这一章讲祭祀的本质,引用了《礼记》(《檀弓》《祭统》《祭义》)、《论语》、《中庸》、《诗经·商颂》,也介绍了宋代应氏、潭氏、苏氏、朱子和元代陈澔等人对这些所引段落的解读。[①] 内容方面是围绕着祭祀所蕴藏的意思。用陈澔的一个评论可以概括这个部分的核心争论:"有谁见过亡者回来,吃享为他供奉的祭品?"(抄本 B 第一章第二条)大体上可以说该作品中想表达的观念,偏向于把中国礼仪视为"心理学"与"社会学"范围的现象,认为中国人给逝者献物品是为了留住先人的记忆,以表孝敬。不过,这样的解读过于简单,该作品的内容不能被视为罗文炤的个人固有想法,"罗文炤之著作"实则融入了很多人的不同看法,而且在时间上是有动态发展的,因为抄本 B 与抄本 C 在这一章存在着一些细微但却重要的区别。从结构上来讲,抄本 B 的第一章有 14 条目,抄本 C 有 16 条。条目数量上存在差别的原因是抄本 C 的第 8 条在抄本 B1 中不存在,而 B1 的第 5 条在抄本 C1 分成了第 5 和第 6 条。但是,除了条目数量上的出入之外,抄本 C 对抄本 B 做了一些重要的增删。这些增删主要是为了更清楚地表明这些祭祀没有宗教意义,其更改部分如下:

　　抄本 B 第 5 条解释《礼记·祭统》的话,并用下面这句话来解释献祭者在礼仪上的善报:"对他们的孝敬,定能得到某些善报,非

---

　　① 应氏、潭氏、苏氏、朱子在各个抄本中的拼写有所不同,抄本 B 写的是 Im xi/Ing xi、Tan xi、Su xi、Çu çu/Chu chu;抄本 C 加了汉字。陈澔著有《礼记集说》。

属世上的东西,而是尊敬神明(espiritus)、父母、祖先以及君王的善报。"或许 1686 年翻译拉丁文本 C 的修士对善报的解释感到不满意,觉得大有歧义,所以把这句话改写成:"对他们的孝敬,定能得到某些善报,非属世上的东西,似乎跟着祭祀本身而来者,诸如:好名声、和睦、平安等;又因为祭拜祖先时,和家人或同族人集合一起,因而加强巩固了彼此亲爱与和睦相处的气氛;因此,愈勤于祭拜先人,就愈能增进对在世的父母、上司与君王的忠孝之情(这些皆可称为善报,而并非都想从亡灵身上获得)。"如此的诠释,把善报这个词所隐藏的歧义除掉,使中国礼仪显得比较"干净",中国礼仪被视为一个社会学的现象,没有任何宗教或迷信的瑕疵。

抄本 B 第 6 条解释《礼记·祭义》中的话,写道:"圣人受宠于上帝(los santos se gozan del rey supremo),孝顺子女受宠于父母(gozan de sus padres)。这个'受宠'(gozar)是从心理上而言的,用心看着(mirar con el corazón)他们而获得这个恩宠。"这句话在拉丁文本(抄本 C,第 7 条)中被改为:"如皇帝为光荣上帝而有意行祭(imperator dirigat intentionem suam ad honorandum xangty),或孝顺的子女为光荣其已亡父母而欲奉祭,均可安心行之。皇帝可向替尸行礼,同时亲手牵引畜牲行祭,因其只在尊敬天上帝君,无损皇上尊威。此外,皇后和官员们的夫人均应以虔敬、肃严而热诚的态度参祭,以取悦受祭者(desiderantes placere illis)。"将"圣人(los santos)"改为"皇帝(imperator)",删除了"圣人",以避免读者把这种礼仪看成具有宗教性。其他词汇的翻译也做了类似处理,如涉及献祭者与受献祭者的关系与祭品的意义,在解释受献祭者享受祭品,或者献祭者看见受祭者在礼仪中的享受而欣慰,看见(mirar)、受宠(gozar)等表示具体感知的词汇都被替换成表示献祭者心理活动的词汇:献祭者追思受祭者而光荣他们(dirigat intentionem suam ad honorandum,即用意于荣耀他们），或者献祭者对受祭者的美好而抽象的愿望（desiderantes placere illis，即以使他们愉快）。为了强化这种从心理学的角度对该礼仪的解读，拉丁文本还增加一个新的条目来进一步解释"飨"字（抄本 B 的 gozar，即享受；抄本 C 的 dirigat intentionem ad honorandum，即用意于荣耀他们）："第 8 条：石林叶氏解释'飨'字即'向'也，即指献祭者的意向指向受祭者之意。"①可见在编该作品的拉丁文本过程中，作者尽量"改良"原来的抄本，以避免读者认为中国人真正觉得死者在礼仪上光临现场并享受所供祭品而感到快乐。他要表示礼仪只是献祭者心理活动的外在表现，其目的为象征性地表示敬意。

抄本 B 的第 7 条很短："献祭者应该要表现出快要见到他已亡的人，所以冷天时节，要装作发抖的样子，以此显示看到了父亲发冷的样子（por considerar como que a su padre lo ven con frio）。"拉丁文本 C 改写并补充成："行礼不可太密集，因祭祀带来劳累与厌倦；但也不可太少，恐疏忽而变懒惰，从而忘记祭祀的本分。是故孝子当遵循理性规范，春秋二季举行祭祀。秋天，因为刚开始寒冷，孝顺子女追思父母去世而忧戚，故吊祭以意念之。春天时节，雨水频繁，大地满载花香，万紫千红，万物充满生气与色彩，孝顺儿女似见他们已亡父母回家而心动。是故在春季祭典上，用乐器吹奏以取悦亡灵；而在秋季中则不用乐器以表示他们的远离。"这些补充又一次显示献祭者不是看见具体的父亲在具体的天气环境以及对他们有具体的照顾（considerar como que ven con frio），而是心里的思念与应该感到的忧伤（tristari debet）。为了表示这种思念跟客观世界无关，新的补充首先对礼仪的时间与次数规定作解

---

① 新加的条目正好跟前言保持一致，即从语言上解释这个字的多义情况并选择最有利于耶稣会立场的意思。

释,选择开始寒冷的秋天与开始暖和的春天来祭祀只不过是一个任意的选择,即为了次数不要太多或太少。由此一来,对礼仪的解读就可以从客观条件转移到一个象征性的世界,天气的冷暖只不过就是一个献祭者的心理活动,子女在心里要感到的忧伤。新的条目删掉了原来条目所表示的具体的"发抖",具体的"冷"和具体的时节,这样以新的表述避免读者读出别的意思来。从这些编写和改动中可见,在罗马不同词汇的翻译可以带来意义的不同解读与判断,所以译者斟酌再三以使译文更符合自己的立场。

第8条抄本 B 讲祭祀的具体准备与步骤,最后写道"献祭当日恭迎亡灵光临,如在现场一般,因为也许他们在那里享受着祭品。孝顺子女必须这么想或者这么做"。在拉丁文本的相应条目(第10条)中,只这样写:"献祭当日恭迎亡灵光临,如在现场一般。"后面两句被删掉,而删掉的两句是很关键的,因为决定了对《礼记·祭义》可以得出不同的解读。罗马教廷看到后面两句是否会感到这些祭祀活动隐藏着迷信? 这再次可以证明《论中国祭祖祭孔礼仪》经历过一个讨论与修改的过程。

2.3 第二章: 论三代时期的祭祖礼

该章主要讲三代时期的祭祖礼,引用了《礼记》(《曲礼》《王制》《礼运》《礼器》)与《诗经》(就一次),也介绍了汉代《白虎通》、唐代杜佑等对这些所引文句的解读。抄本 B 与 C 基本相同,只是内容在条目的分布有所不同(抄本 B,第 15 至 21 条;抄本 C,第 17 至 29 条)。值得强调的是抄本 C2 在上面划出了第 25—29 条的部分内容,主要是显示该作品中所表示的重点: 祭祀活动只不过是象征性的:"一如眼见祖先吃一样"(第 27 条),"谁也别以为死者真的悦纳,真的享用,实际上礼节只为表示生者对死者的一片孝爱尊敬之心罢了"(第 28 条),"别想死者真的光临享用"(第 29 条)。至

于替身或者尸（活人）的习惯，抄本 C2 划出了："此一习惯沿用迄汉朝，以后便不见实行。"（第 26 条）

2.4 第三章：宋朝时的祭祖礼

第三章主要讲宋朝时的祭祖礼，解释祠堂、庙堂、影堂等词的意思与来源，也解释了有关灵位的几个仪式，引用了朱熹的书，尤其是《家礼》，还提到《祝文》。抄本 B 与抄本 C 基本一样，只是内容在条目分布上有所不同（抄本 B，第 22 至 34 条；抄本 C，第 30 至 42 条），但是有一个有趣的区别：抄本 B 第 34 条写道："朱文公说：七月十五（那是中国人吊祭亡灵的日子）已经是按佛教的习俗当以蔬菜果品祭奠亡灵，但是我没有这个习惯。"抄本 C 的相应条目为第 42 条，写着："朱文公说：七月十五（那是中国人吊祭亡灵的日子）按习俗当以蔬菜果品祭奠亡灵。（习俗是否如此，我不大清楚）。虽于请亡灵享受祭品用尚飨，这飨有何意义，可参阅我的上文。"可见抄本 B 被改掉了一些部分，以隐瞒中国礼仪混杂了一些佛教"迷信"的内容。反过来在耶稣会士档案馆收藏的抄本 C2 中，第 38 条的部分内容（抄本 B，第 30 条目）又被划了出来。该条目内容为《祝文》中有关亡魂鬼神降临享用祭品，抄本 C2 被画出来的部分是表示《祝文》中虽然写着亡魂鬼神降临享用祭品，但是书中也指出了这个说法只不过是一个比喻而已。可见，耶稣会士为了辩护自己的立场而对此加以强调。

抄本 B 补充了一小段来解释飨字的意思，但在抄本 C 被删掉了，因为后者在前言已经扩充了这个内容，以及用了长长一段来引导读者理解中国人祭祀中飨的概念。

2.5 "论祭祀"部分

这一部分是抄本 B 没有的，在抄本 C 上写着以下提醒："第二篇(Sectio 2)：论祭祀，新加的，并插入在此。"实际上按照内容这个部分应该放到第一章去，但却被当作第三章的第二篇。读者的第一个感觉是这一部分显得突兀，也影响结构的合理性，明显是后加的。此部分的第一句为："《礼记》有关行祭事，发现两种不同且互相矛盾的见解，其一强调在祭祀时可以祈祷，且可希望获得各种福佑与利益；其二则否认这种求恩求福的事，至少在已亡祖先的祭礼上是这样的。"这样的开头或许显示出 1681 年到 1686 年的争论情况，补充这样的内容以避开《礼记》等书中一些不利于耶稣会立场的段落，应该是在针对和反驳一些已经受到的批判。应该有传教士对耶稣会士只选择《礼记》的几段而忽略其他内容做出了批评。其实 1683 年 1 月 26 日从广州写给耶稣会士方济各的一封信中，罗文炤（或者身边代笔的一位西班牙修士）已经提到过这个问题，而且正好是翻译其作品之时，信中写道："需要证明所有的段落，不仅是现在所用到的那些，所以也要包括其他一些可以应用的，我相信是很多的……现在我想搞清楚的是，到底祭祖祭孔的礼仪是否是 sacrificium（祭祀），灵魂是否光临现场，是否向他们求福求恩，是否希望从他们得到帮助。"①《论中国祭祖祭孔礼仪》的这个新加的部分可能就是来处理这类问题的。

　　"论祭祀"中征引了《礼记》《诗经》《周礼》等书籍，以显示并承认这些书里确实有矛盾的信息，可以做出两种不同的解读。比如其中提到《礼记·郊特牲》"祭有祈焉，有报焉，有由辟焉"；《周礼》"祈福祥、祈永贞、祈年于田祖"；《诗经》"春天当求诸牲畜、五谷丰登"；《礼记·礼器》"祭祀不祈"；《周礼》"大祝掌六记，小祝有祈福

---

　　① 罗文炤 1683 年 1 月 26 日的信。这封信的真正作者，显然应该是一个反对耶稣会立场的修士，或许为陪罗文炤去马尼拉的多明我会士许伯多禄。我们认为罗文炤《论中国祭祖祭孔礼仪》应该跟《葬礼仪式》的编纂情况相似，1682—1683 年间或许在广州和澳门讨论了罗文炤是否可以签《论中国祭祖祭孔礼仪》，抄本 B1 中删掉的部分以及抄本制作人的注释都显示出草稿经过不同意见的相应改动。

祥之文"等例子。在承认了这些段落之间有歧义之后，修订者从几个方面来反驳这些内容具有宗教意义，所以有："古时确有祭文或祷词；不过目前都应用国家礼仪所规定的祷词，以忆念已亡的祖先"；"纪念、赞扬国家功劳彪炳的天子诸侯们……此类祭祀目的在于政治"；"至少部分的人有向已亡祖先祈求的事实；但我也有相反的证明：1. 这些典籍的作者与注解家都未祈祷。2. 在祭祖先时是向天或上帝祈祷福佑……中国人自古并非向已亡祖先祷告而是借祭祀祖先而向神祈祷"（此部分正好是抄本 C2 划出来的）。另外，他也避免去讲一些混杂宗教意义的习惯的来源，于是写道："至于在讨论祭孔的礼仪时，是否混杂这些祷词，我就不得而知了。"最后说："聪明的读者在给这些论点下结论前，先得注意：《礼记》和《周礼》等这类书籍，经时代的冲洗已呈不完整……后代注释家或擅自加以增删，或注入一己之见，诸如此类祭孔祭祖之祷词是真是假，我既无法证实，也不全予否定；指望聪明读者，先细加观察，然后加以定论。"

2.6　第四章：论祖宗的神位

这一章主要讲神位，引用了《礼记·曲礼》《礼记·坊记》《家礼》等，并以《白虎通》、许慎、公羊氏、清河王元怿、朱子来解释经典的引文。除了解释重(chòng)、主(chù)、庙堂等概念外，重点解释神位在中国人信仰或者社会中的功能。从耶稣会罗马档案馆的抄本 C2 划出来的几个部分可以看出罗文炤(或者耶稣会士)想强调的核心意义，而且抄本 C 第 50 条扩充了抄本 B 第 41 条以突出重点。

首先划出来的是抄本 C 第 45 条(即抄本 B 第 37 条)："汉代《白虎通》为此曾作解释云：人死不能见面，当留些东西供儿孙辈对祖上忆念，以寄情怀，以慰思念……灵位写上祖先姓名，以让后人认知为谁之灵位。"在罗马教廷的耶稣会士，肯定是以这句话强调中国人并不认为祖先的灵魂能留在牌位上，牌位的功能只是方便记忆而已。

其次是抄本 C 第 50 条（即抄本 B 第 41 条）。两本都写道："《家礼》中指出：在'小木板'①上，上款写姓名官衔'某某（姓名）、某某（官衔）'的神主。"但是两个抄本从语言的表达就有一些小区别。"某某的神主"在抄本 B 写的原文是 asiento del espiritu（即灵之位），而拉丁文抄本的处理比较微妙：不翻译，直接写中文"神主"两个字与其拼音，然后补充一句："关于神主的'主'，许慎氏解释说，'主者，神像也'（犹言神之像或死者之像）。"这样处理等于让读者把《家礼》的那句话理解成"在小木板上，上款写'某某的神像'"，跟一个人的画像似的，没有什么宗教意义，只供为思念。翻译主导读者的理解，转移核心问题，至少提供了别的解读的可能，所以抄本 C 还补充道："可知非所有人都称亡者的神位为神位，也有不少人称之为神像、神主。"所以抄本 C 又使用严谨的做法，把一个字分成不同的意思之后，再选择最有利于耶稣会士的说法。为了避免读者还认为中国人相信灵魂会真的留在牌位上，抄本 C 还新提供一个作者对《礼记·坊记》的解释："父母既去世，所以得用替身活人显形，有如父母活着；又因为他们的魂不在，所以用神位，有如他们仍在眼前。"

再次，抄本 C 第 52 条（即抄本 B 第 43 条）也被划出来了："朱氏说：虽则文王的灵魂在天上，然其神位则供奉于他的庙堂内，吾人仰望其在天之灵而竭诚服侍他的神位，一如服侍在天之灵焉。"耶稣会士希望罗马看到中国人并不认为死者的灵魂会光临现场，把天和世上两个空间分得很清楚。

最后，抄本 C 第 53 条（即抄本 B 第 46 条）也被划出来两个部

────────────

①　原文为西班牙文 tablilla 或拉丁文 tabella（即小木板）。修士使用这个词来翻译灵位、神位或牌位。这是一个比较中性的词汇，只是指示神位所用的材料，而无引申意。"神位"本来被翻译成西班牙文 asiento del espiritu 或拉丁文 sedes spiritus（即神之位置）。神像的拉丁文翻译为 imago spiritus（即神之像）。"神主"的翻译是这个条目的核心问题。

分。抄本 B1 第 46 条讲按照朱熹的说法，鬼神只不过是气而已，然后有人问他"既没有神，何以言去世祖宗降临"，朱熹回答："这是为了让祖先回来，因为还有点他们的神。"抄本 B2 好像稍微遗漏了一两个词："这是为了动（para mover），因为还有点他们的神。"抄本 C 也跟 B2 一样不说"让祖先回来"，而说"这么说是为了移动/感动（ad movendum），也因为还有点他们的神"。后来所有抄本都用一个比喻来具体解释这个矛盾：即"树干虽枯萎，然其树枝移植土中还可生长，种子也仍有生机成活"，所以如果子女"诚心虔敬行此礼节，有如父母的神，一定程度驻留在他们身上"，不然就不会驻留的。然后可能是为了避免抄本 B 所隐含的歧义，抄本 C 添加补充一句，"所以整个去世父母的神在于子女的心"，这样便屏蔽掉任何灵魂光临现场的可能性，完全把礼仪归到心理学的领域去了。这句话正好在抄本 C2 也被划出来了，因为是耶稣会士解读的核心。最后一部分也有一个有趣的区别。抄本 B1 写的是："《诗经》云：文王站立在上帝左右。假如这是真的，那么所谓的上帝应该是指世俗群众想象的那个，或者佛的那个邪教所谓的玉皇上帝（yo hoam xam ty），它只不过是一个泥做的塑像，不是什么神，这是不可以相信的。"抄本 B2 稍简单些写道："《诗经》云：文王站立在上帝左右。假如这是真的，那么所谓的上帝应该是指世俗的群众所想象的那个，只不过是一个泥做的塑像，不是什么神，这是不可以相信的。"但是抄本 C 写道："朱文公继续说：《诗经》有云：文王站立在上帝左右（按：《诗经》卷六《文王》："文王陟降，在帝左右"）。如有人凭这书的权威，就认为文王确实侍立于上帝左右，确有上帝，我可以告诉您（作者说）不能证实，因为那是由人想象出的，以泥土塑造的。然而古代的皇帝与贤人曾相信有关上帝的传说，那倒是真的。"这里也有意把涉及中国信仰混杂情况的痕迹抹掉，以避免读者把这些上帝的信仰或者迷信视为中国人对天主教最高神的理解。

2.7 第五章：论孔子

这一章引用《礼记·文王世子》，讲述各个王朝如何看待并祭奠孔子，其核心问题是判断中国人如何理解孔子，用"圣"字来指称他时，意为 sanctus（圣者）还是 sapiens（智者）。在举例之后，该章引用嘉靖皇帝在孔子神位上写的"至圣先师，君子心仪"之语，并总结道："我认为这里所说的圣不是神圣的（sanctum），而是指智慧的（sapientem）。"这一看法是从孔子的身份特点以及从给他举行的礼仪两方面来证明的。说到孔子的身份时，该章说孟子被称为亚圣，甚至一些贤人、名士有时也被称为圣儒，但是没有人认为他们是 sanctus，所以孔子被称为"圣"也不指 sanctus。从为孔子举行的礼仪而论，他写道："帝王及诸侯均应向他行礼鞠躬。（原因是皇上均把孔夫子当作老师……）"谈嘉靖皇帝对祭奠孔子的规定时，拉丁文抄本 C2 正好又划出重点来，说皇帝规定了要"向他（孔子）上香、行四拜礼，但不献任何祭品。此外，又令所有新任官员，在上任之日同样向孔庙上香叩拜；同时禁止下级官员在自己家里供奉孔子神位，或向他叩拜"。

2.8 结语：罗文炤的个人最终意见

在结语部分罗文炤对上述论点加以总结，并从整体上再次强调：不能肯定中国人祭祖祭孔是有宗教意义或者有所祈求。在最后他把社会分成三个层次，指出只有最底层的人认为在祭祀中可以求恩求福。[①] 不过他的表达还是留有余地的，虽然他说其他阶层的人不求恩求福，但是还是加了一句"但有部分相信者"，然后又辩护说："实际上，流经两千多年的相传，注释已难维持真传。"关于

---

① 梅欧金先生讨论过这一点，参见 Menegon, *Ancestors, Virgins, and Friars*, pp. 288–289.

孔子，他还是不敢太绝对坚持他的观点："只有一些天真老师，为鼓励学子勉力向学，在纸上题写孔子之名，令学生们向他祈恩求智慧"；讲述福州城有些道教的信徒"强要推奉孔夫子为神，编印祈祷小册，令人向他祈恩求福。后经发现，遭到取缔，连同其有关资料与偶像等全部焚毁"。当然这些"例外"耶稣会士在罗马教廷应该会避免提到，也不会出现在欧洲后来印刷的出版物中。

第五节　《论中国祭祖祭孔礼仪》的评价以及其在中国与欧洲的影响

　　前人研究把《论中国祭祖祭孔礼仪》简单地归为罗文炤本人写的著作，通过该书推断罗文炤在礼仪之争中的看法，再以他的看法去展示研究者对礼仪之争的立场。多明我会士认为罗文炤的学问不够，他写的作品不如万济国的，万济国的著作在解读中国礼仪的具体性质上更为准确；而耶稣会士认为，包括罗文炤在内的几个多明我会士支持了耶稣会士的看法，这说明耶稣会士在礼仪之争的立场更为正确，更何况罗文炤是中国人，对中国礼仪有更准确的理解。学术界似乎也喜欢跟着耶稣会士的观点来分析这件事情，而且罗文炤不仅代表耶稣会的立场，更代表中国文化的角度，即罗文炤以及其他的中国教徒对这些礼仪的积极看法是准确的。

　　本书并不将罗文炤看作是中国文化的一个象征，或者用他来代表某修会在礼仪之争的立场。我们的主要目的在于讲述事情的过程，避免把书籍或者人物抽离于其所处的具体历史环境、丰富的细节、隐含着的争论与变动。前人没有对《论中国祭祖祭孔礼仪》进行相对详细的背景阐述和抄本对比。我们通过揭示该书的编写情况，提出了不同看法，即《论中国祭祖祭孔礼仪》不完全是出自罗文炤之手,并非于 1681 年完成,也并非直接地表达出他本人对礼仪问题的看法,而是背后隐藏并交错了动态变化着的不同声音的争论,陆续有所增删,产生不同的抄本。以罗文炤与《论中国祭祖祭孔礼仪》的案例,可以重新看待所谓的礼仪之争的中国声音,它让我们看到中国人的声音在被介绍到罗马时经历了一个明显的安排、指导并改写的过程。所以在讨论中国人的声音时,一定要先详细考察中国人的作品是以什么方式进入了欧洲修士之间的礼仪之争的。如果因为有这些中国人的声音,简单地把欧洲修士之间的礼仪之争放在中西文化交流的范围内,将其看作是中西交流的表现,恐怕容易导致我们制造出历史上并未真正发生过的事情之假象。

接下来我们将阐述罗文炤及《论中国祭祖祭孔礼仪》所产生的影响及其在欧洲的流传情况。罗文炤去世之后,颜珰于 1693 年 3 月 26 日在长乐发布了《礼仪七项禁令》。[①] 1697 年凯梅纳神父把《禁令》带到罗马教廷圣职部后,沙尔莫神父(Nicolas Charmot, 1655 – 1714)获得了教宗英诺森十二世发布的指令,该指令确认了颜珰的《禁令》。1704 年 11 月 20 日教宗克莱芒十一世的法令《至善的天主》(Cure Deus optimus)禁止了中国天主教徒祭祖祭孔以及使用"天"来指称天主等。[②] 从 1693 年颜珰发布《禁令》到 1704 年的法令《至善的天主》,不同修会的神父在罗马教廷和欧洲其他城市讨论并介绍中国礼仪,其中就有罗文炤的作品。巴黎外方传教会士和多明我会士一致认为罗文炤的学问不够,不能在礼仪的问题上扮演权威的角色;而耶稣会士、方济各会士利安定、奥斯定会士白万乐等,在介绍中国礼仪的过程中提到了罗文炤的行为和他的作品,其看法和说法大体如下。

---

① 参见 SF VII, p. 244, n. 14.

② 1693—1704 年间是礼仪之争的第三个阶段,有关礼仪之争的主要文献情况可以参见 Collani, "Inventory", pp. 124 – 137.

　　方济各会士利安定于 1694 年 2 月 2 日在广州完成 *Opúsculo de conciencia* 一书。① 利安定认为颜珰的《禁令》把情况弄得更糟糕了。在其书中利安定提到罗文炤的一些信息和《论中国祭祖祭孔礼仪》来阐述中国礼仪问题的情况以及自己的看法。首先,他说罗文炤像耶稣会士一样允许天主教徒祭祖先,但后来附加于其中的一些迷信是不被允许的。② 关于神位,利安定列出传教士的四个不同看法与做法,罗文炤属于第四种,即可以允许保留在祠堂之外,而不用改牌位上的任何东西,也不用教徒做任何宣言。③ 关于祖先的灵魂是否光临现场并享受祭品,利安定的观点是,古人只是觉得礼仪上祭献者是把祖先理解成"如光临现场一样"而已,不认为会真正光临现场。为了表明他的观点,他提到罗文炤的作品,因为"罗文炤主教凑集了很多权威的论述来加以证明,可以在文中阅读"。④ 至于"敬天"这个牌匾,利安定表示犹豫,说这取决于如何回答以下问题:"中国古代人认不认识我们的天主?"如果认识,他就觉得没问题,然后指出罗文炤、白敏峩与耶稣会士都持有这个看法。按照利安定的说法,这个问题是罗文炤 1685 年在广州的讨论中提出来的,当时参加讨论的还有利安定、方济各、颜珰、伊大任、余天民和叶尊孝。利安定说中国文士不是这么解读的,所以欧洲人不能替中国人解读自己的书,然后读出别的意思来,而方济各却指出有一些古代的文人就是这么解读的,但是没有说出是谁。利安定说,后来他自己找到了一些这样的权威。⑤ 1686 年的《论中国

---

　　① Agustín de San Pascual, *Opúsculo fiscal de conciencia*, BNE, Mss. 18553/7/2, ff. 36, 53, 55, 66 - 7. 利安定写这本书是因为有不同神父在揣测他的立场和态度,所以他决定通过这本书表明自己的看法。

　　② BNE, Mss. 18553/7/2, f. 36.

　　③ BNE, Mss. 18553/7/2, f. 53.

　　④ BNE, Mss. 18553/7/2, f. 55.

　　⑤ BNE, Mss. 18553/7/2, ff. 66 - 67.

祭祖祭孔礼仪》拉丁文本中也已经涵盖了这些解释。

几年后,耶稣会士骆保禄(Jean-Paul Gozani,1647—1732)于 1701 年 11 月 28 日从南京写给卫方济(François Noël,1651—1729)的信中提醒他"很显然法国神父鄙视罗文炤主教",然后补充说相较于罗文炤的看法,巴黎外方传教会士梁宏仁(Artus de Lionne,1655—1713)主教更重视他的中国男仆的意见。为了避免法国神父对罗文炤的贬低,耶稣会士骆保禄建议卫方济使用方济各会士利安定的文献。①

耶稣会士在欧洲也开始行动,宣传自己的观点,在欧洲印刷文献、出版各种书籍,向罗马教廷上书。在这些数量庞大的文献与书籍中,罗文炤的看法也被用来支持耶稣会的观点。这里提几本比较有代表性的书,来分析罗文炤与他的作品是如何被耶稣会士介绍的。1696—1697 年耶稣会士李明(Louis Lecomte,1655—1728)在巴黎出版了《中国近事报道》一书,其第三册收入了耶稣会士郭弼恩(Charles Le Gobien)写的《澄清关于中国人祭孔祭祖的说法》。② 郭弼恩认为光从耶稣会士的角度介绍礼仪问题会显得主观片面、有所偏向,所以他说也有几位多明我会士在一定程度上支持耶稣会士的做法。他赞扬罗文炤并以其为阐释中国礼仪的权威,认为罗文炤比他同会的修士更有学问,而且一辈子都在研究这些问题,没有人比他更有资格来在这个问题上发表意见。他还把罗文炤分别在 1684 年 5 月和 6 月写给教宗和传信部的两封信,以及 1684 年 5 月 15 日写给多明我会总会长的信翻译成法语并附加上去,还说罗文炤担任神父时没有禁止耶稣会士发展的教徒祭祖

---

① 参见骆保禄 1701 年 11 月 28 日从南京写给卫方济的信,ARSI, FG 730', f. 349r.

② Le Comte, *Nouveaux mémoires*. Tome 3, pp. 217 - 323. 关于这本书可以参见 Collani, "Inventory", p. 128, n. 74.

祭孔等礼仪，总之是把罗文炤描述为耶稣会立场的支持者。[1] 该书也提到闵明我、白敏峩等多明我会士的一些文献，来证明耶稣会的立场得到过别的修士的认可。

巴黎神学院对李明的书进行了批判，[2]于是很多书开始从各个立场提供新的依据。[3] 耶稣会士也在罗马教廷为自己的立场辩护，柏应理于 1684 年、洪若于 1700 年、卫方济和庞嘉宾（Gaspard Castner）于 1703 年把很多传教士与中国教徒的文献从中国带到欧洲，[4]同时在欧洲各个城市出版有利于耶稣会立场的书籍。至于耶稣会士在罗马介绍的文献，罗马耶稣会档案馆以及传信部档案馆保存了很多相关文献，其中有一些提到了罗文炤的情况，如李明、Jean Dez 等耶稣会士上呈教宗的书信，[5]1707 年纪理安提供的著作中，在提供各种依据时也提到了罗文炤对敬天、神位等礼仪问题的看法。[6] 除了自己的看法以及方济各会士利安定的说法之外，耶稣会士也把奥斯定会士白万乐有关礼仪问题的态度介绍到罗马。梁宏仁主教提出了有关中国礼仪的 92 个问题，白万乐于 1700 年 10 月 28 日逐一作答，其中第 9、23、35 条都提到罗文炤的

---

　　[1]　Le Comte, *Nouveaux mémoires*. Tome 3, pp. 236 - 264. 巴黎外方传教会的神父认为罗文炤写给教宗和传信部的两封信都是耶稣会士写的，所以在他们做的抄件上用法文添加了相应的说明。该抄件在 AMEP, vol. 426, f. 347.

　　[2]　Collani, "Inventory", pp. 129 - 130.

　　[3]　Collani, "Inventory", pp. 131 - 133；140.

　　[4]　其中的一份文献就是上述的罗文炤墓志和碑文的抄件。卫方济于 1709 年 7 月 28 日把罗文炤的墓志和碑文抄件带给教宗克莱芒十一世，以展示和说明罗文炤的墓志、碑文中用"天"字来指天主。1709 年 8 月 4 日余天民也要求对这些文献作解释。参见 Adnotationes in epigramma Illmi. D. Gregorii Lopez, Clementi Papae XI Communicatae, SF VI, p. 331.

　　[5]　参见 ARSI, FG, 726/4, FG, 726/5. 关于耶稣会士 Dez, 参见 Annotationes extractae ex Memoriali Patris Dez ad summum Pontificem Innoc XII de Ritibus Sinensibus, ARSI, FG, 724/5.

　　[6]　参见"Tractatus de origine et fine tabellae Ching-T'ien, S. L. S. A."参见 SF VII, pp. 1214；ARSI, Jap. Sin. 138, f. 1087；"Tractatus P. is Kiliani Stumpf Pekino submissus anno 1707", ARSI, FG, 724/5, ff. 27；42.

作品，来证明利安定、白万乐等西班牙修士在中国受到罗文炤的影响最深。① 白万乐的文献与看法是由耶稣会士带到罗马的，先是身在广州的耶稣会士杜加禄收集了他的这份文献，然后再由庞嘉宾带到罗马。

至于在各个欧洲城市出版的书，值得一提的是 1700 年 2 月 22 日耶稣会士 Jean Dez 给总会长 Tirso González 写的一封信，信中说他已经找到不同的人来印刷支持耶稣会立场的书。在这部书中收入白敏峩、罗文炤、Juan de Paz 等多明我会士的文献的摘要。本来该书要在里昂和列日（Liège）出版，但后来是在巴黎的 Pepié 印刷家印刷出版的。② 另外，还出版有一本名为《古代中国人祭孔祭祖记录》的书比较有代表性，并能够显示罗文炤是如何由耶稣会士介绍到欧洲。③ 这本书也收入了白敏峩、闵明我、罗文炤、Juan de Paz 等人的一些支持耶稣会立场的文献，除了包含有关罗文炤写给柏应理、罗马教廷与多明我会总会长的信之外，也摘选了罗文炤的《论中国祭祖祭孔礼仪》。④ 虽然作者说是摘选（Extraits），但其实只翻译这一部分，而省略另一部分，甚至还把原话做笼统地概括而导致文意改变，使得罗文炤的态度变得很绝对，跟我们在上文

---

① 白万乐 1700 年 10 月 28 日对 92 个问题的回答（*Respuesta a las 92 proposiciones del obispo Rosaliense*），APF, Informationum Liber 156 Pro Missione Sinensi, vol. 4, ff. 571 - 581.

② *Tractatus vel Excerpta ex Tractatibus Sarpetri, Lopezii, Pazii, et Dominicanorum cum praefationibus et notis*. 参见 Noël Golvers, *Libraries of Western learning for China: circulation of Western books between Europe and China in the Jesuit Mission* (ca. 1650 - ca. 1750), vol. 1, Leuven: KU Leuven. Ferdinand Verbiest Institute, 2013, pp. 409, 432.

③ 巴黎的 Pepié 出版商以及 Lyon 的耶稣会学院都出版过这本书，*Anciens mémoires de la Chine, touchant les honneurs que les Chinois rendent à Confucius & aux morts*.

④ 参见 *Anciens mémoires*, pp. 216 - 278.《论中国祭祖祭孔礼仪》的摘录见 *Anciens mémoires*, pp. 248 - 278. 与这本书情况相似的出版物还有几部，如 *Apologia pro decreto S. D. N. Alexandri VII et praxi Jesuitarum circa caerimonias, quibus Sinae Confucium & Progenitores mortuos colunt.*

所介绍的罗文焜的谨慎态度迥然不同。

尽管罗文焜有被提到，但他应该没有因此而受到太大的重视。巴黎外方传教会与多明我会可以在罗马教廷解释罗文焜不具备足够的知识，哪怕他是主教也不能在礼仪之争发表珍贵的意见。本来罗文焜被提升为主教也不是来担任这个角色的，罗马教廷并非对此不知情。后来颜珰在《有关中国宗教》一书中认为，罗文焜不仅在拉丁文、神学等方面水平非常有限，对中国的经典也不甚了解，并说《论中国祭祖祭孔礼仪》实际上是别的中国文士替他完成的。① 另外，多明我会士为了反驳耶稣会士郭弼恩在其书中的观点，也出版了几本书，其中《在华多明我会传教士的辩护》最为出名。②

总体而言，在礼仪之争中罗文焜的看法是不能被忽略的，毕竟他是被提升为主教的中国人，在欧洲档案馆是不可能没有其相关信息的。不过，在礼仪之争的文献海洋中，《论中国祭祖祭孔礼仪》的重要性有限，不能被过于看重，因为罗文焜的"声音"大体上是代表身边修士与其中国教徒文人的看法。这就决定了不同修士对该作品的看法不一，一方为巴黎外方传教会的神父与多明我会士，另一方为耶稣会士以及一部分方济各会士与奥斯定会士。罗文焜的《论中国祭祖祭孔礼仪》在被介绍到欧洲的过程中，为了符合各方的立场而经历了一个不断被处理和解读的过程，直到被摘选出版，对这一过程的研究有助于我们更准确地了解所谓的礼仪之争的"中国声音"。

----

　　① 参见 *De Sinica Religione*，Dissertatio Prima，cap. 3，sect. 5，in BC，ms. 2452，f. 127.

　　② Noël Alexandre，*Apologie des Dominicains missionaires de la Chine*，ou，*Réponse au livre du Pere Le Tellier Jesuite*，intitulé *Défense des nouveaux chrétiens: et à l'éclairissement du P. Le Gobien de la même Compagnie*，sur les honneurs que les Chinois rendent à Confucius & aux morts，Cologne：Chez les Heritiers de Corneille d'Egmond，1699.

结 论

　　罗文炤于 1634 年由方济各会士利安当洗礼入教,1651 年发愿并正式成为多明我会士,1654 年晋铎成为神父,1674 年被首次任命为主教,因故辞而不就,1679 年再度被任命为主教,并于 1685年终获祝圣,成为明清时期中国首位也是唯一一位天主教本土主教。本书通过大量的文献史料对罗文炤的生平做了翔实的考述,希望这一个案研究对传教史、教会史、殖民史、中西交流史等领域都有一定参考价值。

　　就中国天主教传教史而言,以往的研究主要是从多明我会士的角度出发来分析罗文炤,将他作为多明我会的一个象征,显示多明我会对天主教传播所做的贡献,也为多明我会在历史上率先接受中国人为神父而感到自豪。我们在这方面做了进一步扩充,显示了罗文炤与其他中国教徒在天主教传播过程中并非扮演辅助的角色,而是核心角色。虽然欧洲传教士的报告会把目光和重心放在欧洲传教士身上,但是通过本书对罗文炤生平的梳理与描述,可以看出罗文炤与他周围的中国教徒在中国教会的建立过程中承担了非常重要的角色。例如,罗文炤一直都在各个多明我会中国会长身边,陪伴他们左右,帮助他们经营多明我会传教区;在福建的传教区建教堂时,由他负责购买土地房屋、操持修建与装潢;他负责印刷并散发天主教中文书籍；在反教事件发生时，他与其亲戚朋友一起在罗家巷为欧洲传教士提供庇护之处；他将新的托钵修会传教士平安带到中国来，每次新传教士的到来基本上都有他的参与。

　　然而，本书不仅仅局限于从多明我会士的角度分析和补充罗文炤在天主教传播上的贡献。虽然大部分传教史的研究局限于某一个修会，如耶稣会、方济各会或者多明我会，但是罗文炤恰恰身处各个修会之间，所以本书是把罗文炤放在各个修会之间的背景下来研究的。实际上，罗文炤为不同修会经营中国传教区提供了协助，所以可以通过对罗文炤生平的研究来描述各个修会之间的关系。罗文炤在加入多明我会之前与方济各会关系最为密切，本书揭示了罗文炤与方济各会（以及一些方济各会周围的西班牙商人、船长和华商）的关系。通过罗文炤晚年对利安当的尊敬态度，可以看出他把该方济各会士当作自己的"父亲"或者"老师"一样对待，显示出他对于方济各会的亲近。

　　另外，以前有学者强调了罗文炤支持耶稣会士在礼仪问题上的立场，但是没有显示罗文炤是如何一步一步地靠近耶稣会的，以及耶稣会是如何开始依靠罗文炤，并且后来请他帮忙写信、著书来支持耶稣会的立场。本书通过大量原始材料，对罗文炤与耶稣会关系的开端与发展进行了考证，这也是本书的贡献之一。

　　也有学者简略提到罗文炤在马尼拉受到了奥斯定会的帮助，但是没有提供更多的信息，本书通过奥斯定会士的资料对此做了补充，也因此能够解读罗文炤是在何种具体情况下受祝圣的。以前这些关键的事情没被解释清楚，或许因为涉及教会内部的矛盾而被有意忽略。但实际上奥斯定会在罗文炤受祝圣一事上起到了非常关键的作用。他们跟耶稣会士合作，希望罗文炤能够以中国本地人的中立角度和主教的权威性，向罗马写有关中国传教区的报告,其目的是反抗法国宗座代牧对中国传教区的掌控计划,避免西葡保教权下的传教士被置于法国宗座代牧的管辖之下。所以罗文炤在他的报告中就委婉地批判了法国神父的严厉态度,认为这会破坏中国传教区。

本书也涉及教会史的几个重要的问题,如接受本地人为修士和神父的讨论,以及建立中国教会机构的计划,因为罗文炤被接受为多明我会士与神父并在后来被提升为主教,所以他的个案与这些问题均有关联。

关于第一个问题,本书分析了罗文炤被接受为修士与神父的具体背景,以及当时的讨论情况,提供了很多文献依据,以揭示当时在马尼拉的神父对接受中国人为神父的标准与看法。马尼拉的多明我会省会长专门强调国籍或民族不是进入修会的障碍。前人研究主要是表扬并强调了罗文炤的个人品德与对宗教的热情虔诚,但是本书提出了关于罗文炤加入修会并成为神父的更多因素:首先提到了马尼拉作为一个中国人与西班牙人共建的环境,以及早期的一些中国教徒跟西班牙人的一些合作。从一开始就有一些中国教徒协助西班牙人进行与中国的贸易,或者与福建官员的交涉往来,罗文炤等中国教徒在西班牙人与中国人之间的往来中可以起到非常重要的联络作用,而且为了能够在中国进行一些业务,西班牙传教士一定需要依靠一些本地教徒,由此一来罗文炤受到了西班牙传教士的重视,并希望他和其他中国教徒能够进入其修会。其次,本书还提到了黎玉范向罗马教廷提出的培养本地神父的计划,所以罗文炤加入修会并成为神父也不仅是罗文炤愿望的结果,也要考虑教会的计划与安排。再次,本书提供了一些文献依据来判断当初的中国教徒对教会、修会、神父的理解,以及罗文炤等教徒加入教会的动机。我们认为罗文炤等教徒把神父等教会职位视为社会地位的象征,或许这也引起了罗文炤等教徒的兴趣。

　　除了补充西葡两国保教权之下的修会与罗文炤的关系以及罗文炤如何成为神父的讨论,本书还使用法国巴黎外方传教会的文献以及西班牙塞维利亚远东档案馆的资料,讨论了罗文炤被提升为主教的具体过程。罗文炤被提升为主教以及后来较长的受祝圣的过程能证明一个重要的问题,即当时的教会很难被视为一个超越国家政权的机构,因为具体的神父、主教等教会人员是有国家身份认同的,并且他们受到了某个国家的资助并获得相应的任务,而这个身份认同会影响到教会的发展。罗文炤的案例为国家政权与教会的关系提供了很多新的信息与思路。本书把罗文炤被任命为主教不仅仅解释为是对罗文炤优秀表现的相应回报,而更多地是强调这件事要从各个机构与国家之间的利益冲突的角度去解释。法国宗座代牧希望通过罗文炤等本地神父和本地主教建立一个摆脱西葡保教权的权力范围,进而对中国教会有所掌控。他们把罗文炤任命为主教也是出自这个本意,希望跟西班牙的多明我会士能够一起管理中国传教区。西班牙多明我会刚开始配合并且支持了罗马教廷与法国宗座代牧的计划,但是因为马尼拉政府与西班牙保教权之下的其他修会反抗,该计划没能成功。罗文炤实际上无法独立地施行他的主教职务,正因为如此,不同国家与修会都很关注谁担任他的副主教并能够影响他的一切决定。法国人与一部分多明我会士先支持了罗文炤当主教,因为希望他能配合他们,而葡萄牙资助的耶稣会士反对,因为中国宗座代牧区的建立意味着把西葡国王资助的传教士放在罗马教廷与法国主教的管辖下。不过,耶稣会、奥斯定会与方济各会最后能够让罗文炤配合他们,来反抗被派过来的宗座代牧及其对中国传教区的掌控,所以后来法国宗座代牧与多明我会反而阻止或者不看好罗文炤被祝圣为主教,也没有认同他后来在礼仪问题上的看法。罗文炤在他的报告中所表达的看法,实际上反映出了西葡保教权下的修士的声音和要求。虽然有些时候学者倾向于把中国人的声音看成中国本土声音，但我们认为对这些声音要保持一个谨慎的态度，因为这些声音更多地是欧洲传教士声音的回声。而且，如果我们不仅从中国传教区范围分析这个问题，而是把包括西班牙统治的美洲一并考虑的话，就会发现这种现象并不是新出现的，因为西班牙的修士在南美使用了同样的方法来保护他们早就享有的优先地位，即让本地人表达对修士的不舍，让罗马教廷觉得一直照顾他们的修士是最合适的神职人员，不用被非修士神父（教区神父）所代替。总的来说，罗文炤被任命为主教、他的祝圣问题以及他向罗马写的"中式"报告，实际上体现出了三个方面的对立情况：第一是国家之间的冲突，第二是修士神父与非修士神父的竞争，第三是不同修会之间的斗争。

除了从传教史与教会史的角度分析罗文炤的角色，本书也从汉学所关注的问题以及文化交流的领域做了一些探讨。最近几年汉学家开始关注中国教徒在建立中国教会过程中所扮演的角色，尤其是他们用中文写的书籍，包括他们针对欧洲传教士的礼仪之争所写的著作。本书尽量对罗文炤作为中国人的一些表现加以描述与分析。虽然他很早就入了天主教，但是他作为中国人受到了中国文化思想的影响。按照一些传教士的记载，他与周围的中国教徒表现出了中国式的思维与行为模式，例如罗文炤同意把写着"敬天"二字的牌匾挂在福安的教堂上，而他的墓志上又写着他是"天学司铎"。除了接受"天"这个概念，罗文炤还对神位等其他礼仪的问题保持了相对宽松的态度。另外，儒家思想的父子关系与师徒关系也对他有所影响，这一点在他对利安当的态度上有所体现。罗文炤由利安当带入天主教，他一直把利安当视为自己的"精神之父"（padre espiritual），心中对他怀有感激之情，而正好在被提升为主教并受祝圣后，他为表达对利安当的感激之心，修缮了利安当神父的坟墓并在坟前祷告,很像中国人对父母所表示的孝德、感激与报答,而观察到这个行为的方济各会士丁若望神父也是这么描写的。丁若望强调,因为罗文炤是中国人,所以一定要这样做。至于罗文炤签署的文献,本研究表明不能直接用来推测罗文炤对礼仪之争的理解,因为这些文献的编写大体上也是由身边的传教士和其中国教徒代笔的。对此本书分析了《丧葬仪式》的编写情况、兰溪教徒致罗文炤书信的翻译情况,以及罗文炤署名的《论中国祭祖祭孔礼仪》的具体背景。

从文化交流的角度,也可以提出几个问题。首先,罗文炤非常能体现中西文化的融合。他不像徐光启等中国文人跟传教士进行了更高层面的文化交流,罗文炤本身就是中国人与西班牙人共处的结果。他具有双重身份,一方面他是中国福建人,另一方面他很早就接受了西班牙传教士传播的天主教信仰与教育,一辈子都在西班牙人身边,还掌握了西班牙语。本书也谈到了罗文炤的西班牙语熟练程度、能否读懂拉丁文,以及受到了什么水平的神学培养。通过罗文炤亲笔写的书信以及传教士对他的记载,可以证明罗文炤能够熟练使用西班牙语,哪怕他的表达不是那么漂亮,这些他亲笔写的文献是早期中国与西班牙交流史的宝贵记载,它们或许是最早的由中国人书写的西方语言文献之一。至于罗文炤的拉丁文,虽然他背诵了一些拉丁文的句型,以便举行一些礼仪,但他还是不太会拉丁语。至于神学方面,传教士希望罗文炤在马尼拉受到一些基本的培训,能够在施行各个天主教礼仪的时候用上。但是他一直在马尼拉与福建之间来回,没有时间在马尼拉学习,传教士也一样记载了他神学方面知识的单薄。

正因为他是中国人而又进入到西班牙人的世界里,所以罗文炤才成为了一座非常重要的桥梁,也起到了一个联络与沟通的角色。与前人研究不同,本书把罗文炤放到一个人际关系的网络当中。这个网络首先包括了西班牙传教士和陪伴托钵修士的一些福建教徒，如阮安当、林马诺；通过西班牙传教士他的关系网先延伸到了马尼拉，那里的一些重要官员、商人、画家，如 Diego y Enríquez de Losada、Andrés Navarro、Juan de Castro 等人，均曾与他有过交往。后来他作为唯一的中国神父的特殊身份，使他在教会中的地位骤升，因为在历狱期间只有他能够照管各地的教徒，所以当时他的人际关系网变得更广了，去北京的时候认识了南怀仁等耶稣会士，又认识了与耶稣会有联系的重要中国教徒，如徐光启孙女许甘第大，以及李九功、李奕芬、严赞化、严谟、祝石等福建、浙江的文士。罗文炤经历过明清鼎革，而在这个过程中他也接触了总督吴兴祚身边的商人，如李百铭等人。他被提升为主教的时候还受到了马尼拉各个修会长以及菲律宾总督的帮助，并让他回中国跟法国宗座代牧陆方济谈中国教会的情况。他能够以宗座代牧的身份，在传教士的帮助下，向罗马写信并表达他对中国传教区与礼仪之争的看法。由此可见，罗文炤在教会组织上得到了重视，并获得了发挥的空间，从而成为了中西交流中的重要人物。

　　本书中也介绍了罗文炤画像向欧洲的传播，以及罗文炤形象的重塑。在现存的罗文炤画像中，他穿着清朝的衣帽、拿着天主教的十字架，完全可以作为中西文化结合的象征，像利玛窦与徐光启的画像一样。本来从中国带到欧洲的这幅画应该只是罗文炤的个人画像，但是后来有欧洲画家加了一些背景和装饰，包括一个放着香炉的中国桌子，一个饰有多明我会十字架图案的台子，在所画出的小礼拜堂中还放着主教权杖等主教的象征。这样，罗文炤作为首位中国主教的形象得以确立。在 18 世纪还有法国画家继续画罗文炤的画像，在这幅画中罗文炤的样子更像欧洲人了，与原貌差距更大。不仅他的画像被重塑，罗文炤签署的《论中国祭祖祭孔礼仪》也一样在被介绍到欧洲的过程中被重造。耶稣会士在出版这本书的时候，只是摘选了一些更能支持他们立场的段落，用前言与结语来解读该书的整体思想。原来的手稿没有全部出版，所以这份报告的抄本所经历的一些修改以及一些稍微更中立的表达也就被忽略了。总之，在考虑到中国人在礼仪之争中的"声音"或者欧洲人对中国人的看法时，不能忽略中国文化的传播是在什么具体背景下进行的，中国人的声音与形象是用来服务于什么目的的，只有考虑到这些，才能对这些问题持有一个更加客观与实际的看法。

附录一　罗文焰生平简表

1617 年：罗文焰出生于福建福宁州福安县罗家巷。

1634 年：罗文焰由方济各会士利安当领洗入教。

1637 年：罗文焰在福建教案爆发后随玛方济和雅连达两位方济各会士去北京。

1645 年：罗文焰在马尼拉多明我会修道院和圣托马斯学院学习。

1651 年：罗文焰发愿并正式成为多明我会士。

1654 年：罗文焰成为神父。

1665—1672 年：罗文焰在历狱案爆发后前往马尼拉报告该事件及传教区情况，后回到国内在各修会的委托下巡访各省照管全国教徒。

1674 年：罗文焰首次被任命为主教。

1677 年：罗文焰婉辞主教一职。

1679 年：罗文焰第二次被任命为主教。

1685 年：罗文焰于广州由伊大任主教祝圣。

1690 年：罗文焰被提升为南京主教。

1691 年：罗文焰病逝于南京。

附录二　罗文焴署名的
书信等作品

本目录收入了袁若瑟《罗文焴传》(José María González, *El primer obispo chino*, *Fray Gregorio Lo*, *o López*, *OP.*, Villava-Pamplona：OPE, 1966)中所收的 47 封罗文焴书信, 均标有出处。

阿儒达(Ajuda)图书馆的《耶稣会士在亚洲》文献目录把 49 - V - 63 号文献分成上下两册, 下册页码重新编排, 而原文献页码则统一编排, 结果是目录的页码跟原文献的页码不一致。为了方便, 下列出自《耶稣会士在亚洲》该编号的文献, 先标出原文献的页码, 再以括号的方式附加目录的页码, 比如：BA, 49 - V - 63, 394r (122r)。

1665 年 7 月 28 日从泉州写给多明我会圣玫瑰省省会长 Juan de los Ángeles 的信, BC, t. 1074, f. 85r-v. 收录于 González, *El primer obispo chino*, pp. 143 - 144.

1668 年寄到广州的信, 未留存。该信在万济国 1678 年的报告中有所提及, 也在鲁日满 1669 年 1 月 8 日的信中有所提及, BNE, Mss. 18553/2, f. 3v.

1677 年 4 月 9 日从福州写给柏应理的信, ARSI, Jap. Sin.

124，f. 105r-v.

1680 年写给耶稣会士方济各的信，BA，49 - V - 18，f. 245r.

1681 年 12 月 12 日于漳州写的《论中国祭祖祭孔礼仪》，中文版本无从考证。留存下来的是 1683 年完成的西语版本，AHN，Clero Jes. 272/22；AMEP，vol. 426，ff. 207 - 218；BA，49 - V - 19，ff. 90r - 99r.

1682 年从福建写给南怀仁的信，未留存。该信在南怀仁 1683 年 1 月 11 日写给罗文焌的信中有所提及，AMEP，vol. 401，f. 9；AMEP，vol. 426，f. 247.

1682 年 11 月 10 日从广东写给柏应理的亲笔信（西班牙语原件），APJF，Fond Brotier，126 - 04，f. 59r-v；拉丁语抄件在 BA，49 - IV - 63，ff. 35v - 36v.

1682 年 12 月 23 日从广东写给耶稣会士方济各的信，BA，49 - IV - 63，ff. 31r - 32r.

1683 年 1 月 18 日从广东写给耶稣会士方济各的信，BA，49 - IV - 63，f. 45r.

1683 年 1 月 26 日从广东写给耶稣会士方济各的信，BA，49 - IV - 63，ff. 45v - 46r.

1683 年 2 月 4 日从 Cuy mi 写给耶稣会士方济各的信，BA，49 - IV - 63，f. 46r.

1683 年 2 月 23 日写给耶稣会士方济各的信，BA，49 - IV - 63，ff. 43v - 44r；46v - 47r.

1683 年写给耶稣会士方济各的信，BA，49 - IV - 63，f. 45v.

1683 年 3 月 3 日从澳门写给陆方济的信，AMEP，vol. 859，ff. 249 - 252；AMEP，vol. 426，ff. 259 - 262.

1683 年 3 月 3 日从澳门写给传信部秘书长的信，APF，Informationum Liber 118 Pro Missione Sinensi. Vol. I, f. 356r -

357v. 收录于 González, *El primer obispo chino*, pp. 144 - 146.

　　1683 年 6 月 4 日从马尼拉写给西班牙国王的信, AGI, Filipinas 305, R. 1, N. 6. (IMAG. 24 - 27), 收录于 González, *El primer obispo chino*, pp. 269 - 272.

　　1683 年 6 月 4 日从马尼拉写给教宗英诺森十一世的信, AGI, Filipinas 305, R. 1, N. 6. (IMAG. 22 - 23), 收录于 González, *El primer obispo chino*, pp. 272 - 273.

　　1683 年 6 月 14 日从马尼拉写给教宗英诺森十一世的信, AGI, Filipinas 305, R. 1, N. 6. (IMAG. 18 - 21), 收录于 González, *El primer obispo chino*, pp. 146 - 149.

　　1683 年 6 月 14 日从马尼拉写给西班牙国王的信, AGI, Filipinas 305, R. 1, N. 6. (IMAG. 14 - 15), 收录于 González, *El primer obispo chino*, pp. 273 - 274.

　　1683 年 6 月 20 日从马尼拉写给西班牙国王的信, AGI, Filipinas 305, R. 1, N. 6. (IMAG. 6 - 12), 收录于 González, *El primer obispo chino*, pp. 275 - 278.

　　1683 年 9 月 20 日从马尼拉写给耶稣会士方济各的信, BA, 49 - IV - 63, f. 46v.

　　1683 年 9 月 20 日从马尼拉写给万济国、赖蒙笃、郭玛诺三位多明我会士的信, 抄写在陆铭恩 1683 年 10 月 4 日从马尼拉写给 Lorenzo Segovia 修士的信中, AGI, Filipinas 305, R. 1, N. 6, doc. 10 (IMAG. 41 - 44).

　　1683 年 9 月 25 日从马尼拉写的免除宣誓指令的指示(西语抄件), BA, 49 - IV - 63, f. 43r; BA, 49 - IV - 63, f. 51r; BA, 49 - V - 19 ff. 385v - 386v; 意大利语抄件收录于 González, *El primer obispo chino*, pp. 161 - 162.

　　1684 年 1 月 25 日从马尼拉写给伊大任的信, 未留存。该信在伊大任 1684 年 7 月 2 日写给传信部的信中有所提及，参见 SF V，p. 56.

1684 年 1 月 25 日从马尼拉写给教宗英诺森十一世的信，APF，SC Indie Orientali e Cina，vol. 3，f. 428. 收录于 González，*El primer obispo chino*，pp. 149 - 150.

1684 年 1 月 25 日从马尼拉写给传信部枢机团的信，AMEP，vol. 426，ff. 407 - 414；APF，SC Indie Orientali e Cina，vol. 3，ff. 429 - 432. 收录于 González，*El primer obispo chino*，pp. 151 - 155.

1684 年 5 月 15 日写给多明我会总会长的信，摘要出版于 *Apologia pro decreto*，pp. 5 - 6. 参见 Biermann 1938，p. 115.

1684 年 5 月 23 日从马尼拉写给传信部枢机团的信，APF，SC Indie Orientali e Cina，vol. 3，ff. 448 - 450，收录于 González，*El primer obispo chino*，pp. 156 - 161；AMEP，vol. 426，ff. 347 - 349；APJF，Fond Brotier，126 - 05，ff. 61r - 64v；法语抄件保存于 BNF，Clairambault 495，ff. 523 - 533.

1684 年 6 月 11 日从马尼拉写给教宗英诺森十一世的信，APF，SC Indie Orientali e Cina，vol. 3，f. 454；Informationum Liber Vol. 118，ff. 545 - 548，收录于 González，*El primer obispo chino*，pp. 155 - 156；AMEP，vol. 426，f. 347；APJF，Fond Brotier，126 - 03，ff. 58r-v；法语抄件保存于 BNF，Clairambault 495，ff. 521 - 522.

1684 年 6 月 12 日从马尼拉写给西班牙国王的信，AGI，Filipinas 305，R. 1，N. 6.（IMAG. 28 - 29），收录于 González，*El primer obispo chino*，pp. 278 - 280.

1684 年 9 月 13 日从漳州写给白万乐的亲笔信，AGA，Aa 41，ff. 41r - 42r.

1684 年(9 月 13 日?)从漳州写给 José Duque 的信，未留存。该信在一封 1685 年 11 月 2 日写给 José Duque 的信中有所提及，AGA，Aa 42，f. 122r.

1684 年 9 月 23 日从漳州写给耶稣会士方济各的信，BA，49 - V - 19，f. 495r-v.

1684 年 10 月 16 日从福州写给陆方济的亲笔信，AMEP，vol. 426，ff. 381 - 382.

1684 年 12 月 15 日从福建写给传信部的信，AMEP，vol. 403，ff. 197 - 200；AMEP，vol. 403，ff. 201 - 205；APF，SOCP，vol. 17，ff. 247 - 248.

1685 年(4 月?)从广州写给 José Duque 的信，未留存。该信在一封 1685 年 11 月 2 日写给 José Duque 的信中有所提及，AGA，Aa 42，f. 122r.

1685 年 4 月 10 日从广州写给传信部秘书长的信，APF，SC Indie Orientali e Cina，vol. 4，ff. 199 - 200. 收录于 González，*El primer obispo chino*，pp. 162 - 164.

1685 年 4 月 13 日从广州写给传信部枢机团的信，APF，SC Indie Orientali e Cina，vol. 4，ff. 192 - 195。收录于 González，*El primer obispo chino*，pp. 164 - 167.

1685 年 4 月 14 日从广州写给教宗英诺森十一世的信，APF，SC Indie Orientali e Cina，vol. 4，f. 197. 收录于 González，*El primer obispo chino*，p. 168.

1685 年 5 月 11 日写给耶稣会士方济各的信，BA，49 - V - 19，f. 711r-v.

1685 年 5 月 15 日从佛山写的证词，BA，49 - V - 19，ff. 711v - 712r.

1685 年 5 月罗文炤为利安当之墓所立墓碑的碑文，AMEP，

vol. 551，f. 9.

1685 年 10 月 2 日从杭州写给教宗英诺森十一世的信，ARSI，Jap. Sin. 163，ff. 290r‐291r. APF，SC Indie Orientali e Cina，vol. 4，ff. 183‐184；ff. 286‐287. 收录于 González，*El primer obispo chino*，pp. 168‐171.

1685 年 10 月 2 日从杭州写给传信部枢机团的信，APF，SC Indie Orientali e Cina，vol. 4，ff. 187‐190；ff. 288‐291. 收录于 González，*El primer obispo chino*，pp. 171‐179.

1685 年 10 月 6 日从杭州写给耶稣会士方济各的信，BA，49‐IV‐63，ff. 62v‐63v.

1685 年 10 月 7 日从杭州写给白万乐的信，AGA，Aa 42，f. 117r‐v.

1685 年 10 月 28 日从松江写给白万乐的信，AGA，Aa 42，f. 129r‐v.

1685 年 11 月 2 日从上海写给 José Duque 的信，AGA，Aa 42，ff. 122r‐v，127r.

1685—1688 年间写给多明我会总会长的信，未留存。该信在多明我会总会长于 1689 年 5 月 15 日写给圣玫瑰省省会长的信中有所提及，APSR(AUST)，Sección Maestros Generales，tomo 2，doc. 4. 7 (Reel 79，im. 1261).

1686 年 8 月 18 日在南京签署的《论中国祭祖祭孔礼仪》(拉丁文版本)，APF，SC Indie Orientali e Cina，vol. 3，ff. 74‐84；APF，MV XXIII，91‐114；ARSI，FG，726/I/2. 中文翻译收录于李伯铎译：《中国首任主教罗文藻论中国祭祖祭孔礼仪》，见张奉箴《罗公文藻晋牧三百周年纪念》，第 118—140 页。

1686 年 9 月 10 日从上海写给教宗的信，APF，SC Indie Orientali e Cina，vol. 4，ff. 539‐540.

1686 年 9 月 10 日从上海写给传信部枢机团的信,APF, SC Indie Orientali e Cina, vol. 4, ff. 547 – 550.

1686 年 9 月 20 日从崇明写给耶稣会士方济各的信,BA, 49 - IV - 63, ff. 377r-v (105r-v). (档案馆目录上显示为 1688 年,与书信里的内容不符。)

1686 年 11 月 1 日从上海写给 José Duque 的信, Lilly Library, Lot 511, Vol. II, ms. 21524, f. 260.

1687 年 4 月末或 5 月初写给伊大任的信,未留存。该信内容被抄录于 1687 年 5 月 7 日罗文炤从杭州写给耶稣会士方济各的信中,BA, 49 - IV - 63, f. 96v.

1687 年 5 月 7 日从扬州写给耶稣会士方济各的信,BA, 49 - IV - 63, f. 96r-v.

1687 年 11 月写给传信部的信,未留存。该信在罗文炤于 1688 年 10 月 3 日从南京写给传信部枢机团的信中有所提及,参见 González, *El primer obispo chino*, p. 198.

1687 年 12 月 7 日从南京写给 Laneau 主教的信,APF, SC Indie Orientali e Cina, vol. 4, ff. 734 – 735v. 收录于 González, *El primer obispo chino*, pp. 179 – 185.

1687 年 12 月(10 日?)从南京写给耶稣会士方济各的信,BA, 49 - IV - 63, f. 96v - 97v.

1688 年 2 月 22 日从南京写给耶稣会士洪若的信,AHN, Clero Jes. , leg. 270/107; BA, 49 - IV - 63, f. 147r-v.

1688 年 2 月 29 日从南京写给耶稣会士徐日昇的信,BA, 49 - V - 20, ff. 221v - 222v.

1688 年 2 月 29 日从南京写的免除宣誓的指示,BA, 49 - IV - 63, ff. 147v - 148r.

1688 年 2 月 29 日给耶稣会士洪若主持圣礼的许可证(于

1688 年 5 月 10 日完成的抄件),BA, 49 - IV - 63, ff. 284r - 285r (12r - 13r).

1688 年 2 月 29 日给五位法国耶稣会士颁发主持圣礼的许可证所做的证词,APF, SC Indie Orientali e Cina, vol. 5, f. 51, 52, 53. 收录于 González, *El primer obispo chino*, p. 186.

1688 年 4 月 2 日从南京写给耶稣会士方济各的信,BA, 49 - IV - 63, ff. 287v - 289r (15v - 17r).

1688 年 4 月 20 日从南京写给徐日昇的信,ARSI, Jap. Sin. 164, f. 51r.

1688 年 6 月 12 日从南京写给耶稣会士洪若的信,BA, 49 - IV - 63, ff. 325v - 327r (53v - 55r); APF, SC Indie Orientali e Cina, vol. 5, f. 122. 收录于 González, *El primer obispo chino*, pp. 188 - 190.

1688 年 6 月 12 日从南京写给耶稣会士方济各的信,BA, 49 - IV - 63, ff. 321v - 324r (49v - 52r); APF, SC Indie Orientali e Cina, vol. 5, ff. 120 - 121; 126 - 127. 收录于 González, *El primer obispo chino*, pp. 190 - 194.

1688 年 6 月 27 日从南京写给耶稣会士方济各的信,BA, 49 - V - 20, ff. 209v - 211v. 收录于 González, *El primer obispo chino*, pp. 280 - 282.

1688 年 7 月 24 日从南京写给耶稣会士方济各的信,BA, 49 - IV - 63, ff. 355v - 356r (83v - 84r).

1688 年 8 月 1 日给中国籍神父小品,APF, SC Indie Orientali e Cina, vol. 5, ff. 141 - 142; 143 - 144. 收录于 González, *El primer obispo chino*, pp. 187 - 188.

1688 年 8 月 1 日给中国籍神父许可证,BA, 49 - IV - 63, ff. 357v - 358r (85v - 86r).

1688 年 8 月 7 日从南京写给耶稣会士方济各的信，BA，49 -
IV - 63，ff. 361r - 362r（89r - 90r）.

1688 年 8 月 12 日从南京写给耶稣会士方济各的信，未留存。
该信在毕嘉神父 1688 年 11 月 10 日写给方济各的信中有所提及，
BA，49 - IV - 63，f. 121v.

1688 年 9 月 14 日从南京写给耶稣会士方济各的信，BA，49 -
IV - 63，ff. 370r-v（98r-v）；APF，SC Indie Orientali e Cina，
vol. 5，f. 178；180. 收录于 González，*El primer obispo chino*，
pp. 194 - 195.

1688 年 9 月 17 日从南京写给耶稣会士方济各的信，APF，SC
Indie Orientali e Cina，vol. 5，ff. 178 - 179；ff. 180 - 181；BA，
49 - IV - 63，ff. 370v - 371v（98v - 99v）.

1688 年 9 月写给法国耶稣会士刘应和李明的信，未留存。该
信在罗文炤于 1688 年 11 月 20 日从南京写给徐日昇的信中有所
提及，ARSI，Jap. Sin. 164，f. 125r；BA，49 - IV - 63，f. 387r
（115r）.

1688 年 10 月 3 日从南京写给传信部枢机团的信，APF，SC
Indie Orientali e Cina，vol. 5，ff. 195r - 200v. 收录于 González，
El primer obispo chino，pp. 195 - 210.

1688 年 10 月 3 日从南京写给传信部秘书的信，APF，SC
Indie Orientali e Cina，vol. 5，f. 185. 收录于 González，*El
primer obispo chino*，pp. 210 - 211.

1688 年 10 月 5 日从南京写给耶稣会士方济各的信，BA，49 -
IV - 63，f. 380r-v（108r-v）.

1688 年 11 月 7 日在南京证明三个中国耶稣会士对传信部的
誓言，APF，SC Indie Orientali e Cina，vol. 5，f. 214. 收录于
González，*El primer obispo chino*，p. 213.

1688 年 11 月 7 日从南京写给传信部枢机团的信，APF，SC
Indie Orientali e Cina，vol. 5，f. 216. 收录于 González，*El
primer obispo chino*，pp. 211 - 212.

1688 年 11 月 7 日从南京写给耶稣会士方济各的信，BA，49 -
IV - 63，ff. 382v - 384r (110v - 112r). 收录于 González，*El
primer obispo chino*，pp. 213 - 214.

1688 年 11 月 20 日从南京写给耶稣会士徐日昇的信，ARSI，
Jap. Sin. 164，ff. 120v - 121r；ff. 124v - 125r；BA，49 - IV - 63，
ff. 385r - 387v (113r - 115v).

1688 年 11 月 27 日从南京写给耶稣会士殷铎泽的信，ARSI，
Jap. Sin. 164，ff. 121v - 122r.

1688 年 11 月 29 日从南京写给耶稣会士方济各的信，BA，
49 - IV - 63，ff. 394r - 395v (122r - 123v).

1689 年 1 月 5 日从南京写给耶稣会士方济各的信，BA，49 -
IV - 63，f. 429r-v (157r-v).

1689 年 1 月 8 日从南京写给北京耶稣会士的信，BA，49 -
V - 20，ff. 434v - 435r. 以 1 月 20 日的日期收录于 González，*El
primer obispo chino*，pp. 282 - 283.

1689 年 1 月 11 日从南京写给耶稣会士方济各的信，BA，49 -
IV - 63，f. 432v - 433r (160v - 161r).

1689 年 2 月 2 日从南京写给耶稣会士徐日昇的信，ARSI，
Jap. Sin. 164，f. 136r，BA，49 - V - 20，ff. 433r - 434r. 收录于
González，*El primer obispo chino*，pp. 283 - 284.

1689 年 2 月 26 日写给耶稣会士方济各的信，BA，49 - IV -
63，ff. 454v - 455v (182v - 183v).

1689 年 3 月 25 日写给耶稣会士方济各的信，BA，49 - IV -
63，ff. 476r - 481r (204r - 209r).

1689 年 4 月 1 日从南京写给耶稣会士徐日昇的信，ARSI，Jap. Sin. 164, f. 150r; BA, 49‑V‑20, f. 366r‑v. 收录于 González, *El primer obispo chino*, p. 284.

1689 年 5 月 29 日从上海写给耶稣会士方济各的信，BA, 49‑IV‑63, ff. 510v‑511r (238v‑239r); APF, SC Indie Orientali e Cina, vol. 5, f. 368r‑v. 收录于 González, *El primer obispo chino*, p. 213‑214.

1689 年 8 月 10 日从上海写给方济各会士利安定的信，APF, SC Indie Orientali e Cina, vol. 5, f. 351r‑v.

1689 年 8 月 11 日从上海写给颜珰的信，APF, SC Indie Orientali e Cina, vol. 5, ff. 365‑366. 以 8 月 22 日的日期收录于 González, *El primer obispo chino*, pp. 216‑225.

1689 年 8 月 11 日从上海写给耶稣会士方济各的信，BA, 49‑IV‑63, f. 529r‑v (257r‑v).

1689 年 8 月 11 日从上海写给方济各会士利安定的信，APF, SC Indie Orientali e Cina, vol. 5, f. 532r‑v. 收录于 SF III, pp. 768‑769, n. 4. 以及 González, *El primer obispo chino*, pp. 214‑216.

1689 年 8 月 18 日从上海写给耶稣会士方济各的信，BA, 49‑IV‑63, f. 531r (259r).

1689 年 8 月 26 日从上海写给传信部枢机团的信，APF, SC Indie Orientali e Cina, vol. 5, ff. 399r‑404v. 收录于 González, *El primer obispo chino*, pp. 225‑241.

1689 年 9 月 17 日从上海写给颜珰的信，AMEP, vol. 411, f. 63.

1689 年 10 月 3 日从上海向传信部发出的否定卜于善言论的声明，APF, SC Indie Orientali e Cina, vol. 5, f. 191. 收录于

González, *El primer obispo chino*, pp. 267 - 268.

1689 年 10 月 5 日从上海写给耶稣会士方济各的信，BA，49 - IV - 63，ff. 540v - 542r（268v - 270r）。

1689 年 10 月 30 日从上海写给耶稣会士方济各的信，BA，49 - IV - 63，f. 551r - v（279r - v）。

1689 年 11 月 17 日从上海写给耶稣会士徐日昇的信，ARSI，Jap. Sin. 164，f. 191r；BA，49 - V - 20，ff. 368v - 369v. 收录于 González, *El primer obispo chino*, p. 285.

1689 年 11 月 19 日写给法国耶稣会士张诚的信，未留存。参见在 APF，SC Indie Orientali e Cina，vol. 5，f. 563 的摘要。

1689 年 12 月 23 日写给耶稣会士 Suarez 的信，未留存。参见在 APF，SC Indie Orientali e Cina，vol. 5，f. 563v 的摘要。

1690 年 1 月 7 日写给耶稣会士 Suarez 的信，未留存。参见在 APF，SC Indie Orientali e Cina，vol. 5，f. 563v 的摘要。

1690 年 1 月 7 日从上海写给耶稣会士方济各的信，BA，49 - IV - 65，ff. 291v - 292v.

1690 年 1 月 7 日写给洪若的信，未留存。该信在罗文炤 1690 年 1 月 7 日从上海写给方济各的信中有所提及，BA，49 - IV - 65，f. 292r.

1690 年 1 月 17 日从上海写给颜珰的信，APF，SC Indie Orientali e Cina，vol. 5，f. 429，f. 601. 收录于 González, *El primer obispo chino*, pp. 250 - 251.

1690 年 2 月 11 日从上海写给方济各会士利安定的信，APF，SC Indie Orientali e Cina，vol. 5，f. 441r - v，f. 586r - v. 收录于 González, *El primer obispo chino*, 252.

1690 年 2 月 13 日从上海写给耶稣会士方济各的信，BA，49 - IV - 65，ff. 295v - 297r.

1690 年 2 月 16 日写给张诚与白晋的信,BA,49 - IV - 65,
ff. 183r - 184v.

1690 年 2 月 18 日写给徐日昇的信,未留存。该信在罗文炤
于 1690 年 5 月 31 日从上海写给徐日昇的信中有所提及,ARSI,
Jap. Sin. 164, f. 248r; BA, 49 - V - 20, f. 615r.

1690 年 3 月 27 日从上海写给耶稣会士方济各的信,BA, 49 -
IV - 65, f. 298r-v.

1690 年 4 月 17 日从上海写给徐日昇的信,ARSI, Jap. Sin.
164, f. 241r; BA, 49 - V - 20 f. 604r-v.

1690 年 5 月 13 日从上海写给耶稣会士方济各的信,BA, 49 -
IV - 65, ff. 303r - 304v.

1690 年 5 月 15 日从上海写给耶稣会士方济各的信,BA, 49 -
IV - 65, ff. 305v - 306v.

1690 年 5 月 31 日从上海写给徐日昇的信,ARSI, Jap. Sin.
164, f. 248r-v; BA, 49 - V - 20, ff. 614v - 616r.

1690 年 6 月 28 日从上海写给耶稣会士方济各的信,BA, 49 -
IV - 65, ff. 309v - 311r.

1690 年 7 月 10 日从上海写给徐日昇的信,ARSI, Jap. Sin.
164, ff. 270r; BA, 49 - V - 20, f. 598r-v. 收录于 González, *El
primer obispo chino*, p. 286.

1690 年 7 月 30 日从杭州任命方济各会士余天民继任宗座代
牧,BA, 49 - V - 20, ff. 672v - 673r; APF, SC Indie Orientali e
Cina, vol. 5, ff. 639, 640, 641 - 642; AMEP, vol. 427, ff. 273 -
274. 收录于 González, *El primer obispo chino*, pp. 253 - 254.

1690 年 8 月 7 日从杭州写给耶稣会士方济各的信,BA, 49 -
IV - 65, f. 316r-v.

1690 年 8 月 11 日从杭州写给颜珰的信,APF, SC Indie

Orientali e Cina，vol. 5，ff. 614 - 17，ff. 618 - 21. 收录于 González，*El primer obispo chino*，pp. 242 - 250.

　　1690 年 8 月 28 日从杭州写给传信部枢机团的信，AGOP，X 684. 收录于 González，*El primer obispo chino*，pp. 266 - 267.

　　1690 年 8 月 28 日从杭州写给传信部枢机团的信，APF，SC Indie Orientali e Cina，vol. 5，ff. 471 - 474. 收录于 González，*El primer obispo chino*，pp. 254 - 264.

　　1690 年 9 月 3 日从杭州写给传信部枢机团的信，APF，SC Indie Orientali e Cina，vol. 5，f. 704. 收录于 González，*El primer obispo chino*，pp. 264 - 265.

　　1690 年 9 月 18 日从杭州写给耶稣会士方济各的信，BA，49 - IV - 65，ff. 322v - 323v.

　　1690 年 10 月 11 日写给耶稣会士方济各的信，BA，49 - IV - 65，ff. 330r - 331v.

　　1690 年 12 月 1 日从南京写给耶稣会士方济各的信，ARSI，*Fondo Gesuitico* 730'，f. 170；f. 171.

附录三　传教士中西名录

1. 17 世纪来华多明我会士名录

高琦（Angelo Cocchi，1597—1633）

黎玉范（Juan Bautista de Morales，1597—1664）

施若翰（Juan García de León，1606—1665）

苏芳积（Francisco Díez，1606—1646）

查伯多禄（Pedro Chaves，1611—1660）

Antonio de la Torre（? —1649）

山济各（Francisco Fernández de Capillas，1607—1648）

窦迪莫（Timoteo Bottigli，1621—1662）

马玛诺（Manuel Rodríguez，1617—1653）

万济国（Francisco Varo，1627—1687）

赖蒙笃（Raimundo del Valle，1613—1683）

利胜（Victorio Ricci，1621—1685）

丁迪我（Diego Rodríguez Villalobos，? —1656）

郭多明（Domingo Coronado，1615—1665）

闵明我（Domingo Fernández Navarrete，1619—1686）

安东尼（José de Madrid，1630—1662）

刘若翰（Juan Polanco，？—1671）

白敏羡（Domingo Sarpetri，1623—1683）

Pedro Ricciardi(1616—1663)

许斐禄（Felipe Leonardo，1628—1677）

阮神父（Jaime Verge，1628—1687）

欧加略（Arcadio del Rosario，1641—1686）

Francisco Luján(1648—1710)

费理伯、许斐禄（Pedro de Alcalá，1641—1705）

Andrés López(1628/1640—1683)

许伯多禄（Pedro de Alarcón，1642—1685）

白诚明（Salvador de Santo Tomás，1626—1696/1701）

施若翰（Juan de Santo Tomás，1648—1683）

郭玛诺（Manuel Trigueros，1644—1693）

马熹诺（Magino Ventallol，1647—1732）

万多默、阮托马斯（Tomás Croquer，1657/1659—1729/1731）

郑方济各（Francisco Cantero，1664—1712）

艾毓翰（Juan Astudillo，1670—1734）

罗森铎（Francisco González de San Pedro，？—1730）

郭多禄（Pedro Muñoz，1656/1659—1729）

以上传教士简要生平，均可参考 Ocio, *Misioneros dominicos*.

2. 其余提及的多明我会士

Juan de Castro(1527—1592)

Miguel Benavides(1550—1605)

Juan de Cobo(1546—1592)

Diego Collado(1585—1641)

Felipe Pardo(1611—1689)

Juan de Paz(1622—1699)

Cristóbal Poblete(1624—1655)

Antonio Calderón(1627—1685)

Diego de San Román(1627—1677)

Baltasar de Santa Cruz(1627—1699)

Cristóbal Pedroche(1645—1715)

Juan Peguero(1641—1691)

Raimundo Lezzoli(1650—1706)

Bartolomé Marrón(1646—1717)

Alonso Sandín(1640—1701)

Raimundo Berart(1651—1713)

陈砥砺(Tomas Maria Gentili，1828—1888)

袁若瑟(José María González，1895—1970)

以上传教士简要生平，均可参考 Ocio, *Misioneros dominicos*.

3. 17 世纪来华方济各会士名录

利安当(Antonio de Santa María Caballero，1602—1669)

玛方济(Francisco de la Madre de Dios，? —1657)

雅连达(Gaspar de Alenda，? —1642)

马若翰(Juan de San Marcos)

艾佳良(Francisco de Jesús / Francisco de Escalona，? —1659/1660)

阿脑伯(Onofre Pelleja，? —1650)

多名莪(Domingo Urquijo 或 Domingo de Jesús，? —1652)

文度辣(Bonaventura Ibáñez，1610—1691)

毕兆贤(José Casanova，？—1655)

利安定(Agustín de San Pascual，1637—1697)

石铎禄(Pedro de la Piñuela，1650—1704)

郭纳璧(Bernardo de la Encarnación，1629/1630—1719)

丁若望(Joan Martí Climent，1635—1704)

林养默、林汉默(Jaime Tarín，1664—1719)

卞芳世(Francisco de la Concepción Perís，1635—1701)

华德美(Miguel Flores de Reya，1644—1702)

艾脑爵(Blas García，1635—1699)

王路嘉(Lucas Estevan，1639/1640—1691)

Joaquín Risón(1647—1693)

利安宁(Manuel de San Juan Bautista de la Bañeza，1656—1711)

丁若翰(Juan Martínez de San Frutos，1656—1693)

柯若瑟(José de Osca，1659—1735)

Agustín Rico(1660—1692)

恩明德(José Navarro，1655—1709)

麦宁学(Bernardino de Mercado，1655—1713)

Lucas Tomás(1646/1647—1723)

南怀德(Miguel Fernández Oliver，1665—1726)

伊大任(Bernardino della Chiesa，1644—1721)

余天民(Francisco Nicolai da Leonessa，1656—1737)

叶尊孝(Basilio Brollo a Glemona，1648—1704)

Juan Bautista Morelli(1655—1716)

万雄山(Juan Fernández Serrano，1665—1735)

以上传教士简要生平,均参见《中华方济各会志》各卷。

4. 本书涉及的 17 世纪在华耶稣会士名录

罗儒望（João da Rocha，1565—1623）

艾儒略（Giulio Aleni，1582—1649）

阳玛诺（Manuel Dias，1574—1659）

傅汎济（Francisco Furtado，1589—1653）

汤若望（Johan Adam Schall von Bell，1592—1666）

聂伯多（Pietro Canevari，1596—1675）

何大化（Antonio de Gouvea，1592—1677）

潘国光（Francesco Brancati，1607—1671）

李方西（Francisco de Ferrariis，1609—1701）

利类思（Ludovico Buglio，1606—1682）

安文思（Gabriel de Magalhães，1610—1677）

汪儒望（Jean Valat，1614? —1696）

刘迪我（Jacques Le Favre，1613—1675）

聂仲迁（Adrien Grelon，1618—1696）

柏应理（Philippe Couplet，1622—1693）

毕嘉（Giandomenico Gabiani，1623—1694）

殷铎泽（Prospero Intorcetta，1625—1696）

陆安德（Andrea Lubelli，1611—1685）

鲁日满（François de Rougemont，1624—1676）

南怀仁（Ferdinand Verbiest，1623—1688）

Luís da Gamma(1610—1672)

方玛诺（Germain Macret，1620—1676）

方济各（Francesco Saverio Filippucci，1632—1692）

闵明我（Claudio Filippo Grimaldi，1638—1712）

徐日昇(Tomé Pereira，1645—1708)

穆若瑟(José Monteiro，1646—1720)

万多玛斯(Tomasso Valgarneira，1608？—1677)

李西满(Simão Rodrigues，1645—1704)

张安当(Antonio Posateri，1640—1705)

万其渊(Paulo Banhes，1631—1700)

鲁日孟(Juan Irigoyen，1646—1699)

洪度亮(Francisco Gayoso，1647—1702)

何纳爵(Ignacio Montes，1628—1680)

张儒良(Julián Gonzaga，1651—1730)

齐又思(Lodovico Azzi，1635—1690)

潘玛诺(Emanuele Laurifice，1646—1703)

杜加禄(Carlo Turcotti，1643—1706)

吴历(Simão Xavier da Cunha，1632—1718)

苏霖(José Soares，1656—1736)

刘蕴德(Blaise Verbiest，1628—1707)

安多(Antoine Thomas，1644—1709)

何天章(Francisco Xavier do Rosário，1667—1736)

卫方济(François Noël，1651—1729)

洪若(Jean de Fontaney，1643—1710)

白晋(Joachim Bouvet，1656—1730)

李明(Louis-Daniel Le Comte，1655—1728)

张诚(Jean-François Gerbillon，1654—1707)

刘应(Claude de Visdelou，1656—1737)

陆希言(Domingos Lou，1630—1704)

王石汗(Pieter Van Hamme，1651—1727)

郭天爵(Francisco Simões，1650—1694)

张开圣（Francisco da Silva, 1665—?）

纪理安（Kilian Stumpf, 1655—1720）

林安多（António da Silva, 1654—1726）

骆保禄（Jean-Paul Gozani, 1647—1732）

以上传教士简要生平，均参见费赖之《在华耶稣会士列传及书目》法文版、荣振华《在华耶稣会士列传及书目补编》法文版。

5. 17 世纪来华奥斯定会士名单

白万乐（Álvaro de Benavente, 1646—1709）

陆铭恩（Miguel Rubio, ? —1710）

Francisco Patiño（? —1691）

李若望（Juan de Ribera, ? —1711）

以上传教士简要生平，均参见 Pérez Jorde, *Catálogo bio-bibliográfico*.

Juan de Aguilar（1650—1715），参见 Streit, *Bibliotheca Missionum V*, p. 962.

6. 17 世纪来华的巴黎外方传教会神父

陆方济（François Pallu，1626—1684）

郎神父（Pierre de la Motte-Lambert，1624—1679）

Louis Laneau（1637—1696）

颜珰（Charles Maigrot, 1652—1705）

卜于善（Philibert Le Blanc, 1644—1720）

凯梅纳（Louis Quemener, 1644—1704）

何神父（Louis Champion de Cicé，1648—1727）

潘若望（Jean Pin，1643—1692）

梁宏仁（Artus de Lionne，1655—1713）

以上传教士简要生平，均参见 Launay，*Mémorial II*.

参考文献

一、文献馆藏地简称

ACF：Archives de la Comédie Française（法国戏剧学院档案馆）

AFIO：Archivo Franciscano Ibero Oriental（伊比利亚及东亚方济各会档案馆）

AGI：Archivo General de Indias（塞维利亚印地亚斯档案馆）

AGA：Archivio Generale Agostiniano（奥斯定会总会档案馆），主要参考该馆所藏 *Notitiae Indiarum Orientalum*（《东印度消息》），Vols. 1 - 2.

AGOP：Archivum Generale Ordinis Praedicatorum（多明我会总会档案馆）

AHN：Archivo Histórico Nacional（西班牙历史档案馆）

AJPF：Archives Jésuites de la Province de France（耶稣会法国省档案馆）

AMEP：Archives du Séminaire des Missions Étrangères de Paris（巴黎外方传教会档案馆）

APF：Archivio de Propaganda Fide（罗马传信部档案馆）

APSR：Archivo de la Provincia del Santo Rosario en Ávila（多明

我会圣玫瑰省档案馆）

APSR（AUST）：Microfilms del Archivo de la Provincia del Santo Rosario conservados en el Archivo de la Universidad de Santo Tomás de Manila(马尼拉圣托马斯大学多明我会圣玫瑰省档案馆藏缩微胶卷）

ARSI：Archivum Romanum Societatis Iesu(罗马耶稣会档案馆）

BA：Biblioteca da Ajuda(里斯本阿儒达图书馆）

BC：Biblioteca Casanatense(罗马卡萨纳特图书馆）

BNE：Biblioteca Nacional de España(西班牙国家图书馆）

BNF：Bibliotèque Nationale de França(法国国家图书馆）

BNCR：Biblioteca Nazionale Centrale di Roma(意大利国家图书馆）

BNL：Biblioteca Nacional de Lisboa(葡萄牙国家图书馆）

RAH：Real Academia de la Historia(西班牙皇家历史学院）

二、原始文献

【外文】

Aduarte, Diego. *Historia de la Provincia del Santo Rosario de la Orden de Predicadores en Filipinas, Japón y China.* 1640. 2 Vols. Madrid: Consejo Superior de Investigaciones Científicas, Departamento de Misionología española, 1962 – 1963.

Alarcón, Pedro de. "Relación de los sucesos de esta nuestra Mission de la Orden de Predicadores en China en este año de 1683". Cantón, 16 de diciembre de 1682. AFIO 28/18.

Alejandro, Natal. *Apologie des Dominicains Missionnaires de la Chine, ou Réponse au Livre du Pere Le Tellier Jesuite, Intitulé, Défense des Nouveaux Chrétiens; et à L'éclaircissement du P. Le Gobien de la même Compagnie, sur les honneurs que les Chinoise rendent à Confucius & aux Morts.* Cologne, 1699.

Alenda, Gaspar. "Relación a los PP. José de Valencia, definidor, y Jerónimo Nadal, guardián de Manila". Lienquian-hien, 12 de marzo de 1638. SF II, pp. 251 – 265; pp. 272 – 276.

Anciens Mémoires de la Chine, touchant les honneurs que les Chinois rendent à Confucius & aux Morts. Paris: chez Nicolas Pepie, 1700.

Anciens Mémoires de la Chine, touchant les honneurs que les Chinois rendent à Confucius & aux Morts. Lyon: Collège de la Sainte Trinité de la Compagnie de Jésus, 1700.

Apologia pro decreto S. D. N. Alexandri VII et praxi Jesuitarum circa caerimonias, quibus Sinae Confucium & Progenitores mortuos colunt. Lovanii: Apud Aegidium Denique, 1700.

Barreto, Luís Filipe (coord.). *Tomás Pereira. Obras.* 2 vol. Lisboa: Centro Científico e Cultural de Macau, 2011.

Benavente, Álvaro de. "Carta al gobernador de Filipinas". Xaoking, 25 de enero de 1683. AGI, Filipinas 24, R. 4, N. 27, J (IMAG. 38 – 40).

Benavente, Álvaro de. "Carta a José Duque". Canton, 7 de marzo de 1684. AGI, Filipinas 92, N. 1. "Papeles originales del obispo y clérigos franceses que remite esta Real

Audiencia a Su Magestad". ff. 83r - 95v (IMAG. 1430 - 1455).

Benavente, Álvaro de. "Carta a Pallu". Canton, 14 de marzo de 1684. APF, SOCP, vol. 17, ff. 101 - 104.

Benavente, Álvaro de. "Respuesta a las 92 proposiciones del obispo Rosaliense". 28 de octubre de 1684. APF, Informationum Liber 156 Pro Missione Sinensi, vol. 4, ff. 571 - 581.

Benavente, Álvaro de. "Carta a Cicero, Obispo Nankinense". Nangan-fu, 1701. AV, Vaticano latino 7407, ff. 4 - 5.

Bonafe, Rafael de. "Copia de capítulo de carta de el Padre Rafael de Bonafee, Provincial de la Provincia de Filipinas". Manila, 27 de mayo de 1665. Cf. Combes, Francisco. *Historia de las islas de Mindanao, Jolo y sus adyacentes*. Madrid, 1667, p. 565 - 567.

Brollo, Basilio. "Carta ao P. Filippucci". 14 de Mayo de 1685. BA, 49 - V - 19, f. 751v.

Brevi Romani Pontificis 10 april. 1690 (Gregorio López in Episcopum de Nankim electus). textus in BNF, Fr. 9771, ff. 37r - 38r.

Brollo, Basilio. "Lettera all'Illustrissimo Cardinal Cibo". 15 ottobre 1685. SF VI, pp. 878 - 895.

Buglio, Ludovico. "Carta ao P. Francisco Pacheco". Beijing, 3 de Setembro de 1667. ARSI, FG. 730', ff. 71r - 72v.

Buglio, Ludovico. "Carta ao P. Vizitador Luís da Gamma". Beijing, 15 de Setembro de 1667. ARSI, Jap. Sin. 162, ff. 176r - 180v.

Buglio, Ludovico. "Carta ao P. Luís da Gamma". Beijing, 26 de Abril de 1668. AHN, 270/86.

Buglio, Ludovico. "Carta ao P. Viceprovincial sobre a sogeição aos Sres. Vigarios Apostólicos". BA, 49 - V - 20, ff. 320r - 321r.

Caballero, Antonio de Santa María. "Respuesta a dicha carta, que han hechado a bolar, aun sin attender a estar en la quaresma los de la compañía contra los menores de la Yglessia hijos del humano seraphin el señor S. Francisco". 2 de agosto de 1639. BC, ms. 1073, ff. 179r - 182r。

Caballero, Antonio de Santa María. "Carta al Provincial". 9 de agosto de 1649. SF II, pp. 361 - 364.

Caballero, Antonio de Santa María. "Relación del 15 octubre 1649". SF II, pp. 364 - 380.

Caballero, Antonio de Santa María. "Carta al P. Provincial". 30 de octubre de 1649. SF II, pp. 380 - 384.

Caballero, Antonio de Santa María. "Carta al P. Provincial". 20 de noviembre de 1649. SF II, pp. 389 - 395.

Caballero, Antonio de Santa María. "Carta al [P. Provincial] Antonio de S. Gregorio". 14 de mayo de 1650. SF II, pp. 395 - 405.

Caballero, Antonio de Santa María. "Carta al P. Provincial". 24 de enero de 1652. SF II, pp. 408 - 414.

Caballero, Antonio de Santa María. "Carta al [P. Provincial] Francisco de S. Didaco". 20 de septiembre de 1659. SF II, pp. 475 - 478.

Caballero, Antonio de Santa María. "Relación de la persecución en la gran China contra la Santa ley Evangélica y sus predicadores". Cantón, 30 de abril de 1666. BC, ms. 1073, ff. 265r - 296v; AIA II (1914), pp. 447 - 478; AIA III (1915), pp. 259 - 288.

Caballero, Antonio de Santa María. "Relación de persecución que en este reino de la gran China se levantó contra nuestra santa Fe, año del Señor de 1664". Cantón, 11 de septiembre de 1667. SF II, pp. 502 - 606.

Calderón, Antonio. "Carta al rey". Cavite, 13 de junio de 1684. AGI, Filipinas 90, N. 1. (IMAG. 199 - 206).

Capillas, Francisco. "Relación de la misión de China al P. Provincial Juan de los Ángeles". Fogan, diciembre de 1647. BC, ms. 1074, ff. 4r - 18v.

Capillas, Francisco. "Carta al P. Provincial Juan de los Ángeles". Fogan, 21 de noviembre de 1647. APSR, Sección 34 China, t. 7, doc. 4.

Casanova, José. "Carta al P. Lector (Sebastián Rodríguez)". 18 de marzo de 1651. AFIO 35/102

Casanova, José. "Carta al P. Lector (Sebastián Rodríguez)". 30 de enero de 1652. AFIO 35/101.

Casanova, José. "Carta a Sebastián Rodríguez, Lector". Amuy, 10 de abril de 1652, AFIO 35/100.

Casanova, José. "Carta al P. Lector (Sebastián Rodríguez)". 4 de marzo de 1653. AFIO 35/99.

Chiesa, Bernardino della. "Lettera ai cardinali della Sacra Congregazione". Siam, 2 iuglio 1684. SF V, pp. 55 - 59.

Chiesa, Bernardino della. "Epistola ad confrates Provinciae

Venetae". Cantone, 3 Ianuarii 1684. SF VI, pp. 841 – 843.

Chiesa, Bernardino della. "Carta ao P. Vizitador Filippuchi". 24 de Novembre de 1688. BA, 49 – IV – 63, ff. 257v – 261r.

Chiesa, Bernardino della. "Carta al P. Miguel Flores". Cantón, 22 de septiembre de 1692. SF V, pp. 276 – 277.

Chiesa, Bernardino della. "Carta al Reverendo P. Juan Baptista Martínez". Nanjing, 12 de febrero de 1693. SF V, pp. 277 – 280.

Chiesa, Bernardino della. "Cartas ao rei Pedro II". Nanjing, 17 de Setembro de 1696. SF V, pp. 338 – 341(primeira carta); 342 – 343 (segunda carta).

Cloche, Antonin. "Carta al P. Provincial de la Provincia del Santo Rosario". Roma, 15 de mayo de 1689. APSR (AUST), Sección Maestros Generales, tomo 2, doc. 4. 7 (Reel 79, im. 1261).

Climent, Joan Martí. "Relación muy importante". Lumbang, 10 de abril de 1702, AFIO 42/7.

Combes, Francisco. *Historia de las islas de Mindanao, Jolo y sus adyacentes*. Madrid, 1667.

Concepción, Fernando de la. "Carta a Pedro de la Piñuela". Dilao, septiembre de 1680. AFIO 28/16.

Concepción, Francisco de la. "Carta al gobernador de Filipinas". Cantón, 19 de febrero de 1683. AGI, Filipinas 24, R. 4, N. 27, K (IMAG. 42 – 43).

Concepción, Francisco de la. "Carta al P. Provincial". 5 de marzo de 1685. SF IV, pp. 49 – 52.

Cruz, Gaspar da. "Tratado em que se contam muito por esteso as cousas da China com suas particularidades, e assi do reyno d'Ormuz (composto por o R. Padre frey Gaspar da Cruz, da Orden de Sam Domingos. Dirigido ao muito poderoso Rey don Sebastián nosso Señor)". 1569. BNE, R. 3117.

Curucelaegui, Gabriel de. "Carta al rey de España dando cuenta de los inconvenientes de la llegada de obispos franceses a China". Manila, 1 de junio de 1685. AGI, Filipinas 303, R. 1, N. 7(IMAG. 4 - 7).

Cibo, Edoardo. "Carta a Bernardino della Chiesa". Roma, 22 de enero de 1690. APF, Lettere 79, ff. 64 - 65.

Cibo, Edoardo. "Carta a Bernardino della Chiesa". Roma, 19 de enero de 1692. APF, Lettere 81, ff. 70v - 71v.

Cibo, Edoardo. "Carta a Gregorio López". Roma, 19 de enero de 1692. APF, Lettere 81, ff. 73v - 74r.

Dias, Manuel. "Carta ao P. Geral Vitelleschi". Macao, 16 de Março de 1638. ARSI, Jap. Sin. 161 II, ff. 179r - 180v.

Escalona, Francisco. "Relación del 12 de marzo de 1638". SF II, pp. 224 - 314.

Estevan, Lucas. 1688. "Epistola ad Illmum Lopez". Cantón, 4 de mayo de 1688. SF IV, p. 438.

Fernández de Navarrete, Domingo. "Relatio data S. Congregationi de Propaganda Fide et Rmo. P. Magistro Generali totius Ordini". 29 de agosto de 1673. APF, SC Indie Orientali e Cina, vol. 1, ff. 531 - 532.

Fernández de Navarrete, Domingo. "Memorial al Cardenal Ottobono". 29 de Agosto de 1673. APF, SC Indie Orientali e Cina, vol. 1, f. 530.

Fernández de Navarrete, Domingo. *Tratados historicos, politicos, ethicos y religiosos de la Monarchia de China.* Madrid: imprenta real, 1676.

Fernández de Navarrete, Domingo. *Controversias antiguas y modernas de la Misión de la gran China.* Madrid, 1679. BNE, R. MICRO/5025.

Fernández Serrano, Juan. "Carta al P. Carolum Amiani". Nanan-Fu, 16 Novembris 1701, SF IX, pp. 41 – 45.

Ferrariis, Francisco de. "Carta a Manoel Suares". ARSI, FG 730', ff. 103r – 104v.

Filippucci, Francesco S. *De Sinensium ritibus politicis acta, seu R. P. Francisci Xaverii Philipucci Missionarii Sinensis è Societate Jesu, Praeludium ad plenum disquisitionem, an bonâ vel malâ fide impugnentur opiniones et praxes Missionariorum Societatis Jesu in regno Sinarum ad cultum Confucii et defunctorum pertinentes.* BNCR, Rome Ges. 1249/7.

Filippucci, Francesco S. "Carta para o bispo electo Basilitano (Gregorio López)". 10 de Novembre de 1682. BA, 49 – IV – 63, f. 36v – 37r.

Filippucci, Francesco S. "Carta al P. General Noyelles". 16 de Diciembre de 1685. ARSI, Jap. Sin. 163, f. 315r.

Filippucci, Francesco S. "Carta al P. General Noyelles". 23 de Febrero de 1686. ARSI, Jap. Sin. 163, ff. 329r – 330v.

Filippucci, Francesco S. "Carta ao P. Joan Fontaney". 4 de Fevereiro de 1688. BA, 49 – IV – 63, ff. 274v – 276v(2v – 4v).

Filippucci, Francesco S. "Carta ao P. François Gerbillon". 17 de Abril de 1688. BA, 49 - IV - 63, ff. 290r - 290v (18r-v).

Filippucci, Francesco S. "Carta ao P. Joan Fontaney". 21 de Abril de 1688. BA, 49 - IV - 63, ff. 292r - 294r (20r - 22r).

Filippucci, Francesco S. "Carta ao Senhor Bispo Basilitano". 10 de Maio de 1688. BA, 49 - IV - 63, ff. 175r - 176r.

Filippucci, Francesco S. "Carta ao P. Joan Fontaney". 12 de Maio de 1688. BA, 49 - IV - 63, ff. 304r - 305v (32r - 33v).

Filippucci, Francesco S. "Carta ao P. Viceprovincial Intorcetta". 11 de Julho de 1688. BA, 49 - IV - 63, ff. 317r - 319r (45r - 47r).

Filippucci, Francesco S. "Carta a Gregorio López". 24 de Julho de 1688. BA, 49 - IV - 65, f. 94v - 96r.

Filippucci, Francesco S. "Carta ao P. Viceprovincial Intorcetta". Quamcheu, 4 de Agosto de 1688. BA, 49 - IV - 63, ff. 358r - 359r (86r - 87r).

Filippucci, Francesco S. "Carta ao P. Viceprovincial Intorcetta". 4 de Setembro de 1688. BA, 49 - IV - 63, ff. 362v - 366v (90v - 94v).

Filippucci, Francesco S. "Carta ao P. Basilio Brollo". 14 de Maio de 1689. BA, 49 - V - 19, f. 751r.

Filippucci, Francesco S. "Carta a Gregorio López". 31 de Dezembro de 1689. BA, 49 - IV - 65, f. 169r - 170r.

Flores, Miguel. "Declaración sobre el estado de la misión china". Manila 18 de junio de 1686. SF VII, pp. 1061 - 1062.

Fontana, Vincenzo Maria. *Monumenta dominicana breuiter in*

synopsim collecta, *de fidis obseqviis ab ordine praedicatorvm sancatae Dei Ecclesiae vsque modò praestitis*. Romae: Typis & sumptibus N. A. Tinassij, 1675.

Fontaney, Jean de. "Carta ao Senhor Constance Premier Ministro du Roy em Sião". 9 de Janeiro de 1688. BA, 49 – IV – 63, ff. 142r – 143v.

Fontaney, Jean de. "Carta ao P. Vizitador Filippuchi". 28 de Março de 1688. BA, 49 – IV – 63, ff. 157v – 158r.

Fontaney, Jean de. "Carta ao P. Vizitador Filippuchi". no cabo de Junho de 1688. BA, 49 – IV – 63, ff. 188r – 189v.

Fontaney, Jean de. "Carta ao P. Vizitador Filippuchi". 9 de Agosto de 1688. BA, 49 – IV – 63, ff. 210v – 212r.

Fontaney, Jean de. "Carta ao P. Vizitador Filippuchi". 12 de Setembro de 1688 BA, 49 – IV – 63, ff. 220r – 223r.

Fontaney, Jean de. "Lettre a Antoine Verjus". Pekin, 4 de Decembre de 1696. ARSI, *Fondo Gesuitico* 730', f. 237.

Furtado, Francisco. "Carta al Papa Urbano VIII". 5 de noviembre de 1639. ARSI, Jap. Sin. 161 II, f. 221r – 223v.

Gabiani, Giandomenico. "Quantus Numerus Christianorum Erat in Imperio Sinarum Anno 1664, Quando Mota Est Ultima Persecutio Contra Missionarios" [Memorial to Innocentius XII, June 5, 1699]. ARSI, Jap. Sin. 166, ff. 422r-v.

Gabiani, Giandomenico. *Incrementa Ecclesiae Sinicae a Tartaris Oppugnatae*, (composed in Canton in 1667), Vienna: Voigt, 1673; ms. ARSI, Jap. Sin. 108, f. 17v.

Gabiani, Giandomenico. "Carta ao P. Geral Noyelles". Nanjing, 5 de Dezembro de 1685. ARSI, Jap. Sin. 163, 311r-v.

Gabiani, Giandomenico. "Carta ao P. Geral Noyelles". Nanjing, 8 de Dezembro de 1685. ARSI, Jap. Sin. 163, 313r-v.

Gabiani, Giandomenico. "Carta ao P. Geral Noyelles". 23 de Outubro de 1686. ARSI, Jap. Sin. 163, 347r‐348r.

Gabiani, Giandomenico. "Copia da que escreveo o P. Joao Domingos Gabiani Reitor do Collegio de Nankim ao Illustissimo Senhor Bispo Basilitano D. Fr. Gregorio Lopez, e petiçao para se ordenar de Sacerdotes a tres nossos PP Chinas, a 14 de Fevereiro de 1688". BA, 49‐IV‐63, ff. 280v‐282r (8v‐10r).

Gabiani, Giandomenico. "Carta ao P. Vizitador Simão Martins". 4 de Março de 1688. BA, 49‐V‐20, ff. 202r‐204r.

Gabiani, Giandomenico. "Carta ao P. Vizitador Simão Martins". 5 de Março de 1688. BA, 49‐IV‐63, ff. 285r‐286v (13r‐14v).

Gabiani, Giandomenico. "Carta ao P. Vizitador". Nankim, 9 de Mayo de 1688. BA, 49‐IV‐63, ff. 298r‐304r (26r‐32r).

Gabiani, Giandomenico. "Carta ao P. Vizitador Filippuchi". Pekim, 14 de Mayo de 1688. BA, 49‐IV‐63, ff. 306r‐308r (34r‐36r).

Gabiani, Giandomenico. "Carta ao P. Vizitador Filippuchi". 12 de Junho de 1688. BA, 49‐IV‐63, ff. 329r‐330v (57r‐58v).

Gabiani, Giandomenico. "Carta ao P. Vizitador Filippuchi". 27 de Junho de 1688. BA, 49‐IV‐63, ff. 337v‐339r (65v‐67r).

Gabiani, Giandomenico. "Carta ao P. Vizitador Filippuchi". 23 de Julho de 1688. BA, 49 – IV – 63, ff. 352r – 354r (80r – 82r).

Gabiani, Giandomenico. "Carta ao P. Vizitador Filippuchi". 7 de Agosto de 1688. BA, 49 – IV – 63, ff. 359r – 361r (87r – 89r).

Gabiani, Giandomenico. "Carta ao P. Vizitador Filippuchi". 10 de Agosto de 1688. BA, 49 – IV – 63, ff. 124r – 126v.

Gabiani, Giandomenico. "Carta ao P. Vizitador Filippuchi". 18 de Setembro de 1688. BA, 49 – IV – 63, ff. 373v – 375v (101v – 103v).

Gabiani, Giandomenico. "Carta ao P. Vizitador Filippuchi". Outubro de 1688. BA, 49 – V – 20, f. 176.

Gabiani, Giandomenico. "Attestatio juramenti a tribus novis Societatis Jesu sacerdotibus". 29 de Outubro de 1688. BA, 49 – V – 20, ff. 220r – 221r, 223r-v, 228v – 229v.

Gabiani, Giandomenico. "Carta ao P. Vizitador Filippuchi". 10 de Novembre de 1688. BA, 49 – IV – 63, ff. 119v – 124r.

Gabiani, Giandomenico. "Carta ao P. Vizitador Filippuchi". 29 de Novembre de 1688. BA, 49 – IV – 63, ff. 269r – 272r.

Gamma, Luís da. "Carta ao P. Viceprovincial". Macao, 25 de Outubro de 1667. ARSI, Jap. Sin. 162, f. 196r – 197r.

García, Juan. "Postdata a la relación al Provincial del P. Capillas". 14 de enero de 1649; en Capillas, F. "Relación de la misión de China al P. Provincial Juan de los Ángeles". Fogan, diciembre de 1647. BC, ms. 1074, ff. 13v – 14v; Copia mecanografiada de la postdata en APSR, Sección 34

China, t. 7, doc. 5.

García, Juan. "Copia de una carta que el P. fr. Juan García de la orden de Predicadores y ministro en el gran Reyno de China, enbio al P. Provincial de su orden residente en la ciudad de Manila". Tinteu, 27 de septiembre de 1648. BC, ms. 1074, ff. 34r - 46r.

García, Juan. "Carta que el P. Fr. Juan García de la orden de Predicadores y Ministro en el gran Reyno de China envio al P. Provincial de su Orden residente en la ciudad de Manila septiembre 1648: enviada del mes de diciembre". Tinteu, 17 de enero de 1649. BC, ms. 1074, ff. 47r - 58v.

García, Juan. "Relacion de la vida y muerte del Venerable P. Fr. Francisco Diaz missionario que fue en la gran China". Tinteu, 20 de octubre de 1650. BC, ms. 1074, ff. 60r - 77r.

Gemelli Careri, Giov. Francesco. *Giro del mondo del dottor d. Gio. Francesco Gemelli Careri*. Parte Quarta. In Napoli: Nella stamperia di Giuseppe Roselli, 1700.

Gouvea, Antonio de. "Carta al P. Gregorio López". Fuzhou, 15 de marzo de 1665. BC, ms. 1073, ff. 302r - 303v.

Gozani, Jean Paul. "Carta a François Noel". Nanjing, 28 de Outubro de 1701. ARSI, FG 730", ff. 348r - 351v.

Ibáñez, Buenaventura. "Breve relación de nuestro viaje de Manila a China y de la entrada en esta provincia de Fuquien y asiento en ella hasta el día de hoy". Anhai, octubre de 1649. SF VII, pp. 30 - 38.

Ibáñez, Buenaventura. "Carta al P. Provincial". Emuy, 8 de

septiembre de 1651. SF III, pp. 29 - 32.

Ibáñez, Buenaventura. "Carta al P. Sebastián Rodríguez". Emuy, 20 de diciembre de 1653. SF III, pp. 33 - 35.

Ibáñez, Buenaventura. "Carta al P. Sebastián Rodríguez". 30 de enero de 1664. SF III, pp. 50 - 53.

Ibáñez, Buenaventura. "Carta al P. Sebastián Rodríguez". 27 de febrero de 1664. SF III, pp. 53 - 55.

Ibáñez, Buenaventura. "Carta al P. Sebastián Rodríguez". 20 de diciembre de 1664. SF III, pp. 55 - 57.

Ibáñez, Buenaventura. "Brevis relatio". año 1668. SF III, pp. 75 - 94.

Ibáñez, Buenaventura. "Carta al gobernador de Filipinas". Cantón, 21 fde ebrero de 1682. AGI, Filipinas 24, R. 4, N. 27, F (IMAG: 24 - 25).

Ibáñez, Buenaventura. "Carta a Lucas Estevan". octubre de 1682. SF VII, pp. 102 - 104.

Ibáñez, Buenaventura. "Carta al P. Filippucci". 7 de noviembre de 1682. SF VII, pp. 104 - 106.

Ibáñez, Buenaventura. "Carta al P. Procurador". Cantón, 7 de enero de 1683. SF III, pp. 243 - 245.

Ibañez, Buenaventura. "Carta al gobernador". Cantön, 20 enero 1683. AGI, Filipinas 24, R. 4, N. 27, I (IMAG. 35 - 36).

Ibáñez, Buenaventura. "Carta al P. Procurador". Cantón, 25 de enero de 1683. SF III, pp. 246 - 253.

Ibáñez, Buenaventura. "Carta al P. Procurador". Cantón, 15 de febrero de 1683. SF III, pp. 253 - 261.

Ibáñez, Buenaventura. "Carta al gobernador de Filipinas".

Cantón, 18 marzo 1683. AGI, Filipinas 24, R. 4, N. 27, L (IMAG: 45).

Ibáñez, Buenaventura. "Carta al P. Provincial". 3 marzo 1685. SF III, pp. 269 - 278.

Ibáñez, Buenaventura. "Carta al P. Provincial". 30 noviembre 1685. SF III, pp. 278 - 290.

"Información jurídica [la primera] acerca de los ritos chinos hecha por los PP. dominicos y franciscanos, haciendo de testigos varios cristianos de los principales". Tingteu, 19 enero 1636. BC, ms. 1073, ff. 16r - 79r.

"Información jurídica [la segunda] hecha por los religiosos de San Francisco y Sto. Domingo en este Reyno de China, y remitidas a los Padres Provinciales de las dichas Religiones en las Islas Filipinas". Tingteu, 10 febrero 1636. BC, ms. 1073, ff. 80r - 106r.

Intorcetta, Prospero. "Carta a Noyelles". 20 de julio de 1685, ARSI, Jap. Sin. 163, f. 282r-v.

Intorcetta, Prospero. "Carta para o P. Francisco Xavier Fillipuchi". Hamcheu, 30 de Abril de 1686. BA, 49 - IV - 63, ff. 70v - 71r.

Intorcetta, Prospero. "Carta ao P. Vizitador Filippuchi". 8 de Abril de 1688. BA, 49 - IV - 63, ff. 160v - 162r.

Intorcetta, Prospero. "Carta ao P. Visitador Filippuchi". 10 de Mayo de 1688. BA, 49 - IV - 63, ff. 171r - 175r.

Intorcetta, Prospero. "Carta ao P. Vizitador Filippuchi". 29 de Junho de 1688. BA, 49 - IV - 63, f. 187r-v.

Intorcetta, Prospero. "Carta ao P. Vizitador Filippuchi". 3 de

Julho de 1688. BA, 49 - IV - 63, ff. 194v - 197v.

Intorcetta, Prospero. "Carta ao P. Vizitador Filippuchi". 16 de Novembro de 1688. BA, 49 - IV - 63, ff. 248r - 250v.

Intorcetta, Prospero. "Carta ao P. Vizitador Filippuchi". 2 de Dezembro de 1688. BA, 49 - IV - 63, ff. 261r - 262v.

Intorcetta, Prospero. "Carta ao P. Vizitador Filippuchi". Hamcheu, 16 de Janeiro de 1689. BA, 49 - IV - 63, ff. 435r - 436v (163r - 164v).

Intorcetta, Prospero. "Carta ao P. Vizitador Filippuchi". 2 de Março de 1689. BA, 49 - IV - 63, ff. 460r - 461v (188r - 189v).

Intorcetta, Prospero. "Carta aos PPCC. Consultores da V. Provincia sobre receber na Companhia o Lo-su-me". Hamcheu, 7 de Março de 1689. BA, 49 - IV - 63, ff. 462r - 463r (190r - 191r).

Josson, Henri and Leopold Willaert. *Correspondance de Ferdinand Verbiest de la Compagnie de Jésus (1623 - 1688): directeur de l'observatoire de Pékin.* Bruxelles: Palais des académies, 1938.

Lambert, Pierre de la Motte et Louis Laneau. "Epistola ad Reverendissimum P. Gregorio Lopez". Siami, die 30 Maii 1677. APJF, Fond Brotier, 126 - 04, 57r; BA, 49 - V - 17, f. 582r-v.

Laneau, Loius. "Carta a Felipe Pardo". Siam, 1 de junio de 1681. AGI, Filipinas 92, N. 1. "Papeles originales del obispo y clérigos franceses". ff. 15r - 16r (IMAG. 967 - 969); traducción castellana: f. 27r-v (IMAG. 1197 - 1198).

Launay, Adrien et Frédéric Mantienne. *Lettres de Monseigneur Pallu. Écrites de 1654 à 1684*. Paris: Les Indes savantes, 2008.

Le Comte, Louis. *Nouveaux mémoires sur l'état present de la Chine*. Tome Second. Paris: Jean Anisson, Directeur de l'Imprimerie Royale, rüe de la Harpe, au-dessus de S. Cosme, à la Fleur-de-Lis de Florence, 1697. BNE, 3/77978.

Le Comte, Louis. *Nouveaux mémoires sur l'état present de la Chine*. Tome Troisième. Paris: Jean Anisson, Directeur de l'Imprimerie Royale, rüe de la Harpe, au-dessus de S. Cosme, à la Fleur-de-Lis de Florence, 1698. BNE, 3/77978.

Leonissa, J. F. Nicolai de. "Copia del testimonio de los jesuitas franceses hecho en Pekín a 9 de febrero de 1688 por el cual declaran no poder jurar sin ofender gravemente a su rey". Nanjing, 3 de octubre de 1688. APF, SC Indie Orientali e Cina, vol. 5, ff. 48 – 50.

Leonissa, J. F. Nicolai de. "Carta al P. Provincial Francisco de Santa Inés". Nanjing, 25 de noviembre de 1688. SF IV, pp. 511 – 512.

Leonissa, Francisco Nicolai. "Lettera a P. Filippucci". Nanjing, inizio marzo 1691. SF VI, pp. 45 – 47.

Leonissa, Francisco Nicolai. "Litterae de obitu Illmi. Lopez ad vicarios apostólicos sinarum". Nanjing, 13 martii 1691. AMEP, vol. 427, pp. 347 – 350; SF VI, p. 48.

Leonissa, J. F. Nicolai de. "Carta a C. Maigrot". Nanjing, 5 de mayo de 1691. SF VI, pp. 55 – 56.

Leonissa, J. F. Nicolai de. "Epistola ad Emos. Cardinales S.

Congregationis P. F.". Nanjing, 16 iunii 1691. SF IV, pp. 514 – 522.

Leonissa, J. F. Nicolai de. "Lettera a P. Generale Thyrso González". Nanjing, 17 agosto 1691. SF VI, pp. 60 – 63.

Leonissa, J. F. Nicolai de. "Lettera ai cardinali della Sacra Congregazione". Nanjing, 17 agosto 1691. SF VI, pp. 522 – 524.

Leonissa, J. F. Nicolai de. "Carta a C. Maigrot". Nanjing, 14 de marzo de 1692. SF VI, pp. 69 – 71.

Leonissa, J. F. Nicolai de. "Carta a C. Maigrot". Nanjing, 17 de abril de 1694. SF VI, pp. 124 – 127.

Leonissa, J. F. Nicolai de. "Lettera ai cardinali della Sacra Congregazione". Nanjing, 7 novembre 1694. SF VI, pp. 141 – 153.

Leonissa, J. F. Nicolai de. "Lettera ai cardinali della Sacra Congregazione". Nanjing, 15 gennaro 1695. SF IV, pp. 546 – 554.

Leonissa, J. F. Nicolai de. "Carta al Reverendo C. Maigrot". Nanjing, 27 de septiembre de 1695. SF VI, pp. 132 – 138.

Lezzoli, Raimundo. "Carta al P. Provincial dominico". Siam, 19 de julio de de 1682. AGI, Filipinas 92, N. 1. "Papeles originales del obispo y clérigos franceses", ff. 30r – 31r (IMAG. 1339 – 1341); traducción castellana: ff. 149v – 150v (IMAG. 1565 – 1567).

Lo, Gregorio. 参见附录二。

Longobardo, Nicolò. "Informação da Missão da China pera o P. Francesco Pasio". 15 de Outubre de 1612. ARSI, Jap. Sin.

113，ff. 265r‐272r.

López, Andrés y Arcadio del Rosario. "Consultas al P. Juan de Paz sobre los ritos chinos y sus respuestas dadas en Manila a 23 de octubre de 1679". ARSI, Jap. Sin. 163, 78r‐87v.

Magalhães, Gabriel de. "Carta del P. Gabriel de Magalhaes de la Compañía de Jesús". Pekín, 15 de agosto de 1668. Copia en Fernández de Navarrete, *Controversias*, BNE, R. MICRO/ 5025, f. 54r-v (IMAG. 729‐730).

Magalhães, Gabriel de. "Carta al P. Juan Cardoso, Provincial de Japon y China". ARSI, Philipp. 12, f. 78r‐80v.

Maigrot, Charles. "Carta de Maigrot en español". Fin de 1684. AMEP, vol. 426, ff. 439‐444.

Maigrot, Charles. "Carta a los cardenales de Propaganda Fide". 15 de noviembre de 1685. APF, SC Indie Orientali e Cina, vol. 4, ff. 338‐355.

Maigrot, Charles. *De sinica religione. Dissertatio Prima.* BC, ms. 2452, 4r‐193r.

Marrón, Bartolomé. "Carta al P. General". Manila, 7 enero 1685. AGI, Filipinas 92, N. 1. (IMAG. 1675‐1677) .

Martini, Martino. "Traducción de una carta de cristianos de Chamcheu al P. Provincial de la Compañía de Jesús de Filipinas (traducida de lengua sinica en española)". año 1651. ARSI, Jap. Sin. 161, ff. 364r‐364v.

Messina, Francesco, "Lettera del P. Francesco Mesina Provinciale delle Filippine al P. Oliva Gnale della Compagnia di Giesù sotto li 15 Giugno 1676". Sancta Cruz Manila, BC, ms. 2673, f. 83r‐84v.

Morales, Juan Bautista de. "Avisos del P. Juan Bautista de Morales en orden a las opiniones que los Padres de la Compañía siguen en China". Macao, 15 de febrero de 1639. BC, ms. 1074, ff. 86r - 97v.

Morales, Juan Bautista de. "Respuesta a algunos cargos o quejas que los Padres de la Compañía han dado y dan contra el P. Juan Bautista de Morales, de la Orden de Predicadores, Prefecto Apostólico de sus religiosos en China". BC, ms. 1074, ff. 98r - 99v.

Morales, Juan Bautista de. "Carta al Provincial". Anhay, 12 de agosto de 1649. BC, ms. 1074, f. 79r - 80v.

Nien, Ambrosio. "Carta al P. Provincial de la Compañía de Jesús de Filipinas (traducida de lengua sinica en española)". año 1651. ARSI, Jap. Sin. 161, ff. 368r - 369r.

Noll, Ray R. (ed.). *100 Roman Documents Concerning the Chinese Rites Controversy (1645 - 1941)*. University of San Francisco, The Ricci Institute for Chinese-Western Cultural History, 1992.

"Noticias de las missiones de N. P. S. Francisco de el Imperio de la Gran China, en el año de 1692". AFIO, 36/32.

"Nuevas que ymbiaron desde la Corte de China por correos" (1664). BC, ms. 1073, f. 299r-v; f. 300r-v.

Oliva, Paolo. "Discurso fatto all 'eminentissimi signori cardinali⋯" (i altre scritture che si danno per parte del P. Oliva i varie risposte). Roma, 1679. APF, SOCP, vol. 9, 1r - 88r; BC, ms. 2673, f. 67r - 116r.

Pallu, François. "Lettre a la Propagande". Fort-Dauphin, 1 août

1671. Launay, *Lettres de Monseigneur Pallu*, pp. 436 – 448.

Pallu, François. "Lettre a Mgr. Baldeschi, Secrétaire de la Propagande". Fort-Dauphin, 1 août 1671. Launay, *Lettres de Monseigneur Pallu*, pp. 449 – 450.

Pallu, François. "Lettre aux directeurs du Séminaire des Missions Étrangères". Rome, 11 août 1677. Launay, *Lettres de Monseigneur Pallu*, pp. 249 – 250.

Pallu, François. "Lettre a un directeur du Séminaire des Missions Étrangères". Rome, 18 mai 1678. Launay, *Lettres de Monseigneur Pallu*, pp. 224 – 225.

Pallu, François. "Lettre aux directeurs du Séminaire des Missions Étrangères". Rome, 15 juin 1678. Launay, *Lettres de Monseigneur Pallu*, pp. 255 – 257.

Pallu, François. "Lettre a la Propaganda". Rome, 1678. Launay, *Lettres de Monseigneur Pallu*, pp. 516 – 521.

Pallu, François. "Lettre aux directeurs du Séminaire des Missions Étrangères". Rome, 29 novembre 1679. Launay, *Lettres de Monseigneur Pallu*, pp. 320 – 321.

Pallu, François. "Lettre aux directeurs du Séminaire des Missions Étrangères". Rome, 1 mai 1680. Launay, *Lettres de Monseigneur Pallu*, pp. 333 – 334.

Pallu, François. "Lettre a M. Desfontaines". Paris, 25 octobre 1680. Launay, *Lettres de Monseigneur Pallu*, pp. 350 – 353.

Pallu, François. "Carta a Gregorio López". Siam, 1 de junio de 1683. AGI, Filipinas 92, N. 1, "Papeles originales del

obispo y clérigos franceses". f. 14r (IMAG. 1291);
traducción castellana en ff. 136r – 136v (IMAG. 1538 –
1539).

Pallu, François. "Carta a Verbiest". Siam, 1 de junio de 1683.
AGI, Filipinas 92, N. 1, "Papeles originales del obispo y
clérigos franceses". f. 13r-v (IMAG. 1287 – 1288);
traducción castellana en ff. 135r – 136r (IMAG. 1536 –
1538).

Pallu, François. "Carta a Gregorio López". Zhangzhou, 15 de
febrero de 1684. AGI, Filipinas 92, N. 1, "Papeles
originales del obispo y clérigos franceses". f. 53r-v (IMAG.
1396 – 1397); traducción castellana en f. 41v (IMAG.
1367).

Pallu, François. "Lettre a A. M. de Croissi". Chine, 25 mars
1684. Launay, *Lettres de Monseigneur Pallu*, pp. 703 –
705.

Pallu, François. "Lettre a la Propaganda". Fogan, 29 septembre
1684. Launay, *Lettres de Monseigneur Pallu*, pp. 567 –
579.

Pardo, Felipe. "Carta a los vicarios apostólicos franceses en
Siam". Manila, 4 de marzo de 1679. AGI, Filipinas 92, N.
1. "Papeles originales del obispo y clérigos franceses", ff.
17r-v (IMAG. 971 – 972); traducción castellana: ff. 27r –
28v (IMAG. 1197 – 1200).

"Parecer acerca de dar el abito a los chinos". APSR (AUST),
Sección Sangleyes, tomo 1, doc. 18 (Reel 40).

Passerini, Pedro M. " Carta a la Sagrada Congregación

recomendando al P. Lo para Obispo". Roma，30 de agosto de 1673. APF，SC Indie Orientali e Cina，vol. 1，f. 529.

Pin，Jean. "Lettre au Superieur du Seminaire des Missions Étrangères de Paris". Chuien-cheu，20 de Decembre de 1685. Extrait de la lettre: APF，SC Indie Orientali e Cina，vol. 4，ff. 403 – 404.

Piñuela，Pedro de la. "Carta a Miguel de Santa María". Sie-Ing，21 octubre 1676. SF VII，pp. 1119 – 1138.

Piñuela，Pedro de la. "Carta al P. Provincial". Loyüan，6 de enero de 1680. SF IV，pp. 272 – 274.

Piñuela，Pedro de la. "Carta al P. Provincial". Tsianglo，24 de enero de 1680. SF IV，pp. 280 – 284.

Piñuela，Pedro de la. "Relación de su ministerio en la provincia de Fukien". Tsianglo，30 de diciembre de 1684. SF VII，pp. 1155 – 1174.

Posateri，Antonio. "Carta ao P. Geral Noyelles". 21 de Julho de 1685. ARSI，Jap. Sin. 163，ff. 284r-v.

Posateri，Antonio. "Carta ao P. Geral Noyelles". 26 de Agosto de 1686. ARSI，Jap. Sin. 163，ff. 336r-v.

Propaganda Fide. "Carta a Monsignor Baldeschi". Roma，23 giugno 1673. APF，Lettere 61，f. 58v.

Propaganda Fide. "Carta a Monsignor Ylusio". Roma，2 ottobre 1673. APF，Lettere 61，f. 149v.

Propaganda Fide. "Carta a Monsignor Bottini". Roma，2 ottobre 1673. APF，Lettere 61，f. 149r-v.

Propaganda Fide. "Carta a Monsignor Vescovo di Berite et altri Vicariii della China". Roma，2 ottobre 1673. APF，Lettere

61, f. 153v - 155v.

Propaganda Fide. "Carta al P. Vicario Generale de Predicadori". Roma, 7 agosto 1673. APF, Lettere 61, f. 114v.

Propaganda Fide. "Carta a Monsignor Ylusio". Roma, 30 dicembre 1673. APF, Lettere 61, f. 149v.

Propaganda Fide. "Carta a Monsignor Ylusio". Roma, 13 gennaio 1674. APF, Lettere 63, f. 9v.

Propaganda Fide. "Carta a Monsignor Ylusio". Roma, 20 maggio 1674. APF, Lettere 63, f. 48v.

Propaganda Fide. "Carta ai Vicarii Apostolici della China". Roma, 20 maggio 1674. APF, Lettere 63, f. 50v.

Relacion del Estado dela Christiandad del Gran Imperio de la China y de otros sucessos destos Reynos dela ultima Asia. BNE, Mss. 18553/2, f. 1r - 11r; ARSI, Jap. Sin. 124, f. 71r - 85v.

"Relación de la persecución que el Rey de la Gran China a levantado contra la Yglesia de aquel Reyno en el año de 1664 ... ". BC, ms. 1073, ff. 297r - 301v.

Riccio, Victorio. "Carta o relación sumaria (al P. Provincial Fr. Juan de los Ángeles) de lo sucedido en la gran China y Japón hasta enero de 1666". Binondo, 13 de mayo de 1666. BC, ms. 1074, ff. 275r - 282v.

Riccio, Victorio. *Hechos de la Orden de Predicadores en el Imperio de la China, scriptos por el P. Fr. Victorio Riccio.* 1667. APSR, China, Tomo 1; Tomo 2.

Riccio, Victorio. "Necrología de V. P. Fr. Juan Bautista de Morales". 1664. APF, India, China ed Japonia, t. 193, ff.

276 – 285.

Riccio, Victorio. "Carta sobre la llegada a las islas de Gregorio López". Manila, 1 de junio de 1683. APF, SOCP, vol. 16, ff. 416 – 417.

Rocaberti, Tommasso. "Carta al P. Provincial de la Provincia del Santo Rosario". Roma, 11 de noviembre de 1673. APSR (AUST), Sección Maestros Generales, Tomo 1, Legajo 3, doc. 9 (Reel 79, im. 1047).

Rocaberti, Tommasso. "Carta al P. Provincial de la Provincia del Santo Rosario". Roma, 16 de abril de 1674. APSR (AUST), Sección Maestros Generales, Tomo 1, Legajo 3, doc. 10 (Reel 79, im. 1051).

Rocaberti, Tommasso. "Carta al P. Provincial de la Provincia del Santo Rosario". Roma, 11 de julio de 1676. APSR (AUST), Sección Maestros Generales, Tomo 1, Legajo 3, doc. 13 (Reel 79, im. 1058).

Rodrigues, Simão. "Carta para o P. Xavier Riquelme". Fuzhou, 28 de Octubre de 1677. ARSI, Jap. Sin. 124, ff. 103r – 104r.

Rodrigues, Simão. "Relatio in epistola annua P. Ferdinandi Verbiest a. 1678 – 1679". ARSI, Jap. Sin. 117, ff. 191r – 193r.

Rodrigues, Simão. "Carta para o P. Provincial de Japon (Fillippuchi)". Fuzhou, 13 de Abril de 1681. BA, 49 – IV – 63, ff. 22v – 23r.

Rodrigues, Simão. "Carta para o P. Francisco Xavier (Fillippuchi)". Fuzhou, 23 de Setembro de 1681. BA, 49 –

IV – 63, ff. 20v – 21r.

Rougemont, François de. "Carta a Rafael de Bonafe". Cantón, 8 de enero de 1669, en "Relacion del Estado dela Christiandad del Gran Imperio de la China y de otros sucessos destos Reynos dela ultima Asia". BNE, Mss. 18553/2, ff. 1r – 3v; ARSI, Jap. Sin. 124, f. 71r – 73r.

Rubio, Miguel. "Carta a fray Lorenzo Segovia, asistente de España de la orden de San Agustín". Manila, 4 de octubre de 1683. AGI, Filipinas 305, R. 1, N. 6, doc. 10 (IMAG. 40 – 44).

Rubio, Miguel. "Carta al asistente de España". Cantón, 2 de marzo de 1684. AGI, Filipinas 305, R. 1, N. 6, doc. 11 (IMAG. 46 – 49).

Sandín, Alonso. "Carta al Ilustrísimo y Reverendísimo Sr. Pardo". Madrid, 13 de diciembre de 1679. AGI, Filipinas 92, N. 1, "Papeles originales del obispo y clérigos franceses". ff. 62r – 64v (IMAG. 1103 – 1107).

San Pascual, Agustín de. "Carta al P. Provincial". 29 de julio de 1675. SF III, pp. 420 – 437.

San Pascual, Agustín de. "Carta al P. Provincial". 20 de agosto de 1677. SF III, pp. 442 – 463.

San Pascual, Agustín. "Dificultades morales acerca de la misión de China, propuestas y resueltas por N. H. F. Agustín de San Pascual, comisario de dicha misión. Acerca del matrimonio". Tsinan, 1682. AFIO 34/6; SF VII, pp. 163 – 185.

San Pascual, Agustín de. "Traducción de la carta de los

cristianos de Lanki a Gregorio López". Cantón, 17 de abril de 1684. APF, SC Indie Orientali e Cina, vol. 4, 204 – 205 (esp.); ff. 202 – 203 (it.); copias en ARSI, Jap. Sin. 163, ff. 319r – 320r; BA, 49 – V – 19, f. 714v – 716r.

San Pascual, Agustín de. "Carta a D. Philibert Le Blanc". Cantón, 6 de abril de 1684. SF III, pp. 542 – 543.

San Pascual, Agustín de. "Epistola ad Illm. Bernardinum della Chiesa". Kuangcheu, 15 decembris 1684. SF III, pp. 544 – 567.

San Pascual, Agustín de. "Carta al P. Provincial". Cantón, 3 de febrero de 1685. SF III, pp. 571 – 574.

San Pascual, Agustín de. "Carta al P. Francisco de Santa Inés". Cantón, 19 de diciembre de 1685. SF III, pp. 575 – 578.

San Pascual, Agustín de. "Carta al P. Provincial". Cantón, 19 de diciembre de 1685. SF III, pp. 578 – 597.

San Pascual, Agustín de. "Carta al P. Provincial". Cantón, 28 de septiembre de 1687. SF III, pp. 615 – 622.

San Pascual, Agustín de. "Carta a los dos vicarios apostólicos". Cantón, 20 de enero de 1689. SF III, pp. 675 – 678.

San Pascual, Agustín de. "Carta a Gregorio López". Cantón, 9 de marzo de 1689. SF III, pp. 701 – 702.

San Pascual, Agustín de. "Carta a Gregorio López". Cantón, 22 de marzo de 1689. SF III, pp. 709 – 711.

San Pascual, Agustín de. "Carta a Gregorio López". Cantón, 12 de diciembre de 1689. Summarium in SF VII, pp. 235.

San Pascual, Agustín de. "Carta al P. Francisco de Santa Inés". Cantón, 19 de diciembre de 1689. SF III, pp. 575 – 578.

San Pascual, Agustín de. "Carta al P. Provincial". Cantón, 19 de diciembre de 1689. SF III, pp. 578 – 597.

San Pascual, Agustín de. "Opúsculo fiscal de conciencia". Cantón, 2 de febrero de 1694. BNE, Mss. 18553/7/2.

San Pascual, Agustín de. "Respuesta al P. Marrón". Cantón, 17 de octubre de 1695. SF VII, pp. 290 – 311.

San Pascual, Agustín de. "Respuesta al P. Ventallol". año 1695. SF VII, pp. 315 – 320.

Santa Cruz, Baltasar de. *Tomo segundo de la historia de la Provincia del Santo Rosario de Filipinas, Iapon y China del Sagrado Orden de Predicadores.* Zaragoza, por Pasqual Bueno, 1693.

Santo Tomás, Juan de. "Carta a Gregorio López". Luoyuan, 15 de enero de 1682, BA, 49 – V – 20, ff. 370r – 373r.

Santo Tomás, Salvador de. "Carta al P. Provincial". Lanki, 13 de mayo de 1684. AGI, Filipinas 305, R. 1, N. 7, ff. 30r – 32v (IMAG. 116 – 121).

Santo Tomás, Salvador de. "Carta al P. Provincial". Lanki, 20 junio 1684. AGI, Filipinas 305, R. 1, N. 7, ff. 34r – 35v (IMAG. 128 – 131).

Schall, J. Adam. "(Capítulo de huma) carta ao P. Alexandre Rhodes". Pekim, 8 de Novembro de 1637. ARSI, Jap. Sin. 161 II, f. 196r-v.

Segretario de Propaganda Fide. "Carta ai Cardinali di Propaganda Fide". Roma, 2 ottobre 1673. APF, Lettere 61, f. 153r.

Segretario de Propaganda Fide. "Scrittura di Monsignore Segretario: per la prossima congregazione particolare [die 2 maii 1679]". BC, ms. 2673, f. 54r - 66r. Segretario de Propaganda Fide. "Carta a Monsignore Vescovo eletto di Basilitan". Roma, 12 ottobre 1673. APF, Lettere 61, ff. 74v - 75r.

[SF] Sinica Franciscana:

[SF II] Anastasius van den Wyngaert (ed.), *Relationes et Epistolas Fratrum Minorum Saeculi XVI et XVII.* Quaracchi-Firenze, 1933.

[SF III] Anastasius van den Wyngaert (ed.), *Relationes et Epistolas Fratrum Minorum Saeculi XVII.* Quaracchi, 1936.

[SF IV] Anastasius van den Wyngaert (ed.), *Relationes et Epistolas Fratrum Minorum Saeculi XVII.* Quaracchi-Firenze, 1942.

[SF V] Anastasius van den Wyngaert (ed.), *Relationes et Epistolas Illmi. D. Fr.* Bernardini della Chiesa O. F. M. , Rome, 1961.

[SF VI] Georges Mensaert (ed.), *Relationes et Epistolas Fratrum Primorum Minorum Italorum (Saeculi XVII et XVIII)*, 2 vols. , Rome, 1961.

[SF VII] Georges Mensaert, Fortunato Margiotti, and Antonio Sisto Rosso (ed.), *Relationes et Epistolas Fratrum Minorum Hispanorum in Sinis qui a.* 1672 - 1681 Missionem Ingressi Sunt, Rome, 1965.

[SF VIII] Georges Mensaert (ed.), *Relationes et Epistolas Fratrum Minorum Hispanorum in Sinis qui a.* 1684 - 1692 Missionem Ingressi Sunt, Rome, 1975.

Soares, José. "Carta ao P. Vizitador Filippuchi". Nankim, 6 de mayo de 1688. BA, 49 - IV - 63, ff. 167v - 168v.

Stumpf, Kilian. "Tractatus de origine et fine tabellae Ching-T'ien, S. L. S. A. ". SF VII, pp. 1213 - 1214; ARSI, Jap. Sin. 138, ff. 1086 - 1087; "Tractatus P. is Kiliani Stumpf Pekino submissus anno 1707". ARSI, FG, 724/5.

Stumpf, Kilian. The Acta Penkinensia or Historical Records of the Maillard de Tournon Legation, Volume I, December 1795 - August 1706. Paul Rule and Claudia von Collani edited, Roma: Institutum Historicum Societatis Iesu, 2015.

Tanara, Sebastiano Antonio. "Lettera alla Sacra Congregazione". Lisbona, 17 dicembre 1691. APF, SC Indie Orientali e Cina, vol. 6, ff. 92 - 97.

Tarín, Jaime. "Carta a Miguel de Santa María". Cantón, 25 marzo 1680. SF VII, pp. 463 - 467.

Tarín, Jaime. "Carta al P. Provincial". Cantón, 14 abril 1691. SF IV, pp. 121 - 129.

"Testimonio jurídico que en lengua portuguesa dio en Macao José Lobo de Fonseca cómo los PP. Jesuitas fueron la causa de la pérdida de la misión del Japón y destierro de los misioneros de China en 1665". APSR, Seccion China 33, tomo 17, doc. 2.

Trigueros, Manuel. "Carta al gobernador de Filipinas". Funing, 26 de mayo de 1682. AGI, Filipinas 24, R. 4, N. 27, H (IMAG. 33).

Trigueros, Manuel. "Carta a Bartolomé Marrón". Moyang, 23 de enero de 1685. AGI, Filipinas 305, R. 1, N. 7, ff. 38r -

39r（IMAG. 136 - 138）.

Urquijo, Domingo de. "Relación a un hermano nuestro". Convento de S. Francisco del Monte, 1 de junio de 1638. BC, ms. 1073, ff. 107r - 109v.

Valat, Jean. "Epistola ad P. Noyelles". maii 1685. ARSI, Jap. Sin. 163, ff. 275r - 276v.

Vargas, Juan de. "Carta al Rey". Manila, 11 de junio de 1681. AGI, Filipinas 11, R. 1, N. 27. （IMAG. 1 - 2）.

Vargas, Juan de. "Carta al Rey". Manila, 10 de junio de 1683. AGI, Filipinas 24, R. 4, N. 27 （IMAG. 3 - 7）.

Varo, Francisco. "Carta al P. Provincial Juan de los Ángeles". Funing, 24 de noviembre de1664. BC, ms. 1074, ff. 287r - 288v.

Varo, Francisco. "Carta al P. Provincial Juan de los Ángeles". Moyang, 4 de septiembre de 1667. BC, ms. 1074, ff. 289r - 289bis/v.

Varo, Francisco. "Carta al P. Provincial". Moyang, 5 de diciembre de 1667. APSR, Sección 34 China, tomo 7, doc. 9, ff. 100r - 101v; copia en 103r - 109v.

Varo, Francisco. "Carta al P. Juan Polanco". Kuang tung, 26 de abril de 1671. BC, ms. 1074, f. 290r-v.

Varo, Francisco. "Carta al P. Cristóbal de Medina". Guangdong, 18 de diciembre de 1671. BC, ms. 1074, ff. 291r - 292v.

Varo, Francisco. "Relación al P. Domingo F. Navarrete". Fuzhou, 8 de febrero de 1673. BC, ms. 1074, ff. 298r - 299v.

Varo, Francisco. "Relación al P. Provincial Juan de los Ángeles". Fuzhou, 11 de febrero de 1673. BC, ms. 1074, ff. 300r – 303v.

Varo, Francisco. "Carta al P. Juan Polanco". Fuzhou, 12 de febrero de 1673. BC, ms. 1074, ff. 304r – 305v.

Varo, Francisco. "Relación al P. Provincial Juan Camacho". Fuzhou, 13 de febrero de 1673. BC, ms. 1074, ff. 306r – 307r.

Varo, Francisco. "Relación al P. Juan de los Ángeles". Fuzhou, 13 de agosto de 1673. BC, ms. 1074, ff. 308r – 309v.

Varo, Francisco. "Relación al P. Provincial Felipe Pardo". Fuzhou, 14 de agosto de 1673. BC, ms. 1074, ff. 310r – 311v.

Varo, Francisco. "Carta al P. Juan de los Ángeles". Funing, 23 de febrero de 1675. BC, ms. 1074, ff. 312r – 313v.

Varo, Francisco. "Relación al P. Provincial Felipe Pardo". Fogan, 27 de julio de 1675. BC, ms. 1074, ff. 314r – 315v.

Varo, Francisco. "Relación al P. Provincial Diego de San Román". Moyang, 17 de agosto de 1677. BC, ms. 1074, ff. 316r – 318v.

Varo, Francisco. "Carta al P. Felipe Pardo". Moyang, 31 de agosto de 1677. BC, ms. 1074, f. 319r-v.

Varo, Francisco. "Carta al P. Juan de los Ángeles". Moyang, 30 de agosto de 1677 (con añadido de 26 Mayo 1678). BC, ms. 1074, ff. 320r – 321v.

Varo, Francisco. "Relación de la misión al P. Provincial". Fogán, 9 de diciembre de 1678. BC, ms. 1074, ff. 322r –

363r.

Varo, Francisco. "Carta al P. Provincial, Baltasar de Santa Cruz". Fogan, 20 de diciembre de 1678. BC, ms. 1074, ff. 365r – 368v.

Varo, Francisco. "Carta al P. Juan de los Ángeles". Fogán, 29 de septiembre de 1679. BC, ms. 1074, ff. 369r – 370v.

Varo, Francisco. "Relación al P. Provincial, Baltasar de Santa Cruz". Fogán, 29 de diciembre de 1679. BC, ms. 1074, ff. 371r – 372v.

Varo, Francisco. *Tratado en que se ponen los fundamentos que los Religiosos Predicadores tienen para prohibir a sus cristianos algunas ceremonias que los gentiles hacen en veneración de su maestro Confucio y de sus progenitores difuntos. Hecho por Fray Francisco Varo, Religiosos de la misma Orden, y ministro antiguo en este reino de China. Año 1680.* BC, ms. 1070, ff. 1r – 151v.

Varo, Francisco. "Carta al P. Provincial". Luoyuan, 6 de junio de 1682. BC, ms. 1074, ff. 375r – 376v.

Varo, Francisco. "Carta al P. Provincial, Antonio Calderón". Fuzhou, 18 de agosto de 1682. BC, ms. 1074, f. 377r –.

Varo, Francisco. "Carta al P. Provincial, Antonio Calderón". Fuzhou, 7 de septiembre de 1682. BC, ms. 1074, ff. 379r – 380v.

Varo, Francisco. "Carta al P. Provincial, Antonio Calderón". Loiuen, 15 de febrero de 1684. BC, ms. 1074, ff. 381r – 384v; 385r – 388v.

Varo, Francisco. "Carta a Bartolomé Marrón". Moyang, 23 de

enero de 1685. AGI, Filipinas 305, R. 1, N. 7, f. 40r-v
(IMAG. 140 – 141).

Ventallol, Magino. "Carta a Raimundo Berart". 1 de marzo de
1684. AGI, Filipinas 92, N. 1, "Papeles originales del
obispo y clérigos franceses que remite esta Real Audiencia a
Su Magestad". f. 59r (IMAG. 1412 – 1413).

Ventallol, Magino. "Carta a Pallu". Zhangzhou, 1 de julio de
1684. AMEP, vol. 426, ff. 311 – 312.

Ventallol, Magino. "Carta a Pallu". Zhangzhou, 2 de octubre de
1684. AMEP, vol. 426, ff. 369 – 370.

Verbiest, Ferdinand. "Carta para o P. Vizitador Sebastião de
Almeida". Pekim, 7 de Janeiro de 1678. Josson. *Correspondance
de Ferdinand Verbiest*. pp. 196 – 207.

Verbiest, Ferdinand. "Carta a Gregorio López". 11 enero 1683.
AMEP, 401, f. 9 – 13; AMEP, 426, ff. 247 – 257.

Verbiest, Ferdinand. "Carta ao P. Superior Filippuchi sobre as
controversias Sinicas". Pekim, Fevereiro de 1685. BA, 49 –
IV – 63, ff. 457v – 460r (185v – 188r).

Verbiest, Ferdinand. "Carta para o P. Superior". Pekim, 12 de
Dezembro de 1685. BA, 49 – IV – 63, f. 60v.

Verbiest, Ferdinand. "Carta para o P. Superior". Pekim, 28 de
Março de 1686. BA, 49 – IV – 63, ff. 69v – 70r.

【中文】

白晋:《清康乾两帝与天主教传教史》,冯作民译,台北:光启出版
社,1966 年。

白晋:《康熙帝传》,马绪祥译,《清史资料》第一辑,北京:中华书

局,1980 年。

柏应理:《徐光启行略》,收入徐宗泽编:《徐文定公逝世三百年纪念文汇编》,上海:圣教杂志社,1934 年。

卜弥格:《卜弥格文集:中西文化交流与中医西传》,爱德华·卡伊丹斯基波兰文翻译,张振辉、张西平中译,上海:华东师范大学出版社,2013 年。

丁志麟、艾儒略:《杨淇园先生超性事迹》,《徐家汇藏书楼明清天主教文献》影印本。

杜赫德编:《耶稣会士中国书简集:中国回忆录》,耿昇等译,郑州:大象出版社,2005 年。

高智瑜编:《历史遗痕:利玛窦及明清西方传教士墓地》,北京:中国人民大学出版社,1994 年。

范礼安、孟三德:《范礼安、孟三德记中国》,何高济译,张西平主编:《国际汉学》第 21 辑,郑州:大象出版社,2011 年。

伏若望:《徐保禄进士行实》(1634),董少新译,《澳门历史研究》2007 年第 6 期。

黄兴涛、王国荣编:《明清之际西学文本:50 种重要文献汇编》(全四册),北京:中华书局,2013 年。

李之藻编:《天学初函》,黄曙辉点校,上海:上海交通大学出版社,2013 年。

李之勤编:《王徵遗著》,西安:陕西人民出版社,1987 年。

李天纲编注:《明末天主教三柱石文笺注:徐光启、李之藻、杨廷筠论教文集》,香港:道风出版社,2007 年。

利玛窦:《利玛窦书信集》,罗渔译,台北:光启出版社、辅仁大学出版社,1986 年。

利玛窦:《利玛窦中文著译集》,朱维铮主编,上海:复旦大学出版社,2001 年。

利玛窦：《耶稣会与天主教进入中国史》，文铮译，梅欧金校，北京：商务印书馆，2014年。

利玛窦：《天主实义今注》，梅谦立注，谭杰校勘，北京：商务印书馆，2014年。

刘凝编：《天学集解》，圣彼得堡俄罗斯国家图书馆藏抄本。

罗文炤：《利安墓碑碑文》，AMEP, vol. 551, f. 9.

苏尔、诺尔编：《中国礼仪之争西文文献一百篇（1645—1941）》，沈保义、顾卫民、朱静译，上海：上海古籍出版社，2001年。

王美秀主编：《东传福音》（中国宗教历史文献集成之三），合肥：黄山书社，2005年。

王徵：《王徵全集》，林乐昌编校，西安：三秦出版社，2011年。

王徵：《畏天爱人极论：王徵天主教文献集》，毛瑞方编注，新北：华宣出版有限公司，2014年。

吴历：《吴渔山集笺注》，章文钦笺注，北京：中华书局，2007年。

吴旻、韩琦编校：《欧洲所藏雍正乾隆朝天主教文献汇编》，上海：上海人民出版社，2007年。

吴相湘主编：《中国史学丛书》，台北：台湾学生书局，1965年。

吴相湘主编：《天主教东传文献》，台北：台湾学生书局，1965年。

吴相湘主编：《天主教东传文献续编》三册，台北：台湾学生书局，1966年。

吴相湘主编：《天主教东传文献三编》六册，台北：台湾学生书局，1972年。

徐光启：《徐光启集》，王重民辑校，上海：上海古籍出版社，1984年。

叶向高：《苍霞草全集》，福建省文史研究馆编，扬州：江苏广陵古籍刻印社，1994年。

余天民：《清故天学主教罗公宗华先生墓志》，《罗文炤墓碑碑文》，

ARSI, Jap. Sin. 157.

约瑟夫·赛比斯：《耶稣会士徐日昇关于中俄尼布楚谈判的日记》，王立人译，北京：商务印书馆，1973 年。

曾德昭：《大中国志》，何高济译，北京：商务印书馆，2012 年。

张廷玉等：《明史》，北京：中华书局，1974 年。

张维华：《明史欧洲四国传注释》，上海：上海古籍出版社，1982 年。

张西平、任大援、马西尼等主编：《梵蒂冈图书馆藏明清中西文化交流史文献丛刊》（第一辑），郑州：大象出版社，2014 年。

张先清、赵蕊娟编：《中国地方志基督教史料辑要》，上海：东方出版中心，2010 年。

中国第一历史档案馆编：《清中前期西洋天主教在华活动档案史料》，北京：中华书局，2003 年。

钟鸣旦、杜鼎克、黄一农、祝平一等编：《徐家汇藏书楼明清天主教文献》，台北：辅仁大学神学院，1996 年。

钟鸣旦、杜鼎克编：《耶稣会罗马档案馆明清天主教文献》，台北：利氏学社，2002 年。

钟鸣旦、杜鼎克、蒙曦编：《法国国家图书馆明清天主教文献》，台北：利氏学社，2009 年。

钟鸣旦、杜鼎克、王仁芳编：《徐家汇藏书楼明清天主教文献续编》，台北：利氏学社，2013 年。

周驷方编校：《明末清初天主教史文献丛编》（全五册），北京：北京图书馆出版社，2001 年。

周岩编校：《明末清初天主教史文献新编》，北京：国家图书馆出版社，2013 年。

周振鹤主编：《明清之际西方传教士汉籍丛刊》（第一辑），南京：凤凰出版社，2013 年。

朱维铮、李天纲主编:《徐光启全集》,上海:上海古籍出版社,
　　2011 年。

三、相关研究著作及论文

【外文】

[AIA] *Archivo Ibero-Americano*, Madrid, 1914ss.

[AFH] *Archivum Franciscanum Historicum*, Ad Claras Aquas,
　　1908ss.

André-Marie, Le P. *Missions dominicaines dans l'Extrême
　　Orient*. 2 Vols. París: Poussielgue, 1865.

Artola, Miguel. *La monarqía de España*. Madrid: Alianza
　　Editorial, 1999.

Baudiment, Louis. *François Pallu, Principal fondateur de la
　　Société des Missions Étrangères (1626 – 1684)*. Paris:
　　Gabriel Beauchesne et Fils, 1934. Nouvelle édition,
　　Archives des Missions Étrangères de Paris, 2006.

Beckmann, Johannes. "Die lateinische Bildung des chinesischen
　　Klerus im 17. und 18. Jahrhundert". In J. Beckmann
　　(ed.), *Der einheimische Klerus in Geschichte und Gegenwart*,
　　Festschrift P. Dr. Laurenz Kilger OSB (Schöneck-
　　Beckenried 1950): 163 – 187.

Bénézit, Emmanuel. *Dictionnaire critique et documentaire des
　　peintres, sculpteurs, dessinateurs et graveurs de tous les
　　temps et de tous les pays*. Paris: Grund, 1999.

Bertuccioli, Giuliano. "Introduzione". In F. Demarchi & G.

Bertuccioli (eds.), *Martino Martini S. J.*, *Opera Omnia*, *II*, 205 – 273. Trento: Università degli Studi di Trento, 1998.

Biermann, Benno. *Die Anfänge der neueren Dominikanermission in China*. Münster in Westfalen: Verlag der Aschendorffschen Verlagsbuchhandlung, 1927.

Biermann, Benno. "Fray Gregorio Lopez. Der erste chinesische Dominikaner und erste chinesische Bischof". *Zeitschrift für Missionswissenschaft und Religionswissenschaft* 1 (1938): 105 – 123.

Biermann, Benno. "Fr. Gregorio Lopez OP als eingeborener Priester in der Verfolgung (1666 – 1668)". *Zeitschrift für Missionswissenschaft und Religionswissenschaft* 37 (1953): 275 – 283.

Biermann, Benno. "Briefe des ersten chinesischen Priesters und Bischofs Fray Gregorio López O. P. aus dem Indias Archiv zu Sevilla". In *Der einheimische Klerus in Geschichte und Gegenwart*, Festschrift P. Dr. Laurenz Kilger OSB (Schöneck-Beckenried 1950), pp. 99 – 117.

Blair, Emma and Alexander Roberson. *The Philippine Islands*. 53 Vols. Cleveland, 1903 – 1908.

Bornet, Paul. "L'appostolat laïque en Chine aux XVIIe et XVIIIe siècles". *BCP* 35 (janvier-mars 1948): 41 – 67.

Bosmans, Henri. *Documents relatifs à Ferdinand Verbiest*. Bruges: Imprimerie de L. De Plancke, 1912.

Bouchot, Henri. *Inventaire des dessins exécutés pour Roger de Gaignières et conservés aux départements des estampes et des manuscrits* [*de la Bibliothèque Nationale*]. Paris: E. Plon, Nourrit & cie, 1891.

Brockey, Liam Matthew. *Journey to the East: The Jesuit Mission to China*, *1579 – 1724*. Cambridge, MA: The Belknap Press of Harvard University Press, 2008.

Bueno, Gustavo. *España frente a Europa*. Barcelona: Alba Editorial, 1999.

Bueno, Gustavo. *España no es un mito: claves para una defensa razonada*. Madrid: Temas de Hoy, 2005.

Bueno, Gustavo. *El mito de la cultura*. Oviedo: Pentalfa, 2016.

Bürkler, Xaver. "Die Bewährungsgeschichte des chinesischen Klerus im 17. und 18. Jahrhundert". In *Die einheimische Klerus in Geschichte und Gegenwart* (*Festschrift L. Kilger*), Schöneck-Beckenried: NZM, 1950, pp. 119 – 142.

Cano, Glòria. "Evidence for the deliberate distortion of the Spanish Philippine colonial historical record in ' The Philippine Islands 1493 – 1898 '". *Journal of Southeast Asian Studies*, vol. 39, n. 1(2008): 1 – 30.

Cano, Glòria. "La Cara oculta de Retana: una nueva aproximación histórica a su obra". *Illes I Imperis*, Num. 10/11 (2008): 273 – 302.

Cervera, José Antonio. "Misioneros en Filipinas y su relación con la ciencia en China: Fray Juan Cobo y su libro Shi Lu". *Llull*, vol. 20, no. 39 (1997): 491 – 506.

Chan, Albert. "A question of rites". *Monumenta Serica*, vol. 44 (1996): 427 – 438.

Chan, Albert. *Chinese Books and Documents in the Jesuit Archives in Rome: A Descriptive Catalogue: Japonica Sinica I - IV.* Armonk, N. Y. : M. E. Sharpe, 2002.

Chappoulie, Henri-Alexandre. *Aux origines d'une église: Rome et les missions d'Indochine au XVIIe siècle.* Paris: Bloud et Gay, 1948.

Collani, Claudia von. "Inventory and Classification of the Most Important Documents Concerning the Chinese Rites Controversy". In Martin Woesler (ed.), *Recht und Gerechtigkeit in China: Festschrift zum 75. Geburtstag von Konrad Wegmann*, 109 - 150. Bochum: Europäischer Universi-tätsverlag, 2007.

Compagnoni, F. , Giulio Piana, and S. Privitera. *Nuevo diccionario de teología moral.* Madrid: San Pablo, 2001.

Concepción, Juan de la. *Historia General de Filipinas.* 14 vol. Manila, 1788 - 1792.

Cordier, Henri. *Bibliotheca Sinica: Dictionnaire Bibliographique Des Ouvrages Relatifs A L'Empire Chinois.* Paris: E. Guilmoto, 1966.

Costa, Horacio de la. *The Jesuits in the Philippines, 1581 - 1768.* Cambridge: Harvard University Press, 1967.

Cummins, J. S. *A Question of Rites: Friar Domingo Navarrete and the Jesuits in China.* Aldershot: Scolar Press, 1993.

Cummins, James Sylvester (ed). *The Travels and Controversies of Friar Domingo Navarrete 1618 - 1686.* 2 Vol. Cambridge: Univ. Press, 1962.

Cummins, James S. "Two missionary methods in China:

Mendicants and Jesuits". In *España en Extremo Oriente*, ed. by Sánchez, Victor &. Cayetano Fuertes, 33 – 108. Madrid: Editorial Cisneros, 1979.

Cummins, James Sylvester. *Jesuit and Friar in the Spanish Expansion to the East*. Aldershot: Variorum Reprints. London, 1986.

D'Elia, Pascual. *Catholic Native Episcopacy in China*. Shanghai: T'usewai Printing Press, 1927.

Dehergne, Joseph. "Les congrégations dans l'empire de Chine aus XVIIe et XVIIIe siècles". In Hubert du Manoir, ed. , *Maria: études sur la Sainte Vierge*, 967 – 980. Paris: Beauchesne, 1956.

Dehergne, Joseph. "Les chrétientés de Chine de la période Ming (1581 – 1650)". *Monumenta Serica* 16 (1957): 1 – 136.

Dehergne, Joseph. "La Chine central vers 1700, Part II, Les vicariats apostoliques de la côte". *Archivum historicum Societaties Iesu*, 30 (1961): 307 – 366.

Dehergne, Joseph. *Répertoire des Jesuites de Chine de 1552 à 1800*. Rome: Institutum Historicum S. I. , 1973.

Dehergne, Joseph. "Les lettres annuelles des missions jésuites de Chine au temps des Ming (1581 – 1644)". *Archivum historicum Societaties Iesu*, 49 (1980): 379 – 392.

Dehergne, Joseph. "Lettres annuelles et sources compleméntaires des missions jésuites de Chine". *Archivum historicum Societaties Iesu*, 51 (1982): 247 – 284.

Delgado Criado, B. (Coord.). *Historia de la educación en España y América. (Vol. 2). La educación en la España*

Moderna (*Siglos XVI - XVIII*). Madrid: ediciones SM, 1993.

Díaz Toledano, Casimiro. *Conquistas de las Islas Filipinas: parte segunda que a beneficio de los materiales que dejó recopilados el ... fr. Gaspar de San Agustín, autor de la primera parte*. Valladolid: Gaviria, 1890.

Dudink, Ad. "Zhang Geng, Christian Convert of Late Ming Times: Descendant of Nestorian Christians?". *Europe en Chine* (1993): 57 - 86.

Dudink, Ad. "The rediscovery of a Seventeenth-Century Collection of Chinese Christian Texts: The Manuscript Tianxue jijie". *SWCRJ* (1993): 1 - 26.

Dudink, Ad. "Giulio Aleni and Li Jiubiao". In Tiziana Lippiello and Roman Malek (eds.), *Scholar from the West: Giulio Aleni S. J. (1582 - 1649) and the Dialogue between Christianity and China*, Sankt Augustin: Institut Monumenta Serica, 1997, 129 - 200.

Elizalde, María Dolores and Xavier Huetz de Lemps. "Un singular modelo colonizador: el papel de las órdenes religiosas en la administración española de Filipinas, siglos XVI al XIX". *Illes I Imperis* v0 n17(2015): 185 - 220.

Etiemble, René. *Les jésuites en Chine. La querelle des rites (1552 - 1773)*. Paris: Julliard, 1966.

Favier, Alphonse. *Péking: histoire et description*. Paris: Desclée de Brouwer, 1902.

Felix, Alfonso. *The Chinese in the Philippines*. Manila: Solidaridad Pub. House, 1966.

Fernández, Miguel Angel. *La Nao de China*. Monterrey, México: Grupo Vitro, 1998.

Fonseca, Joaquín. *Historia de los PP. Dominicos en las Islas Filipinas y en sus Misiones del Japón, China, Tung-kin y Formosa*. 6 vols. Madrid: Rivadeneyra, 1870 - 1872.

Forest, Alain. *Les missionnaires français au Tonkin et au Siam (XVII - XVIII siècles). Analyse comparée d'un relatif succès et d'un échec total*. 3 vol. Paris: L'Harmattan, 1999.

Gaillard, Louis. *Nankin d'alors et d'aujourd'hui. Nankin port ouvert*. Changhai: impr. de la Mission Catholique, 1901.

García-Abásolo, Antonio. "Los chinos y el modelo colonial español en Filipinas". *Cuadernos de Historia Moderna X*. Madrid: Universidad Complutense de Madrid, 2011, pp. 223 - 242. Accessed 2012 - 10 - 01 <http: //hdl. handle. net/10396/7918>.

García-Abásolo, Antonio. *Murallas de piedra y cañones de seda: chinos en el Imperio español (siglos XVI - XVIII)*. Córdoba: Servicio de publicaciones Universidad de Córdoba, 2012.

García Oro, José. *Historia de la Iglesia. Vol. III: Edad Moderna*. Madrid: Biblioteca de Autores Cristianos, 2005.

Gentili, Tommaso María. *Memorie di un missionario domenicano nella Cina*. 3 vols. Rome: Tipografia Poliglotta, 1887 - 1888.

Gernet, Jacques. *Chine et christianisme. Action et réaction*. Paris: Gallimard, 1982.

Gil, Juan. *Los Chinos en Manila. Siglos XVI y XVII*. Centro

Cientifico e Cultural de Macau，2011．

Girard，Pascale．*Les religieux occidentaux en Chine à l'époque moderne: essai d'analyse textuelle et comparée*．Paris：［s. n.］，1996．

Golvers，Noël．*Libraries of Western Learning for China: Circulation of Western Books between Europe and China in the Jesuit Mission（Ca. 1650 - Ca. 1750）*．Vol. 1．Leuven：KU Leuven，Ferdinand Verbiest Institute，2013．

González，Antonio．"El primer obispo chino Exmo. y Rvdmo. D. Fr. Gregorio López O. P.（1611 - 1691）"．In *La Ciencia Tomista*（Salamanca 1934）：303 - 325．

González，José María．*Beato Francisco de Capillas．Protomártir de China*．Manila：U. S. T. Press，1946．

González，José María．*Biografía del primer obispo chino Excmo. Sr. D. Fr. Gregorio Lo o López*，O. P. Manila：U. S. T. Press，1946．

González，José María．*Galería de varones ilustres．Vidas y hechos de los 36 misioneros dominicos de China del siglo XVII*．Manila：U. S. T. Press，1951．

González，José María．*Misiones Dominicanas en China．1700 - 1750*．Madrid：Missionalia Hispanica，1952．

González，José María．*Un misionero diplomático en China（El padre Victorio Riccio）*．Madrid：Studium，1955．

González，José María．"Semblanzas misioneras：P. Francisco Varo，O. P."，*Missionalia Hispanica* 12（1955）：145 - 191．

González，José María．*Historia de las misiones dominicanas de*

China. 5 vols. Madrid: Imprenta Juan Bravo, 1955 – 1967.

González, José María. *El primer obispo chino, Fray Gregorio Lo, o López, OP.* Villava-Pamplona: OPE, 1966.

Henrion, M. *Histoire générale des missions catholiques: depuis le XIIIe siècle jusqu'a nos jours.* Paris: Gaume Frères, 1847.

Huerta, Félix de. *Estado geográfico, topográfico, estadístico, histórico-religioso de la santa apostólica Provincia de S. Gregorio Magno.* Manila: Impr. de M. Sánchez, 1865.

Latourette, Kenneth Scott. *A History of Christian Missions in China.* New York: The Macmillan Company, 1932.

Launay, Adrien. *Histoire générale de la Société des Missions-Étrangères.* 3 vol. Paris, 1894.

Launay, Adrien. *Documents historiques relatifs a la Société des missions-étrangères.* Tome 1: Imp. Lafolye frères, 1905.

Launay, Adrien. *Mémorial de la Société des missions étrangères, Deuxième partie (1658 – 1913).* Paris: Séminaire des missions étrangères, 1912.

Le Petit Messager de Ningpo.（《宁波简讯》杂志）1911 – 1941.

Lewis Rambo. *Understanding Religious Conversion.* New Haven/New York: Yale Univ. Press, 1993.

Lira, Andrés. "Las cajas de comunidad". *Diálogos: Artes, Letras, Ciencias Humanas* v18 n6 (108) (1982): 11 – 14.

Llamosas, Esteban. "Probabilismo, probabiliorismo y rigorismo: la teología moral en la enseñanza universitaria y en la praxis judicial de la Córdoba tardocolonial", *CIAN*, 14/2 (2011): 281 – 294.

Lundbaek, Knud. "Liu Ning (Er Zhi), A Chinese Christian Author of the 17th - 18th Century", *SWCRJ* 12 (1991): 1 - 3.

Margiotti, Fortunato. "L'atteggiamento dei francescani spagnoli nella questioni dei riti cinesi". en *España en Extremo Oriente*, Sánchez, Victor & Cayetano Fuertes (coord.), 125 - 180. Madrid: Editorial Cisneros, 1979.

Margiotti, Fortunato. *Il cattolicismo nello Shansi dalle origini al 1738*. Roma: Edizioni "Sinica Franciscana", 1958.

Mantienne, Frédéric. *Les relations politiques et commerciales entre la France et la péninsule Indochinoise*. Tome 1, XVII siècle. Paris: Les Indes savantes, 2002.

Menegon, Eugenio. *Un solo cielo: Giulio Aleni S. J. (1582 - 1649): geografia, arte, scienza, religione dall'Europa alla Cina*. Brescia: Grafo, 1994.

Menegon, Eugenio. "Jesuits, Franciscans and Dominicans in Fujian: the anti-Christian incidents of 1637 - 1638". In *Scholar from the West: Giulio Alenio S. J. (1582 - 1649) and the Dialogue between Christianity and China*, edited by R. Malek and T. Lippiello, Sankt Augustin-Brescia: Monumenta Serica Institute-Foundazione Civiltà Bresciana, 1997.

Menegon, Eugenio. "I movimento di Martino Martini nel Fujian (1646) in alcuini documenti inediti". *Studi Trentini di Scienze Storiche*, Sezione Prima (4) (1998): 629 - 640.

Menegon, Eugenio. "Between Two Worlds and Two Times: Teachings of the Lord of Heaven in Fujian". In *The Qing*

Formation: Sittings in Time, edited by L. Struve, Cambridge (Mass.): Harvard University Asia Center, 2005.

Menegon, Eugenio. "Ancestors, Virgins and Friars: The localization of Christianity in Late Imperial Mindong (Fujian, China) 1632 – 1863". Ph. D. Dissertation, University of California, Berkeley, 2002.

Menegon, Eugenio. "Child Bodies, Blessed Bodies: The Contest Between Christian Virginity and Confucian Chastity". In *Nannü: Men, Women and Gender in Early and Late Imperial China*, 6. 2. , 177 – 240. Brill, Leiden (The Netherlands), 2003.

Menegon, Eugenio. "Christian Loyalists, Spanish Friers, and Holy Virgins in Fujian During the Ming-Qing Transition". *Monumenta Serica* 51(2003): 335 – 365.

Menegon, Eugenio. *Ancestors, Virgins, and Friars: Christianity As a Local Religion in Late Imperial China*. Cambridge, Mass: Harvard University Press, 2009.

Menegus Bornemann, Margarita. , and Rodolfo Aguirre Salvador. *Los indios, el sacerdocio y la Universidad en Nueva España, siglos XVI – XVIII*. México, D. F. : Plaza y Valdés, 2006.

Mensaert, Georges. "L'établissement de la Hierarchie catholique en Chine de 1684 à 1721". *Archivum Franciscanum Historicum* 46 (1953): 369 – 416.

Metzler, Josef. *Sacrae Congregationis de Propaganda Fide memoria rerum: 350 anni a servizio delle missioni 1622 –*

1972. Vol. 1 - 1. Roma: Herder, 1971.

Metzler, Josef. *Sacrae Congregationis de Propaganda Fide memoria rerum: 350 anni a servizio delle missioni: 1622 - 1972*. Vol. 1 - 2. Roma: Herder, 1972.

Minamiki, George. *The Chinese Rites Controversy: From Its Beginning to Modern Times*. Chicago: Loyola Univ. Press, 1985.

Moidrey, Joseph de. *La Hierarchie Catholique en Chine, en Corée et au Japon (1307 - 1914)* (Variétés Sinologiques n. 38). Chang-hai, 1914.

Moule, Arthur C. "Gregorio Lopez, bishop". *The New China review* 1(1919): 480 - 487.

Moussay, Gérard & Brigitte Appavou. *Répertoire des Membres de la Société des Missions Étrangères, 1659 - 2004*. Paris: Archives des Missions Étrangéres, 2004.

Müller, Karl. " Propaganda-Kongregation und einheimischer Klerus". In Josef Metzler (ed.), *Sacrae Congregationis de Propaganda Fide memoria rerum* I/1 (Freiburg 1971): 538 - 557.

Mungello, David, ed. *The Chinese Rites Controversy: its History and Meaning*. Nettetal: Steyler Verlag, 1994.

Mungello, David, E. *The Forgotten Christians of Hangzhou*. Honolulu: Univ. of Hawaii Press, 1994.

Needham, Joseph. *Science and Cilivisation in China*. Volume 4. Physics and Physical Engeneering. Part III: Civil Engeneering and Nautics, Cambridge, 1971.

Negrín Fajardo, Olegario. *Historia de la educación en España:*

autores, textos y documentos. Madrid: Universidad Nacional de Educación a Distancia, 2005.

Ocio y Viana, Hilario. *Reseña biográfica de los religiosos de la Provincia del Santísimo Rosario de Filipinas: desde su fundación hasta nuestros días. Por un religioso de la misma Provincia.* 2 vols. Manila: Colegio S. Tomás, 1891.

Ocio y Viana, Hilario. *Compendio de la reseña biográfica de los religiosos de la Provincia del Santísimo Rosario de Filipinas desde su fundación hasta nuestros días: comprende desde 1587 á 1895.* Manila: Establecimiento tipográfico del Real Colegio de Sto. Tomás, 1895.

Ocio y Viana, Hilario and Eladio Neira, eds. *Misioneros dominicos en el Extremo Oriente: Vol. 1, 1587 - 1835.* Manila: Life Today Editions, 2000.

Okamoto Sae. "The Koudou richao (Daily Transcripts of the Oral Clarion Bell): A Dialogue in Fujian between China and Europe (1630 - 1640)". *East Asian Science* (1995): 97 - 101.

Ollé, Manel. *La invención de China percepciones y estrategias filipinas respecto a China durante el siglo XVI.* Wiesbaden, Alemania: Harrassowitz, 2000.

Ollé, Manel. *La empresa de China: de la Armada Invencible al Galeón de Manila.* Barcelona: Acantilado, 2002.

Pastells, Pablo. *Historia general de Filipinas.* Barcelona: 1925 - 1933.

Pérennès, Chancine. *Un vieil évêque breton des Missions Étrangères. Monseigneur Quéméner évêque de Sura 1643 -*

1704. Quimper: Impr. Cornouaillaise, 1935.

Pérez Jorde, Elviro. *Catálogo bio-bibliográfico de los religiosos agustinos de la Provincia del Santisimo Nombre de Jesús de las Islas Filipinas desde du fundación hasta nuestros días*. Manila: Estab. Tip. del Colegio de Sto. Tomás, 1901.

Pina, Isabel A. Murta. *Jesuítas chineses e mestiços da missão da China 1589 – 1689*. Lisboa: Centro Científico e Cultural de Macau, 2011.

Peterson, Williard J. "Why Did They Become Christians? Yang T'ing-yün, Li Chih-tsao, and Xsü Kuang-ch'i". *East Meets West* (1988): 129 – 152.

Pfister, Louis. *Notices biographiques et bibliographiques sur les Jésuites de l'ancienne Mission de Chine 1552 – 1773*. Changhai: Imprimerie de la Mission Catholique, 1932 – 1934.

Planchet, J. M. *Le cimetière et les oeuvres catholiques de Chala*. Pekin, 1828.

Platero, Eusebio Gómez. *Catálogo biográfico de los Religiosos franciscanos de la Provincia de San Gregorio Magno de Filipinas*. Manila: Imprenta del Real colegio de Santo Tomás, 1880.

Powell, Philip Wayne. *Tree of Hate: Propaganda and Prejudices Affecting United States Relations with the Hispanic World*. Albuquerque: University of New Mexico Press, 2008.

Powell, Philip Wayne. *La leyenda negra: un invento contra España*. Barcelona: Áltera, 2008.

Quétif, Jacques, Jacques Échard, Remi Coulon, and Antonin Papillon. *Scriptores Ordinis Praedicatorum recensiti notis historicis et criticis illustrati*. Parisiis: A. Picard, 1910.

Quiason, Serafín D. "The Sampan Trade, 1570 – 1770". In Felix, Alfonso, *The Chinese in the Philippines*, 160 – 174, Manila: Solidaridad Pub. House, 1966.

Retana, W. E. *Reformas y otros excesos*. Madrid: Librería de Fernando Fé, 1890.

Retana, Wenceslao Emilio. *Frailes y clérigos*. Madrid: Librería de Fernando Fé, 1890.

Retana, Wenceslao Emilio. *Los frailes filipinos*. Madrid: Viuda de M. Minuesa de los Ríos, 1898.

Robert Moreno, Pablo. "Gregorio López (1617 – 1691): The first Chinese Bishop". *Journal of Early Modern Christianity*, vol. 4, no. 2(2017): 263 – 288.

Robertson, James Alexander, Emma Helen Blair, Edward Gaylord Bourne, and Antonio E. A. Defensor. *The Philippine islands, 1493 – 1898*. Quezon City: Bank of the Philippines, 2000.

Rodríguez, I. & J. Álvarez. "Álvaro de Benavente, OSA, y su Relación de las misiones agustinianas de China (1680 – 1686)". *Estudio Agustiniano* 12 (1977): 739 – 790.

Rouleau, Francis A. "Chinese Rites Controversy". In *New Catholic Encyclopedia*, vol. III, col. 610 – 617. New York: MacGraw-Hill, 1967.

Ruiz de Medina, Juan. "Los orígenes de las misiones agustinianas en China a partir de Macao". In Isacio Rodríguez (ed.),

Agustinos en América y Filipinas (Actas del Congreso Internacional, Valladolid, 16 – 21 de abril de 1990), II, 827 – 859. Valladolid & Madrid: Ediciones Monte Casino, 1990.

Sachsenmaier, Dominic. "Die Aufnahme europäischer Inhalte in die chinesische Kultur durch Zhu Zongyuan (ca. 1616 – 1660)". Nettetal: Steyler 2001 (Monumenta Serica Monograph Series 47).

Salazar, Vicente de. *Historia de la Provincia de el Santissimo Rosario de Philipinas, China y Tunking, de el Sagrado orden de Predicadores. Tercera parte*. Manila: Universidad de Santo Tomás, 1742.

Sánchez, Victor & Cayetano Fuertes (coord.). *España en Extremo Oriente*. Madrid: Ediitorial Cisneros, 1979.

Sánchez Cantón, Francisco Javier (ed.). *Floreto de anécdotas y noticias diversas que recopiló un fraile dominico residente en Sevilla mediados del siglo XVI*. Madrid: Real Academia de la Historia, 1948.

San Román, Miguel Angel. "Cristianos laicos en la misión dominicana del norte de la pronvincia de Fujian, China, en el siglo XVII". excerpta ex dissertatione ad doctoratum in Facultate Missiologiae Pontificiae Universitatis Gregorianae, Rome: Università Pontificia Gregoriana, 2000.

San Román, Miguel Angel. "Luo Wenzao: A Unique Role in the Seventeenth Century Church of China". In Ku Wei-ying (ed.), *Missionary Approaches and Linguistics in Mainland China and Taiwan* (*Leuven Chinese Studies X*) (Leuven

2001): 133 - 152.

Santamaría, Alberto. "The Chinese Parian". In Alfonso Felix, *The Chinese in the Philippines*, 67 - 118. Manila: Solidaridad Pub. House, 1966.

Schurz, William Lytle. *The Manila Galleon*. Manila: Historical Conservation Society, 1985.

Sebes, Joseph. "Philippine Jesuits in the Middle Kingdom in the 17th Century". *Philippine Studies*, n°. 26 (1978): 192 - 208.

Serviere, Joseph de la. *Les anciennes missions de la Compagnie de Jesus en Chine*. Changhai: T'ou-sè-wè, 1923.

Sierra de la Calle, Blas. "La evangelización de Filipinas durante el gobierno de Legazpi (1565 - 1572)". en Leoncio Cabrero (coord.), *España y el Pacífico*, 343 - 385. Legazpi, Madrid: Sociedad Estatal de Conmemoraciones Culturales, 2000.

Standaert, Nicolas. *Yang Tingyun, Confucian and Christian in Late Ming China: His Life and Thought*. Leiden: E. J. Brill, 1988.

Standaert, Nicolas. *The Fascinating God: a Challenge to Modern Chinese Theology Presented by a Text on the Name of God Written by a 17th Century Chinese Student of Theology*. Rome: Pontificia Univ. Gregoriana, 1995.

Standaert, Nicolas. "New Trends in the Historiography of Christianity in China". *The Catholic Historical Review* 83. 4(1998): 573 - 613.

Standaert, Nicolas. *Handbook of Christianity in China*, *volume one: 635 - 1800.* Leiden: Brill, 2001.

Standaert, Nicolas. *Chinese Voices in the Rites Controversy, Travelling Books, Community Networks, Intercultural Arguments.* Roma: Bibliotheca Instituti Historici S. I, 2012.

Streit, Robert. *Bibliotheca Missionum, I - VII, 5.* Münster-Aachen, 1916 - 1931.

Sy, Henri. *La Société des Missions Étrangères les débuts, 1653 - 1663.* Paris: Églises d'Asie, 1998.

Sy, Henri. *La Société des missions étrangères: la fondation du séminaire, 1663 - 1700.* Paris: Églises d'Asie, 2000.

Teixeira, Manuel. *Macau e a sua Diocese. Vol. III. As Ordens e Congregaões Religiosas em Macao.* Lisboa: Agencia Geral do Ultramar, 1963.

Van den Wyngaert, A. "Mgr Fr. Pallu et Mgr Bernardin Della Chiesa. Le serment de fidelité aux vicaires apostoliques". *Archivum Franciscanum Historicum* XXXI (1938): 17 - 47.

Vicente, Victoriano. " El P. Alonso Sandín, misionero". *Missionalia Hispanica,* Año XXVII, n° 79, Madrid, 1970.

Weigert, Roger-Armand. *Inventaire du fonds français. Graveurs du XVIIème siècle.* Paris: Bibliothèque nationale, 1961.

Zürcher, Erik. "The Jesuit Mission in Fujian in Late Ming Times: Levels of Response". In E. B. Vermeer (ed), *Development and Decline of Fukien Province in the 17th and 18th Centuries,* 417 - 457. Leiden: Brill, 1990.

【中文】

保罗(Pablo R. Moreno):《〈兰溪天主教徒致罗文藻主教书〉考》,

《澳门理工学报》2017 年第 4 期。

卜正民：《为权力祈祷：佛教与晚明中国士绅社会的形成》,张华
　　译,南京：江苏人民出版社,2005 年。

陈拓、余新忠：《中西医汇通先驱明遗民祝石考论》,《南开大学学
　　报》2022 年第 3 期。

陈垣：《陈垣全集》,合肥：安徽大学出版社,2009 年。

陈垣：《陈垣史学论著选》,上海：上海人民出版社,1981 年。

陈受颐：《中欧文化交流史事论丛》,台北：台湾商务印书馆,
　　1970 年。

陈宝良：《明代儒家生员与地方社会》,北京：中国社会科学出版
　　社,2005 年。

崔维孝：《明清之际西班牙方济会在华传教研究(1579—1732)》,
　　北京：中华书局,2006 年。

大木康：《明末江南的出版文化》,周保雄译,上海：上海古籍出版
　　社,2014 年。

董少新：《17 世纪来华耶稣会中国年报评介》,《历史档案》2014 年
　　第 4 期。

董少新：《形神之间：早期西洋医学入华史稿》,上海：上海古籍出
　　版社,2008 年。

董少新：《葡萄牙耶稣会士何大化在中国》,北京：社会科学文献出
　　版社,2017 年。

董少新：《论徐光启的信仰与政治理想——以南京教案为中心》,
　　《史林》2012 年第 1 期。

方豪：《中国天主教史论丛》,上海：上海印书馆,1947 年。

方豪：《中西交通史》,台北：中华文化出版事业委员会,1954 年。

方豪：《李之藻研究》,台北：台湾商务印书馆,1966 年。

方豪：《方豪六十自定稿》,台北：台湾学生书局,1969 年。

方豪:《中国天主教史人物传》,北京:中华书局,1988 年。

方豪:《方豪六十至六十四自选待定稿》,台北:台湾学生书局,1974 年。

方真真:《华人与吕宋贸易(1657—1687):史料分析与译注》,台湾清华大学出版社,2012 年。

复旦大学文史研究院编:《西文文献中的中国》,上海:复旦大学出版社,2012 年。

葛兆光:《中国思想史》,上海:复旦大学出版社,2001 年。

故宫博物院、梵蒂冈博物馆编:《传心之美:梵蒂冈博物馆藏中国文物精粹》,北京:故宫出版社,2019 年。

何兆武:《中西文化交流史论》,武汉:湖北人民出版社,2007 年。

何俊:《西学与晚明思想的裂变》,上海:上海人民出版社,2013 年。

顾诚:《南明史》,北京:光明日报出版社,2011 年。

顾卫民:《中国与罗马教廷关系史略》,北京:东方出版社,2000 年。

顾卫民:《"以天主和利益的名义":早期葡萄牙海洋扩张的历史》,北京:社会科学文献出版社,2013 年。

韩承良:《由方济各会的传教历史文件看中国天主教礼仪之争的来龙去脉》,(台湾)《善导周刊》,1993 年 4 月 18 日、25 日。

韩琦:《康熙时代的江南天主教徒与"礼仪之争"》,《国际汉学》总第 28 期,2021 年第 3 期。

韩琦、吴旻:《"礼仪之争"中教徒的不同声音》,《暨南史学》第二辑,广州:暨南大学出版社,2003 年。

黄时鉴:《明末清初天主教入华史的研究——范式的转变与汉文文献的利用》,荣新江、李孝聪主编:《中外关系史——新史料与新问题》,北京:科学出版社,2004 年。

黄一农:《被忽略的声音:介绍中国天主教徒对礼仪问题态度的文

献》，台湾《清华学报》第 25 卷第 2 期，1995 年。

黄一农：《两头蛇：明末清初的第一代天主教徒》，上海：上海古籍
　　出版社，2006 年。

黄一农：《明末清初天主教传华史研究的回顾与展望》，任继愈主
　　编：《国际汉学》第 4 辑，郑州：大象出版社，1999 年。

柯毅霖：《晚明基督论》，王志成等译，成都：四川人民出版社，
　　1999 年。

金国平、吴志良：《过十字门》，澳门：成人教育学会出版社，2004 年。

李伯铎译：《中国首任主教罗文藻论中国祭祖祭孔礼仪》，收录张
　　奉箴：《罗公文藻晋牧三百周年纪念》，台北：闻道出版社，
　　1992 年。

李天纲：《中国礼仪之争：历史，文献和意义》，上海：上海古籍出
　　版社，1998 年。

李天纲：《跨文化的诠释：经学与神学的相遇》，北京：新星出版
　　社，2007 年。

李天纲：《近二十年中国基督宗教史研究综述》，《历史教学问题》
　　2008 年第 1 期。

李炽昌主编：《文本实践与身份辨识：中国基督徒知识分子的中文
　　著述(1583—1949)》，上海：上海古籍出版社，2005 年。

林金水：《艾儒略与明末福州社会》，《海交史研究》1992 年第 2 期。

林金水：《明清之际士大夫与中西礼仪之争》，《历史研究》1993 年
　　第 2 期。

林金水、吴怀民：《艾儒略在泉州的交游与传教活动》，《海交史研
　　究》1994 年第 1 期。

林金水：《艾儒略与福建士大夫交游表》，《中外关系史论丛》第 5
　　辑，北京：书目文献出版社，1996 年。

林中泽：《晚明中西性伦理的相遇：以利玛窦〈天主实义〉和庞迪我

〈七克〉为中心》,广州：广东教育出版社,2003 年。

刘耿：《17 世纪耶稣会中国年信研究》,博士学位论文,复旦大学历史地理研究中心,2018 年。

罗光：《教廷与中国使节史》,台北：传记文学出版社,1969 年。

潘凤娟：《西来孔子艾儒略：更新变化的宗教会遇》,天津：天津教育出版社,2013 年。

潘光哲：《晚清士人的西学阅读史》,台北："中研院"近代史研究所,2014 年。

戚印平：《远东耶稣会史研究》,北京：中华书局,2007 年。

荣振华：《在华耶稣会士列表及书目补编》,耿昇译,北京：中华书局,1992.

沈定平：《明末福建士大夫同传教士的交往氛围及群体特征》,刘东主编：《中国学术》第十七辑,北京：商务印书馆,2004 年。

沈定平：《明清之际中西文化交流史——明代：调适与会通》(增订本),北京：商务印书馆,2007 年。

沈定平：《明清之际中西文化交流史》,北京：商务印书馆,2012 年。

宋黎明：《罗文炤还是罗文藻？——为中国首位国籍主教罗主教正名》,《海交史研究》2019 年第 3 期。

孙尚扬：《明末天主教与儒学的互动：一种思想史的视角》,北京：宗教文化出版社,2013 年。

王成义：《徐光启家世》,上海：上海大学出版社,2009 年。

王汎森：《晚明清初思想十论》,上海：复旦大学出版社,2004 年。

王治心：《中国基督教史纲》,上海：上海古籍出版社,2007 年。

肖清和：《张星曜与〈天儒同异考〉——清初中国天主教徒的群体交往及其身份辨识》,赵建敏主编：《天主教研究论辑》第 4 辑,北京：宗教文化出版社,2007 年。

肖清和:《身份认同与历法之争——以〈不得已〉与〈不得已辩〉为中心》,赵建敏主编:《天主教研究论辑》第 5 辑,北京:宗教文化出版社,2008 年。

肖清和:《李九标与〈口铎日抄〉——明末福建天主教徒的交往、身份与宗教生活》,吴梓明、吴小新主编:《基督教与中国社会文化:第三届国际年青学者研讨会论文集》,香港:香港中文大学出版社,2008 年。

肖清和:《"天会"与"吾党":明末清初天主教徒群体之形成与交往研究(1580—1722)》,博士学位论文,北京大学,2009 年。

肖清和:《"天会"与"吾党":明末清初天主教徒群体研究》,北京:中华书局,2015 年。

肖清和:《刊书传教:明末清初天主教中文编辑与出版活动初探》,赵建敏主编:《天主教研究论辑》第 8 辑,北京:宗教文化出版社,2011 年。

肖清和:《清初儒家基督徒刘凝生平事迹与人际网络考》,《中国典籍与文化》2012 年第 4 期。

谢国桢:《明清之际党社运动考》,上海:上海书店出版社,2006 年。

徐海松:《清初士人与西学》,北京:东方出版社,2001 年。

徐宗泽:《中国天主教传教史概论》,上海:土山湾印书馆,1938 年。

徐宗泽:《明清间耶稣会士译著提要》,上海:中华书局,1949 年。

余英时:《儒家伦理与商人精神》,桂林:广西师范大学出版社,2006 年。

张奉箴:《罗公文藻晋牧三百周年纪念》,台北:闻道出版社,1992 年。

张国刚:《从中西初识到礼仪之争:明清传教士与中西文化交流》,北京:人民出版社,2003 年。

张国刚、吴莉苇:《中西文化关系史》北京:高等教育出版社,2006 年。

张西平：《传教士汉学研究》，郑州：大象出版社，2005年。

张西平：《欧洲早期汉学史：中西文化交流与西方汉学的兴起》，北京：中华书局，2009年。

张西平等主编：《把中国介绍给世界：卫匡国研究》，上海：华东师范大学出版社，2011年。

张西平：《中西文化的初识：北京与罗马》，上海：华东师范大学出版社，2011年。

张西平、罗莹主编：《东亚与欧洲文化的早期相遇：东西文化交流史论》，上海：华东师范大学出版社，2012年。

张西平：《明清之际中外文化交流史研究新进展》，北京：外语教学与研究出版社，2013年。

张先清：《官府、宗族与天主教：17—19世纪福安乡村教会的历史叙事》，北京：中华书局，2009年。

章文钦：《吴渔山及其华化天学》，北京：中华书局，2008年。

章文钦笺注：《澳门诗词笺注》（明清卷），珠海：珠海出版社，2002年。

郑天祥编：《罗文藻史集》，高雄：高雄教区主教公署，1973年。

钟鸣旦：《可亲的天主：清初基督教徒论帝谈天》，何丽霞译，台北：光启出版社，1998年。

钟鸣旦：《文化相遇的方法论：以17世纪中欧文化相遇为例》，刘贤译，《清史研究》2006年第4期。

钟鸣旦：《礼仪的交织：明末清初中欧文化交流中的丧葬礼》，张佳译，上海：上海古籍出版社，2009年。

卓新平主编：《相遇与对话：明末清初中西文化交流国际学术研讨会文集》，北京：宗教文化出版社，2003年。

邹振环：《晚明汉文西学经典：编译、诠释、流传与影响》，上海：复旦大学出版社，2011年。

后 记

  本书的研究工作开始于 2013 年。在接下来的博士研究生涯中，有非常多的人为我提供了极大的帮助和鼓励。我想对所有在本书研究、整理、编辑、出版期间给予我支持的老师、学者、同学和朋友们表达衷心的感谢，他们每一个人的点滴相助和善待现在回想起来仍历历在目。

  一切开始于 2013 年我与董少新老师在复旦大学的相识。当时董老师十分热情地接待我，并认真地听我介绍我的博士研究构想，即关于进行中国—西班牙早期建立交流的历史研究。在接受做我的导师后，董老师就以一贯的热情和无限的耐心来训练我在档案阅读和分析方面的能力。从始至终他都用他在耶稣会手稿方面的深厚功底给予我帮助和指导，他那座通过年复一年在国内外做研究所积累起来的小图书馆也无条件地为我所用。在董老师的指导和建议下，我博士论文的目标和方法日渐清晰并得以最终确定。董老师在接下来的研究过程中更是给予了我持续的陪伴和帮助：他为我研究初期的几篇文章提供方向和校正；促使我参加相关会议，并实时关切我的研究进展。董老师在全程所给予我的信任是我奔走于各个档案馆查阅资料时的重要动力。有个细节我想在此致谢，那是在我论文撰写的最后阶段，我由于过度紧张而一度无法继续,如果不是董老师在那个非常时期给予我无条件的支持和鼓励,也许我的研究成果无缘面世。最后我要感谢他对于出版本论文的坚持,以及他在最后为我订正手稿、联系出版社和寻找编辑等方面所付出的努力。总而言之,如果不是因为董老师,这本书的研究工作不会开始,研究结果也不会与读者见面,在此我想向他表达最衷心的感谢。

与此同时,我也要感谢来自复旦大学文史研究院各位老师的悉心指导。我在博士入学之时虽已具备研究工作所需的语言基础,但完成博士论文所需的历史文献分析能力,对于档案的查阅、分析和来源整理我仍需要加强。于是,博士在读期间的专业课程便成为我完成论文研究能力培养至关重要的一环。我很荣幸能上文史研究院院长葛兆光老师的课,并且葛老师在我做论文答辩时给我提供了非常重要的建议。同样,我也想感谢邓菲、朱溢、李天纲以及李星明老师。他们的课一直都是我在研究过程中的重要参考:为我进行详尽的文献分析提供了范例,也为我提供了非常细致的综合历史、宗教与艺术三者的研究思路,激发了我的研究兴趣。在葛兆光院长促进下的这类综合性研究,不仅在课程中有所体现,在院里组织的诸多研讨会上也都有强调,我从中得到了重要启发。在文史研究院求学,除了有机会去旁听数不胜数的国际学术会议,还能认识我研究领域中的诸多国际专家,并自由出入及查阅藏书丰富的专业阅览室。复旦大学文史研究院的培养为我博士论文的研究和撰写以及本书的出版提供了优渥的土壤和资源条件,我对此感到十分幸运,也深怀感激。

与此同时,我也要向我周围的同学和朋友们表达感谢。我在文史研究院的同学王皓、庄程恒、陈拓、刘耿、郭永钦、谢温欣等人,他们在我研究期间总能非常热心地帮助我解决疑难,给我鼓励和支持。感谢我的朋友 Miguel,他审阅了部分内容并提出修改意见，在我需要时无条件地给我回应。他们每一个人的友好、陪伴与帮助，都是我博士研究工作过程中不容忽视的助推力。

在四年研究期间有两年我奔走于多个国家的档案馆和图书馆之间查阅和收集资料，也受到多位权威学者的支持与帮助。于罗马传信部档案馆结识的梅欧金教授（Eugenio Menegon）和在罗马耶稣会档案馆认识的高华士教授（Nöel Golvers）为我提供了热情的帮助和宝贵的信息。本书中珍贵的罗文藻彩色画像就是梅欧金教授提供给我的，除此之外他还热心地帮我引荐了其他学者。里斯本澳门科技文化中心的老师们，尤其是 Isabel Pina，除了给予我很多帮助，还热情地赠送我她的博士论文以及其他研究著作。巴黎外方传教会的图书馆管理员 Annie、方济各会士 Cayetano Fuertes、多明我会士 Miguel Ángel San Román 与 Tomás Polvorosa、奥斯定会士 Jesús Álvarez，非常感谢他们每一个人的热情接待和真诚帮助，他们在为我提供宝贵信息的同时，也给我在忙碌紧张的研究员生活带来精神上的安慰和喜悦。

本书的最终出版，也要感谢出版社对本项目的支持，以及孔子学院的经济支持。同时我想向孔子学院为我在研究期间所提供的所有支持和协助表达衷心的感谢：我在 2013 至 2017 年间获得孔子学院新汉学计划奖学金，感谢孔子学院复旦大学办公室的厉琳、万强和贺诗菁老师一直都对我的研究以及生活给予关心和重视；现在我的研究成果有幸再一次受到孔子学院的资助，使出版计划得以顺利实现。尽管我相信本书在很多方面依然可以改善和提高，但我希望它的出版，能够为中西文化交流的研究工作添砖加瓦，为相关学者带来些许帮助，也算是我对于所有帮助过我的人的一点点回馈。

最后，我想向自始至终支持我的亲人表达感谢。感谢我的爱人，芳，在这漫长的研究岁月里她一直陪伴着我。她了解我在每一个新发现时的喜悦，也见证了我在这过程中所经历的所有困难和焦虑。如果没有她一直以来无条件的支持，我的研究也便无从谈起。

　　写此后记已是博士毕业的五年之后，回想起当时的研究岁月，对于所有提及以及未提及的人所给予我的肯定、鼓励与支持，心存感激。

复旦全球史书系·东西之间丛书

《首位华人主教罗文焘研究》

　　〔西〕保罗·罗伯特·莫雷诺 著 董少新 修订

《信风万里：17 世纪耶稣会中国年信研究》

　　刘耿 著

《18、19 世纪药材知识的跨文化传播：一部从中国出发的自然知识史》

　　〔韩〕安洙英 著

《比利时来华圣母圣心会及其荷语汉学家闵宣化（1886—1976）研究》

　　〔比〕郑永君 著

图书在版编目（CIP）数据

首位华人主教罗文炤研究／（西）保罗·罗伯特·莫
雷诺（Pablo Robert Moreno）著；董少新修订．
上海 ：上海古籍出版社，2024.9. --（复旦全球史书系／
董少新主编）. -- ISBN 978-7-5732-1299-3

Ⅰ. B979.2

中国国家版本馆 CIP 数据核字第 2024N6V904 号

复旦全球史书系·东西之间丛书

首位华人主教罗文炤研究

［西］保罗·罗伯特·莫雷诺(Pablo Robert Moreno)　著

董少新　修订

上海古籍出版社出版发行

（上海市闵行区号景路 159 弄 1-5 号 A 座 5F　邮政编码 201101）

　　(1) 网址：www.guji.com.cn

　　(2) E-mail：guji1@guji.com.cn

　　(3) 易文网网址：www.ewen.co

启东市人民印刷有限公司印刷

开本 890×1240　1/32　印张 17.875　插页 3　字数 432,000
2024 年 9 月第 1 版　2024 年 9 月第 1 次印刷
ISBN 978-7-5732-1299-3

B·1414　定价：79.00 元

如有质量问题,请与承印公司联系